인체의 축을 기준으로
쉽게 그리는

미술 해부학

카토 코타 지음 · 김선숙 옮김 · 김락희 감역

BM (주)도서출판 성안당

시작하며

예전에 “인체를 가장 단순화하면 무엇이 남을까요?”라는 질문을 받은 적이 있습니다. 그때 저는 무심코 “축이 아닐까요?”라고 대답했습니다.

왜 그런 말이 튀어나왔는지 저 자신도 조금 놀랐습니다. 뼈나 근육처럼 구체적인 형태가 먼저 떠오를 줄 알았기 때문입니다.

그런데 답변하고 나서 곰곰이 생각해보니, 가장 단순화된 인체를 떠올렸을 때 제 머릿속에 가장 먼저 스친 이미지는 ‘막대 인간(스틱맨)’이었습니다. 해부학적으로 말하자면, 막대 인간을 구성하는 각 막대는 팔다리와 몸통의 장축을 따라 존재하는 가상의 중심선, 즉 ‘축(axis)’에 해당합니다. 그래서 저는 망설임 없이 ‘축’이라고 대답했던 것입니다. 덧붙이자면, 여기서 말하는 ‘축’은 단순한 선을 넘어 형태를 지탱하는 ‘프레임’의 개념까지 포함합니다.

인체의 축은 기하학적인 개념으로, 실체가 없기 때문에 의식하지 않으면 쉽게 인지하기 어렵습니다. 반면 프레임은, 예컨대 머리뼈(두개골)를 둥근 구 형태로 단순화해 구조를 파악하듯, 구체적인 형태로 시각화할 수 있는 요소입니다. 미술대학 수업에서 학생들의 ‘전신 골격 그리기’ 과제를 보다 보면 “뼈의 축이 어긋나 있네”, “프레임이 제대로 잡히지 않았구나” 하는 생각이 들 때가 자주 있습니다. 그만큼 ‘축’이라는 개념을 충분히 이해하지 못한 채 인체를 그리는 학생들이 의외로 많다는 뜻이기도 합니다.

막대 인간은 구석기 시대 동굴 벽화부터 현대의 그림에 이르기까지, 누구나 한 번쯤은 그려봤을 가장 단순한 인체 표현입니다. 동시에, 전문 작가들도 중요하게 여기는 보편적이고 핵심적인 개념이기도 합니다. 사실적으로 표현된 숙련된 작가의 작품에서도 축이 흐트러져 있으면 형태가 어딘가 비뚤어져 보일 수 있습니다. 그래서 조각이나 피규어 같은 입체 작업에서도, 점토로 인체를 만들기에 앞서 몸의 장축을 따라 축처럼 작용하는 ‘심(core structure)’을 철사나 목재로 먼저 구성해 구조를 잡기도 합니다.

이 책에서는 미술 해부학 전문가가 ‘막대 인간’을 바탕으로 인체 표현의 기본이 되는 ‘축’의 개념을 깊이 있게 설명합니다. 이를 통해 독자들이 인체를 그리는 데 필요한 시각적 감각과 해부학적 지식, 즉 미적 감성을 함께 기를 수 있도록 구성했습니다. 본문을 따라 학습해 나가다 보면 인체의 기본 틀을 보다 빠르게 파악하는 능력이 향상될 뿐 아니라, 그림이나 조형물의 형태나 자세가 왜 어색하게 느껴지는지도 보다 명확히 파악할 수 있을 것입니다.

이제, 윤곽부터 그리는 방식이 아니라 ‘심’을 먼저 세우는 방식으로 접근해 봅시다. 직접 그려보고 느끼며, 생동감 있는 인체 표현이 가능하도록 연습해 보시기 바랍니다.

2025년 1월 카토 코타

CONTENTS

제 1 장

인체의 뼈 구조 이해하기

막대 인간을 그리기에 앞서, 먼저 뼈의 기본 구조부터 살펴보겠습니다. 뼈의 형태를 이해하지 못하면 '축(軸)'이라는 개념을 정확하게 파악하기 어렵기 때문입니다.

뼈는 해부학 용어를 이해하는 기준이 되기 때문에 해부학에서는 가장 먼저 공부하는 조직입니다. 특히 뼈의 명칭은 근육 명칭과도 밀접하게 연결되어 있으므로 단순히 형태만 익히는 데 그치지 말고 자주 사용되는 명칭까지 함께 익혀 두는 것이 좋습니다.

뼈는 유백색의 단단한 조직으로, 그림이나 조각으로 인체를 표현할 때 몸의 길이와 너비, 전체적인 비율(프로포션)을 결정하는 역할을 합니다. 몸의 표면에서 직접 확인할 수 있는 뼈는 일부에 불과하지만, 그 드러난 부분을 정확히 이해하면 피부 너머로 뼈의 전체적인 구조를 충분히 유추할 수 있습니다.

이 책에 수록된 뼈 그림은 따라 그리기 쉽게 선과 명암을 최대한 단순하고 명확하게 표현했습니다. 기본 예시로 제시한 팔과 다리뼈 그림은 모두 오른쪽 뼈를 기준으로 그렸습니다. 그림에서 흰색으로 표시된 부분은 관절면이나 늑연골 등의 연골로 이루어진 부위입니다.

척추

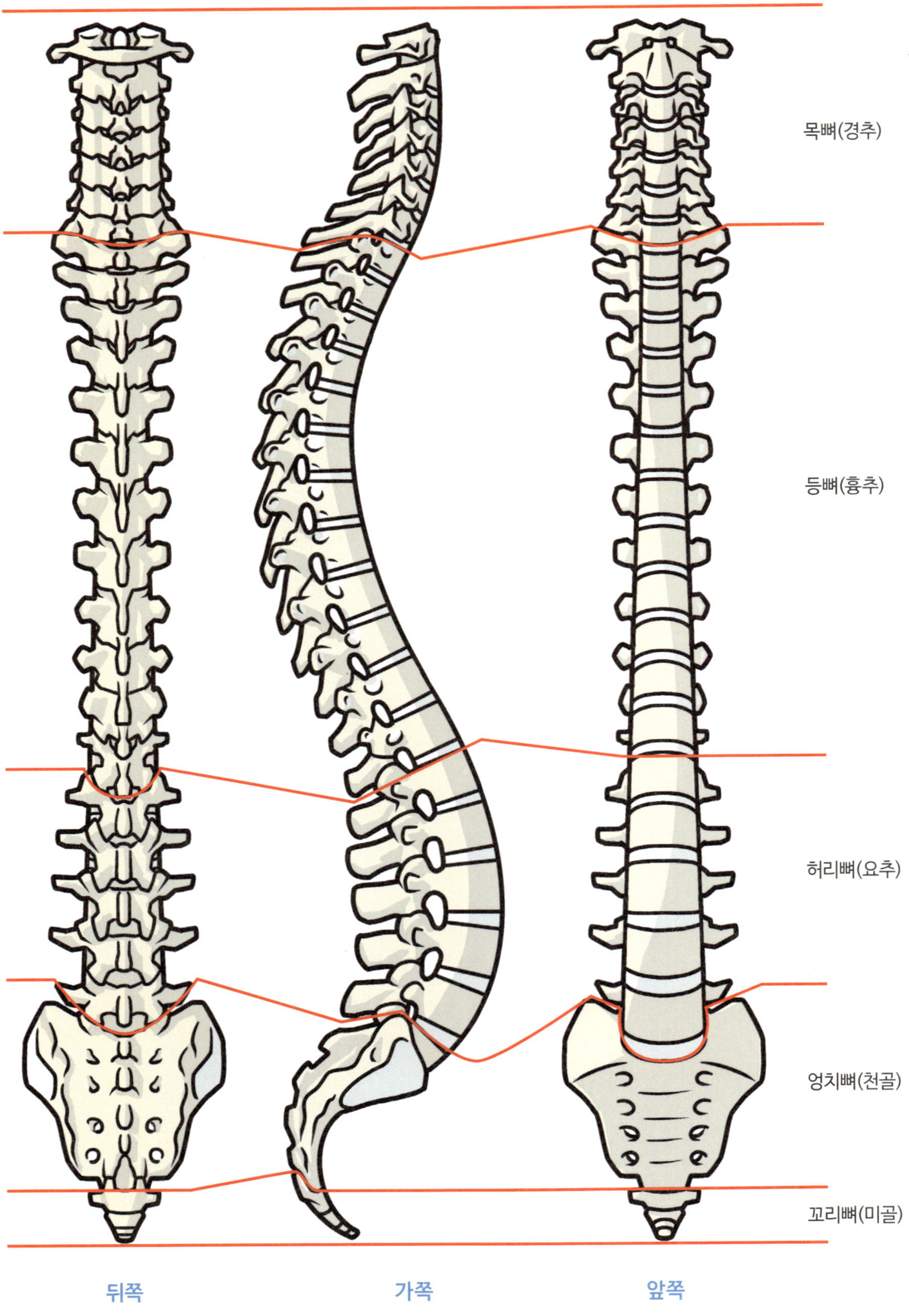

목뼈(경추)
등뼈(흉추)
허리뼈(요추)
엉치뼈(천골)
꼬리뼈(미골)
뒤쪽
가쪽
앞쪽

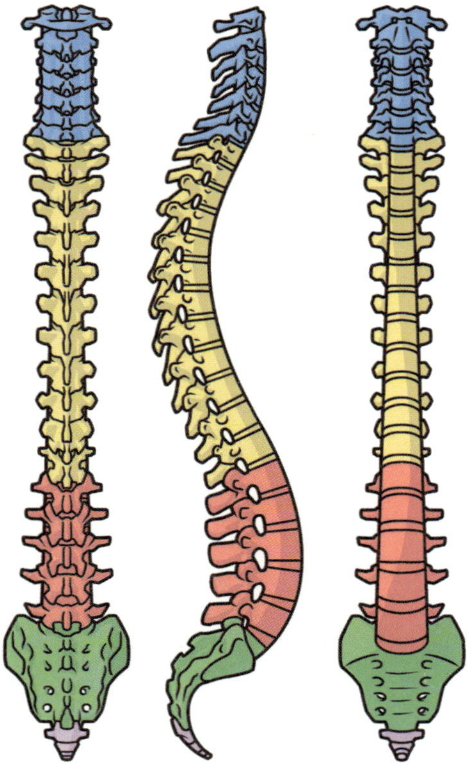

파랑 : 목뼈 7개
노랑 : 등뼈 12개
빨강 : 허리뼈 5개
초록 : 엉치뼈 1개(꼬리척추뼈 5개가 붙어서 하나가 된 상태)
보라 : 꼬리뼈 1개(꼬리척추뼈 3~5개가 붙어서 하나가 된 상태)

척추는 옆에서 봤을 때 S자 곡선을 이룬다.
목뼈 – 앞쪽으로 굽음
등뼈 – 뒤쪽으로 굽음
허리뼈 – 앞쪽으로 굽음
엉치뼈 · 꼬리뼈 – 뒤쪽으로 굽음

척추뼈

※ 척추를 구성하는 각각의 뼈

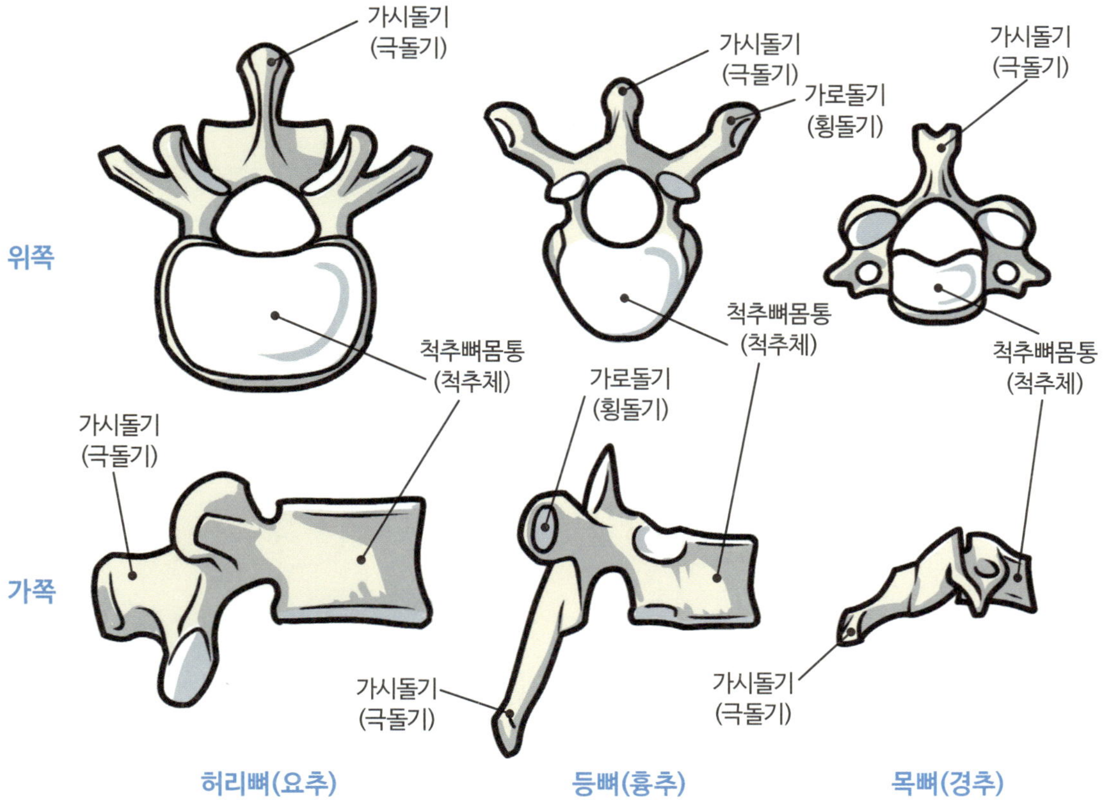
위쪽
가쪽
가시돌기
(극돌기)
척추뼈몸통
(척추체)
가로돌기
(횡돌기)
허리뼈(요추)
등뼈(흉추)
목뼈(경추)

제2목뼈(중쇠뼈, 축추)

위쪽

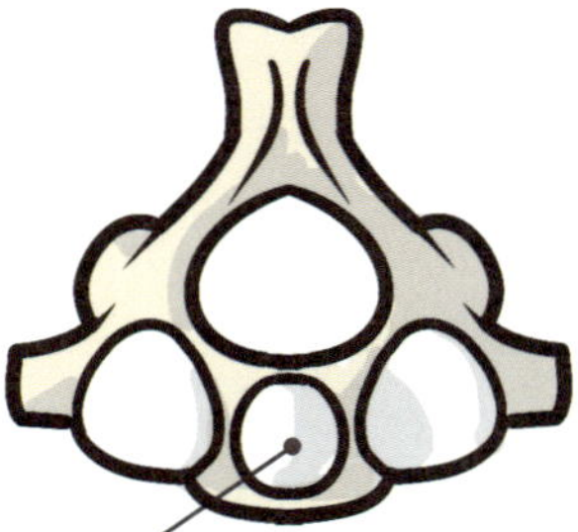
치아돌기

※ 치아돌기는 제1목뼈의 척추뼈몸통이
제2목뼈의 척추뼈몸통과 붙어서 하나가 된 것이다.

제1목뼈(고리뼈, 환추)

위쪽

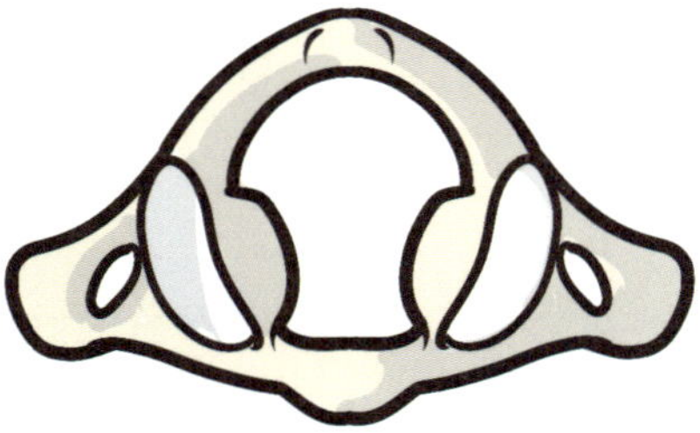

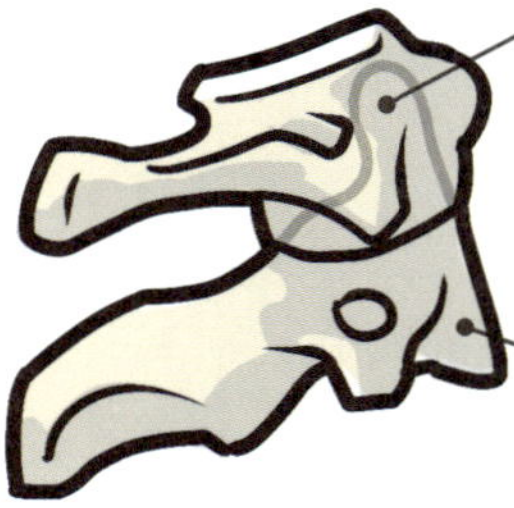
제1목뼈
(제1경추)
제2목뼈
(제2경추)

가쪽

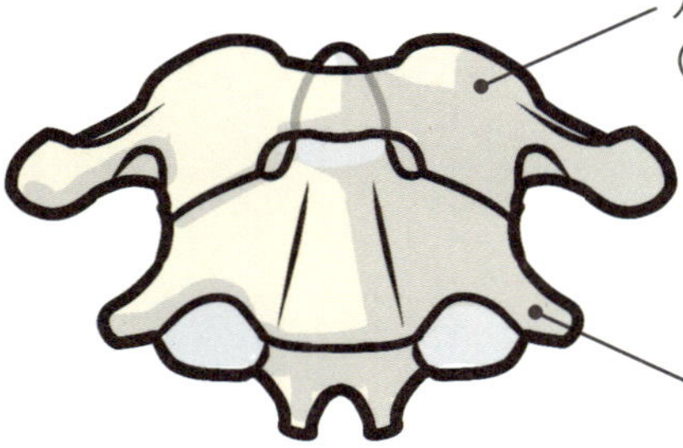
제1목뼈
(제1경추)
제2목뼈
(제2경추)

앞쪽

엉치뼈(천골)·꼬리뼈(미골)

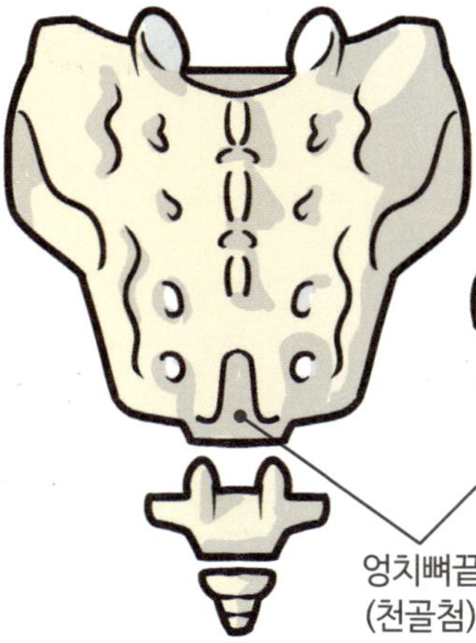
엉치뼈끝
(천골첨)

뒤쪽

귓바퀴면
(이상면)

가쪽

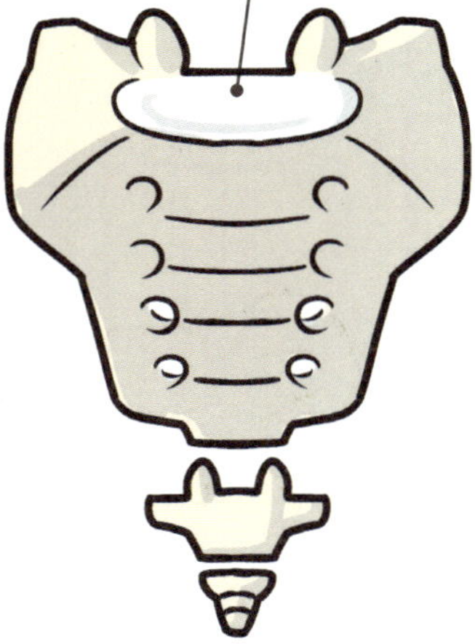
엉치뼈바닥
(천골저)

앞쪽

머리뼈(두개골)

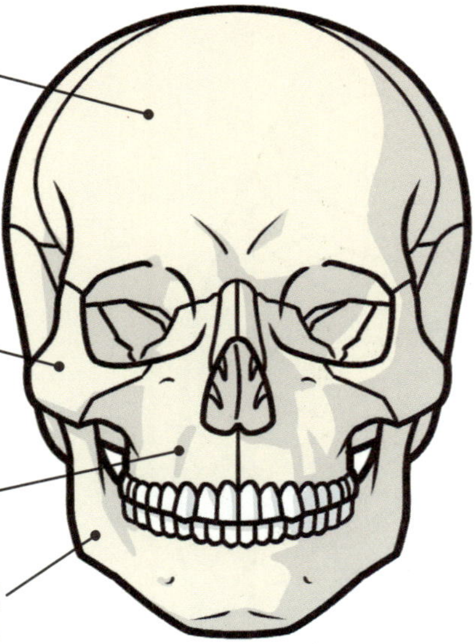

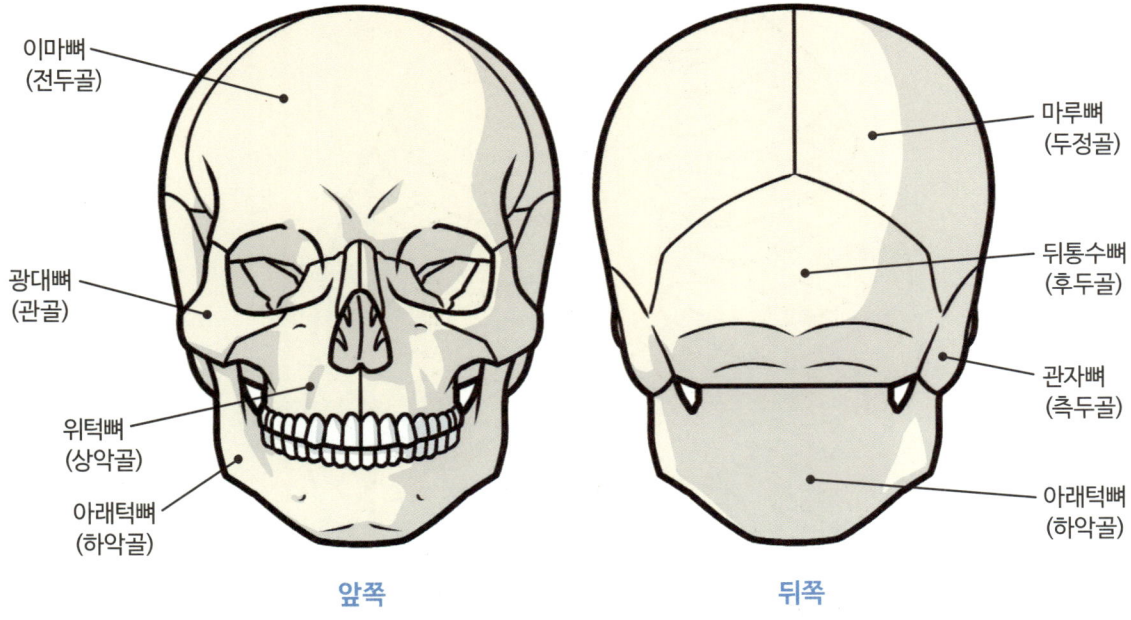

이마뼈
(전두골)
광대뼈
(관골)
위턱뼈
(상악골)
아래턱뼈
(하악골)

앞쪽

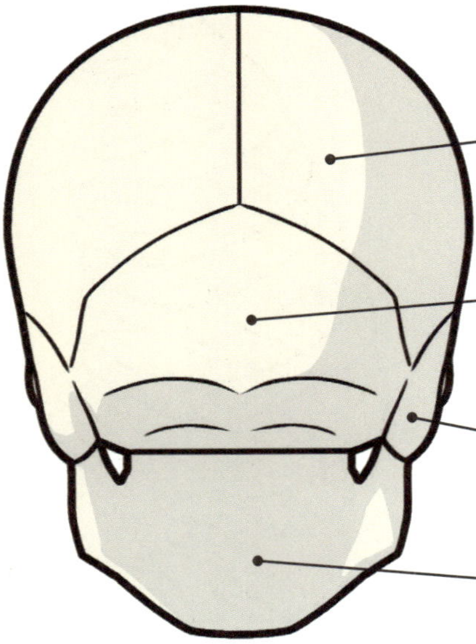

마루뼈
(두정골)
뒤통수뼈
(후두골)
관자뼈
(측두골)
아래턱뼈
(하악골)

뒤쪽

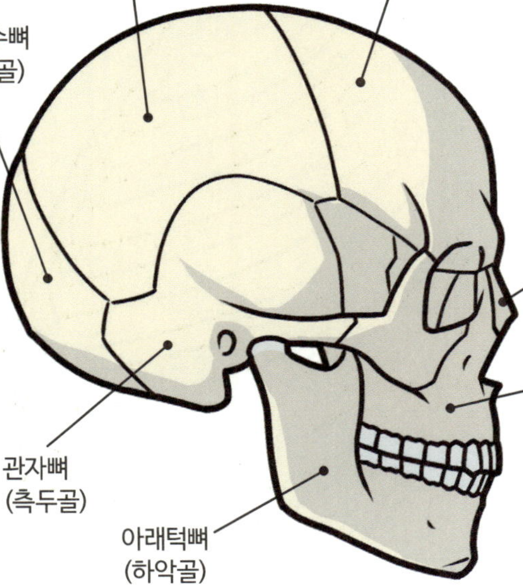

마루뼈
(두정골)
이마뼈
(전두골)
뒤통수뼈
(후두골)
코뼈
(비골)
위턱뼈
(상악골)
관자뼈
(측두골)
아래턱뼈
(하악골)

가쪽

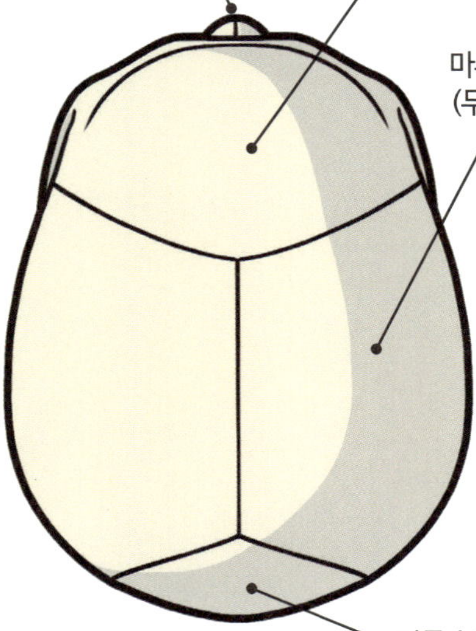

코뼈
(비골)
이마뼈
(전두골)
마루뼈
(두정골)
뒤통수뼈
(후두골)

위쪽

가슴우리(흉곽)

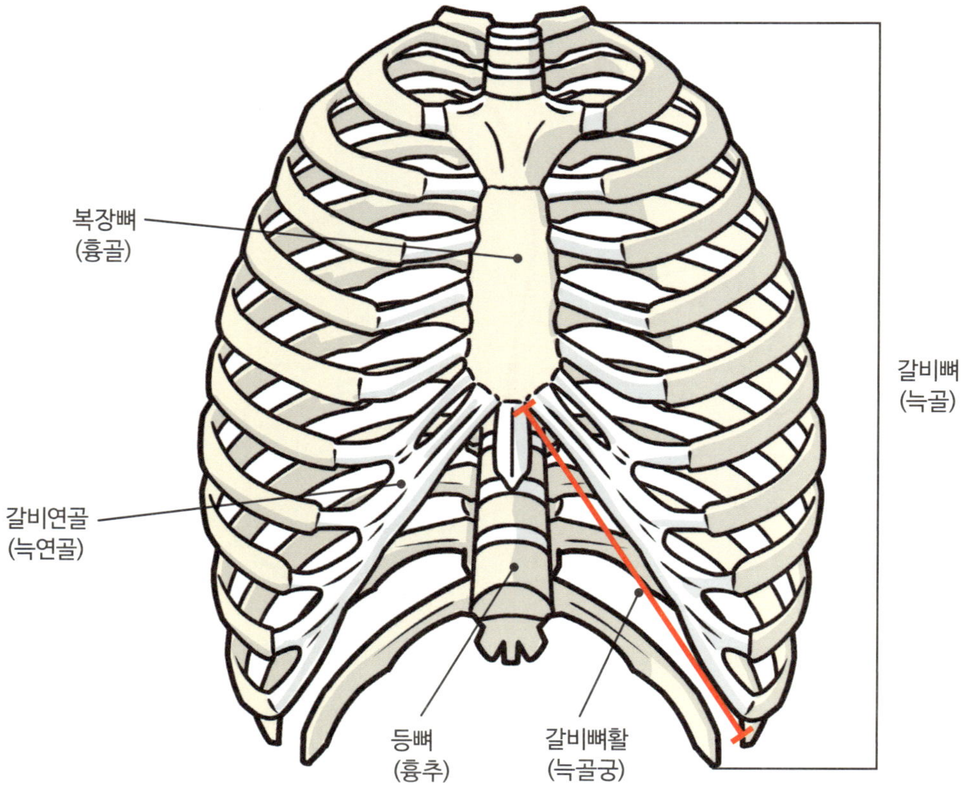

복장뼈
(흉골)
갈비연골
(늑연골)
갈비뼈
(늑골)
등뼈
(흉추)
갈비뼈활
(늑골궁)

앞쪽

※ 갈비뼈활은 제7~10갈비연골이 연결된 부위로, 흉부와 복부의 경계를 만든다.

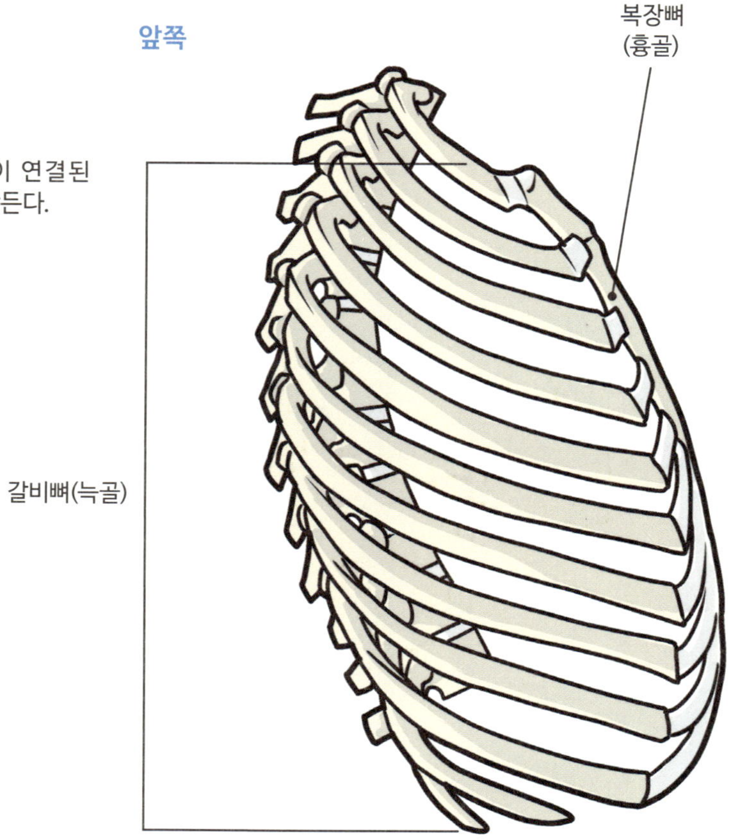

복장뼈
(흉골)
갈비뼈(늑골)

가쪽

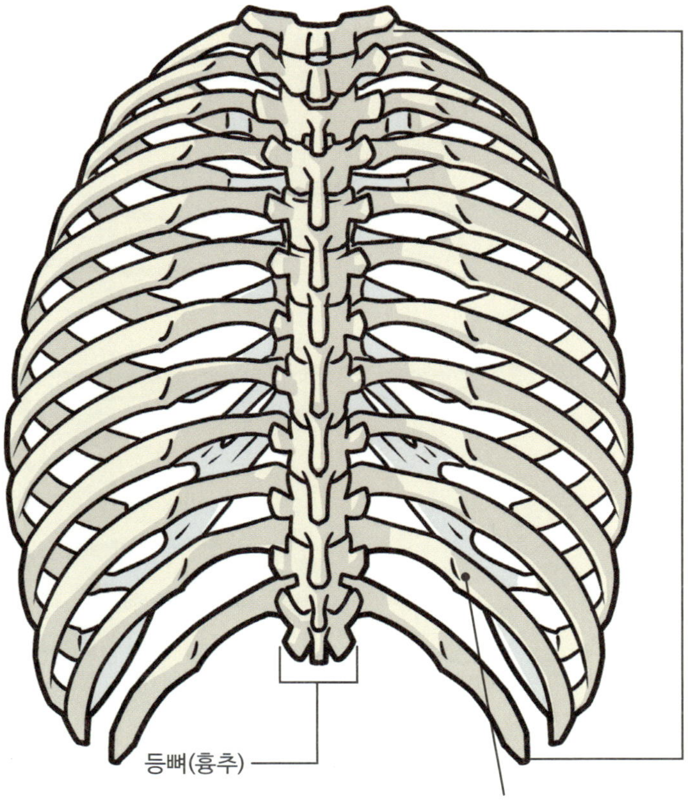

갈비뼈
(늑골)
등뼈(흉추)
갈비뼈각(늑골각)

뒤쪽

※ 갈비뼈각은 갈비뼈 뒷면의 굽은 부위로, 이 모서리 척추면에 고유배근이 부착하여 커다란 면의 경계를 만든다.

복장뼈(흉골)와 갈비연골(늑연골)의 연결

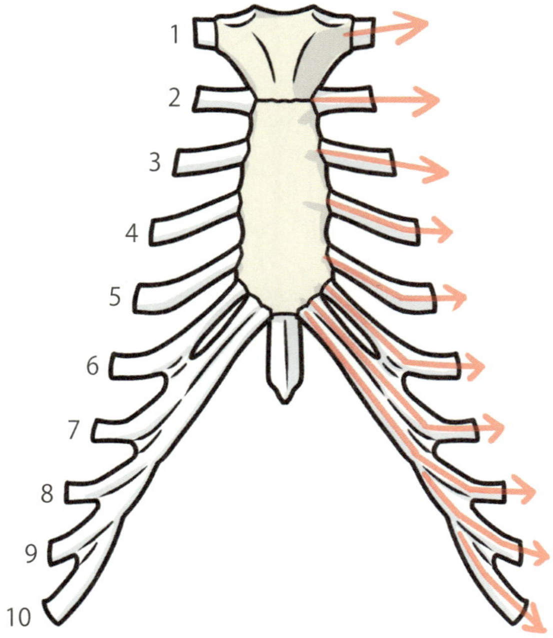

1
2
3
4
5
6
7
8
9
10

복장뼈와 연결되어 있는 갈비연골은 총 10개이다. 이 중 복장뼈까지 직접 닿는 것은 제7갈비연골까지이고, 제8갈비연골부터 제10갈비연골까지는 바로 위의 갈비연골에 붙어 갈비뼈활을 형성한다. 제2갈비연골은 수평으로 되어 있어, 몸 표면(체표)에서도 쉽게 확인할 수 있다.

빗장뼈(쇄골)

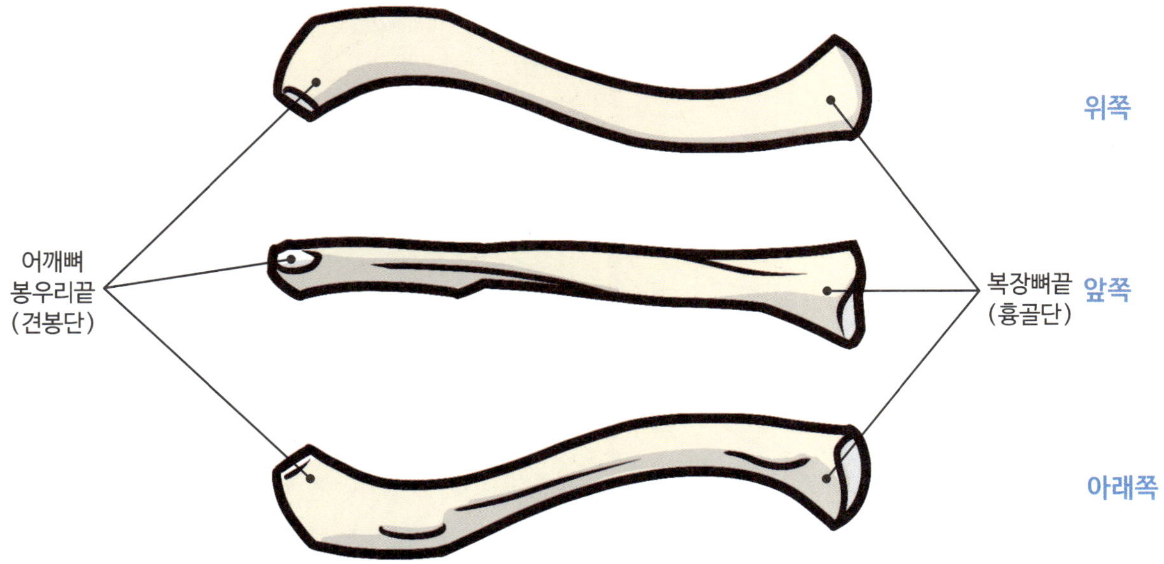

위쪽
어깨뼈
봉우리끝
(견봉단)
복장뼈끝
(흉골단)
앞쪽
아래쪽

위에서 본 빗장뼈(쇄골)와 어깨뼈(견갑골)의 배치

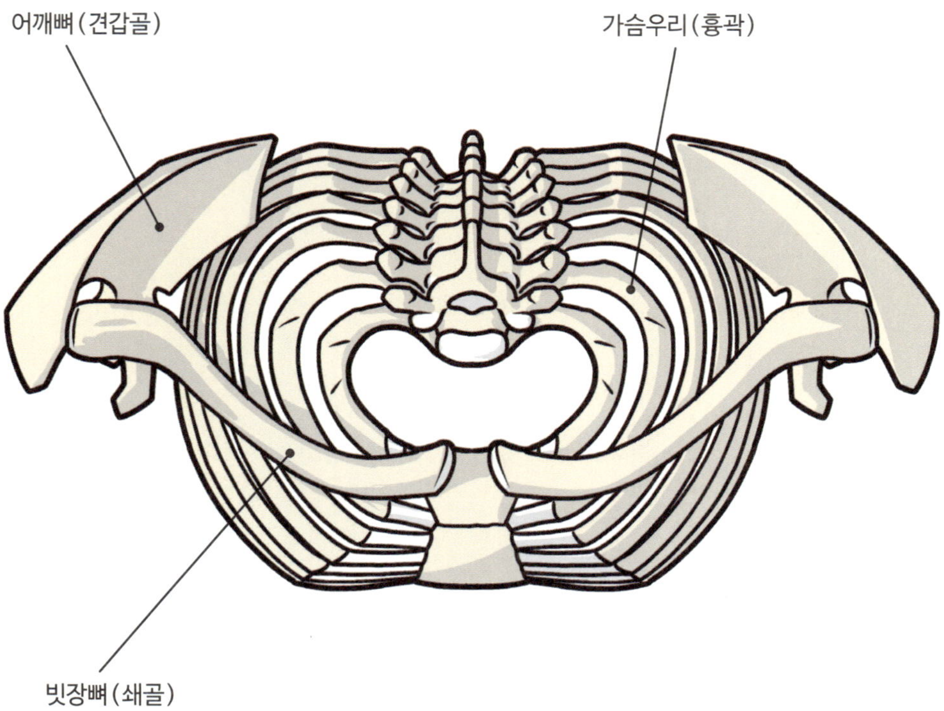

어깨뼈(견갑골)
가슴우리(흉곽)
빗장뼈(쇄골)

어깨뼈(견갑골)

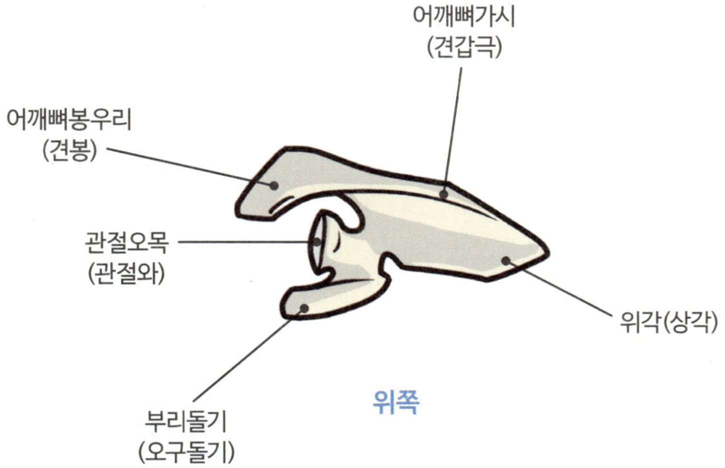
어깨뼈가시
(견갑극)
어깨뼈봉우리
(견봉)
관절오목
(관절와)
위각(상각)
부리돌기
(오구돌기)
위쪽

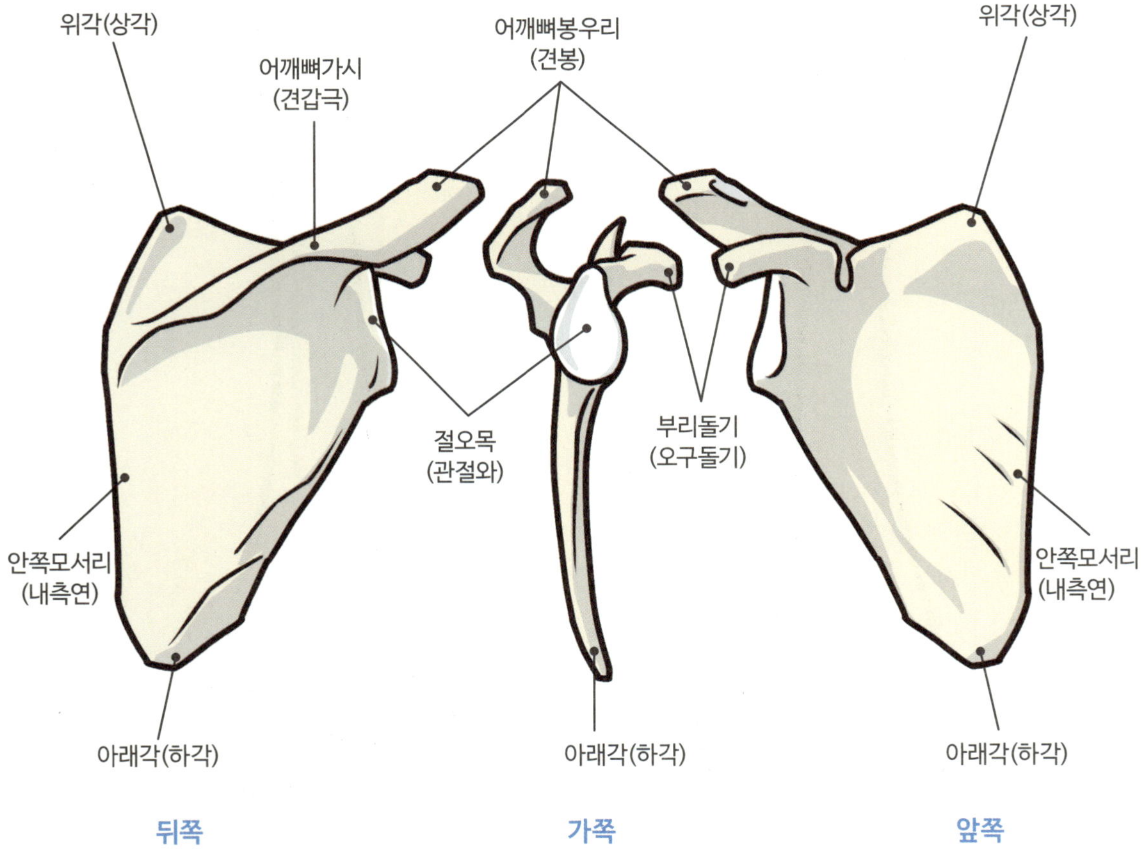
위각(상각)
어깨뼈가시
(견갑극)
어깨뼈봉우리
(견봉)
위각(상각)
절오목
(관절와)
부리돌기
(오구돌기)
안쪽모서리
(내측연)
안쪽모서리
(내측연)
아래각(하각)
아래각(하각)
아래각(하각)
뒤쪽
가쪽
앞쪽

위팔뼈(상완골)

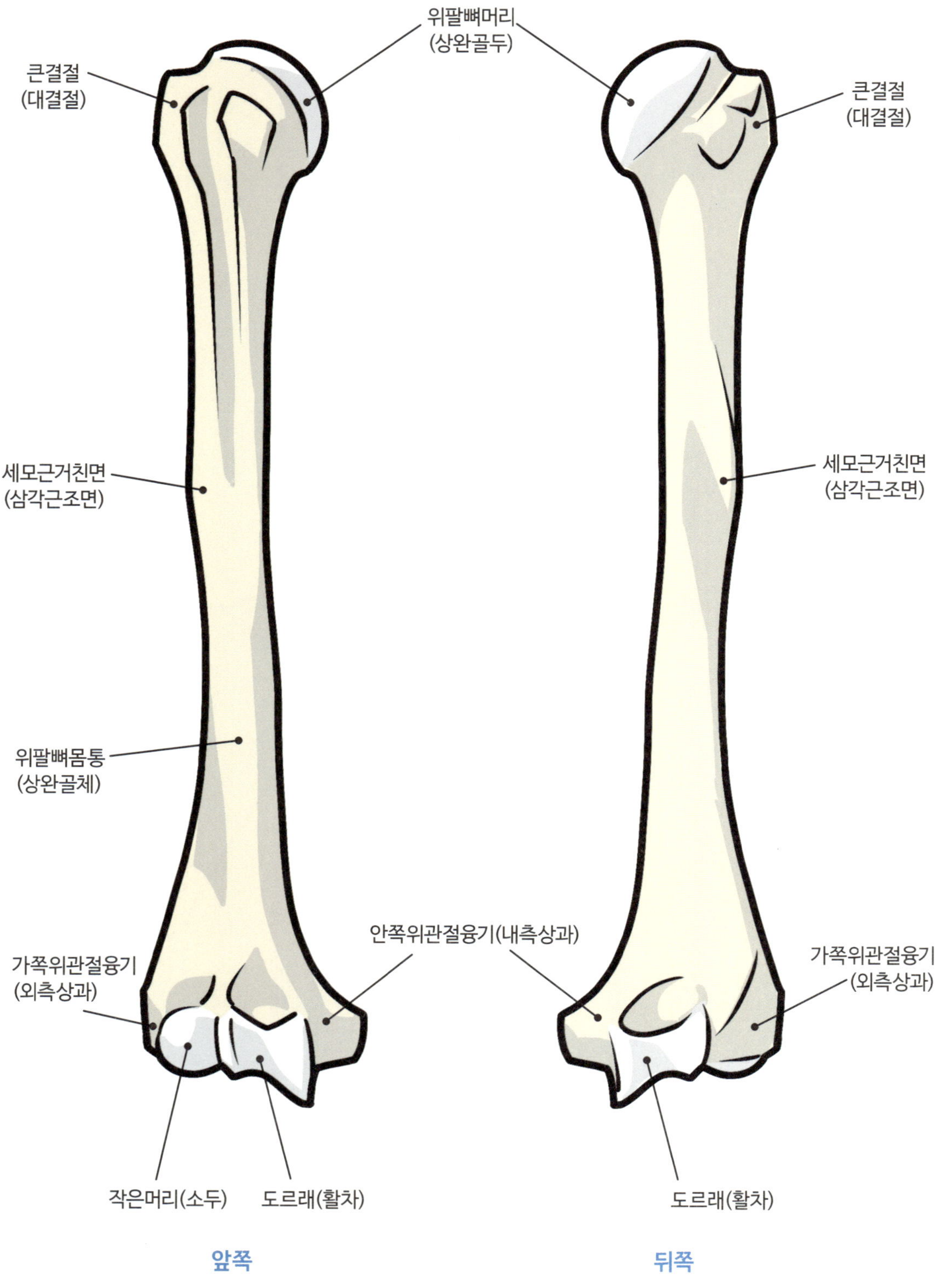

위팔뼈머리
(상완골두)
큰결절
(대결절)
세모근거친면
(삼각근조면)
위팔뼈몸통
(상완골체)
가쪽위관절융기
(외측상과)
안쪽위관절융기(내측상과)
작은머리(소두)
도르래(활차)
앞쪽
큰결절
(대결절)
세모근거친면
(삼각근조면)
가쪽위관절융기
(외측상과)
도르래(활차)
뒤쪽

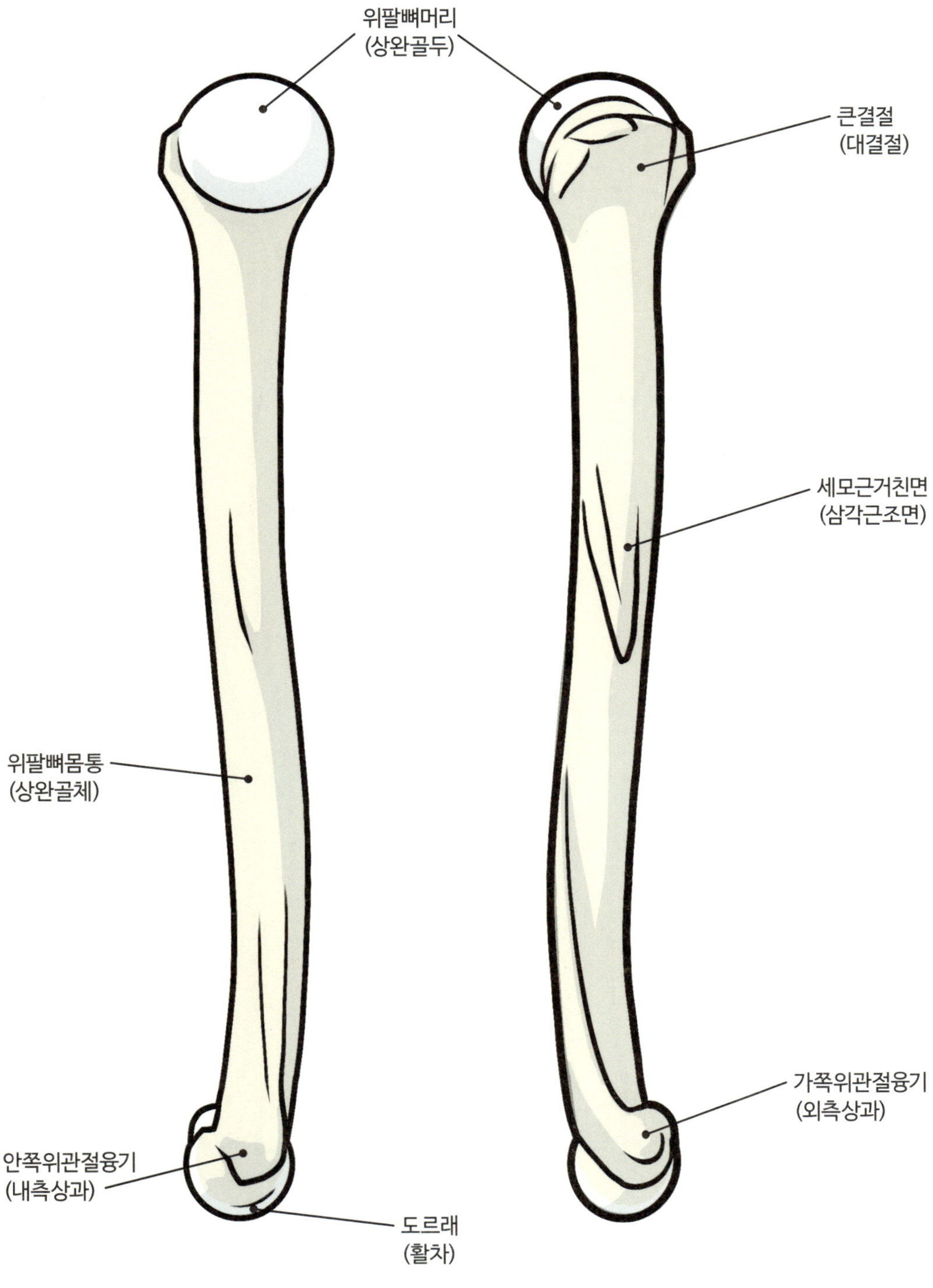

위팔뼈머리
(상완골두)
큰결절
(대결절)
세모근거친면
(삼각근조면)
위팔뼈몸통
(상완골체)
가쪽위관절융기
(외측상과)
안쪽위관절융기
(내측상과)
도르래
(활차)
안쪽
가쪽

자뼈(척골)·노뼈(요골)

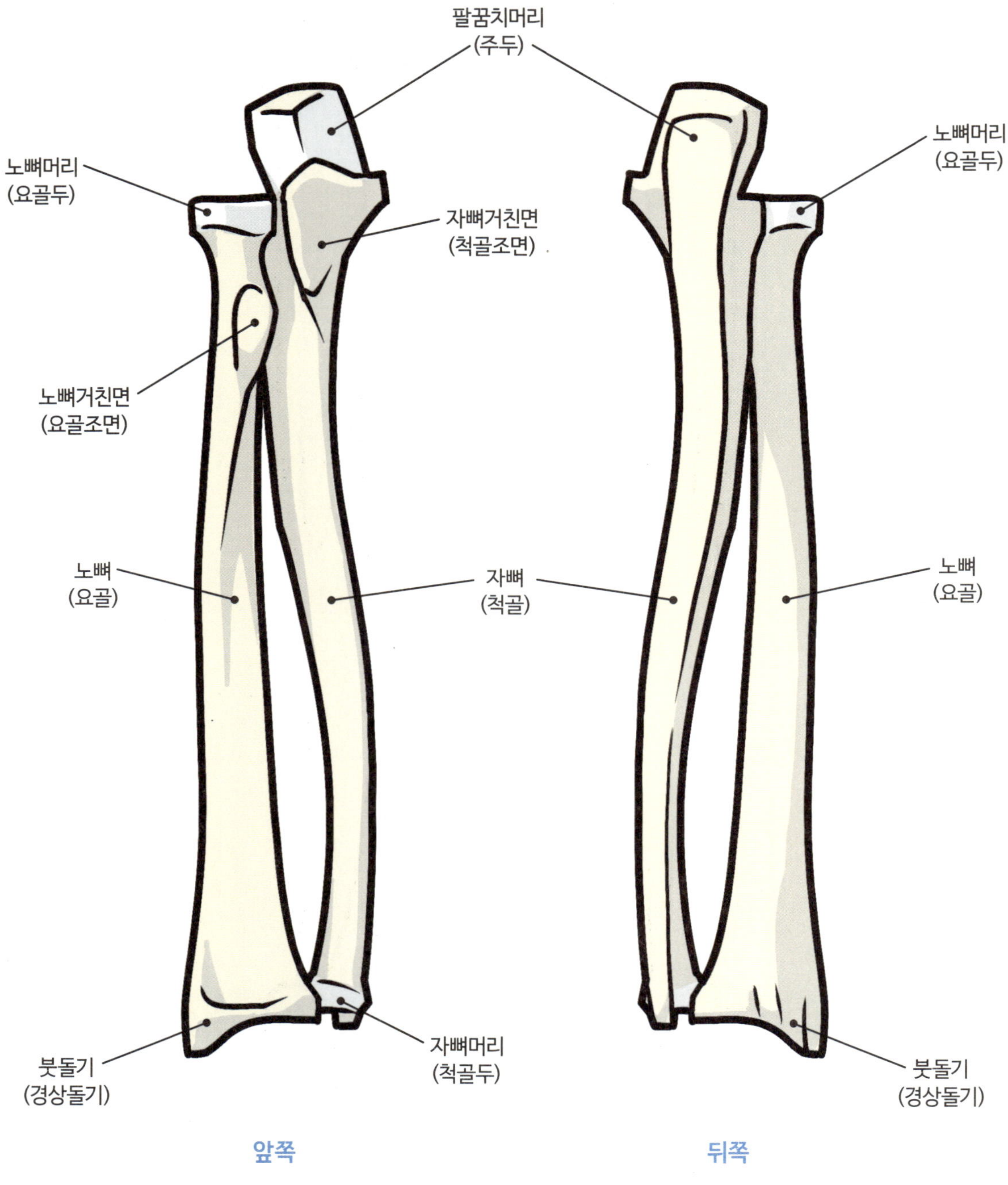
팔꿈치머리
(주두)
노뼈머리
(요골두)
자뼈거친면
(척골조면)
노뼈거친면
(요골조면)
노뼈
(요골)
자뼈
(척골)
붓돌기
(경상돌기)
자뼈머리
(척골두)
노뼈머리
(요골두)
노뼈
(요골)
붓돌기
(경상돌기)
앞쪽
뒤쪽

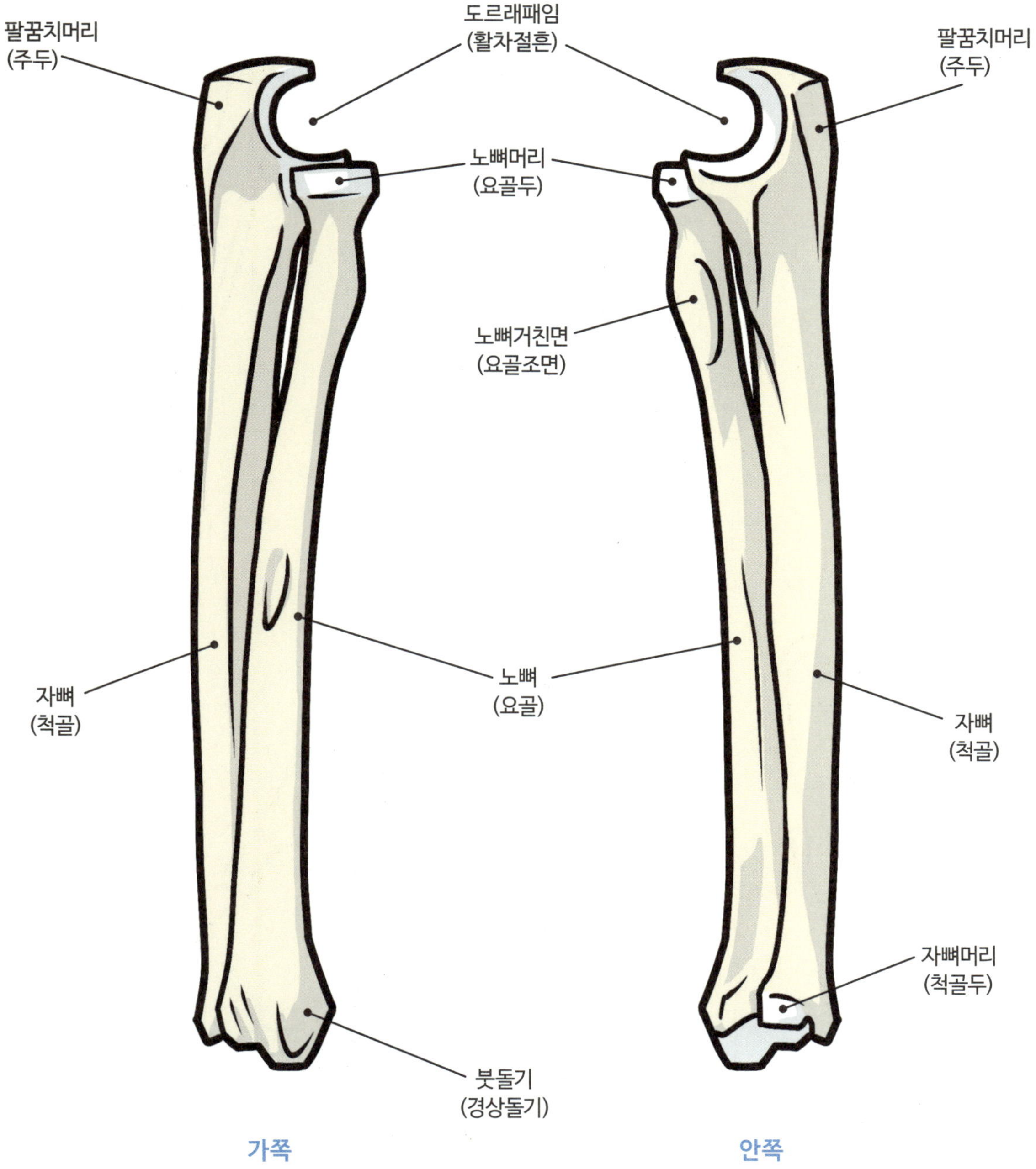
팔꿈치머리
(주두)
도르래패임
(활차절흔)
팔꿈치머리
(주두)
노뼈머리
(요골두)
노뼈거친면
(요골조면)
자뼈
(척골)
노뼈
(요골)
자뼈
(척골)
자뼈머리
(척골두)
붓돌기
(경상돌기)
가쪽
안쪽

손의 골격

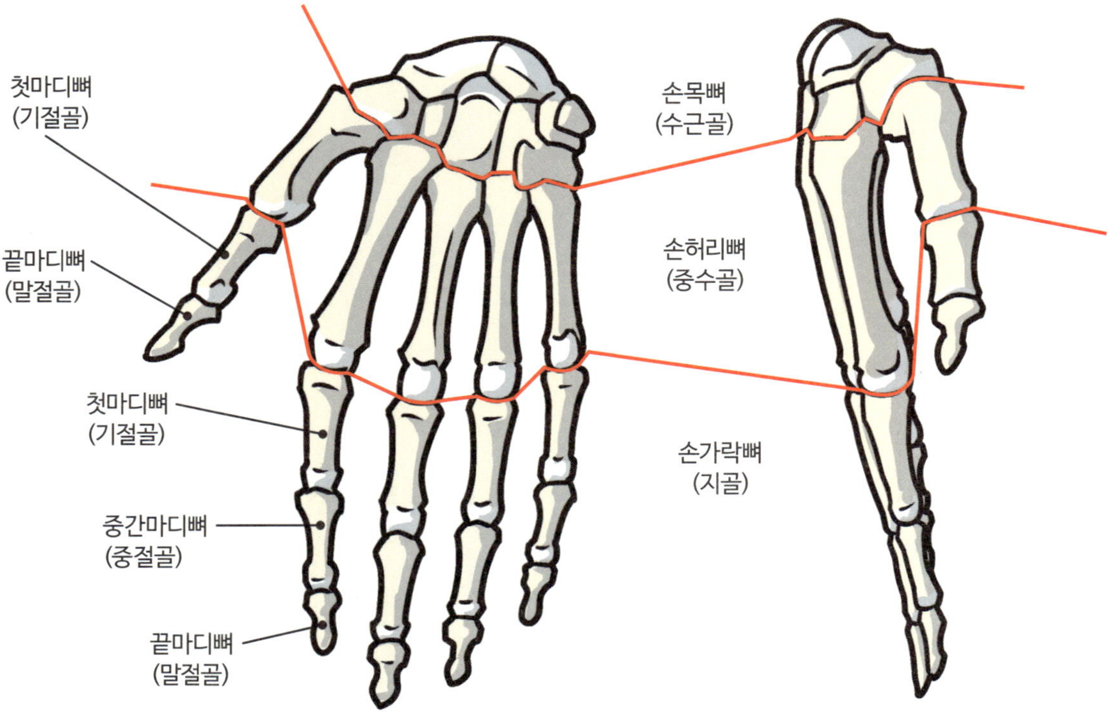
첫마디뼈
(기절골)
끝마디뼈
(말절골)
첫마디뼈
(기절골)
중간마디뼈
(중절골)
끝마디뼈
(말절골)
손목뼈
(수근골)
손허리뼈
(중수골)
손가락뼈
(지골)

앞쪽(손바닥 쪽)　　가쪽(엄지손가락 쪽)

※엄지에는 중간마디뼈(중절골)가 없다.

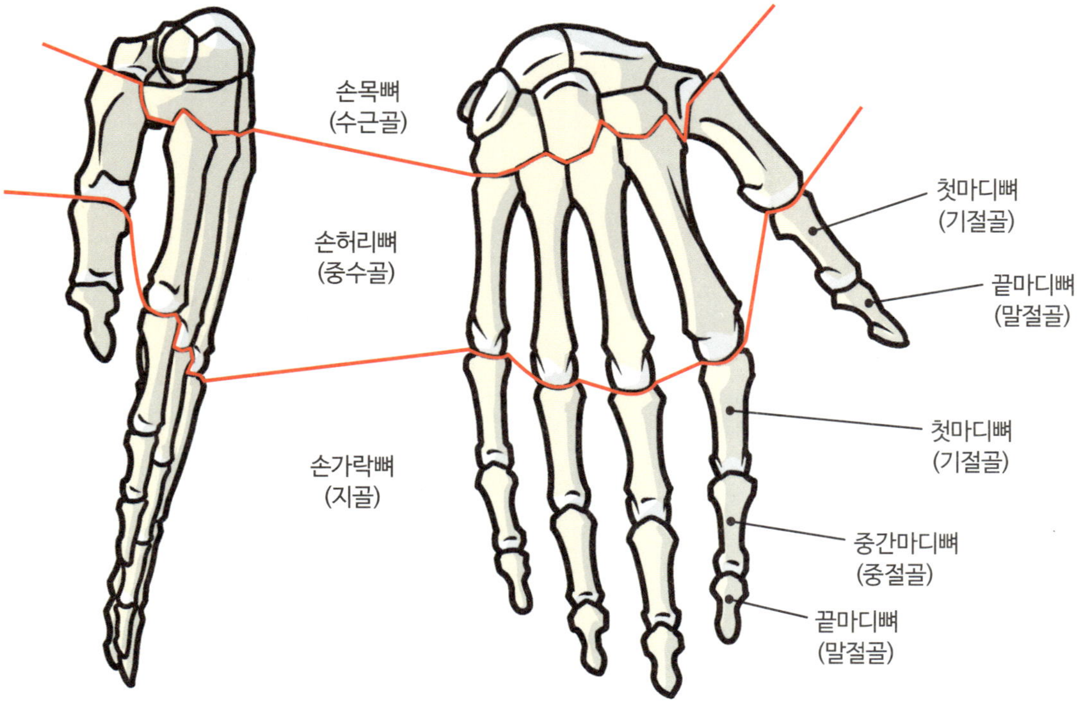
손목뼈
(수근골)
손허리뼈
(중수골)
손가락뼈
(지골)
첫마디뼈
(기절골)
끝마디뼈
(말절골)
첫마디뼈
(기절골)
중간마디뼈
(중절골)
끝마디뼈
(말절골)

안쪽(새끼손가락 쪽)　　뒤쪽(손등 쪽)

골반(남성)

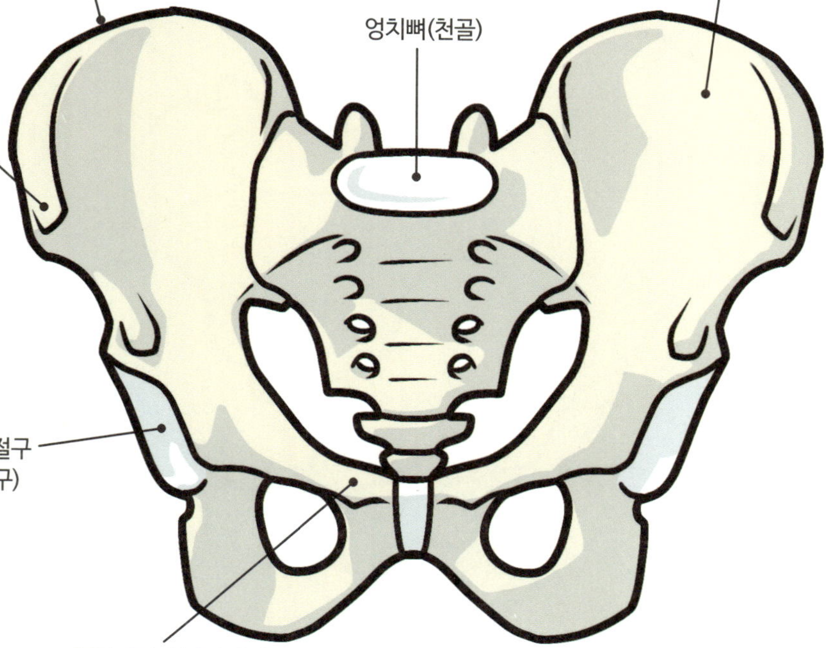

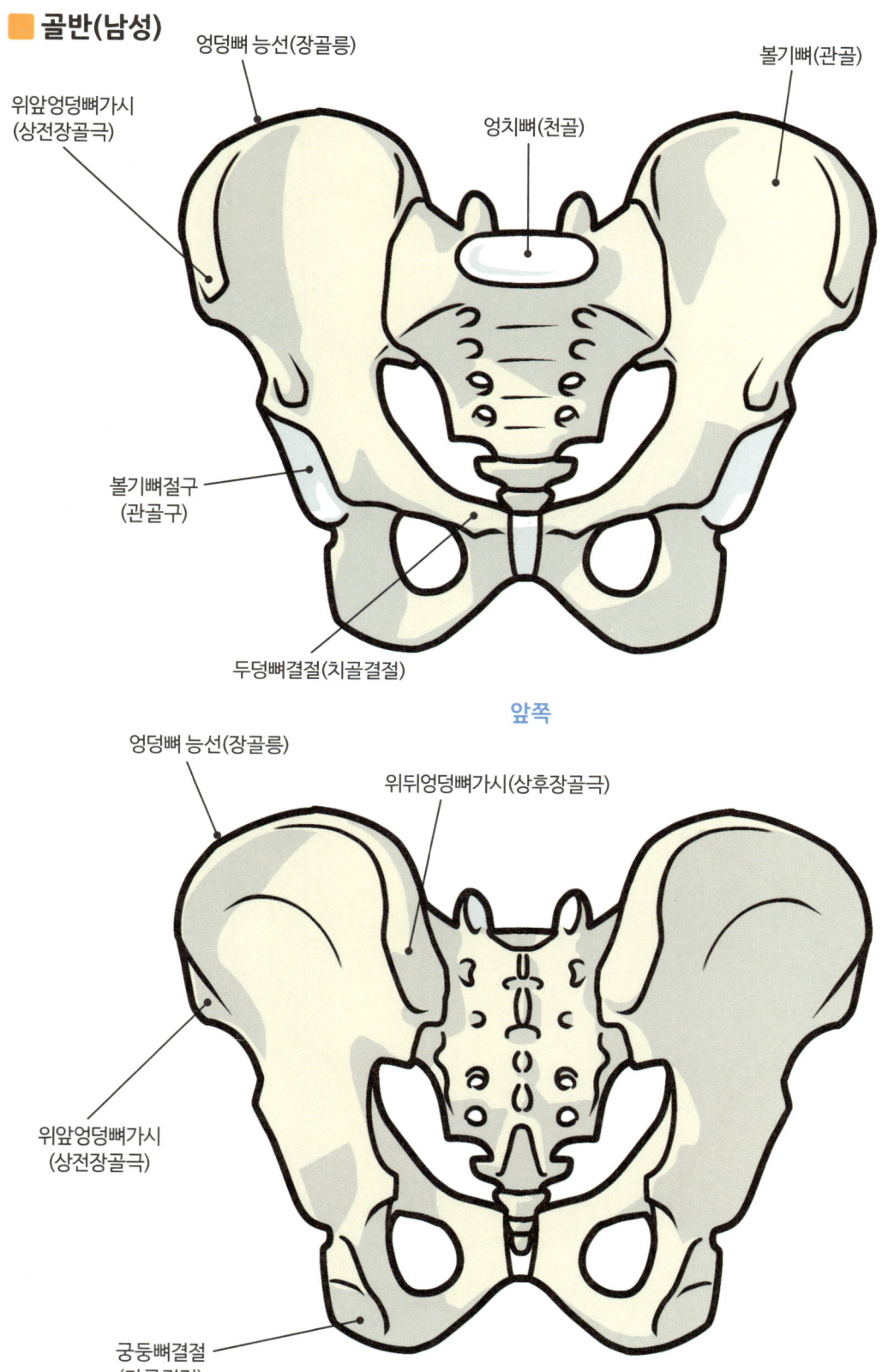

엉덩뼈 능선(장골릉)
위앞엉덩뼈가시
(상전장골극)
볼기뼈(관골)
엉치뼈(천골)
볼기뼈절구
(관골구)
두덩뼈결절(치골결절)

앞쪽

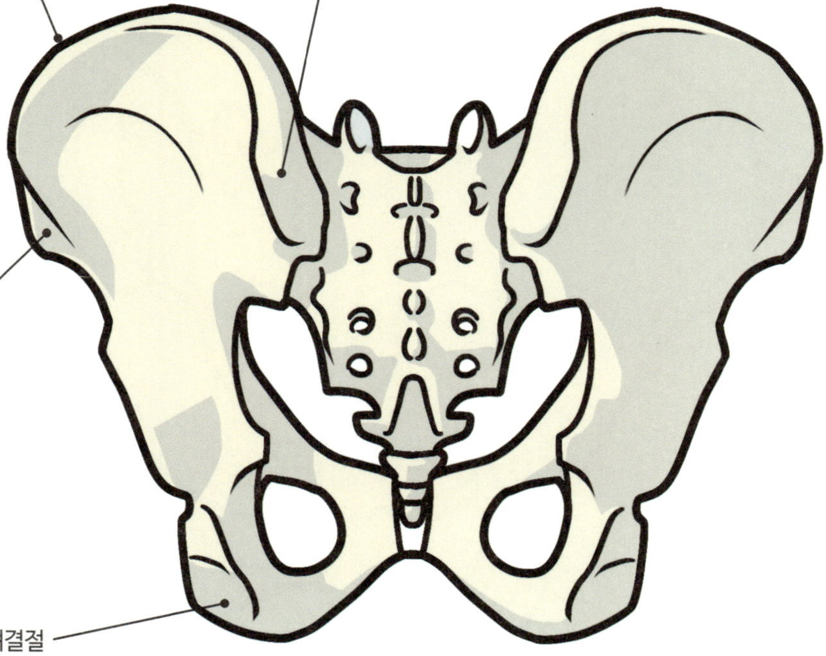

엉덩뼈 능선(장골릉)
위뒤엉덩뼈가시(상후장골극)
위앞엉덩뼈가시
(상전장골극)
궁둥뼈결절
(좌골결절)

뒤쪽

※남성의 골반은 일반적으로 폭이 좁고, 위아래로 길다.

골반(여성)

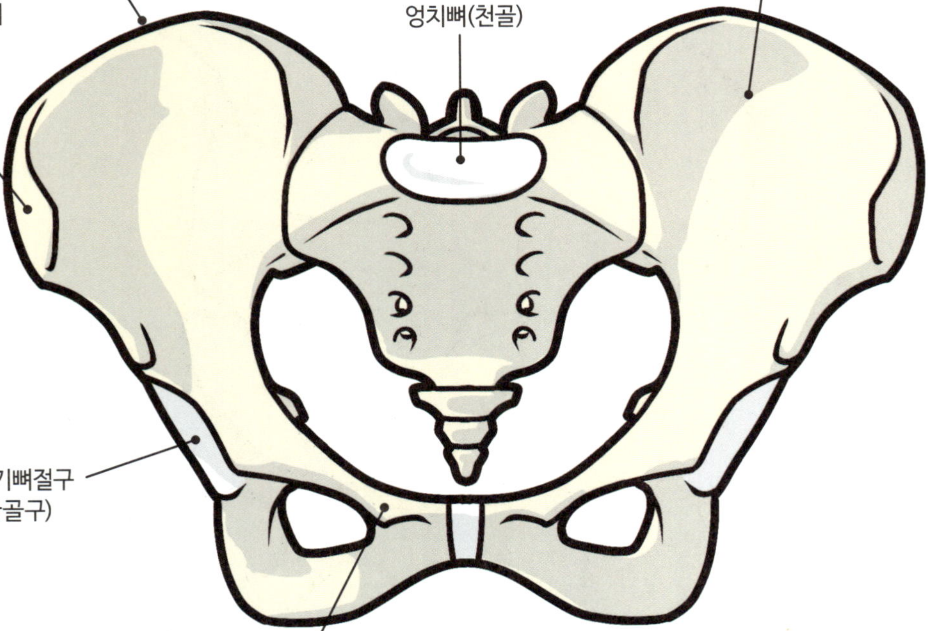
엉덩뼈 능선(장골릉)
볼기뼈(관골)
위앞엉덩뼈가시
(상전장골극)
엉치뼈(천골)
볼기뼈절구
(관골구)
두덩뼈결절(치골결절)

앞쪽

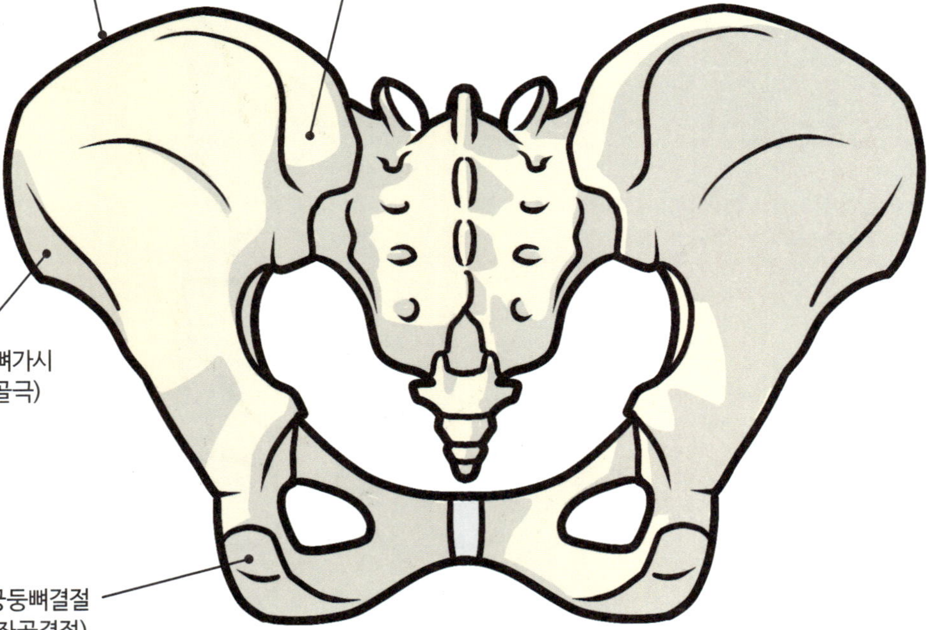
엉덩뼈 능선(장골릉)
위뒤엉덩뼈가시
(상후장골극)
위앞엉덩뼈가시
(상전장골극)
궁둥뼈결절
(좌골결절)

뒤쪽

※여성의 골반은 일반적으로 폭이 넓고, 위아래로 짧다.

골반(남성)

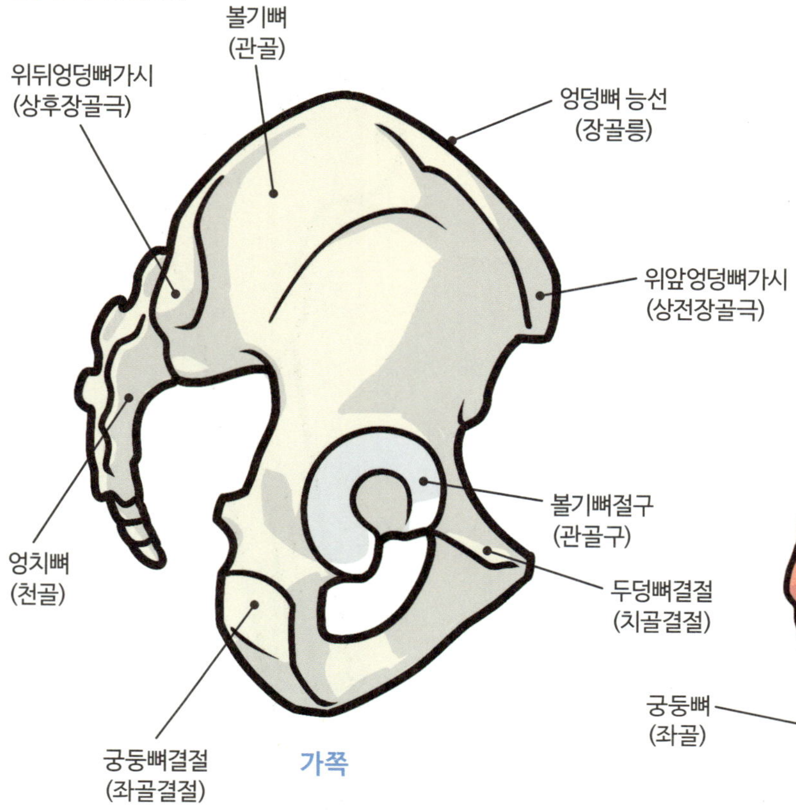
볼기뼈
(관골)
위뒤엉덩뼈가시
(상후장골극)
엉덩뼈 능선
(장골릉)
위앞엉덩뼈가시
(상전장골극)
엉치뼈
(천골)
볼기뼈절구
(관골구)
두덩뼈결절
(치골결절)
궁둥뼈결절
(좌골결절)
가쪽

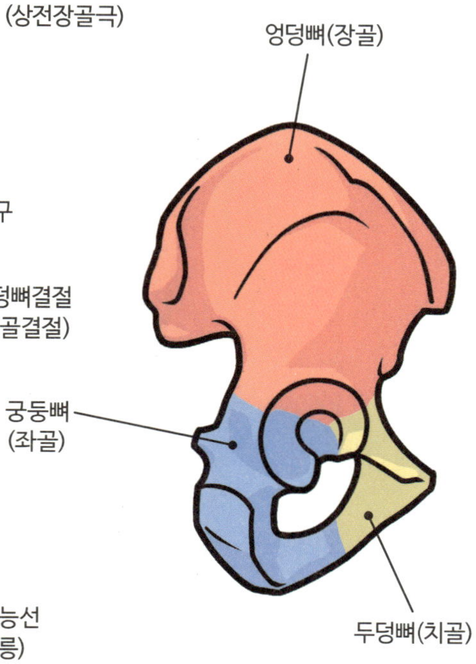
엉덩뼈(장골)
궁둥뼈
(좌골)
두덩뼈(치골)

골반(여성)

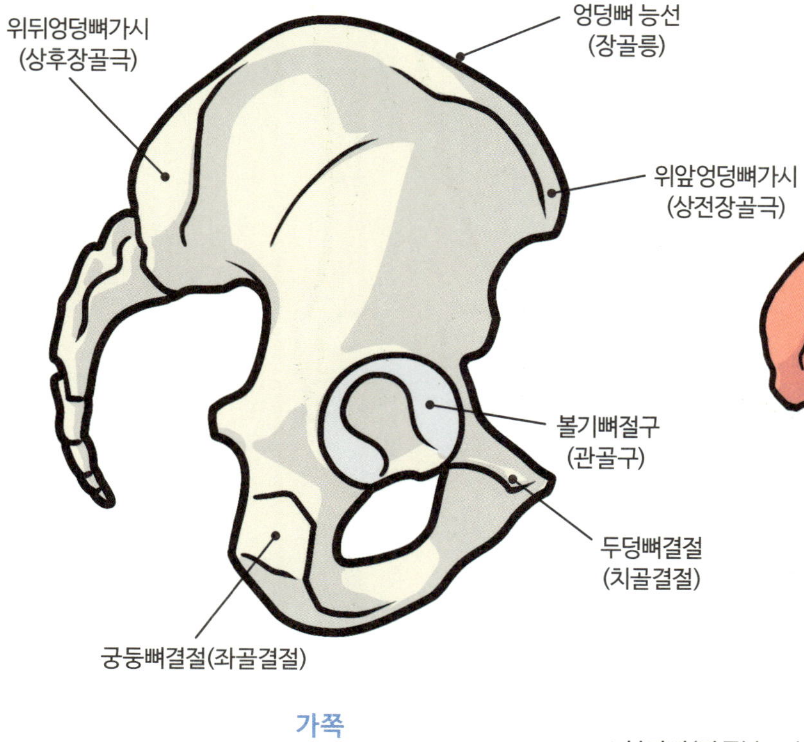
위뒤엉덩뼈가시
(상후장골극)
엉덩뼈 능선
(장골릉)
위앞엉덩뼈가시
(상전장골극)
볼기뼈절구
(관골구)
두덩뼈결절
(치골결절)
궁둥뼈결절(좌골결절)
가쪽

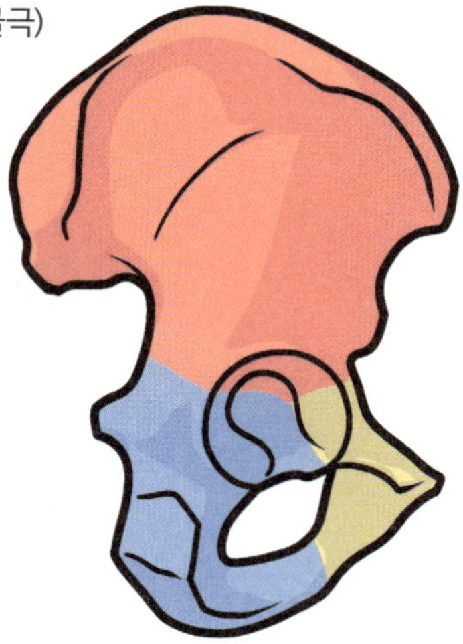

※볼기뼈(관골)는 뼈 3개가 붙어서 하나가 되어 있다.

넙다리뼈(대퇴골)

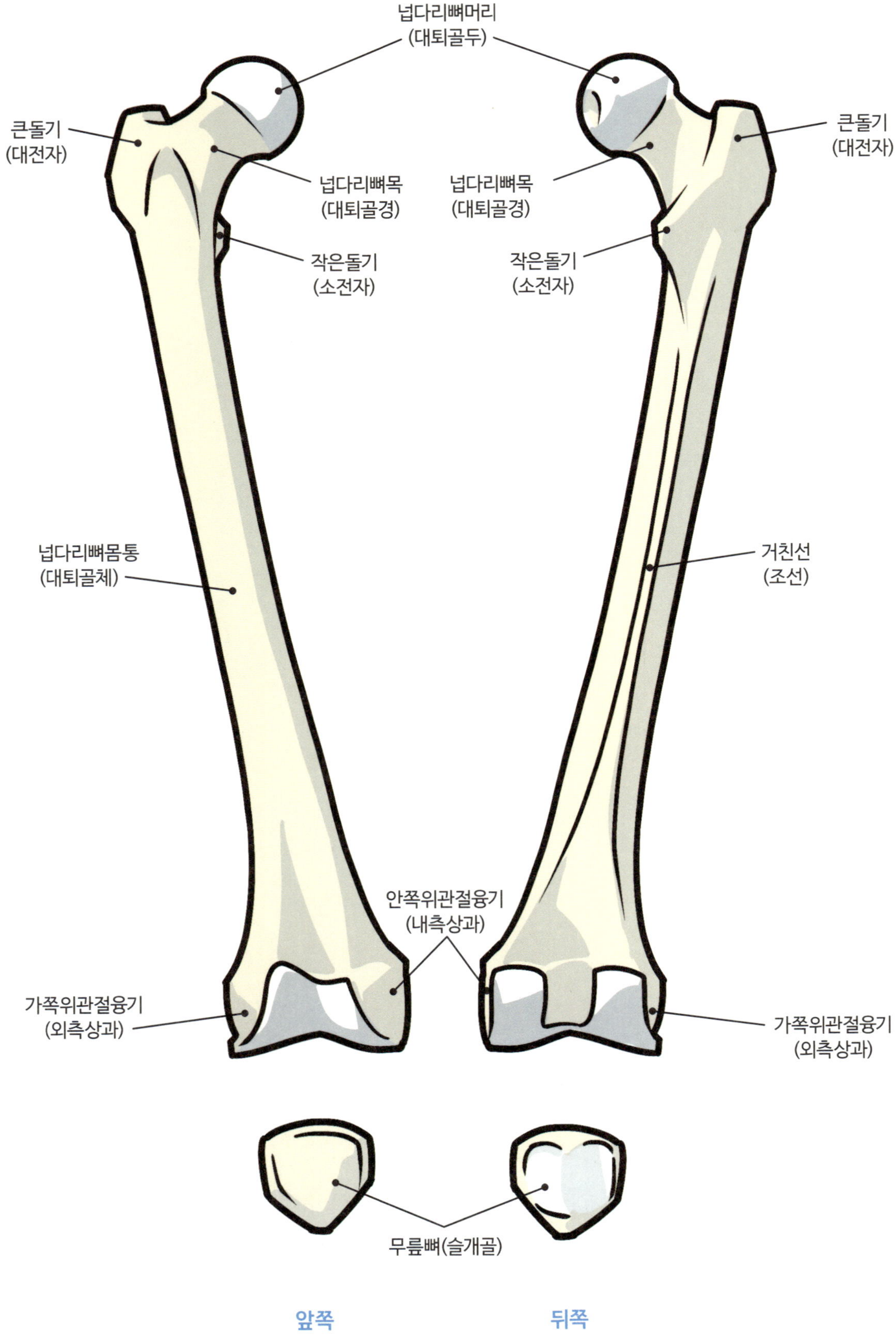
넙다리뼈머리
(대퇴골두)
큰돌기
(대전자)
넙다리뼈목
(대퇴골경)
넙다리뼈목
(대퇴골경)
큰돌기
(대전자)
작은돌기
(소전자)
작은돌기
(소전자)
넙다리뼈몸통
(대퇴골체)
거친선
(조선)
안쪽위관절융기
(내측상과)
가쪽위관절융기
(외측상과)
가쪽위관절융기
(외측상과)
무릎뼈(슬개골)
앞쪽
뒤쪽

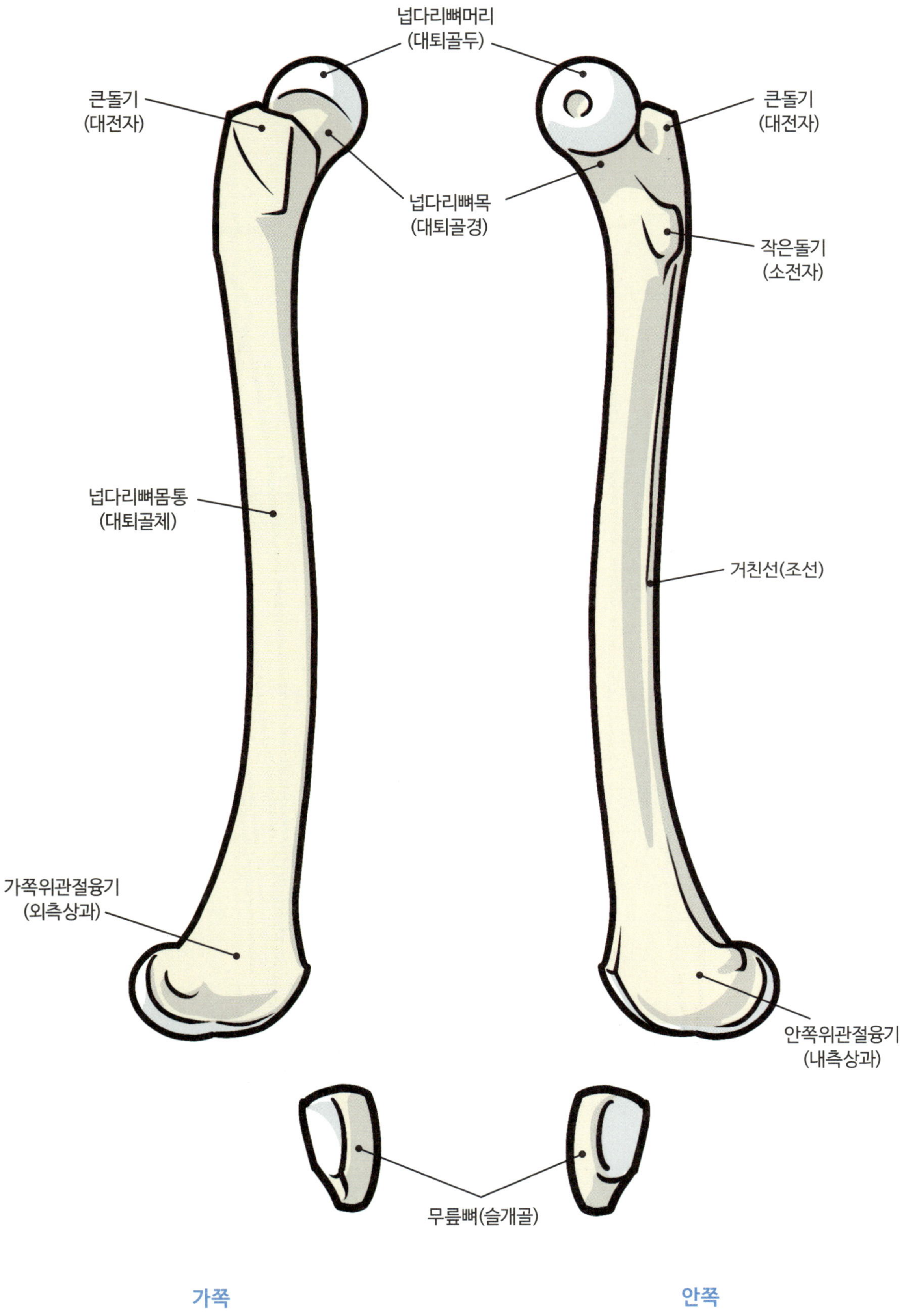
넙다리뼈머리
(대퇴골두)
큰돌기
(대전자)
넙다리뼈목
(대퇴골경)
큰돌기
(대전자)
작은돌기
(소전자)
넙다리뼈몸통
(대퇴골체)
거친선(조선)
가쪽위관절융기
(외측상과)
안쪽위관절융기
(내측상과)
무릎뼈(슬개골)
가쪽
안쪽

정강뼈(경골) · 종아리뼈(비골)

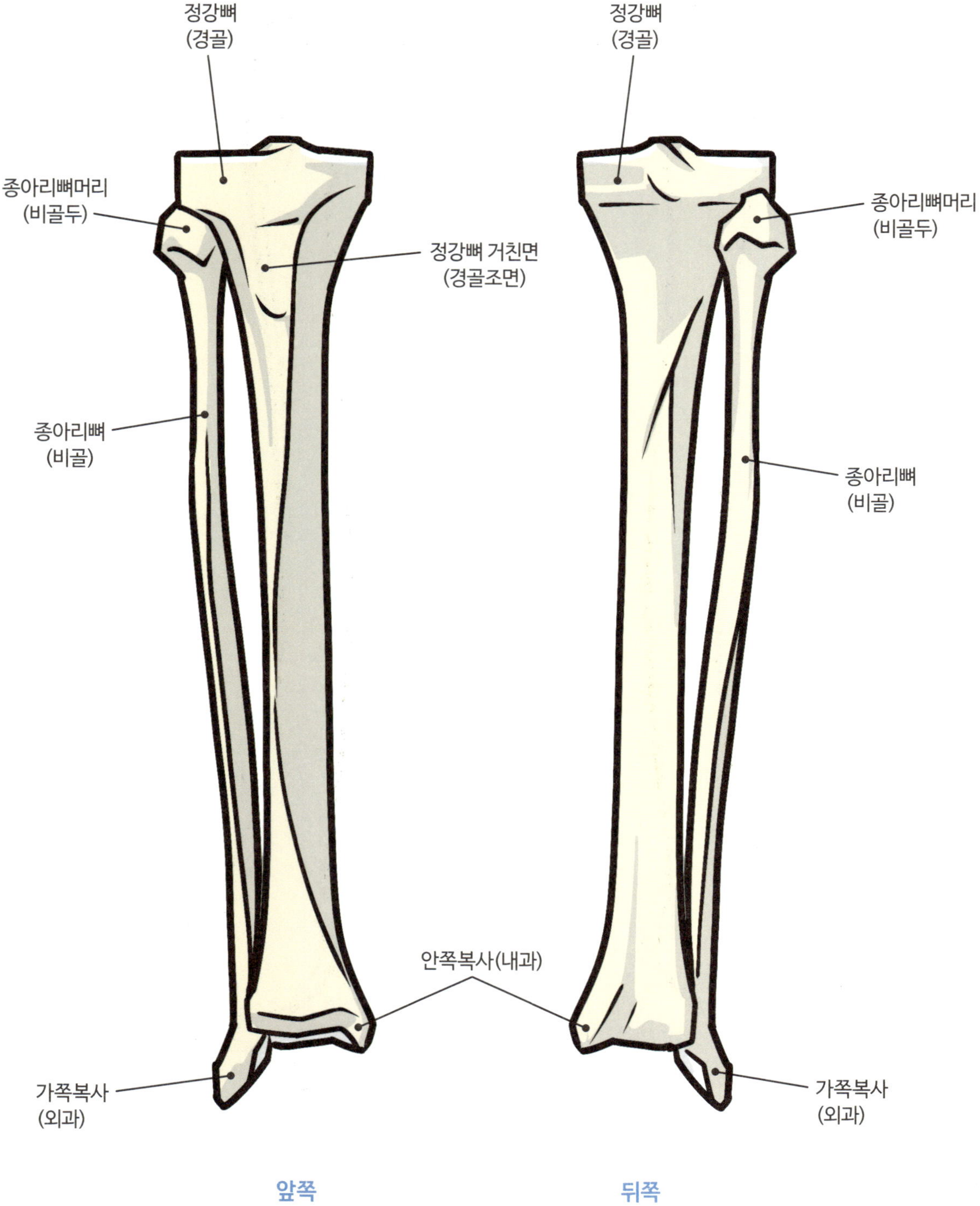

정강뼈
(경골)
종아리뼈머리
(비골두)
정강뼈 거친면
(경골조면)
종아리뼈
(비골)
안쪽복사(내과)
가쪽복사
(외과)
앞쪽
정강뼈
(경골)
종아리뼈머리
(비골두)
종아리뼈
(비골)
가쪽복사
(외과)
뒤쪽

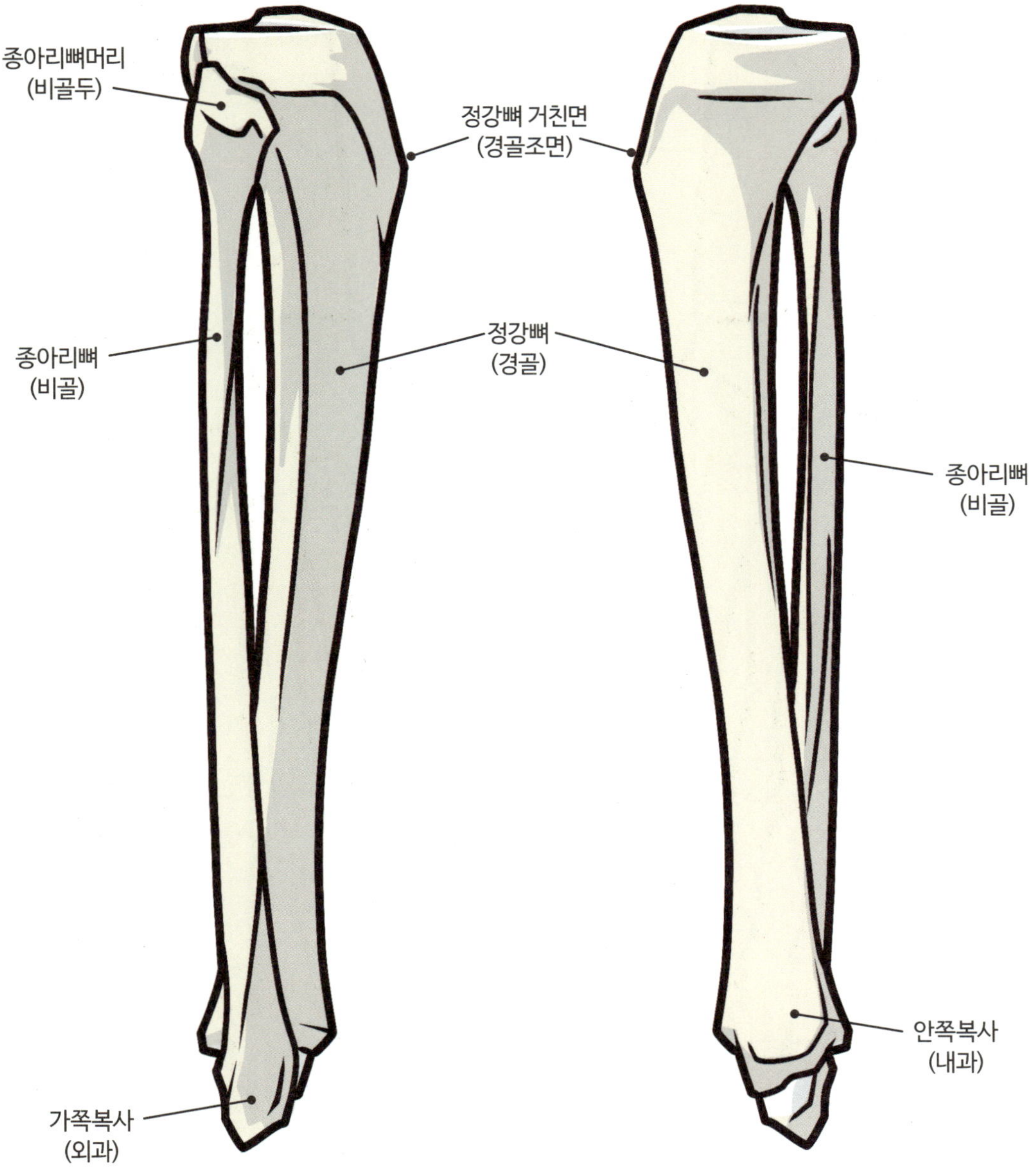
종아리뼈머리
(비골두)
정강뼈 거친면
(경골조면)
종아리뼈
(비골)
정강뼈
(경골)
종아리뼈
(비골)
안쪽복사
(내과)
가쪽복사
(외과)

가쪽　　　안쪽

발의 골격

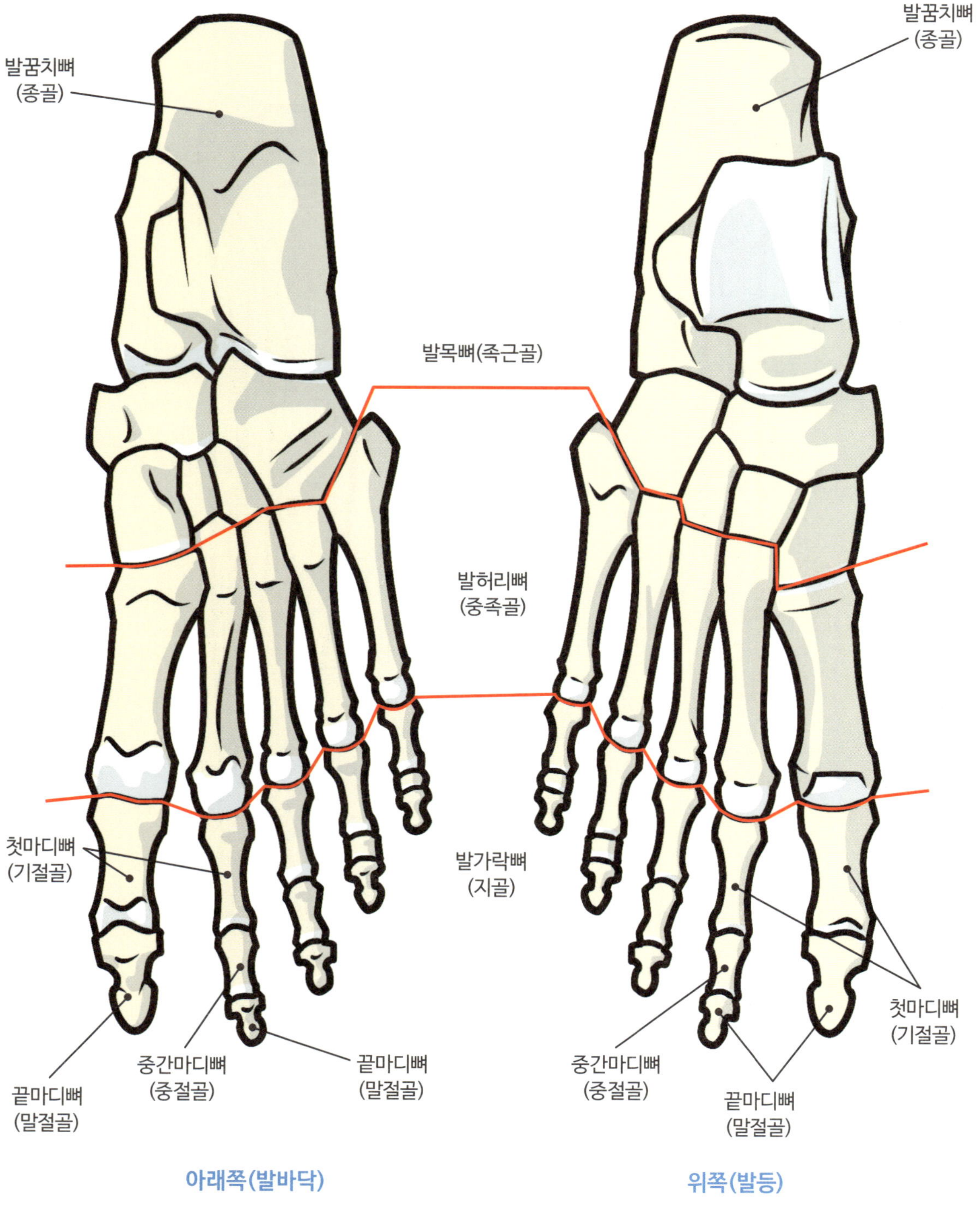

발꿈치뼈
(종골)
발꿈치뼈
(종골)
발목뼈(족근골)
발허리뼈
(중족골)
발가락뼈
(지골)
첫마디뼈
(기절골)
첫마디뼈
(기절골)
중간마디뼈
(중절골)
끝마디뼈
(말절골)
끝마디뼈
(말절골)
중간마디뼈
(중절골)
끝마디뼈
(말절골)
아래쪽(발바닥)
위쪽(발등)

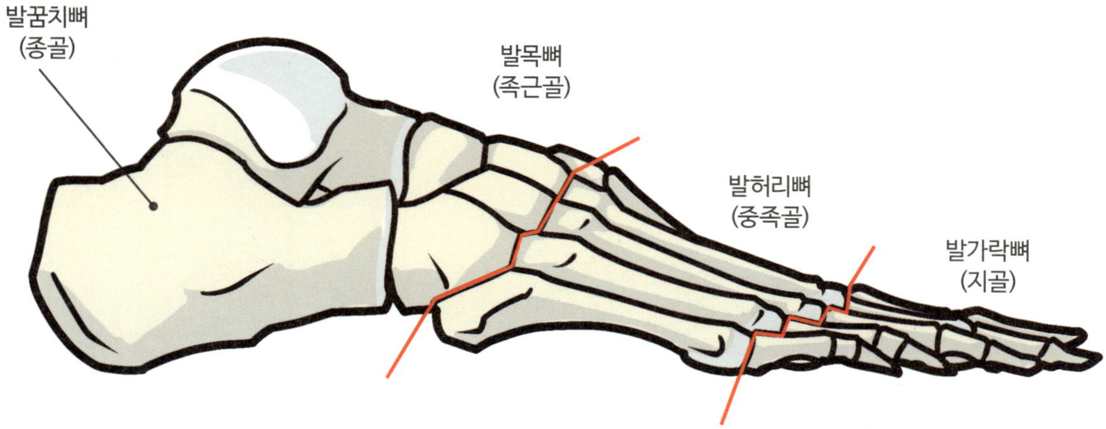
발꿈치뼈
(종골)
발목뼈
(족근골)
발허리뼈
(중족골)
발가락뼈
(지골)

가쪽

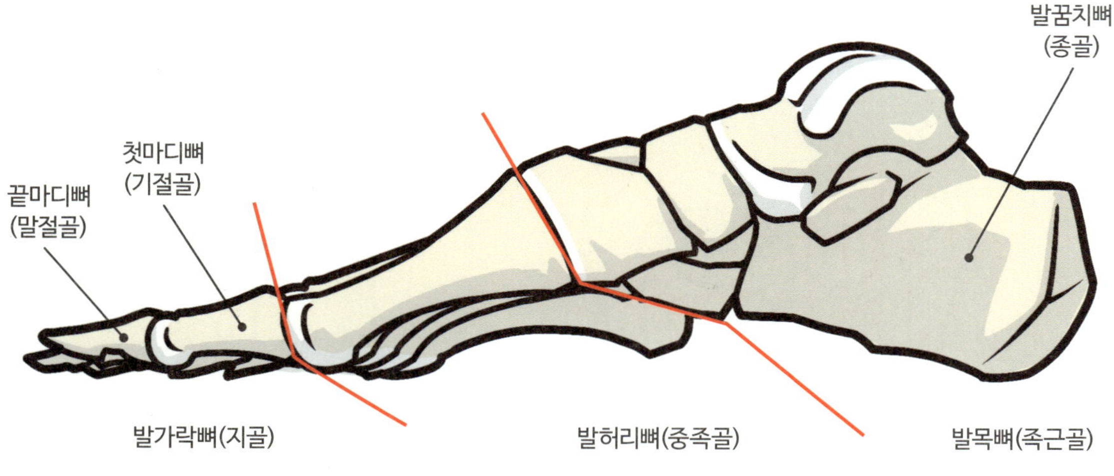
발꿈치뼈
(종골)
첫마디뼈
(기절골)
끝마디뼈
(말절골)
발가락뼈(지골)
발허리뼈(중족골)
발목뼈(족근골)

안쪽

몸통의 골격 ※ 노랗게 칠한 부분은 체표에서 확인할 수 있는 부위

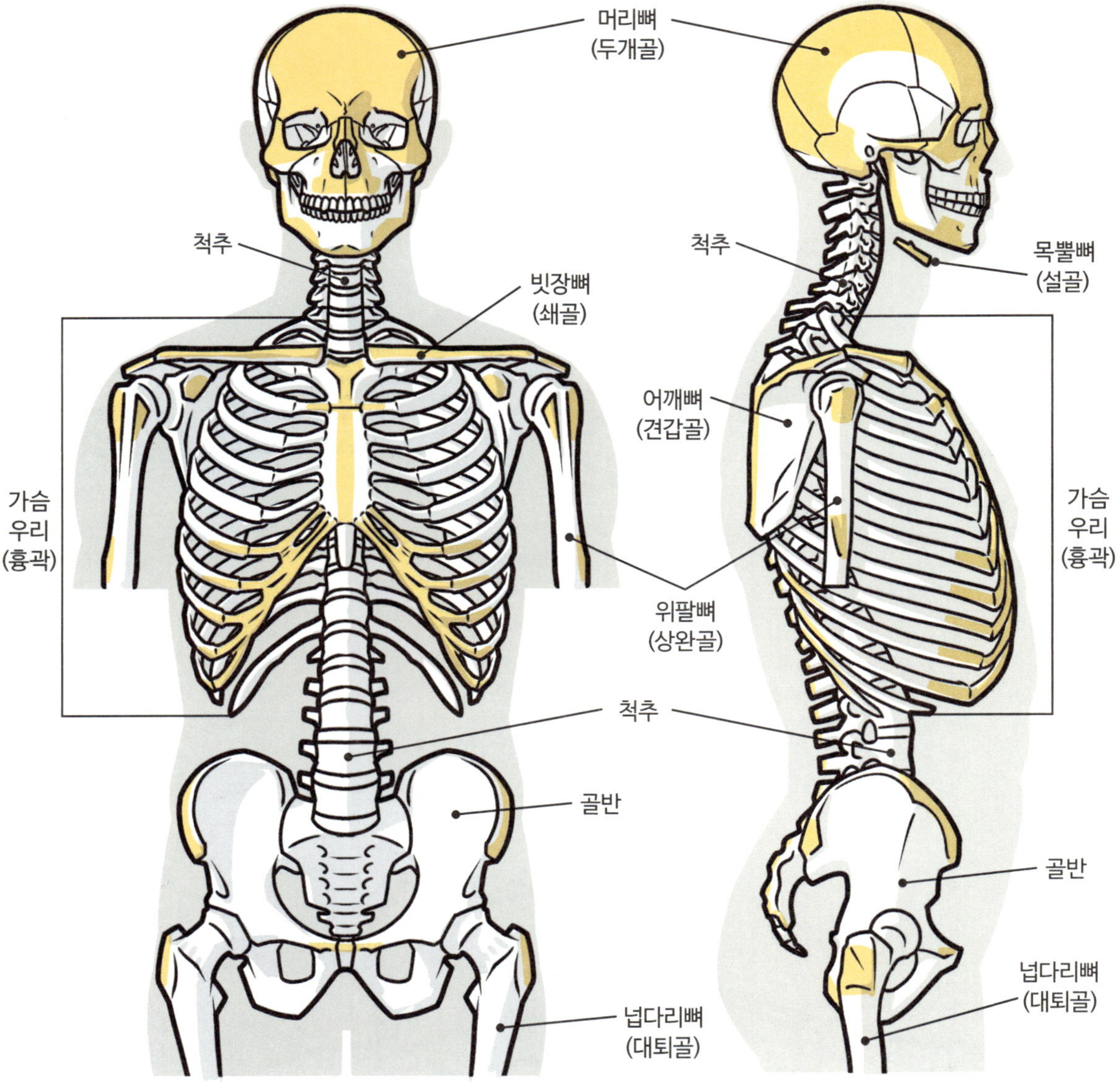

머리뼈
(두개골)
척추
빗장뼈
(쇄골)
가슴
우리
(흉곽)
척추
골반
넙다리뼈
(대퇴골)
위팔뼈
(상완골)
척추
목뿔뼈
(설골)
어깨뼈
(견갑골)
가슴
우리
(흉곽)
골반
넙다리뼈
(대퇴골)

앞쪽

가쪽

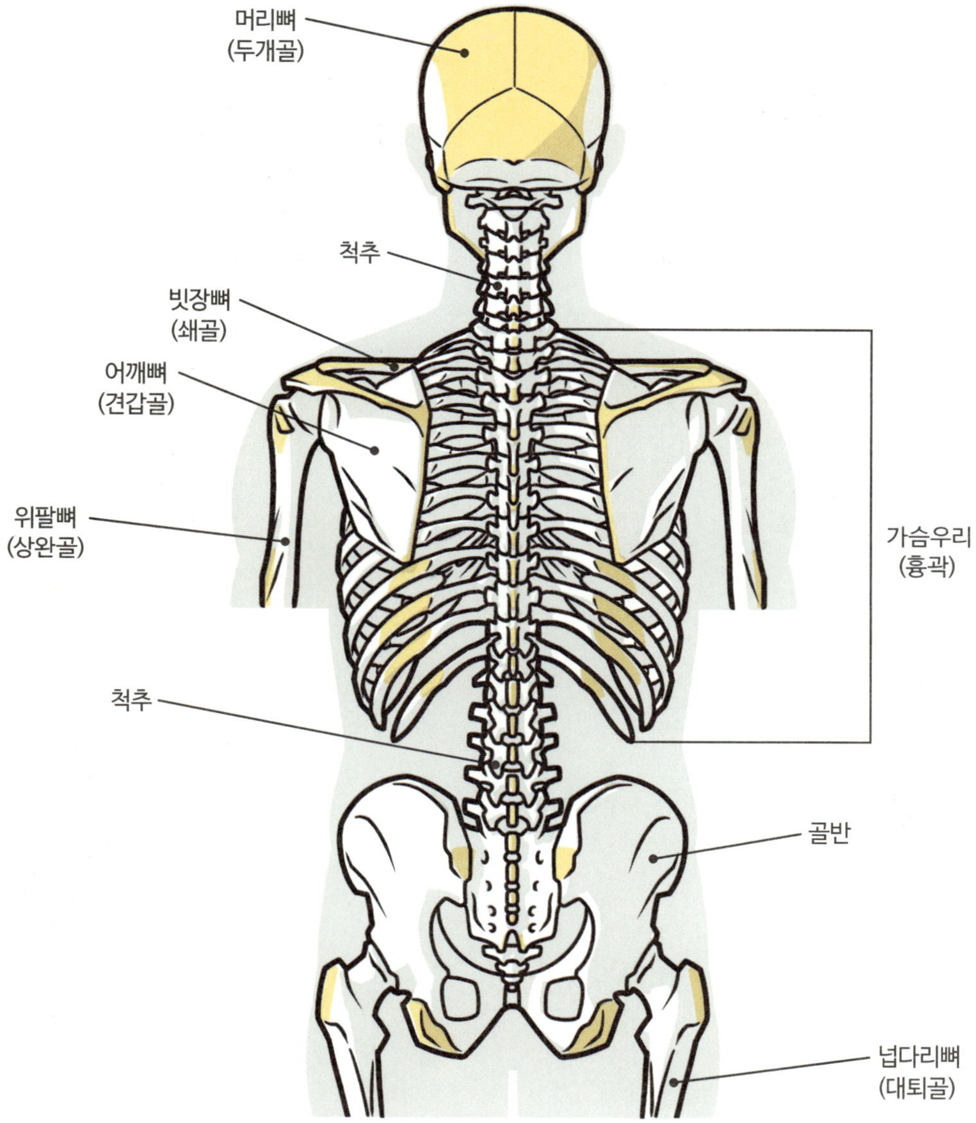
머리뼈
(두개골)
척추
빗장뼈
(쇄골)
어깨뼈
(견갑골)
위팔뼈
(상완골)
척추
가슴우리
(흉곽)
골반
넙다리뼈
(대퇴골)

뒤쪽

팔의 골격

※ 노랗게 칠한 부분은 체표에서 확인할 수 있는 부위

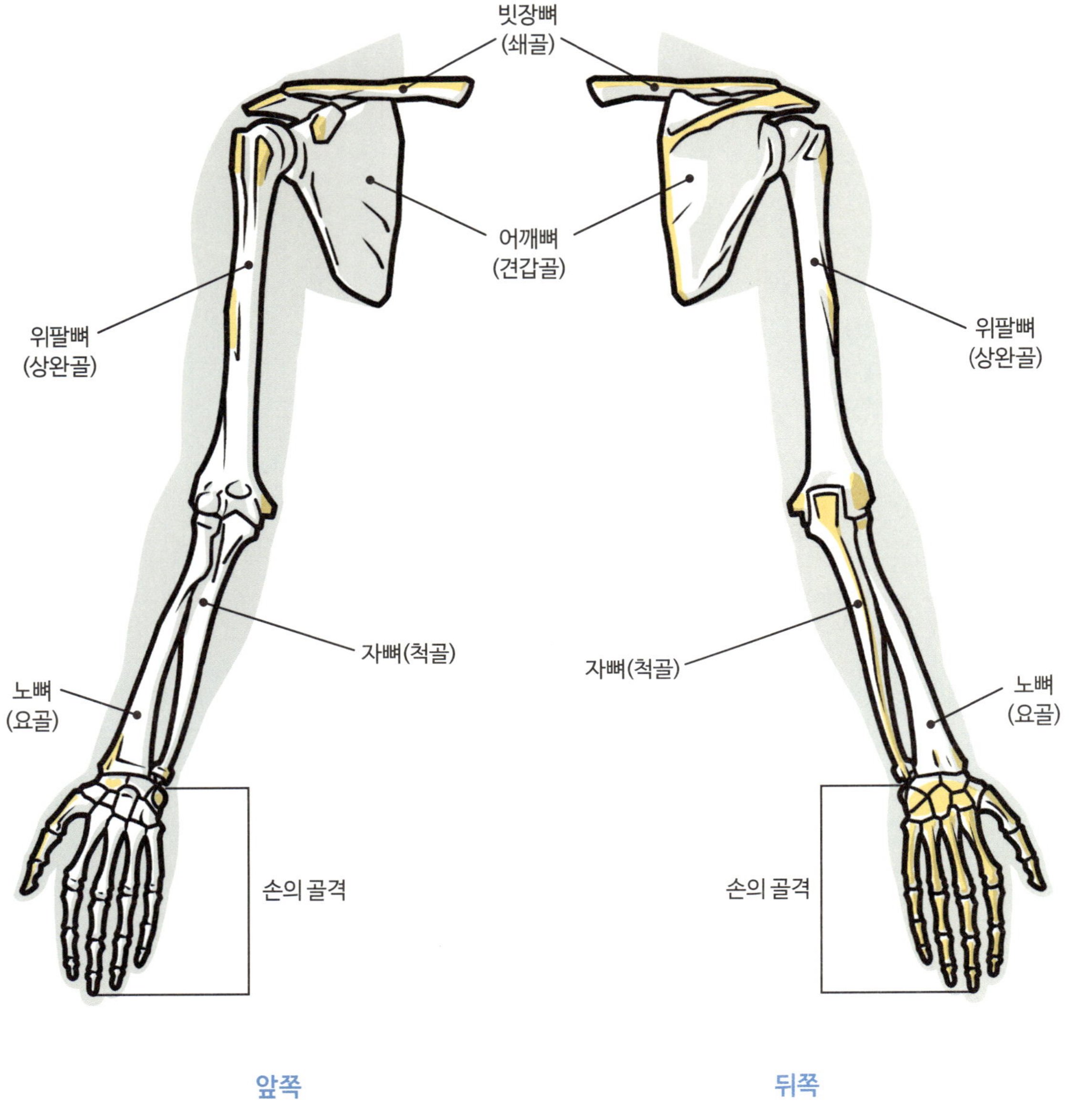

빗장뼈
(쇄골)
어깨뼈
(견갑골)
위팔뼈
(상완골)
자뼈(척골)
노뼈
(요골)
손의 골격
앞쪽
위팔뼈
(상완골)
자뼈(척골)
노뼈
(요골)
손의 골격
뒤쪽

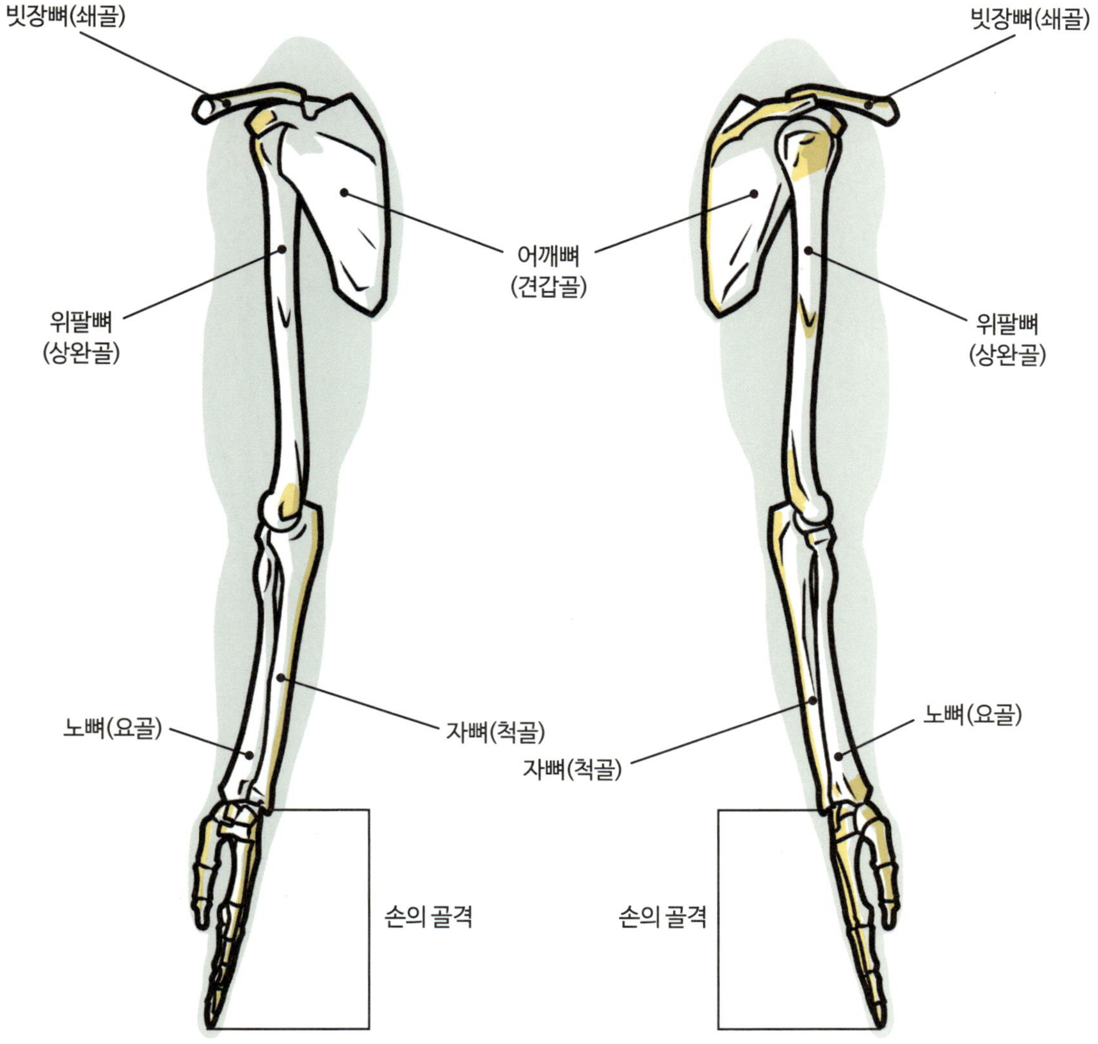
빗장뼈(쇄골)
위팔뼈
(상완골)
노뼈(요골)
어깨뼈
(견갑골)
자뼈(척골)
손의 골격
손의 골격
자뼈(척골)
빗장뼈(쇄골)
위팔뼈
(상완골)
노뼈(요골)

안쪽

가쪽

다리의 골격 ※ 노랗게 칠한 부분은 체표에서 확인할 수 있는 부위

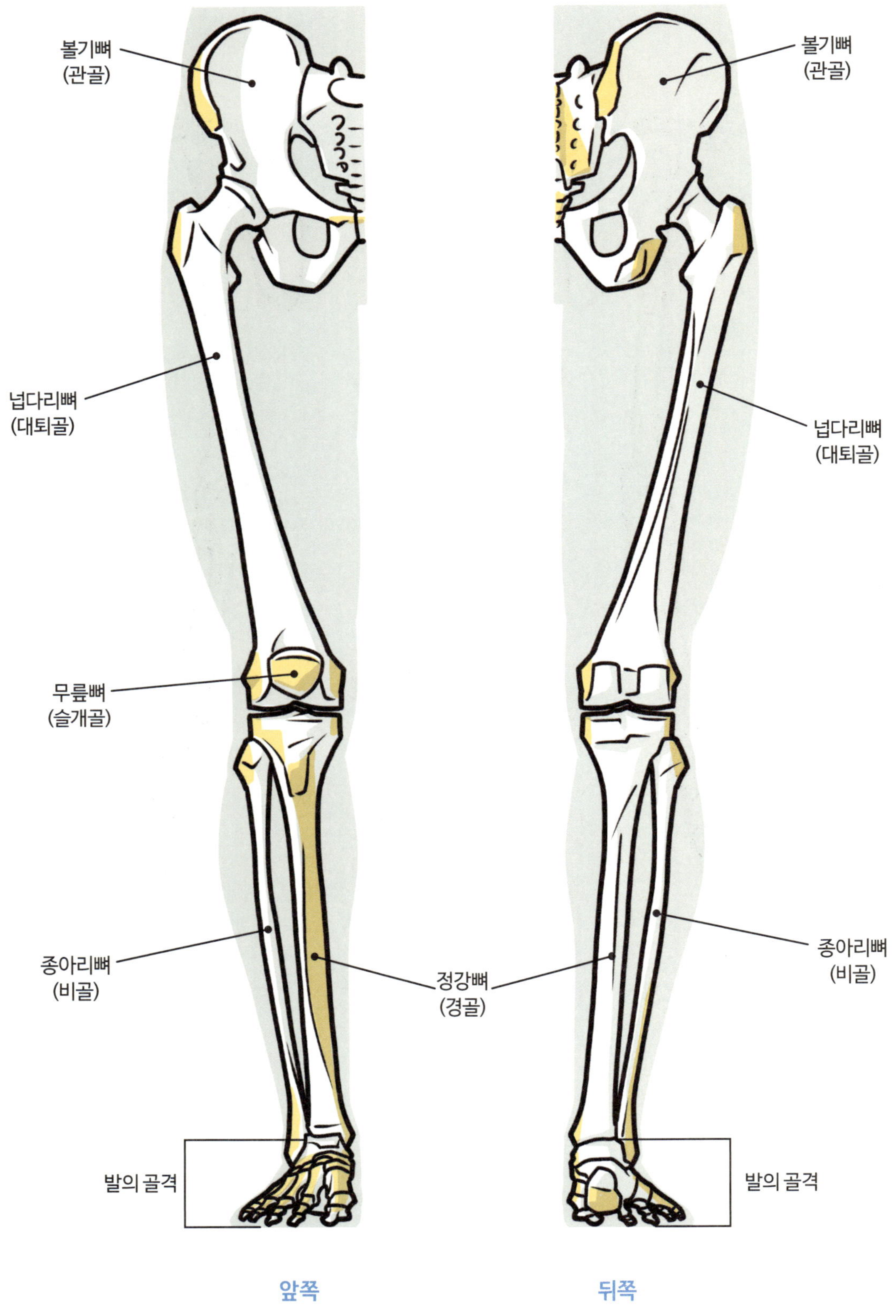
볼기뼈
(관골)
넙다리뼈
(대퇴골)
무릎뼈
(슬개골)
종아리뼈
(비골)
정강뼈
(경골)
발의 골격
볼기뼈
(관골)
넙다리뼈
(대퇴골)
종아리뼈
(비골)
발의 골격
앞쪽
뒤쪽

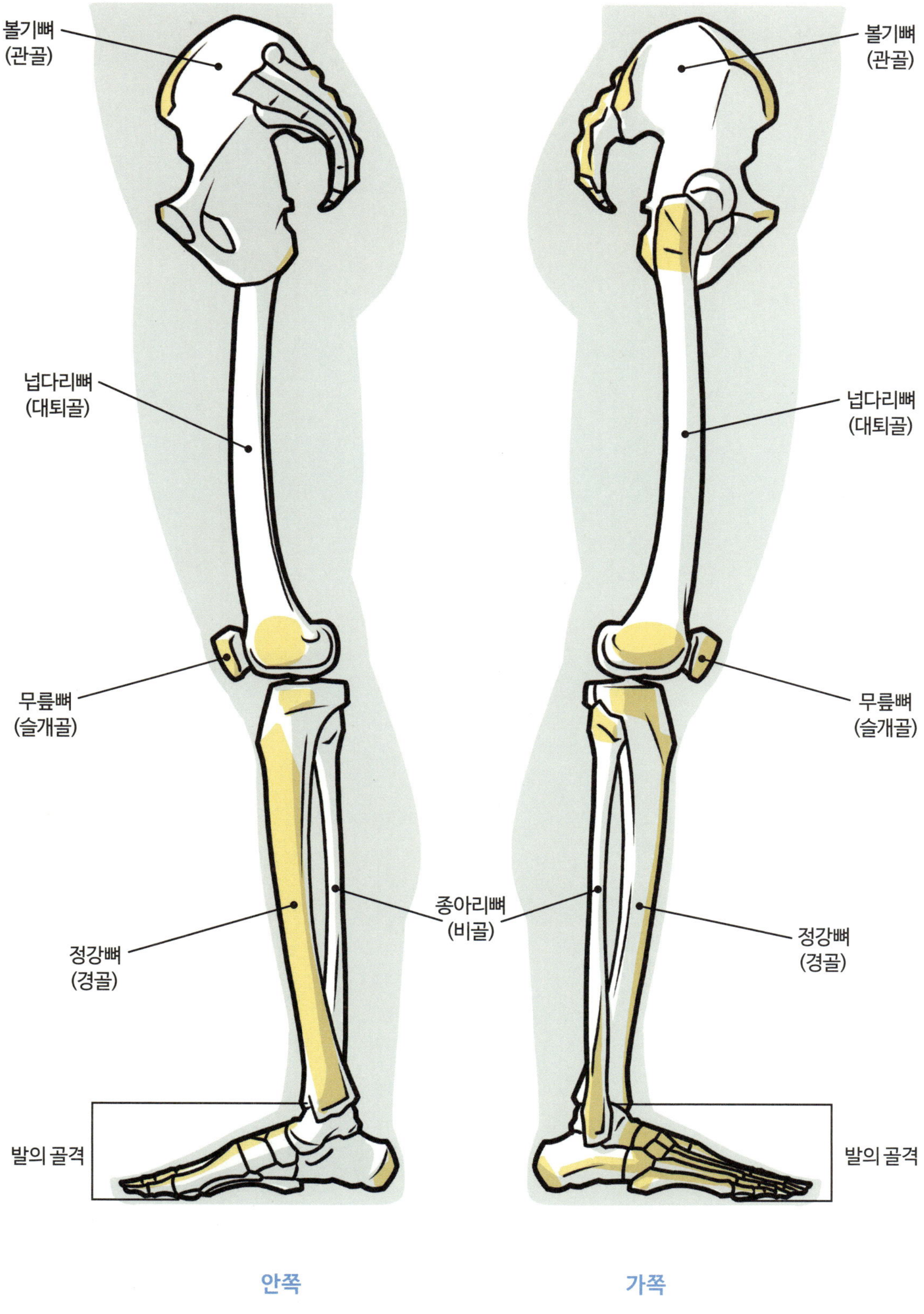
볼기뼈
(관골)
넙다리뼈
(대퇴골)
무릎뼈
(슬개골)
정강뼈
(경골)
발의 골격
안쪽
종아리뼈
(비골)
볼기뼈
(관골)
넙다리뼈
(대퇴골)
무릎뼈
(슬개골)
정강뼈
(경골)
발의 골격
가쪽

제 2 장

뼈를 단순화해서 그려 보기

제2장에서는 뼈의 형태를 프레임과 축으로 바꾸어 그리는 방법을 소개합니다. 주로 둥글고 볼륨감 있는 형태는 프레임으로, 가늘고 길쭉한 형태는 축으로 파악해 나가겠습니다. 가슴우리(흉곽)나 손처럼 프레임과 축을 함께 활용해 표현하는 부위도 있습니다. 기본적인 과정은 다음과 같습니다.

1단계: 프레임 또는 축을 그립니다.
2단계: 두께나 길이 등 살을 붙여 형태를 만듭니다.
3단계: 뼈 끝부분의 세세한 볼륨감을 그려줍니다.
4단계: 형태를 다듬어 완성합니다.

이런 식으로 끝까지 뼈의 형태를 그려보는 것은 주로 형태를 익히기 위한 학습 목적이 큽니다. 특히 미술을 하는 분들은 형태를 직접 그려보며 기억하는 경우가 많으므로 시간적 여유가 있다면 완성 단계까지 그려보시기를 권합니다.

여기에 실린 내용은 어디까지나 하나의 예시일 뿐입니다. 반드시 정해진 순서대로 그릴 필요는 없습니다. 보다 짧은 시간 안에 그려야 하는 경우는 1단계 수준의 간단한 표현만 활용하거나, 제4장에 소개된 막대 인간(스틱맨) 예시를 참고하시기 바랍니다.

척추 그리는 법

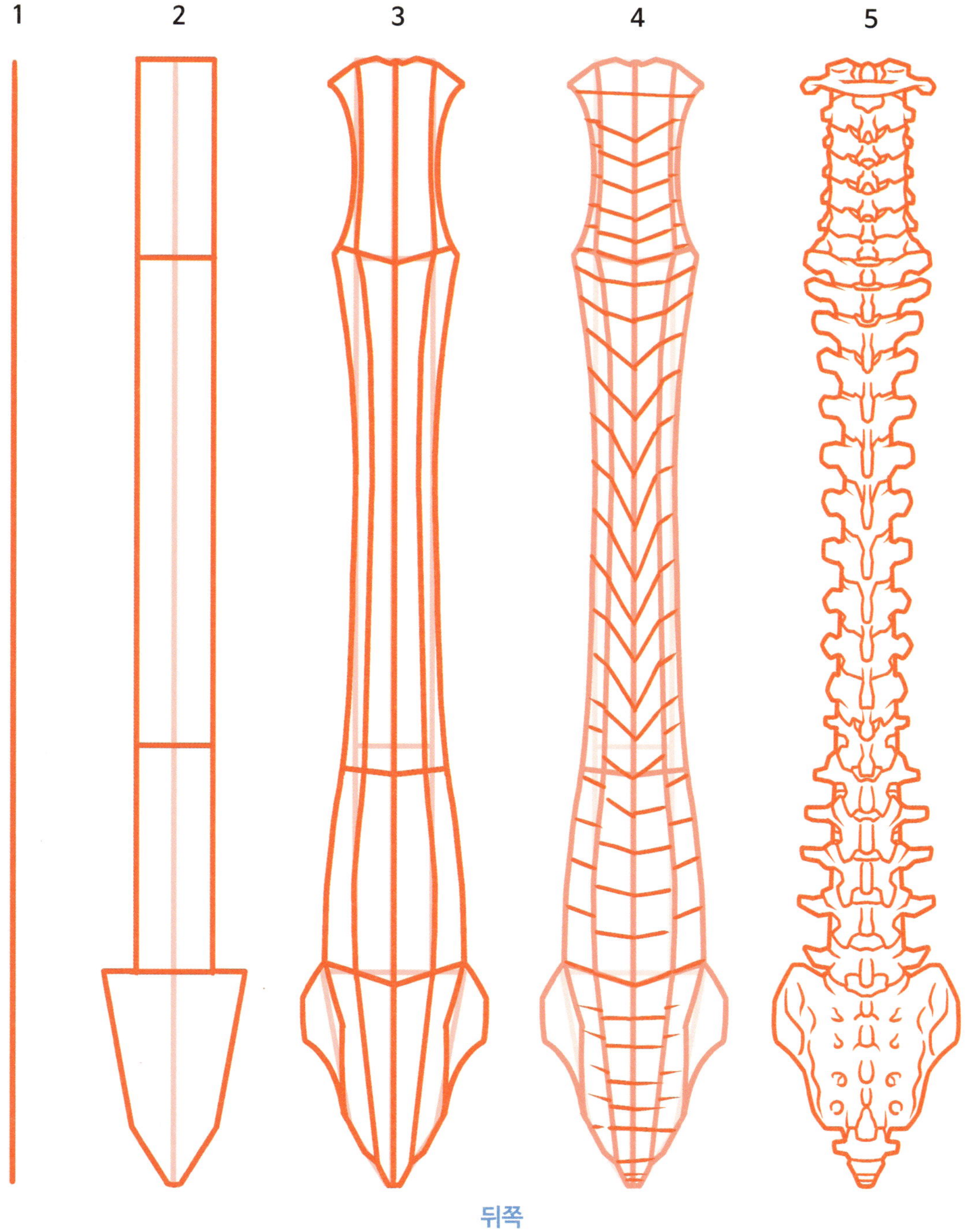
1
2
3
4
5
뒤쪽

1단계 : 척추의 축을 그린다.

2단계 : 축에 너비와 두께를 더하고, 구간을 나눈다. 이 단계에서 그리는 부분은 주로 몸의 무게를 지탱하는 척추뼈몸통(척추체)이다.

3단계 : 너비와 두께를 더 늘리고, 척추 전체의 윤곽을 그린다.

4단계 : 척추뼈 하나하나를 구분해 나눈다.

5단계 : 세부 요소를 그리고, 선을 정리하여 완성한다. 어렵게 느껴질 경우에는 그림을 보고 똑같이 그리거나 투사지(기름종이)에 덧그리며 연습해도 된다.

척추 그리는 법

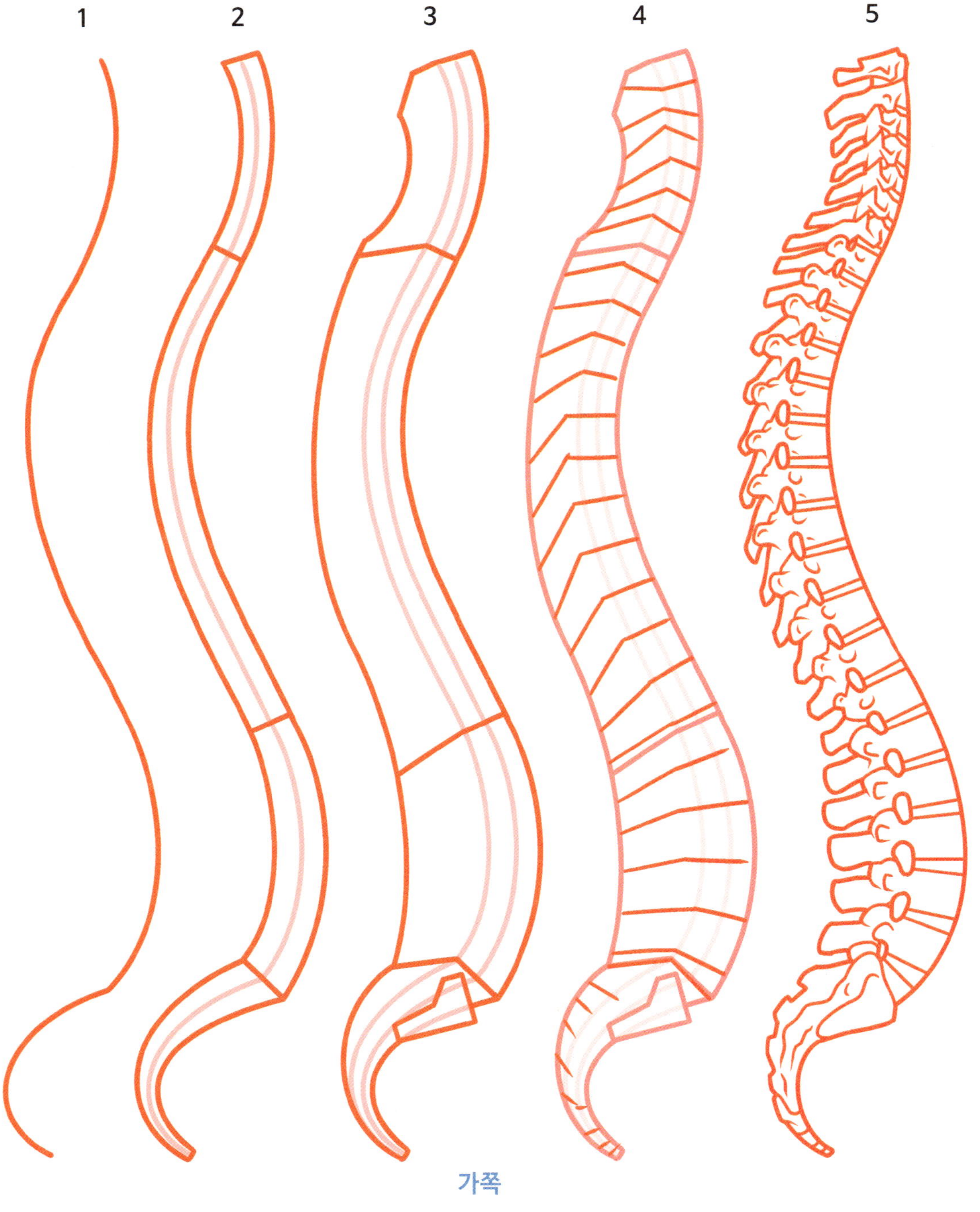
1
2
3
4
5
가쪽

1단계 : 척추의 축을 그린다. 옆에서 보았을 때, 곡선을 이룬다는 점에 주목한다.

2단계 : 축에 너비와 두께를 더하고, 구간을 나눈다. 이 단계에서 그리는 부분은 주로 몸의 무게를 지탱하는 척추뼈몸통(척추체)이다.

3단계 : 너비와 두께를 더 늘리고, 척추 전체의 윤곽을 그린다.

4단계 : 척추뼈 하나하나를 구분해 나눈다.

5단계 : 세부 요소를 그리고, 선을 정리하여 완성한다. 어렵게 느껴질 경우에는 그림을 덧그리며 연습해도 된다.

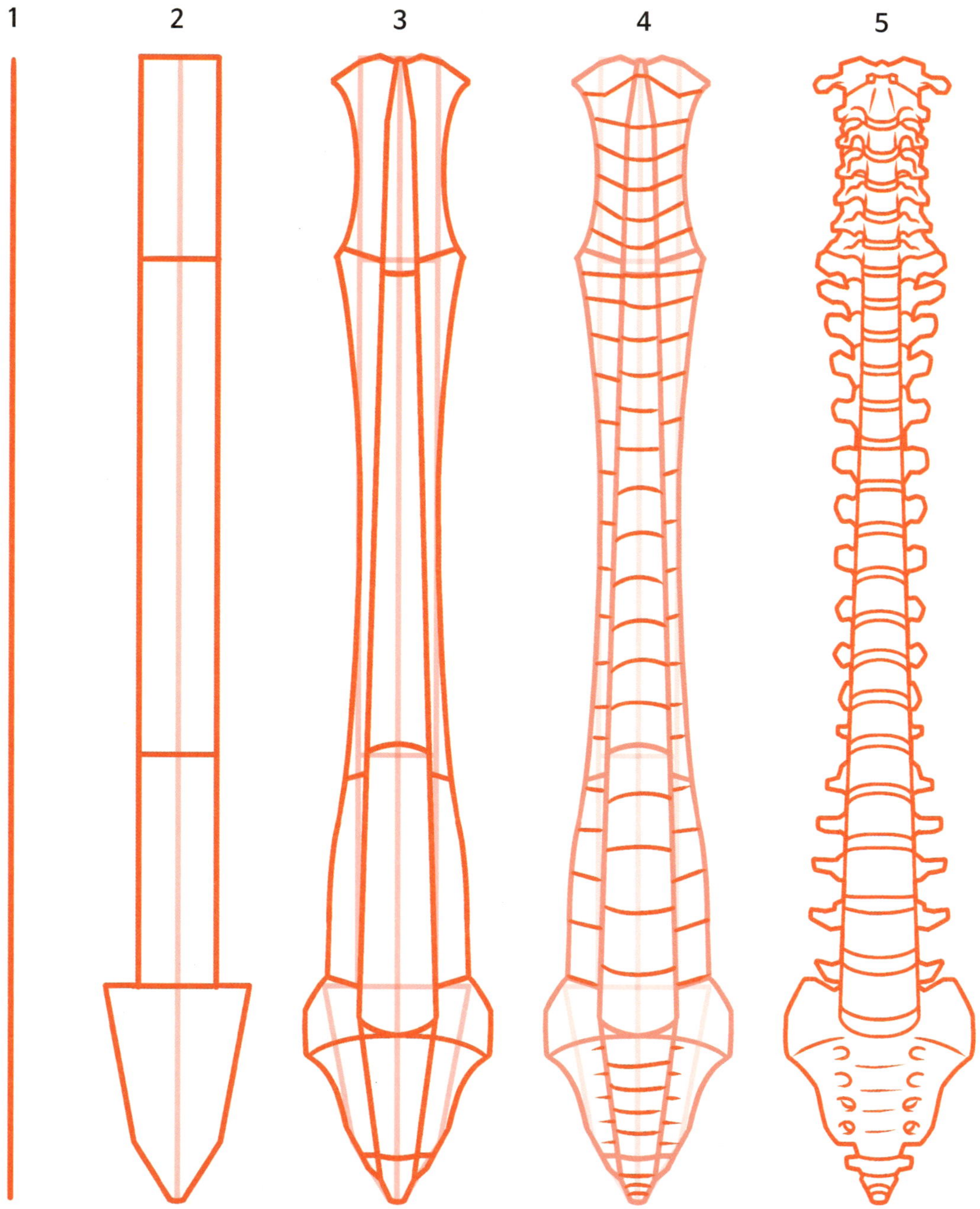
1
2
3
4
5
앞쪽

머리뼈(두개골) 그리는 법

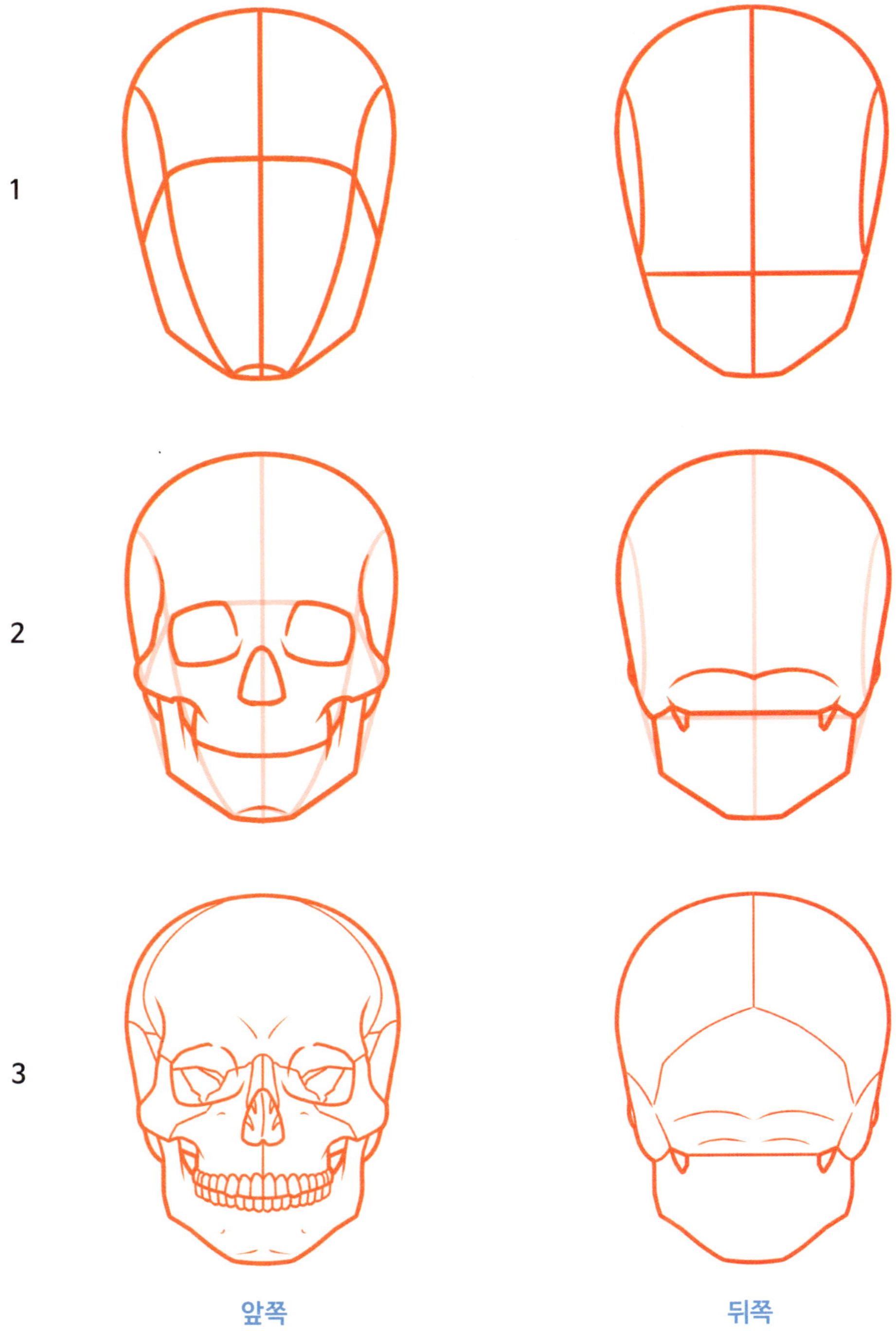
1
2
3
앞쪽
뒤쪽

1단계 : 프레임을 그린다. 좌우 균형을 확인하기 위해 정중선과 눈썹선, 관자놀이에서 뺨으로 이어지는 선을 추가한다.

2단계 : 정면에서는 사각형 눈이 움푹 들어가는 눈구멍(안와), 삼각형 모양의 콧구멍(배 모양의 구멍), 치아의 교합선 등을 그린다.

3단계 : 뼈 연결 부위와 치아 등 세부 요소를 그린다. 물결처럼 이어지는 뼈 연결 부위(봉합선)는 간단한 선으로 표현한다.

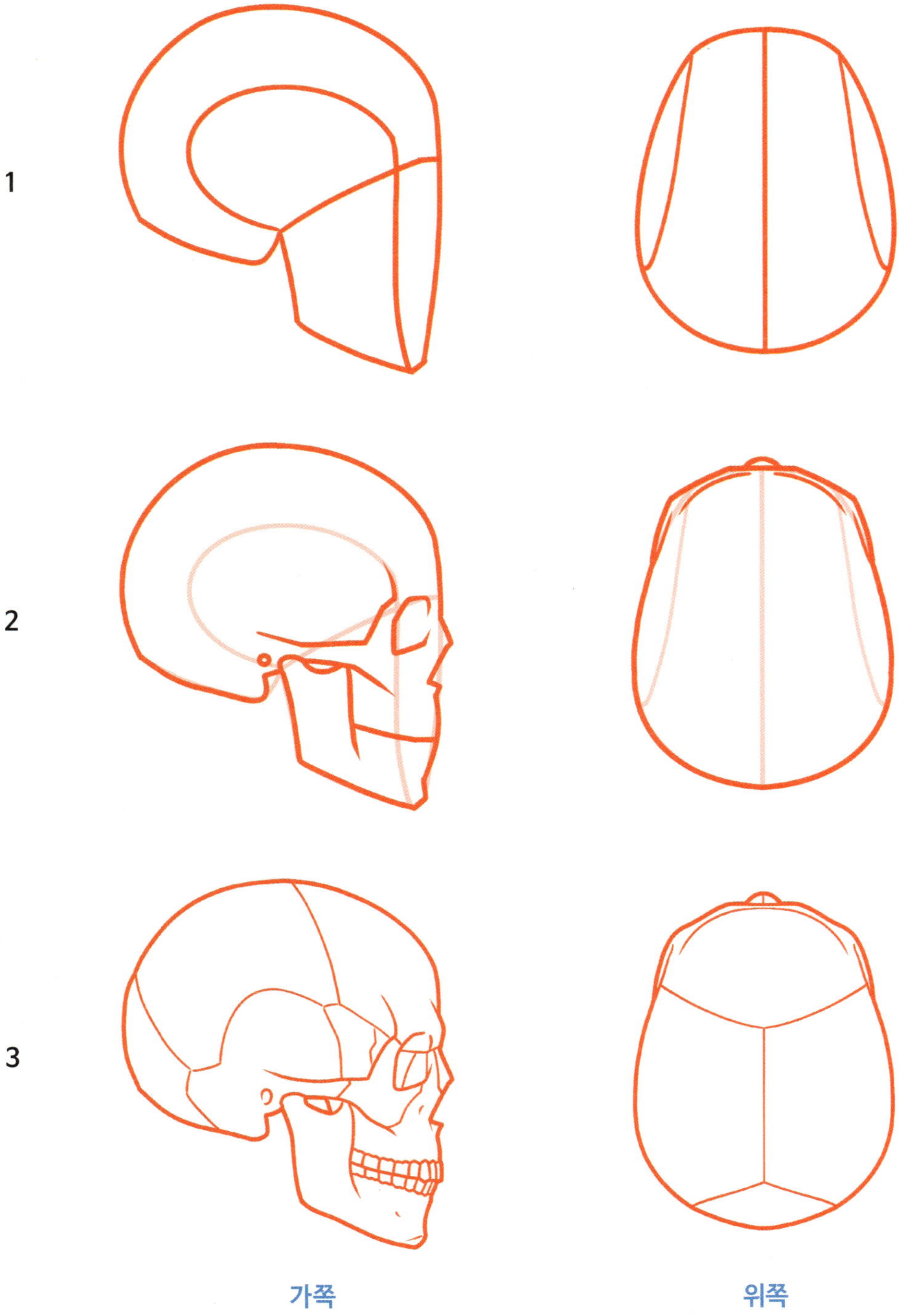
1
2
3
가쪽
위쪽

가슴우리(흉곽) 그리는 법

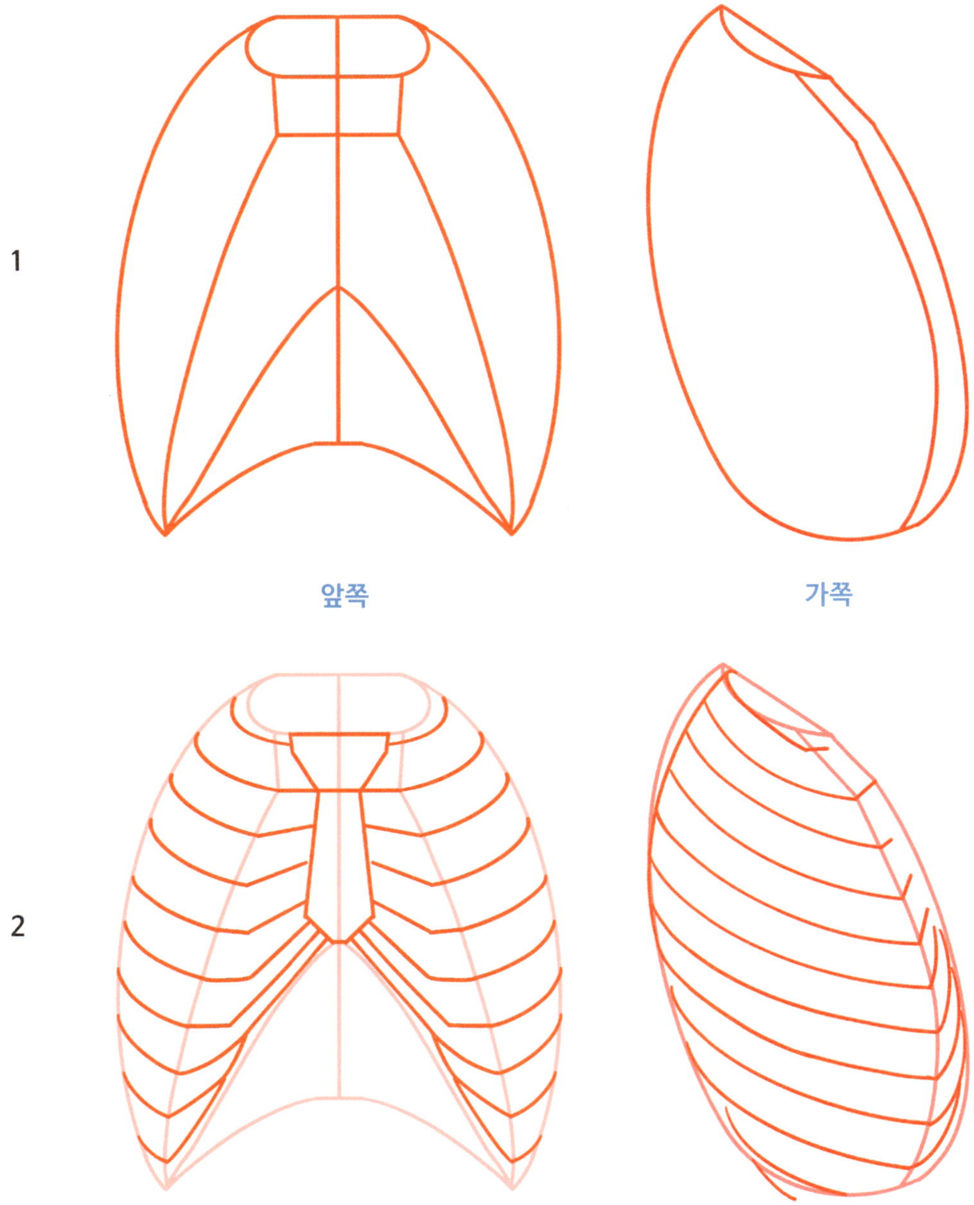
1
앞쪽
가쪽
2

1단계 : 프레임을 그린다. 면이 바뀌는 지점에 해당하는 갈비뼈(늑골)와 복장뼈(흉골) 연결 부위를 그린다.

2단계 : 갈비뼈의 축을 그린다. 갈비뼈는 한쪽에 12개씩 있지만, 정면에서 보이는 갈비뼈는 위에서부터 10개이다. 11번째와 12번째 갈비뼈는 몸 뒤쪽에 있다.

3단계 : 갈비뼈에 두께를 더한다. 정면에서 봤을 때, 안쪽에 있는 갈비뼈까지 그리면 정보가 복잡해지므로 생략하는 것이 좋다. 단, 그리는 경우는 42쪽에서 설명하는 뒤쪽에서 본 가슴우리(흉곽)의 3단계를 참고하여 그린다. 측면을 그릴 때는 등뼈(흉추)를 생략하면 좀 더 수월해진다.

4단계 : 선을 정리하여 깔끔하게 마무리한다.

3

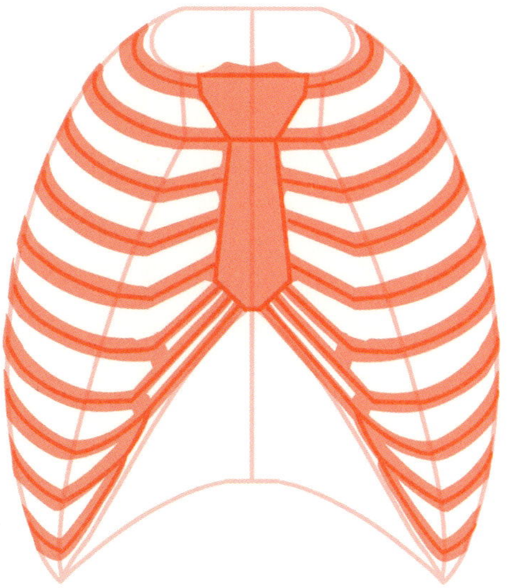

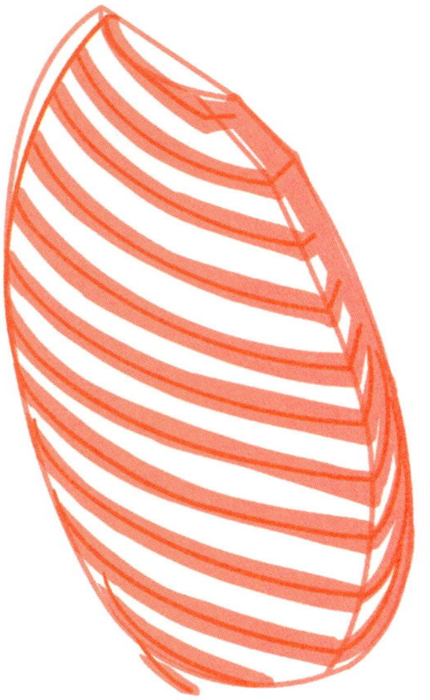

앞쪽

가쪽

4

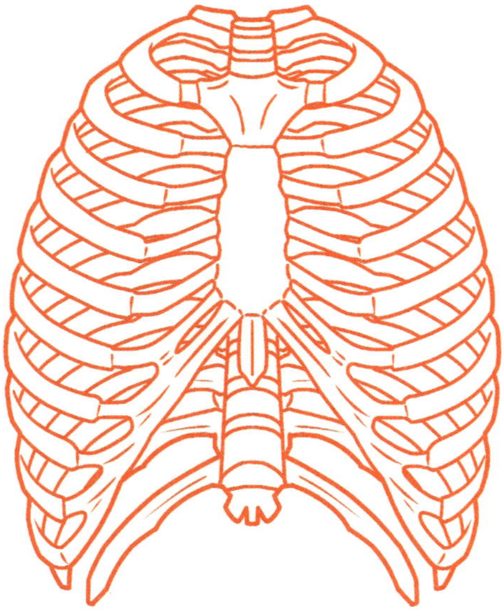

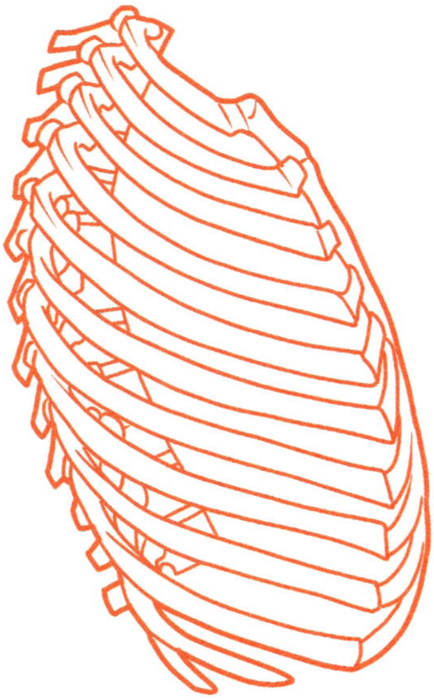

가슴우리(흉곽) 그리는 법

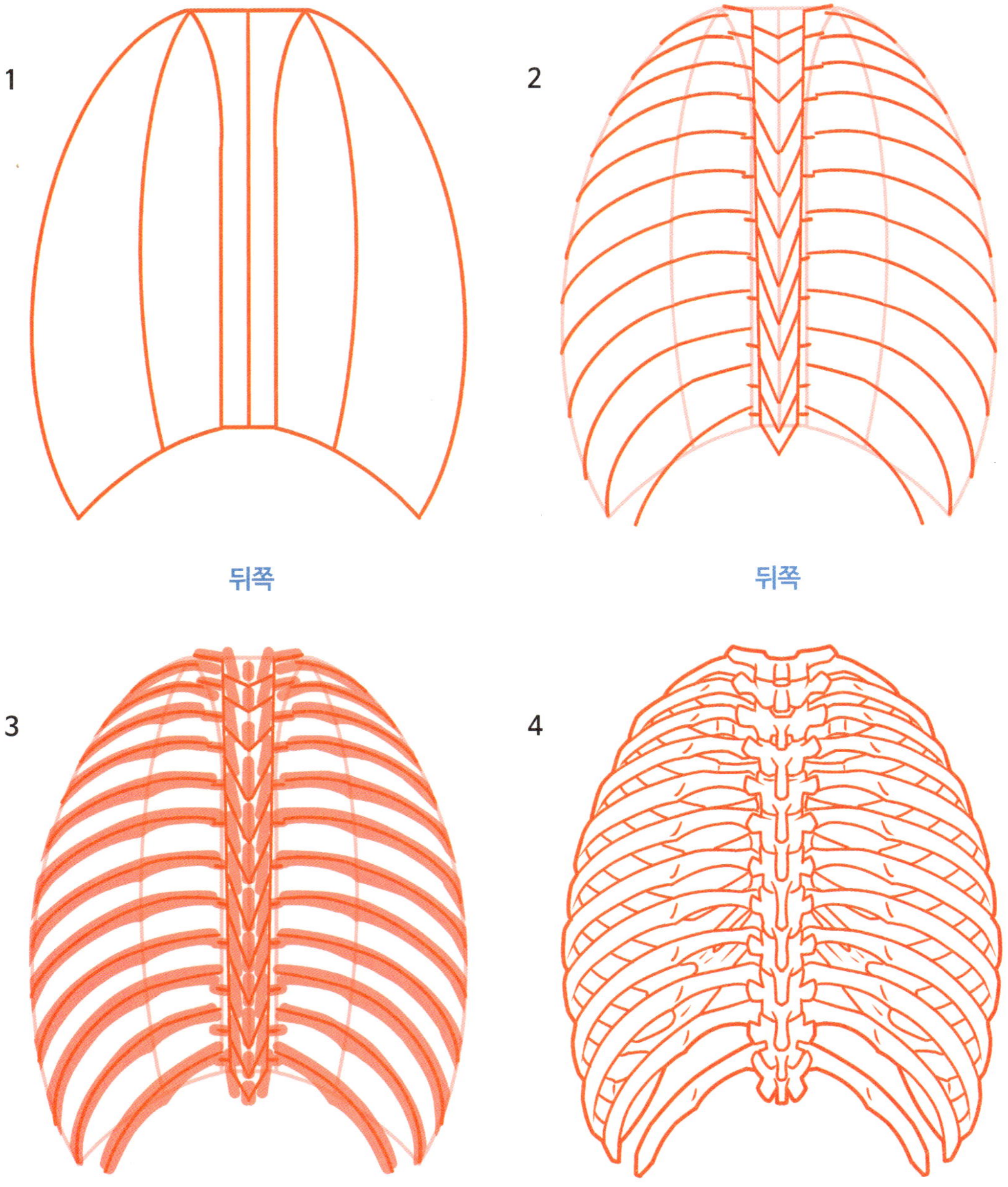
1
2
뒤쪽
뒤쪽
3
4

1단계 : 프레임을 그린다. 등뼈(흉추)와 갈비뼈(늑골)의 경계를 그리고, 갈비뼈각(늑골각)을 위아래로 연결한다.

2단계 : 척추와 갈비뼈를 12등분한다.

3단계 : 등뼈의 세부 요소를 그리고, 갈비뼈에 두께를 더한다.

4단계 : 선을 정리하여 깔끔하게 마무리한다.

빗장뼈(쇄골) 그리는 법

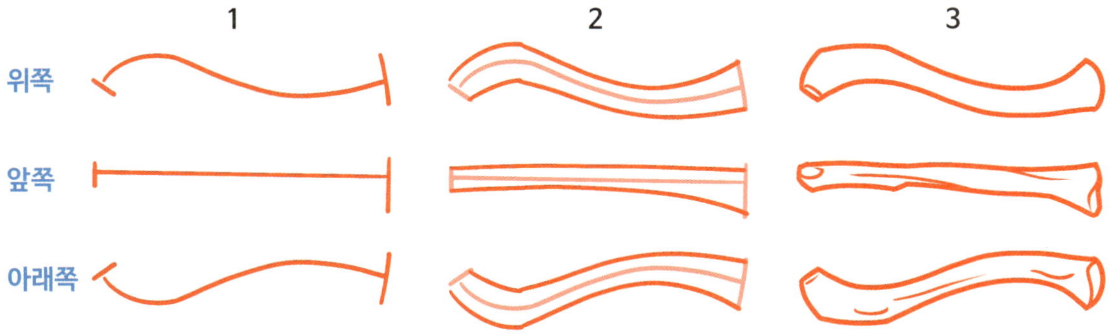
1
2
3
위쪽
앞쪽
아래쪽

1단계 : 축과 양 끝을 그린다. 빗장뼈는 위아래에서는 S자 곡선으로 보이고, 정면에서는 수평으로 보인다.
2단계 : 살을 붙여 형태를 잡는다. 위나 아래에서 보았을 때, 안쪽 2/3는 큰 곡선, 가쪽 1/3은 작은 곡선을 이룬다. 정면에서 봤을 때는 안쪽이 굵고 가쪽은 가늘다.
3단계 : 선을 정리하여 깔끔하게 마무리한다.

어깨뼈(견갑골) 그리는 법

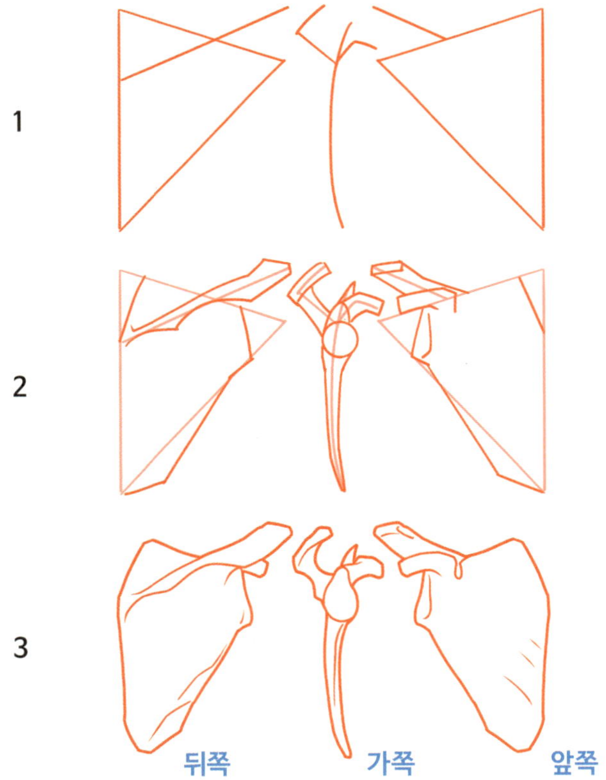
1
2
3
뒤쪽
가쪽
앞쪽

1단계 : 정면과 뒷면의 경우는 삼각형 프레임과 어깨뼈가시(견갑극)의 축을 그린다. 측면의 경우는 어깨뼈의 만곡된 면과 돌기를 축으로 그린다.
2단계 : 삼각형의 형태를 다듬고, 견갑극 등을 그린다. 측면에서는 관절오목(관절와)을 그리고, 돌기 등에 두께를 더한다.
3단계 : 선을 정리하여 깔끔하게 마무리한다.

위팔뼈(상완골) 그리는 법

1

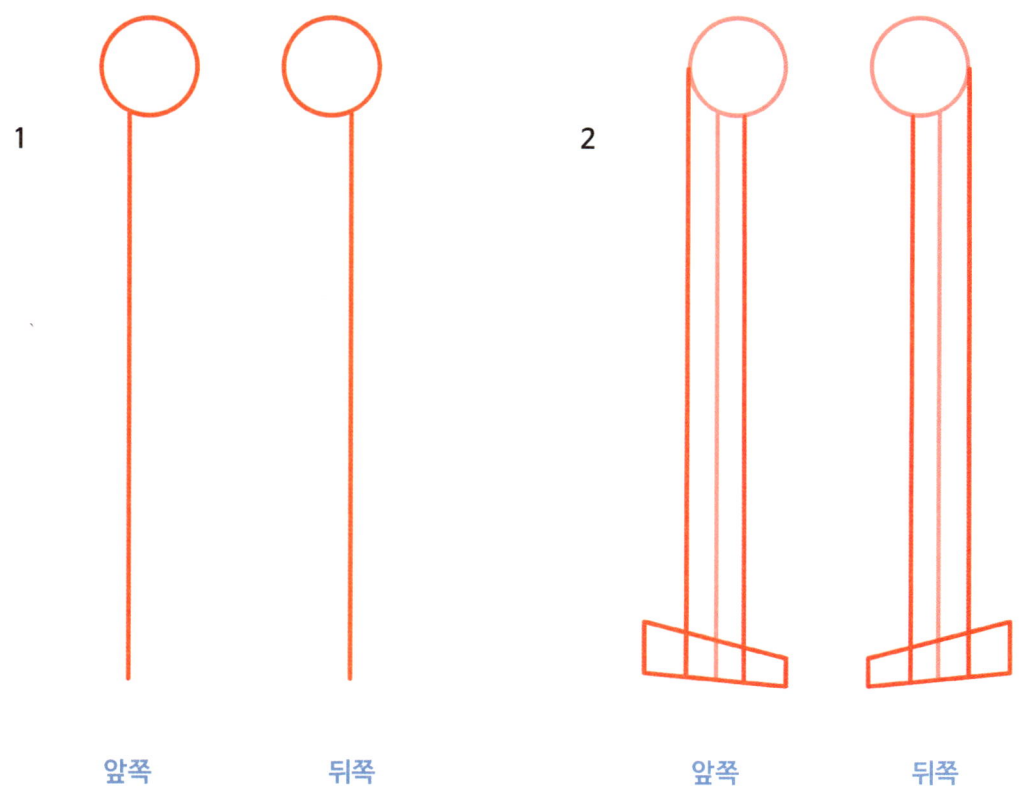
앞쪽
뒤쪽

2

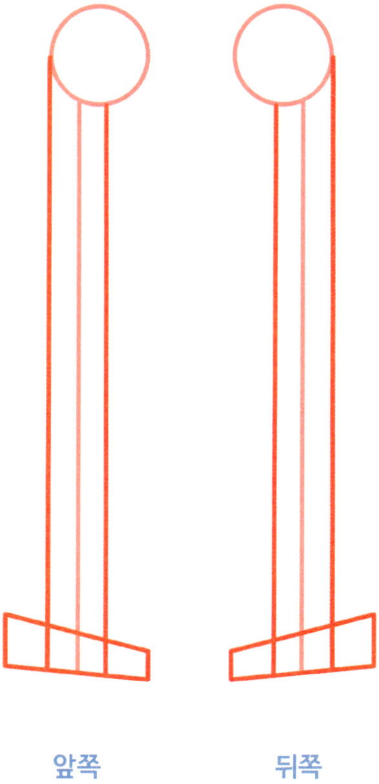
앞쪽
뒤쪽

3

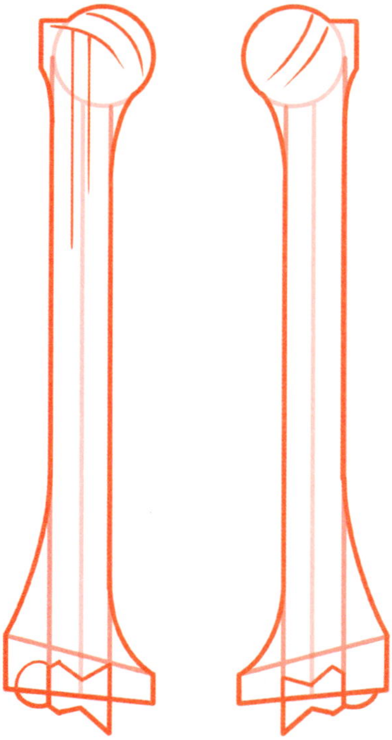

1단계 : 위팔뼈머리(상완골두)를 둥근 프레임으로 그리고, 수직으로 축을 그린다. 축은 둥근 프레임의 중심에서 약간 가쪽에 그린다.

2단계 : 축의 너비와 아래쪽 끝부분의 너비를 그린다. 아래쪽 끝부분은 안쪽보다 가쪽이 더 높다.

3단계 : 위쪽 끝부분에는 가쪽으로 큰결절을 그린다. 위아래 끝부분과 축을 부드럽게 연결한다. 아래쪽 끝부분에는 도르래(활차)와 위팔뼈작은머리(소두)를 그린다.

1

가쪽
안쪽

2

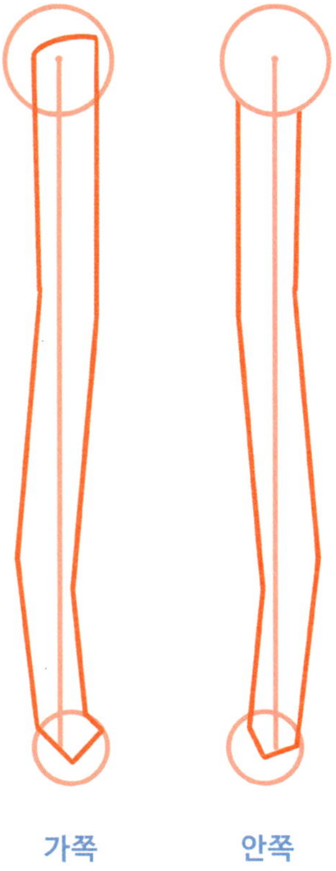
가쪽
안쪽

3

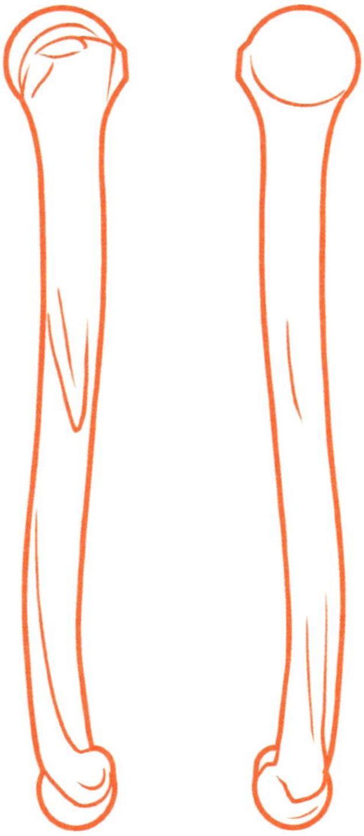

1단계 : 위팔뼈머리(상완골두)의 프레임과 위팔뼈몸통(상완골체)의 축을 그리고, 아래 끝부분에 도르래 프레임을 그린다.

2단계 : 축에 두께를 더한다. 옆에서 볼 때 완만한 S자 곡선이 되도록 그린다.

3단계 : 곡선을 더 부드럽게 다듬고, 위쪽 끝부분에 큰결절(대결절)을 그린다. 아래쪽 끝부분에는 안쪽위관절융기(내측상과)와 가쪽위관절융기(외측상과)를 그린다.

아래팔뼈(자뼈와 노뼈) 그리는 법

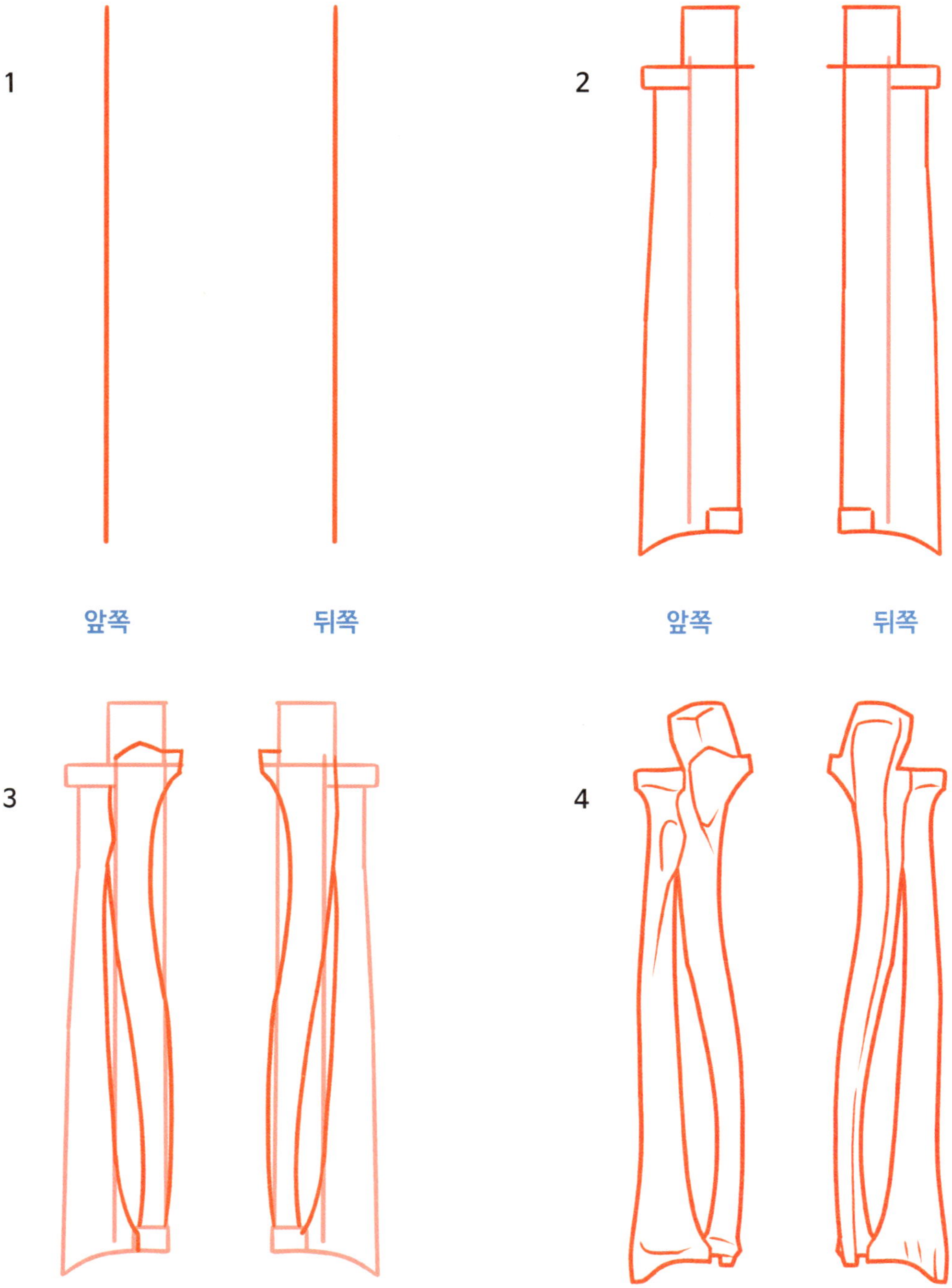
1
앞쪽
뒤쪽
2
앞쪽
뒤쪽
3
4

1단계 : 축을 그린다. 이 축은 자뼈머리(척골두)와 노뼈머리(요골두)를 지난다.

2단계 : 자뼈·노뼈의 축과 위아래 끝부분을 그린다. 자뼈와 노뼈의 축은 위쪽 절반에서는 서로 가까워지고, 아래쪽 절반에서는 서로 멀어지는 듯한 곡선을 이룬다.

3단계 : 자뼈와 노뼈에 폭을 주면서 그린다.

4단계 : 세부 요소를 그려 넣고, 선을 정리하여 마무리한다.

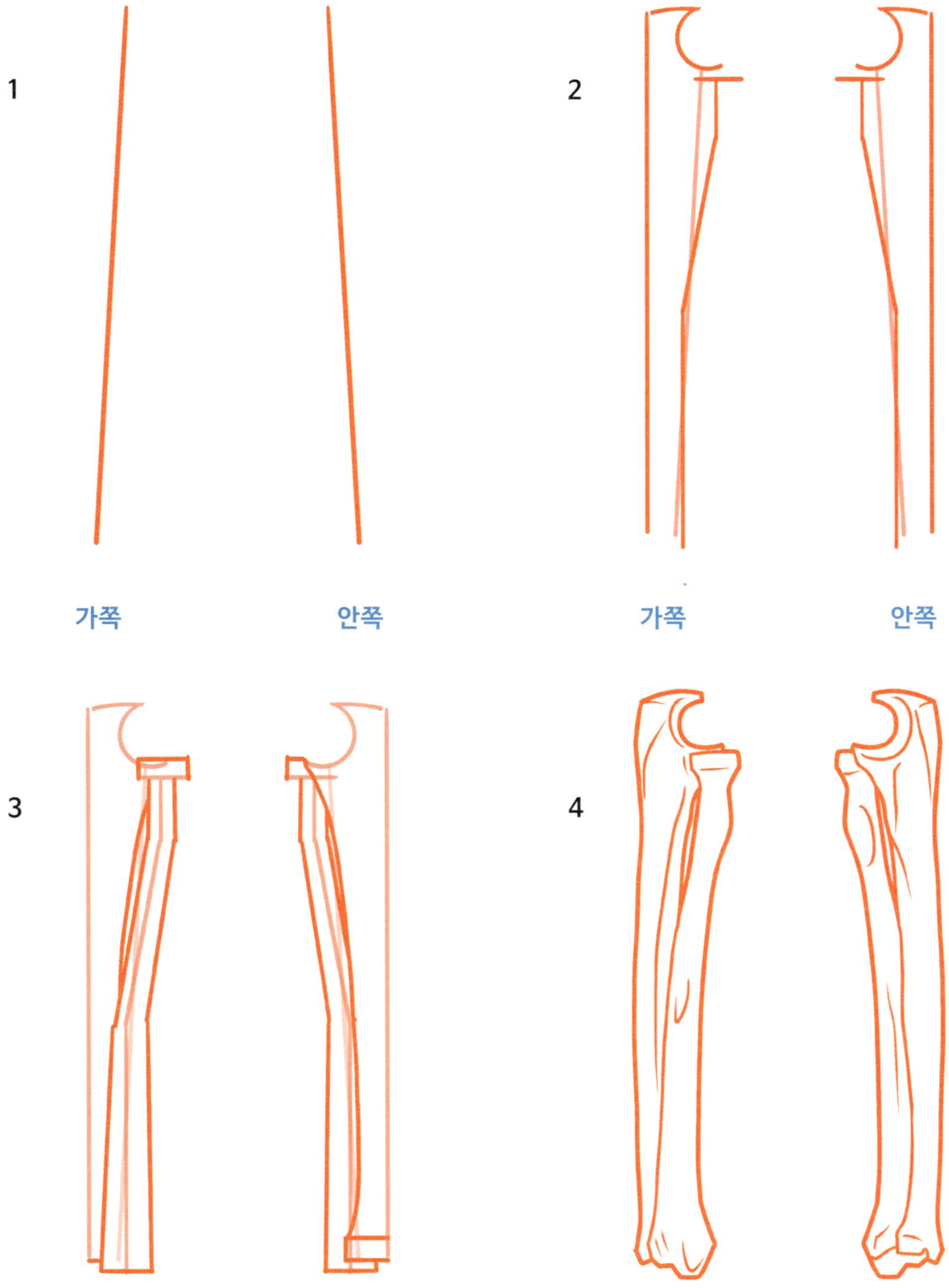
1
2
가쪽
안쪽
가쪽
안쪽
3
4

1단계 : 축을 그린다.
2단계 : 자뼈와 노뼈의 축을 그린다. 자뼈의 위쪽 끝부분에 C자 모양의 관절면(도르래패임)을 그린다.
3단계 : 축에 두께를 더한다.
4단계 : 세부 요소를 그려 넣고, 선을 정리하여 마무리한다.

손 골격 그리는 법

1

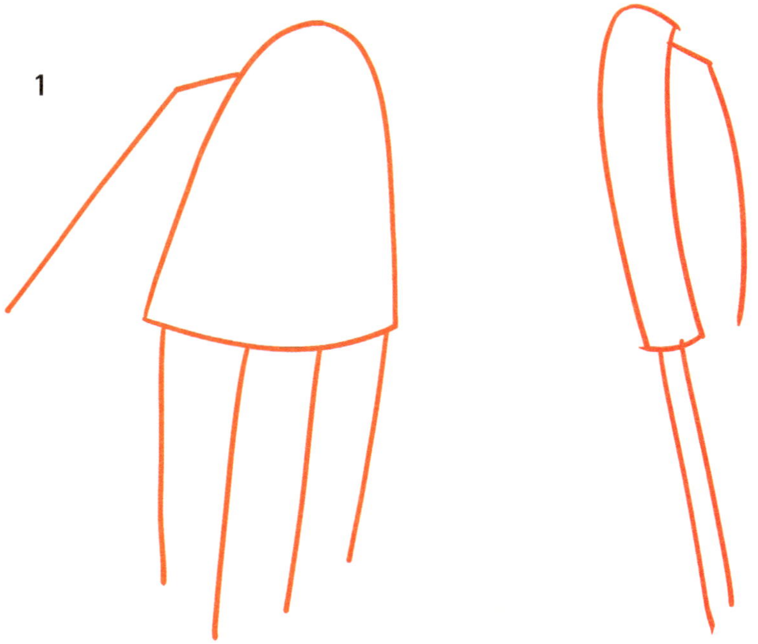

앞(손바닥 쪽) 가쪽(엄지 쪽)

2

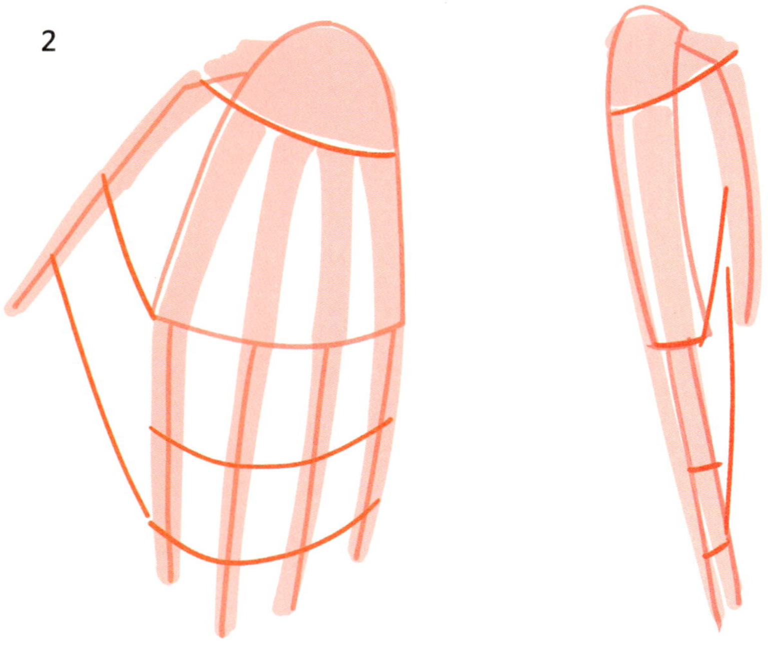

1단계 : 손바닥은 프레임으로, 손가락은 축으로 그린다. 엄지손가락은 손목 근처에서 꺾이는 각도를 만든다.

2단계 : 손목뼈(수근골), 손허리뼈(중수골), 손가락 마디(지골)를 구분해 나누고, 뼈의 폭을 더해 실루엣으로 형태를 잡는다.

3단계 : 손목뼈를 세부적으로 구분하고, 관절 부근의 울퉁불퉁한 부분을 추가로 그린다.

4단계 : 선을 정리하여 깔끔하게 마무리한다.

3

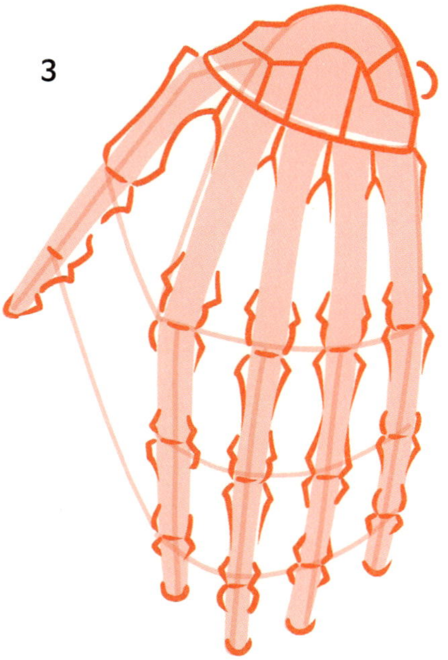

앞(손바닥 쪽)

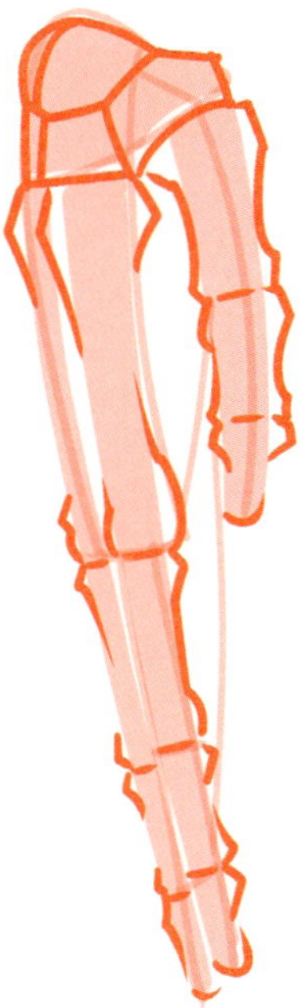

가쪽(엄지 쪽)

4

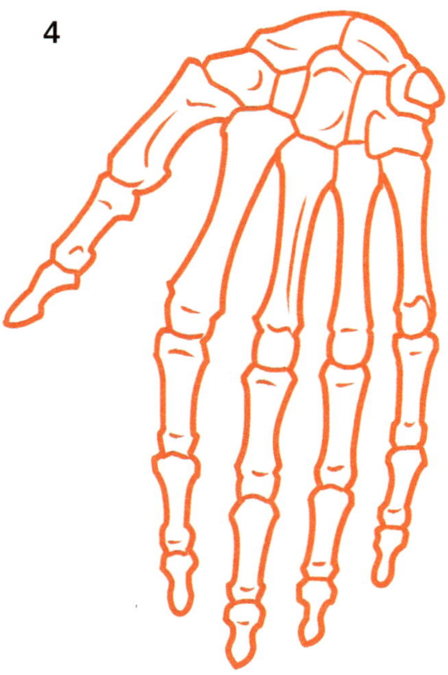

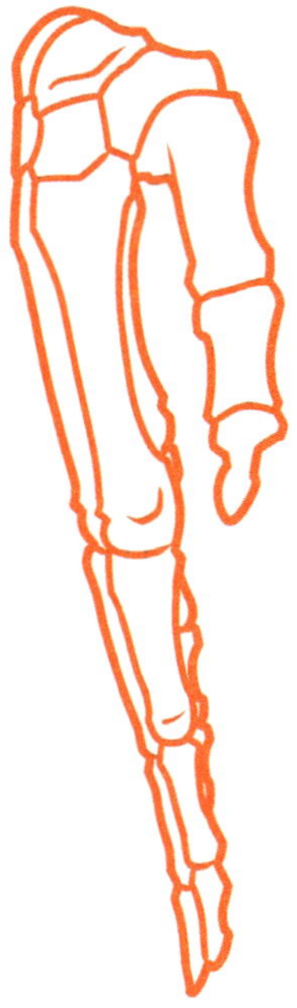

손 골격 그리는 법

1

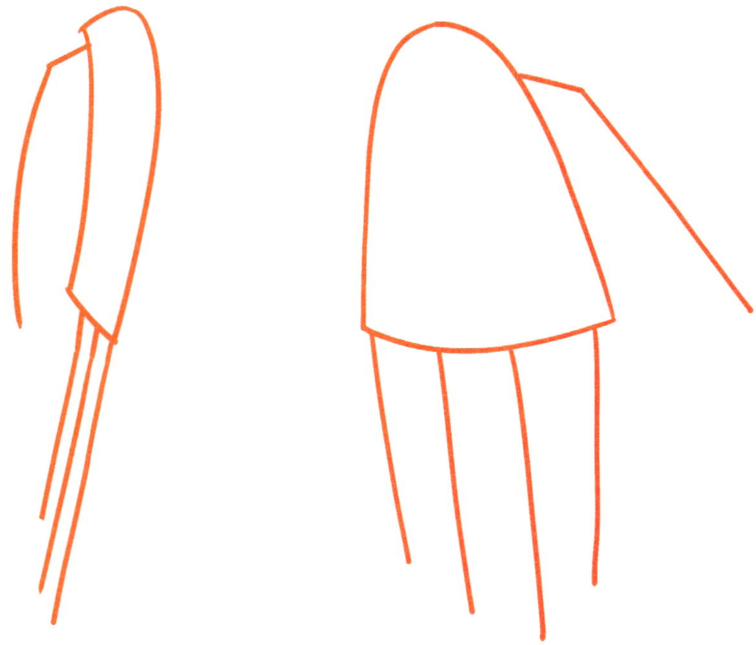

안쪽(새끼손가락 쪽) 뒤쪽(손등 쪽)

2

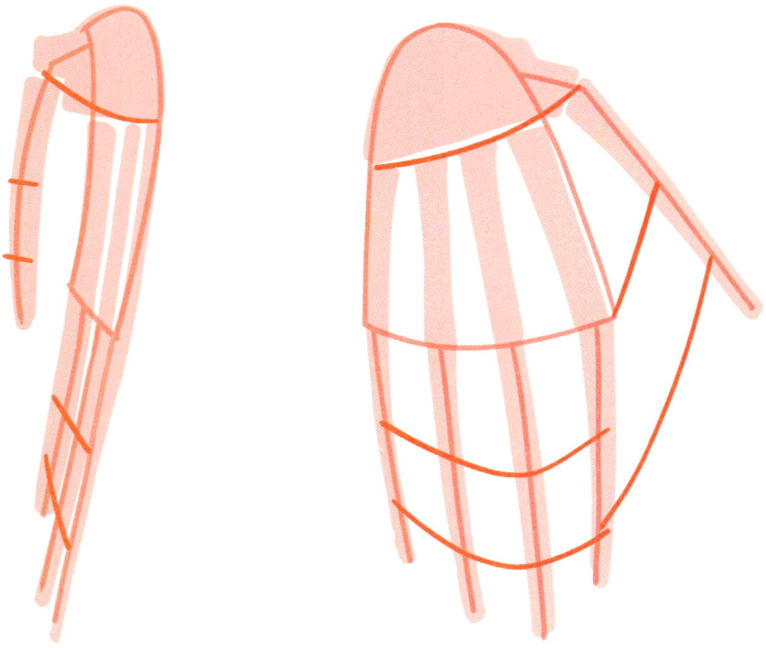

그리는 방법은 48쪽과 같지만, 새끼손가락 쪽과 손등 쪽에서 본 것이므로 디테일의 차이에 주의해야 한다.

3

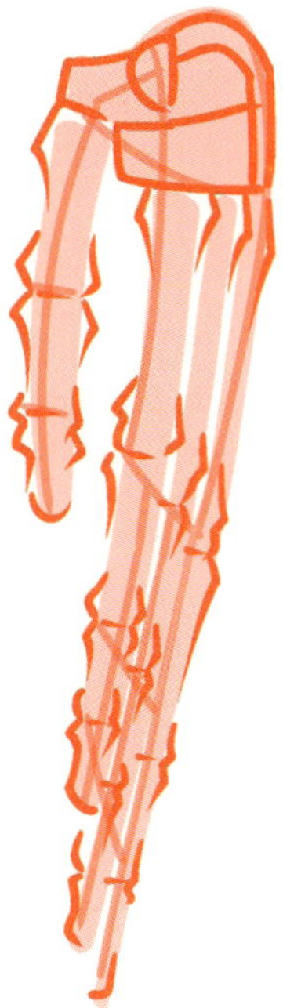

안쪽(새끼손가락 쪽)

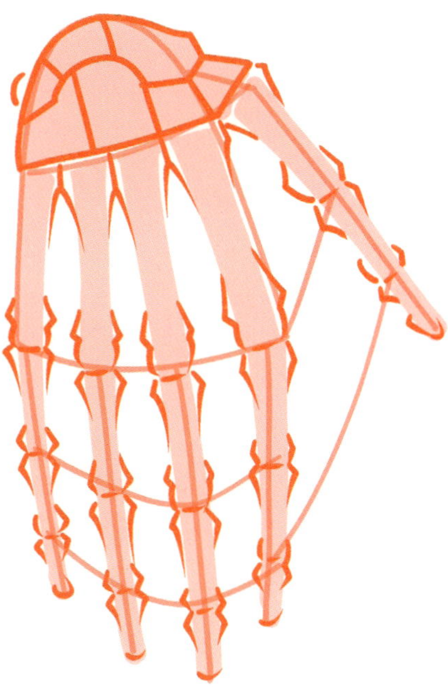

뒤쪽(손등 쪽)

4

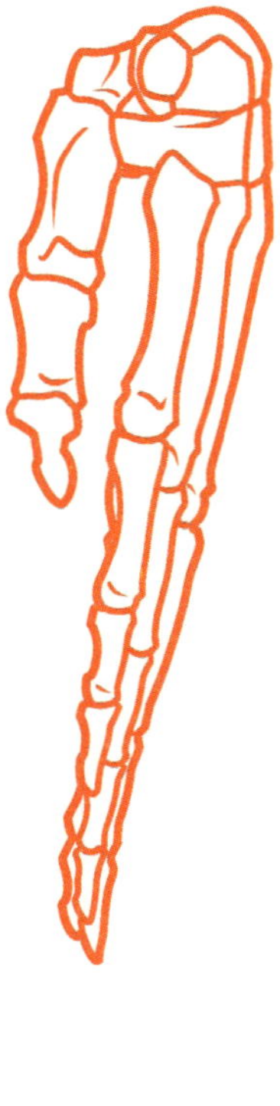

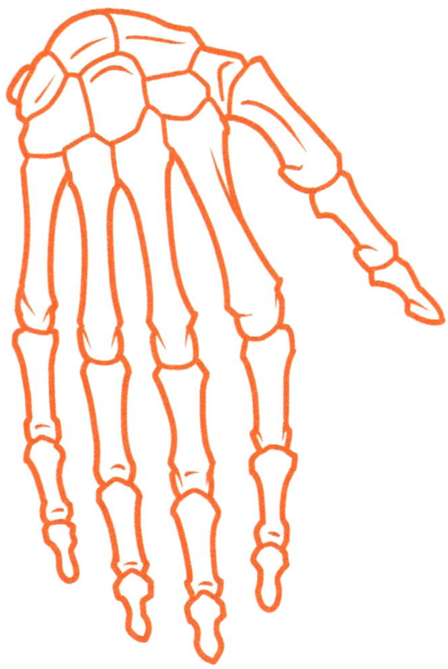

골반 그리는 법

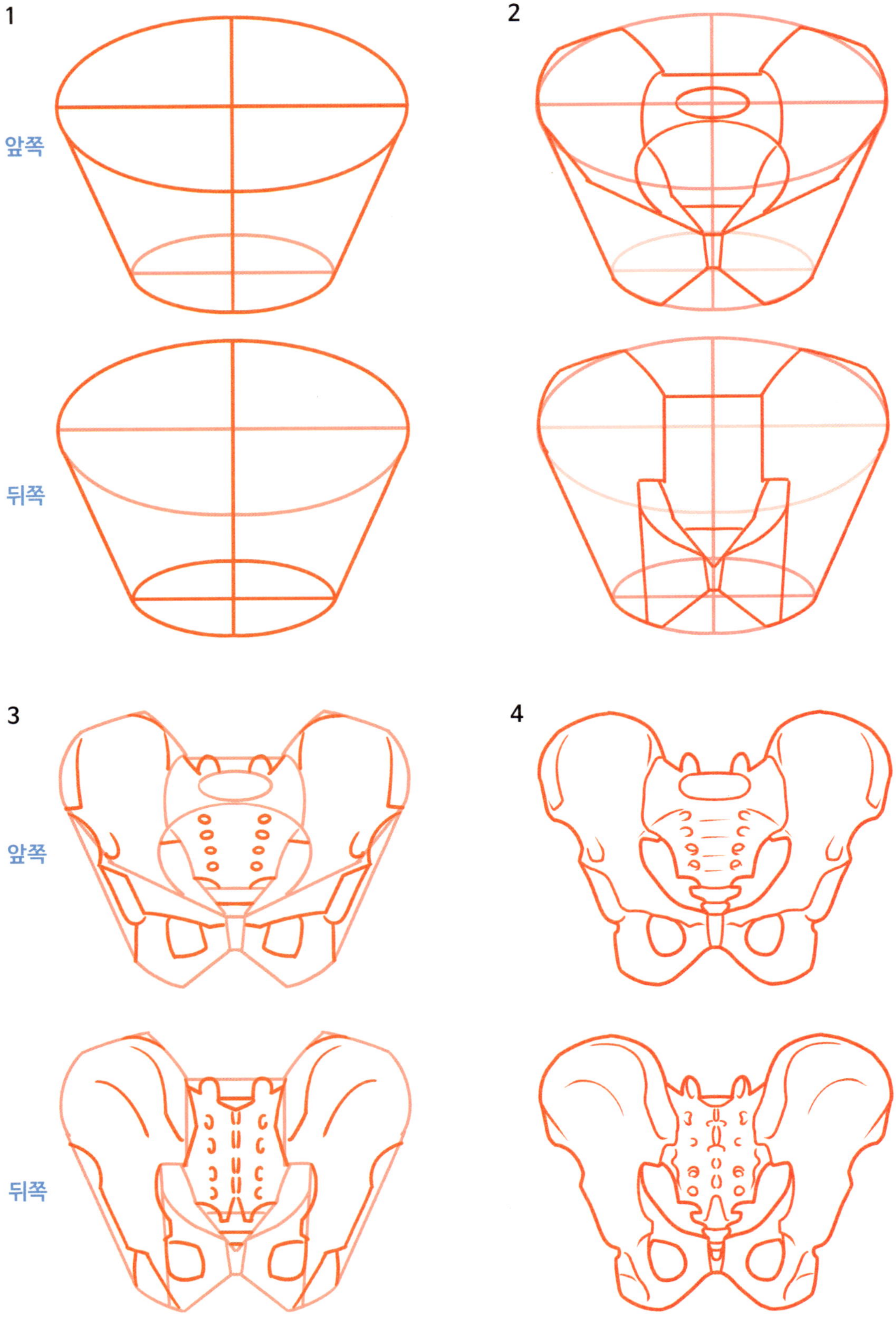

1
2
앞쪽
뒤쪽
3
4
앞쪽
뒤쪽

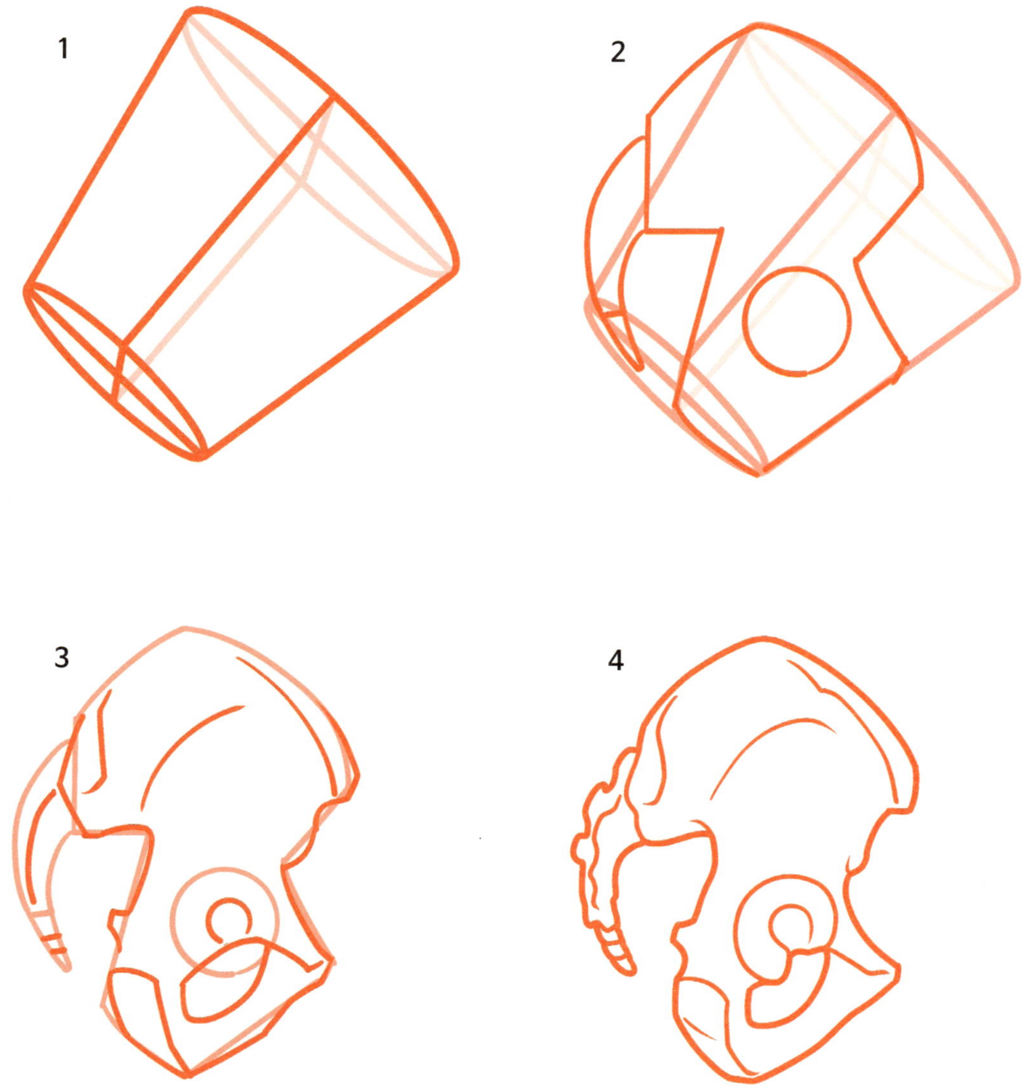
1
2
3
4

가쪽(옆면)

1단계 : 기울인 양동이 모양을 그린다. 원의 중심에 그은 선은 보조선이므로 그리지 않아도 된다.
2단계 : 골반 전체의 윤곽을 그리고, 볼기뼈(관골)와 엉치뼈(천골)를 구분한다.
3단계 : 돌기와 구멍, 능선 등 세부 요소를 그린다.
4단계 : 선을 정리하여 깔끔하게 마무리한다.

넙다리뼈(대퇴골) 그리는 법

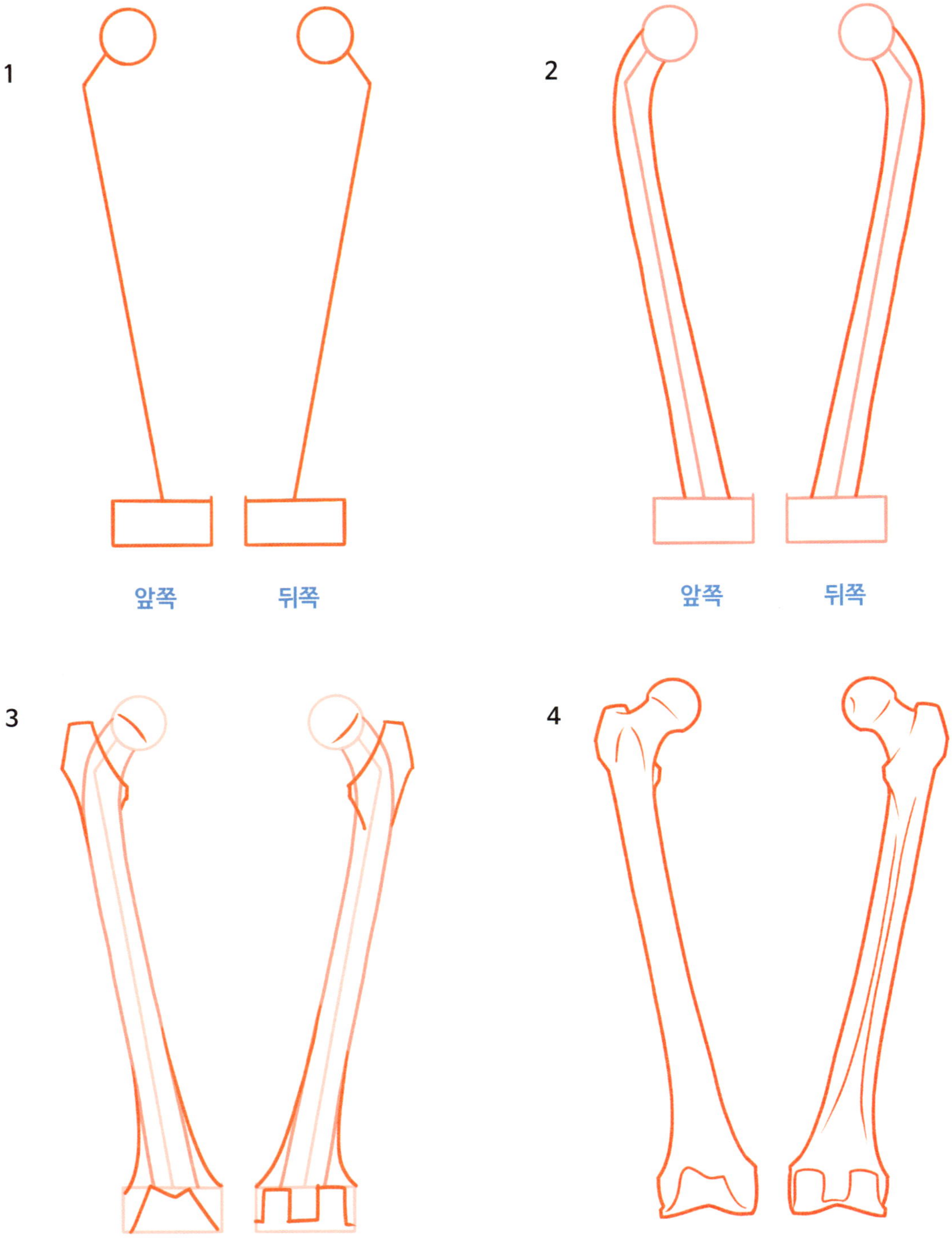
1
앞쪽
뒤쪽
2
앞쪽
뒤쪽
3
4

1단계 : 축을 그린다. 위쪽 끝부분과 아래쪽 끝부분은 프레임으로 표현한다.
2단계 : 축에 두께를 더한다.
3단계 : 큰돌기(대전자)와 관절 부위의 세부 요소를 그린다.
4단계 : 선을 정리하여 깔끔하게 마무리한다.

1

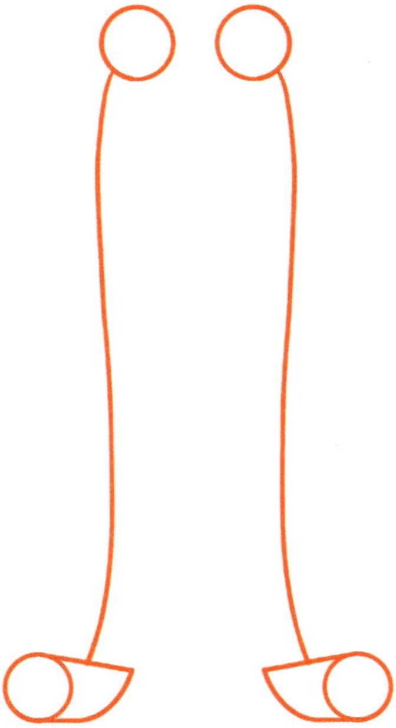

2

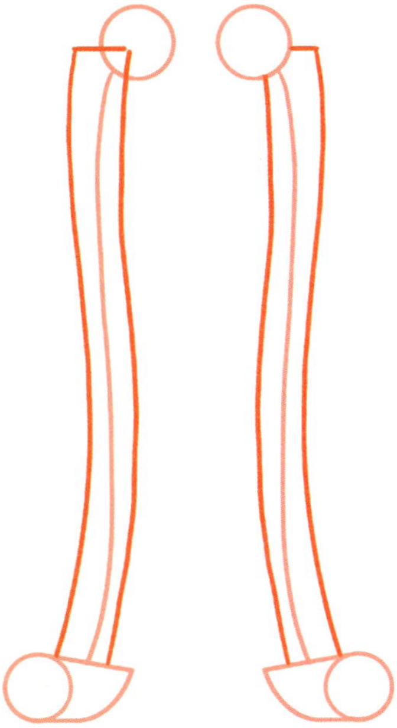

가쪽 안쪽

가쪽 안쪽

3

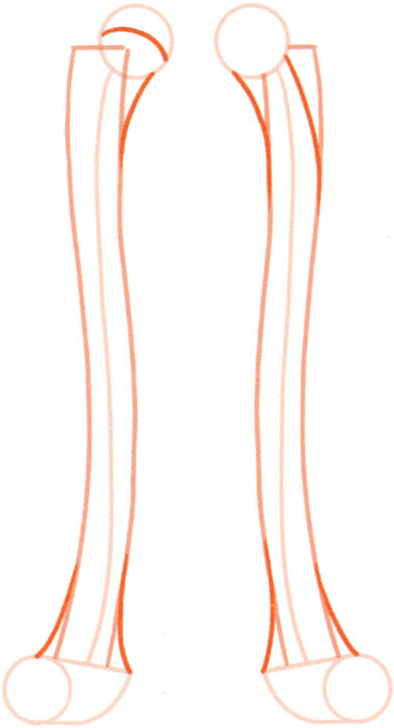

4

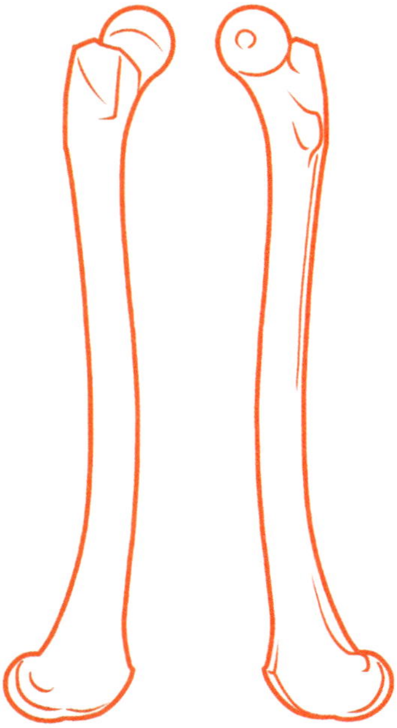

정강뼈(경골)와 종아리뼈(비골) 그리는 법

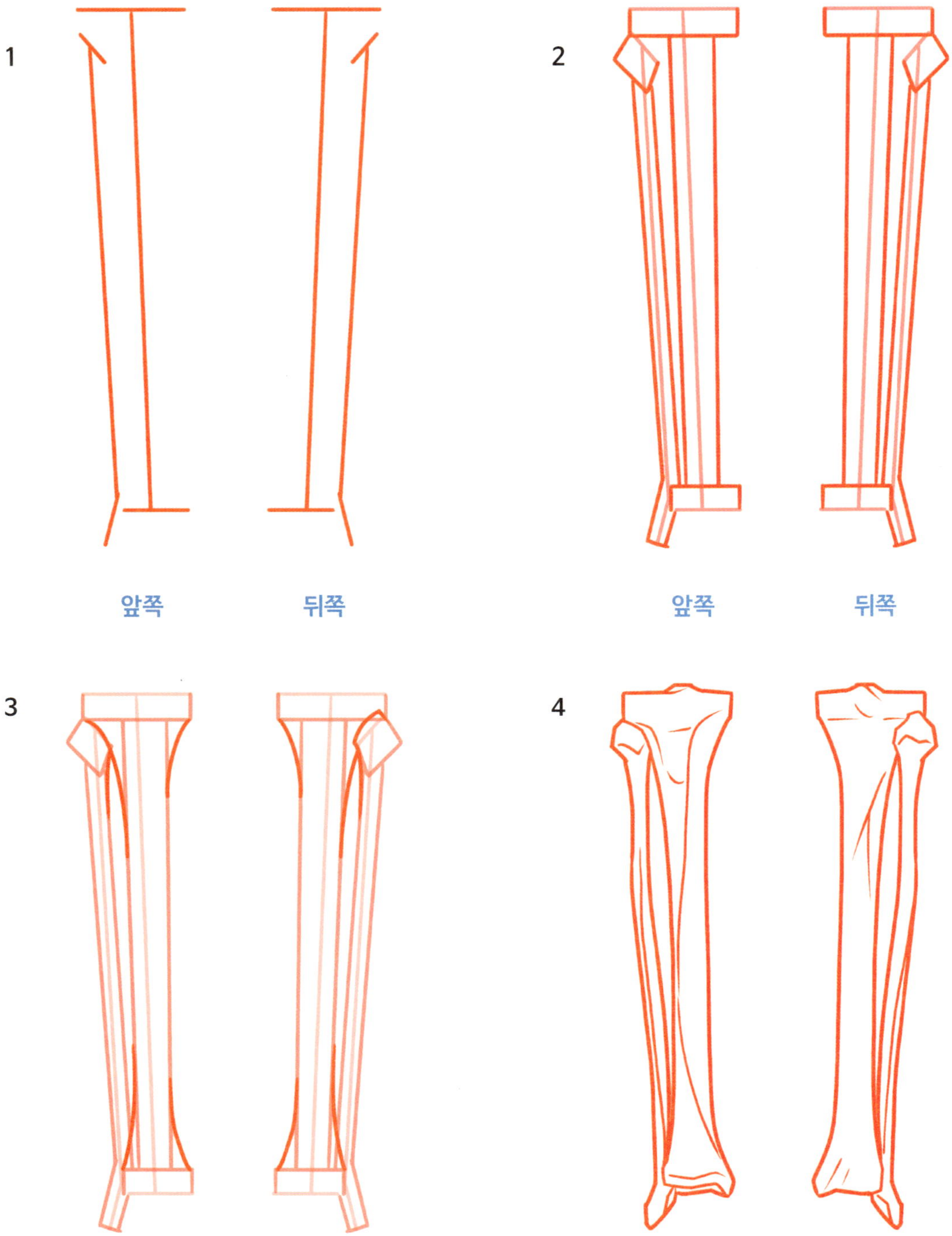
1
2
앞쪽
뒤쪽
앞쪽
뒤쪽
3
4

1단계 : 축을 그린다. 위쪽 끝부분과 아래쪽 끝부분의 너비도 그린다.

2단계 : 축에 직선으로 살을 붙여 형태를 잡는다.

3단계 : 뼈의 끝부분과 뼈몸통 사이의 각진 부분을 부드럽게 다듬는다.

4단계 : 선을 정리하여 깔끔하게 마무리한다.

1

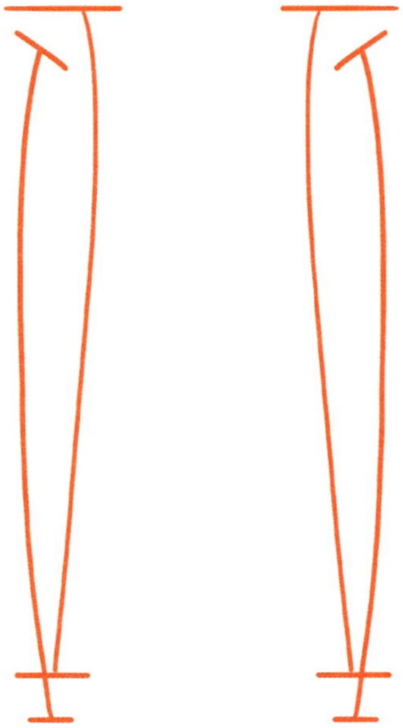

2

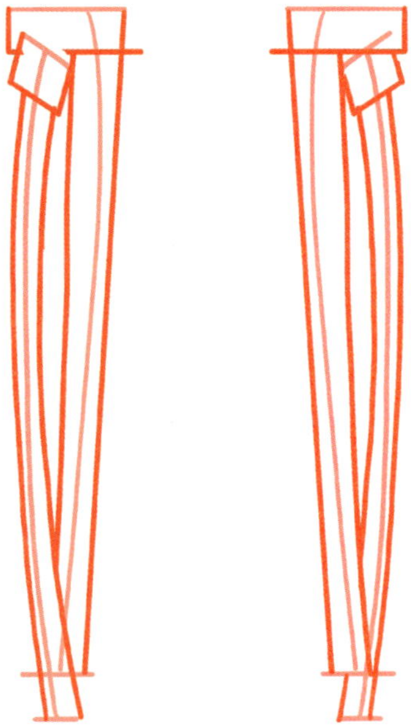

가쪽 안쪽 가쪽 안쪽

3

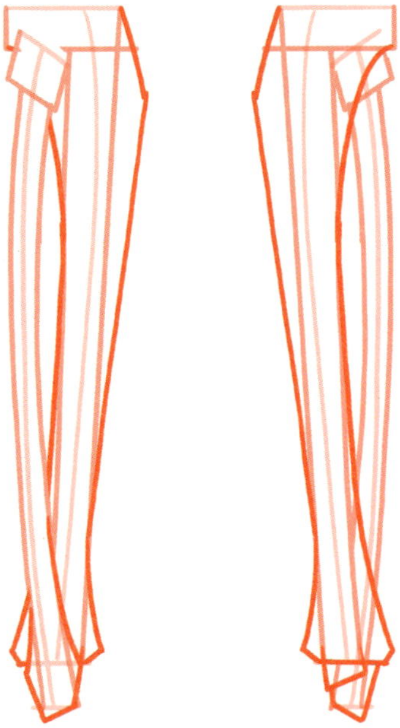

4

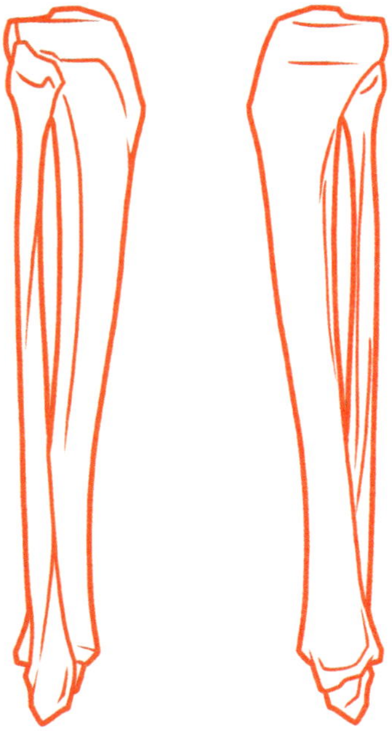

발 골격 그리는 법

1

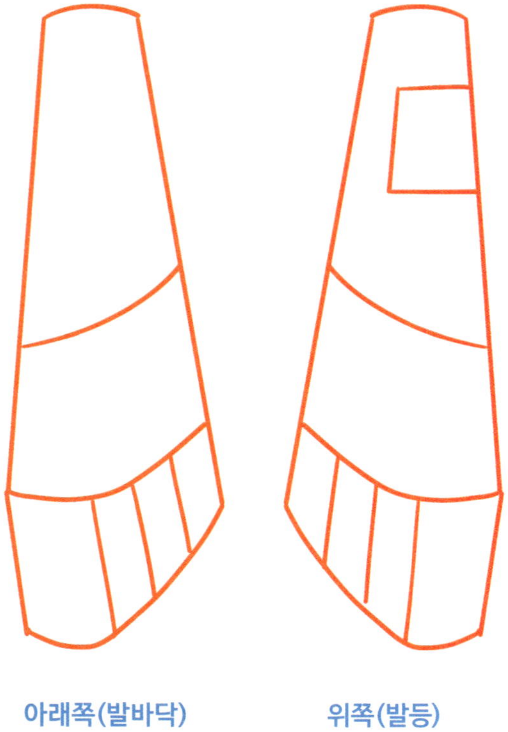
아래쪽(발바닥)
위쪽(발등)

2

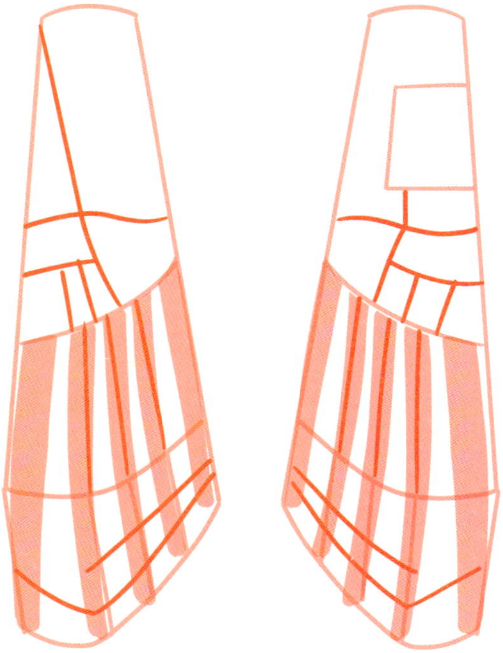

1단계 : 윤곽을 그리고, 발목뼈(족근골), 발허리뼈(중족골), 발가락뼈(지골) 사이를 구분한다.
2단계 : 발목뼈를 세분화하고 발가락 마디를 나눈 뒤, 실루엣에 살을 붙여 형태를 잡는다.
3단계 : 관절 부분의 세부 요소를 그린다.
4단계 : 선을 정리하여 깔끔하게 마무리한다.

3

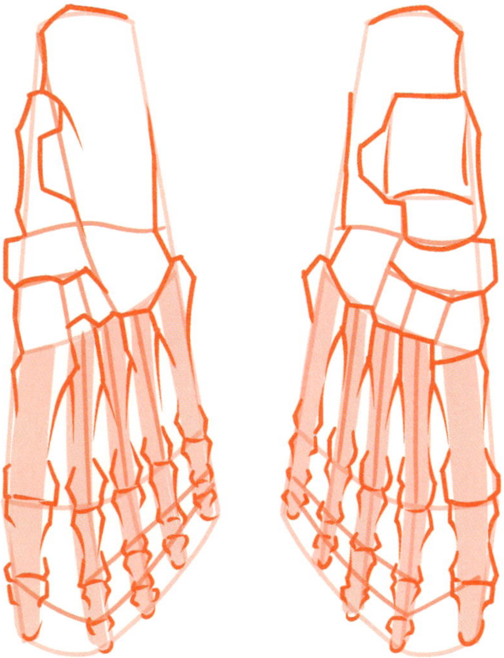

아래쪽(발바닥) 위쪽(발등)

4

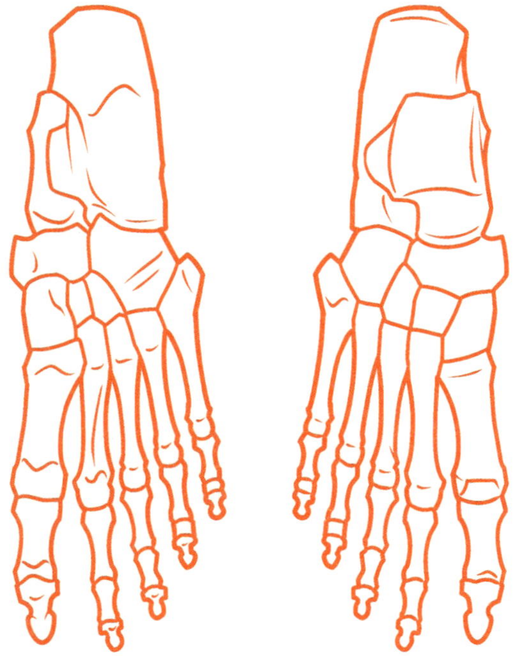

발 골격 그리는 법

1

가쪽

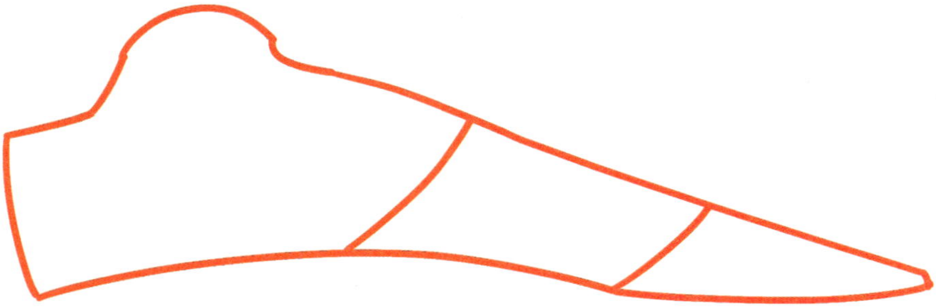

안쪽

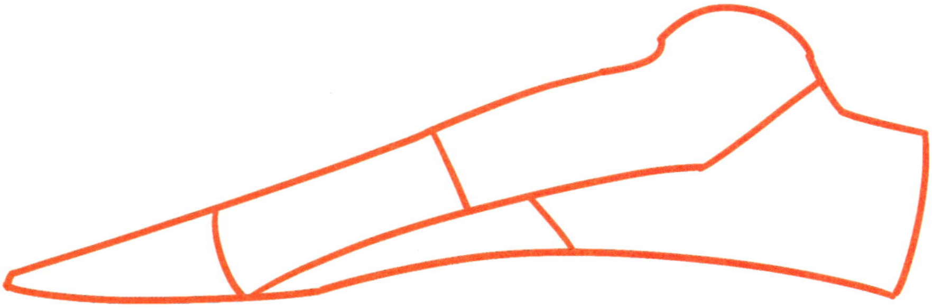

2

가쪽

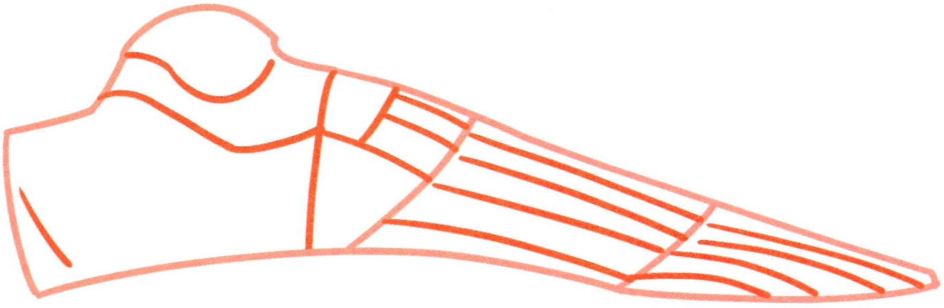

안쪽

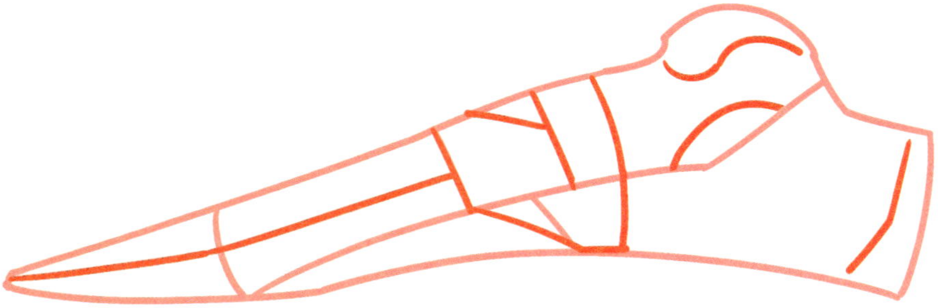

1단계 : 윤곽을 그리고, 발목뼈(족근골), 발허리뼈(중족골), 발가락뼈(지골) 사이를 구분한다.

2단계 : 발목뼈를 세분화하고, 발가락 마디를 나눈다.

3단계 : 관절 부분의 세부 요소를 그린다.

4단계 : 선을 정리하여 깔끔하게 마무리한다.

3

가쪽

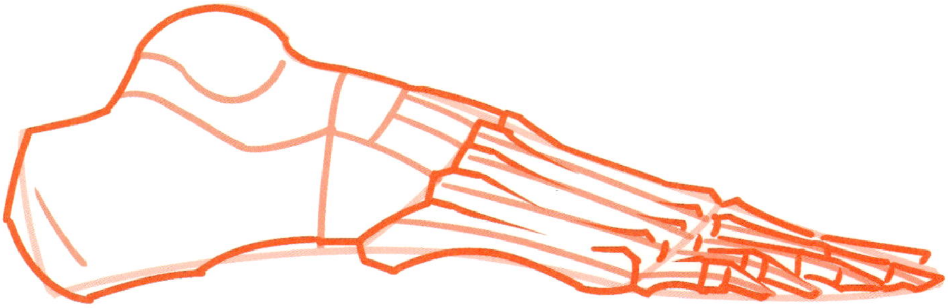

안쪽

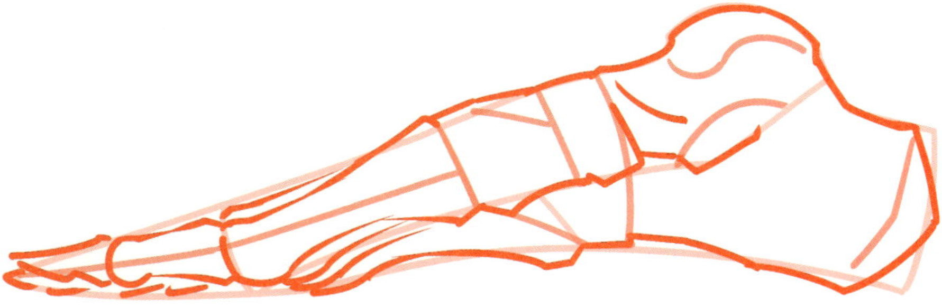

4

가쪽

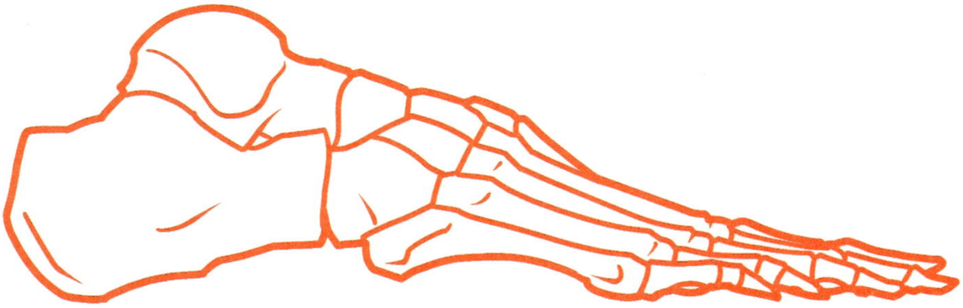

안쪽

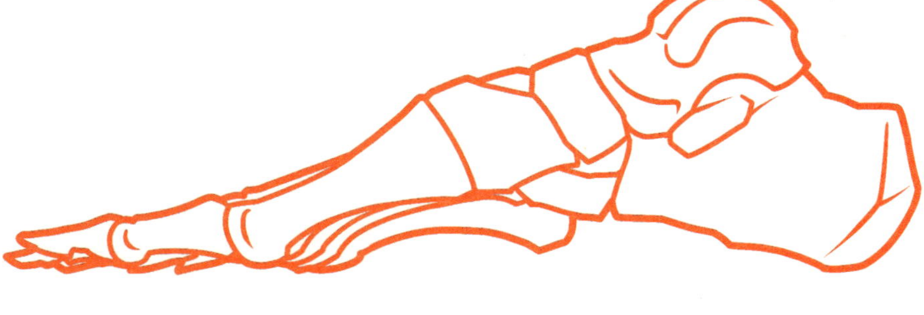

몸통 골격 그리는 법

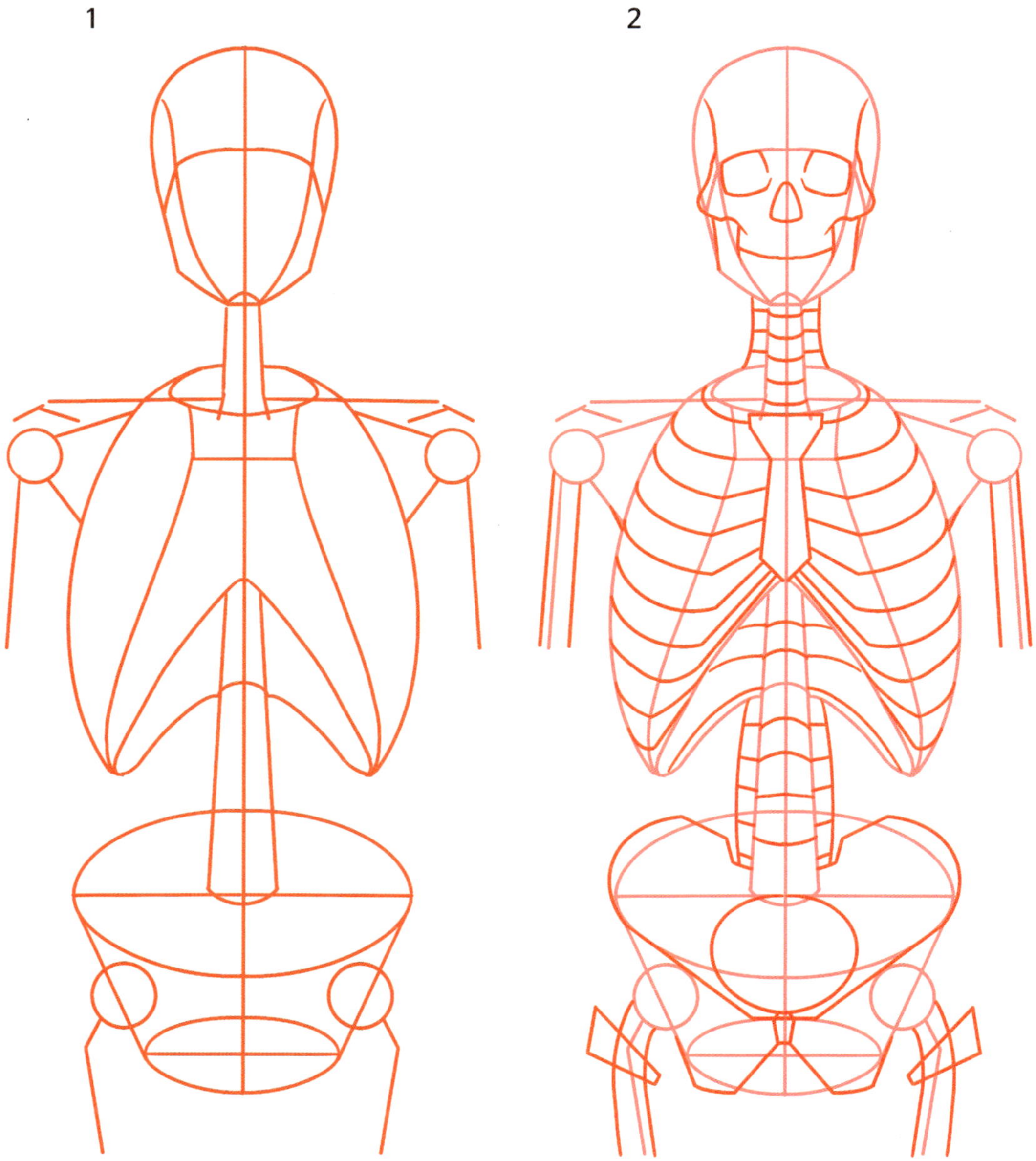
1
2

앞쪽

1단계 : 축과 프레임을 그린다.
2단계 : 얼굴의 세부 요소를 그려 넣고, 갈비뼈를 구분한 뒤, 긴 뼈에 두께감을 주어 형태를 잡는다.
3단계 : 치아를 더 세부적으로 그리고, 갈비뼈의 실루엣을 표현한다.
4단계 : 선을 정리하여 깔끔하게 마무리한다.

3

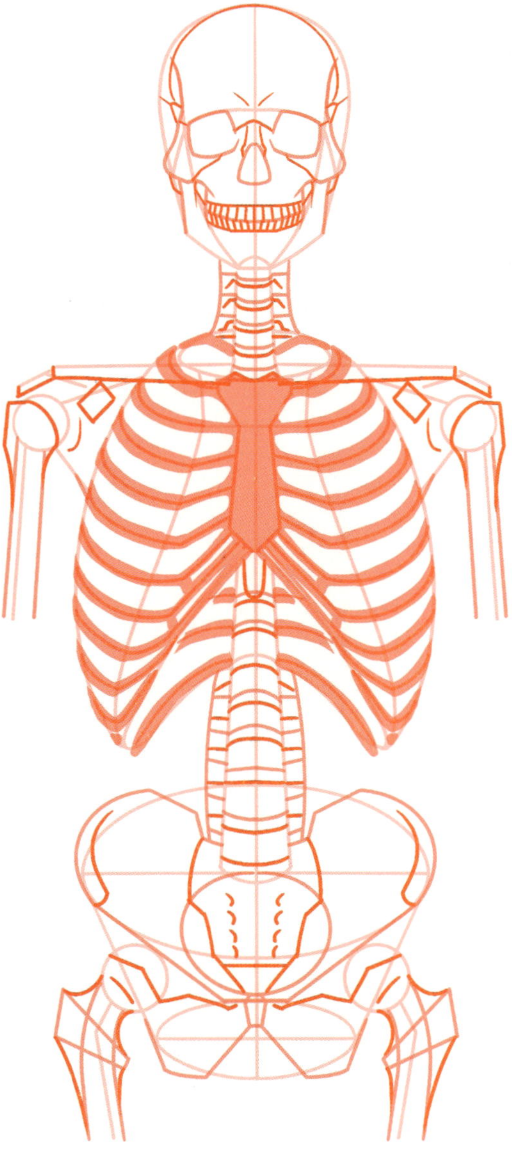

4

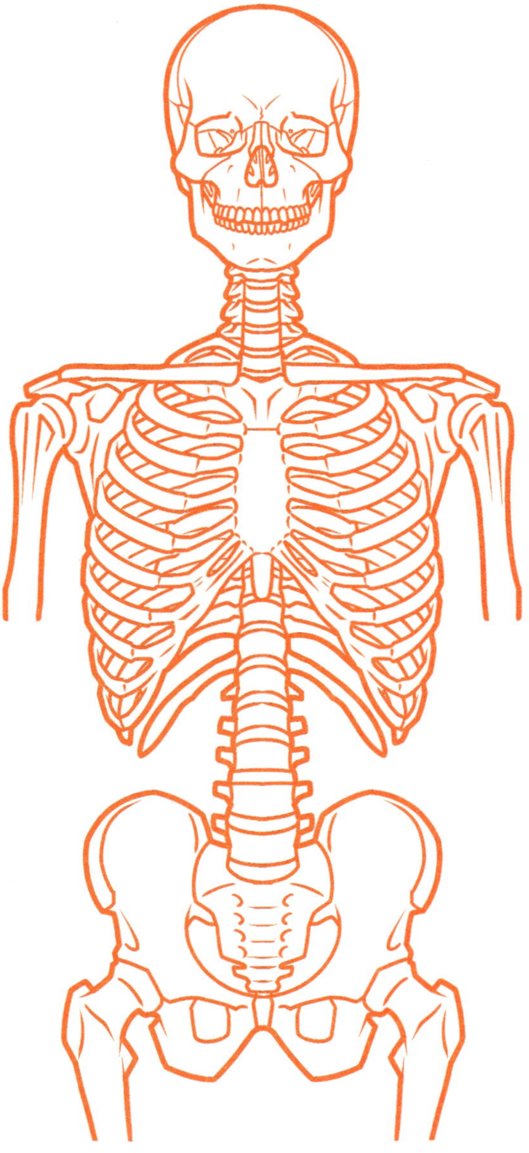

앞쪽

몸통 골격 그리는 법

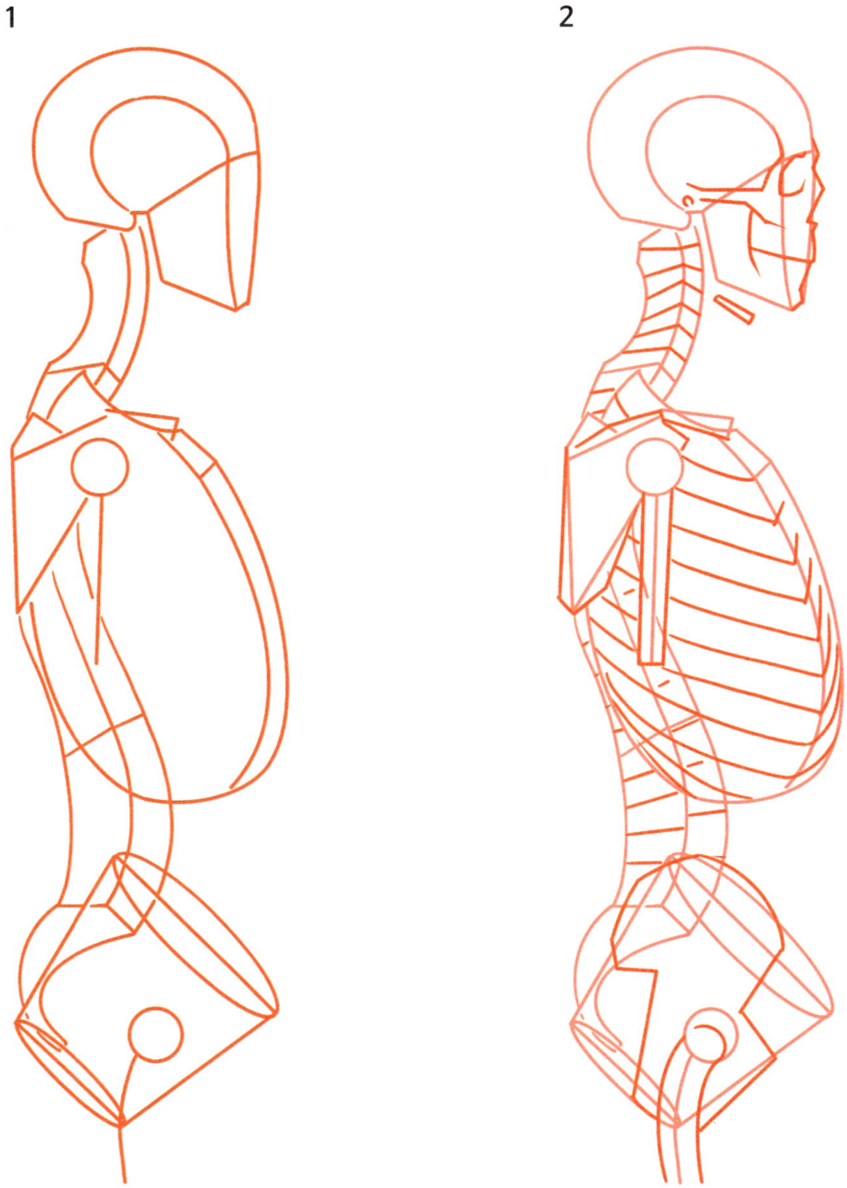
1
2

가쪽

1단계 : 축과 프레임을 그린다.
2단계 : 머리 부분의 세부 요소를 그려 넣고, 갈비뼈를 구분한 뒤, 긴 뼈에 두께감을 주어 형태를 잡는다.
3단계 : 치아를 더 세부적으로 그리고, 갈비뼈의 실루엣을 표현한다.
4단계 : 선을 정리하여 깔끔하게 마무리한다.

3

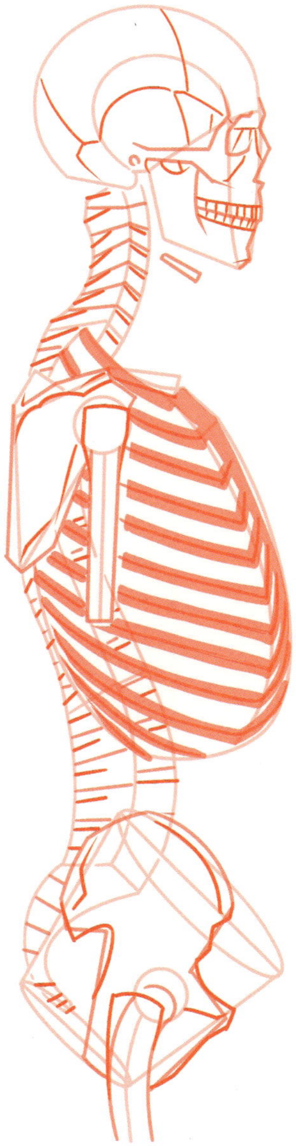

4

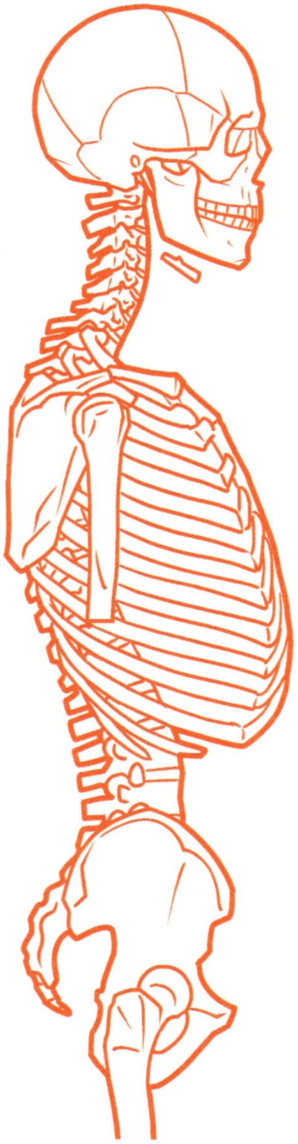

가쪽

몸통 골격 그리는 법

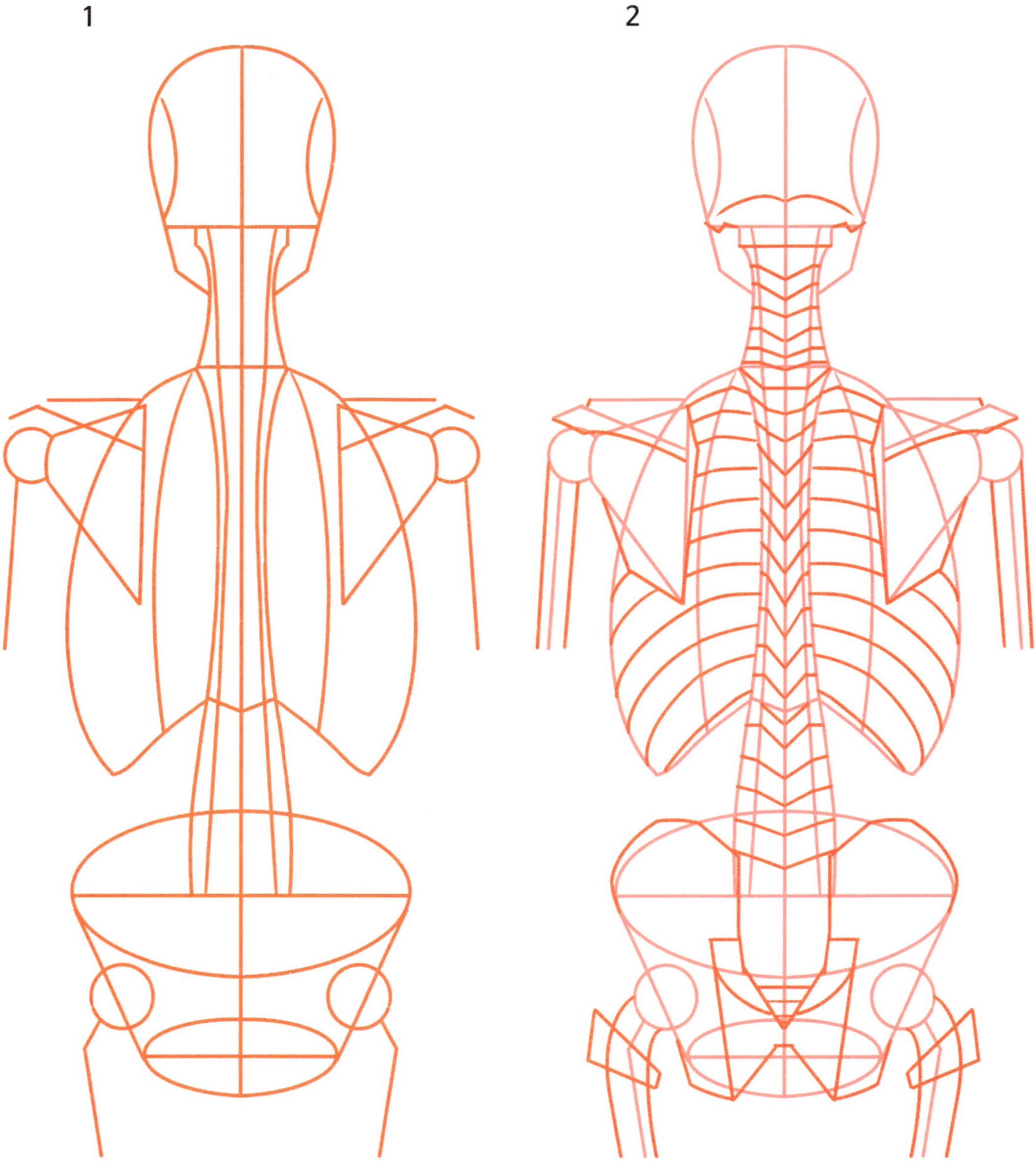
1
2

뒤쪽

1단계 : 축과 프레임을 그린다.

2단계 : 머리 부분의 세부 요소를 그려 넣고, 갈비뼈를 구분한 뒤, 긴 뼈에 두께감을 주어 형태를 잡는다.

3단계 : 척추를 더 세부적으로 그리고, 갈비뼈의 실루엣을 표현한다.

4단계 : 선을 정리하여 깔끔하게 마무리한다.

3

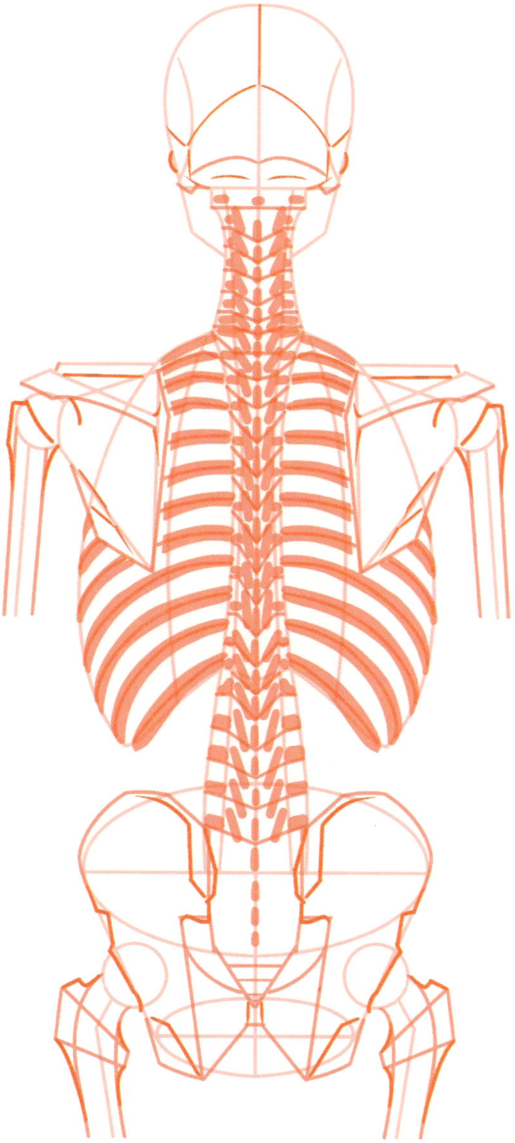

4

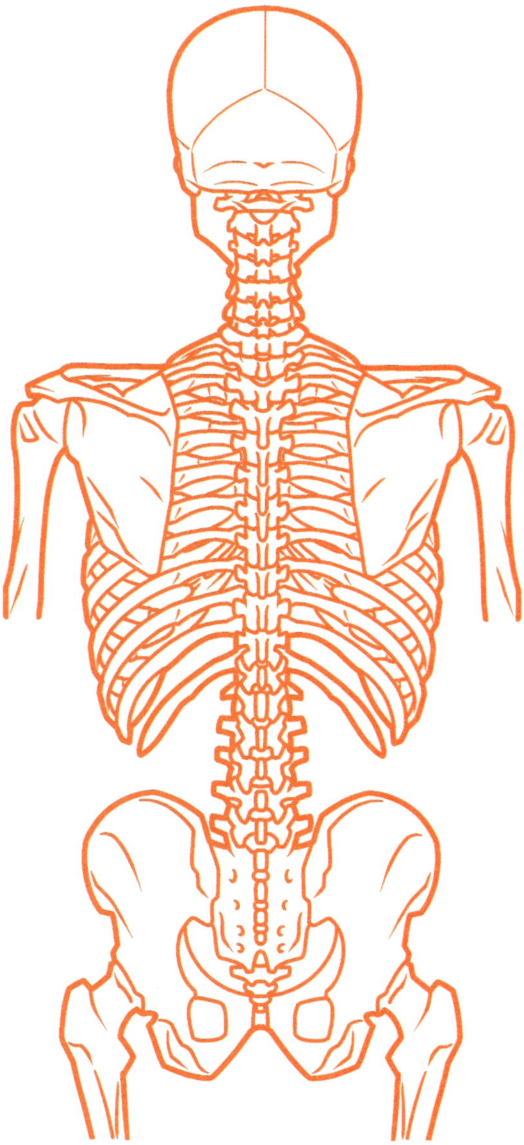

뒤쪽

팔 골격 그리는 법

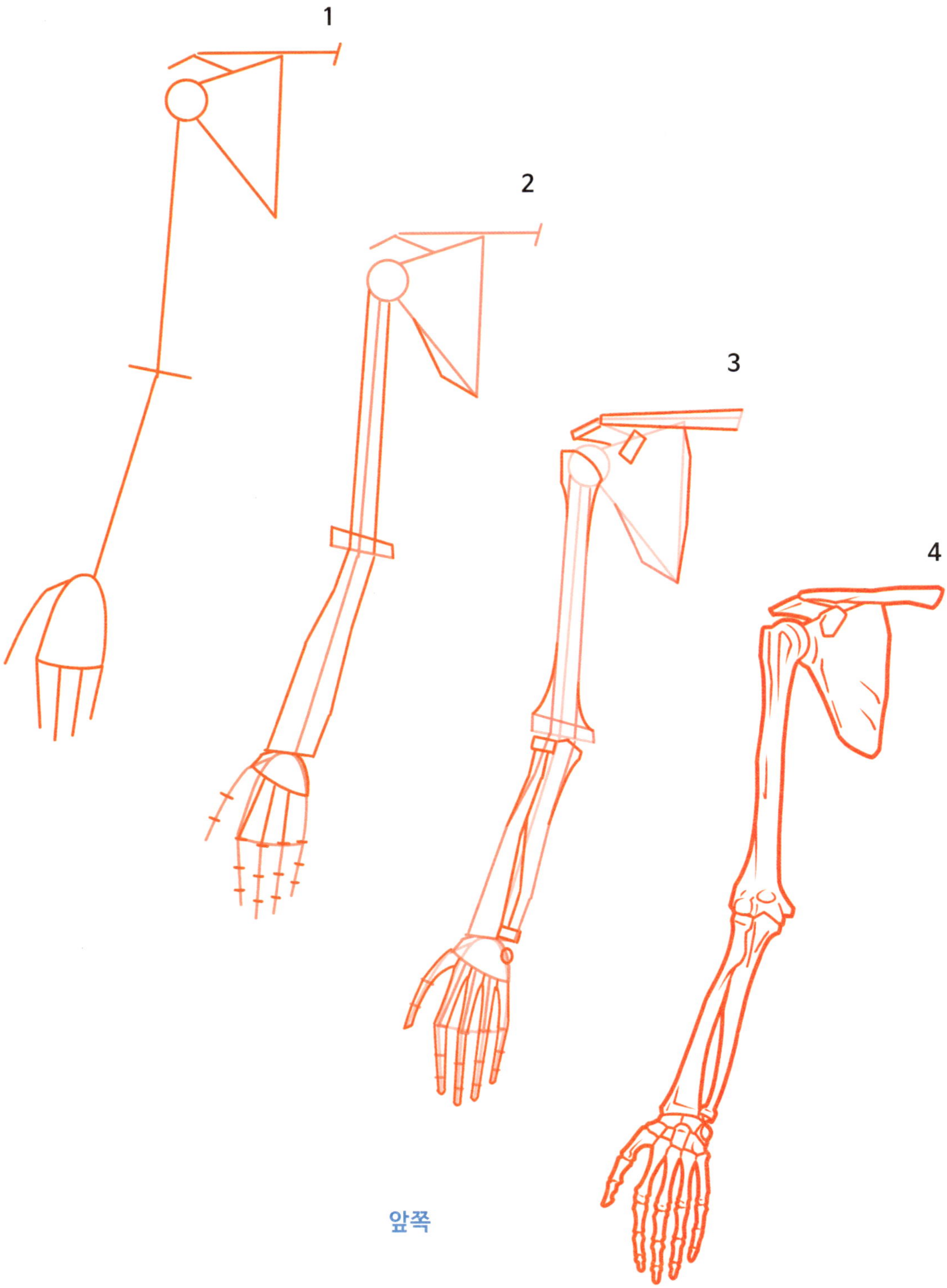
1
2
3
4

앞쪽

1단계 : 축과 프레임을 그린다.
2단계 : 긴 뼈에 두께감을 주어 형태를 잡고, 손가락 마디를 구분한다.
3단계 : 자뼈(척골)와 노뼈(요골)를 구분하고, 뼈의 돌출된 부분을 그린다.
4단계 : 선을 정리하여 깔끔하게 마무리한다.

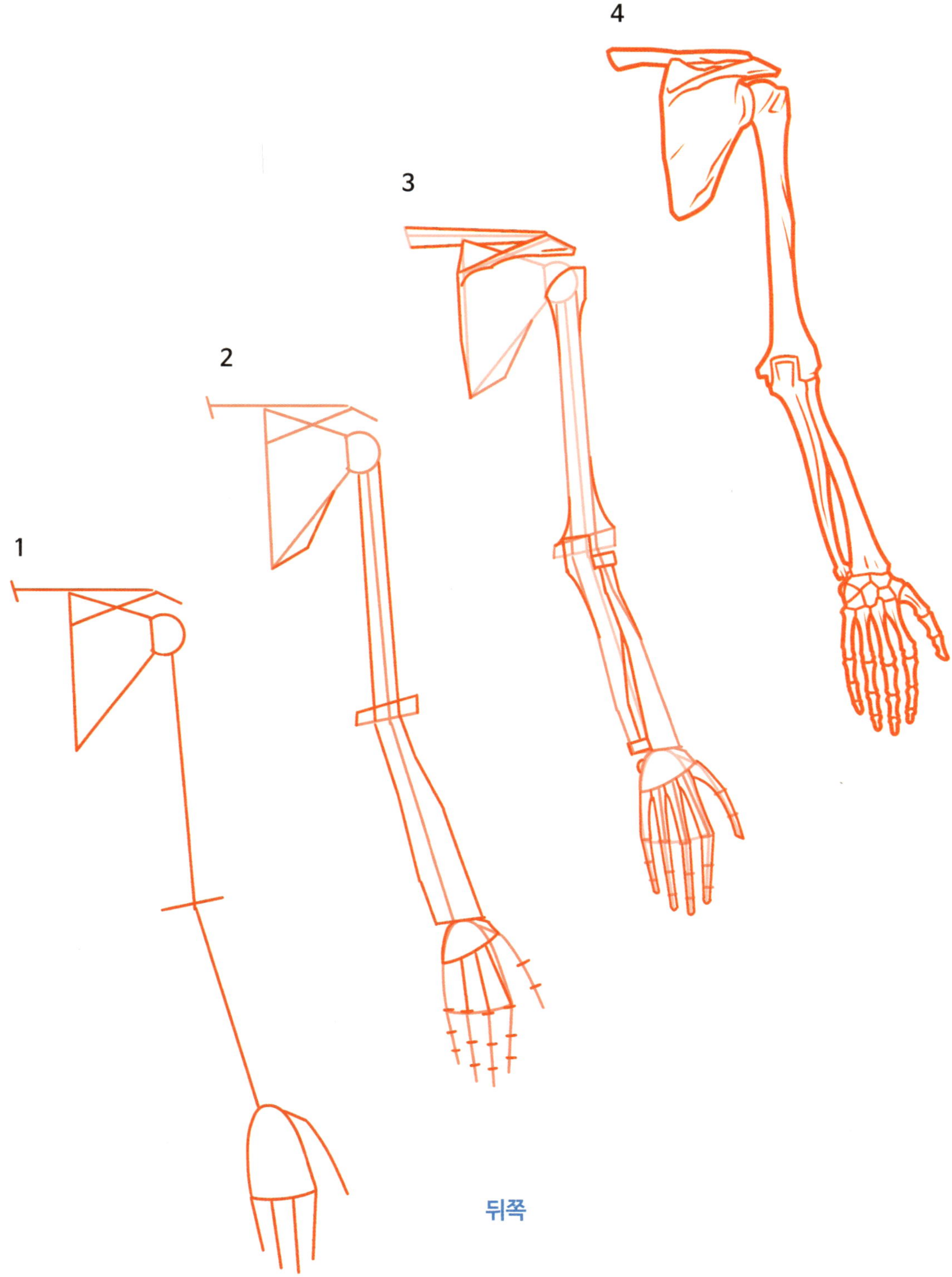
1
2
3
4

뒤쪽

팔 골격 그리는 법

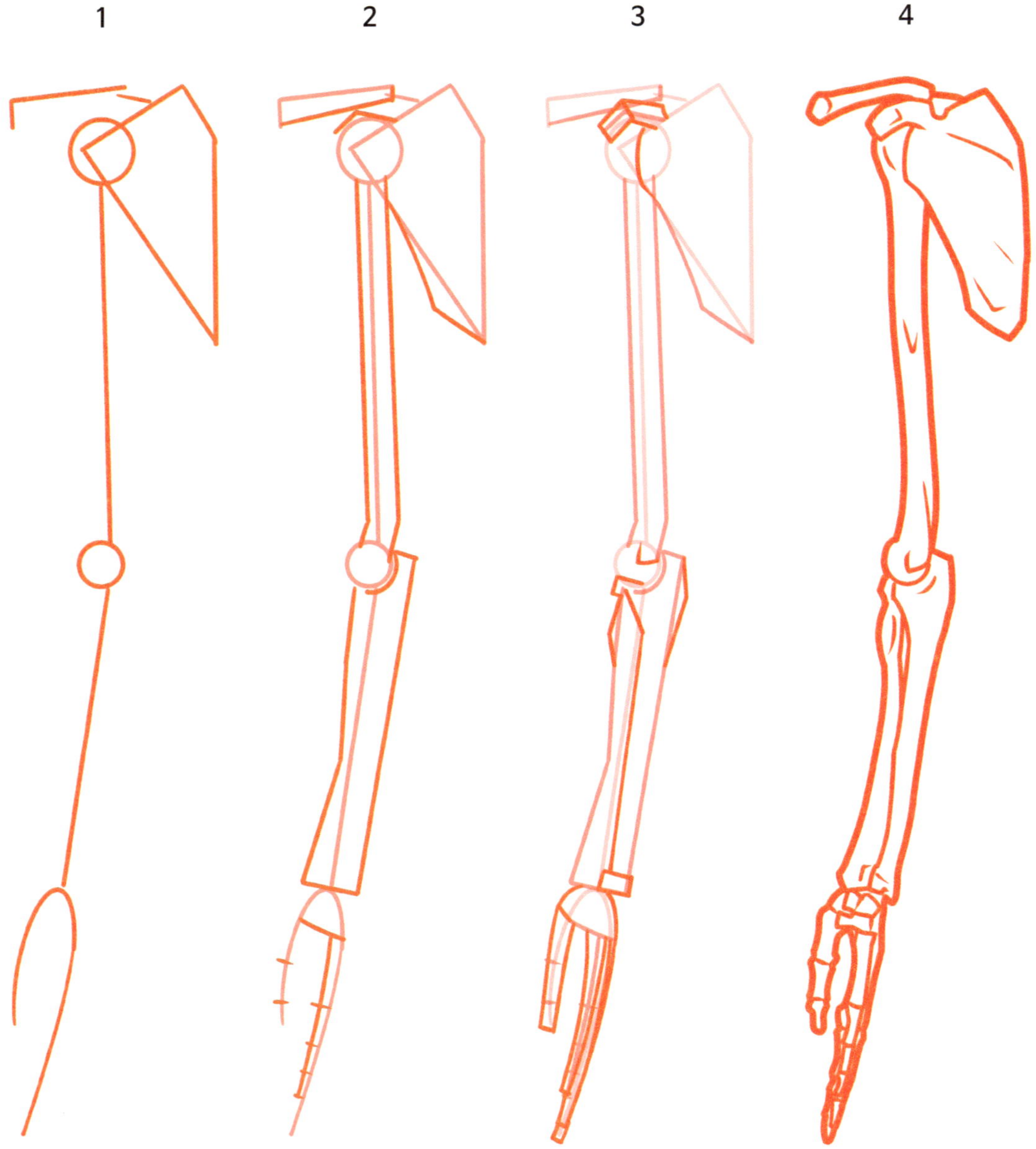
1
2
3
4

안쪽

1단계 : 축과 프레임을 그린다.
2단계 : 긴 뼈에 두께감을 주어 형태를 잡고, 손가락 마디를 구분한다.
3단계 : 자뼈(척골)와 노뼈(요골)를 구분하고, 뼈의 돌출된 부분을 그린다.
4단계 : 선을 정리하여 깔끔하게 마무리한다.

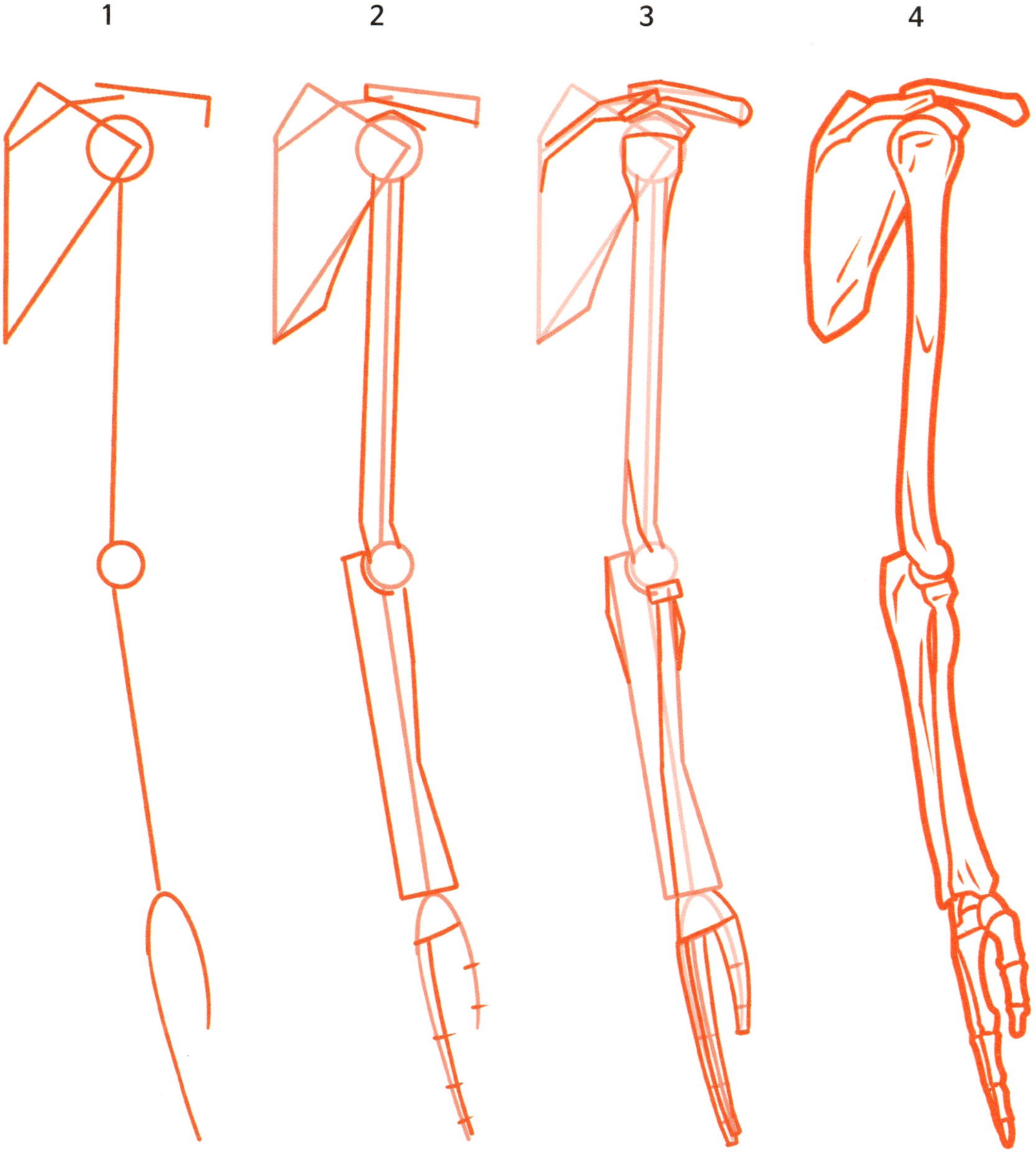
1
2
3
4

가쪽

다리 골격 그리는 법

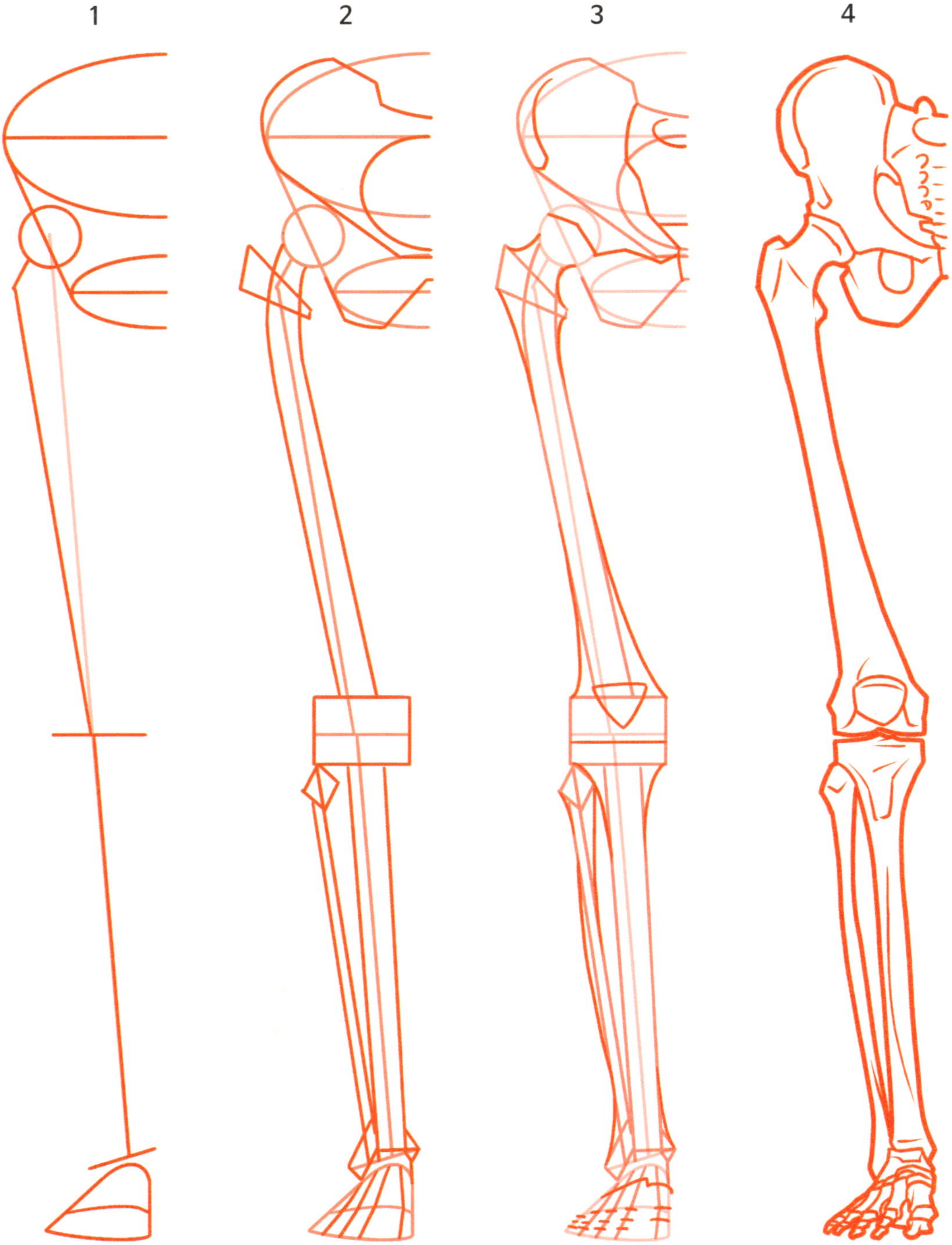
1
2
3
4

앞쪽

1단계 : 축과 프레임을 그린다. 허벅지의 가는 선은 넙다리뼈머리에서 발목까지 이어지는 다리의 축이다.
2단계 : 긴 뼈에 두께감을 주어 형태를 잡고, 발가락을 구분한다.
3단계 : 뼈의 돌출 부위와 뼈대 사이를 자연스럽게 연결하고, 발가락 마디를 구분한다.
4단계 : 선을 정리하여 깔끔하게 마무리한다.

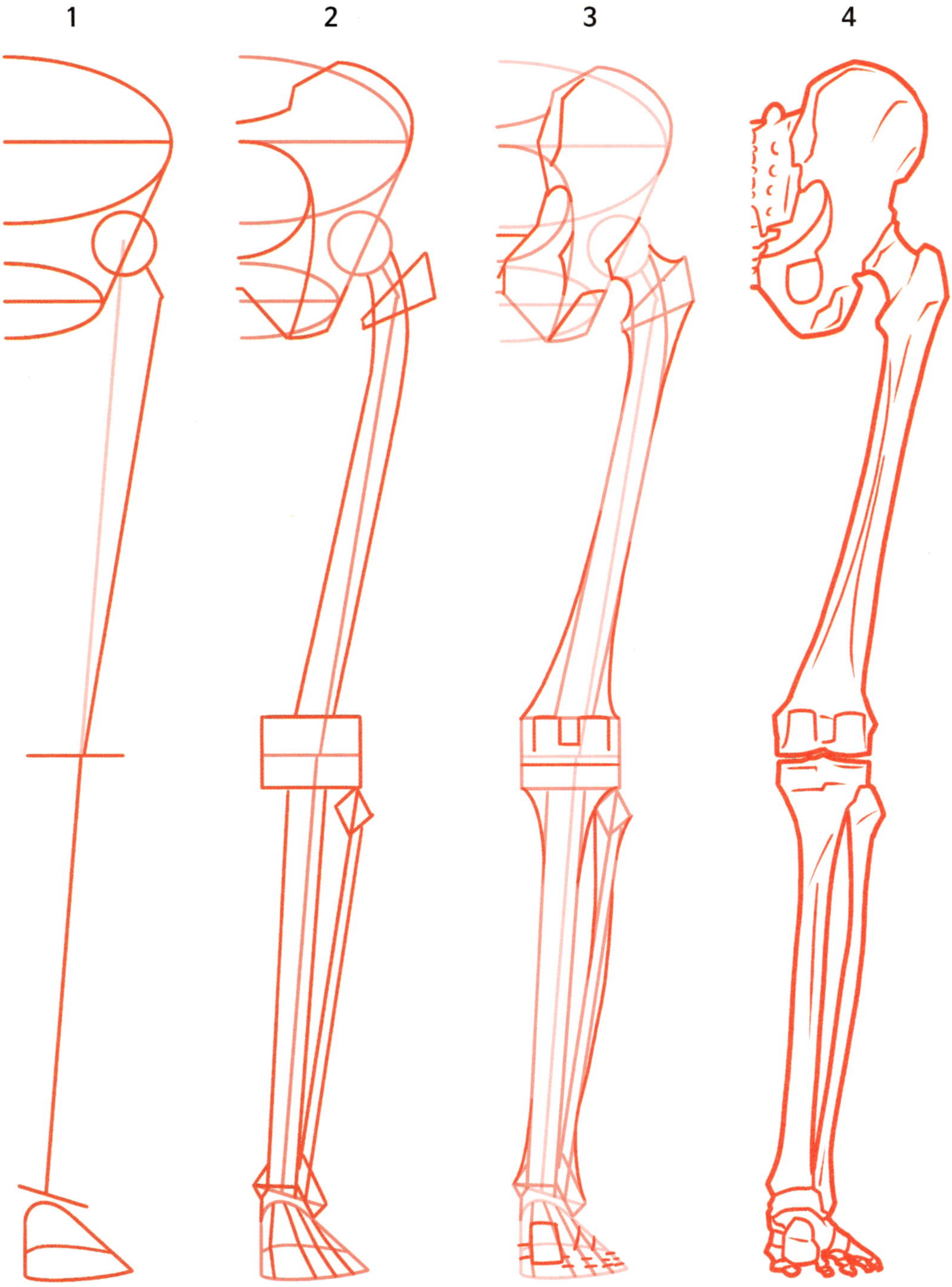
1
2
3
4

뒤쪽

다리 골격 그리는 법

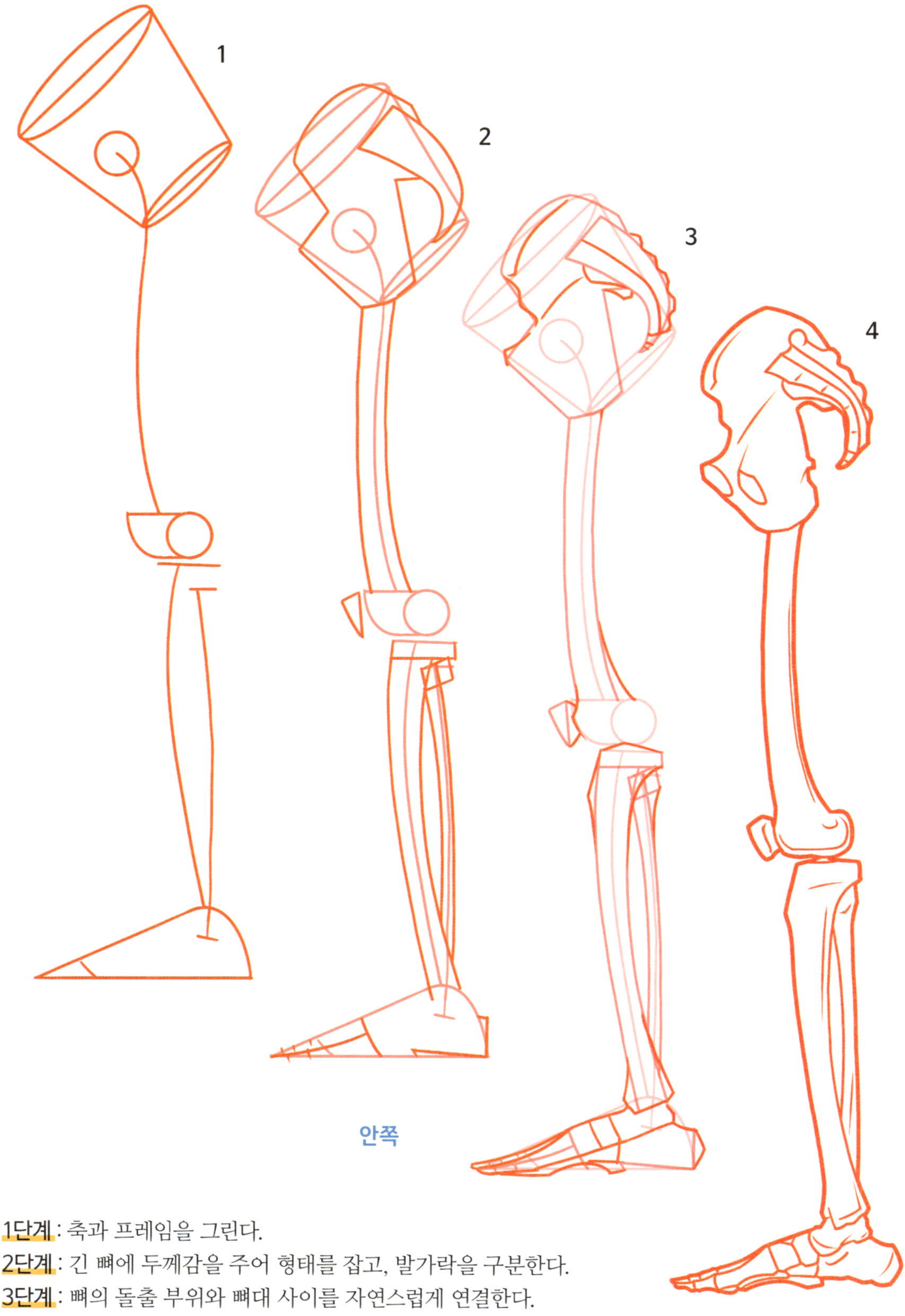
1
2
3
4
안쪽

1단계 : 축과 프레임을 그린다.

2단계 : 긴 뼈에 두께감을 주어 형태를 잡고, 발가락을 구분한다.

3단계 : 뼈의 돌출 부위와 뼈대 사이를 자연스럽게 연결한다.

4단계 : 선을 정리하여 깔끔하게 마무리한다.

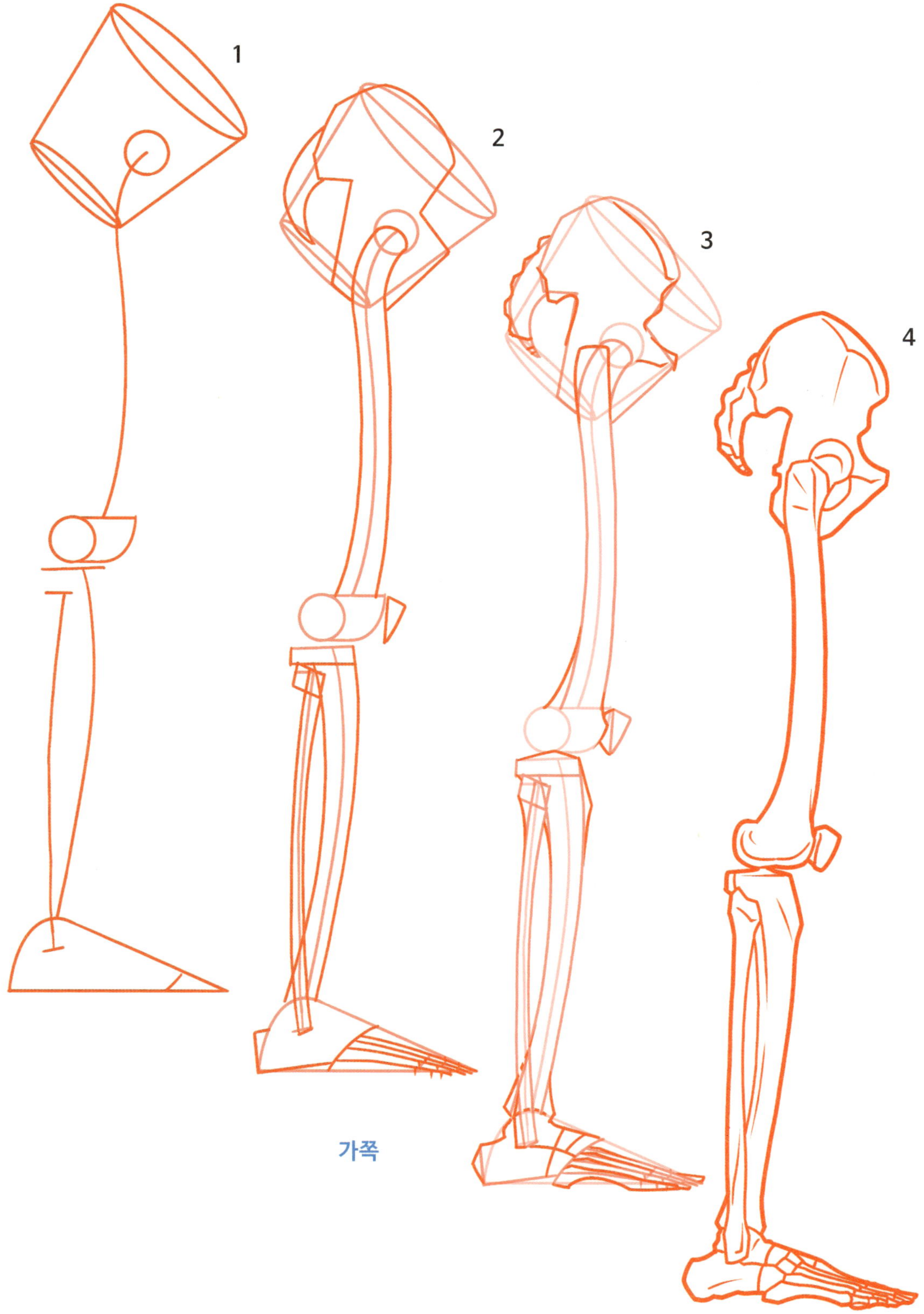
1
2
3
4
가쪽

제3장

뼈를 그리는 다양한 방법 익히기

여기까지는 뼈를 그리는 한 가지 방법을 소개했습니다. 독자 여러분 중에는 “다른 방식으로도 그릴 수 있지 않을까?”, “나라면 이렇게 그리겠는데?”라고 생각하신 분도 계실 것입니다. 그림을 그리는 방식은 얼마든지 자유롭게 바꿔도 괜찮습니다. 제3장에서는 또 다른 접근법을 소개하겠습니다.

이번에 소개할 방식은 20세기 초 프랑스에서 활동한 메디컬 일러스트레이터이자 『미술 해부학』의 저자인 아르노 모로(Arnould Moreaux)가 고안한 것입니다. 메디컬 일러스트레이터란 해부도나 수술 장면을 전문적으로 그리는 작가를 말합니다. 이 그림은 예술가를 위한 뼈와 근육 묘사법 중 가장 초기의 예시로, 다수의 해부도를 그려온 전문가의 해석이 담겨 있습니다. 100년이 넘은 오래된 자료이기 때문에 이 책에서는 선화를 디지털로 다시 트레이싱하고 정리하는 과정을 거쳤습니다.

아르노 모로의 드로잉 방식은 전체적인 윤곽부터 시작해 점차 세부로 들어간다는 점에서 이 책의 접근 방식과 비슷하지만, 형태를 인식하는 감각은 다소 다릅니다. 특히 곡선을 많이 사용하여, 제2장의 그림보다 더 감각적이고 유려한 인상을 줍니다. 곡선 표현을 좋아하는 분이라면 오히려 아르노 모로의 방식이 더 그리기 편하게 느껴질 수도 있습니다.

척추 그리는 법

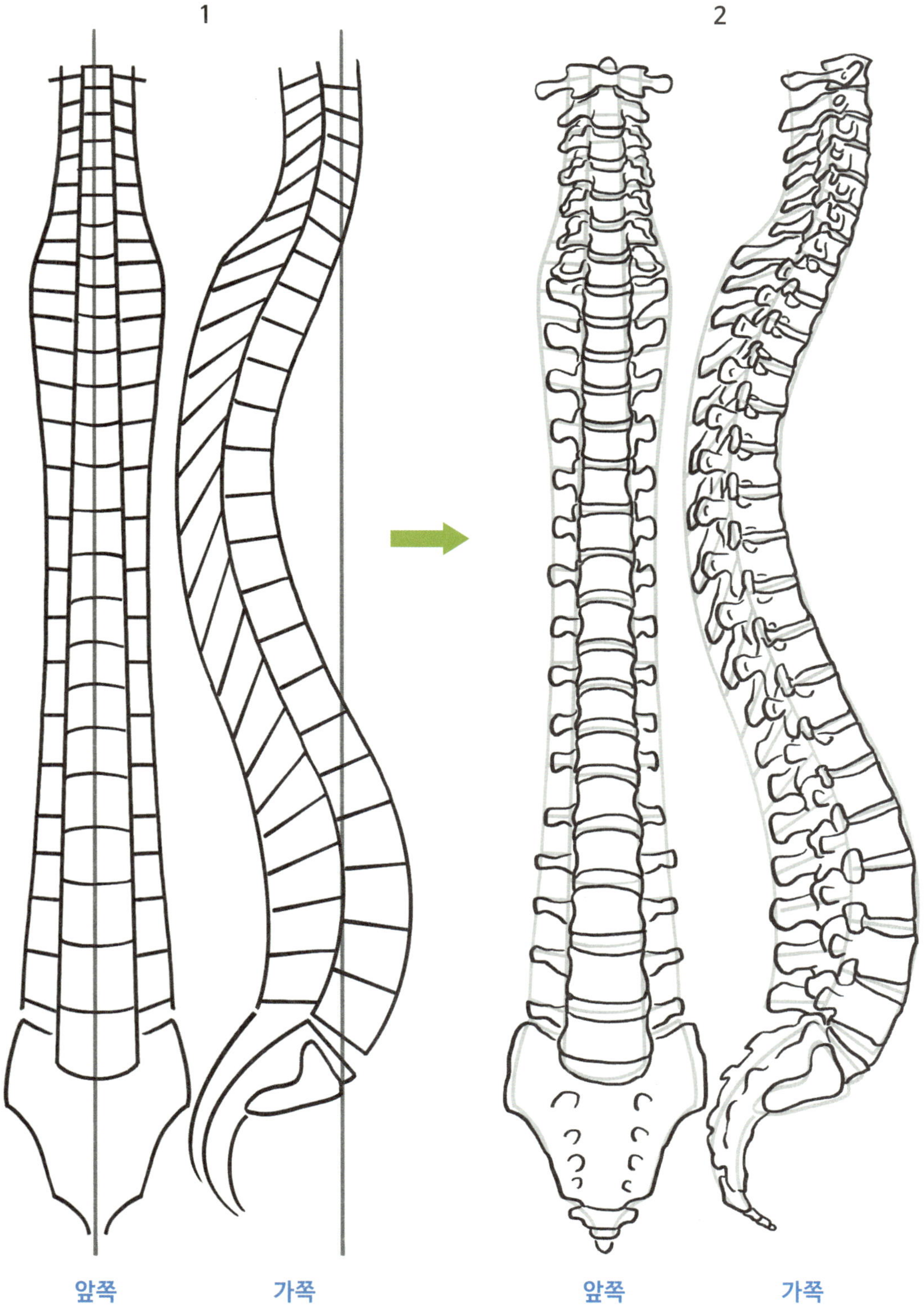
1
2
앞쪽
가쪽
앞쪽
가쪽

1단계 : 윤곽을 그린 뒤 나눈다.
2단계 : 세부 요소를 그려 넣고, 선을 정리하여 마무리한다.

머리뼈(두개골) 그리는 법

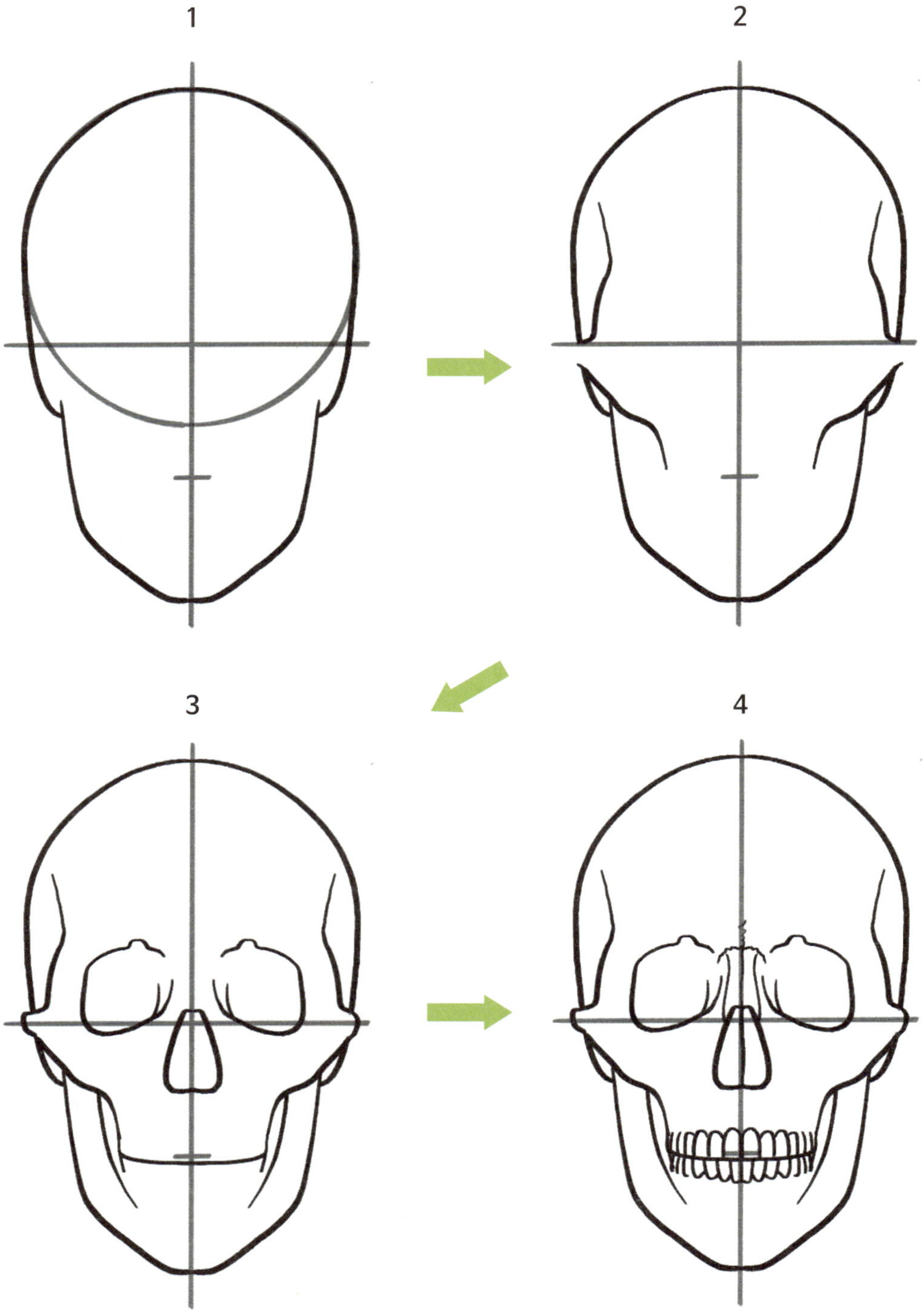
1
2
3
4

앞쪽

1단계 : 머리를 둥근 원형으로 설정하고, 그 아래에 얼굴을 그려 넣는다.
2단계 : 광대뼈와 관자놀이 부위를 추가로 그린다.
3단계 : 눈, 코, 입을 그린다.
4단계 : 치아와 코뼈의 세부 요소를 그려 넣는다.

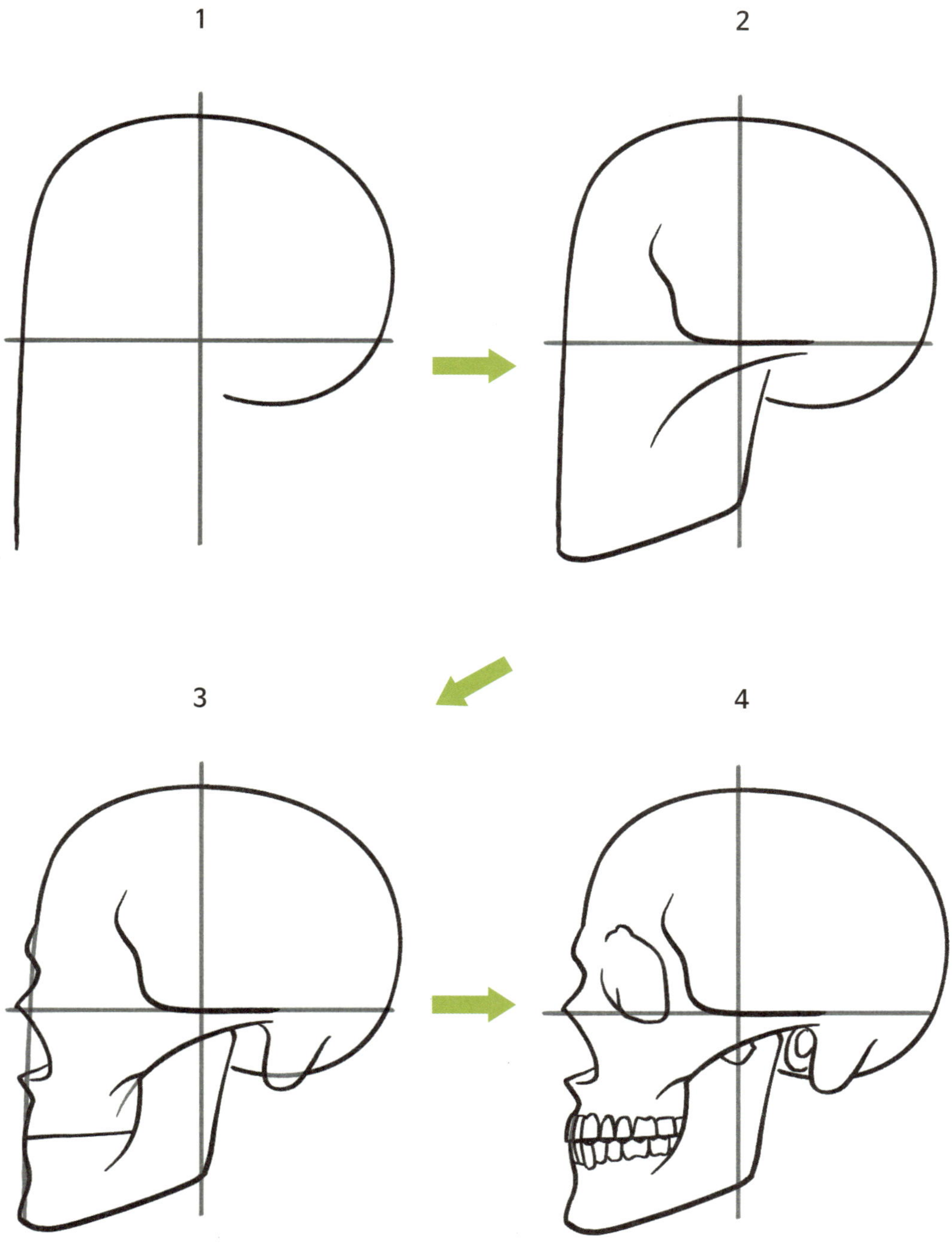
1
2
3
4

가쪽

1단계 : 얼굴에서 후두부까지의 윤곽을 그린다.
2단계 : 턱, 볼, 관자놀이 부위를 그려 넣는다.
3단계 : 옆얼굴의 윤곽과 치아의 맞물림을 그린다.
4단계 : 눈구멍(안와)과 치아를 그려 넣는다.

복장뼈(흉골) 그리는 법

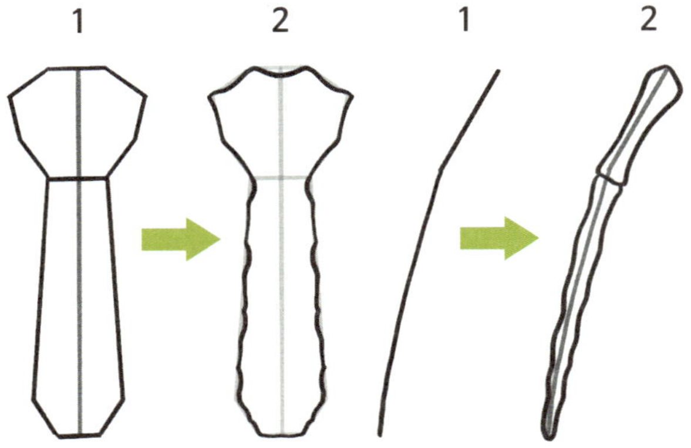
1
2
1
2

앞쪽 가쪽

1단계 : 윤곽과 축을 그린다.
2단계 : 올록볼록한 부분과 두께감을 그려 넣는다.

가슴우리(흉곽) 그리는 법

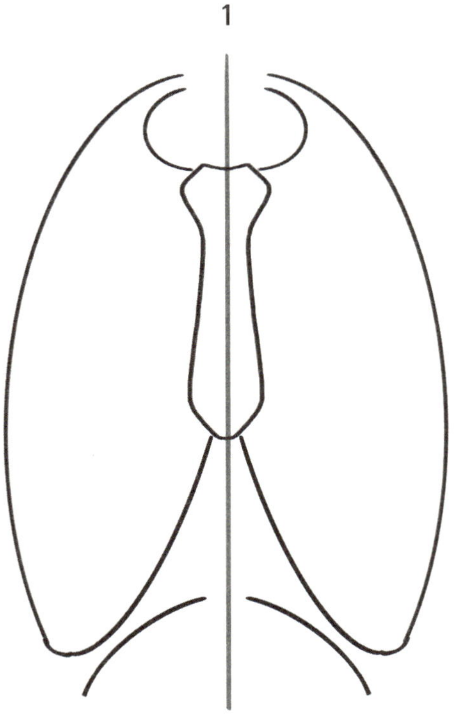
1

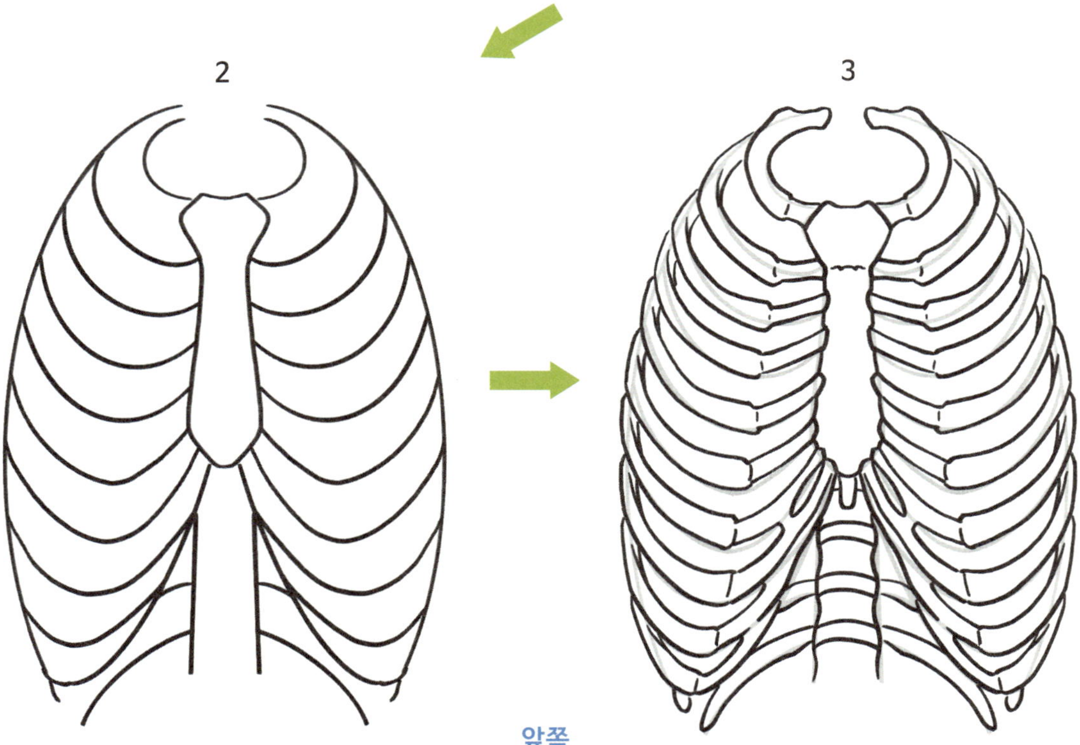
2
3

앞쪽

1단계 : 윤곽과 복장뼈를 그린다.
2단계 : 갈비뼈의 축을 그린다.
3단계 : 갈비뼈의 두께와 세부 요소를 그린다.

엉치뼈(천골) 그리는 법

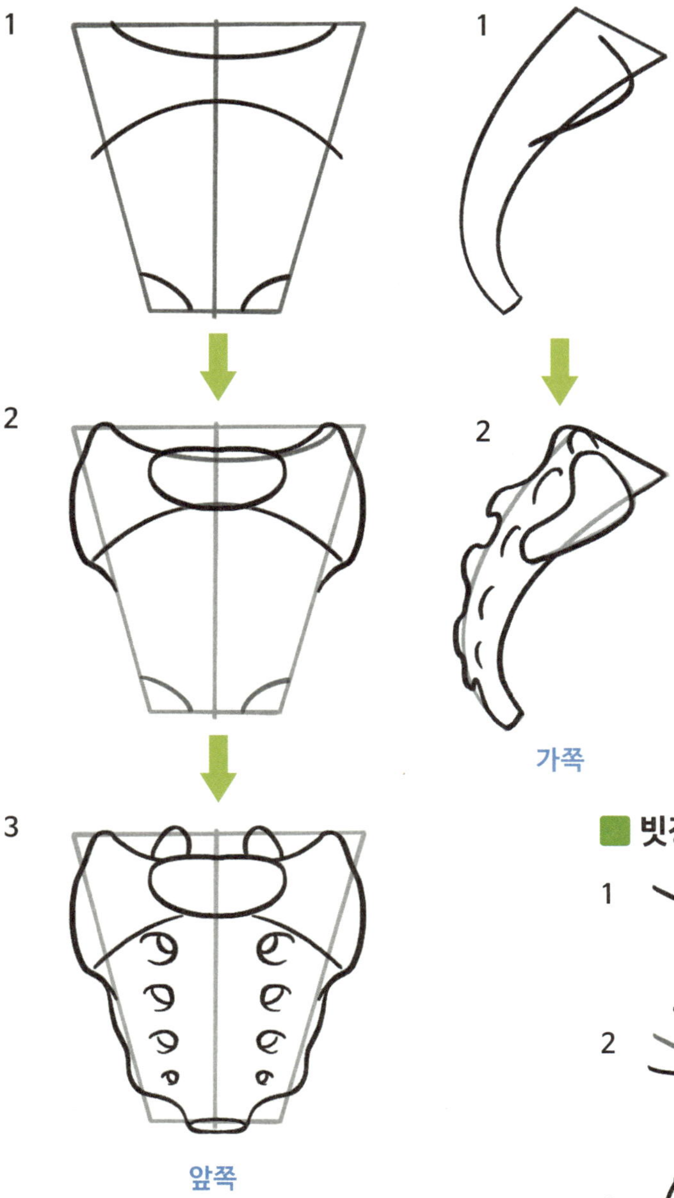
1
1
2
2
가쪽
3
앞쪽

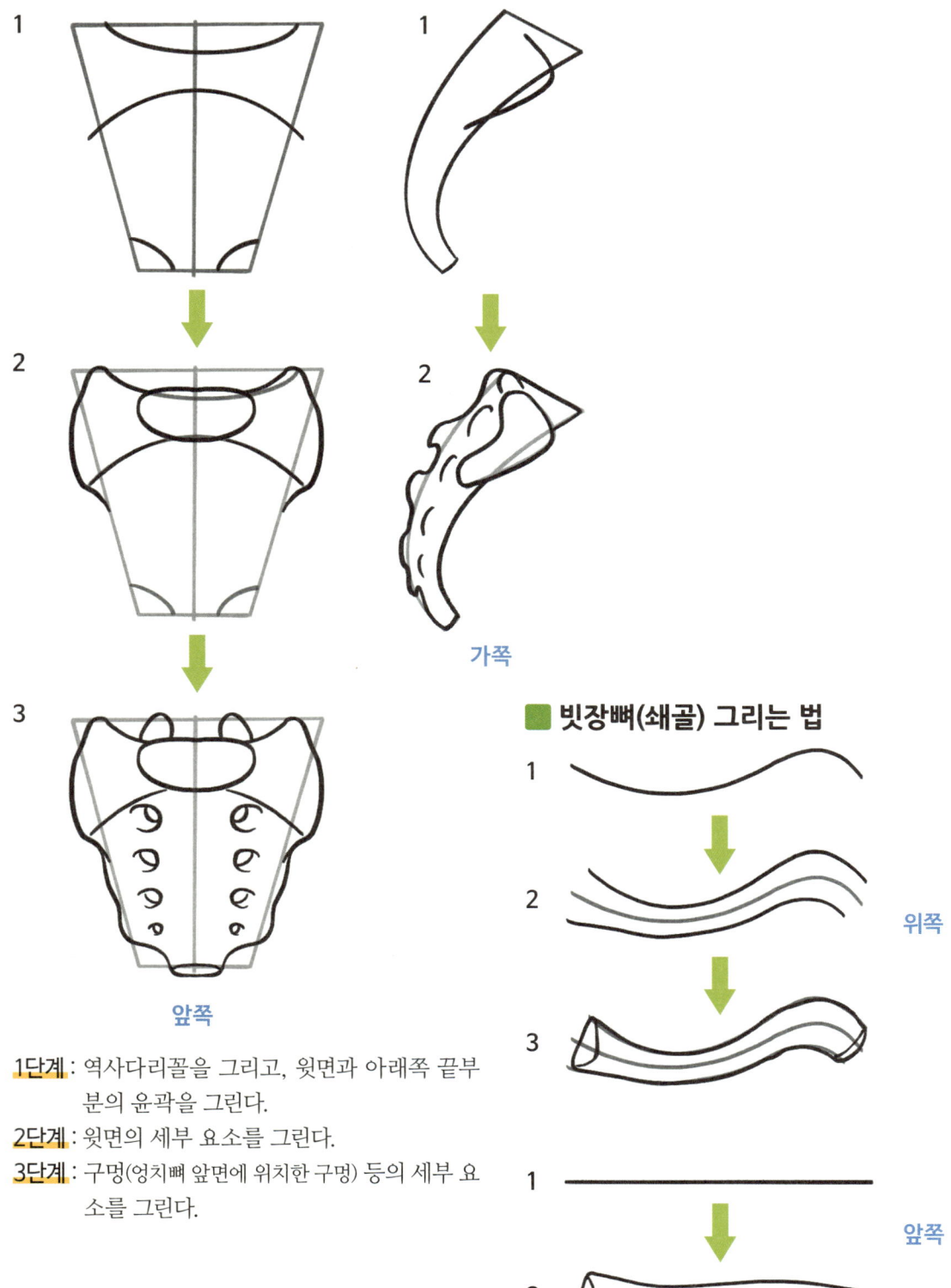

1단계 : 역사다리꼴을 그리고, 윗면과 아래쪽 끝부분의 윤곽을 그린다.
2단계 : 윗면의 세부 요소를 그린다.
3단계 : 구멍(엉치뼈 앞면에 위치한 구멍) 등의 세부 요소를 그린다.

빗장뼈(쇄골) 그리는 법

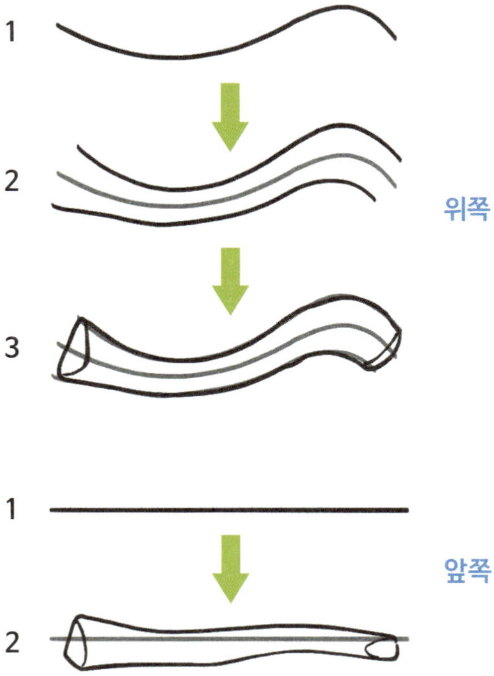
1
2
위쪽
3
1
앞쪽
2

1단계 : 축을 그린다.
2~3단계 : 폭과 두께를 주어 양감을 더하고 양 끝부분을 그린다.

볼기뼈(관골) 그리는 법

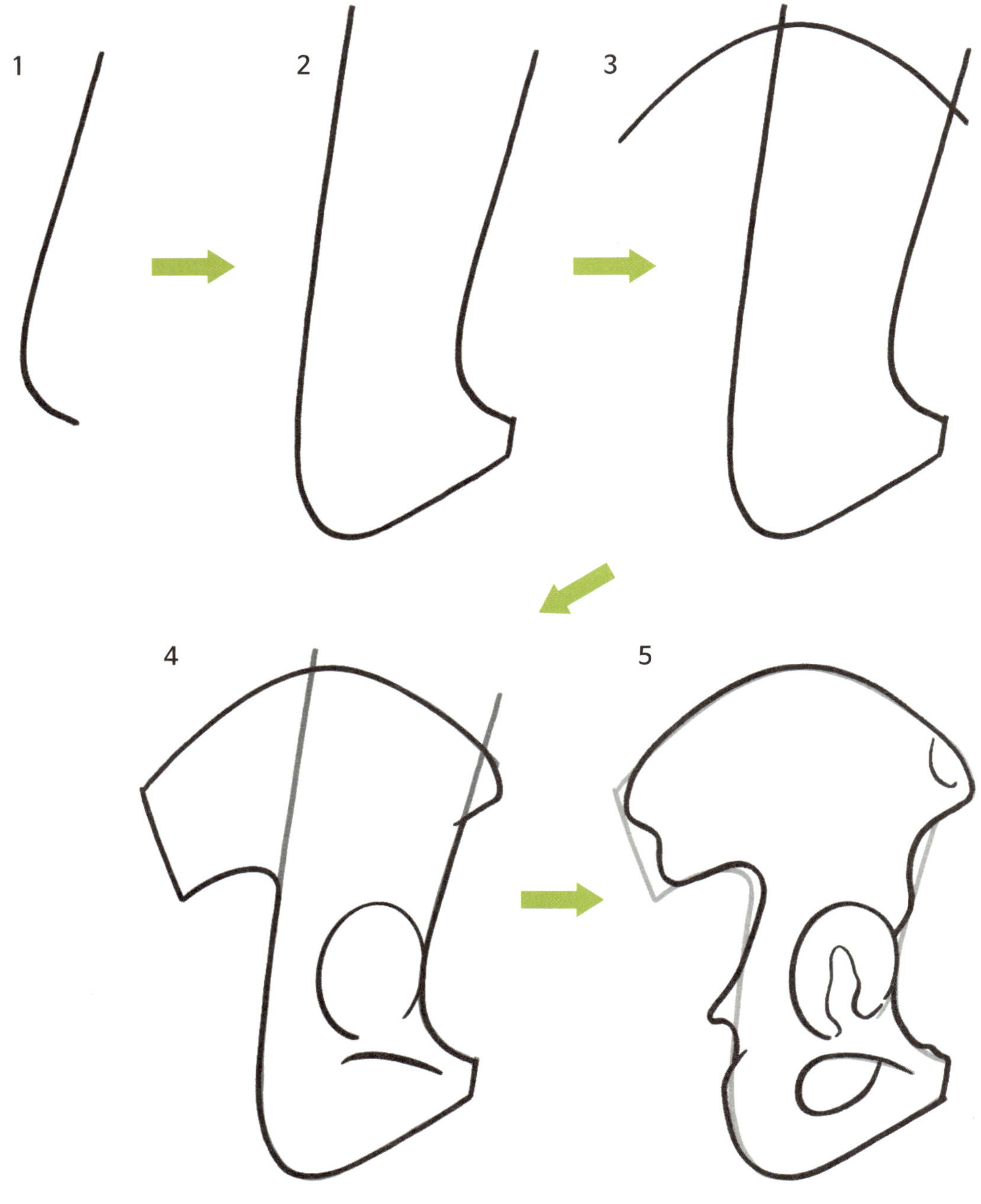
1
2
3
4
5

가쪽

1단계 : 앞쪽 윤곽을 앞쪽을 향해 벌어진 J자 형태로 그린다.
2단계 : 뒤쪽 윤곽도 앞쪽을 향해 벌어진 J자 형태로 그린다.
3단계 : 부드러운 곡선으로 위쪽 가장자리(엉덩뼈능선)를 그린다.
4단계 : 위쪽 가장자리의 앞끝과 뒤끝을 그리고, 관절면(볼기뼈절구)을 그린다.
5단계 : 관절면 아래의 구멍(폐쇄구멍) 등 세부 요소를 그린다.

어깨뼈(견갑골) 그리는 법

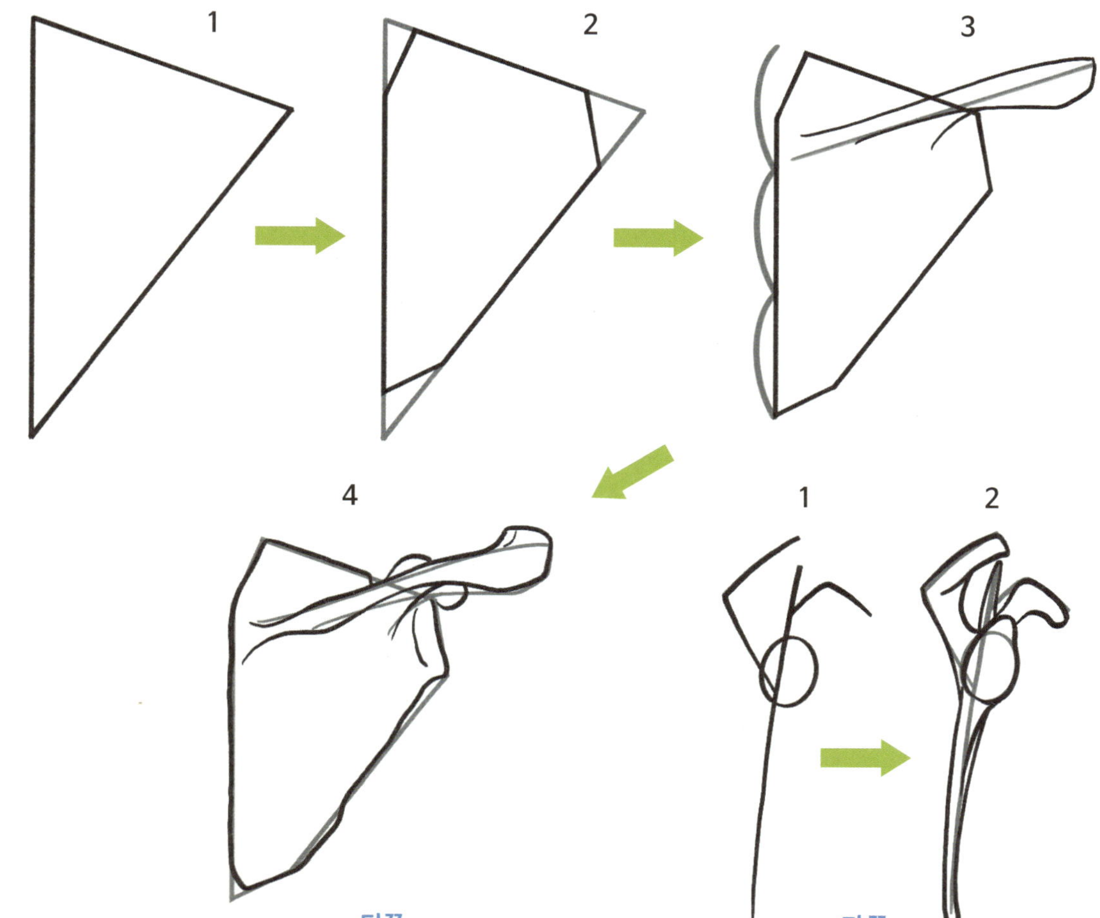
1
2
3
4
1
2

뒤쪽　　가쪽

1단계 : 삼각형을 그린다.
2단계 : 삼각형의 모서리를 자른다.
3단계 : 안쪽 가장자리를 세 부분으로 나누고, 위에서 첫 번째 분할선을 기준으로 어깨뼈가시(견갑극)와 어깨뼈봉우리(견봉)를 그린다.
4단계 : 세부 요소를 그린다.

종아리뼈(비골) 그리는 법

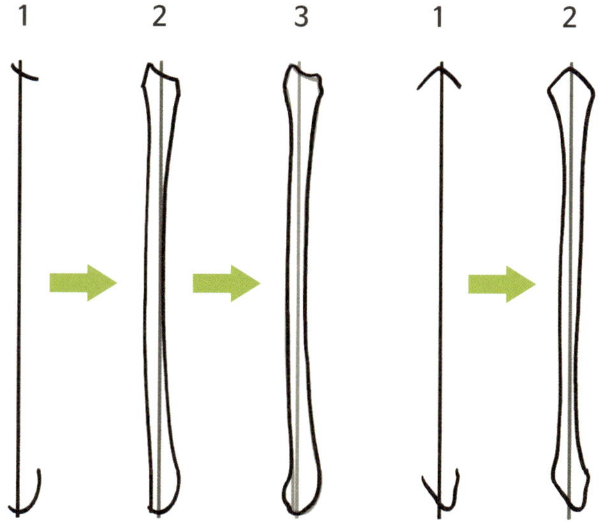
1
2
3
1
2

가쪽　　앞쪽

1단계 : 축과 위아래 끝부분을 그린다.
2~3단계 : 두께를 더한다.

위팔뼈(상완골) 그리는 법

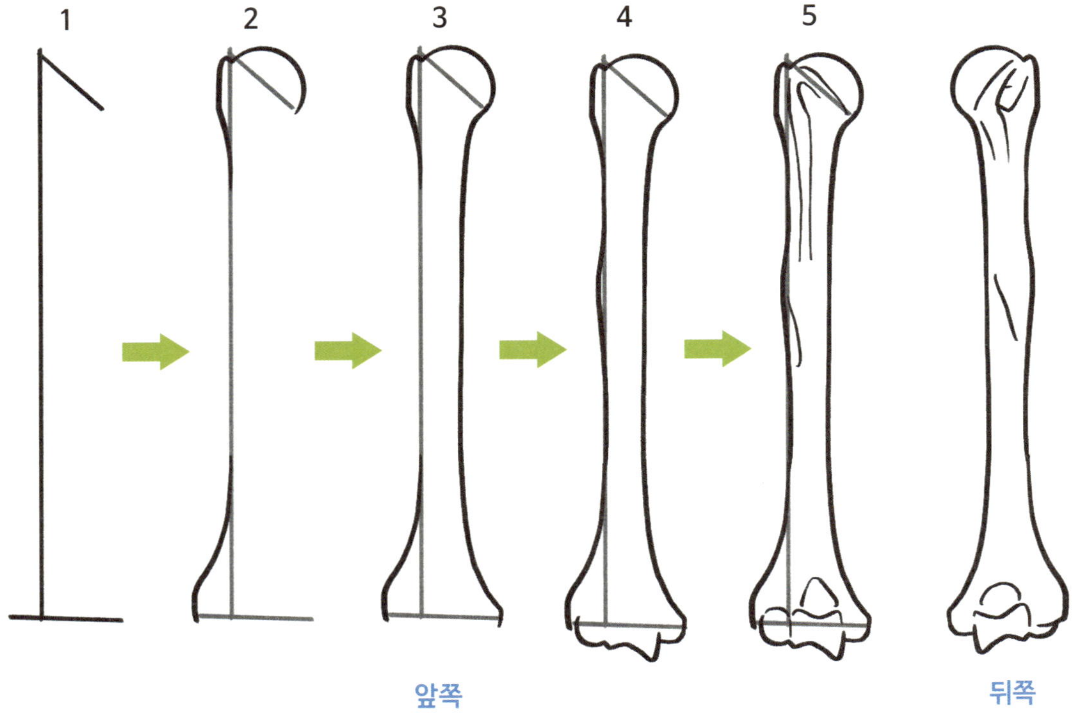
1
2
3
4
5
앞쪽
뒤쪽

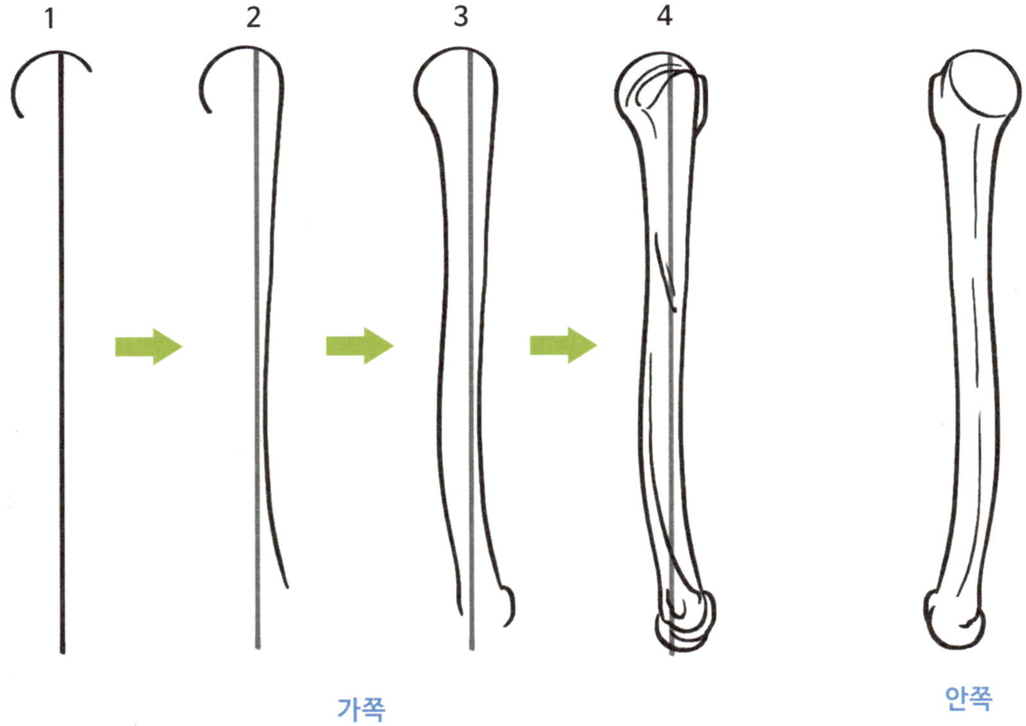
1
2
3
4
가쪽
안쪽

1단계 : 축과 위아래 끝부분을 그린다.
2~3단계 : 윤곽을 그린다.
4~5단계 : 관절면과 세부 요소를 그린다.

자뼈(척골) 그리는 법

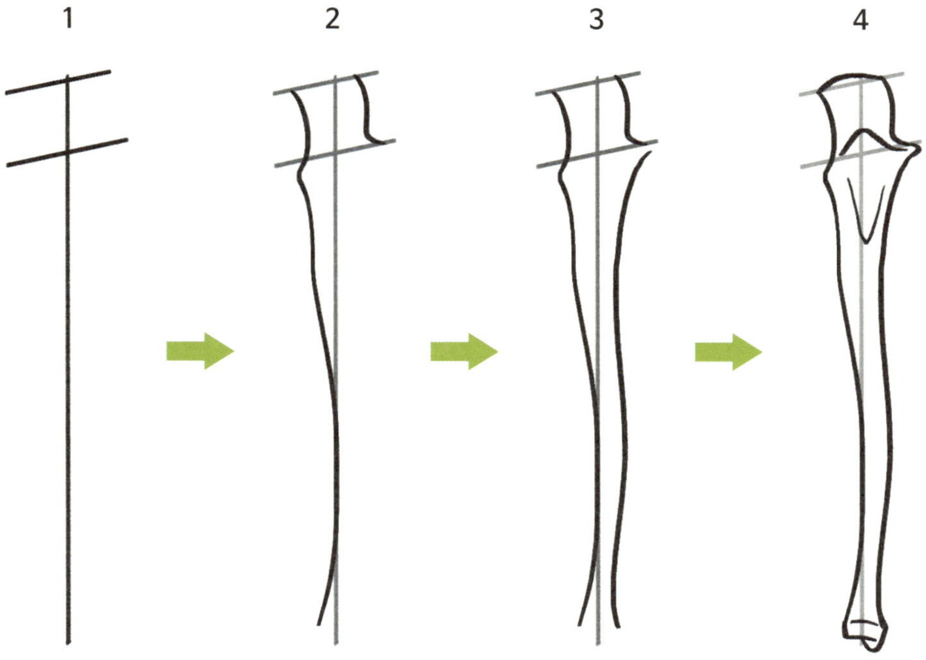
1
2
3
4

앞쪽

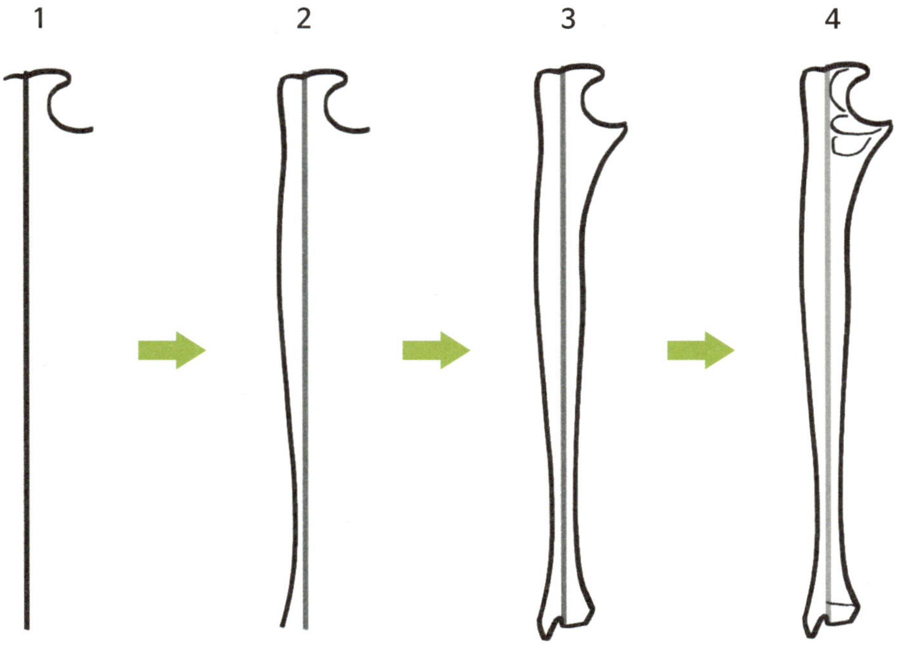
1
2
3
4

가쪽

1단계 : 축과 위아래 끝부분을 그린다.
2~3단계 : 윤곽을 그린다.
4단계 : 세부 요소를 그린다.

노뼈(요골) 그리는 법

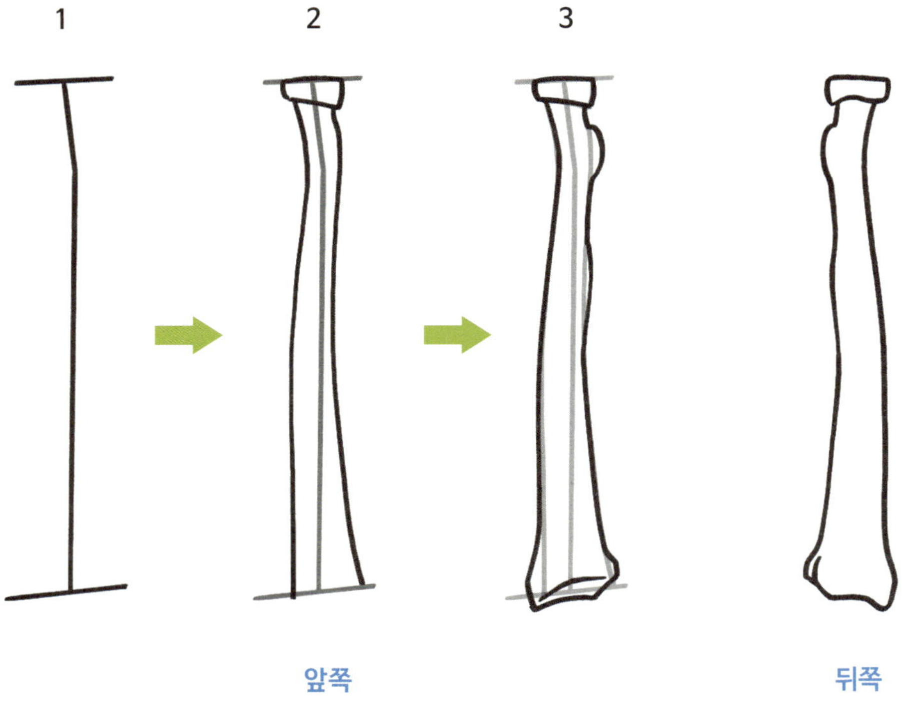
1
2
3
앞쪽
뒤쪽

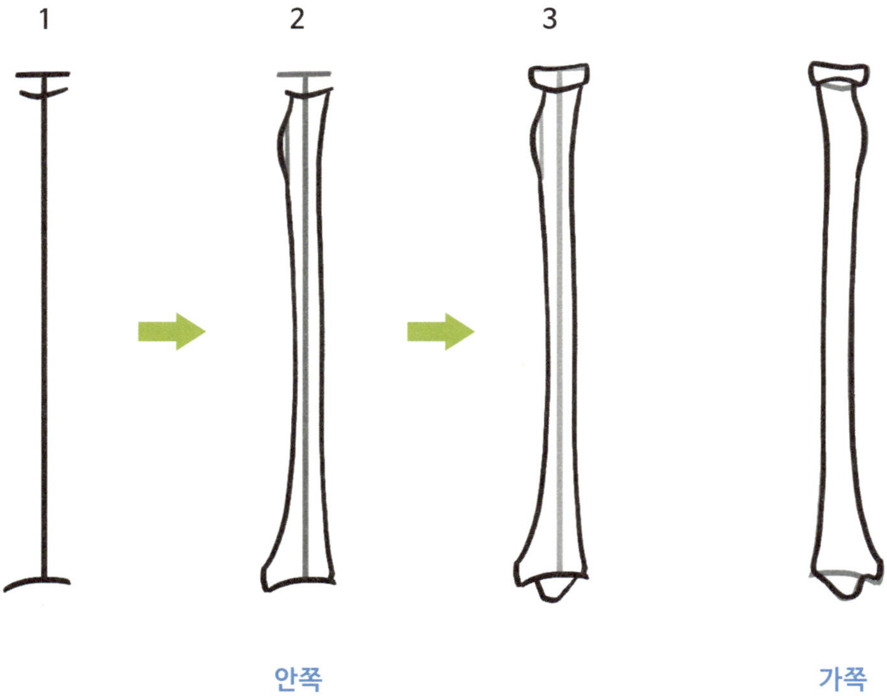
1
2
3
안쪽
가쪽

1단계 : 축과 위아래 끝부분을 그린다.
2단계 : 축에 너비와 두께를 더해 형태를 잡는다.
3단계 : 아래 끝부분과 돌출된 부분을 그린다.

손 골격 그리는 법

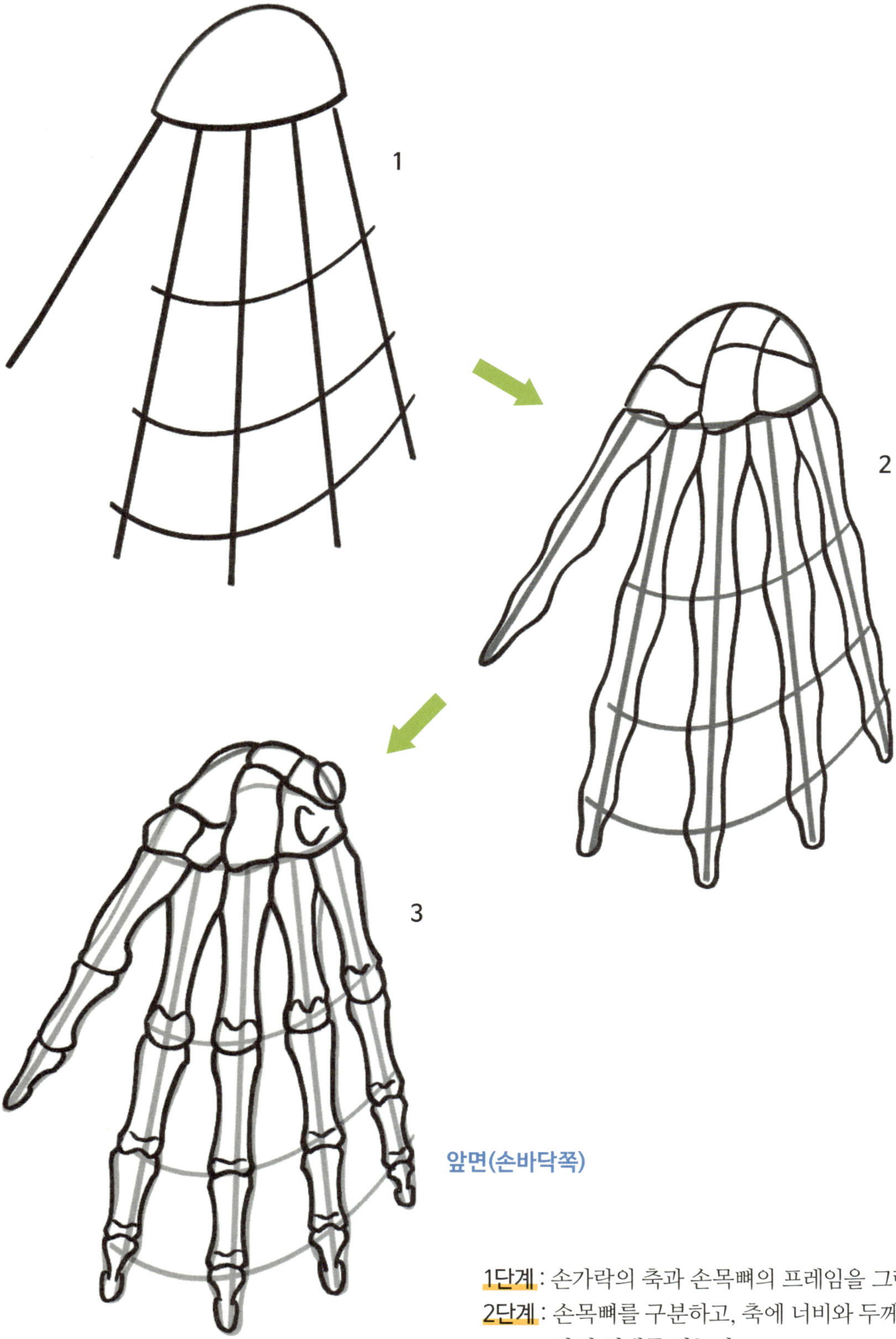
1
2
3
앞면(손바닥쪽)

1단계 : 손가락의 축과 손목뼈의 프레임을 그린다.
2단계 : 손목뼈를 구분하고, 축에 너비와 두께를 더하여 형태를 잡는다.
3단계 : 세부 요소를 그린다.

넙다리뼈(대퇴골) 그리는 법

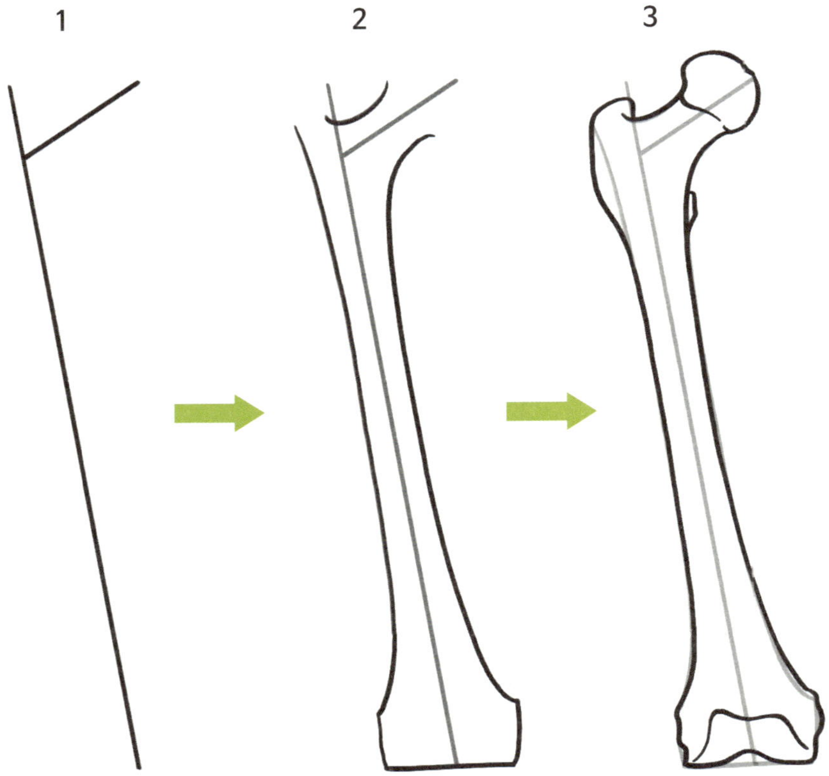
1
2
3

앞쪽

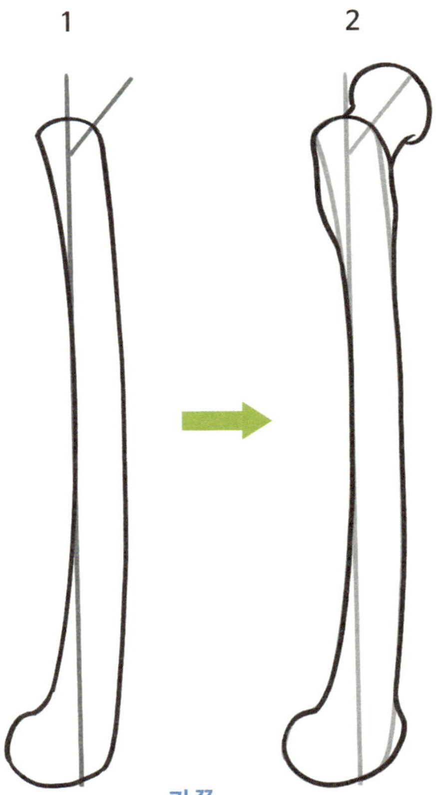
1
2

가쪽

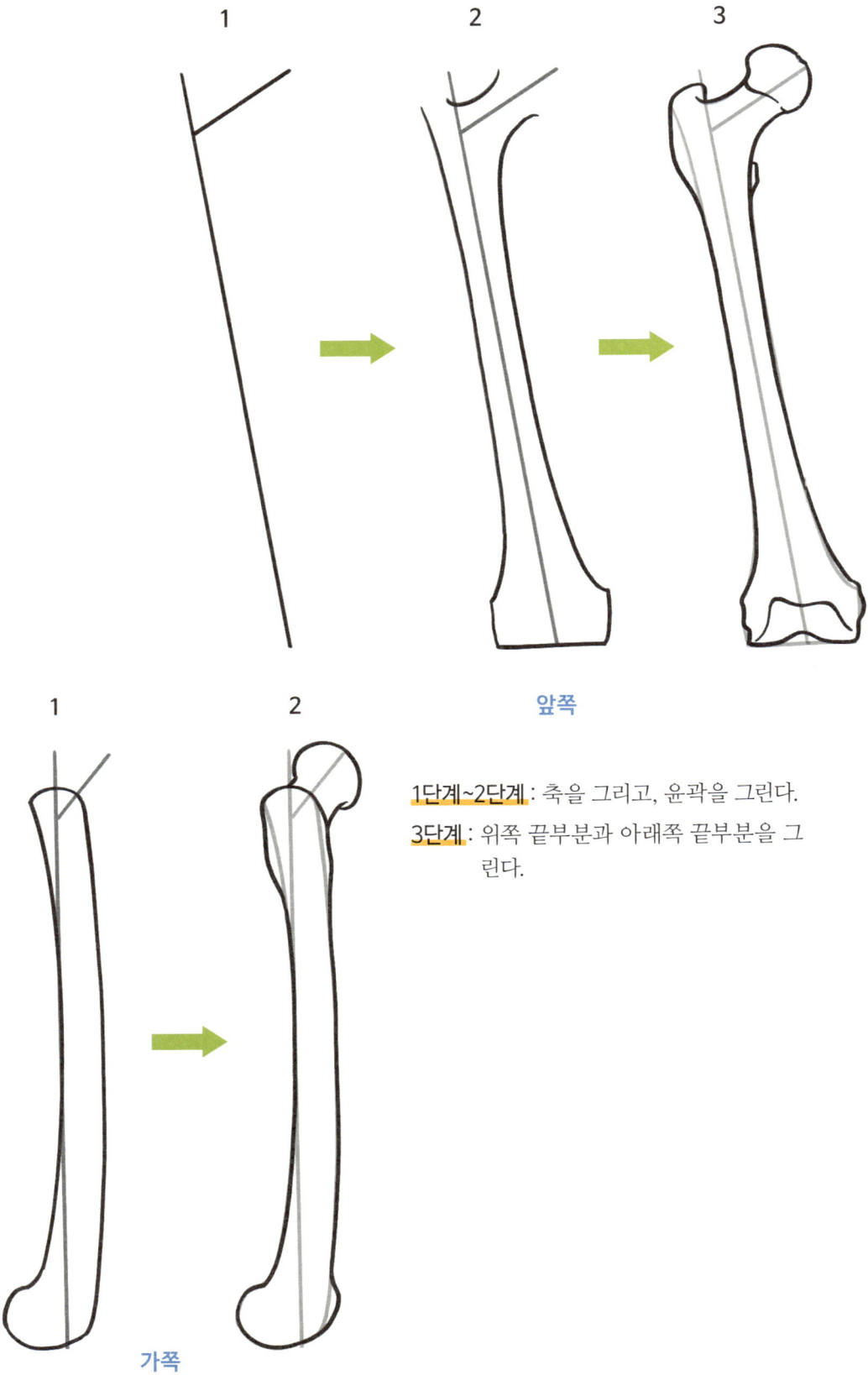

1단계~2단계 : 축을 그리고, 윤곽을 그린다.

3단계 : 위쪽 끝부분과 아래쪽 끝부분을 그린다.

정강뼈(경골) 그리는 법

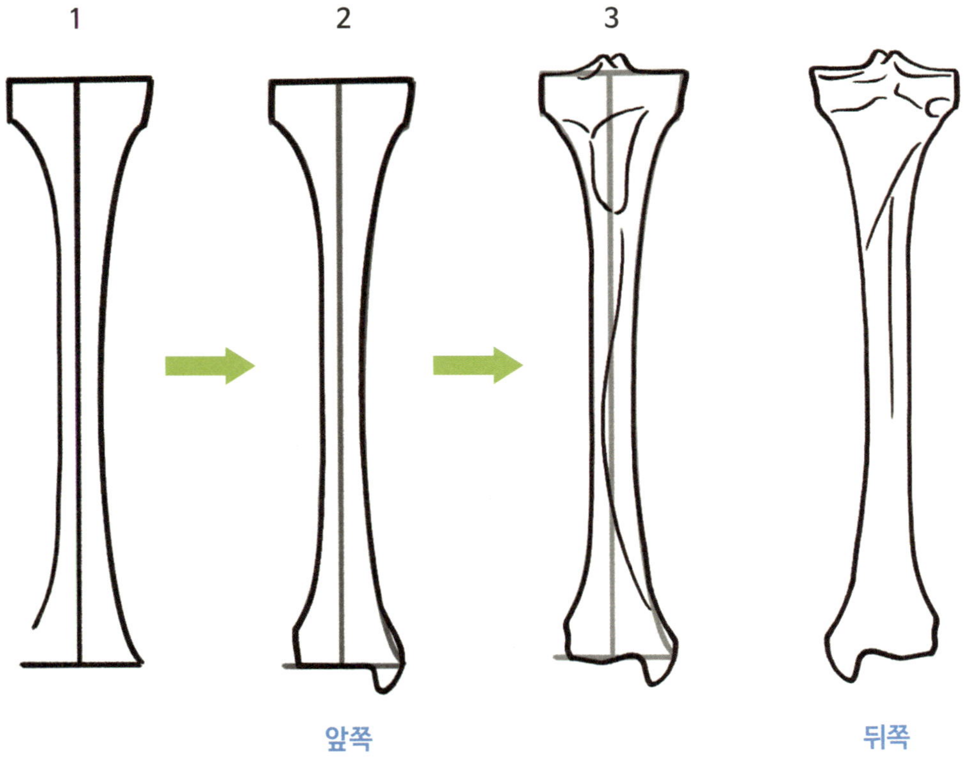
1
2
3
앞쪽
뒤쪽

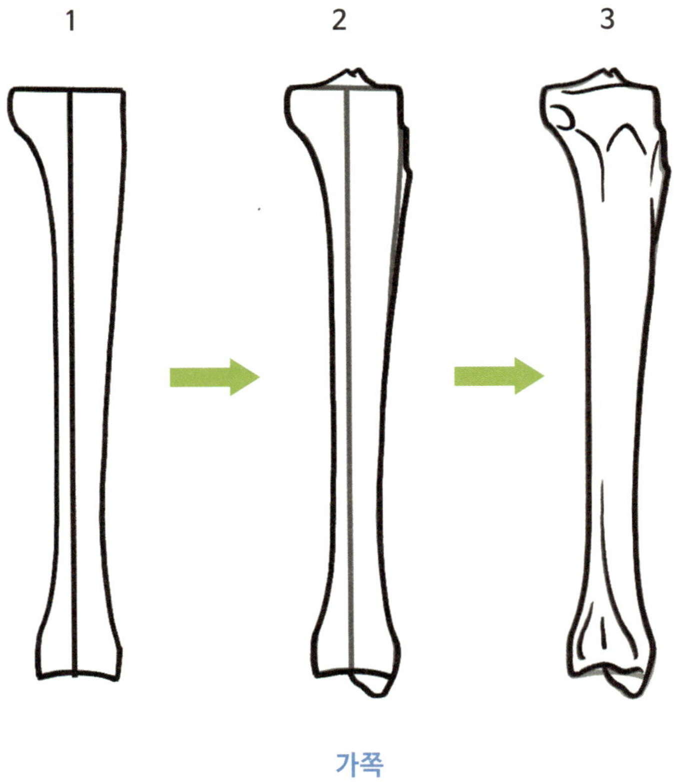
1
2
3
가쪽

1단계 : 축과 윤곽을 그린다.

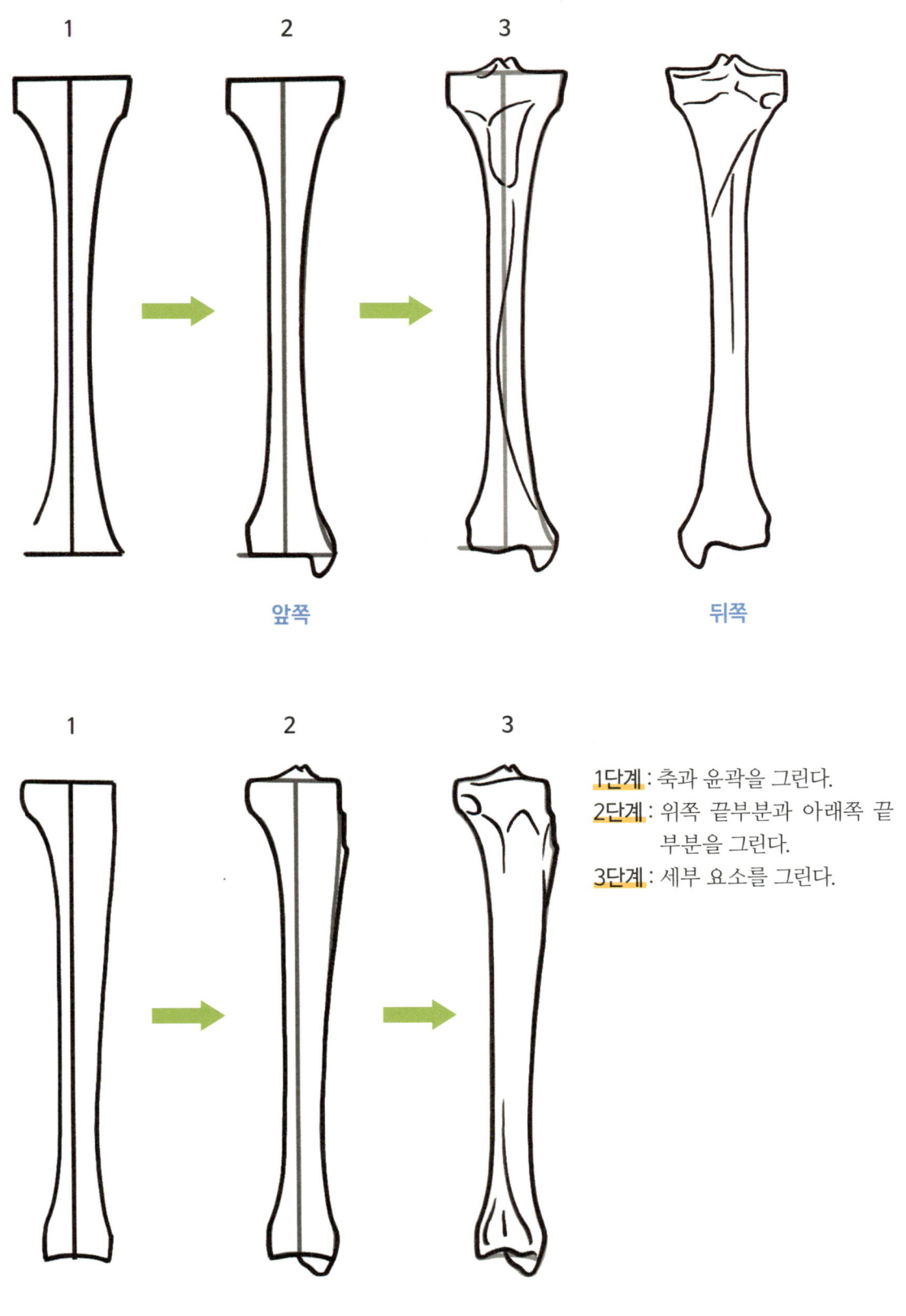

2단계 : 위쪽 끝부분과 아래쪽 끝부분을 그린다.

3단계 : 세부 요소를 그린다.

발 골격 그리는 법

1

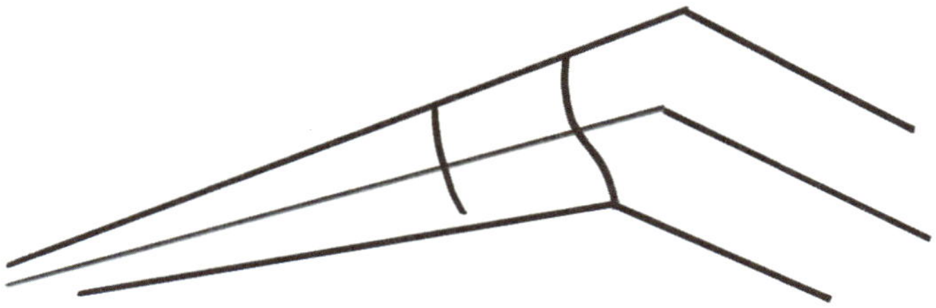

2

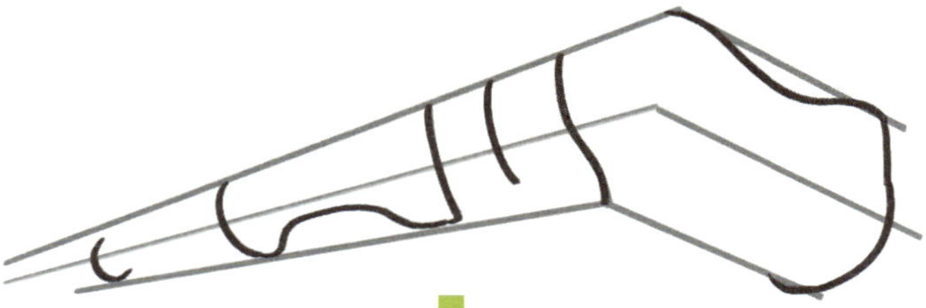

3

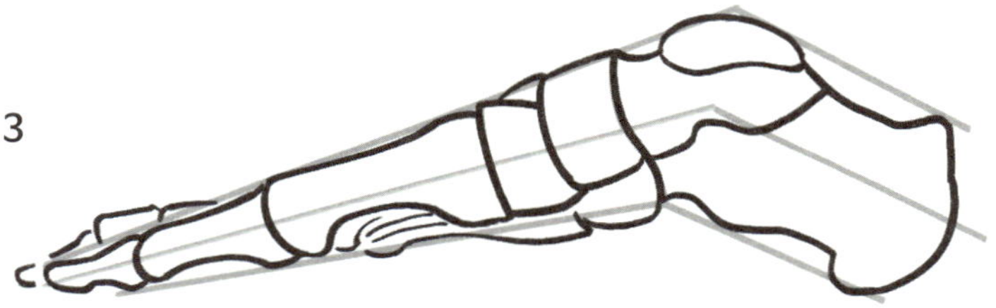

안쪽

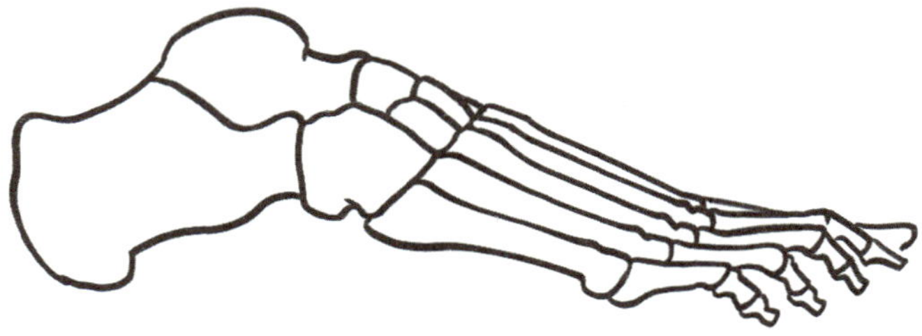

가쪽

1

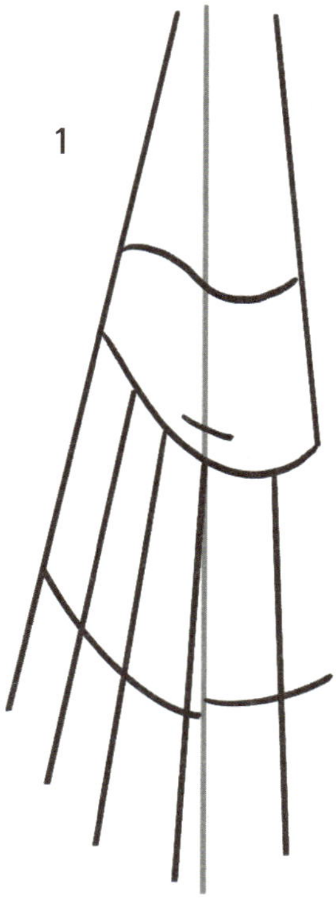

2

위쪽(발등)

1단계 : 축을 그리고, 발목뼈(족근골)와 발가락뼈의 위치를 그린다.

2~3단계 : 세부 요소를 그려 넣는다.

제4장

축으로 인체 그려 보기

이제부터는 실제로 축을 그려보면서 눈으로 형태를 추측하는 능력을 길러보겠습니다. 미술 해부학을 제대로 이해했는지는 직접 그려보면 바로 확인할 수 있습니다. 해부학 지식을 충분히 이해한 부분은 형태가 조금만 어긋나도 즉시 어색함을 느낄 수 있어 보다 정확하게 그릴 수 있습니다. 반면, 이해가 부족한 부분은 상상에 의존해 그리게 되므로 시간이 더 오래 걸릴 뿐 아니라 교재와 비교해 보면 잘못 표현된 경우도 많습니다.

제4장에서는 왼쪽 페이지에 체표(몸의 표면) 선화를, 오른쪽 페이지에는 동일한 자세의 골격 그림을 실었습니다. 왼쪽 페이지에서는 체표를 바탕으로 내부 구조를 눈대중으로 가늠하는 능력을 기를 수 있습니다. 오른쪽 페이지에서는 골격 위에 체표 윤곽을 직접 그려봄으로써 뼈와 피부 사이의 거리를 확인하고, 내부로부터 외부를 추측하는 능력을 키울 수 있습니다.

미술대학 학생들에게 뼈 그리기 과제를 내준 적이 있었는데, 체표와의 거리 감각이 의외로 크게 어긋나 있는 경우가 많았습니다. 그 경험을 통해 뼈와 피부 사이의 거리 감각을 의식적으로 익히기가 생각보다 쉽지 않다는 점을 깨달았고, 바로 그런 이유로 이 연습 방법을 소개하게 되었습니다. 연습을 반복하면서 형태에 대한 감각을 차근차근 기르시길 바랍니다.

제4장에서는 그림 위에 직접 그려보며 연습하는 방식을 추천합니다. 책에 바로 그려 넣고 싶지 않다면 사진을 찍거나 그림을 출력해 사용해도 좋습니다.

체표

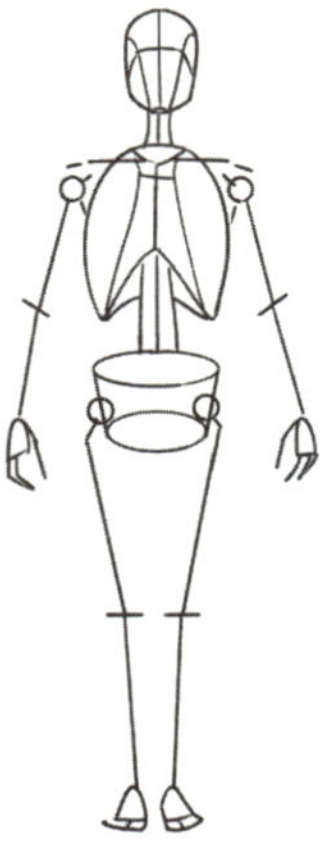

1단계
빠르게 연습하기

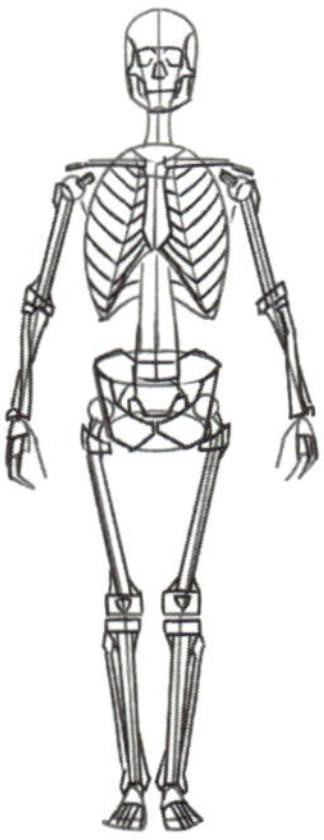

2단계
깊이 있게 연습하기

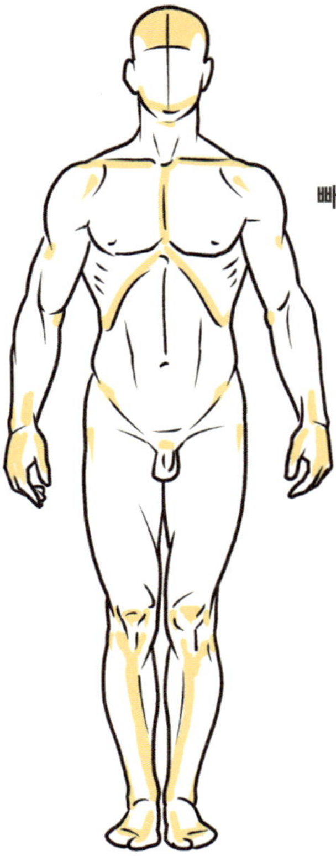

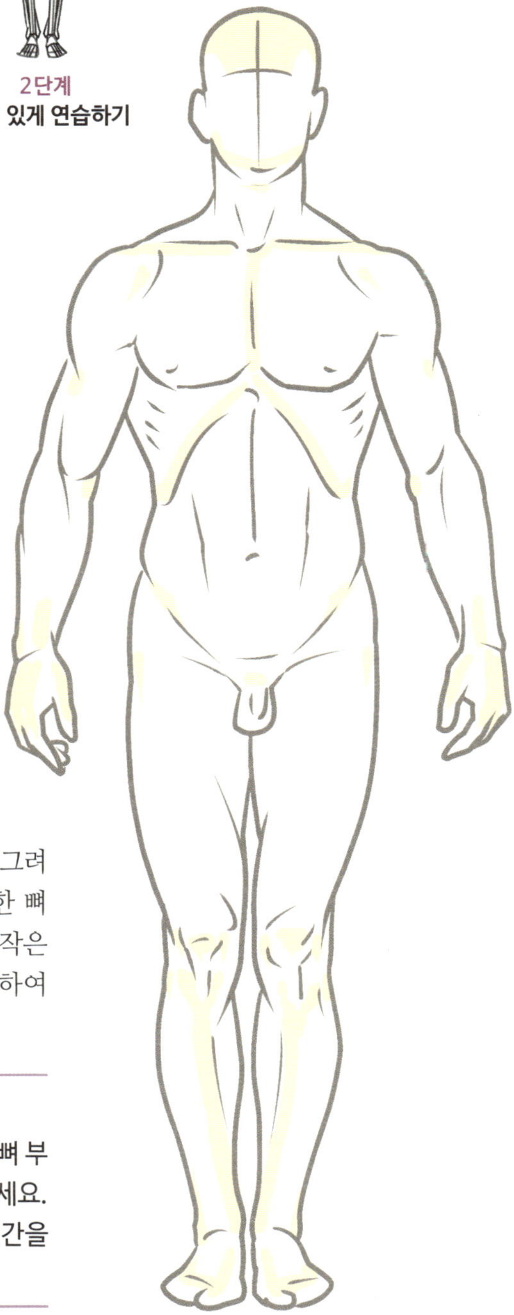

드로잉 연습

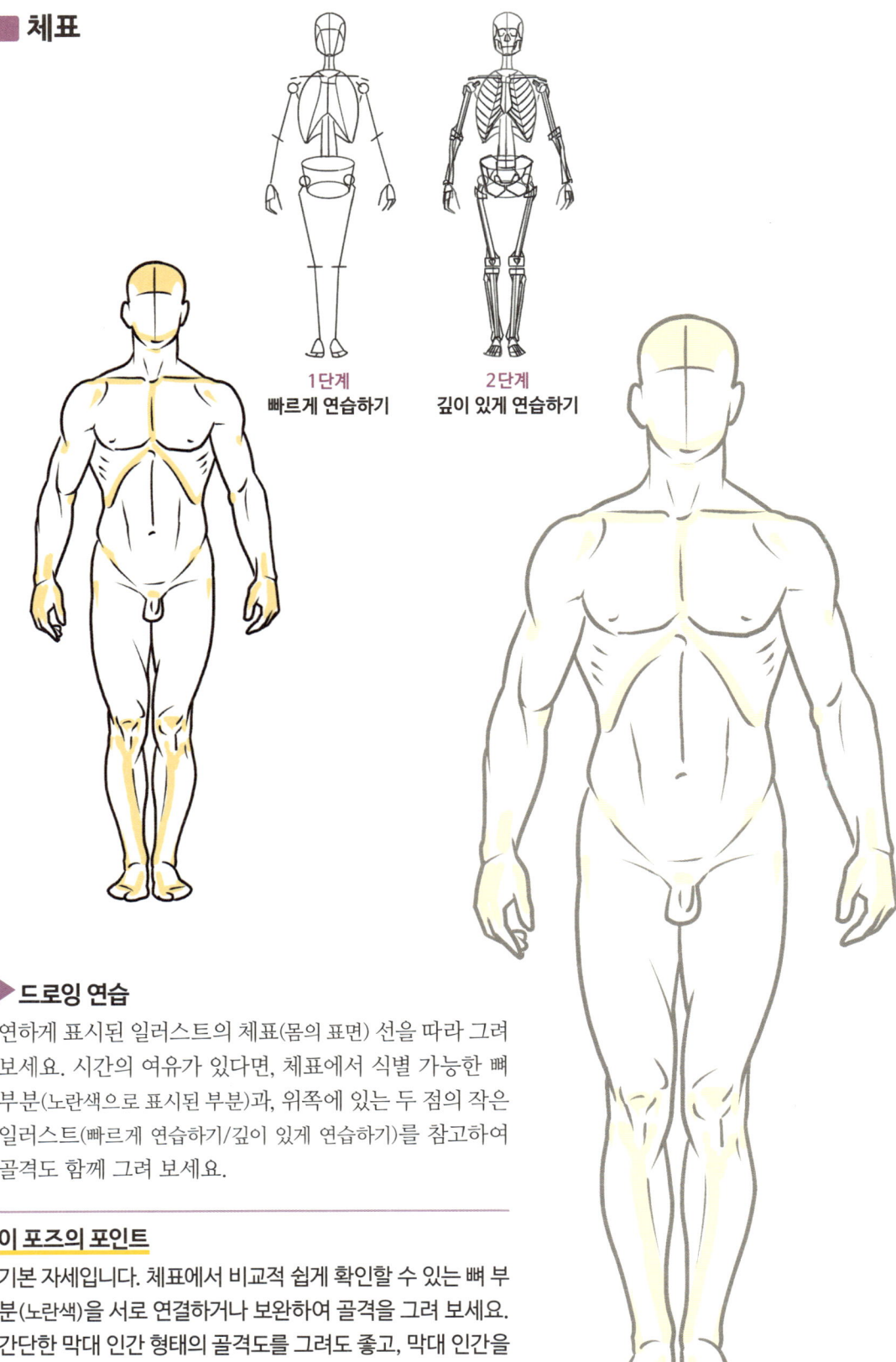

연하게 표시된 일러스트의 체표(몸의 표면) 선을 따라 그려 보세요. 시간의 여유가 있다면, 체표에서 식별 가능한 뼈 부분(노란색으로 표시된 부분)과, 위쪽에 있는 두 점의 작은 일러스트(빠르게 연습하기/깊이 있게 연습하기)를 참고하여 골격도 함께 그려 보세요.

이 포즈의 포인트

기본 자세입니다. 체표에서 비교적 쉽게 확인할 수 있는 뼈 부분(노란색)을 서로 연결하거나 보완하여 골격을 그려 보세요. 간단한 막대 인간 형태의 골격도를 그려도 좋고, 막대 인간을 바탕으로 살을 붙이듯 형태를 더해도 괜찮습니다.

골격

드로잉 연습

연하게 표시된 일러스트의 골격선을 따라 그려 보세요. 시간의 여유가 있다면, 위쪽에 있는 두 점의 작은 일러스트(빠르게 연습하기 / 깊이 있게 연습하기)와, 왼쪽 페이지의 체표 일러스트를 참고하여 체표를 그려 보세요. 윤곽선만 그려도 괜찮습니다.

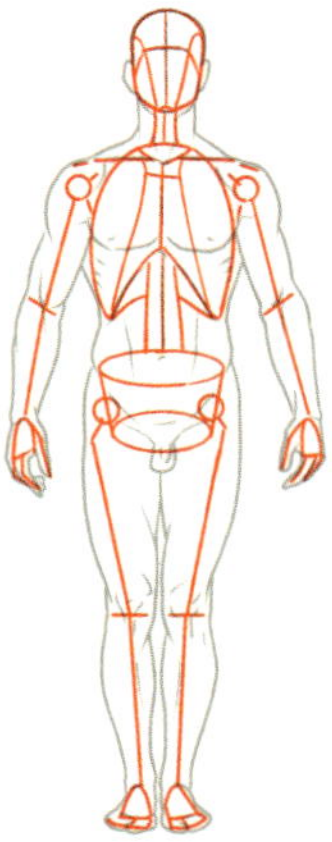

1단계
빠르게 연습하기

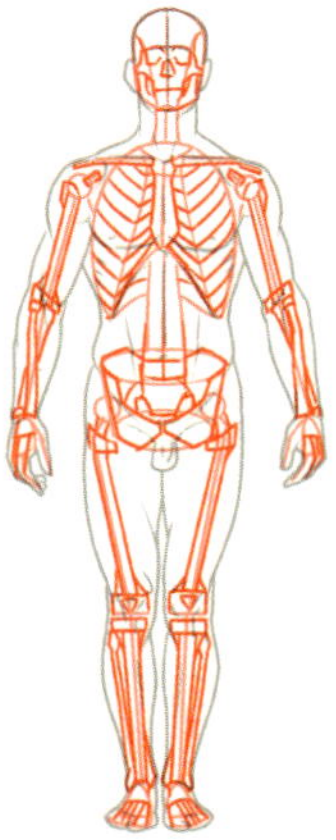

2단계
깊이 있게 연습하기

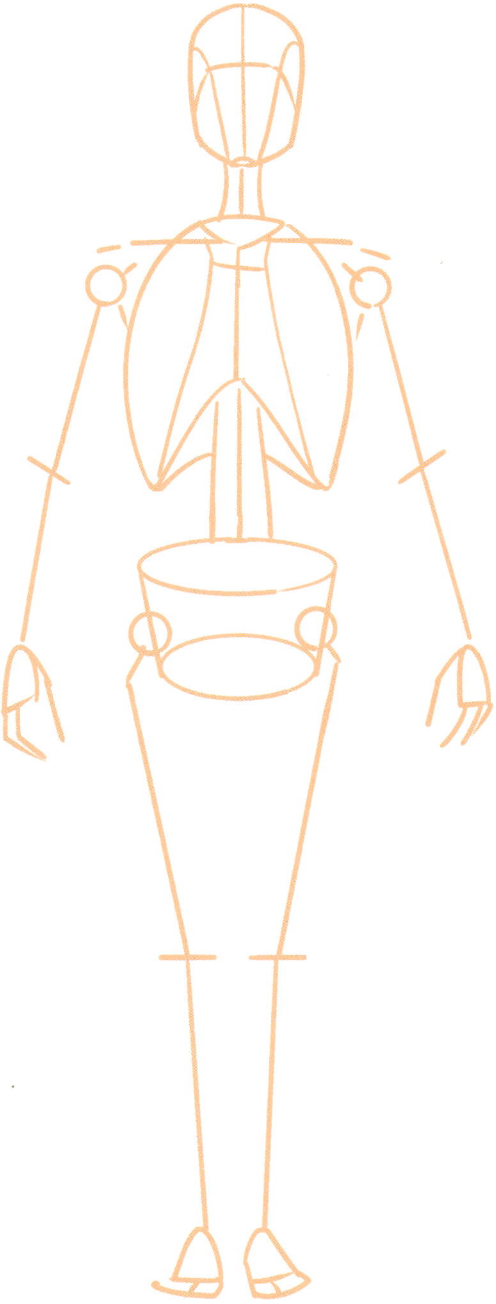

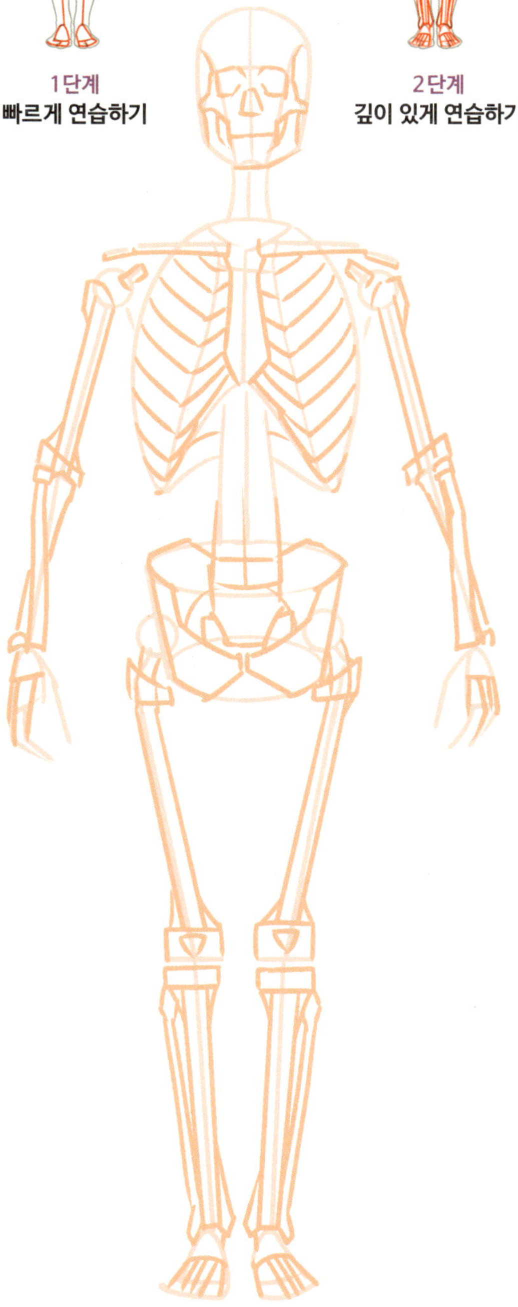

체표

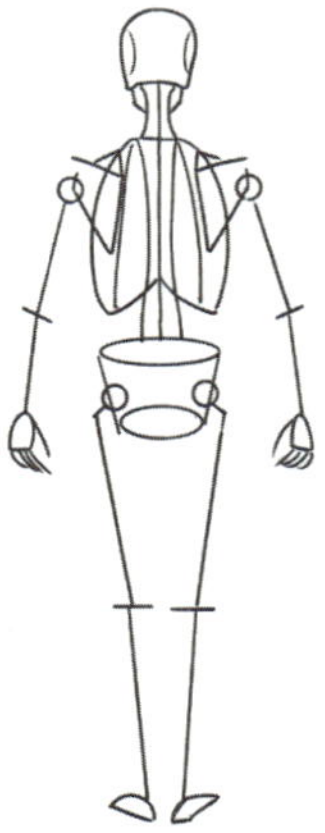

1단계
빠르게 연습하기

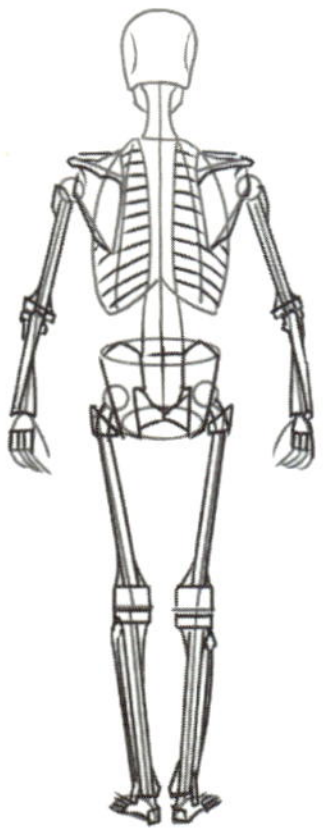

2단계
깊이 있게 연습하기

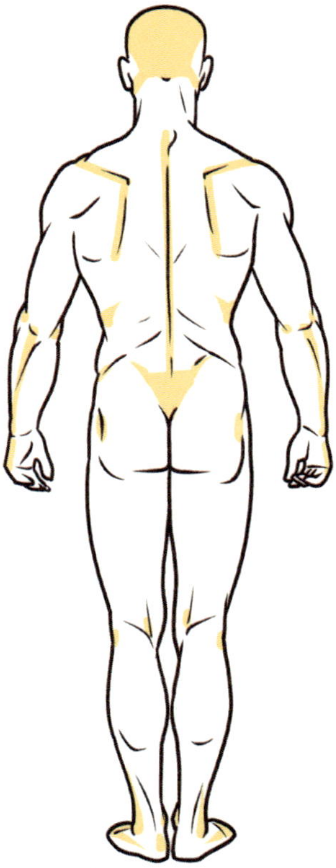

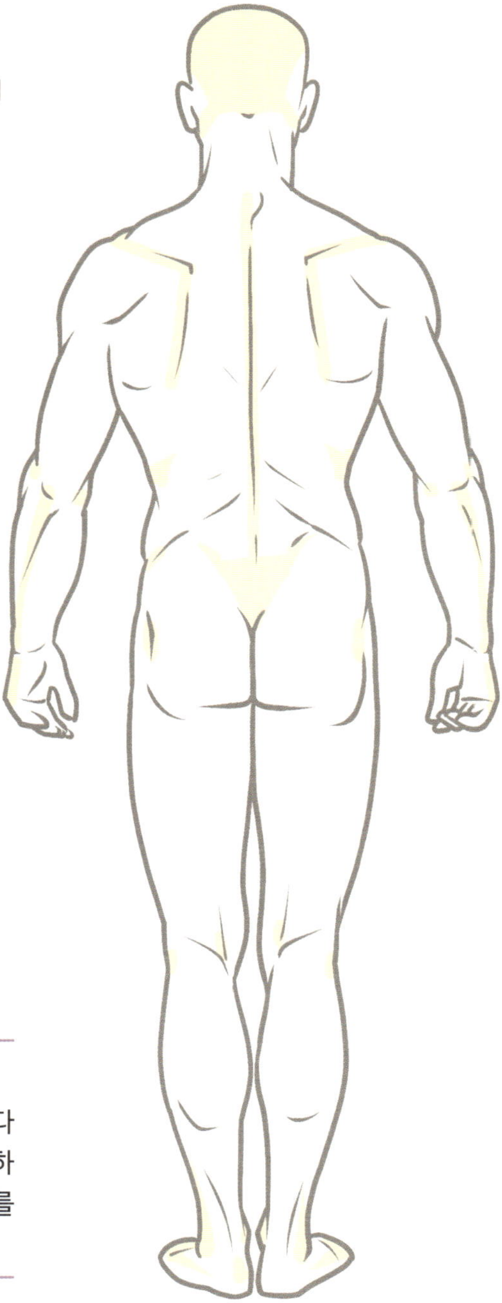

이 포즈의 포인트

등 쪽에서는 어깨뼈와 척추가 기준점입니다. 팔과 다리뼈는 관절 부근만 확인할 수 있으므로 축을 의식하면서 그려 보세요. 골격도는 오른쪽 페이지의 예시를 참고해도 좋고, 위쪽의 예시를 참고해도 좋습니다.

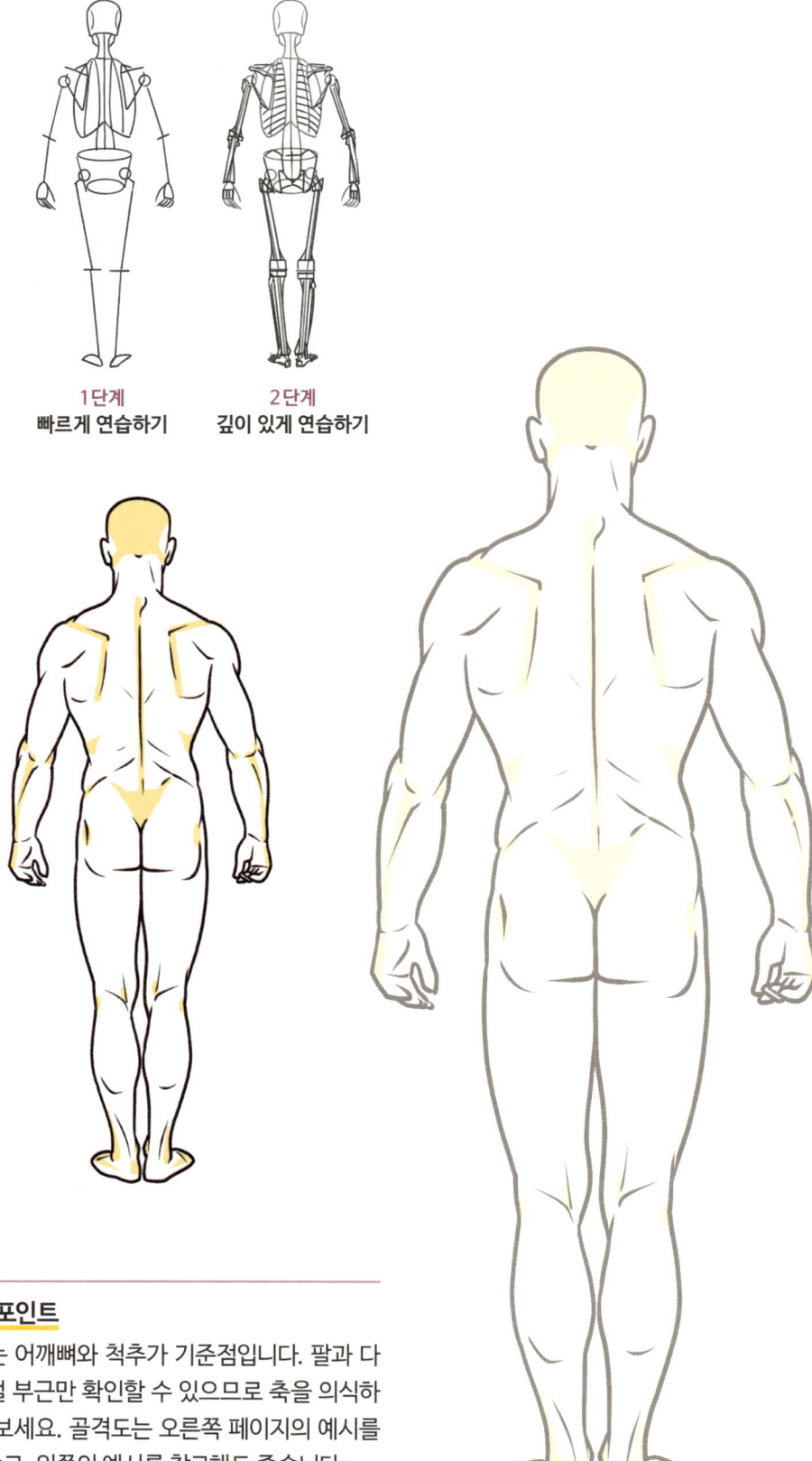

골격

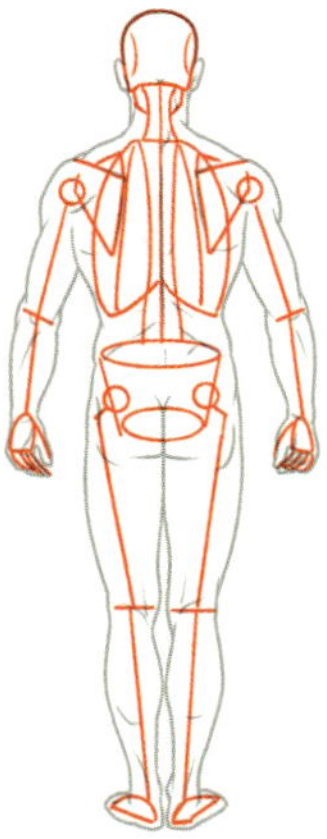

1단계
빠르게 연습하기

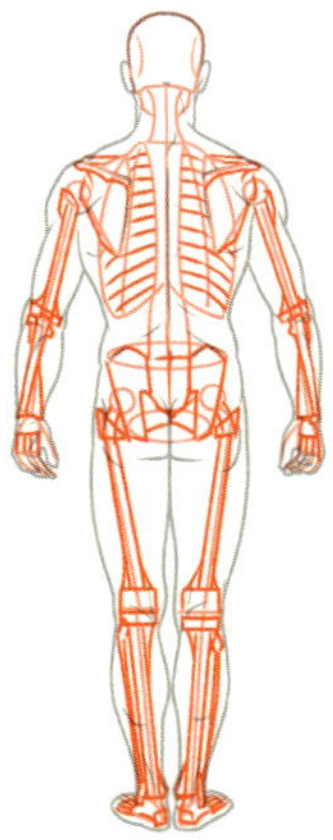

2단계
깊이 있게 연습하기

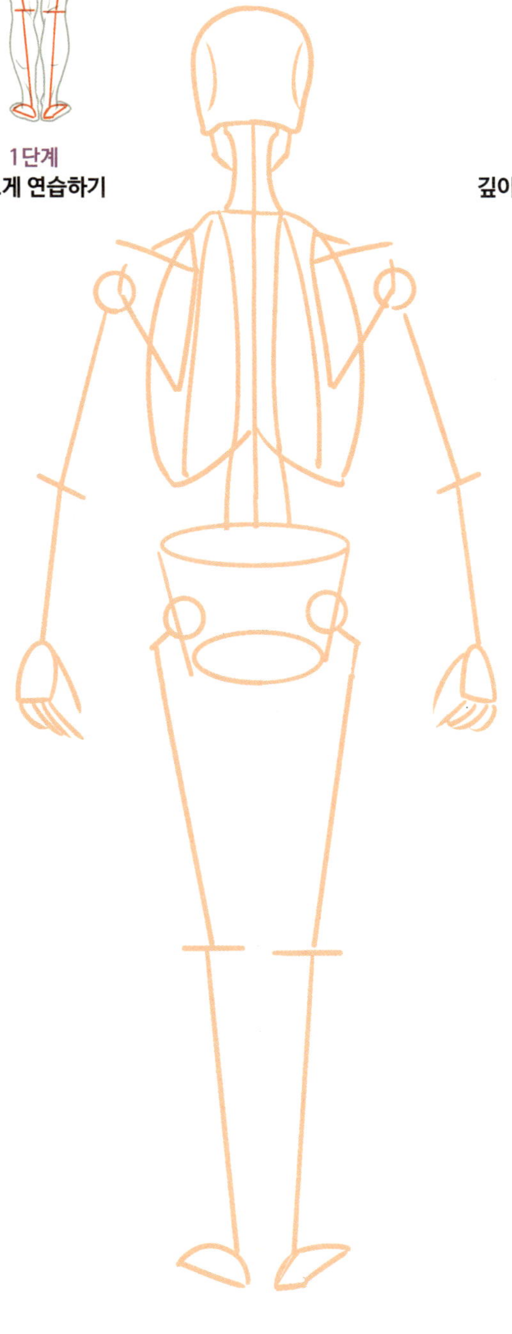

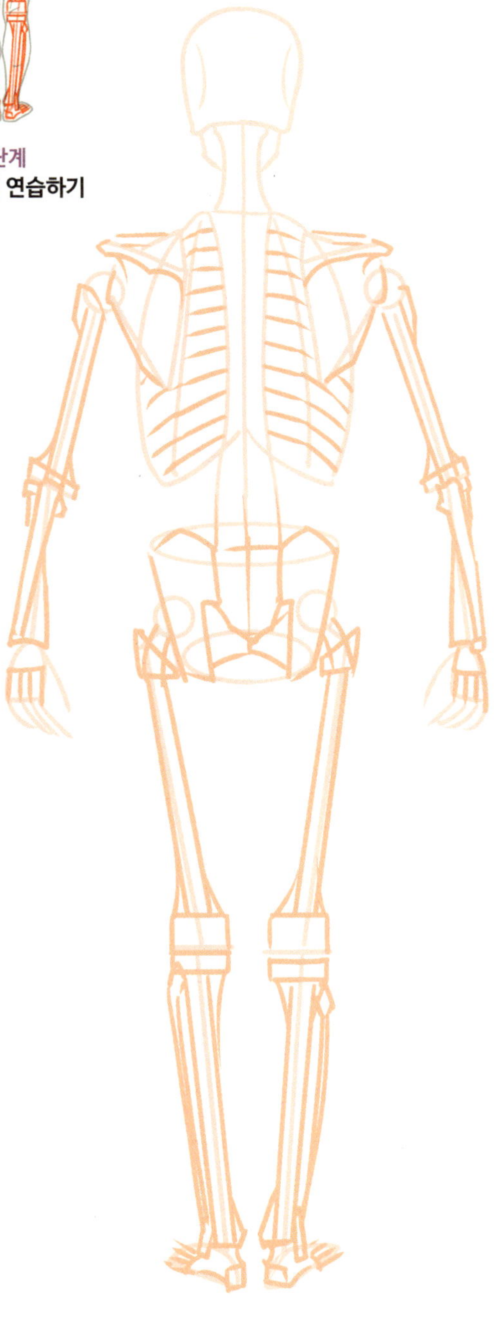

체표

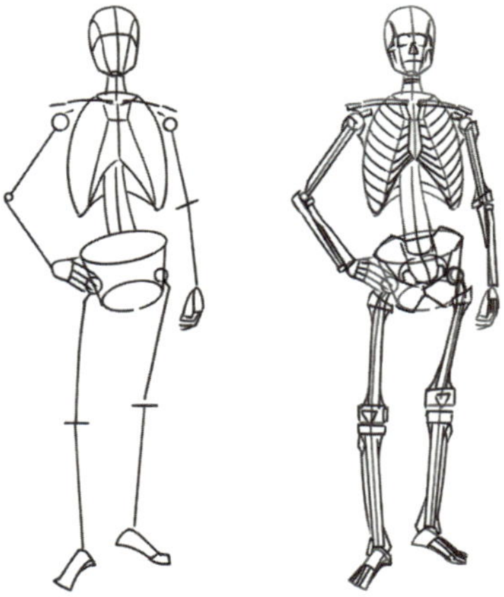

1단계
빠르게 연습하기

2단계
깊이 있게 연습하기

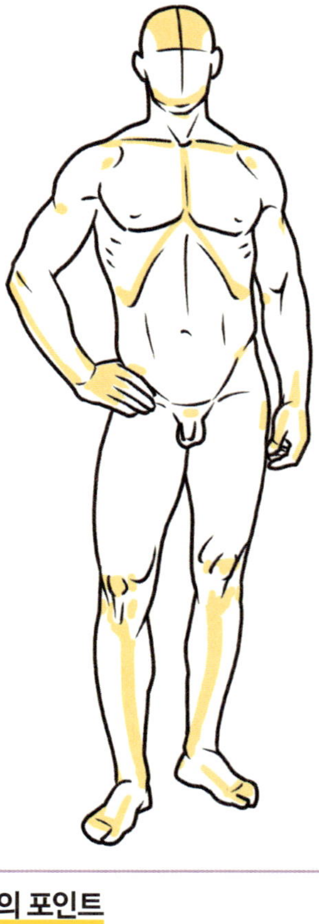

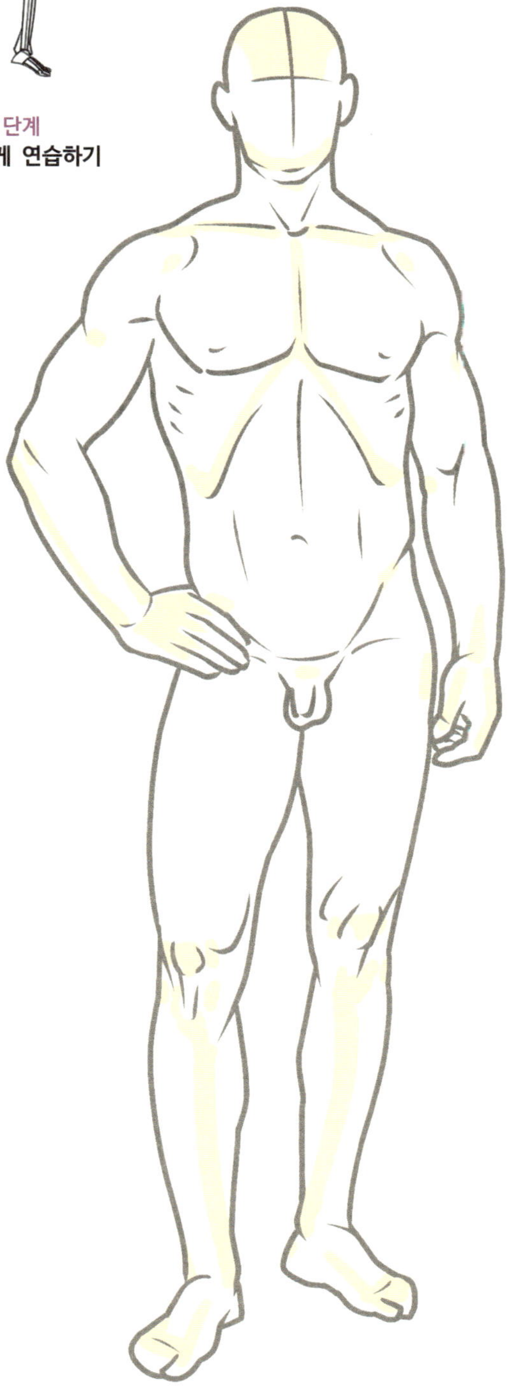

이 포즈의 포인트

한쪽 다리에 체중을 실은 자세(콘트라포스토)입니다. 이 자세를 취하면 어깨와 골반이 서로 반대 방향으로 기울어집니다. 미술 해부학에 대한 지식이 있더라도 실제로 그려 보지 않으면 머리로만 아는 데 그치기 쉽습니다. 알고 있는 지식을 실제로 표현할 수 있도록 연습해 봅시다.

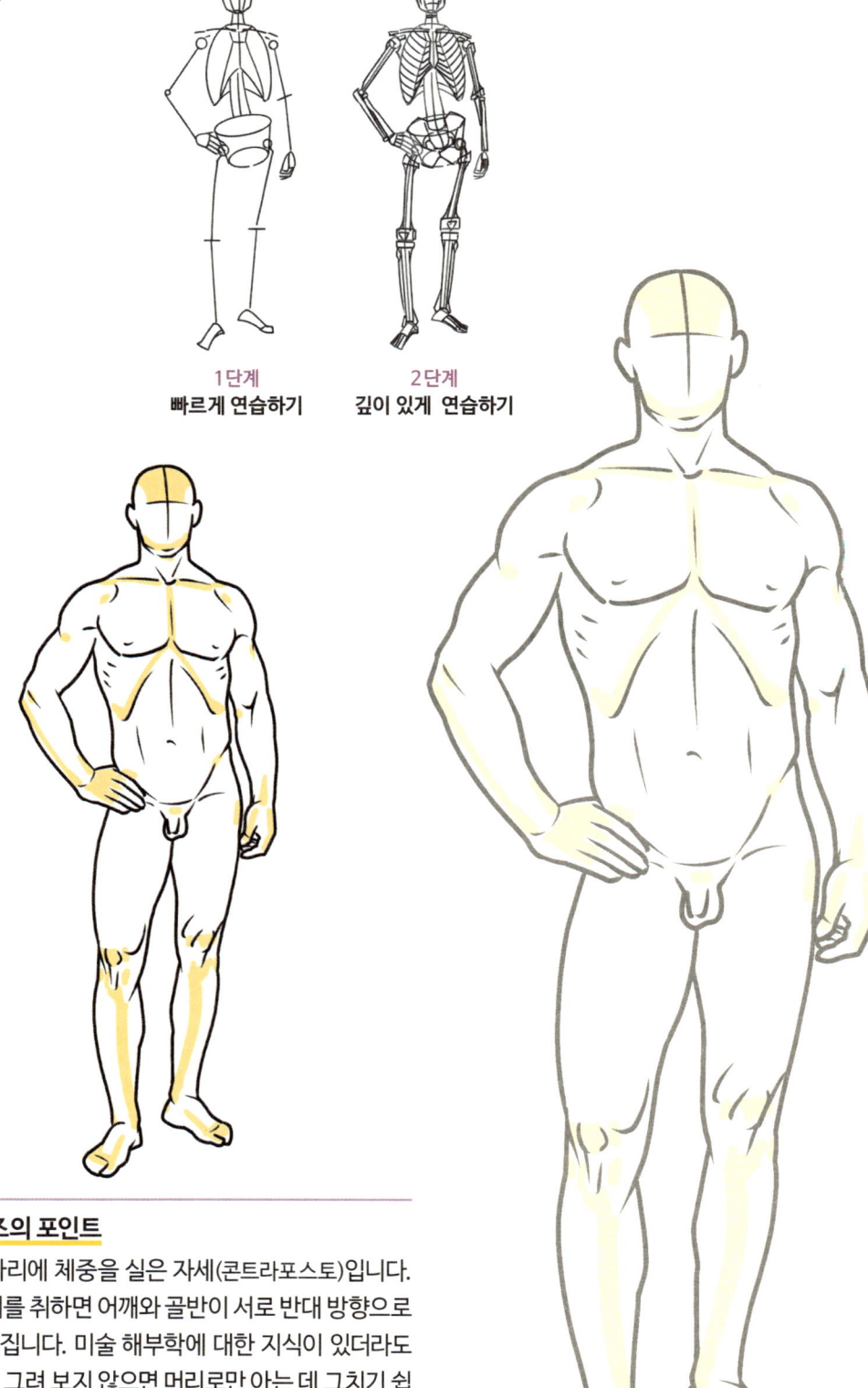

골격

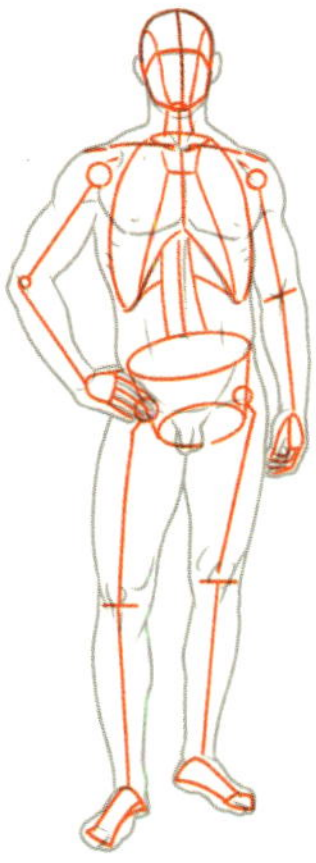

1단계
빠르게 연습하기

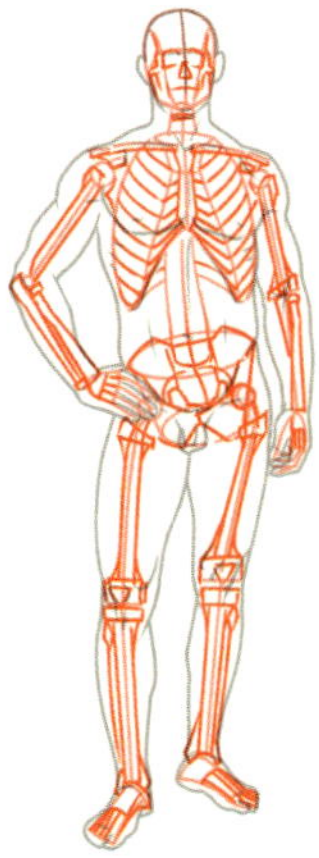

2단계
깊이 있게 연습하기

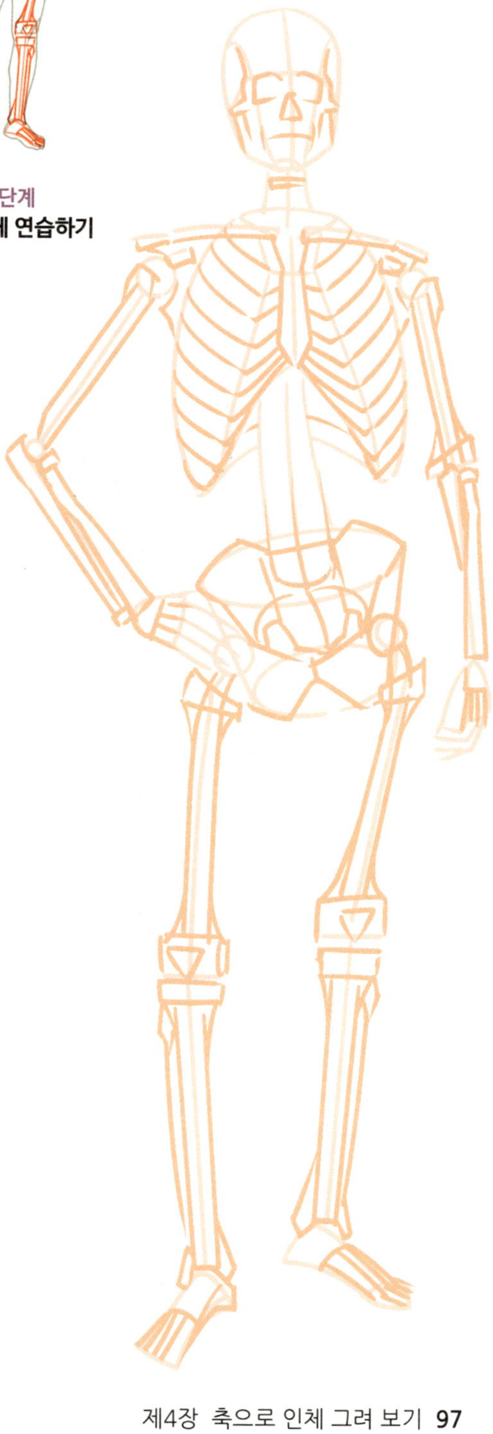

004

체표

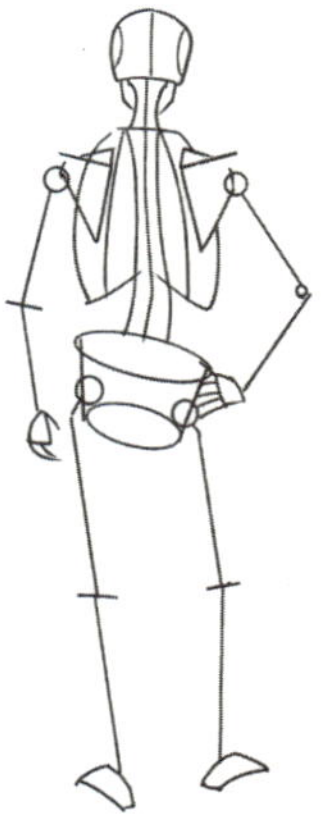

1단계
빠르게 연습하기

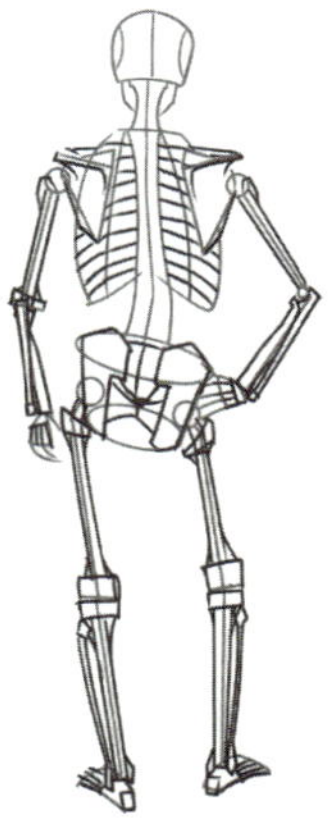

2단계
깊이 있게 연습하기

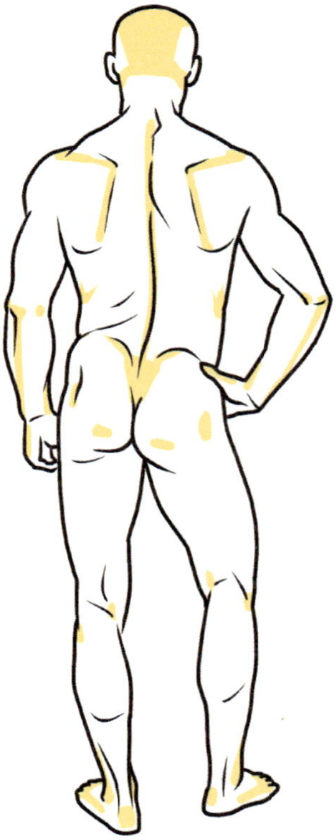

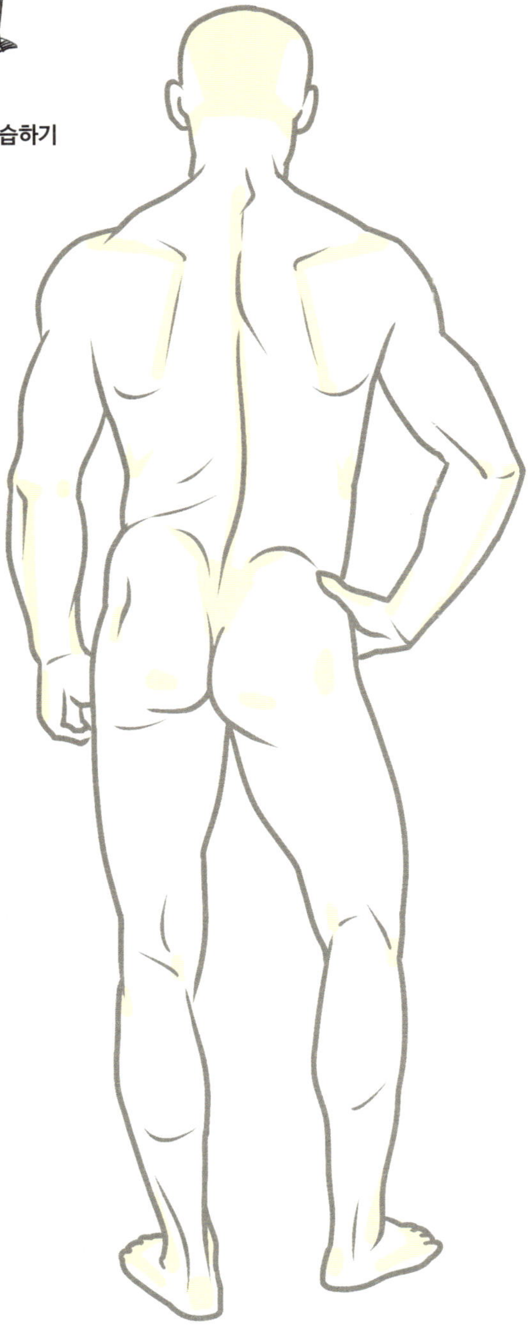

이 포즈의 포인트

한쪽 다리에 체중을 실은 자세를 등 뒤에서 보면, 골반의 기울기뿐 아니라 척추의 만곡도 관찰할 수 있습니다. 앞모습에 비해 골반 위치를 파악할 수 있는 단서가 부족하기 때문에 궁둥뼈결절(의자에 앉았을 때 엉덩이 아래에서 단단하게 느껴지는 뼈)의 위치를 노란색으로 표시해 두었습니다.

골격

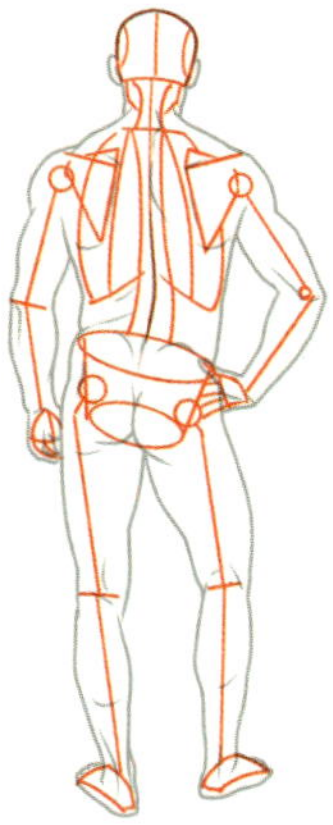

1단계
빠르게 연습하기

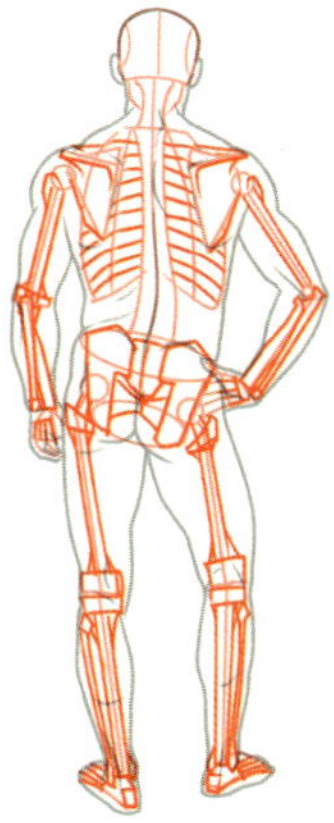

2단계
깊이 있게 연습하기

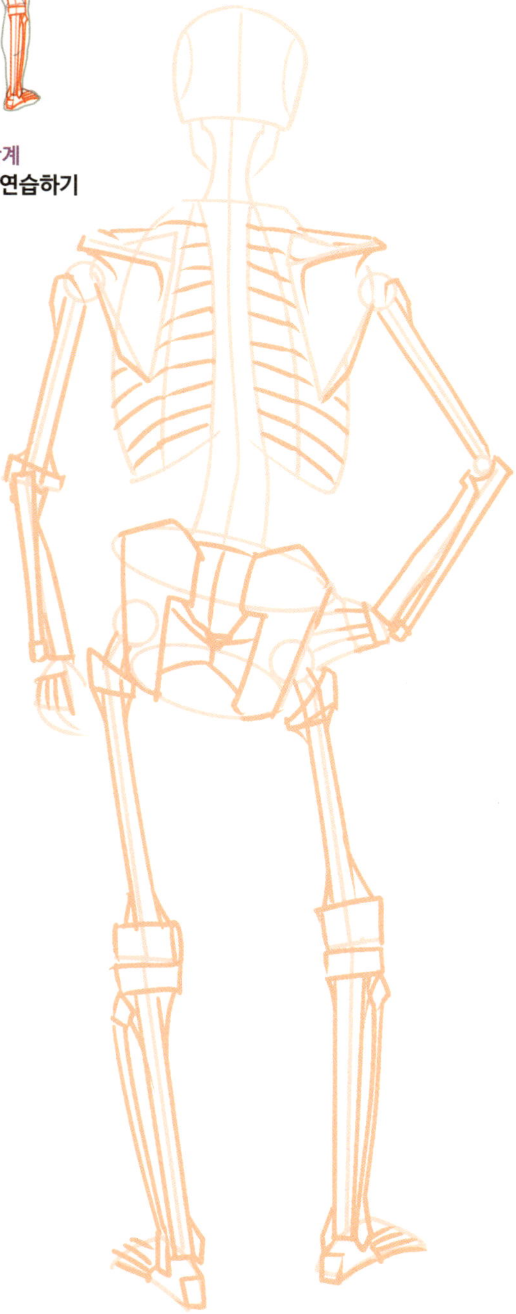

체표

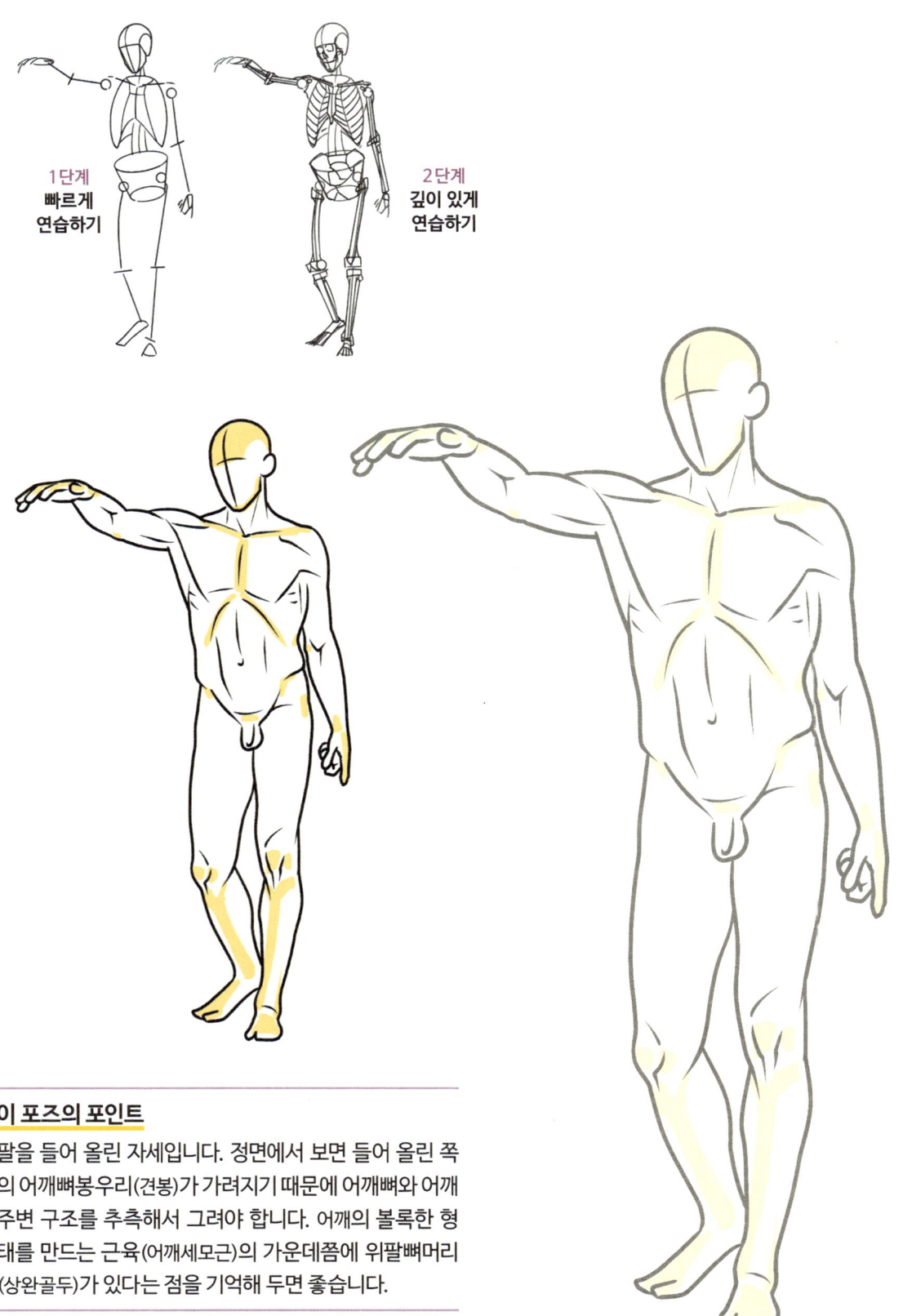

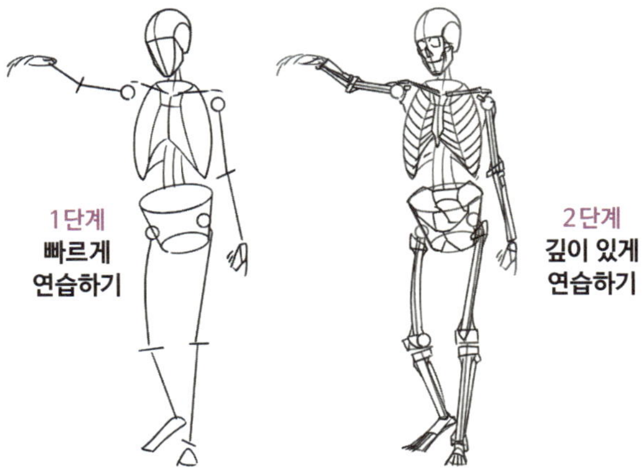
1단계
빠르게
연습하기
2단계
깊이 있게
연습하기

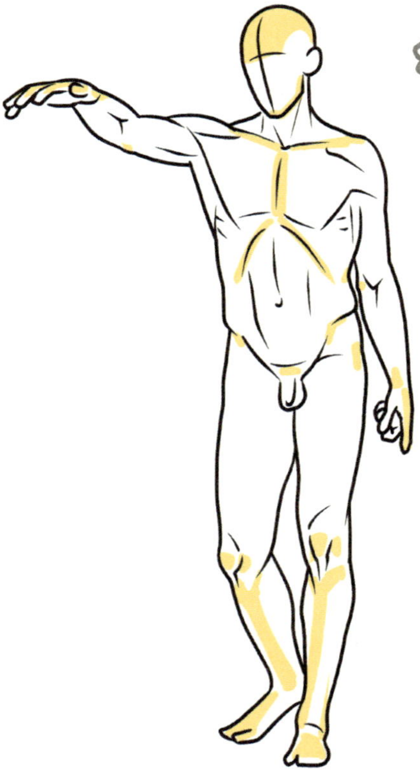

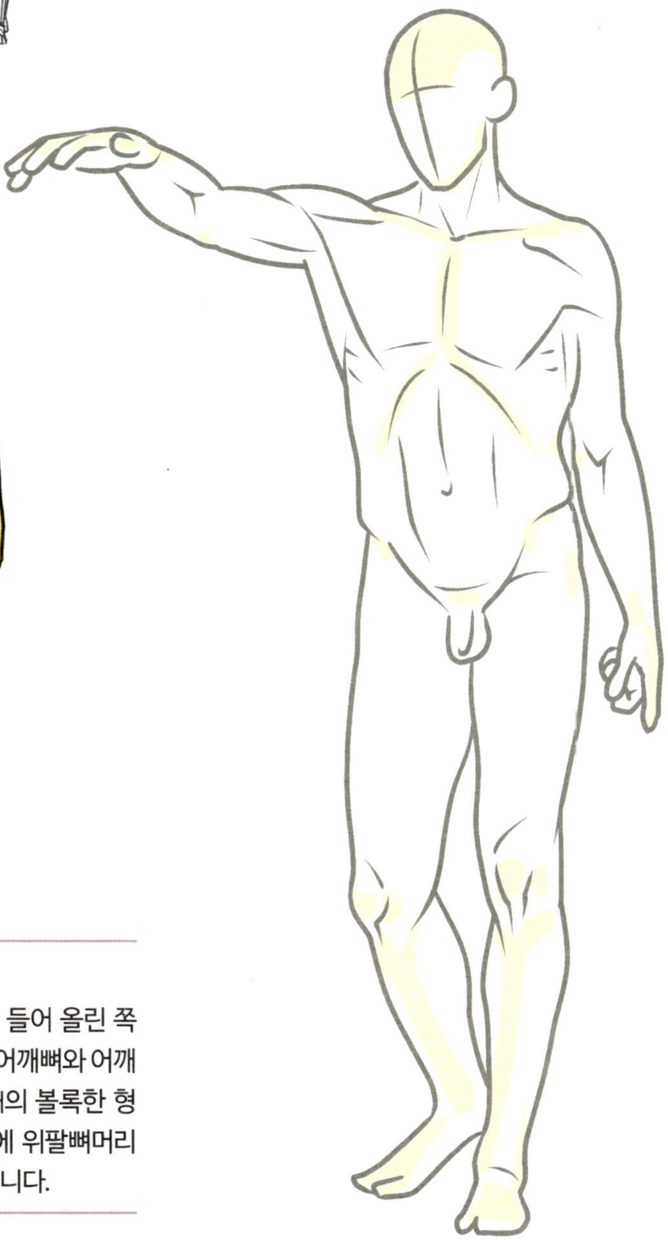

이 포즈의 포인트

팔을 들어 올린 자세입니다. 정면에서 보면 들어 올린 쪽의 어깨뼈봉우리(견봉)가 가려지기 때문에 어깨뼈와 어깨 주변 구조를 추측해서 그려야 합니다. 어깨의 볼록한 형태를 만드는 근육(어깨세모근)의 가운데쯤에 위팔뼈머리(상완골두)가 있다는 점을 기억해 두면 좋습니다.

골격

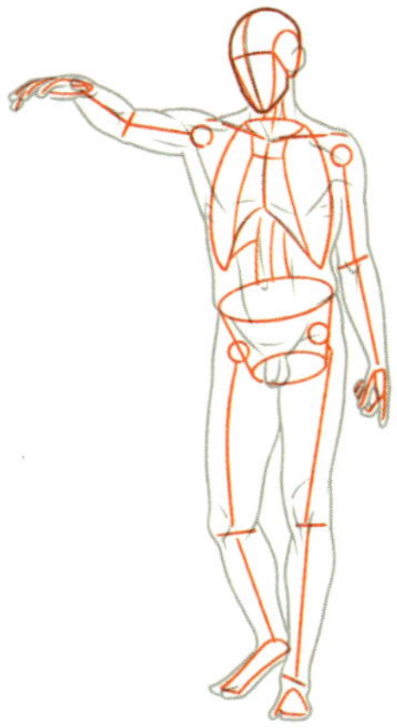

1단계
빠르게 연습하기

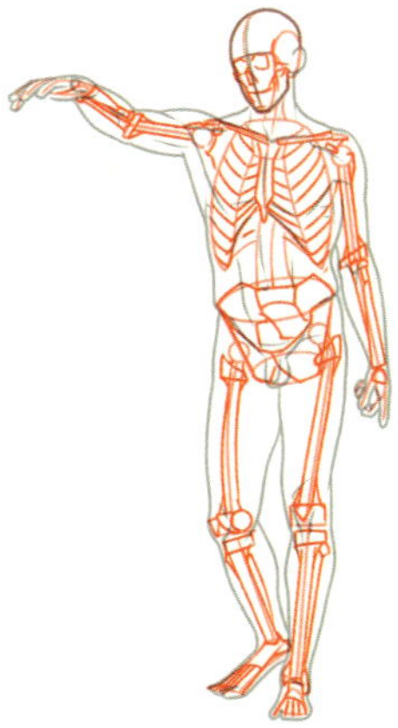

2단계
깊이 있게 연습하기

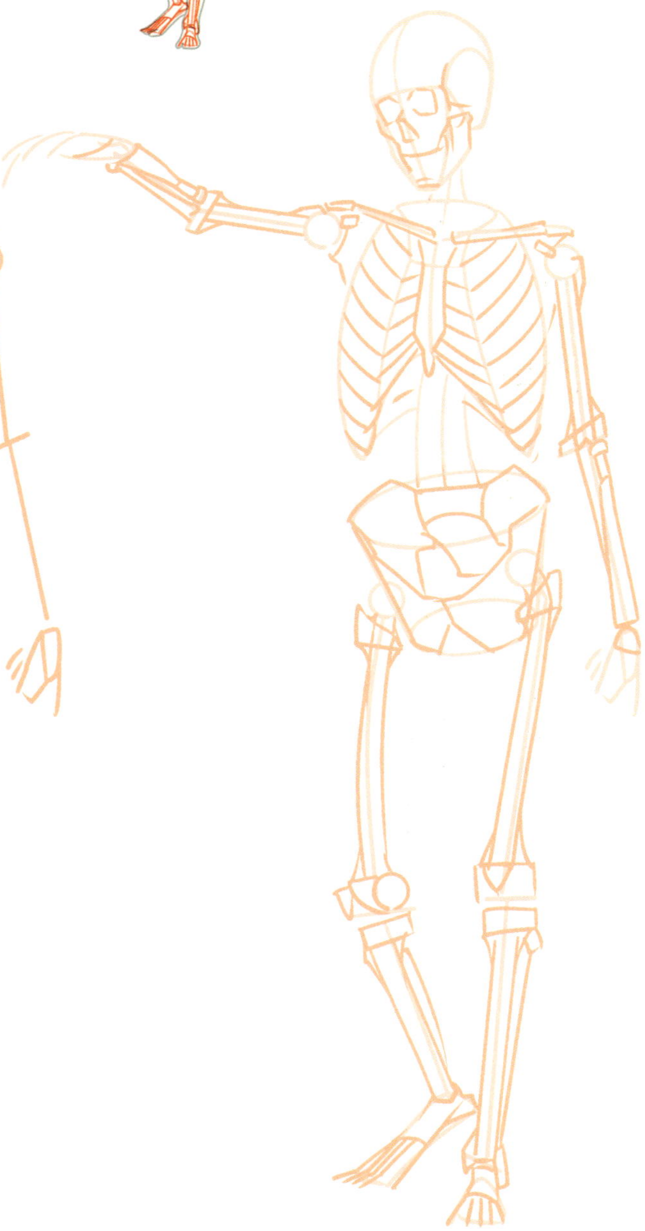

체표

1단계
빠르게 연습하기

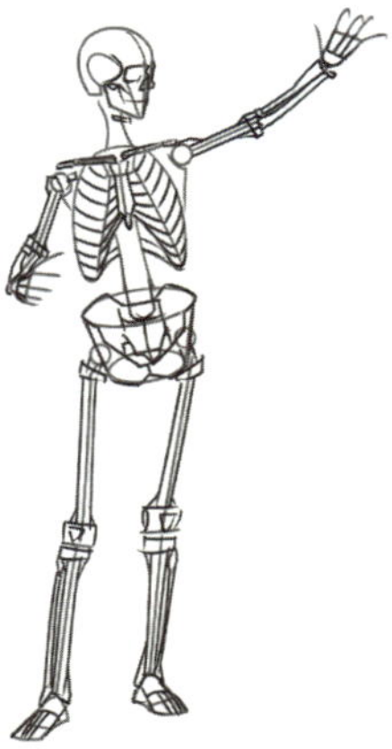

2단계
깊이 있게 연습하기

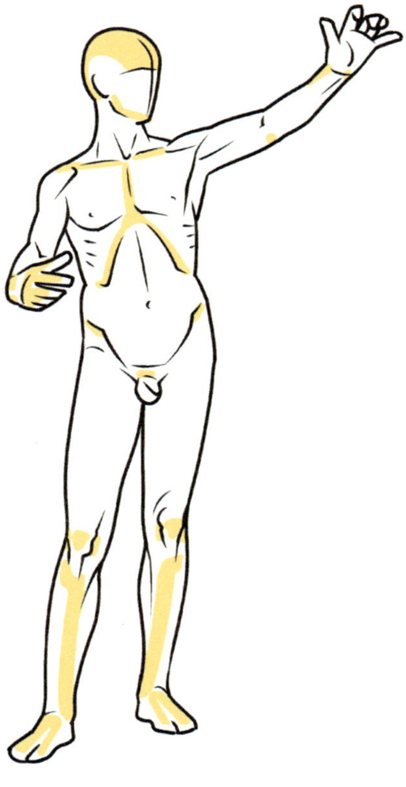

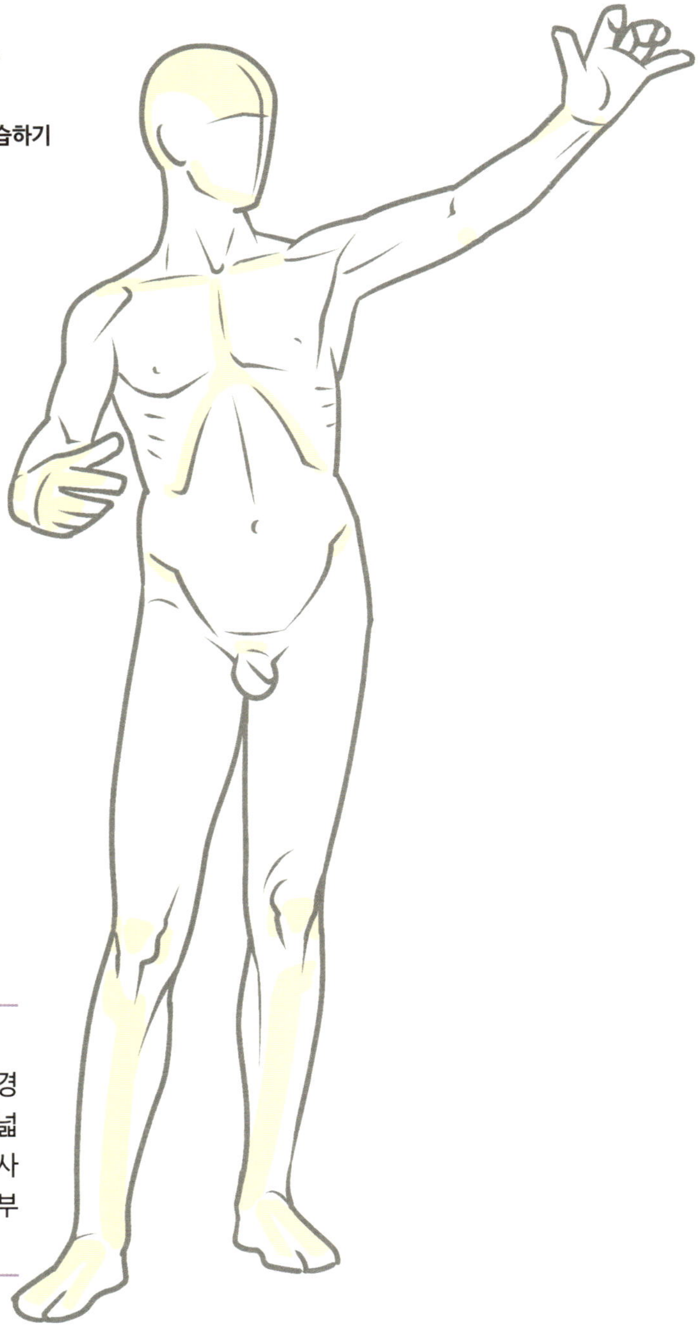

이 포즈의 포인트

비교적 마른 체형입니다. 실제 마른 체형의 경우, 체표에서 관찰할 수 있는 뼈의 범위가 더 넓어지지만, 여기서는 근육질인 사람과 마른 사람 모두에게서 공통적으로 관찰할 수 있는 부분만을 노란색으로 표시해 두었습니다.

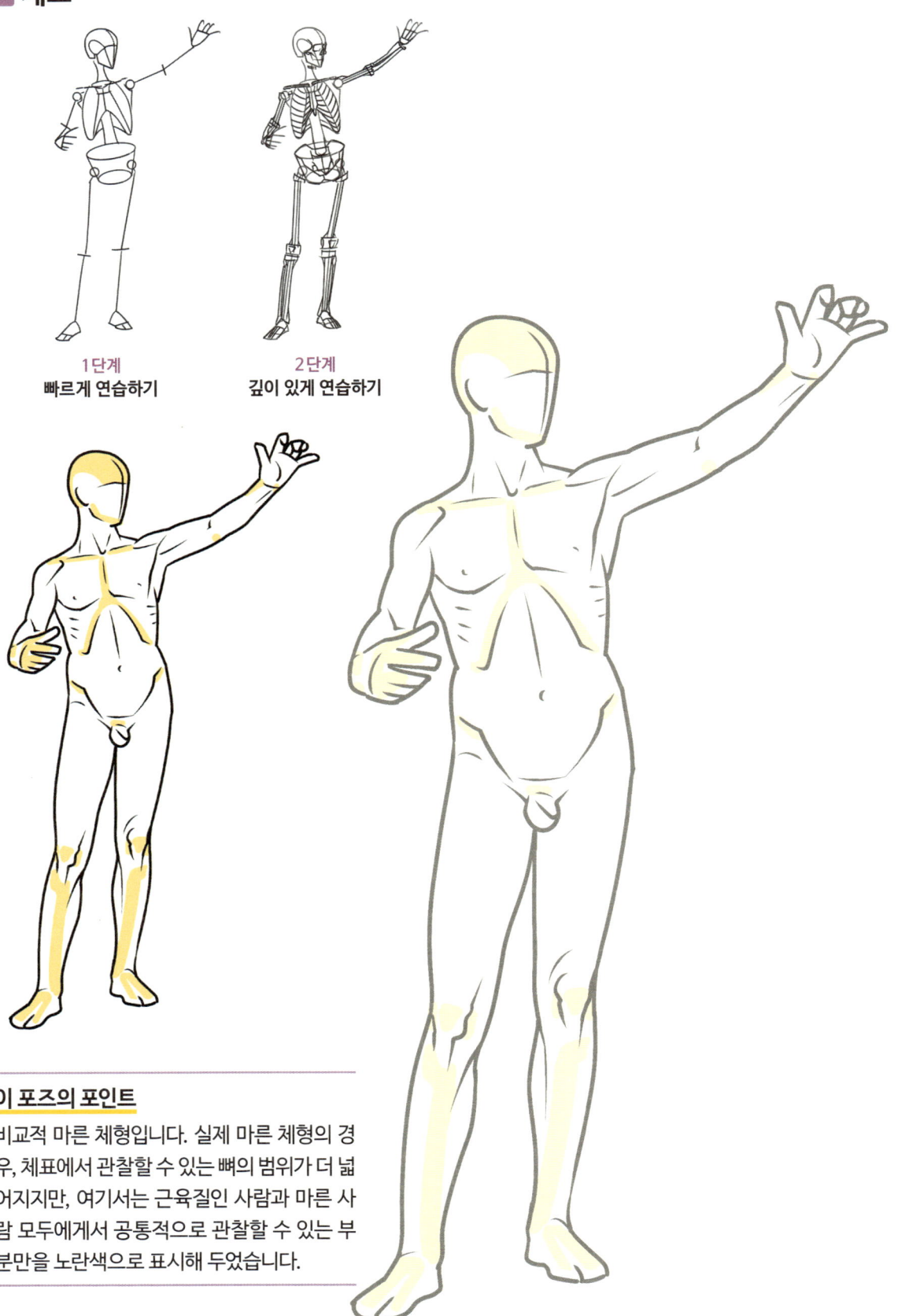

◆ 소방 분야

강좌명	수강료	학습일	강사
소방기술사 전과목 마스터반	620,000원	365일	유창범
[쌍기사 평생연장반] 소방설비기사 전기 x 기계 동시 대비	549,000원	합격할 때까지	공하성
소방설비기사 필기+실기+기출문제풀이	370,000원	170일	공하성
소방설비기사 필기	180,000원	100일	공하성
소방설비기사 실기 이론+기출문제풀이	280,000원	180일	공하성
소방설비산업기사 필기+실기	280,000원	130일	공하성
소방설비산업기사 필기	130,000원	100일	공하성
소방설비산업기사 실기+기출문제풀이	200,000원	100일	공하성
소방시설관리사 1차+2차 대비 평생연장반	850,000원	합격할 때까지	공하성
소방공무원 소방관계법규 문제풀이	89,000원	60일	공하성
화재감식평가기사·산업기사	240,000원	120일	김인범

◆ 위험물 · 화학 분야

강좌명	수강료	학습일	강사
위험물기능장 필기+실기	280,000원	180일	현성호,박병호
위험물산업기사 필기+실기	245,000원	150일	박수경
위험물산업기사 필기+실기[대학생 패스]	270,000원	최대4년	현성호
위험물산업기사 필기+실기+과년도	344,000원	150일	현성호
위험물기능사 필기+실기	240,000원	240일	현성호
화학분석기사 필기+실기 1트 완성반	310,000원	240일	박수
화학분석기사 실기(필답형+작업형)	200,000원	60일	박수
화학분석기능사 실기(필답형+작업형)	80,000원	60일	박

골격

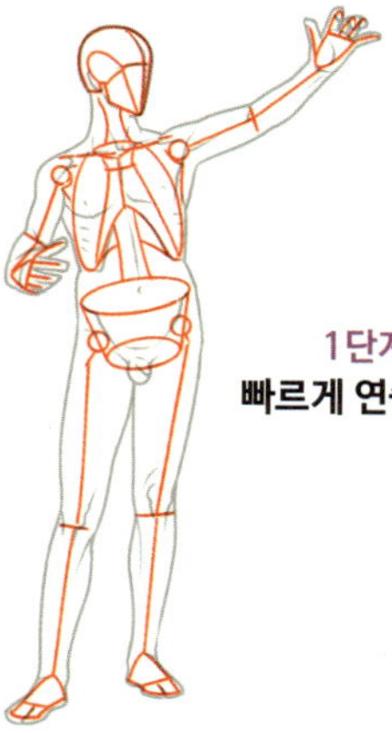

1단계
빠르게 연습하기

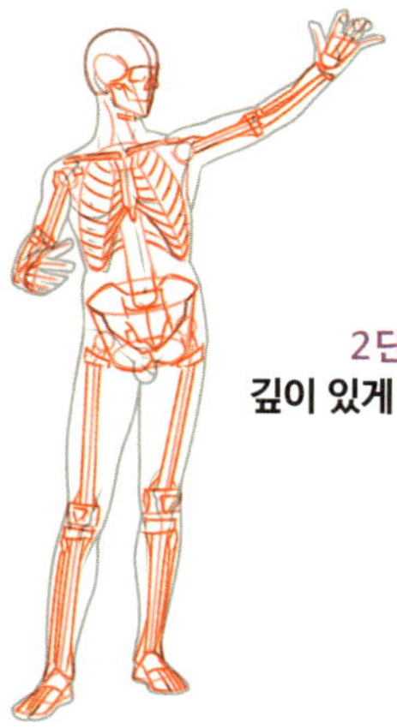

2단계
깊이 있게 연습하기

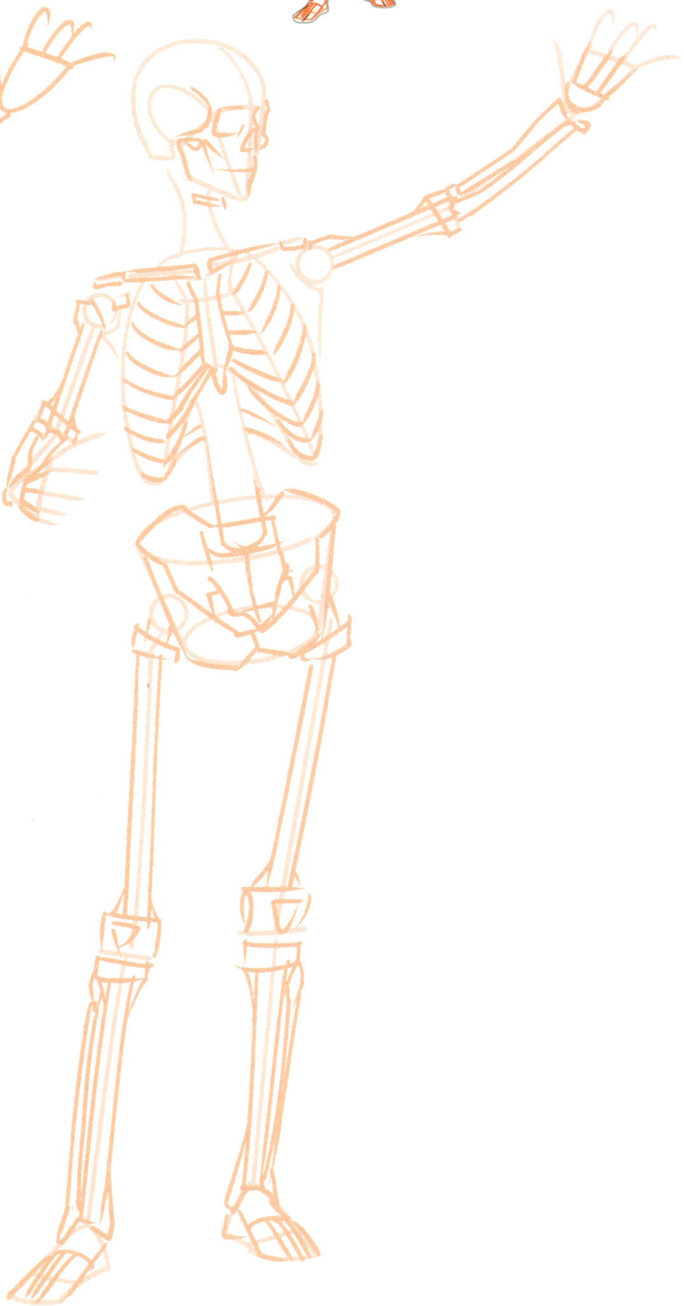

체표

1단계
빠르게 연습하기

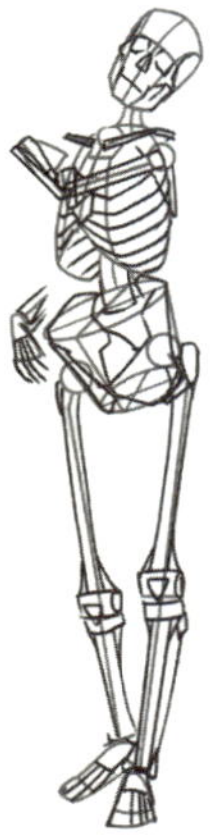

2단계
깊이 있게 연습하기

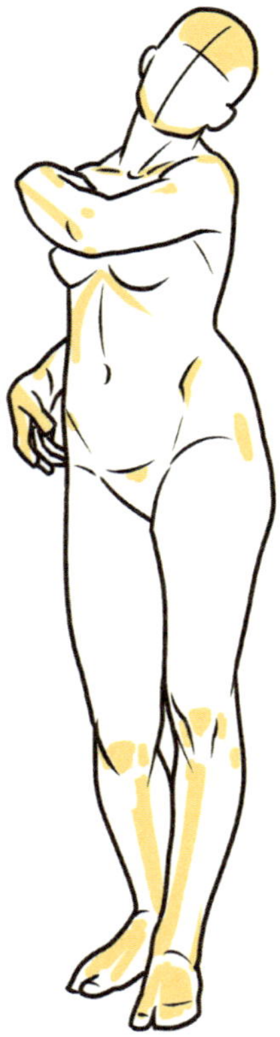

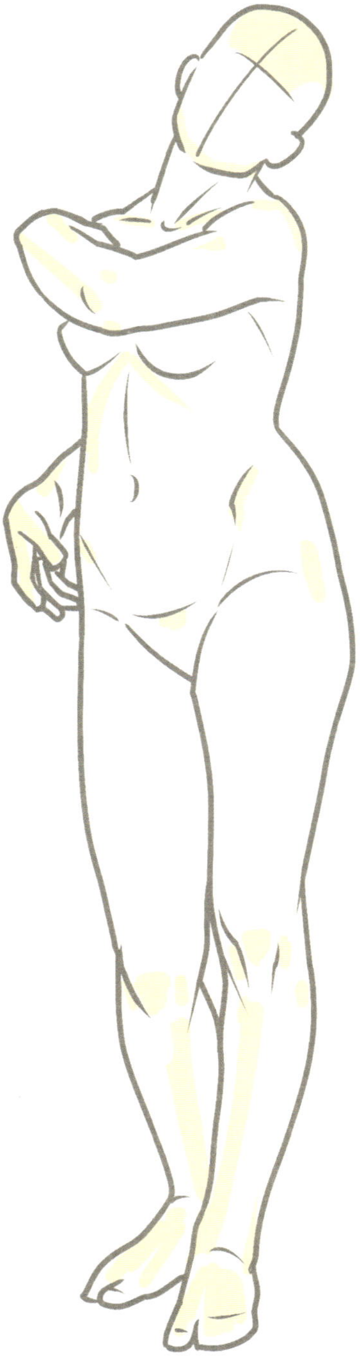

이 포즈의 포인트

팔을 들어 올린 여성의 자세입니다. 여성은 남성보다 골반이 넓고 피하지방이 많지만, 관찰하기 쉬운 뼈의 부위는 동일합니다. 노란색으로 칠한 부분은 심한 비만 체형이 아니라면 피하지방이 잘 축적되지 않는 부위입니다.

골격

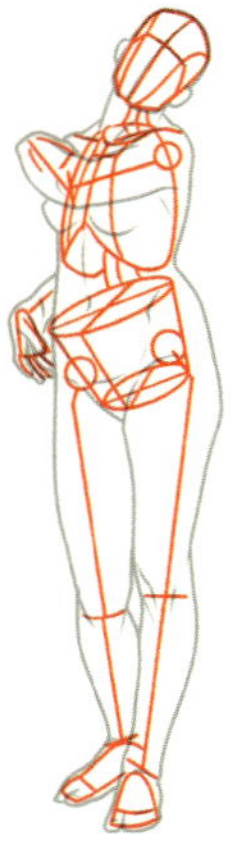

1단계
빠르게 연습하기

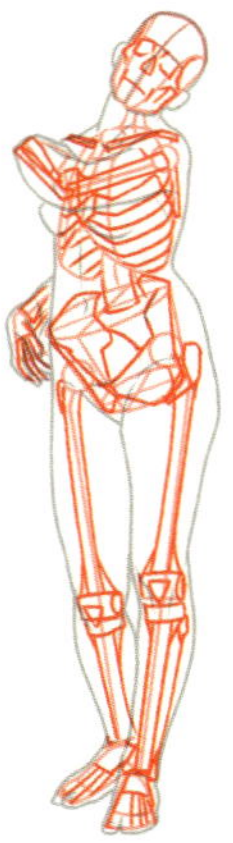

2단계
깊이 있게 연습하기

체표

1단계
빠르게 연습하기

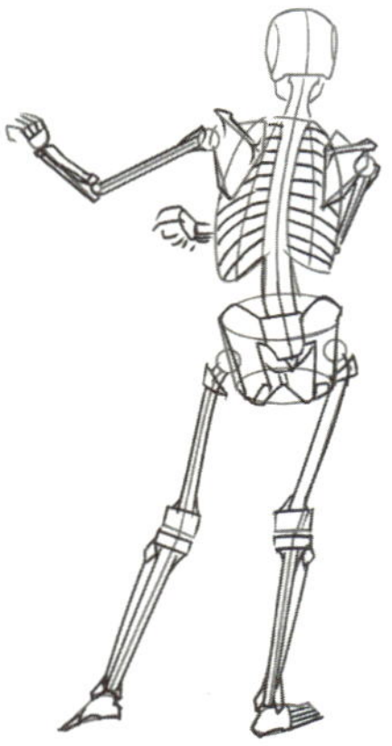

2단계
깊이 있게 연습하기

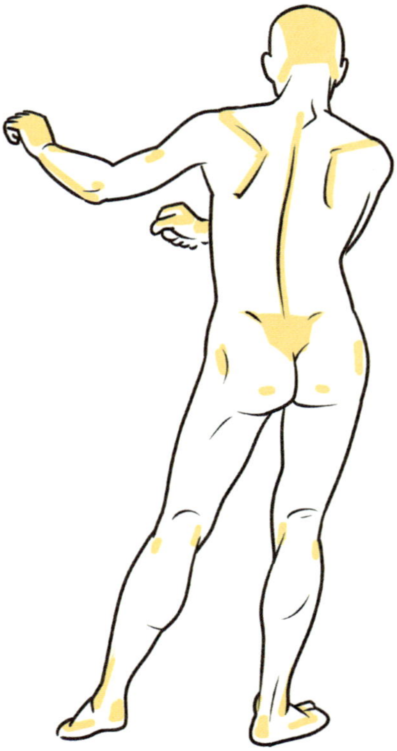

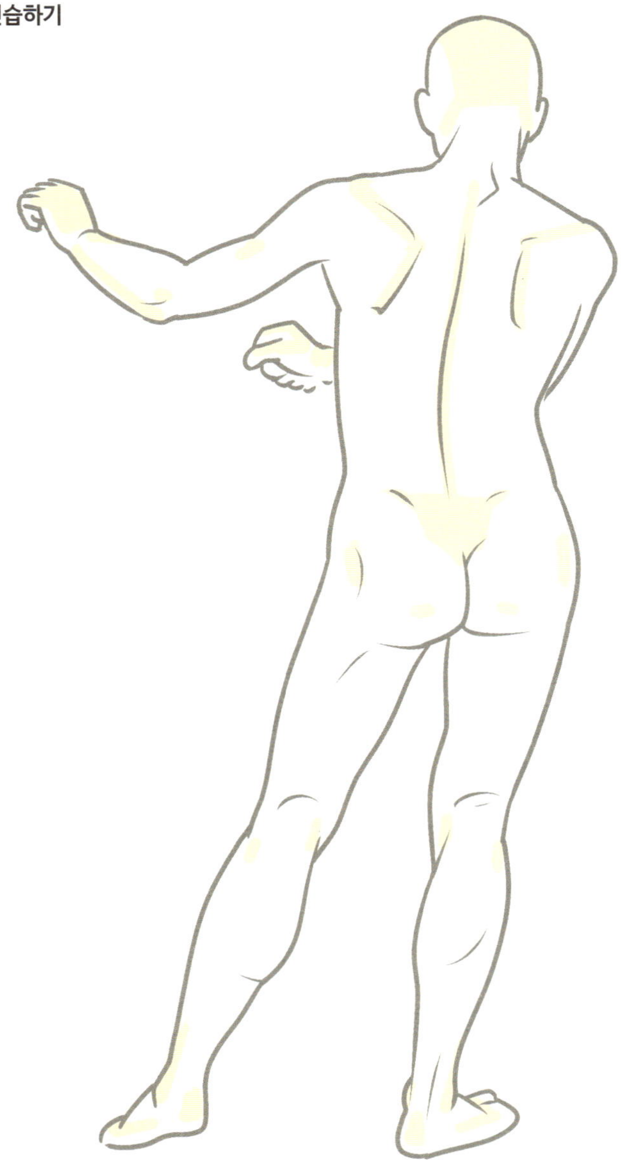

이 포즈의 포인트

한쪽 다리에 체중을 실은 자세는, 유심히 관찰해보면 다리의 위치가 다양한 형태로 나타납니다. 이 포즈에서는 96~99쪽의 예와 달리, 머리가 체중을 지탱하는 다리의 거의 바로 위쪽에 있습니다.

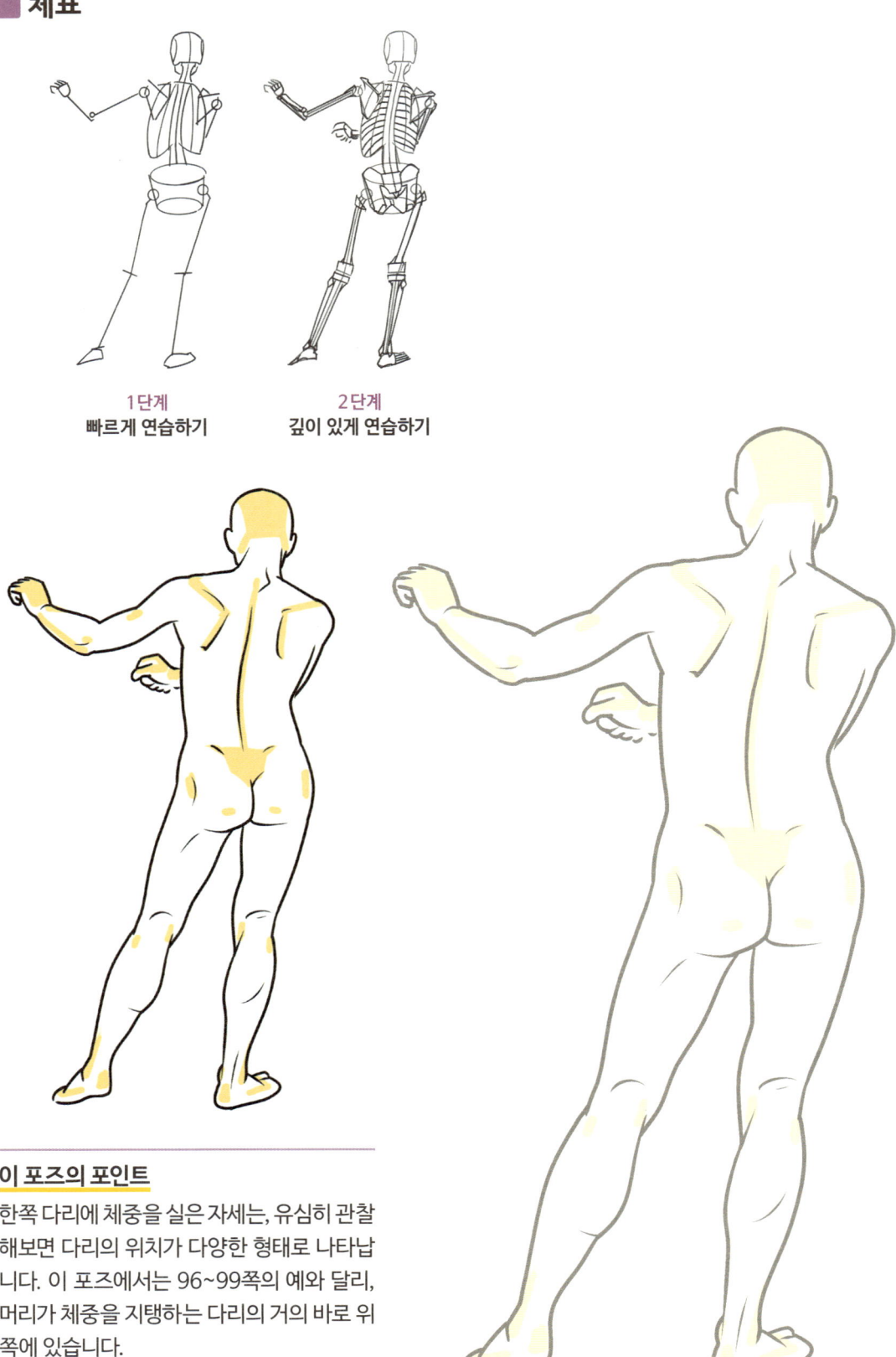

골격

1단계
빠르게 연습하기

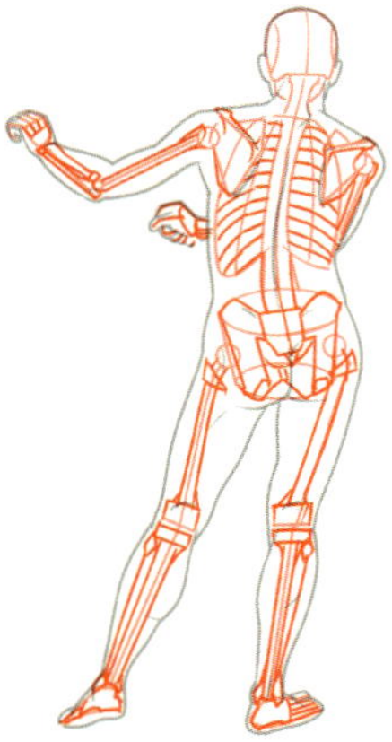

2단계
깊이 있게 연습하기

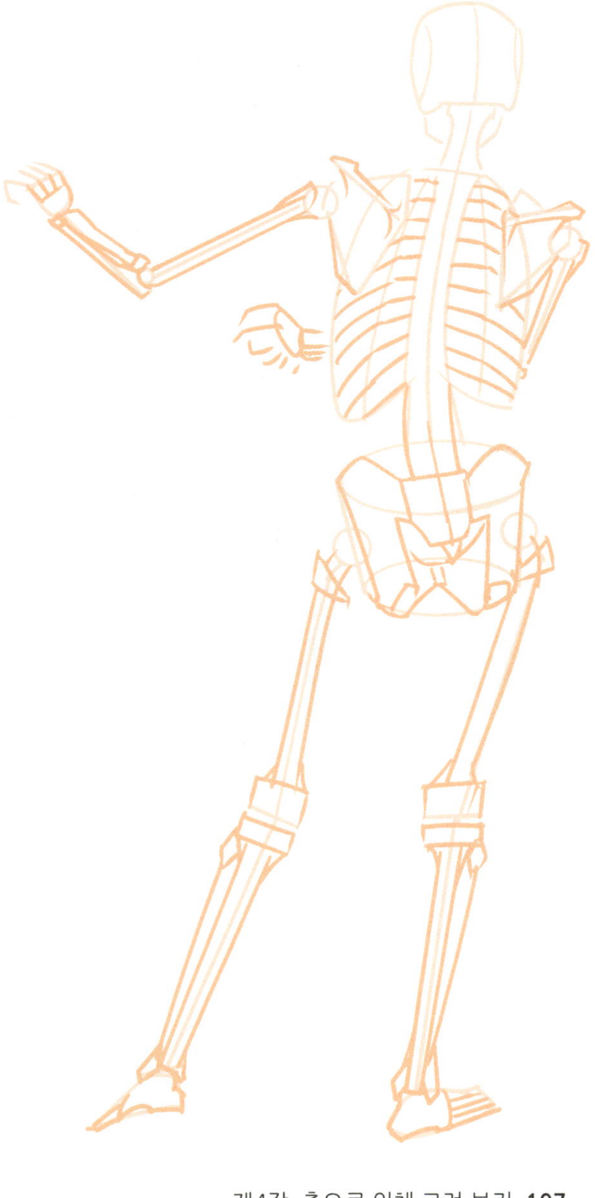

체표

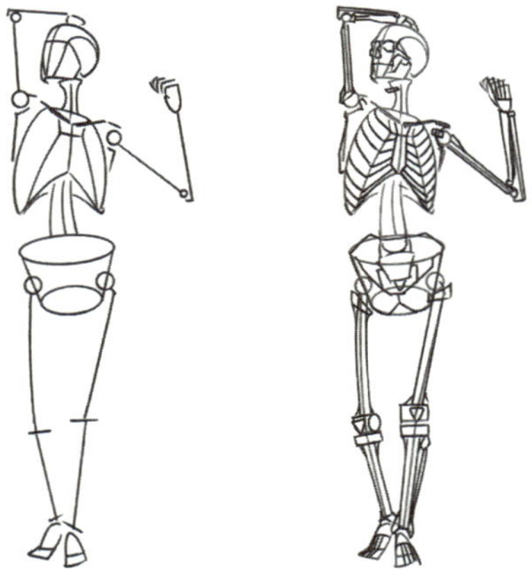

1단계
빠르게 연습하기

2단계
깊이 있게 연습하기

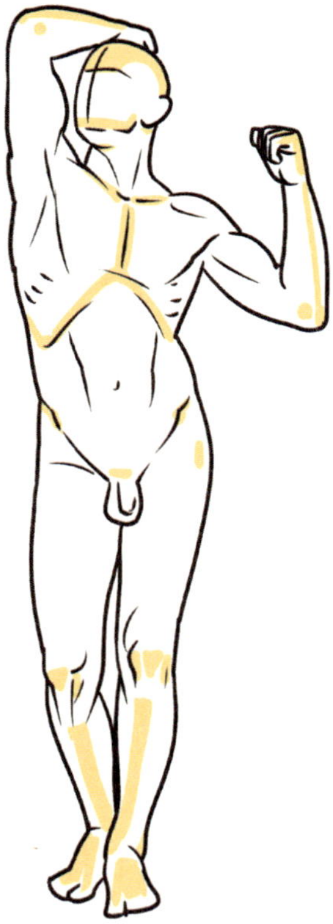

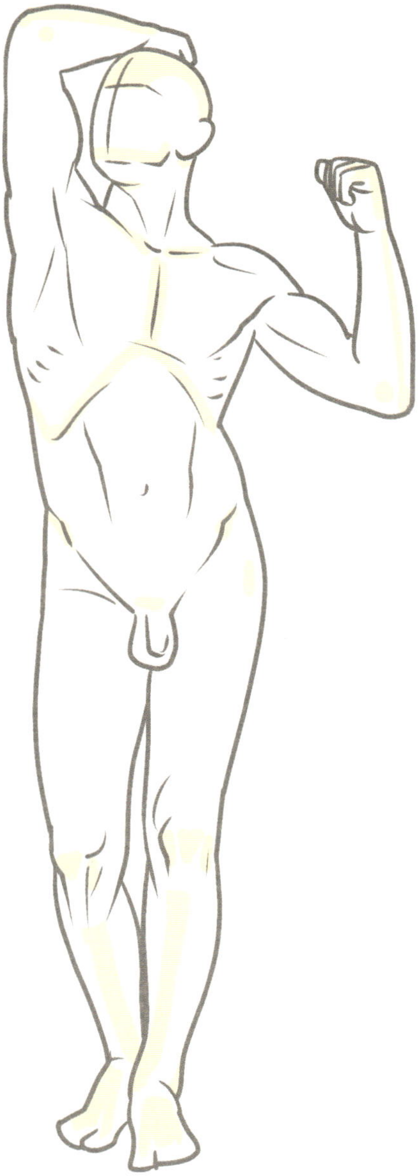

이 포즈의 포인트

팔을 높이 들어 올린 자세는 조각 작품에서 흔히 볼 수 있습니다. 겨드랑이 아래 근육의 굴곡과 윤곽을 어떻게 나누어 표현하느냐가 작품 감상의 중요한 포인트가 되기 때문입니다. 그리고 이러한 근육의 형태는, 그 아래 토대인 뼈대가 단단히 자리 잡고 있어야 비로소 완성될 수 있습니다.

골격

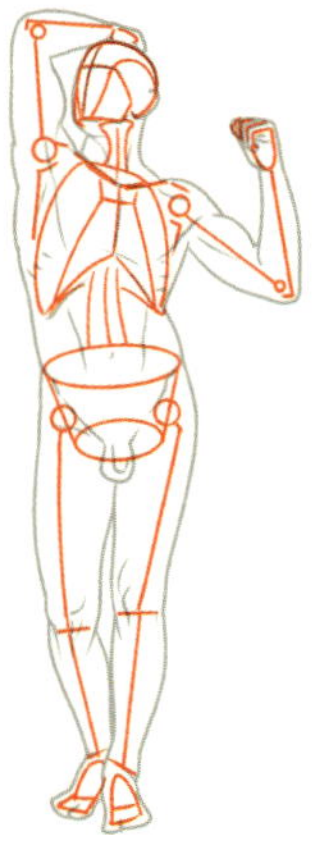

1단계
빠르게 연습하기

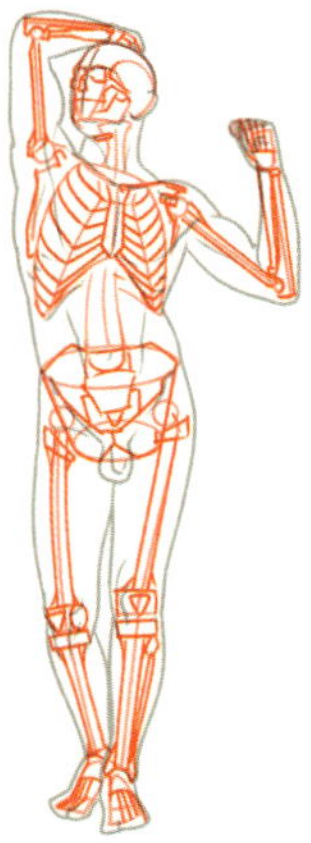

2단계
깊이 있게 연습하기

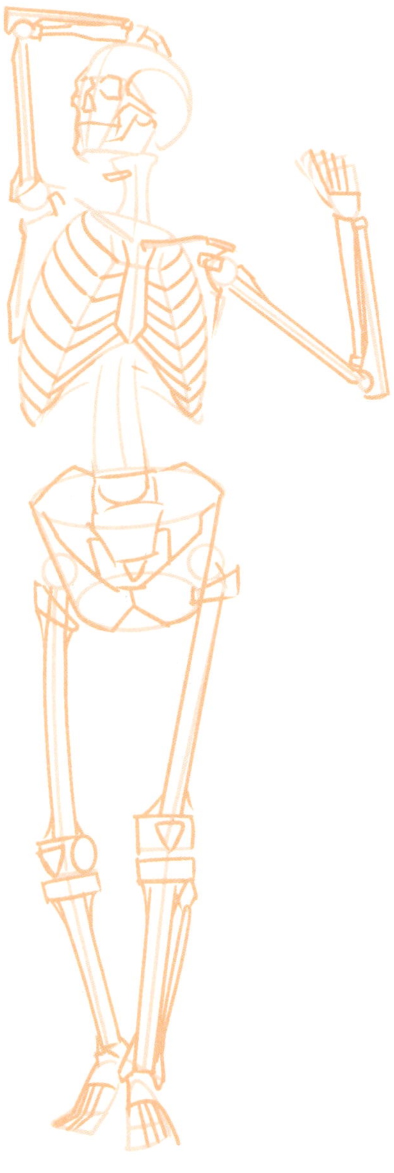

체표

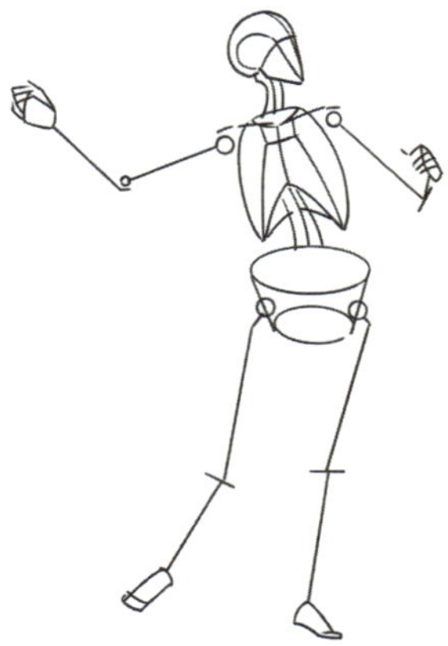

1단계
빠르게 연습하기

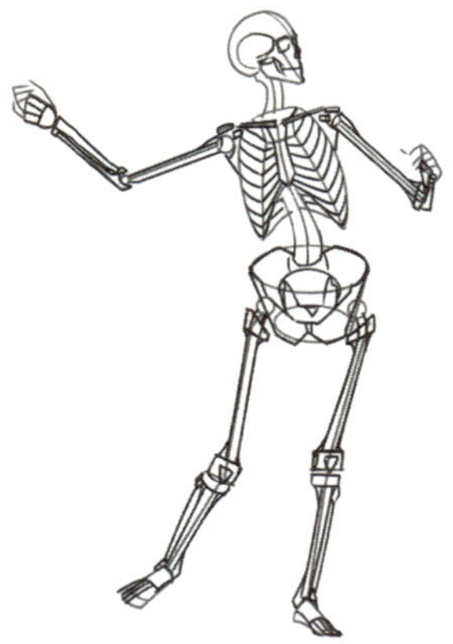

2단계
깊이 있게 연습하기

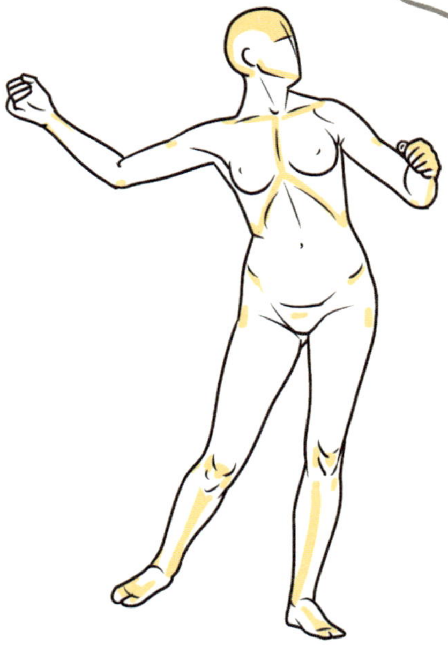

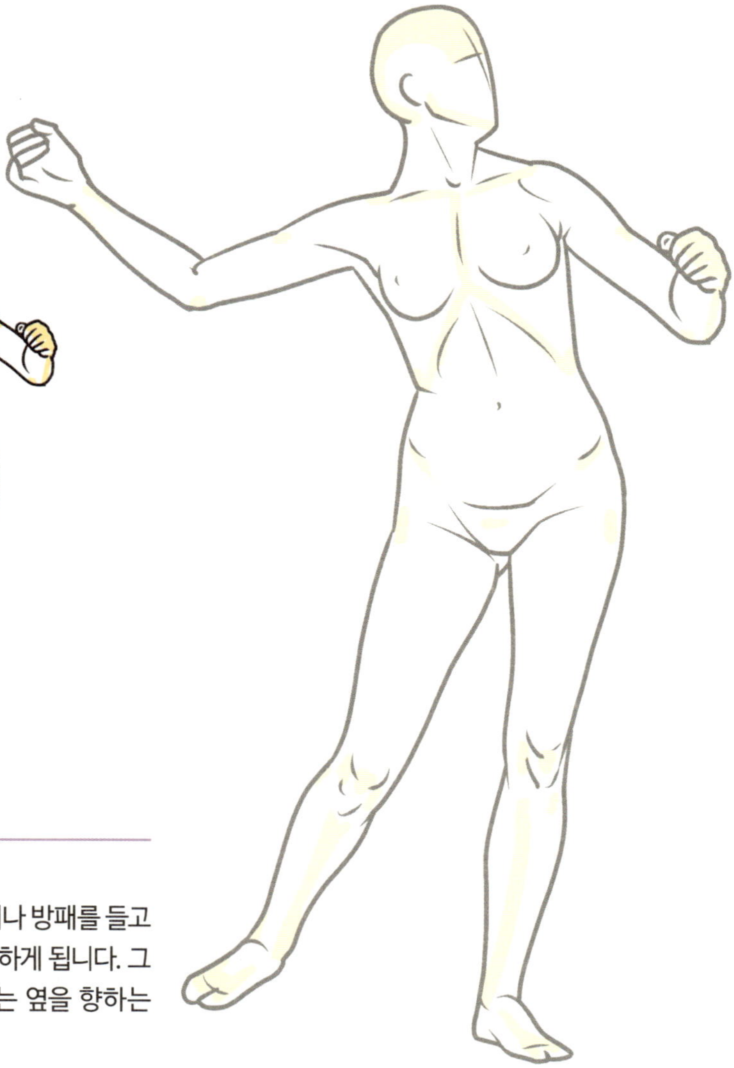

이 포즈의 포인트

소위 투척(창던지기) 자세입니다. 무기나 방패를 들고 싸우는 자세에서는 머리가 상대를 향하게 됩니다. 그 때문에 몸통은 정면을 향하고, 머리는 옆을 향하는 구도를 종종 볼 수 있습니다.

골격

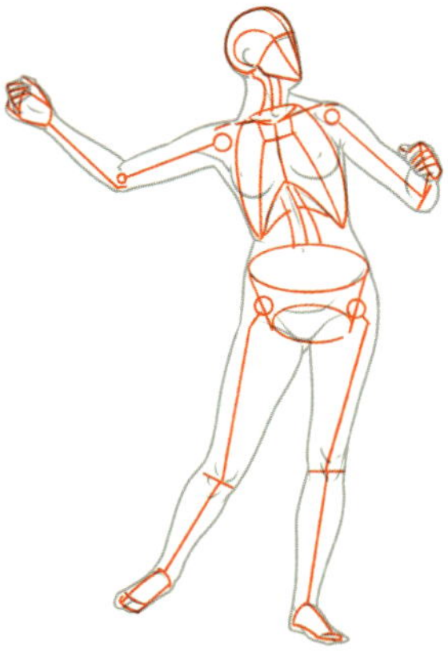

1단계
빠르게 연습하기

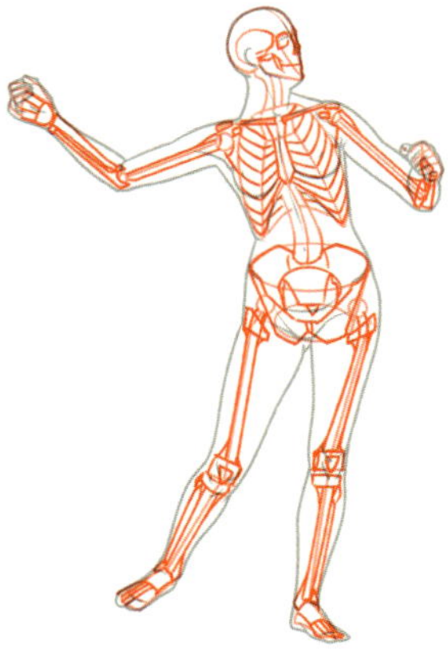

2단계
깊이 있게 연습하기

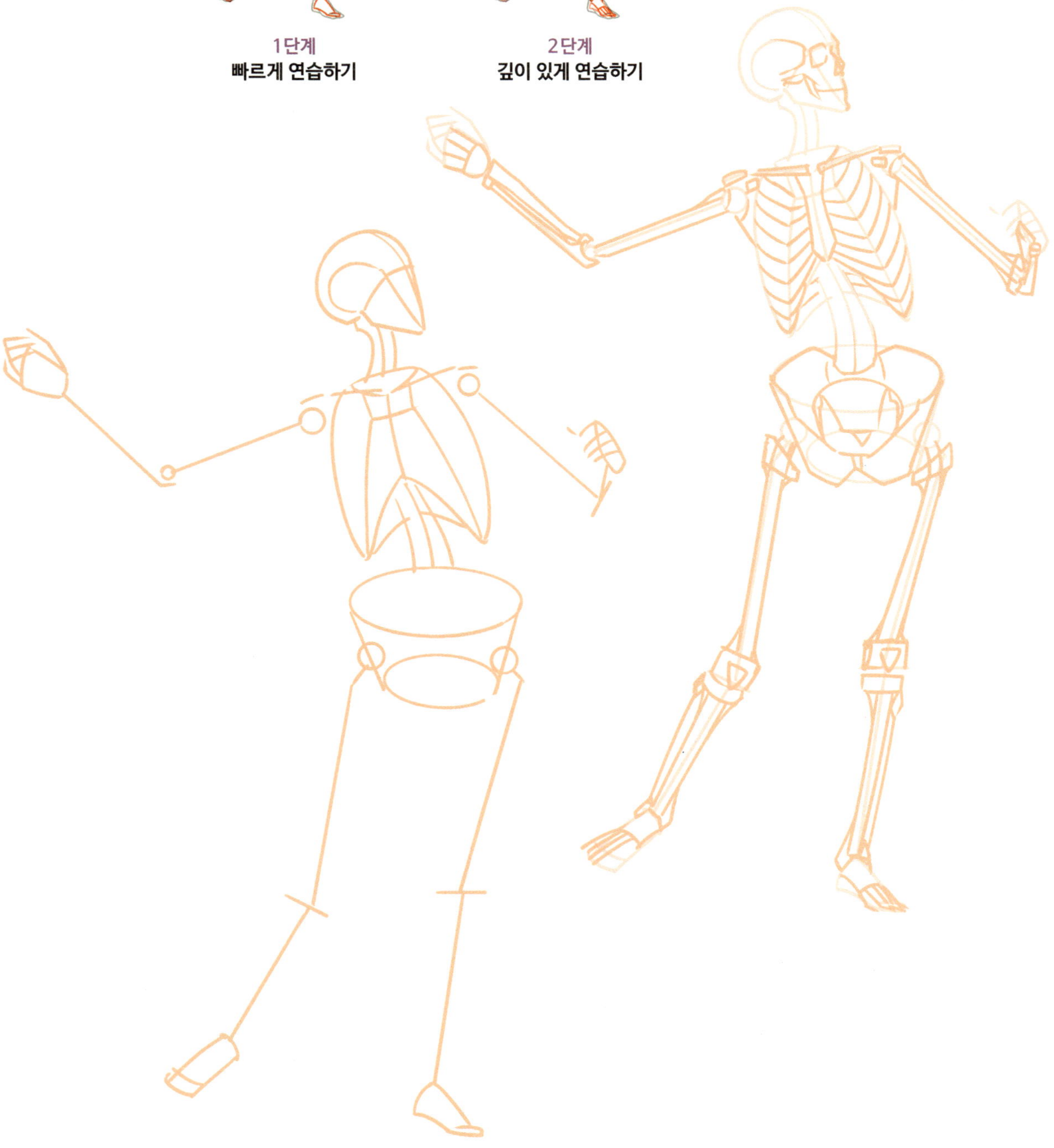

011

체표

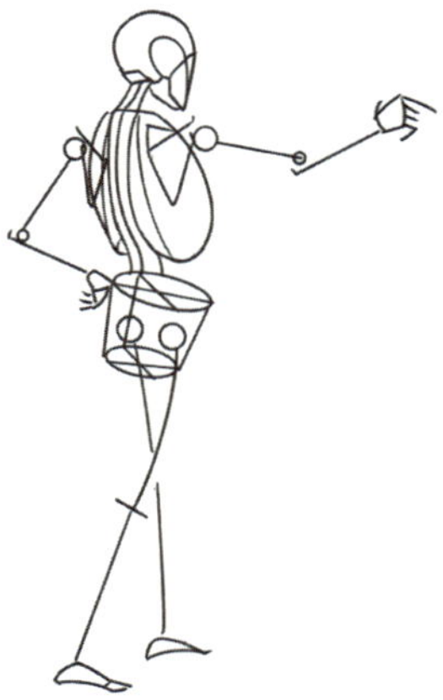

1단계
빠르게 연습하기

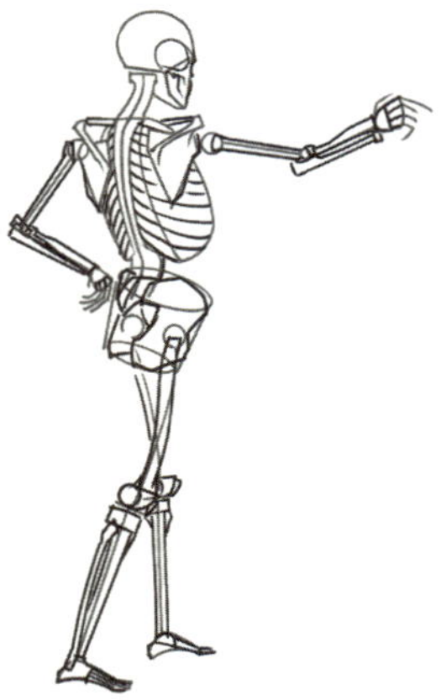

2단계
깊이 있게 연습하기

이 포즈의 포인트

앞에 있는 다리 때문에 뒤에 있는 다리가 가려 있습니다. 골격을 그리며 공부할 때는 가려져 보이지 않는 부분은 생략해도 괜찮습니다.

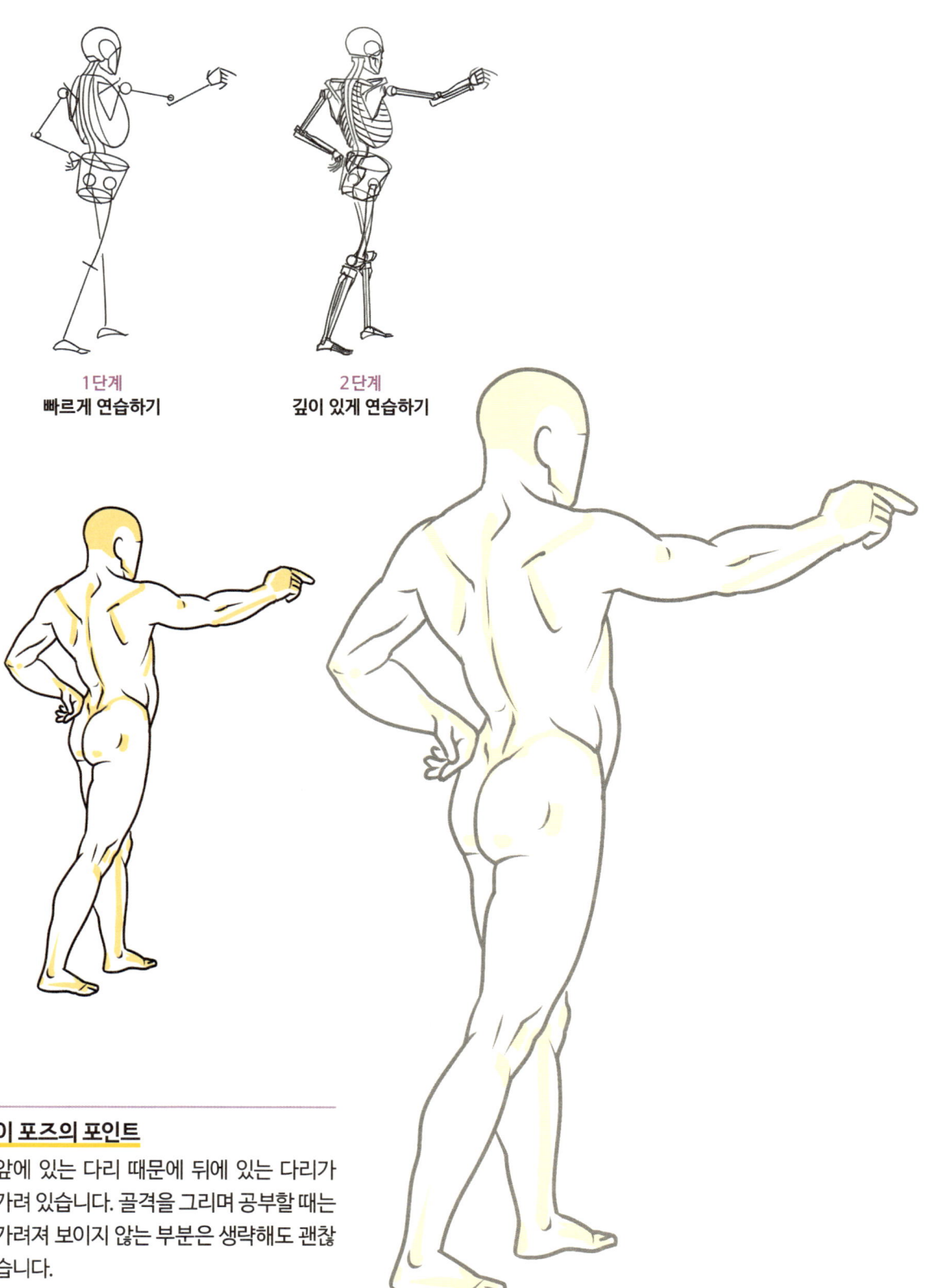

골격

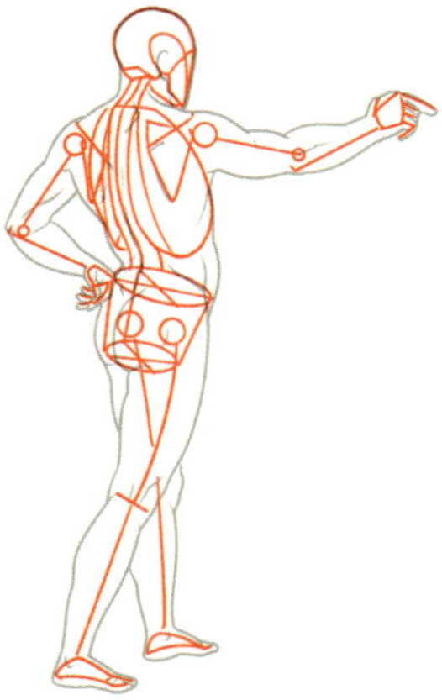

1단계
빠르게 연습하기

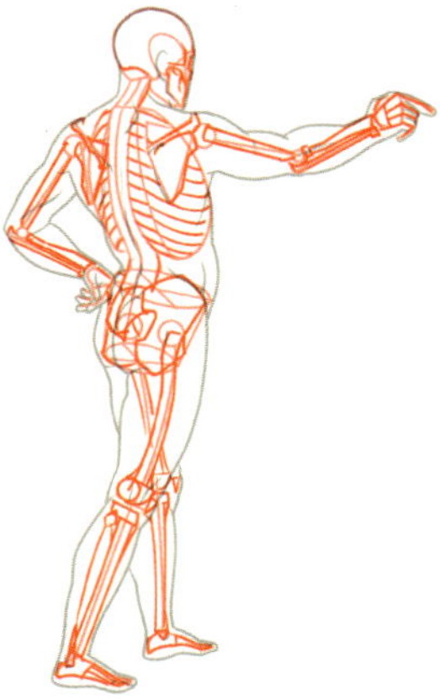

2단계
깊이 있게 연습하기

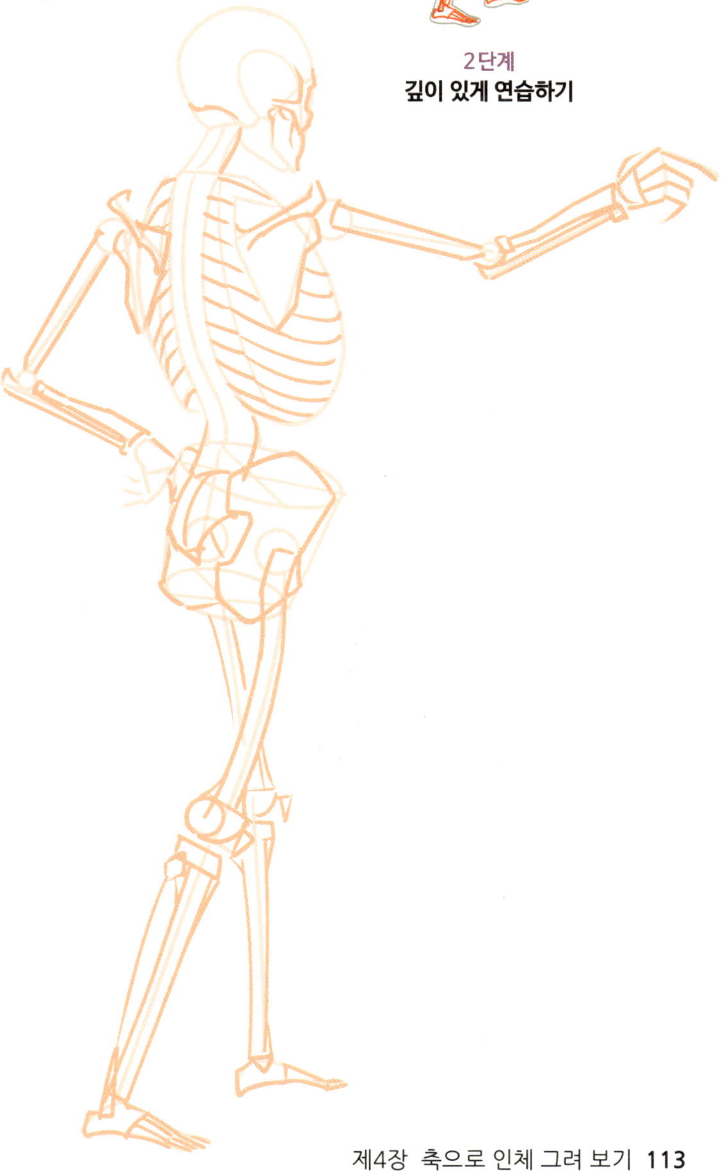

체표

1단계
빠르게 연습하기

2단계
깊이 있게 연습하기

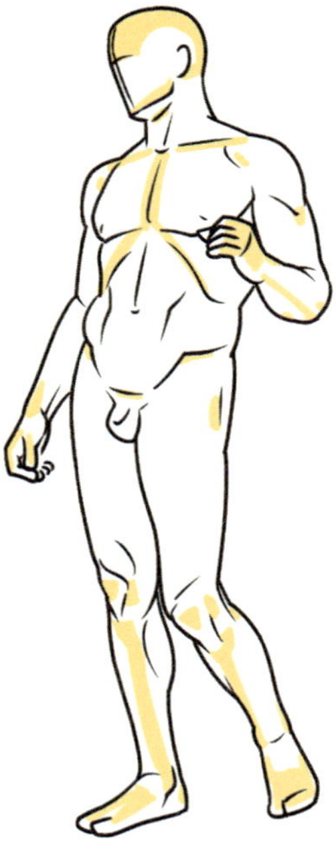

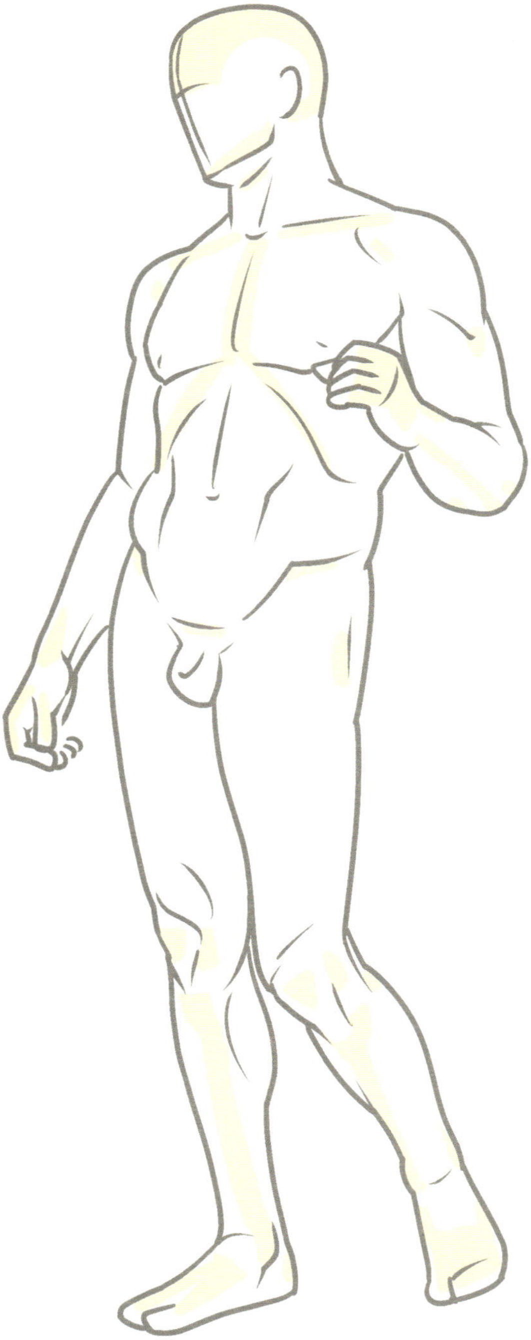

이 포즈의 포인트

고대 그리스 조각 등에서 볼 수 있는 고전적인 자세입니다. 힘이 과하게 들어가지 않은 편안한 자세이므로 골격의 위치 변화가 크지 않아 인체 구조를 익히며 연습하기에 적합한 포즈라 할 수 있습니다.

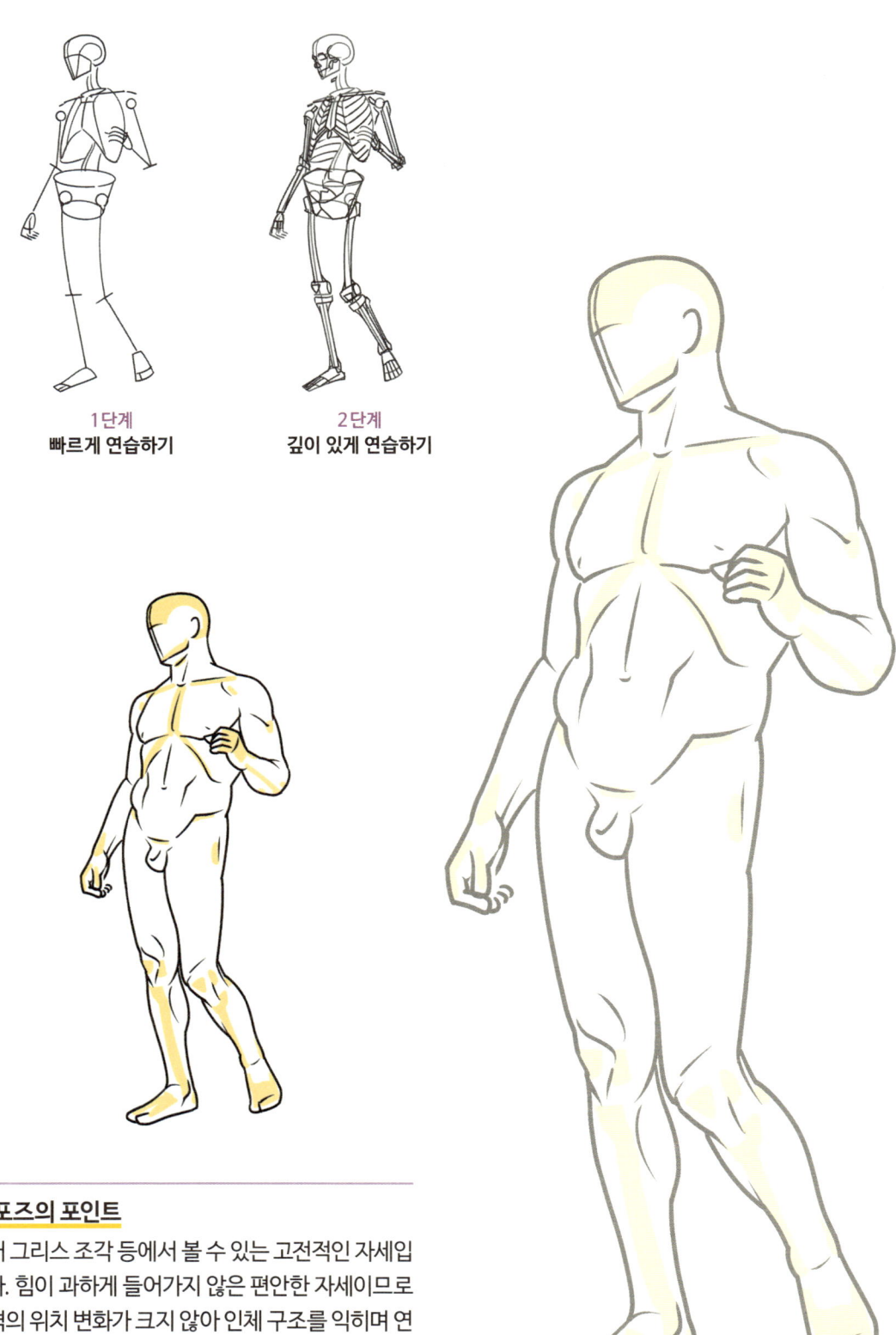

골격

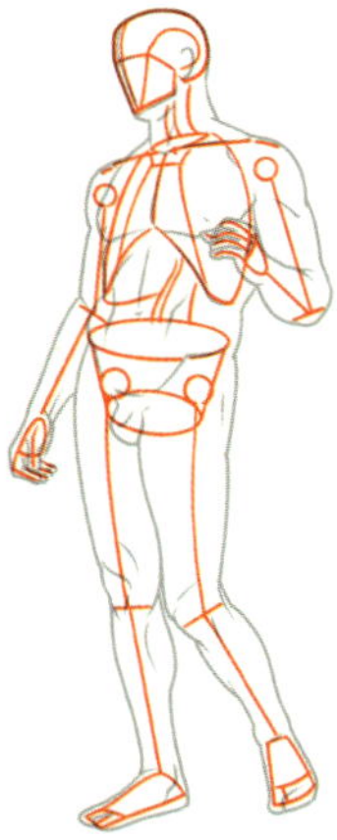

1단계
빠르게 연습하기

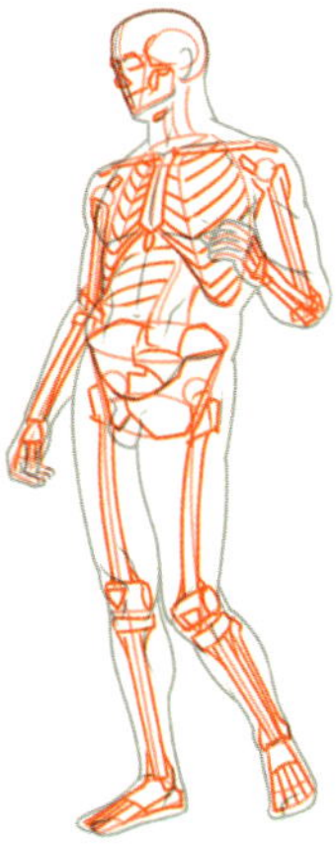

2단계
깊이 있게 연습하기

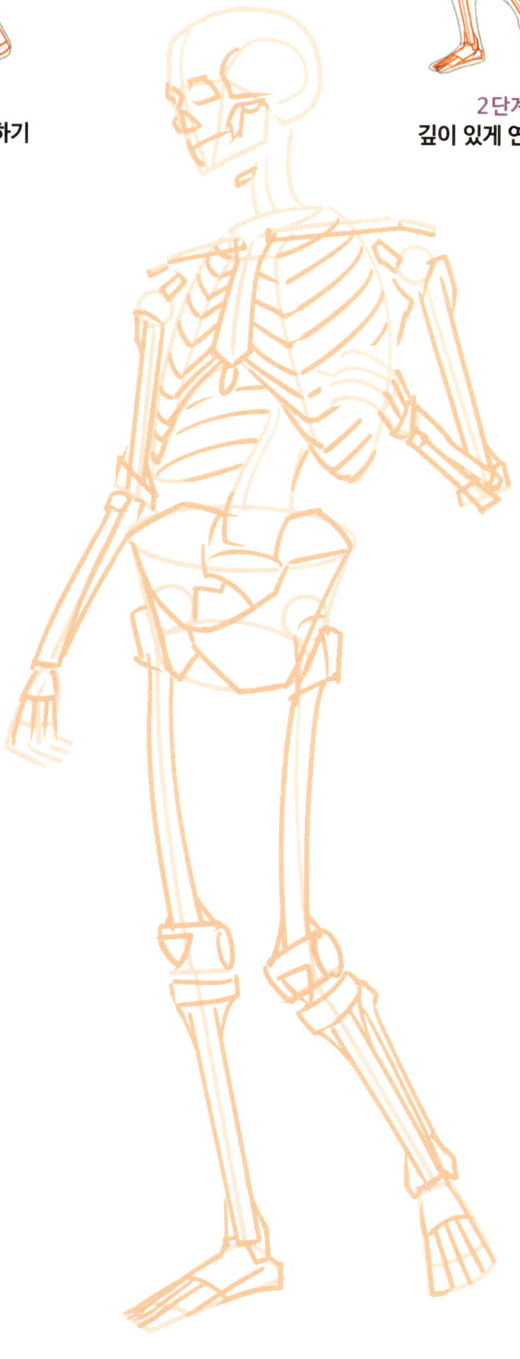

013

체표

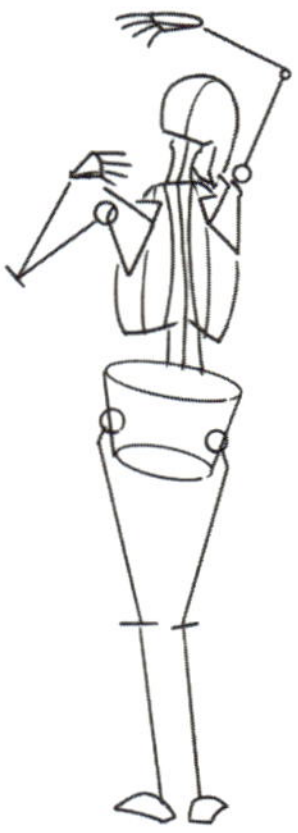

1단계
빠르게 연습하기

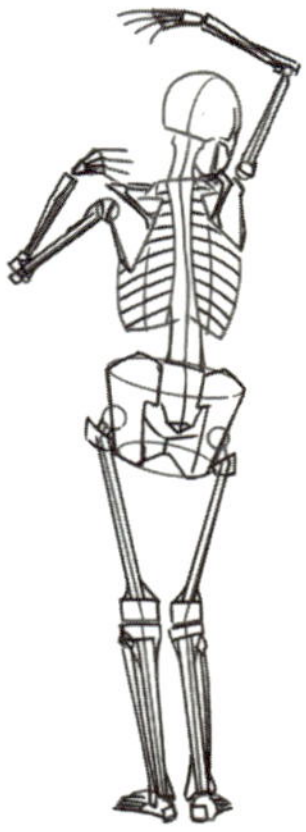

2단계
깊이 있게 연습하기

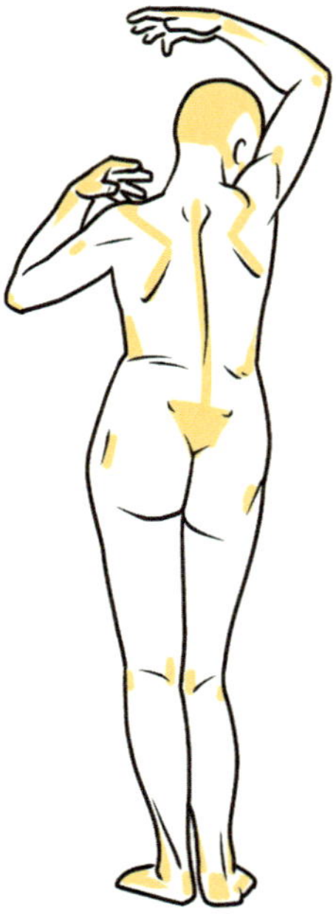

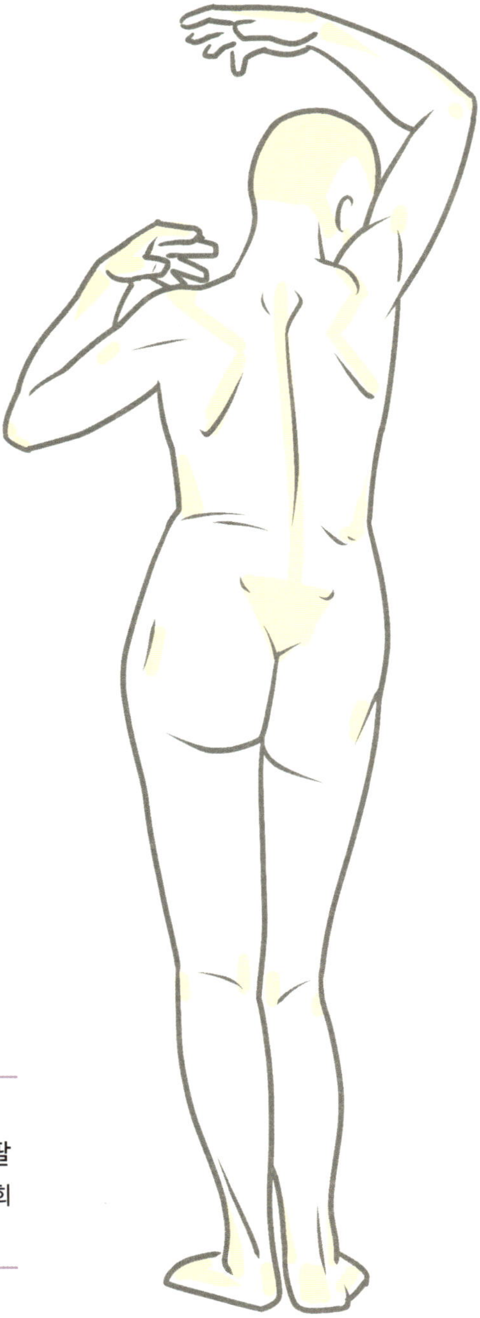

이 포즈의 포인트

양쪽 어깨뼈(견갑골)의 기울기가 서로 다릅니다. 팔을 수평 이상으로 들어 올리면 어깨뼈가 회전(상방회전)한다는 점을 기억해 두세요.

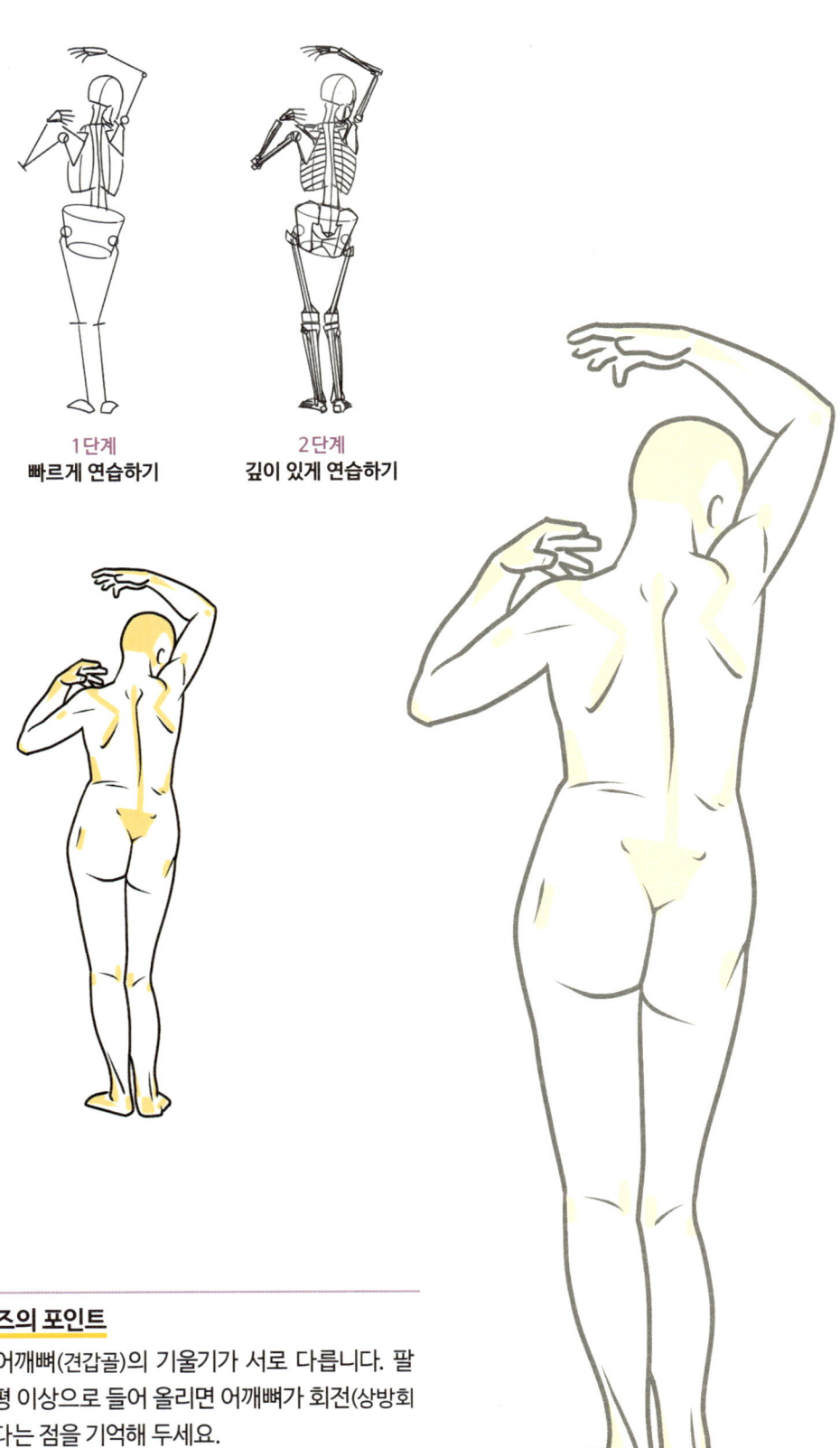

■ 골격

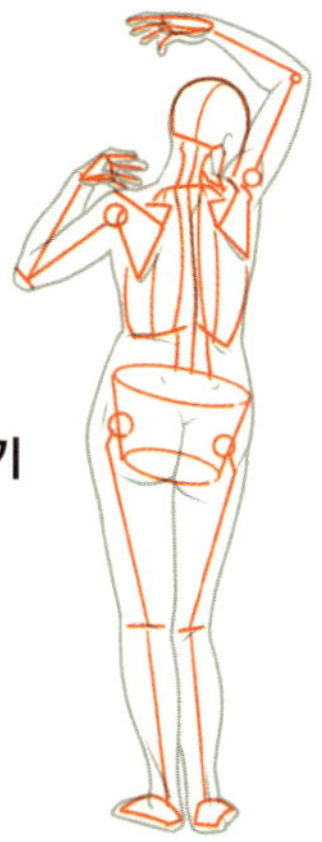
1단계
빠르게 연습하기

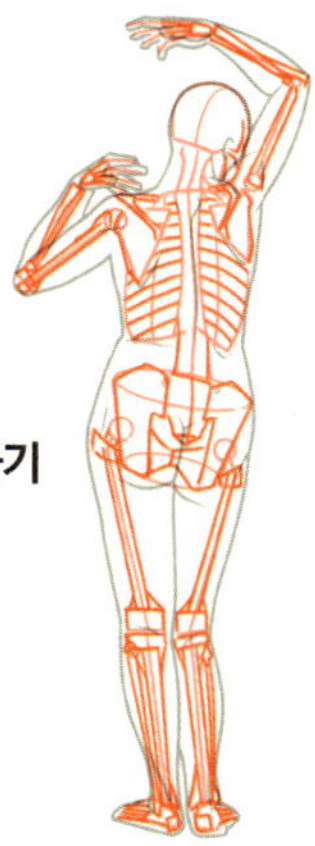
2단계
깊이 있게 연습하기

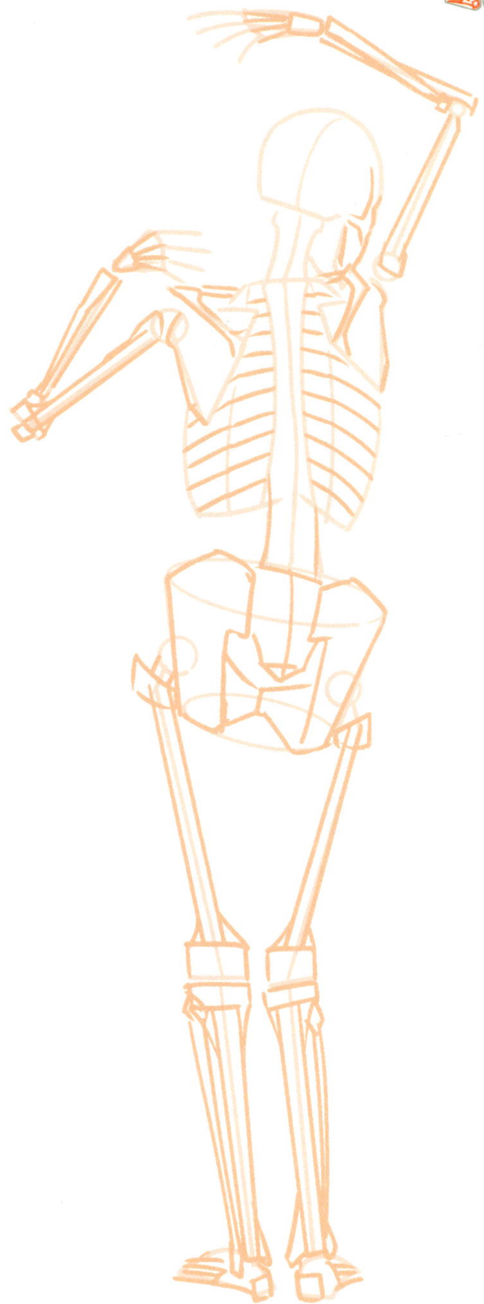

014

체표

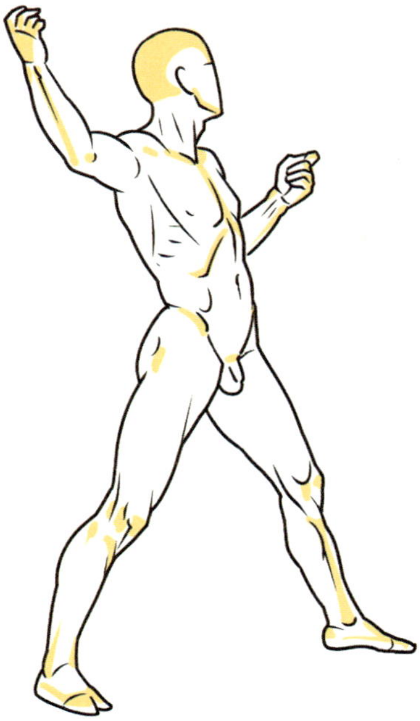

1단계
빠르게 연습하기

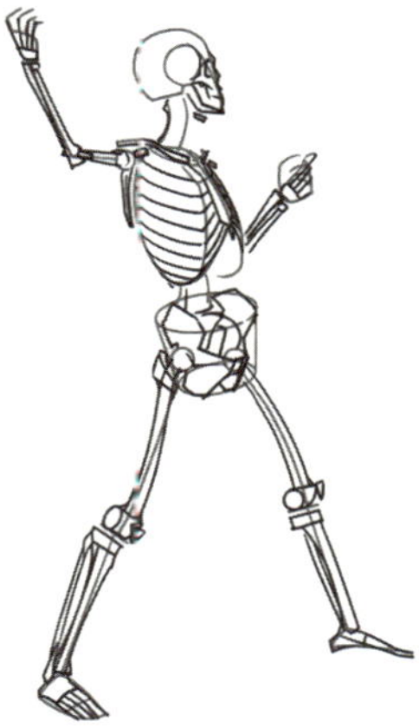

2단계
깊이 있게 연습하기

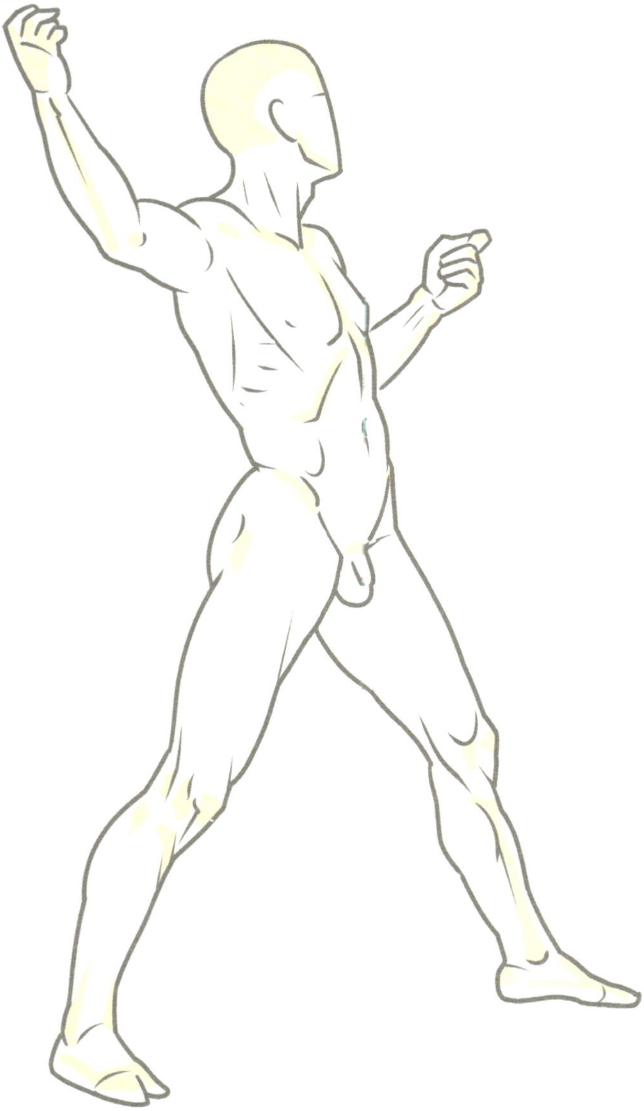

이 포즈의 포인트

한 손에 창을 들고 던지려는 자세입니다. 팔과 다리를 넓게 벌리고 있지만, 방향이나 앞뒤 관계가 헷갈릴 때는 그림을 회전시켜 해부도와 비슷한 각도에서 보면 해결되는 경우가 많습니다.

골격

1단계
빠르게 연습하기

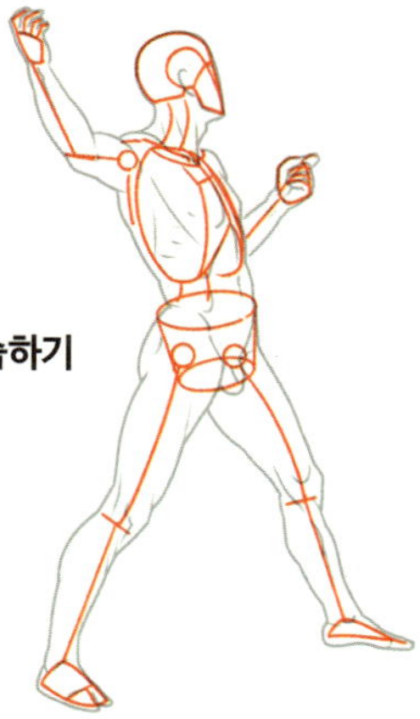

2단계
깊이 있게 연습하기

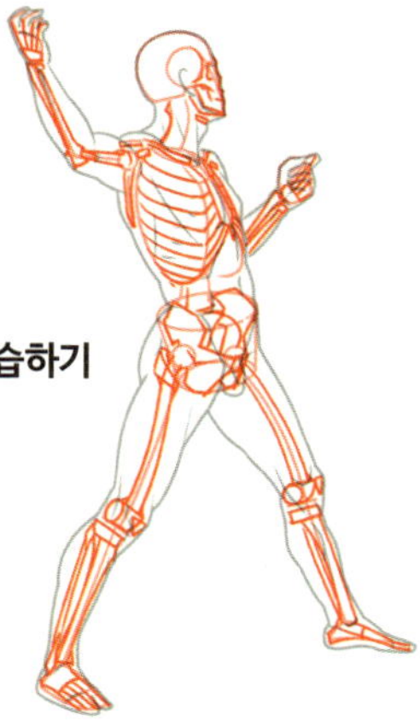

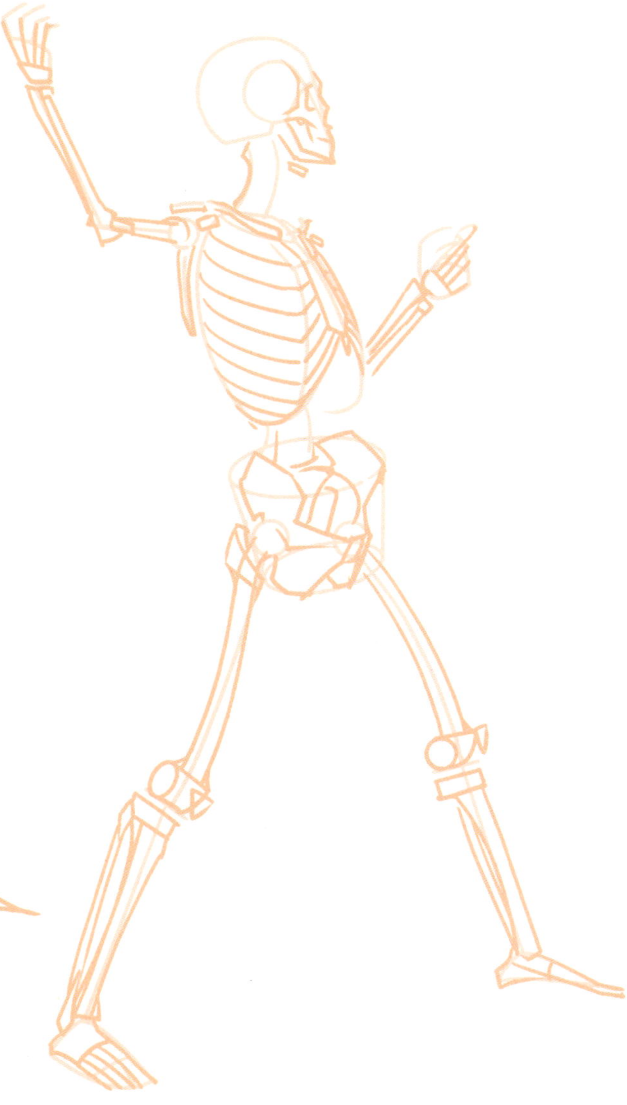

015

체표

1단계
빠르게 연습하기

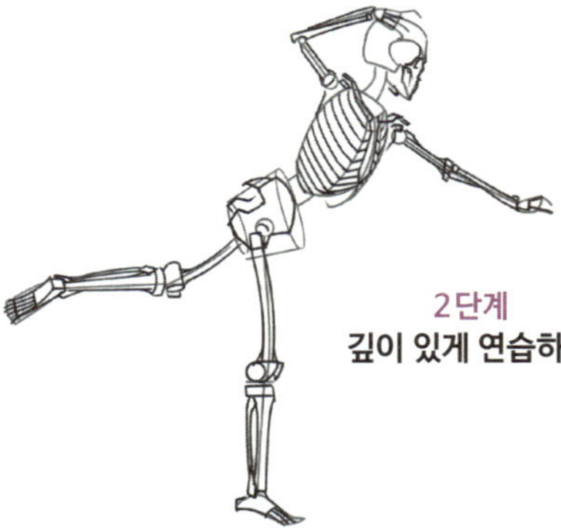

2단계
깊이 있게 연습하기

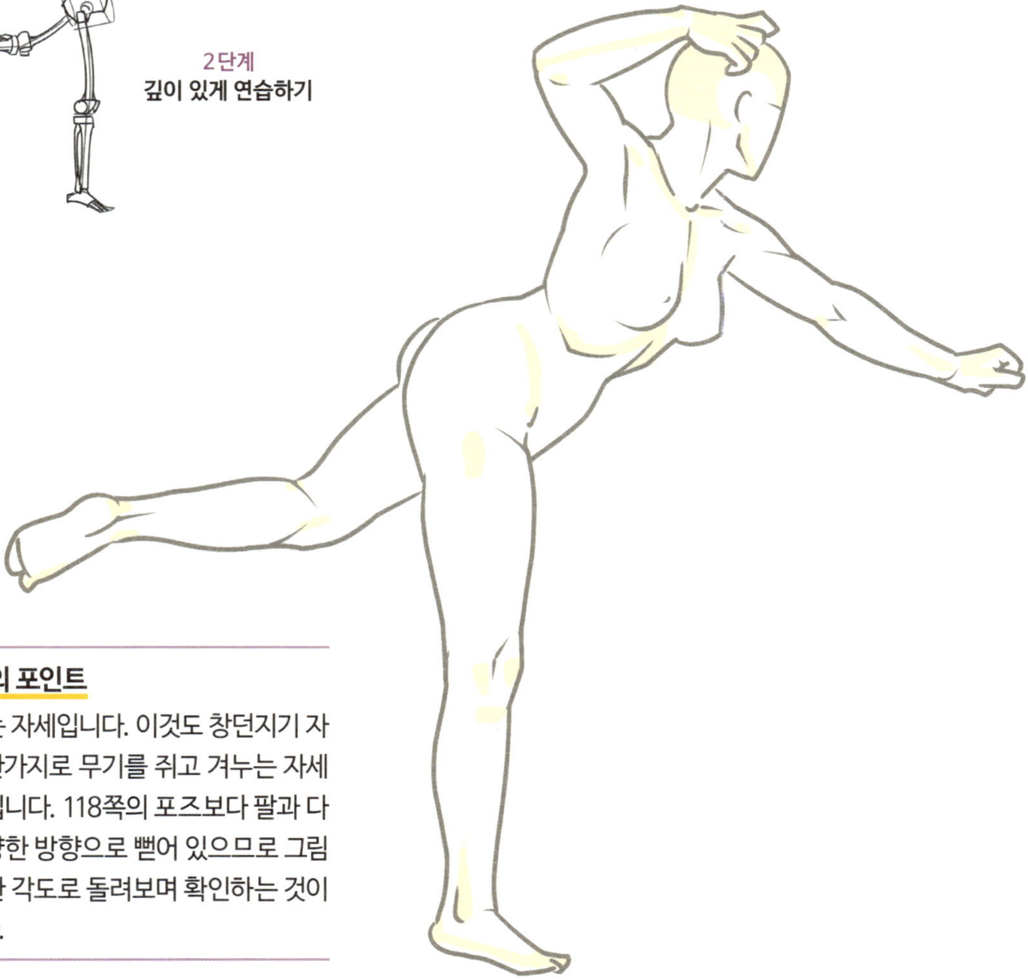

이 포즈의 포인트

활을 쏘는 자세입니다. 이것도 창던지기 자세와 마찬가지로 무기를 쥐고 겨누는 자세 중 하나입니다. 118쪽의 포즈보다 팔과 다리가 다양한 방향으로 뻗어 있으므로 그림을 다양한 각도로 돌려보며 확인하는 것이 좋습니다.

골격

1단계
빠르게 연습하기

2단계
깊이 있게 연습하기

016

체표

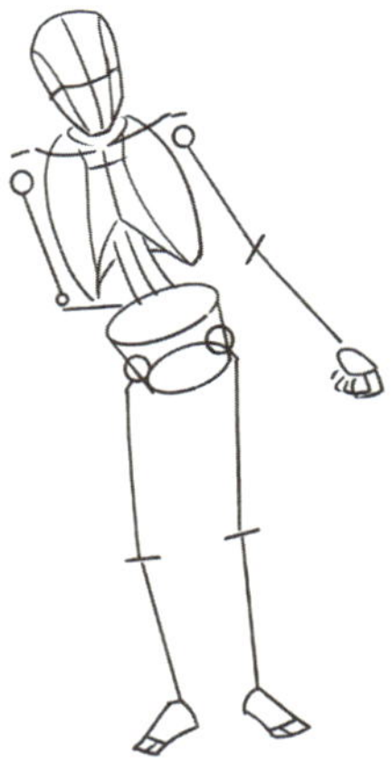

1단계
빠르게 연습하기

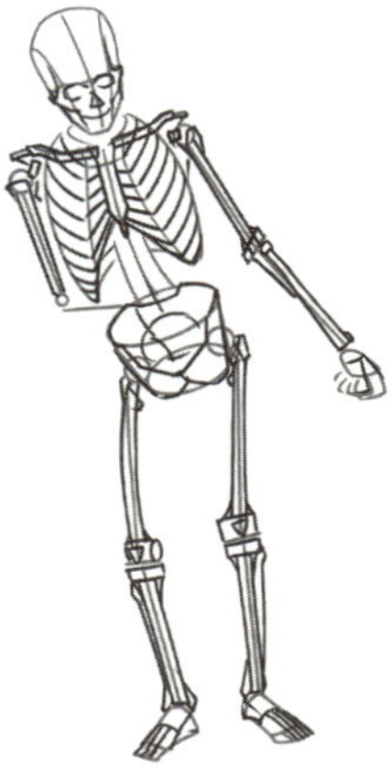

2단계
깊이 있게 연습하기

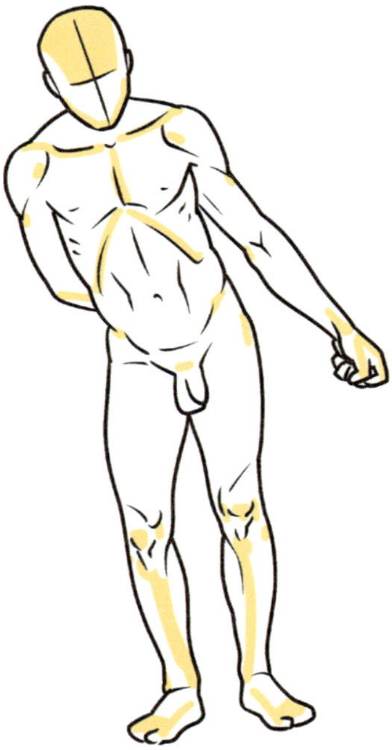

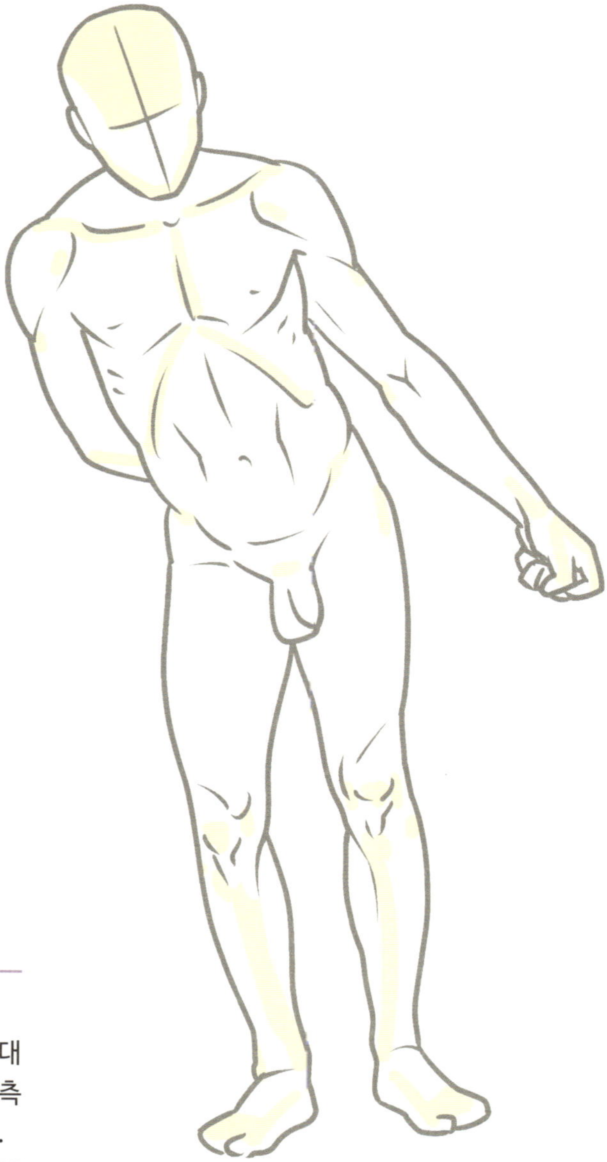

이 포즈의 포인트

무거운 짐을 끄는 자세입니다. 무게중심이 짐의 반대쪽으로 이동합니다. 등쪽으로 돌린 팔은 형태를 추측할 수 있는 단서가 거의 없으므로 생략해도 됩니다.

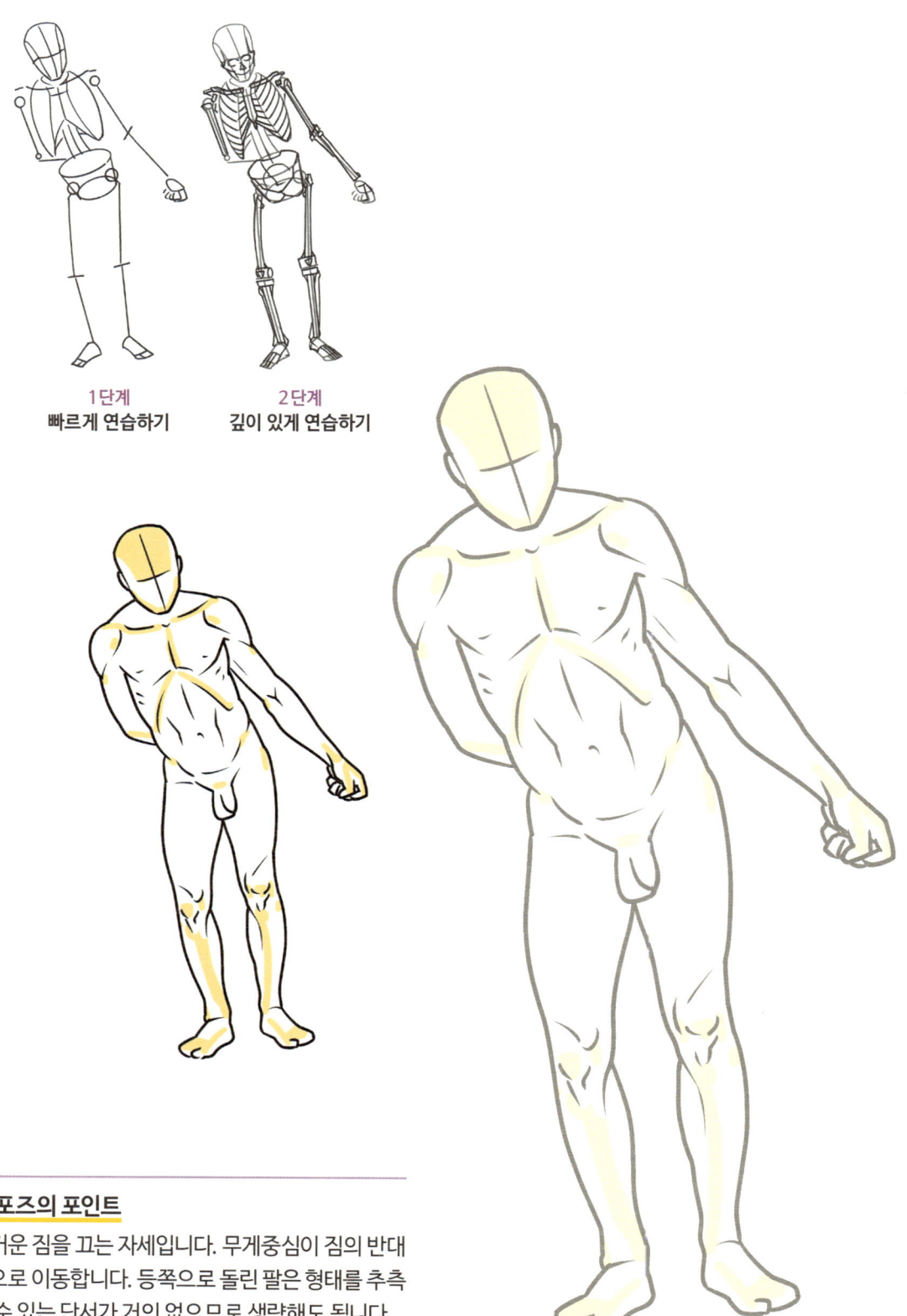

골격

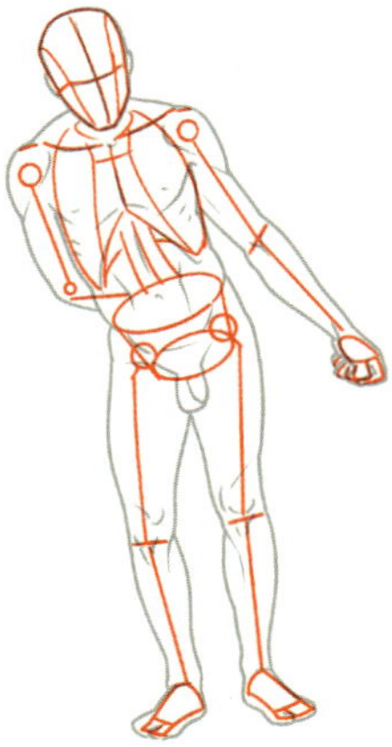

1단계
빠르게 연습하기

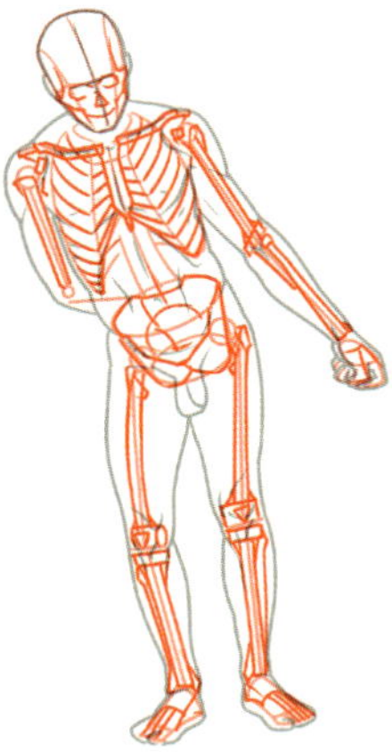

2단계
깊이 있게 연습하기

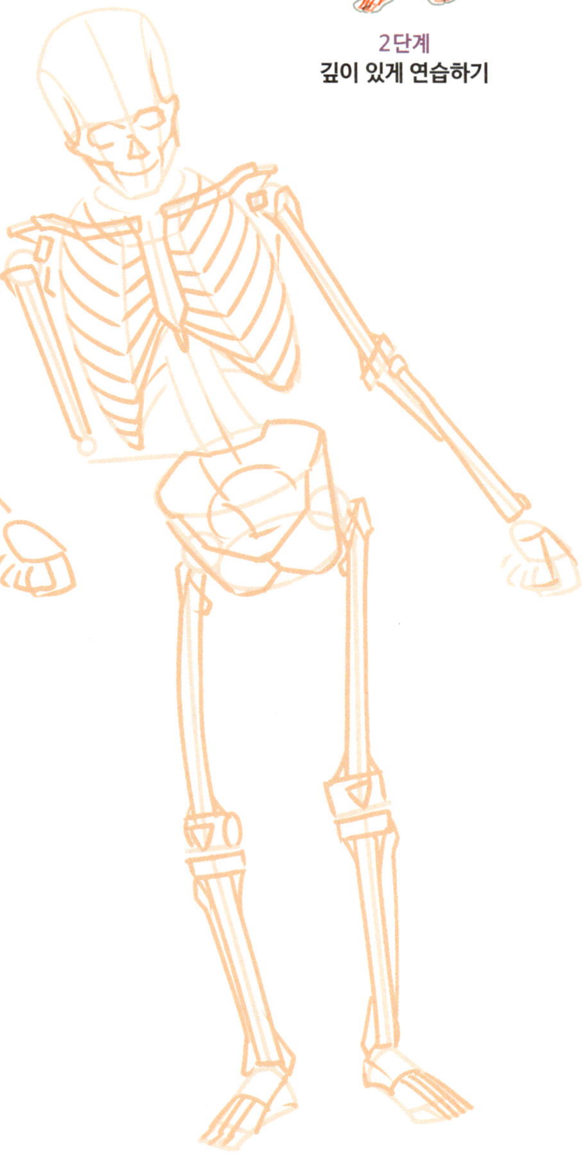

017

체표

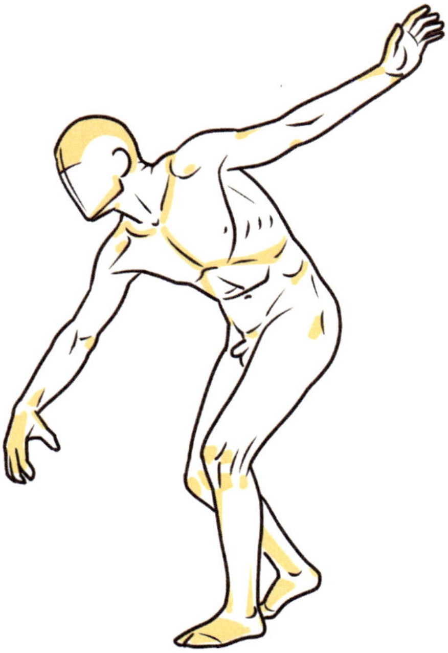

1단계
빠르게 연습하기

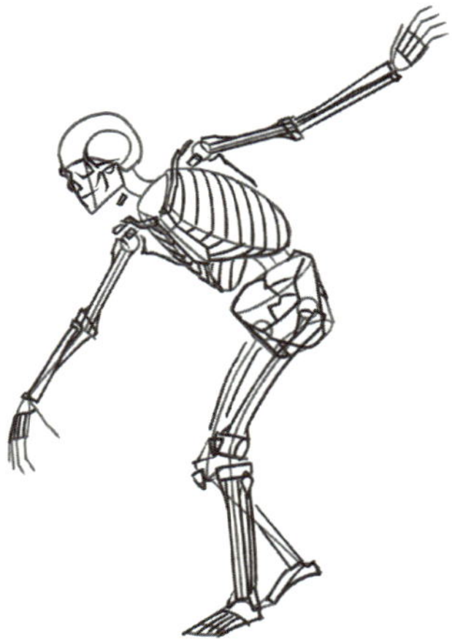

2단계
깊이 있게 연습하기

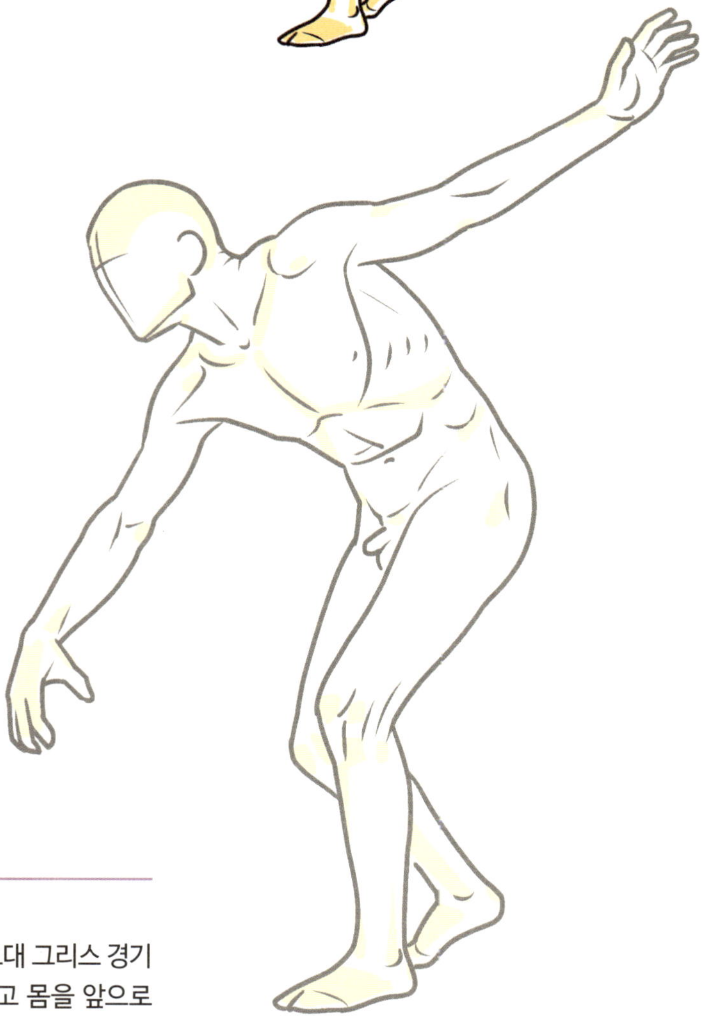

이 포즈의 포인트

원반던지기 자세입니다. 이 자세는 고대 그리스 경기에서 유래한 동작으로, 허리를 낮추고 몸을 앞으로 숙이는 동작과, 원반을 들고 있지 않은 쪽 팔이 몸통에서 떨어져 있는 것이 특징입니다.

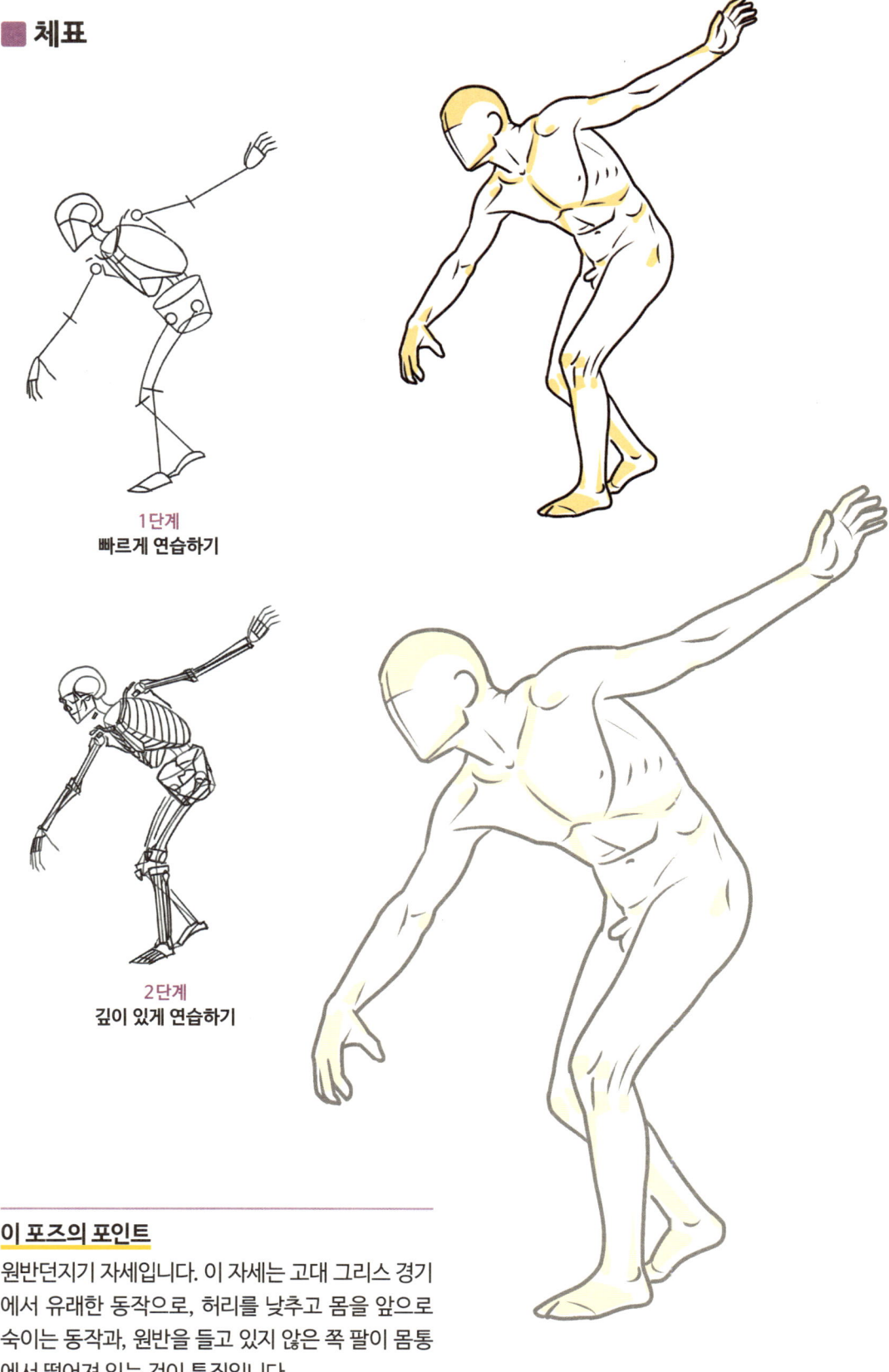

골격

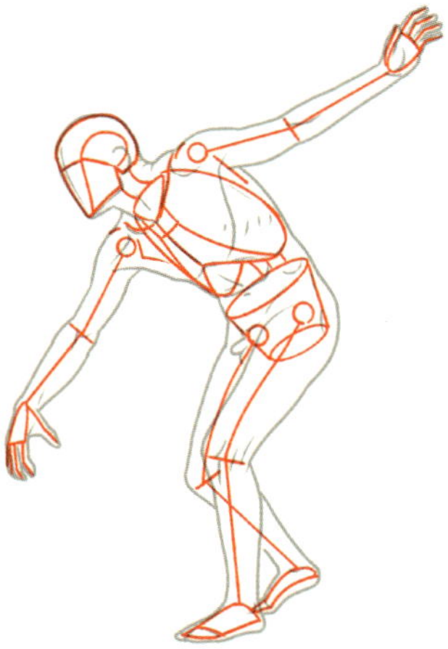

1단계
빠르게 연습하기

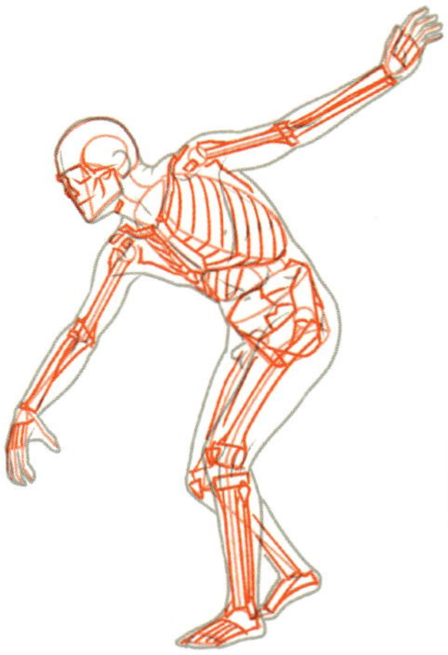

2단계
깊이 있게 연습하기

018

체표

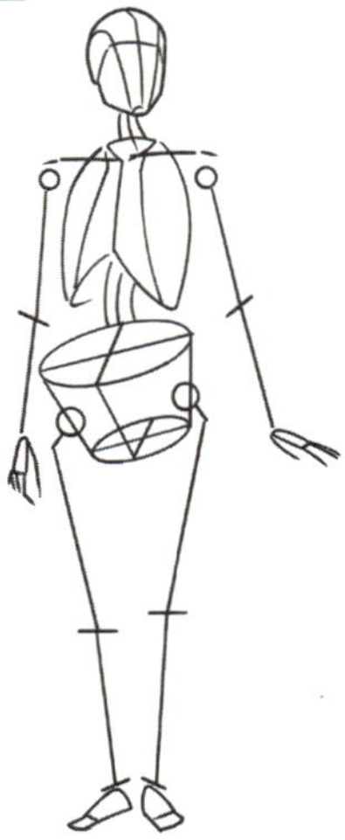

1단계
빠르게 연습하기

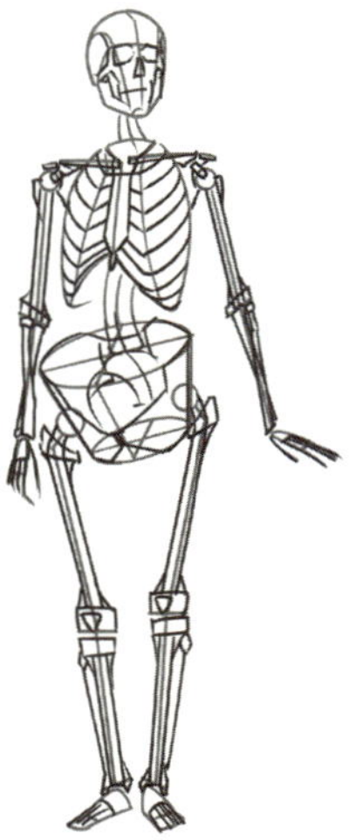

2단계
깊이 있게 연습하기

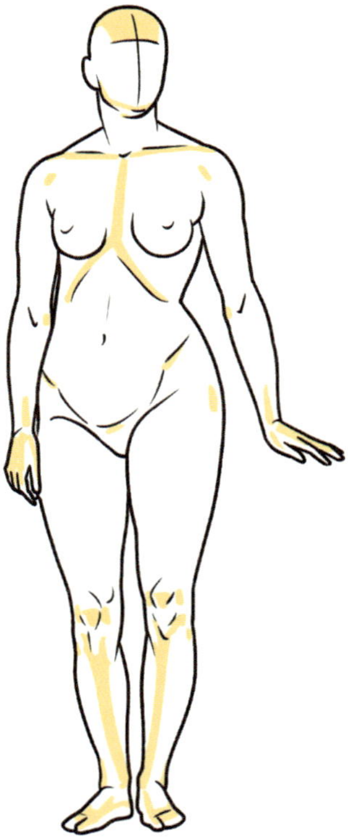

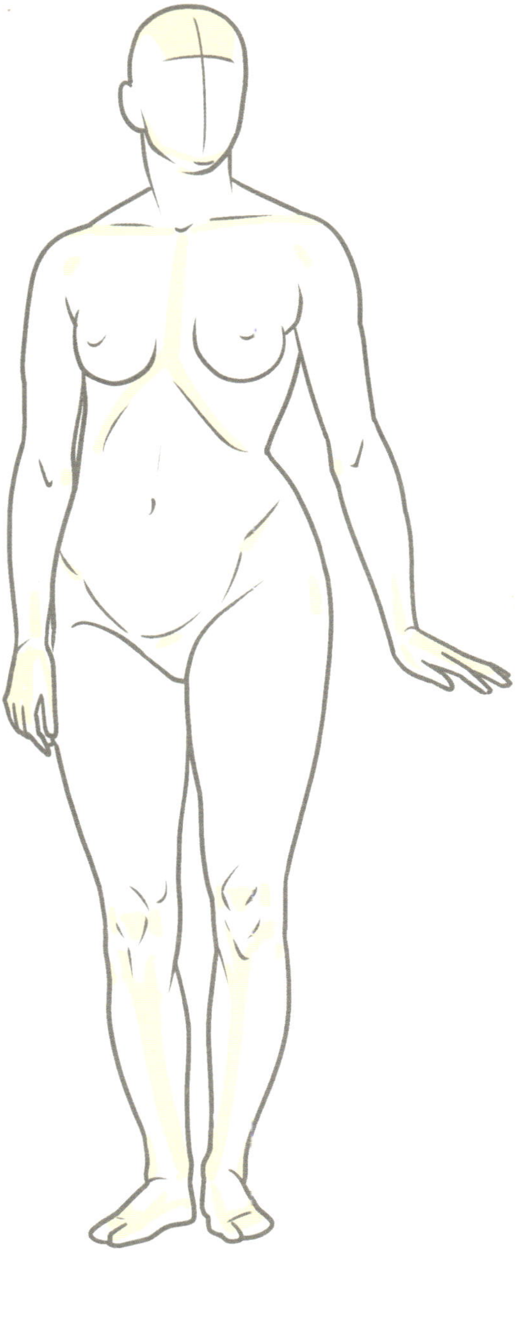

이 포즈의 포인트

똑바로 서 있는 자세이지만, 자세히 보면 골반이 기울어져 있어 한쪽 다리에 체중이 실려 있습니다. 한쪽 다리에 체중을 싣는 자세는 보는 각도에 따라 체중을 싣지 않은 다리의 무릎이 정면을 향하는 경우도 있습니다. 골격에 주목하여 자세를 파악해 봅시다.

골격

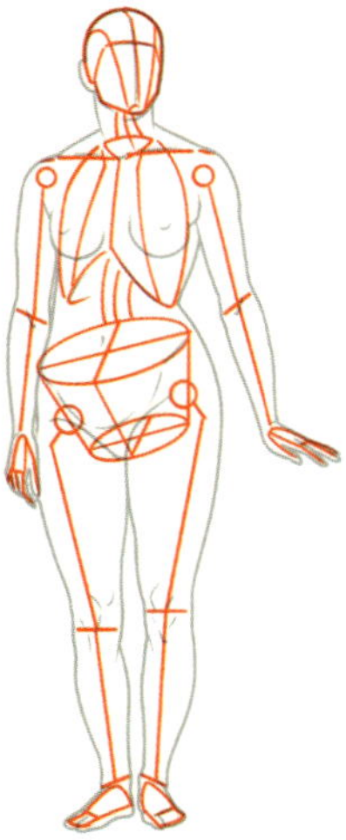

1단계
빠르게 연습하기

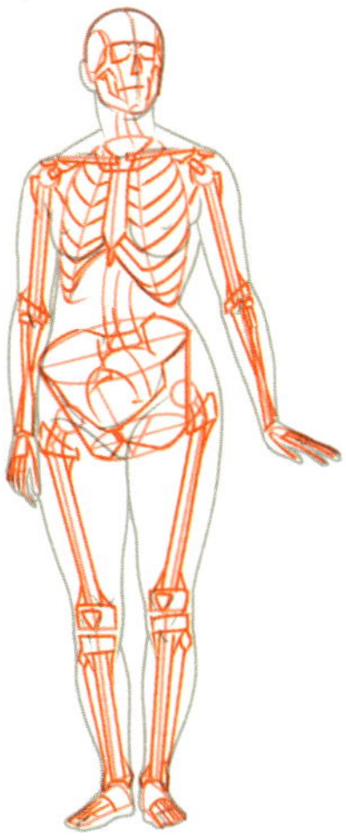

2단계
깊이 있게 연습하기

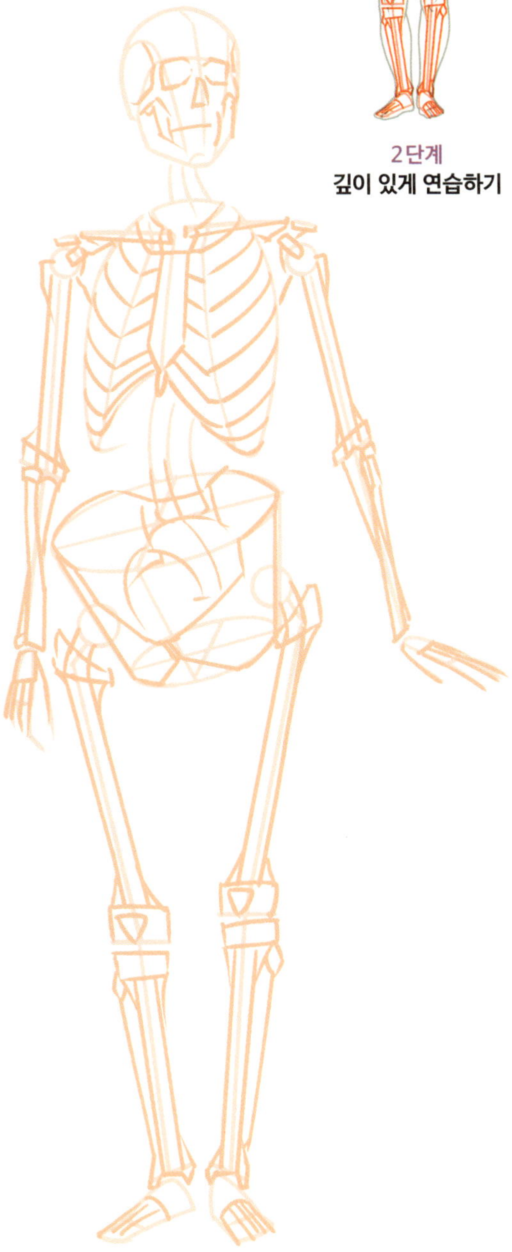

019

체표

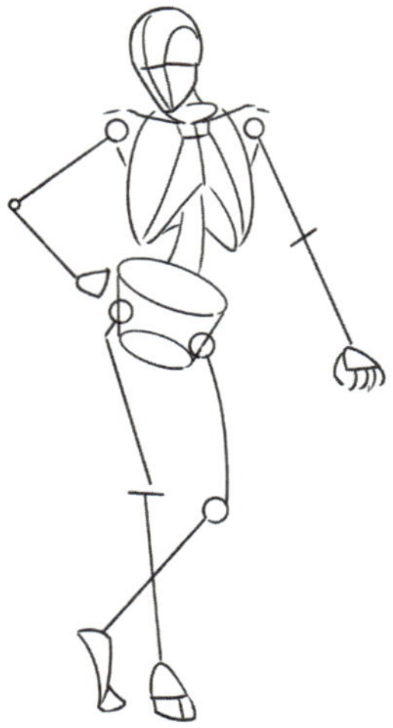

1단계
빠르게 연습하기

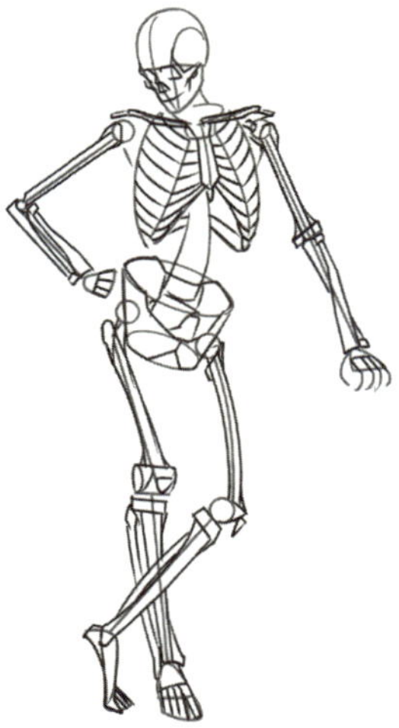

2단계
깊이 있게 연습하기

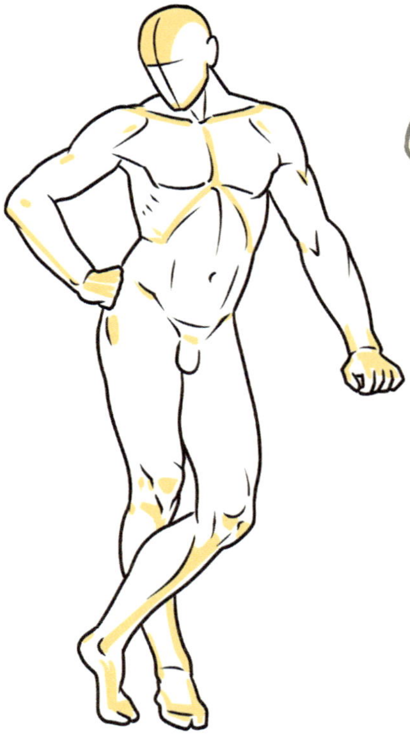

이 포즈의 포인트

다리를 교차한 채 서 있는 자세입니다. 무릎과 발목이 가려지지 않기 때문에 골격 구조를 파악하기에 용이합니다. 작품의 포즈를 구상할 때도 관절 부위를 가릴지, 가리지 않을지 고려하는 것이 좋습니다.

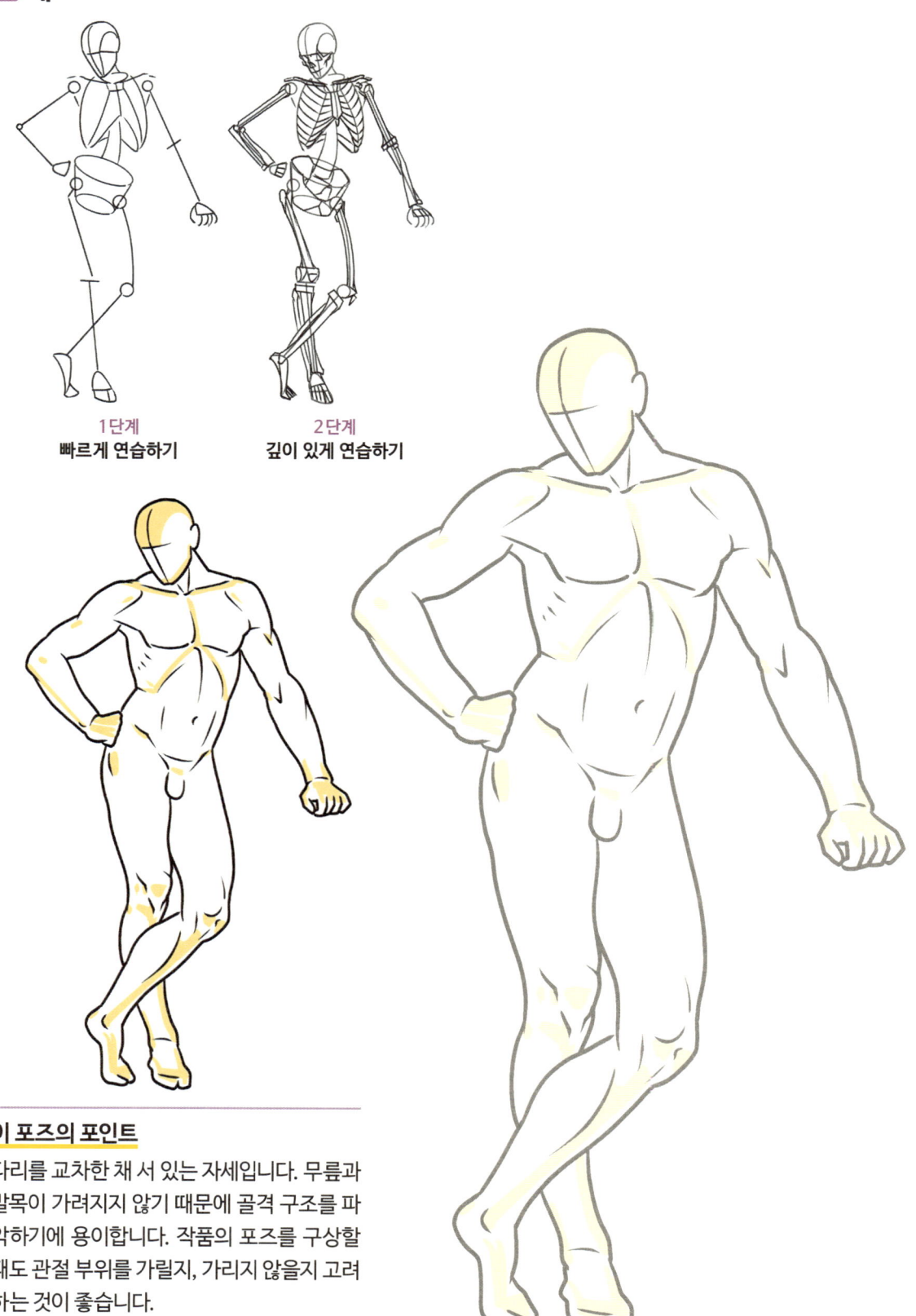

골격

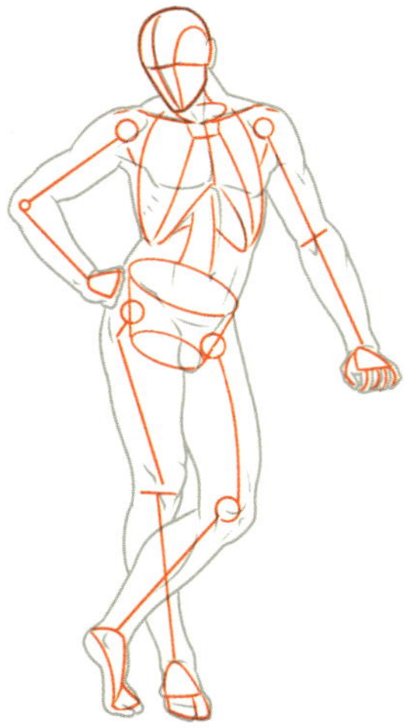

1단계
빠르게 연습하기

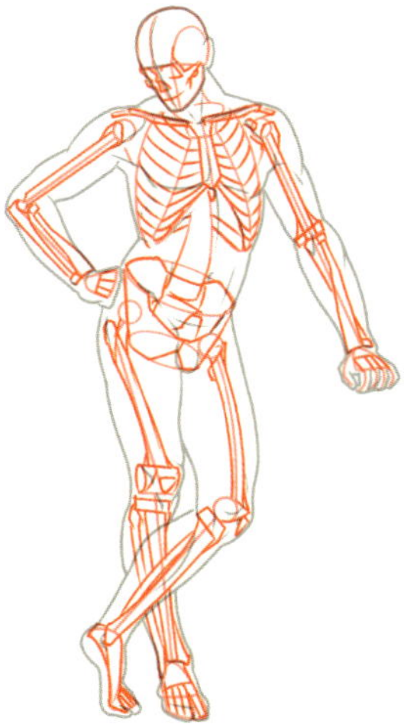

2단계
깊이 있게 연습하기

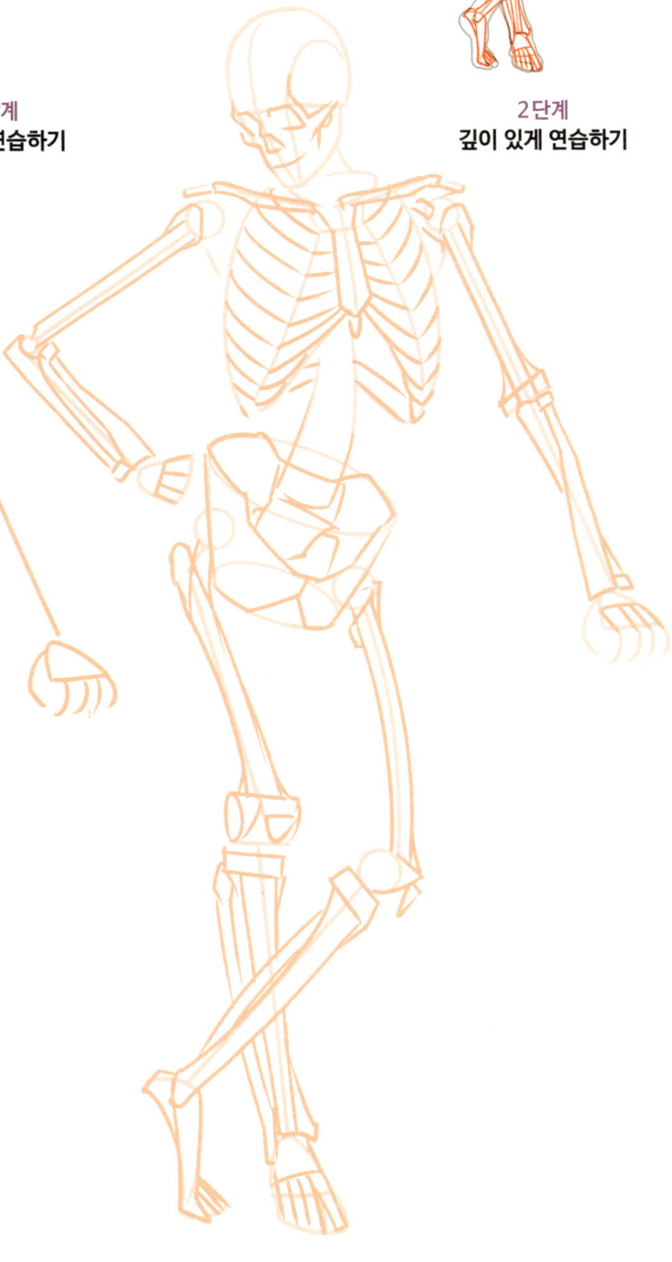

체표

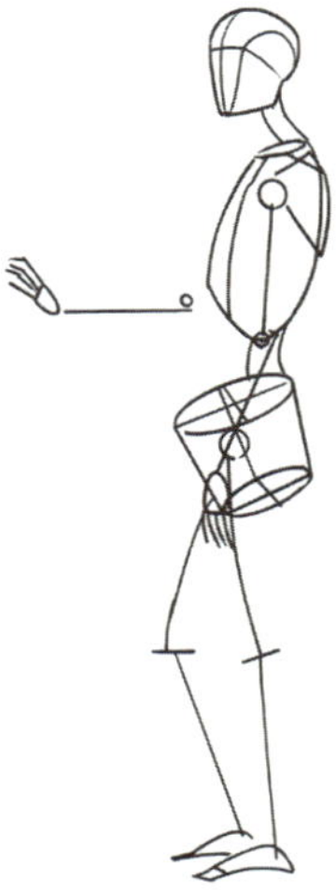

1단계
빠르게 연습하기

2단계
깊이 있게 연습하기

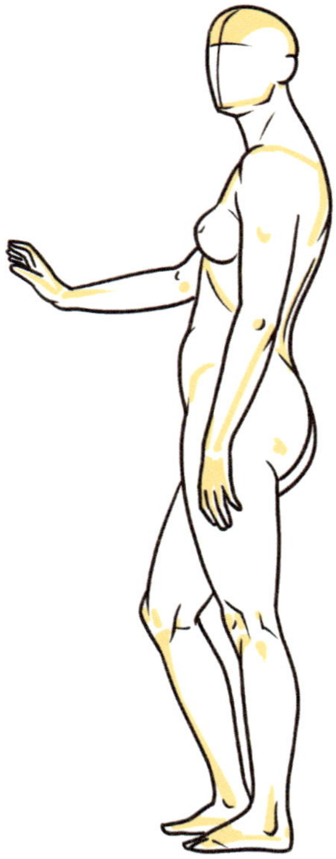

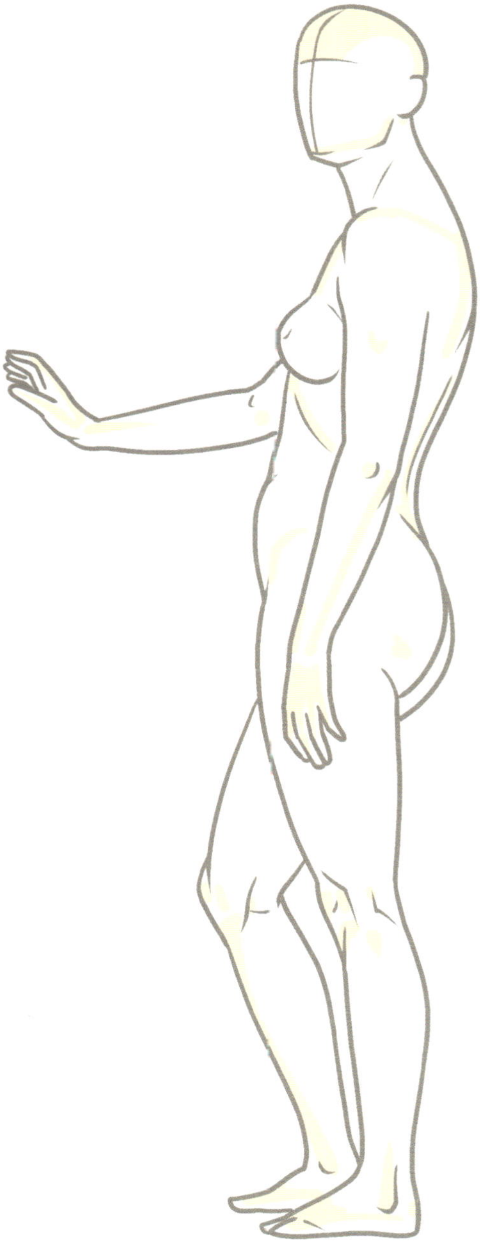

이 포즈의 포인트

옆모습은 측면에서 관찰한 해부도를 참고해야 하지만, 뒤편에 있는 팔과 다리는 가려져 잘 보이지 않습니다. 연습할 때는 이처럼 보이지 않는 부분은 과감히 생략해도 괜찮습니다.

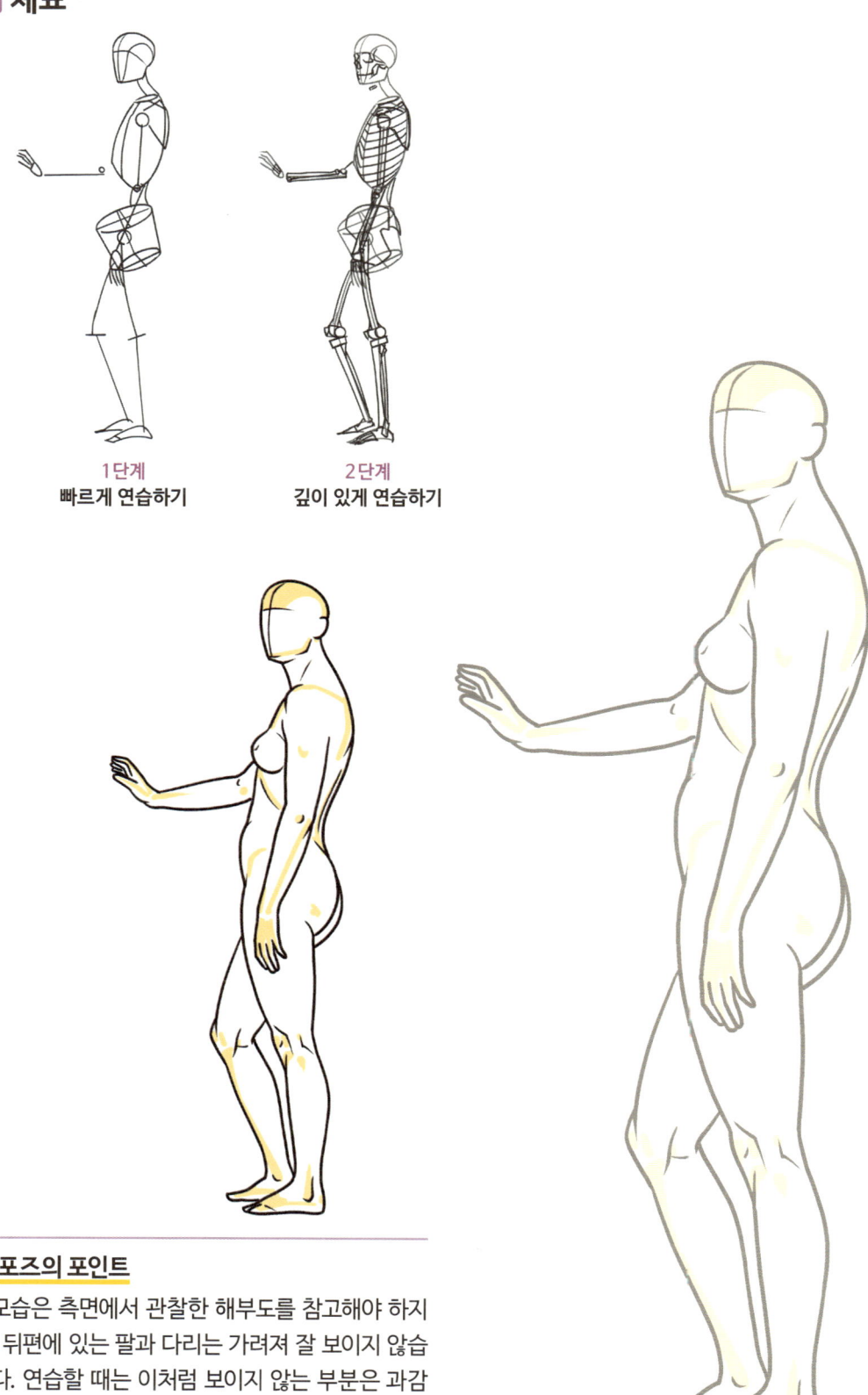

골격

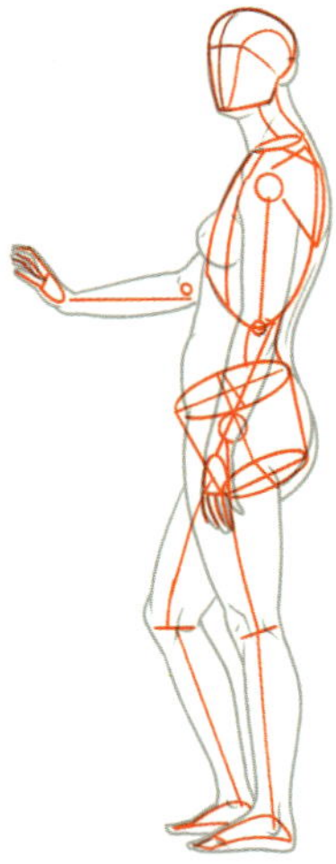

1단계
빠르게 연습하기

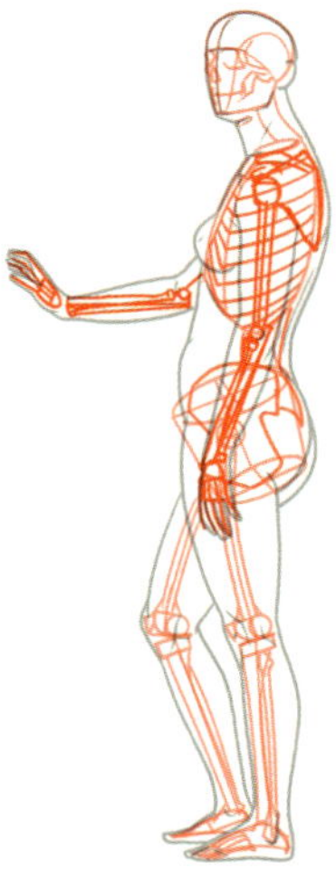

2단계
깊이 있게 연습하기

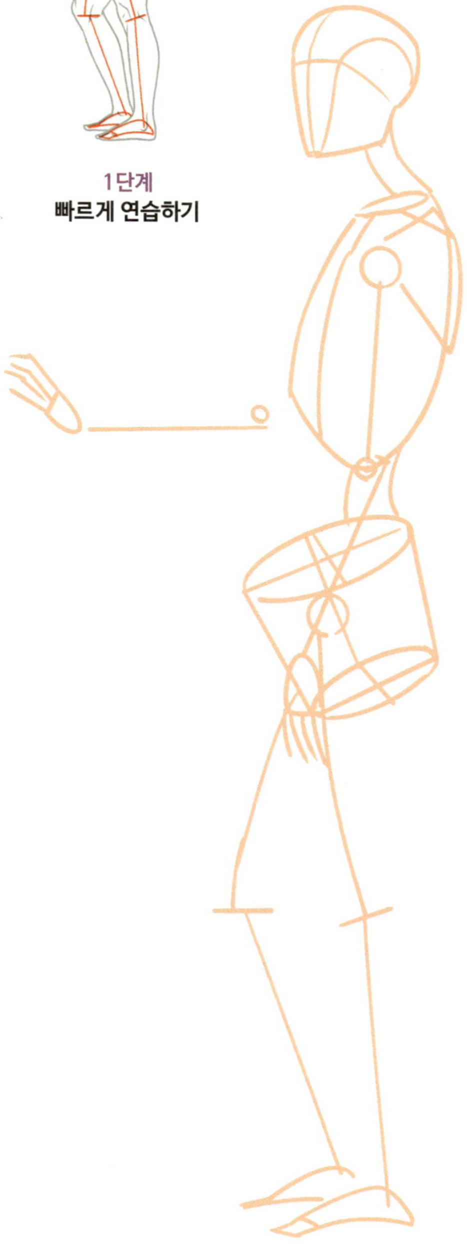

체표

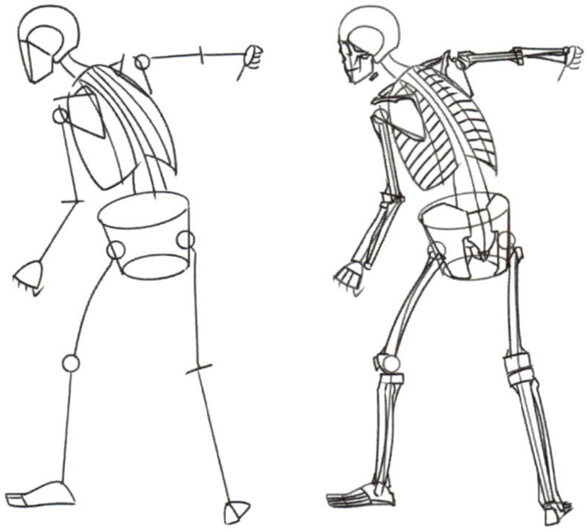

1단계
빠르게 연습하기

2단계
깊이 있게 연습하기

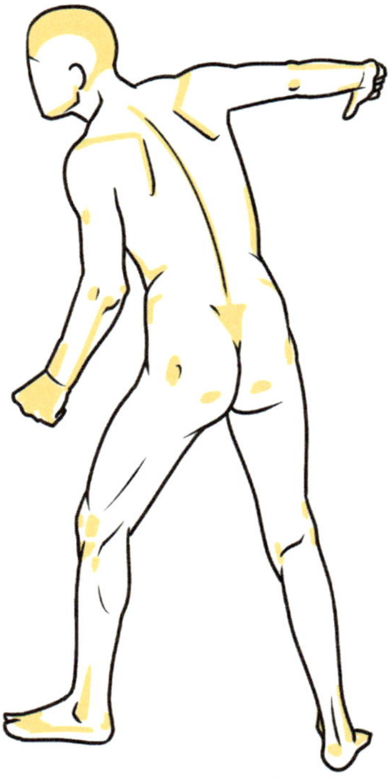

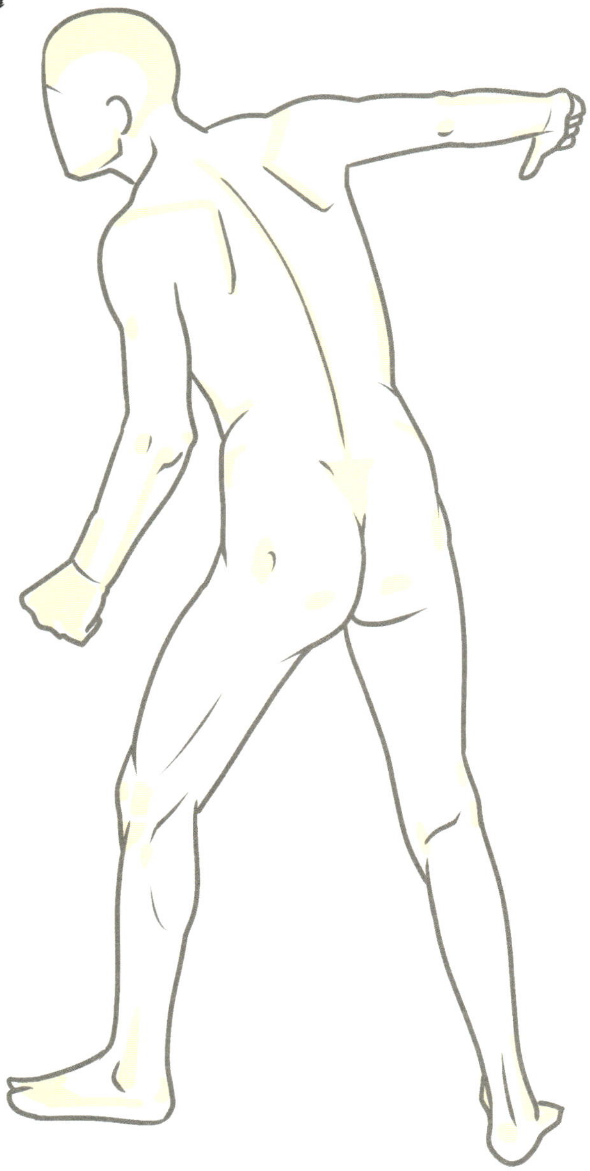

이 포즈의 포인트

이 책에 실린 예시 그림에는 실제 인물 사진을 바탕으로 그린 그림과 미술 작품을 바탕으로 그린 그림이 있습니다. 이 그림은 실제 인물을 참고하여 그린 것으로, 가슴우리(흉곽)나 골반이 위아래로 긴 경우 등 개인차가 나타날 수 있습니다.

골격

1단계
빠르게 연습하기

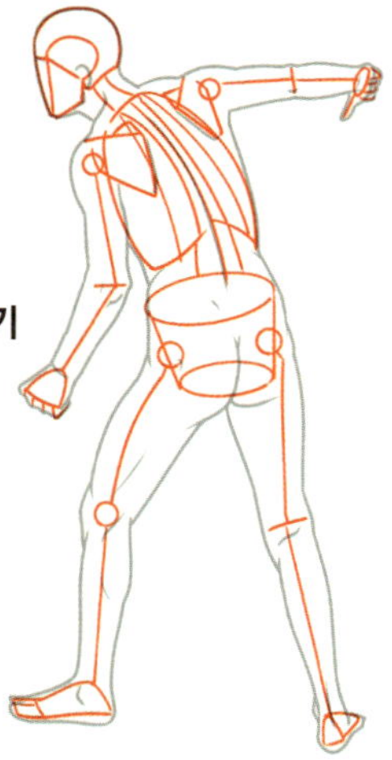

2단계
깊이 있게 연습하기

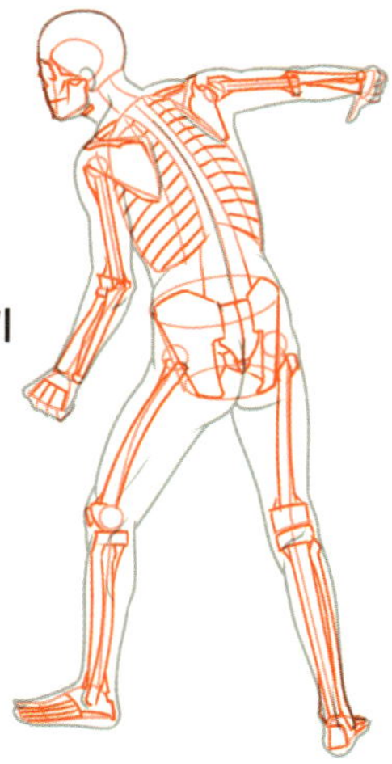

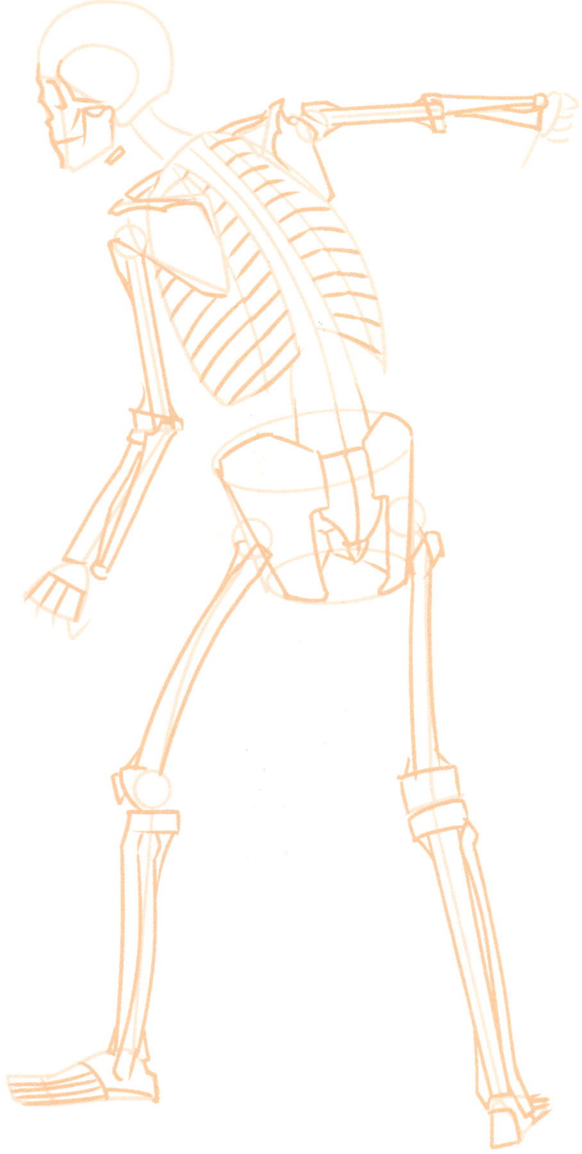

022

체표

1단계
빠르게 연습하기

2단계
깊이 있게 연습하기

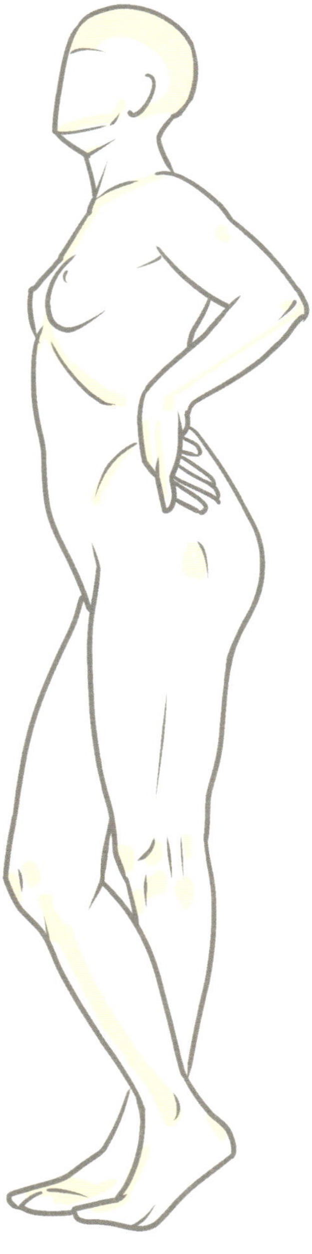

이 포즈의 포인트

인체의 길고 가느다란 뼈 중에서, 끝에서 끝까지 전체 길이를 확인할 수 있는 뼈는 손가락과 발가락을 제외하면 빗장뼈, 복장뼈, 자뼈, 정강뼈뿐입니다.

골격

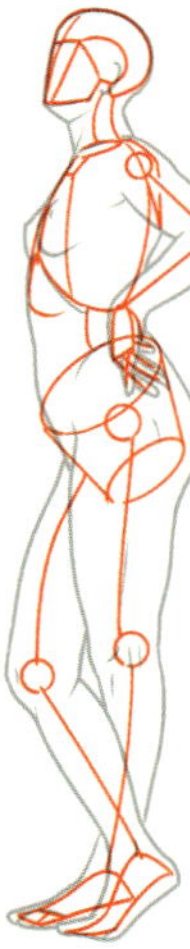

1단계
빠르게 연습하기

2단계
깊이 있게 연습하기

체표

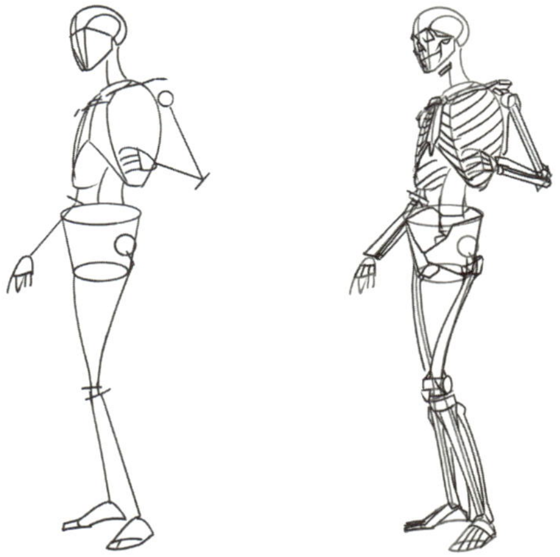

1단계
빠르게 연습하기

2단계
깊이 있게 연습하기

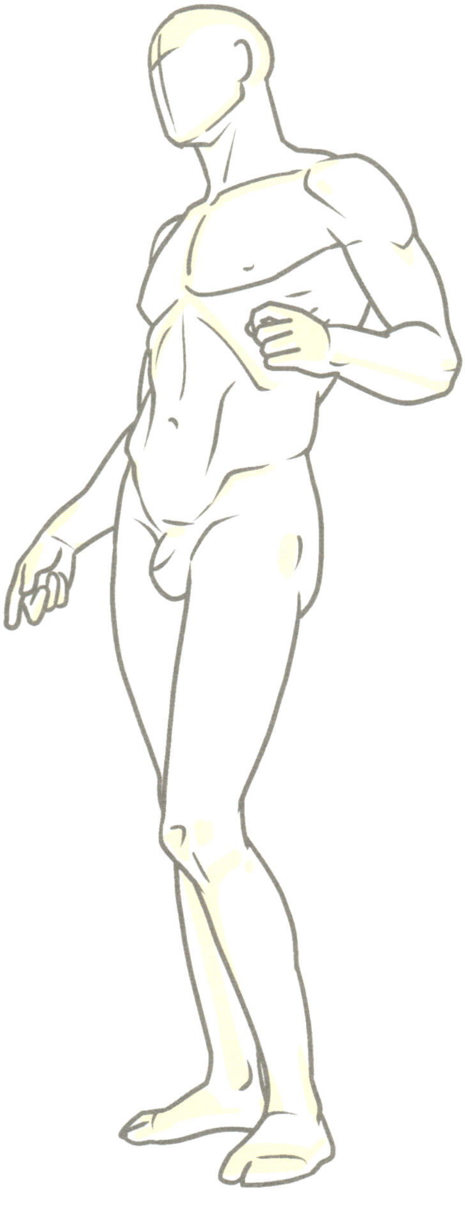

이 포즈의 포인트

조각 작품을 바탕으로 그린 그림입니다. 미술 작품에는 다리가 길고 날씬한 경우가 많습니다.

골격

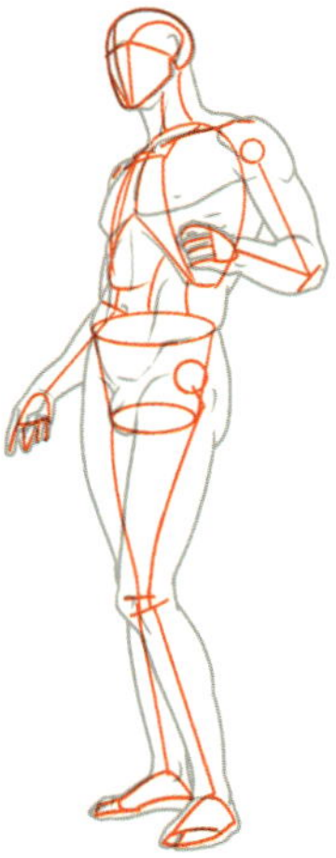

1단계
빠르게 연습하기

2단계
깊이 있게 연습하기

체표

1단계
빠르게 연습하기

2단계
깊이 있게 연습하기

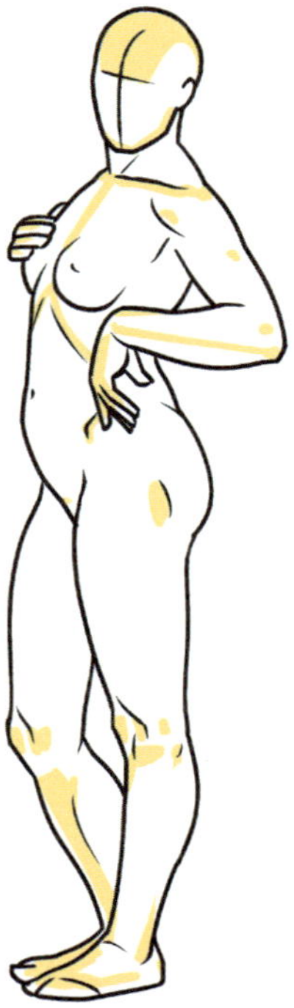

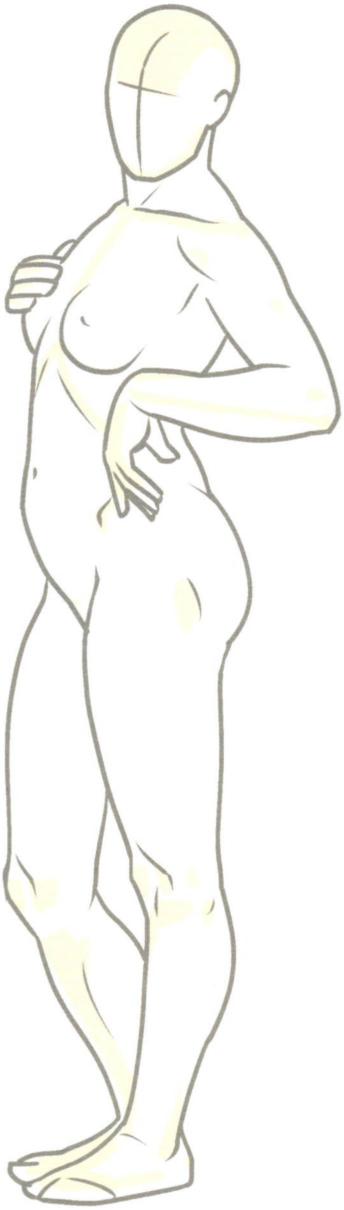

이 포즈의 포인트

가려져 보이지 않는 뒤편의 팔은 생략해도 좋습니다. 실제로 조각 등 입체 작품을 제작할 때도, 팔은 나중에 작업해도 괜찮습니다. 그보다 먼저 서 있을 수 있게 발부터 머리까지를 만드는 경우가 많습니다.

골격

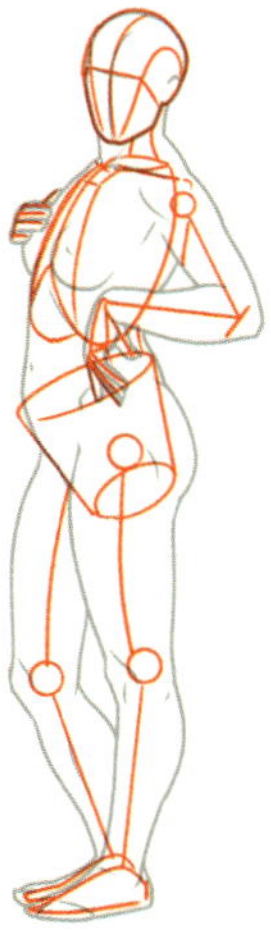

1단계
빠르게 연습하기

2단계
깊이 있게 연습하기

체표

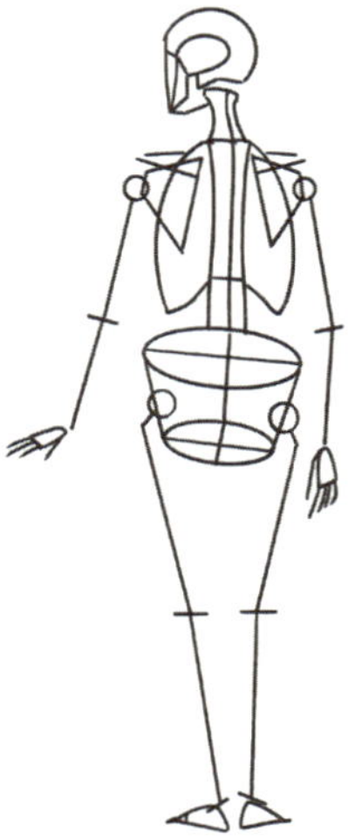

1단계
빠르게 연습하기

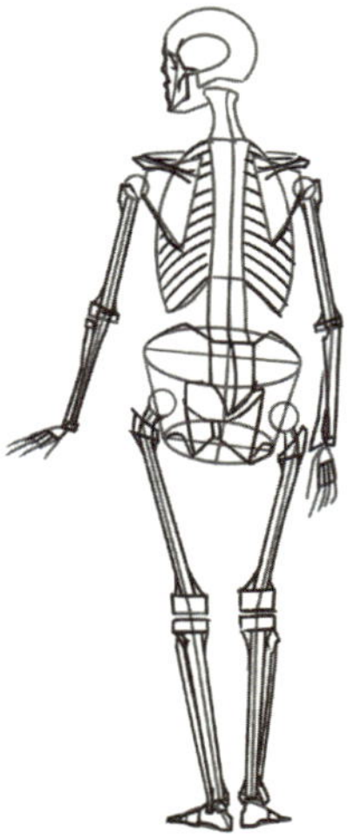

2단계
깊이 있게 연습하기

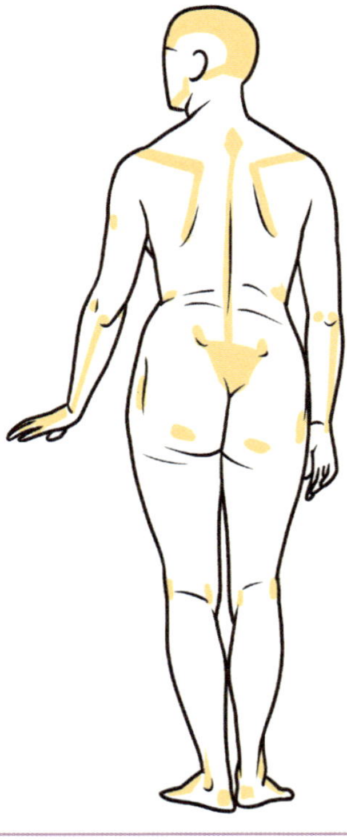

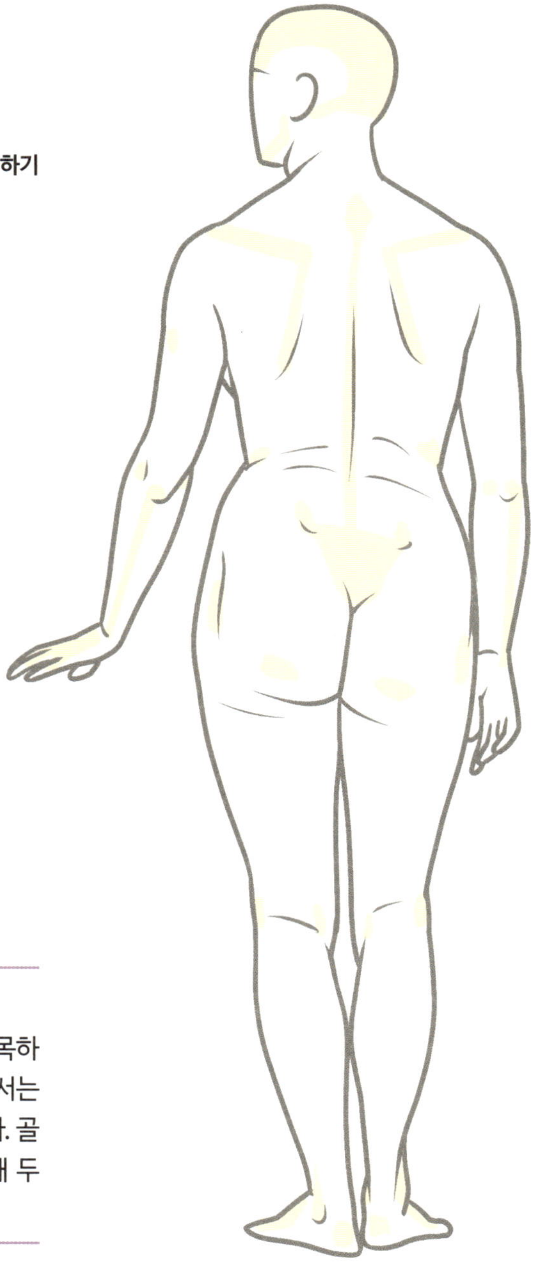

이 포즈의 포인트

여성의 뒷모습을 보면 양쪽 엉덩이 윗부분에 오목하게 들어간 위뒤엉덩뼈가시가 있습니다. 미술에서는 위뒤엉덩뼈가시를 '비너스의 보조개'라고 합니다. 골반을 추측할 때 중요한 단서가 되므로 꼭 기억해 두세요.

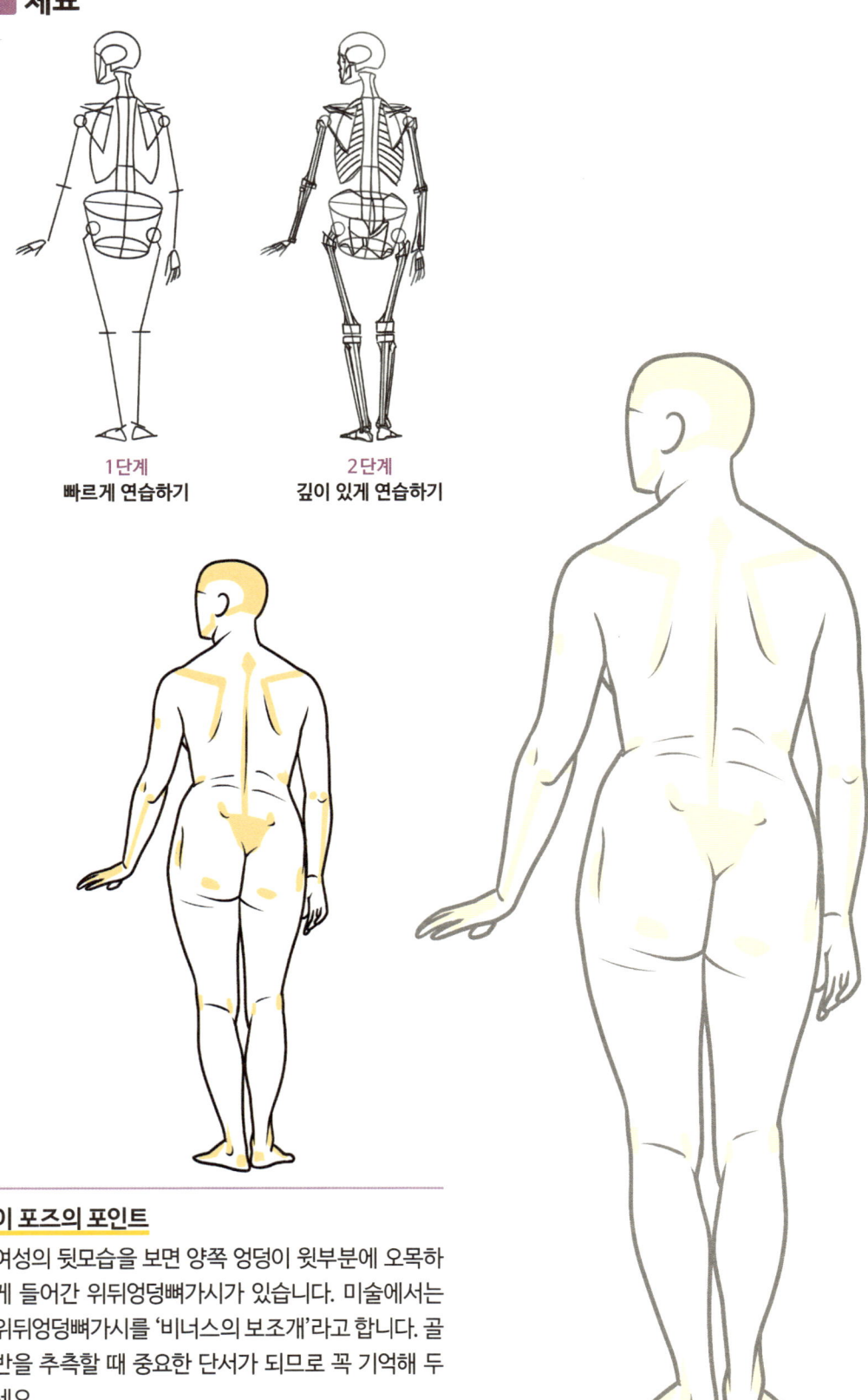

골격

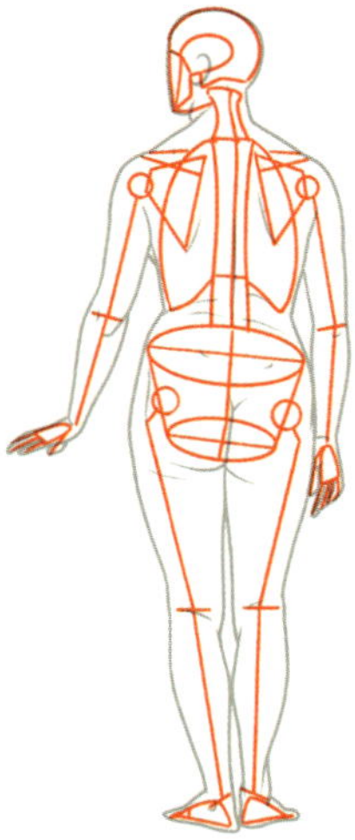

1단계
빠르게 연습하기

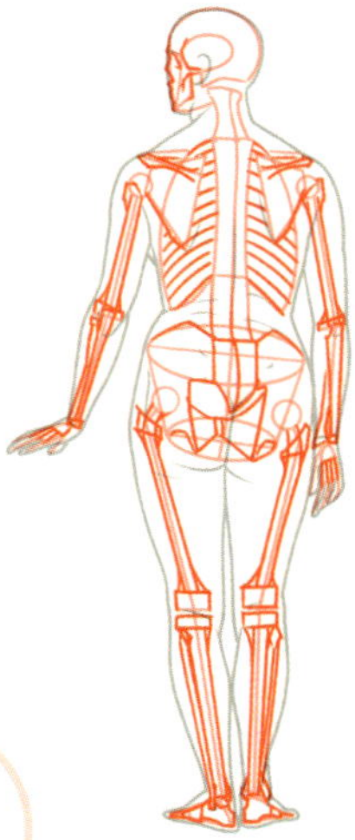

2단계
깊이 있게 연습하기

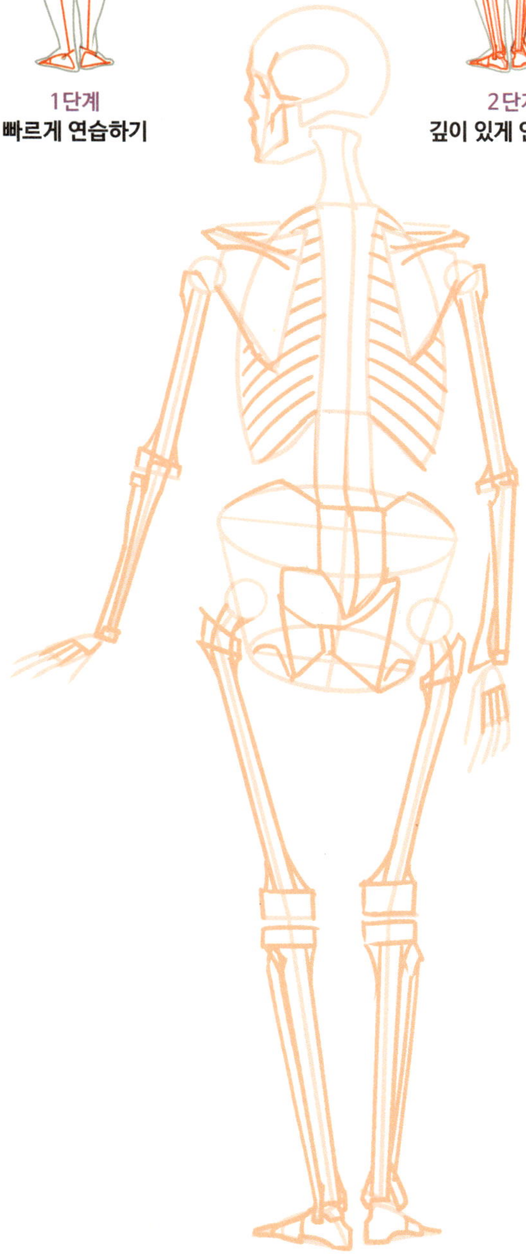

체표

1단계
빠르게 연습하기

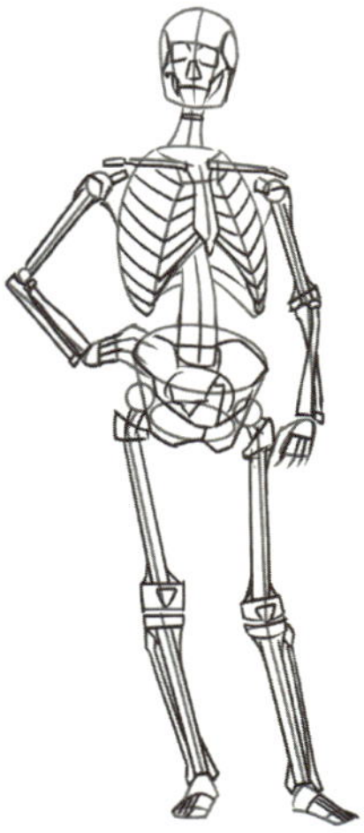

2단계
깊이 있게 연습하기

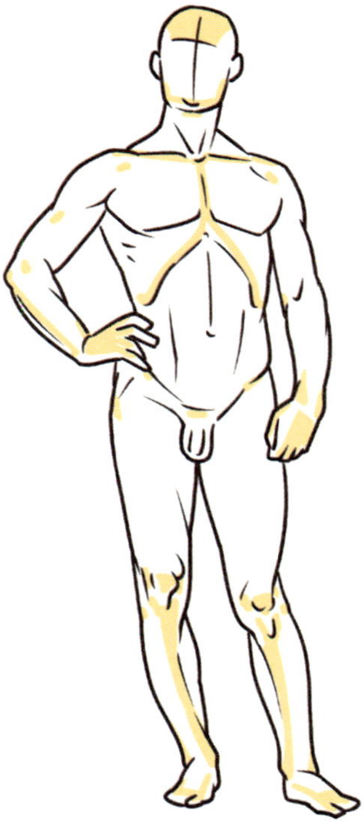

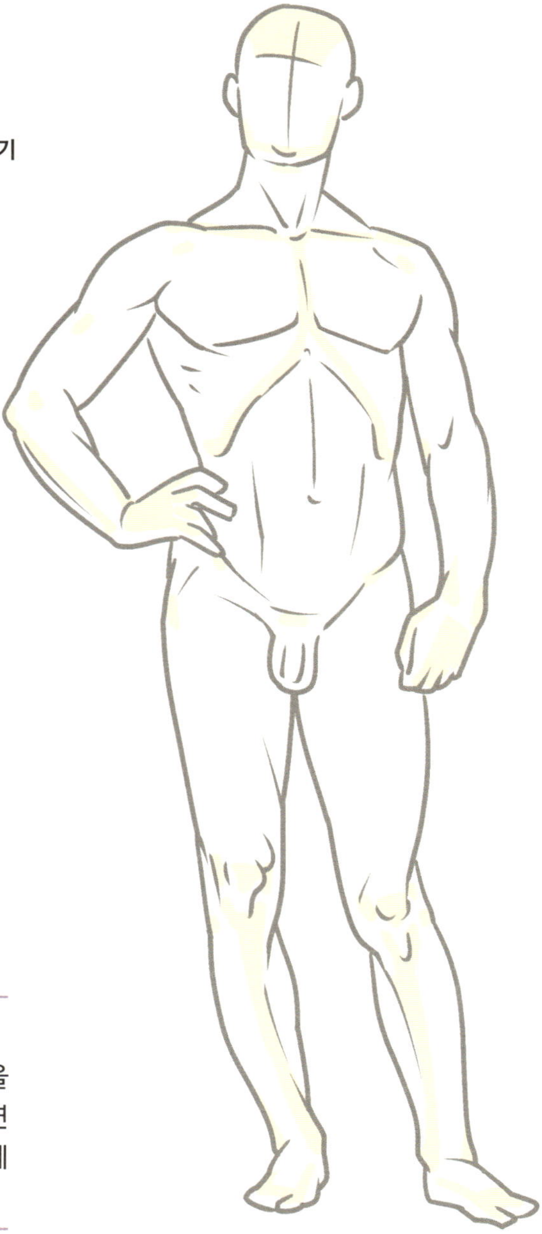

이 포즈의 포인트

미술 작품에서 흔히 볼 수 있는 한쪽 다리에 체중을 싣는 자세와 같은 중요한 포즈는 여러 번 반복해서 연습해 보세요. 비슷한 자세의 미묘한 차이점을 알게 되면 관찰력도 함께 길러집니다.

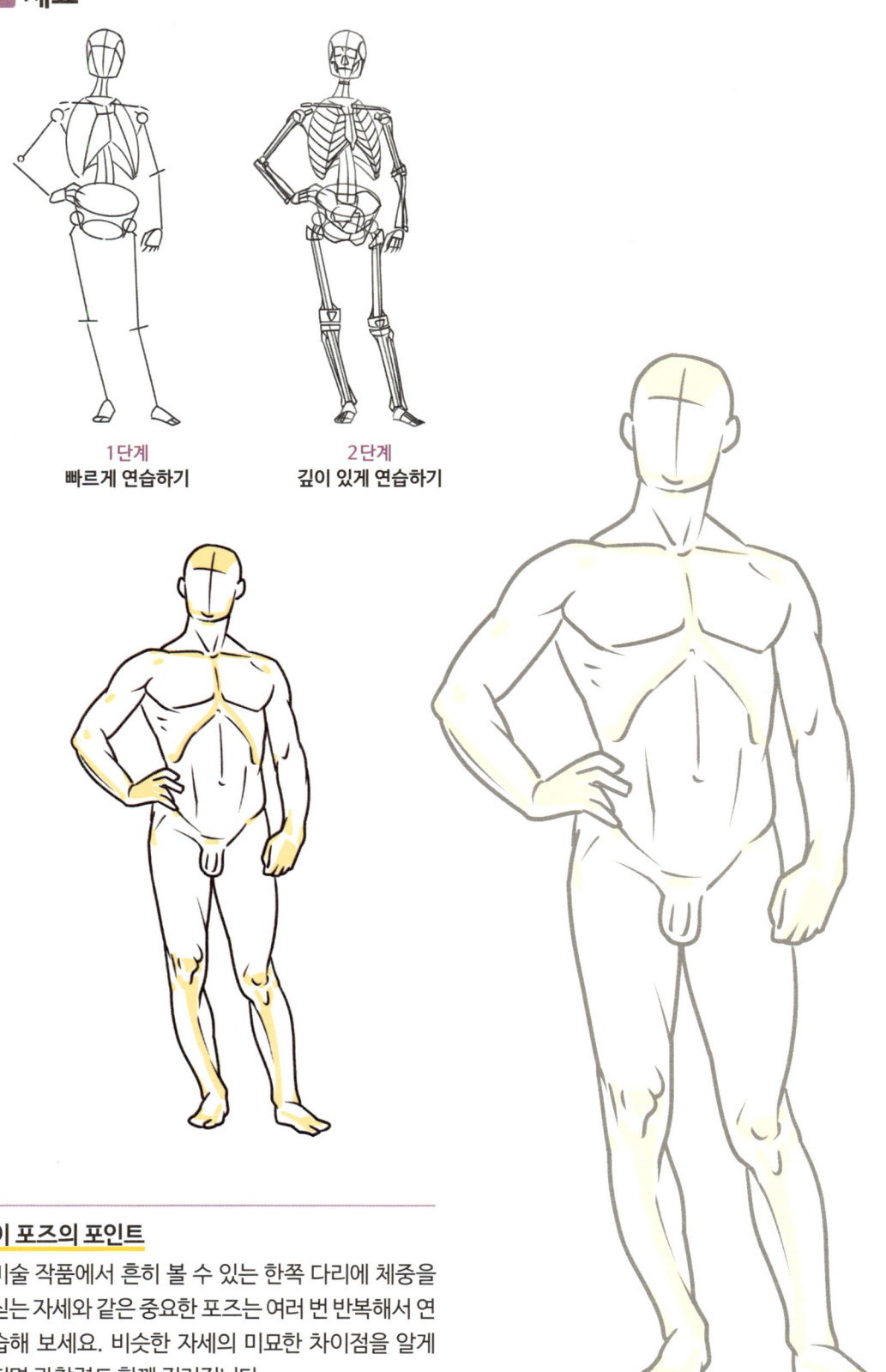

골격

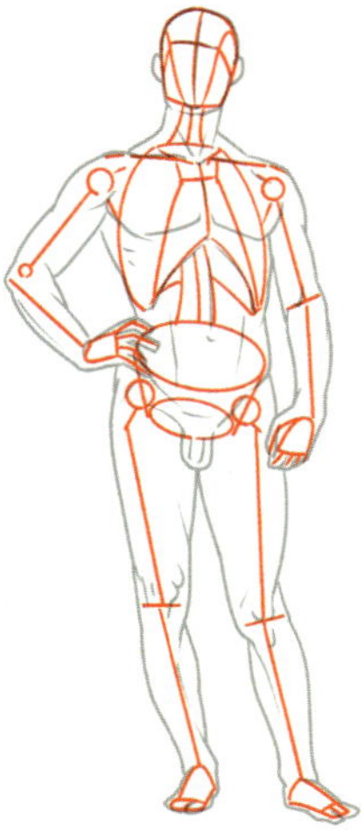

1단계
빠르게 연습하기

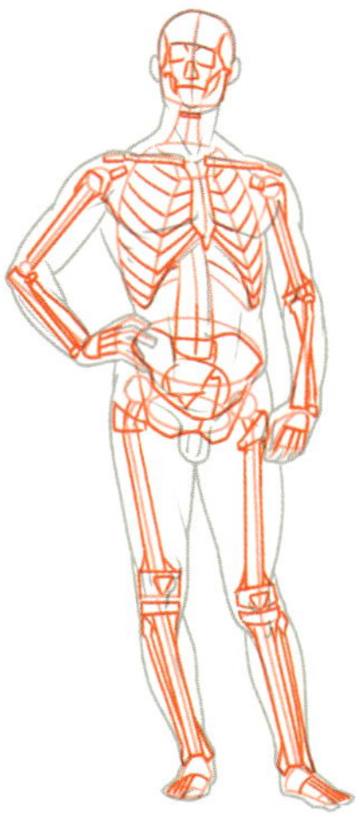

2단계
깊이 있게 연습하기

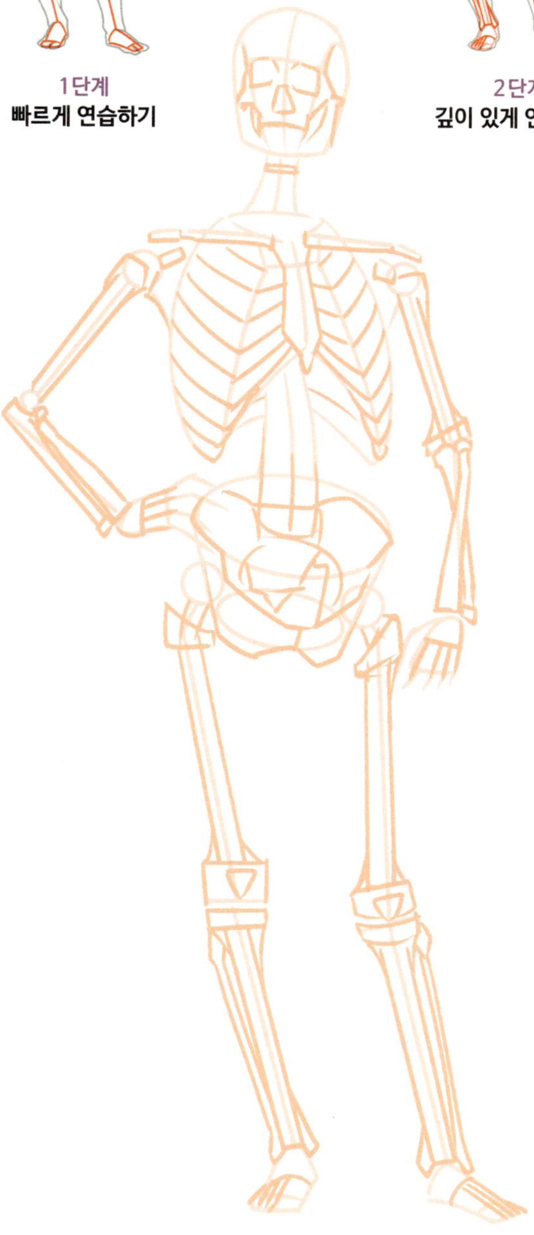

027

체표

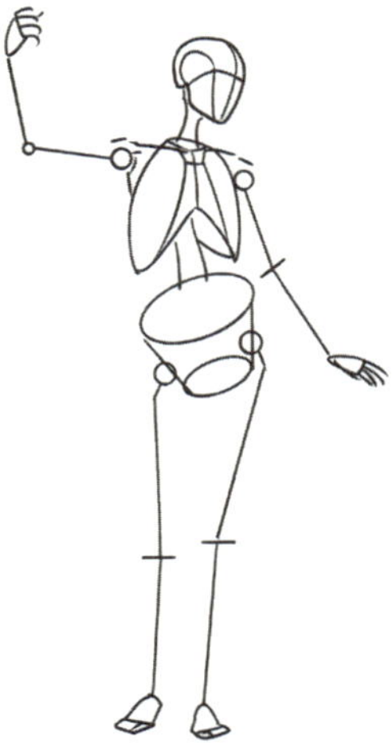

1단계
빠르게 연습하기

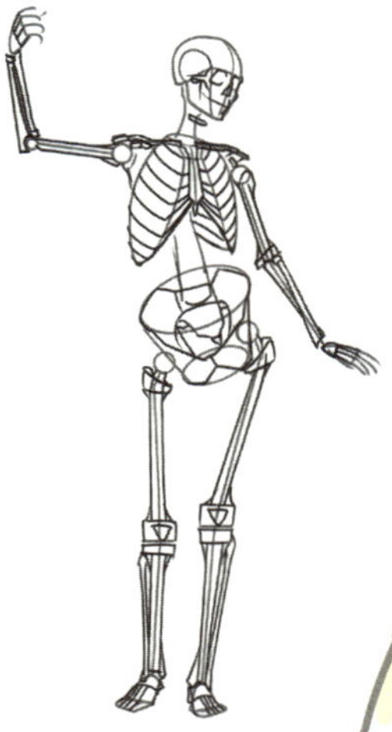

2단계
깊이 있게 연습하기

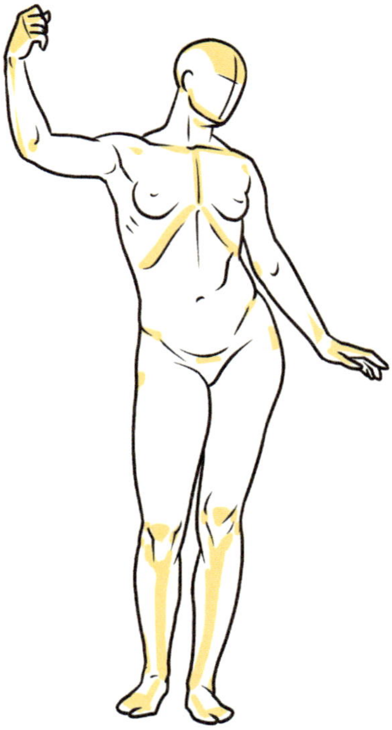

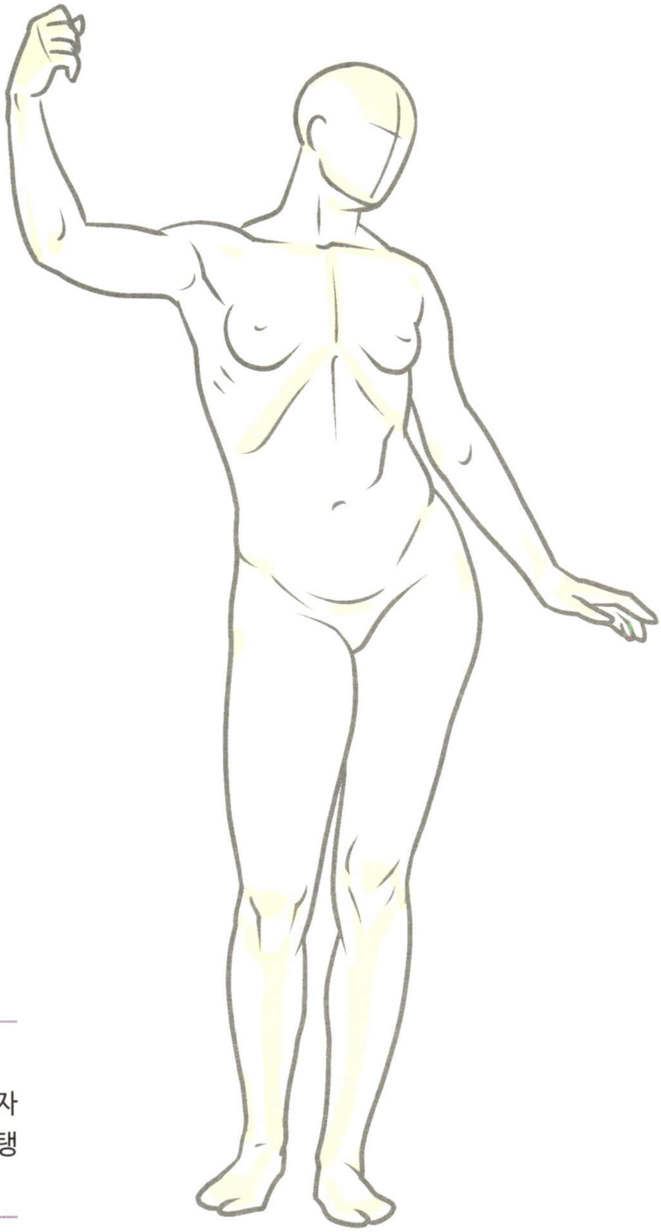

이 포즈의 포인트

투척(창 던지기) 포즈의 변형으로, 창을 들고 있는 자세가 있습니다. 이 자세는 긴 막대를 들고 팔을 지탱하기 때문에 장시간 팔을 들고 유지할 수 있습니다.

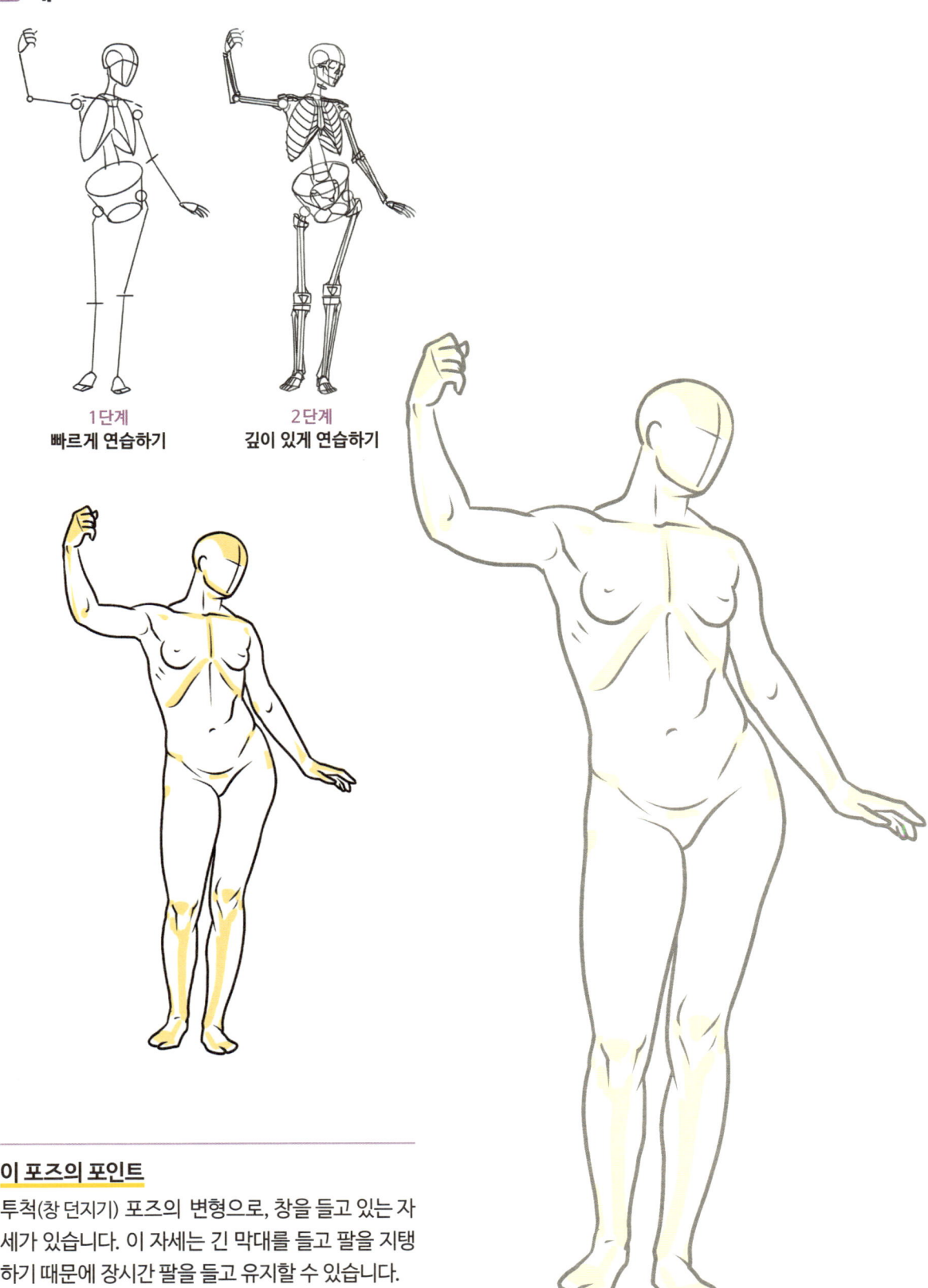

골격

1단계
빠르게 연습하기

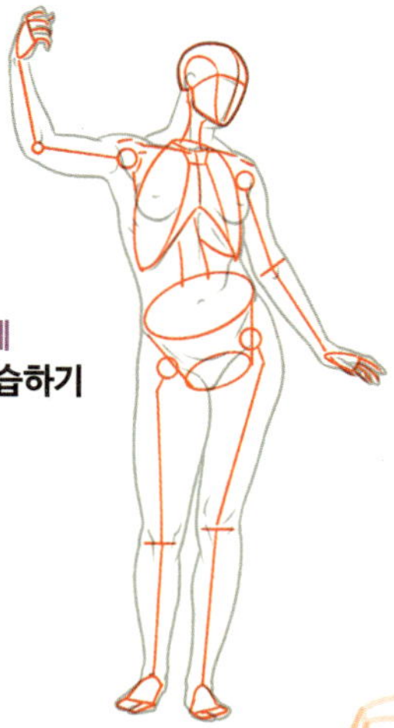

2단계
깊이 있게 연습하기

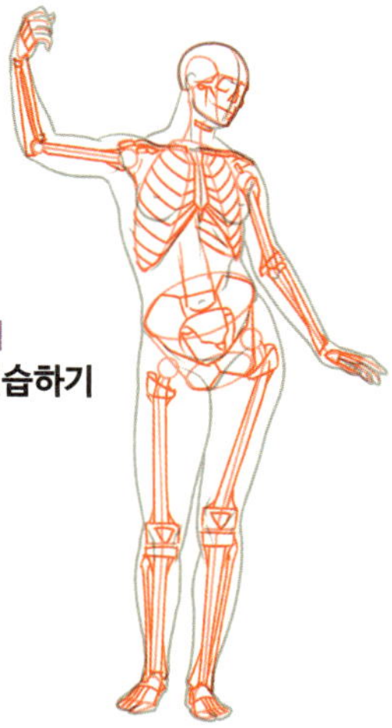

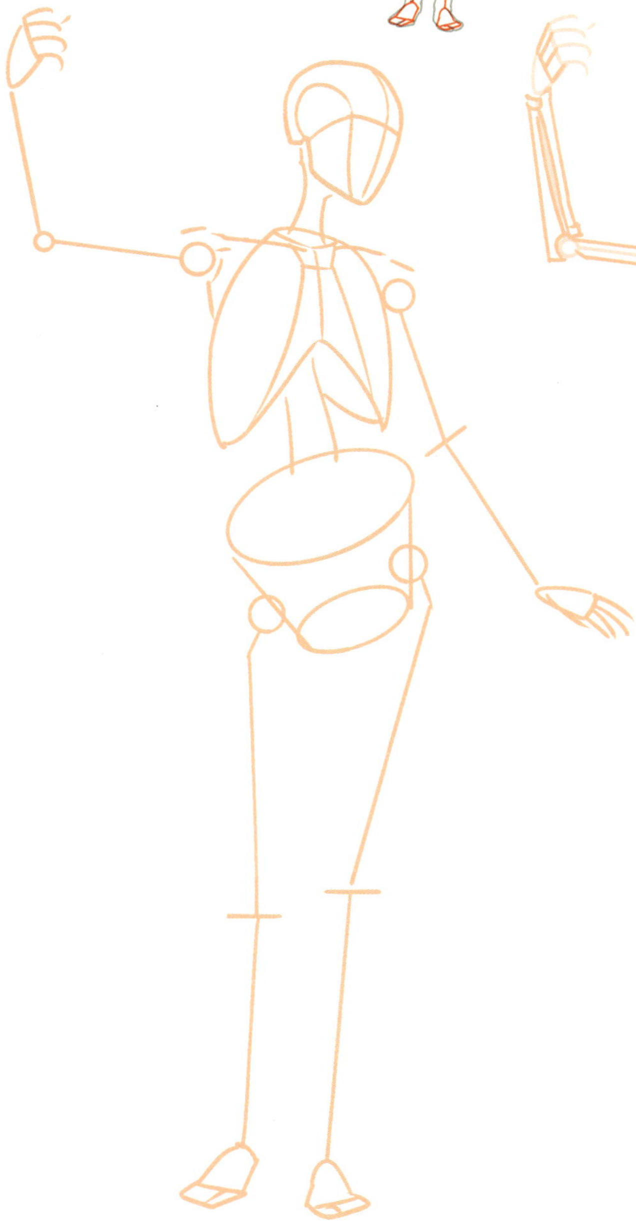

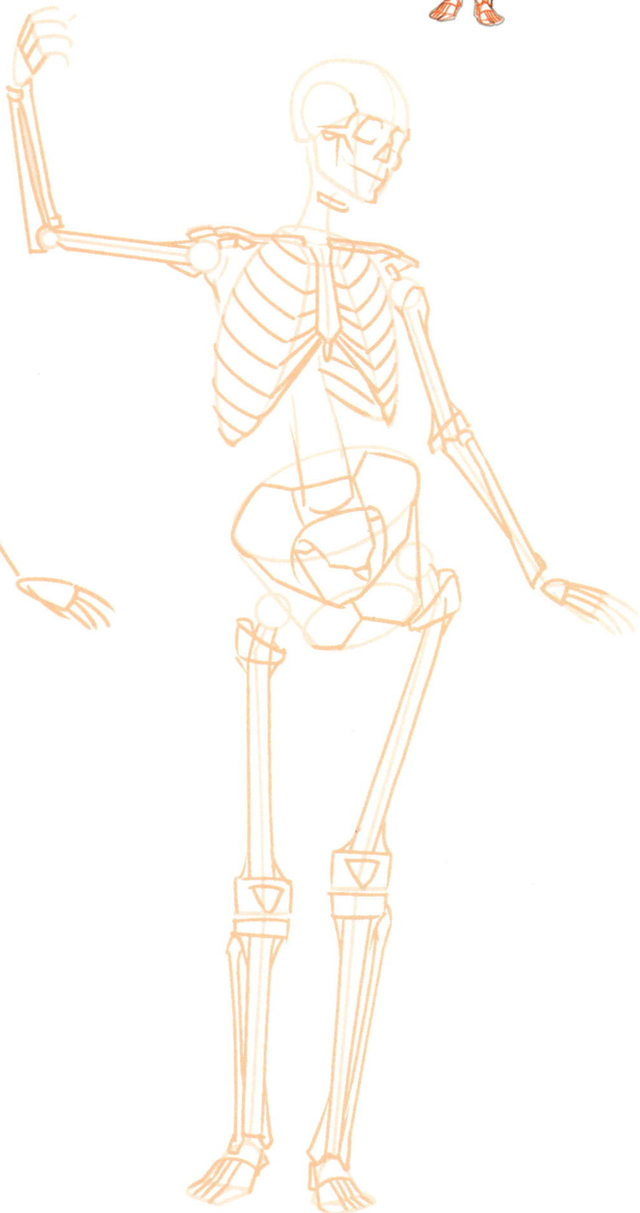

028

체표

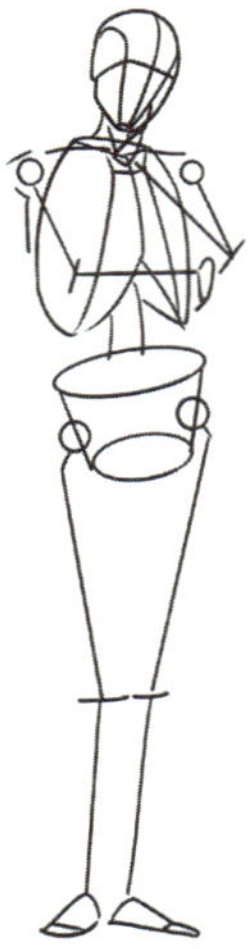

1단계
빠르게 연습하기

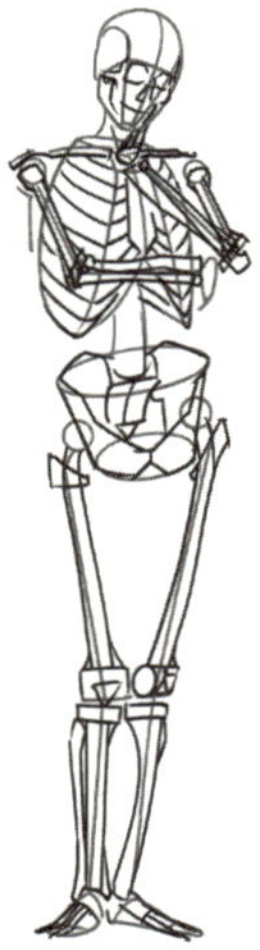

2단계
깊이 있게 연습하기

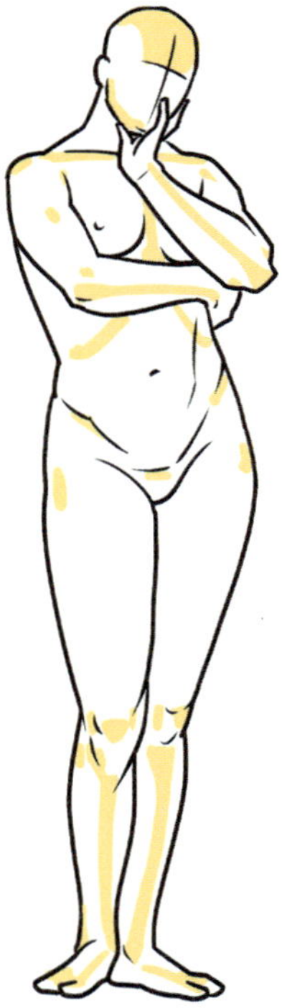

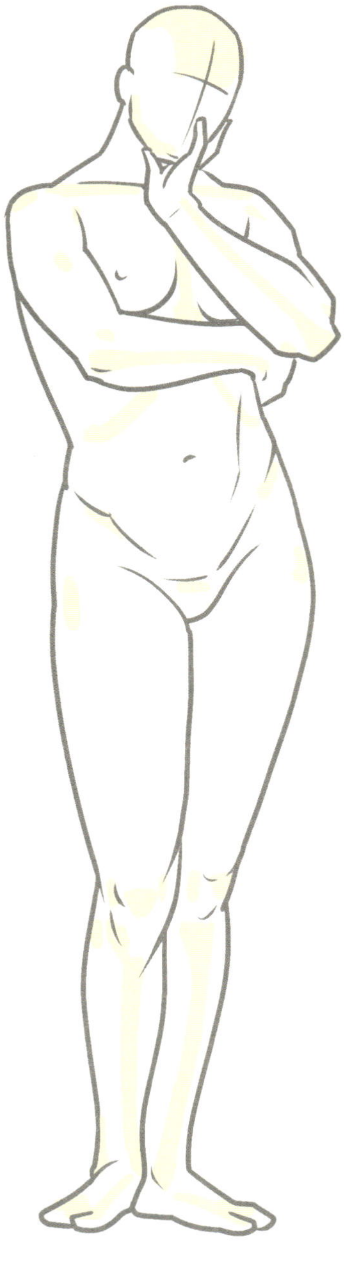

이 포즈의 포인트

생각에 잠긴 자세로, 팔짱을 끼거나 턱을 괴는 동작이 대표적입니다. 자기 내면을 들여다보는 상태이기 때문에 이 포즈의 변형에서도 과장된 몸짓은 거의 찾아볼 수 없습니다.

골격

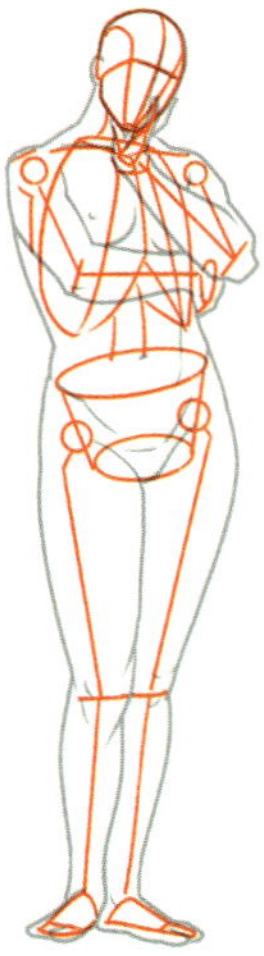

1단계
빠르게 연습하기

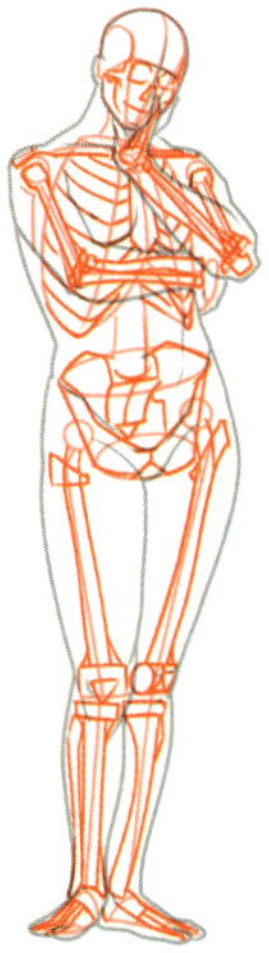

2단계
깊이 있게 연습하기

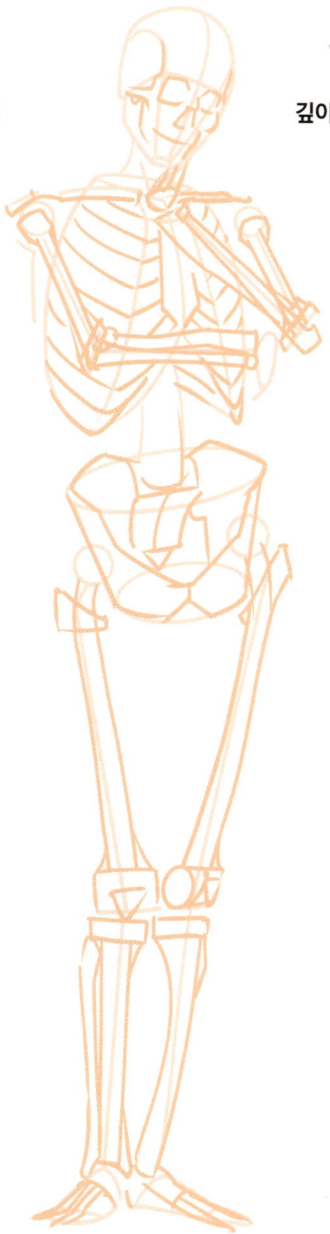

체표

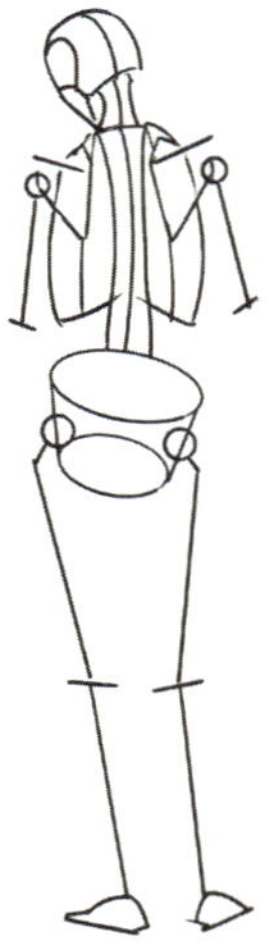

1단계
빠르게 연습하기

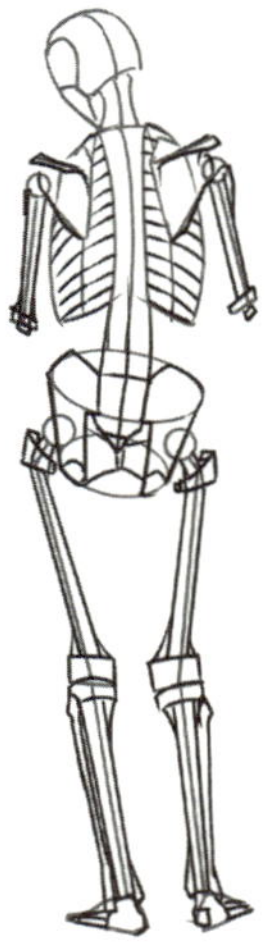

2단계
깊이 있게 연습하기

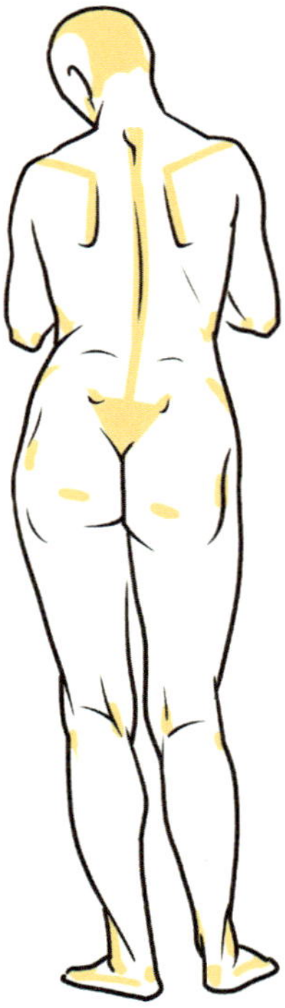

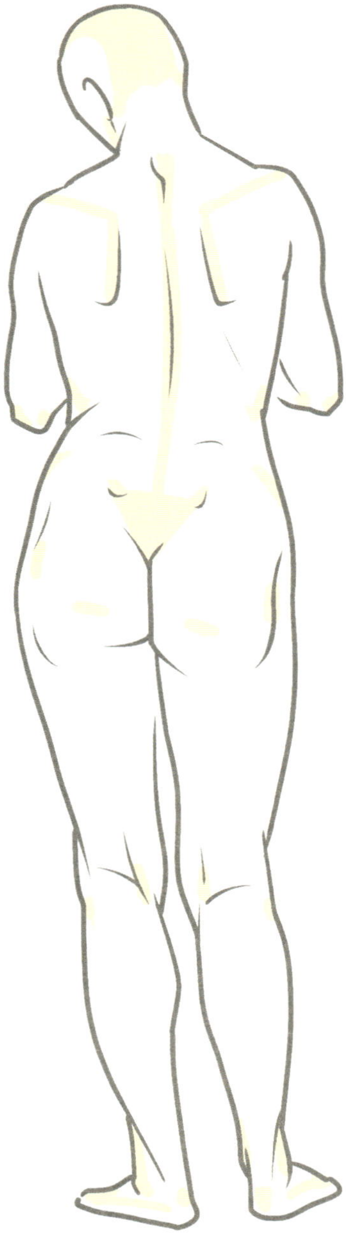

이 포즈의 포인트

팔꿈치의 위치가 허리(가슴우리의 아래 가장자리) 높이쯤에 있다는 것을 알 수 있는 자세입니다.

골격

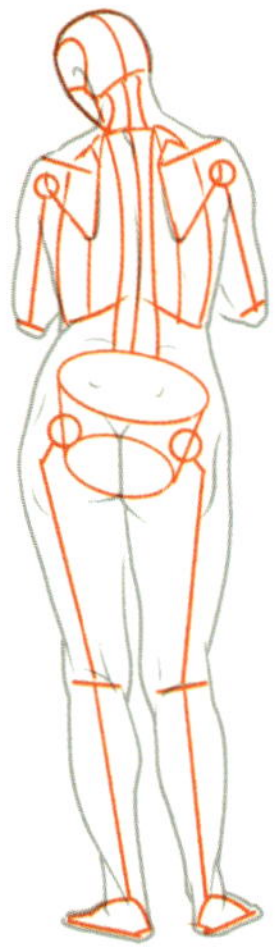

1단계
빠르게 연습하기

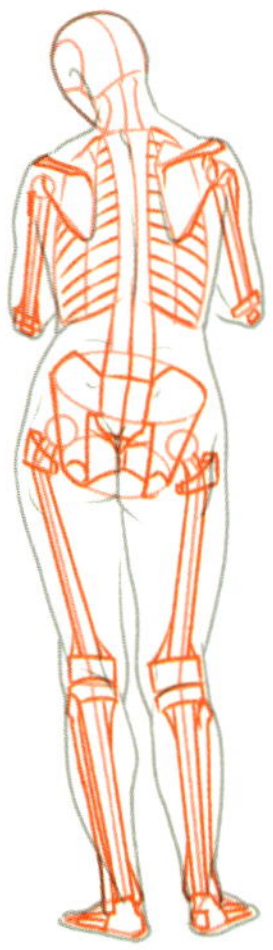

2단계
깊이 있게 연습하기

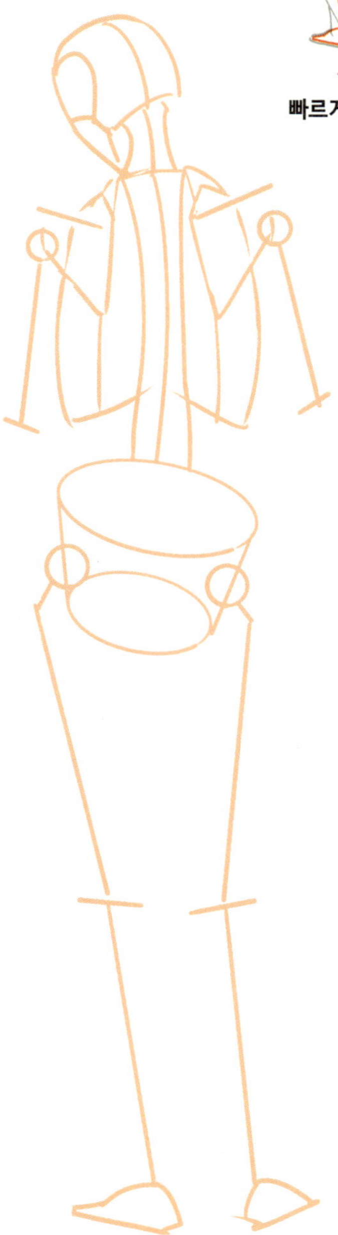

030

체표

1단계
빠르게 연습하기

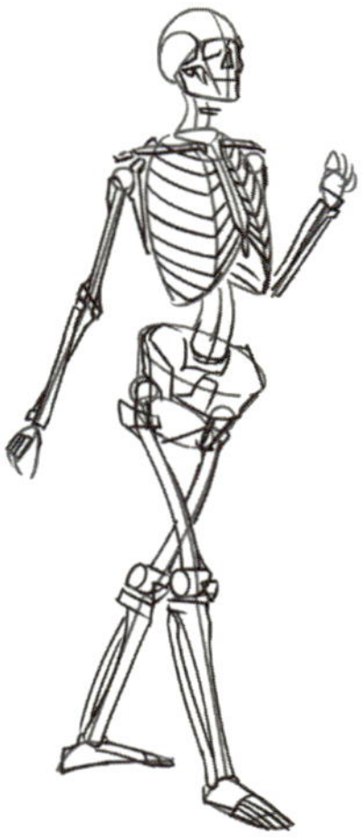

2단계
깊이 있게 연습하기

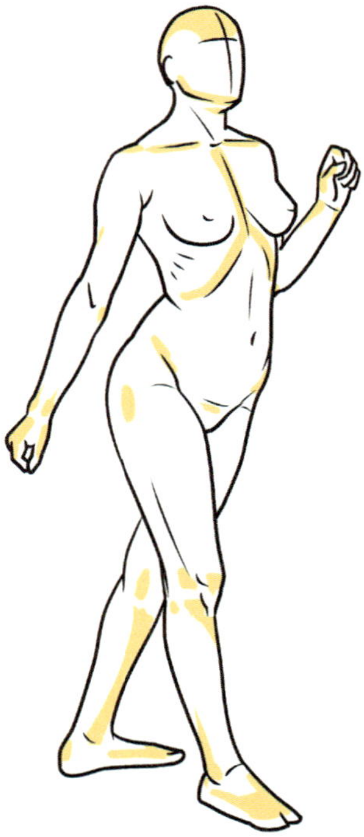

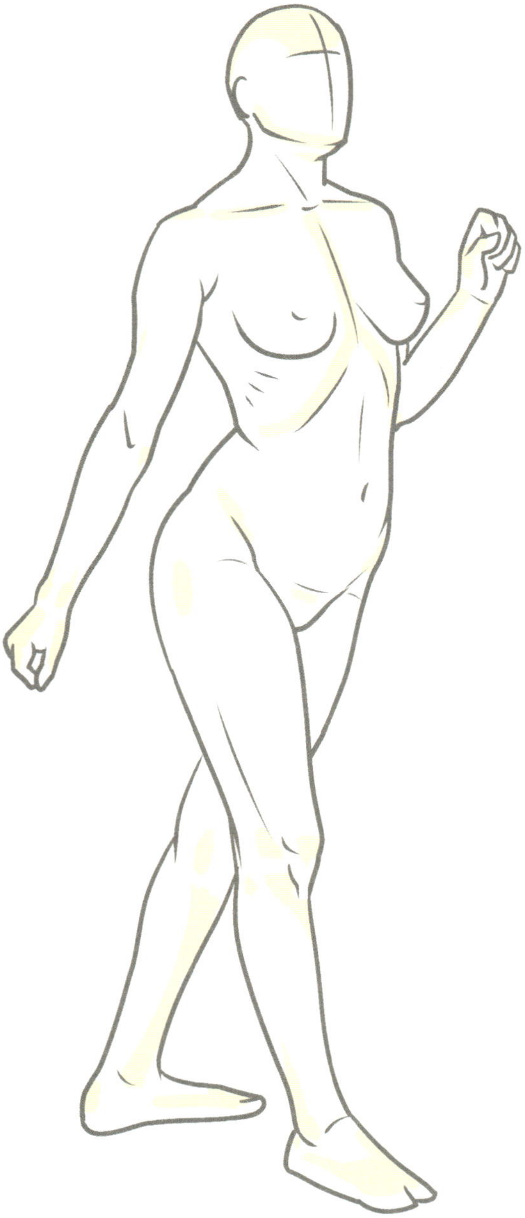

이 포즈의 포인트

머리에서 뒤편의 다리(왼쪽 다리)까지 몸 전체를 따라 이어지는 커다란 곡선을 볼 수 있습니다. 이처럼 신체의 움직임을 하나의 흐름으로 나타낸 선을 '라인 오브 액션(Line of Action)'이라고 하며, 제스처 드로잉을 할 때 이 선을 기준으로 자세를 잡는 경우가 많습니다.

골격

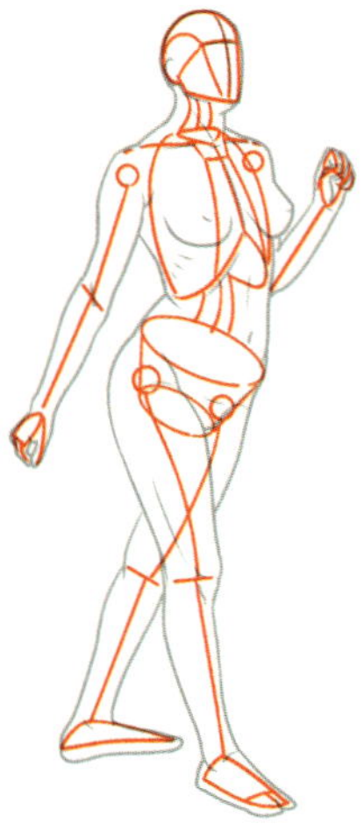

1단계
빠르게 연습하기

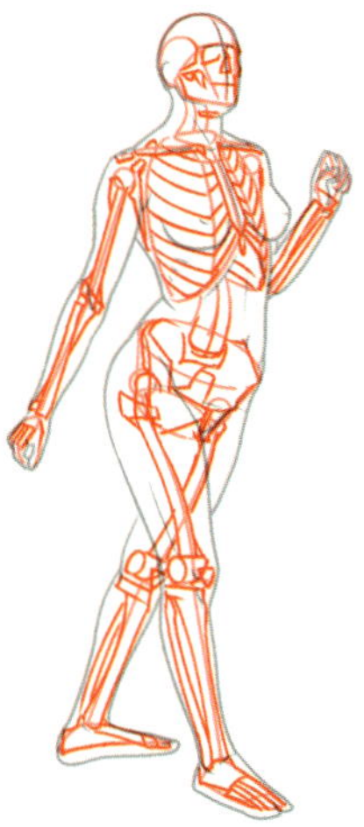

2단계
깊이 있게 연습하기

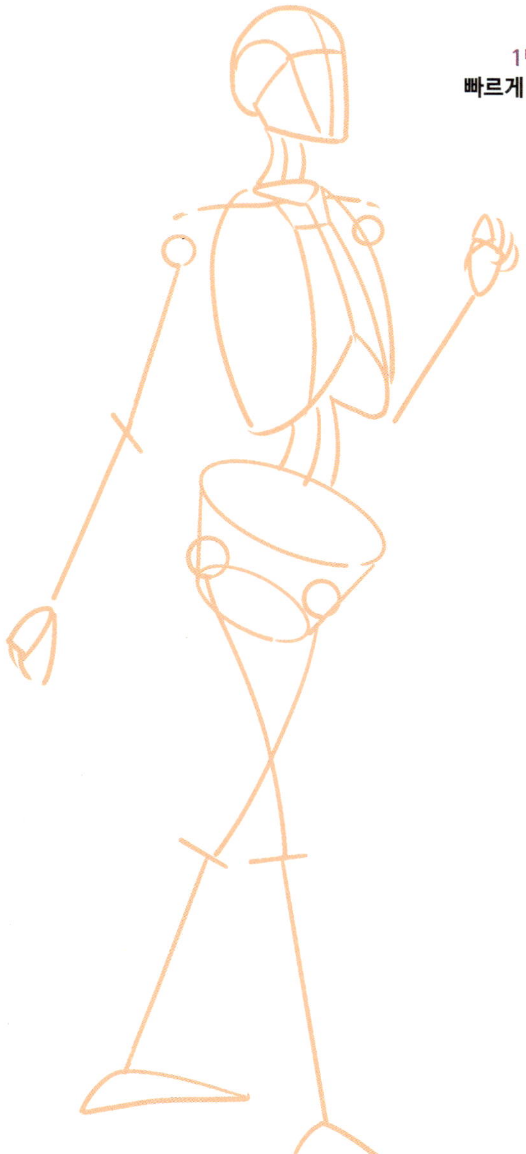

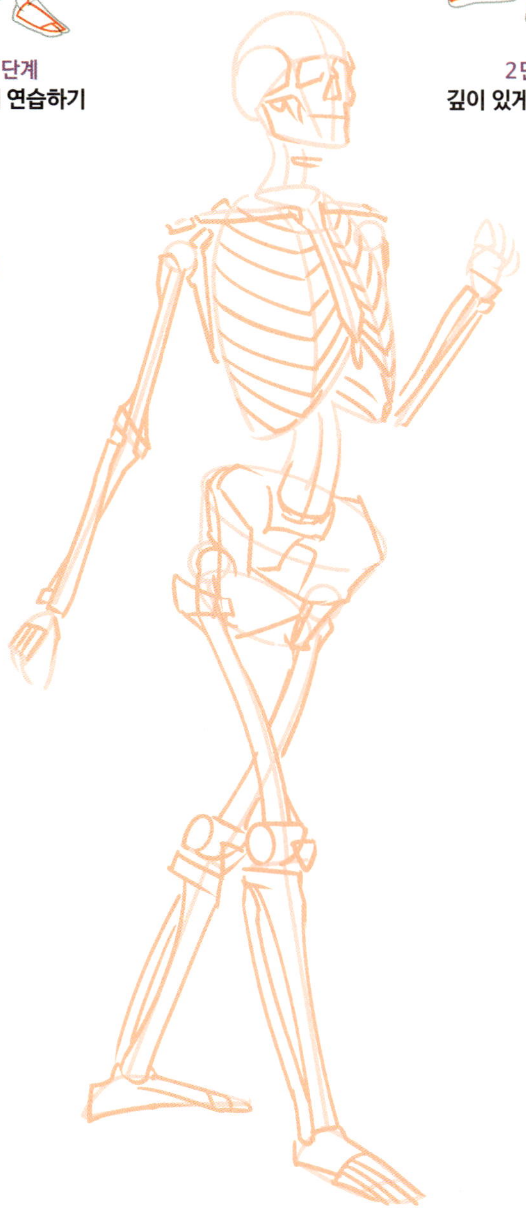

체표

1단계
빠르게 연습하기

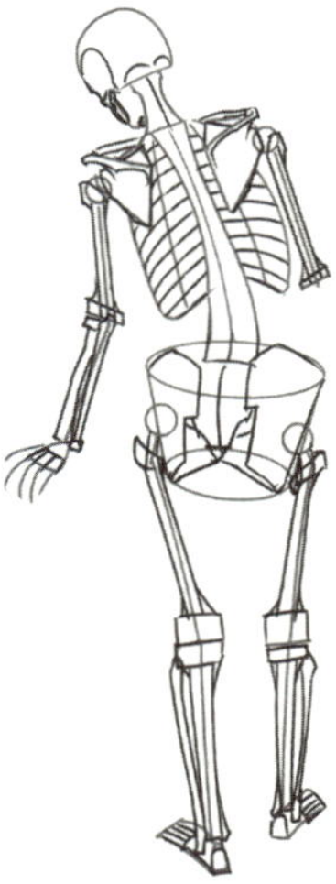

2단계
깊이 있게 연습하기

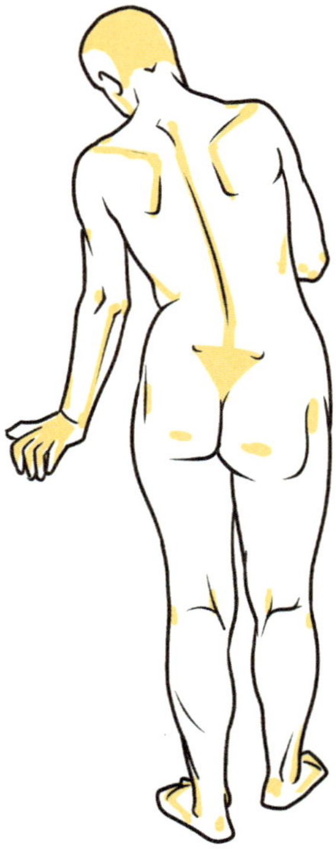

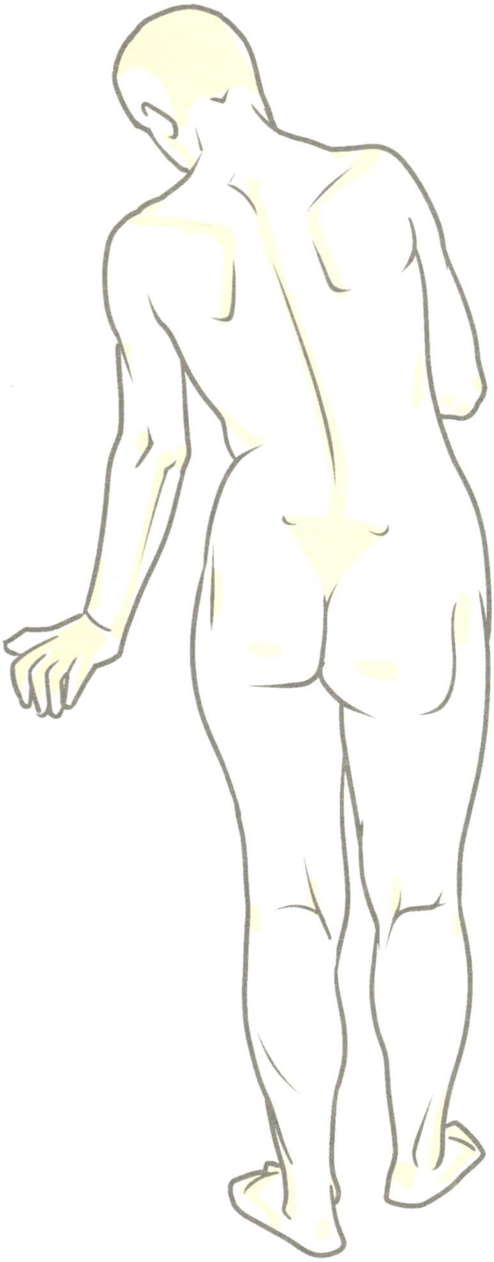

이 포즈의 포인트

손으로 받침대를 짚고 체중을 실은 자세입니다. 인물과 배경 사이에 상호작용이 있는 경우에는 체중이 어디에 실려 있는지를 주의 깊게 관찰해 보세요.

골격

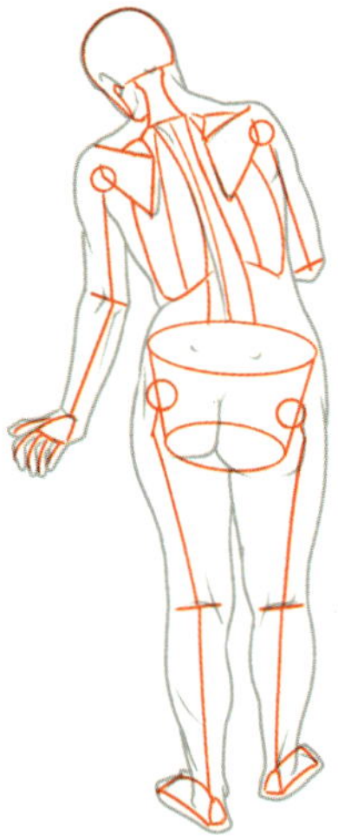

1단계
빠르게 연습하기

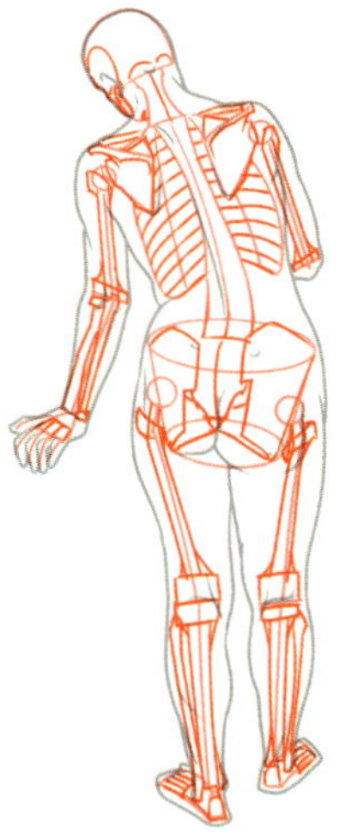

2단계
깊이 있게 연습하기

체표

1단계
빠르게 연습하기

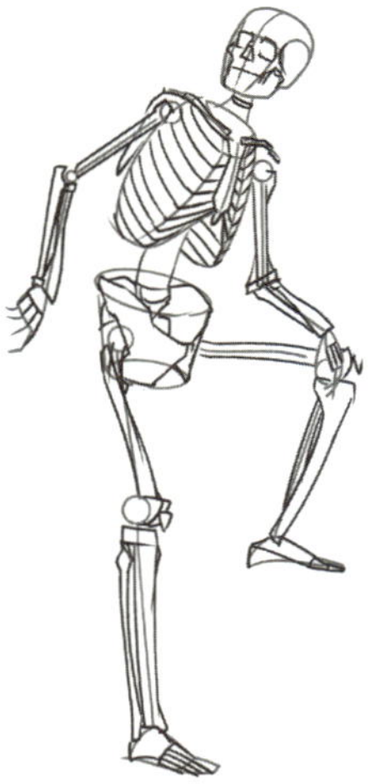

2단계
깊이 있게 연습하기

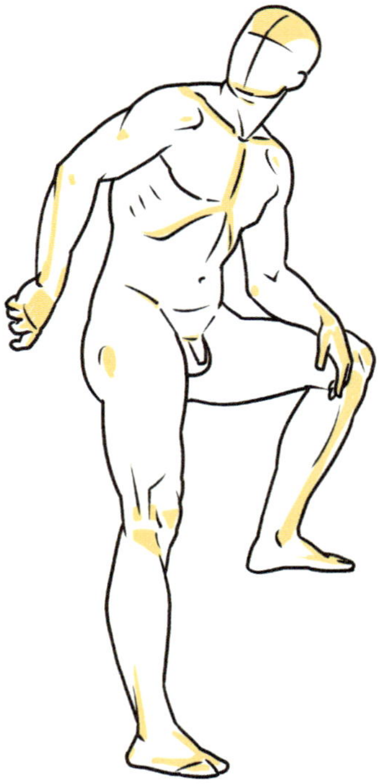

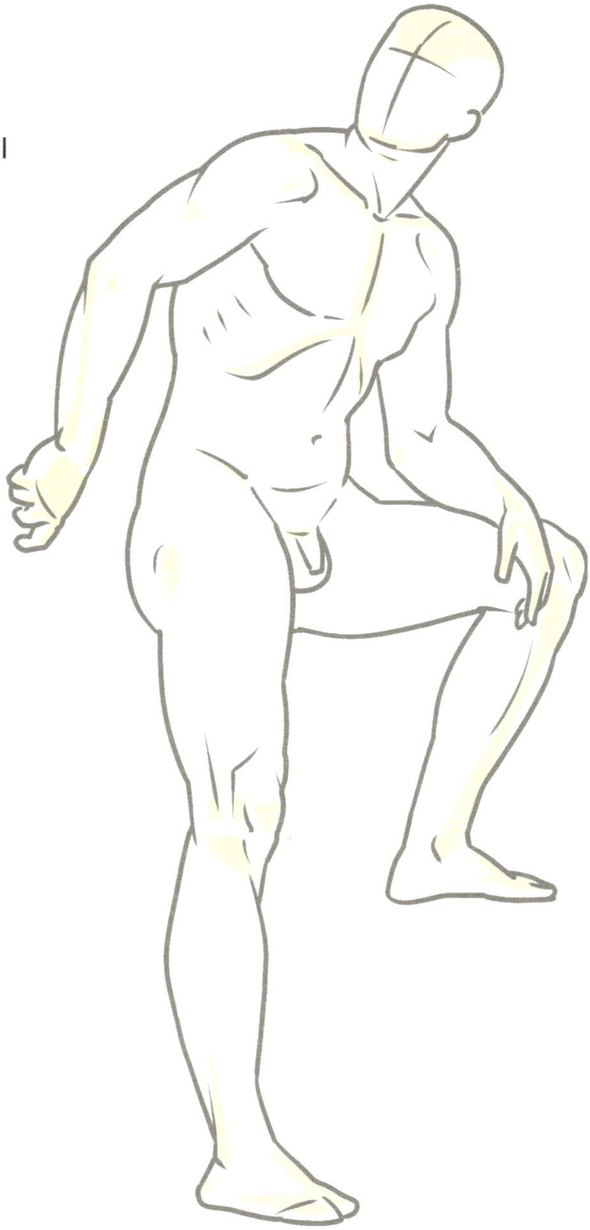

이 포즈의 포인트

한쪽 다리를 받침대 위에 올린 자세입니다. 팔이나 다리가 구부러져 있을 때는, 반대쪽 팔과 다리의 길이가 비슷하게 보이는지 확인해 보세요.

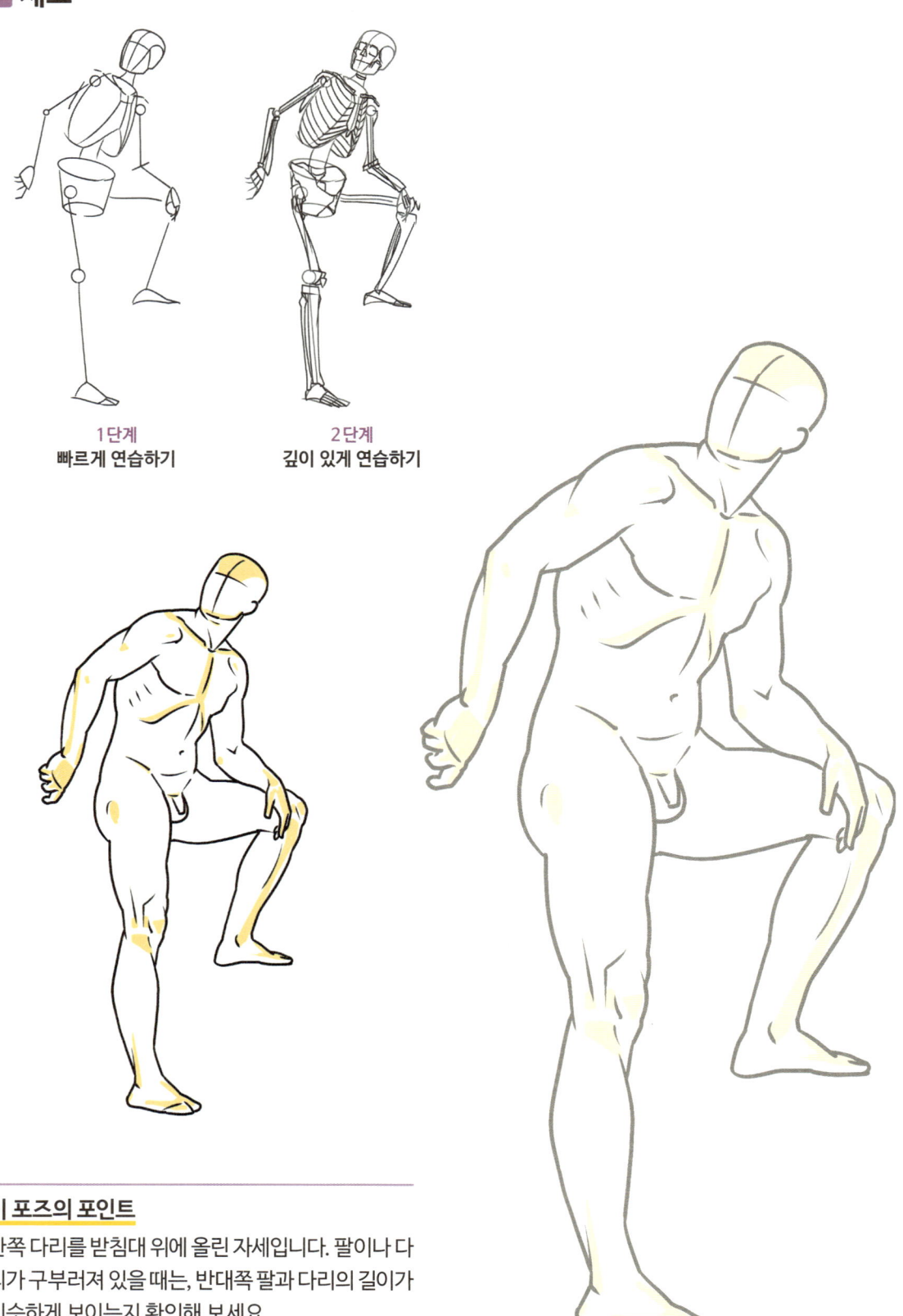

골격

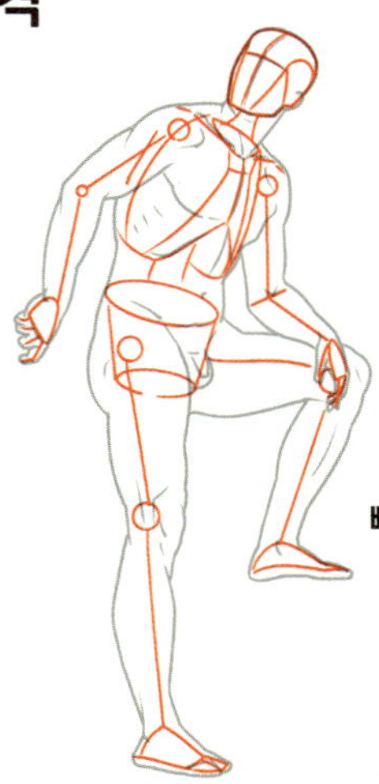

1단계
빠르게 연습하기

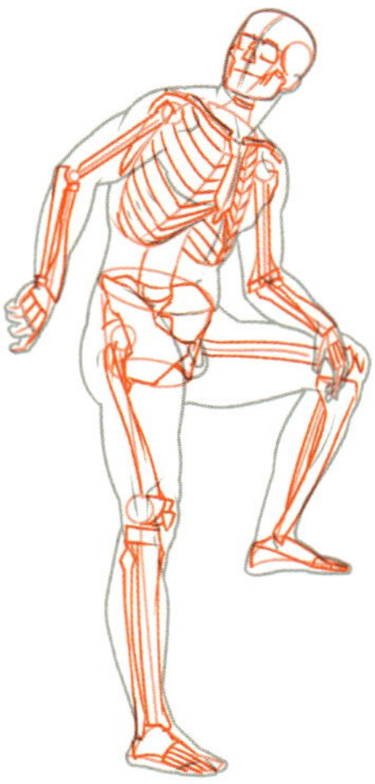

2단계
깊이 있게 연습하기

체표

1단계
빠르게 연습하기

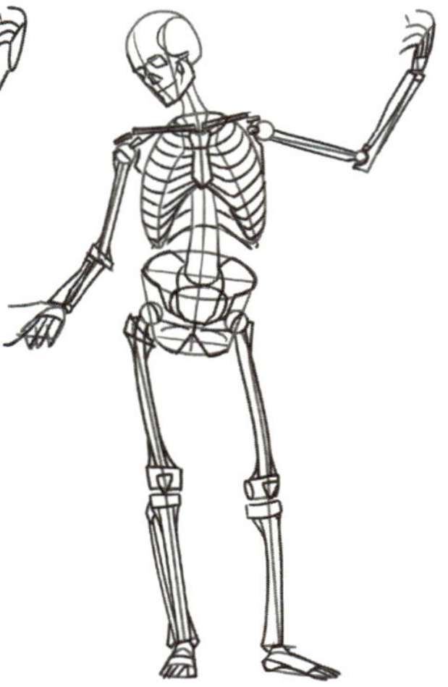

2단계
깊이 있게 연습하기

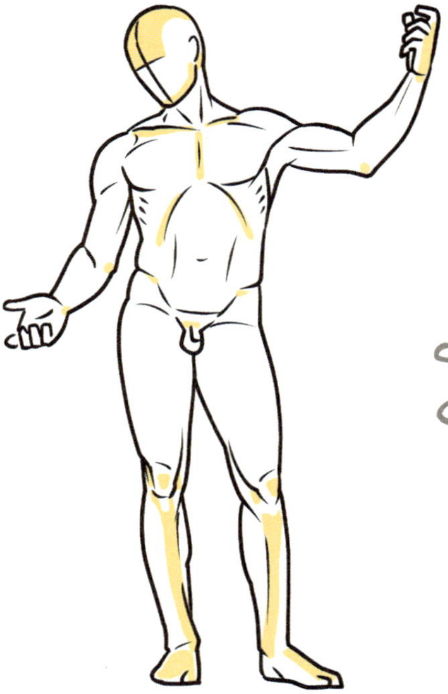

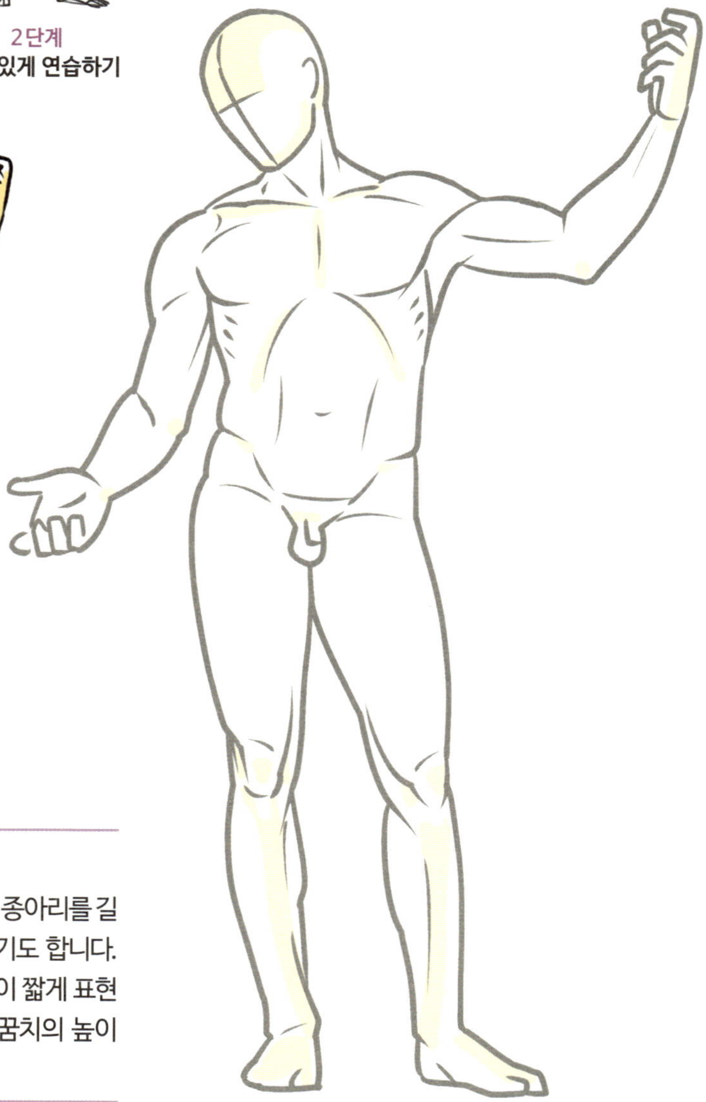

이 포즈의 포인트

미술 작품에서는 시대별 미적 기준에 따라 종아리를 길게 표현하기도 하고, 몸통을 짧게 표현하기도 합니다. 이 예시는 조각상을 참고한 것으로, 몸통이 짧게 표현되어 있습니다. 일반적으로는 허리와 팔꿈치의 높이가 거의 같습니다.

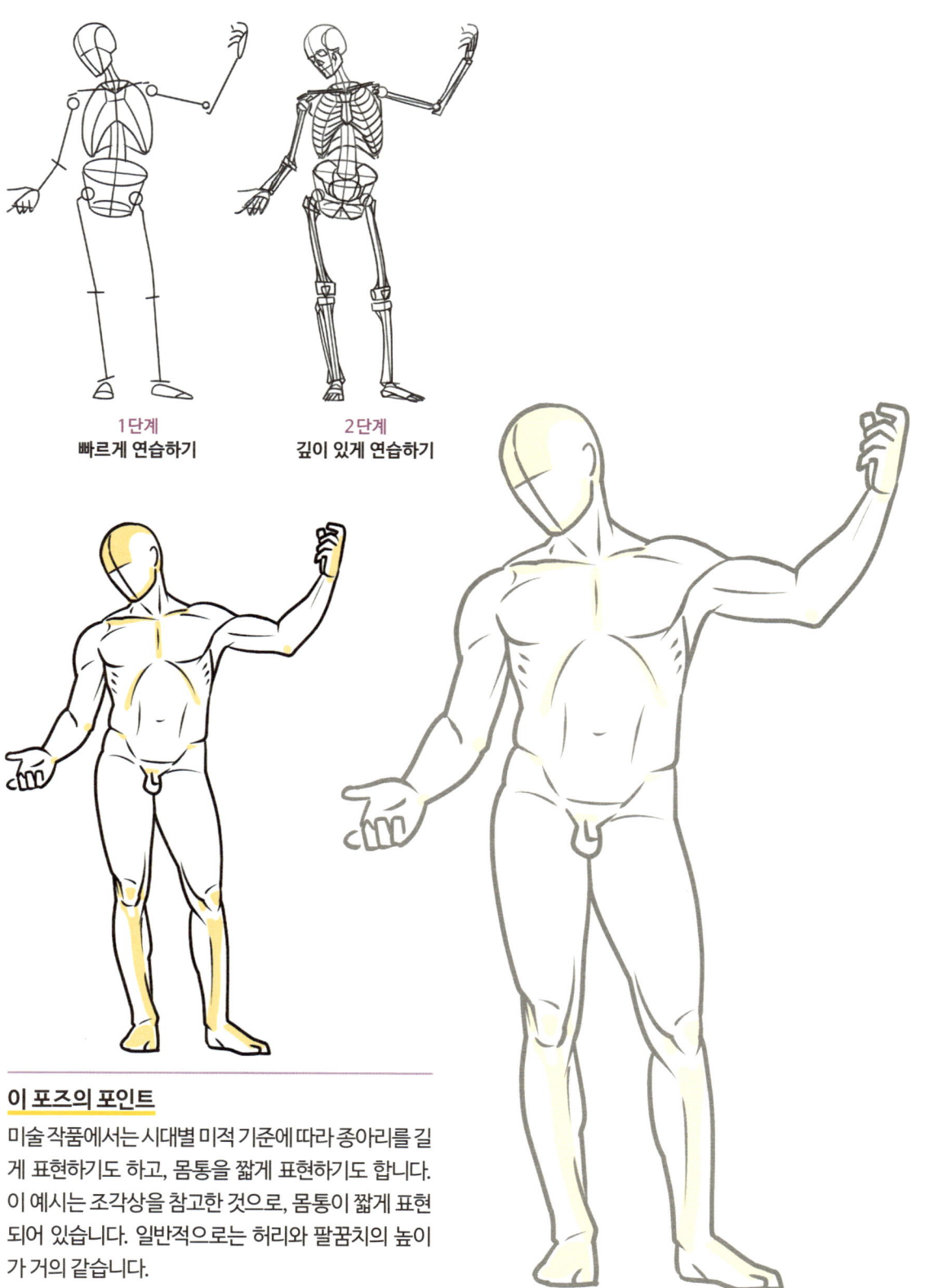

골격

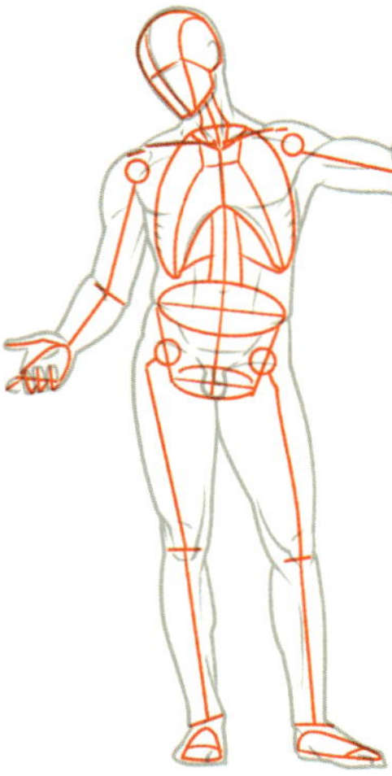

1단계
빠르게 연습하기

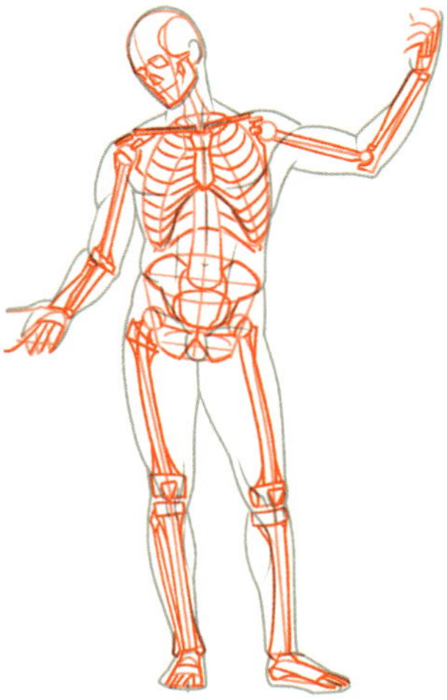

2단계
깊이 있게 연습하기

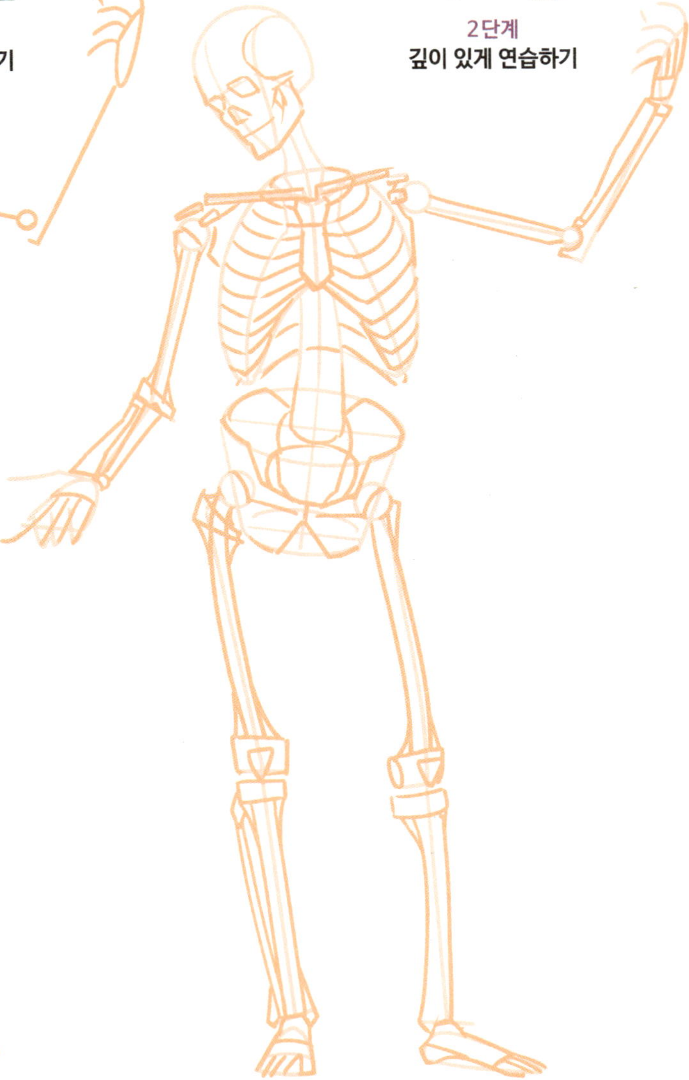

체표

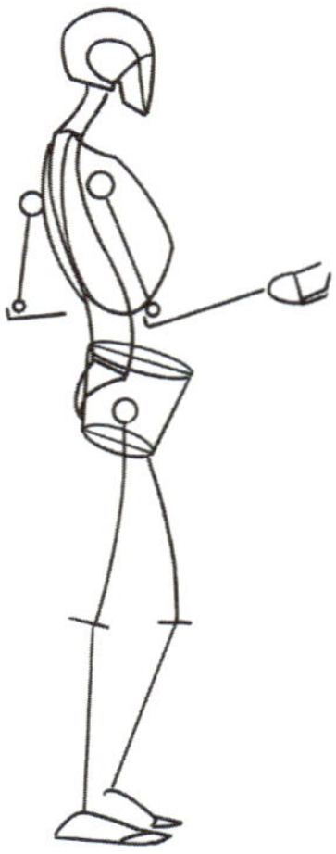

1단계
빠르게 연습하기

2단계
깊이 있게 연습하기

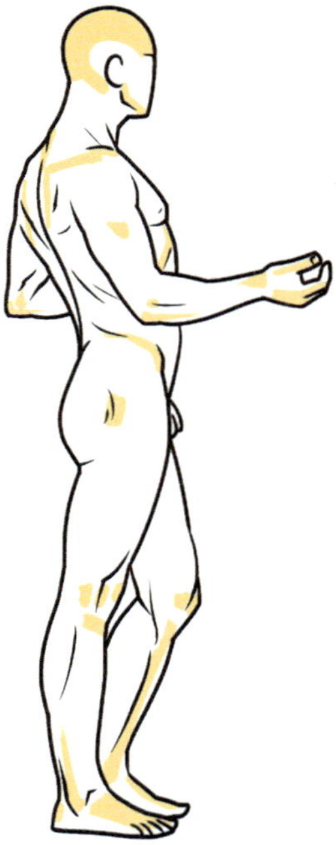

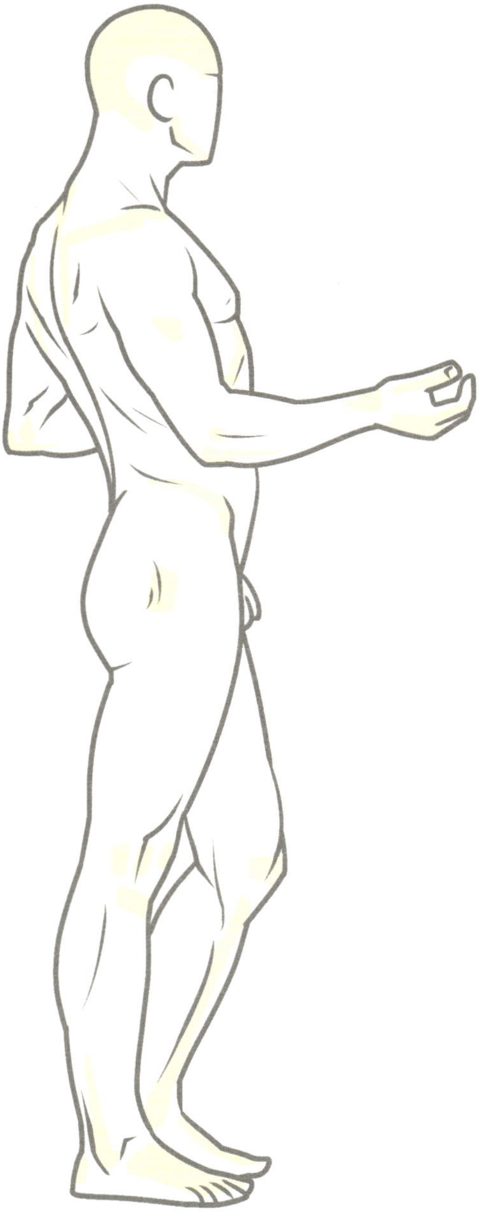

이 포즈의 포인트

옆에서 본 자세는 몸통 등으로 가려지는 신체 부위가 많아집니다. 골격을 그리기 어려울 때는 보이지 않는 쪽을 생략하거나, 앞부분의 팔과 다리부터 머리까지 한 층(레이어)으로 생각하며 추측해 그리면 좋습니다.

골격

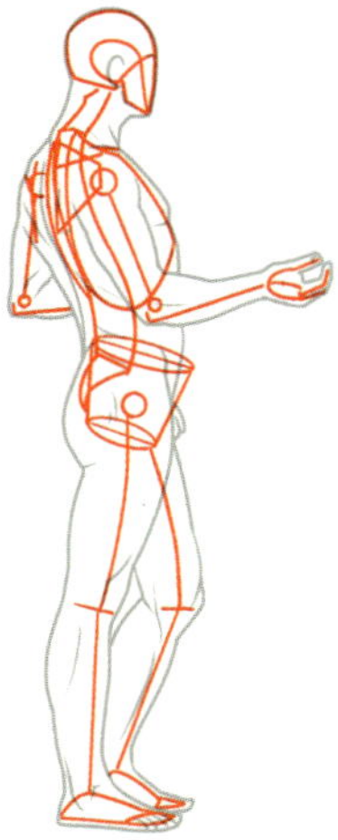

1단계
빠르게 연습하기

2단계
깊이 있게 연습하기

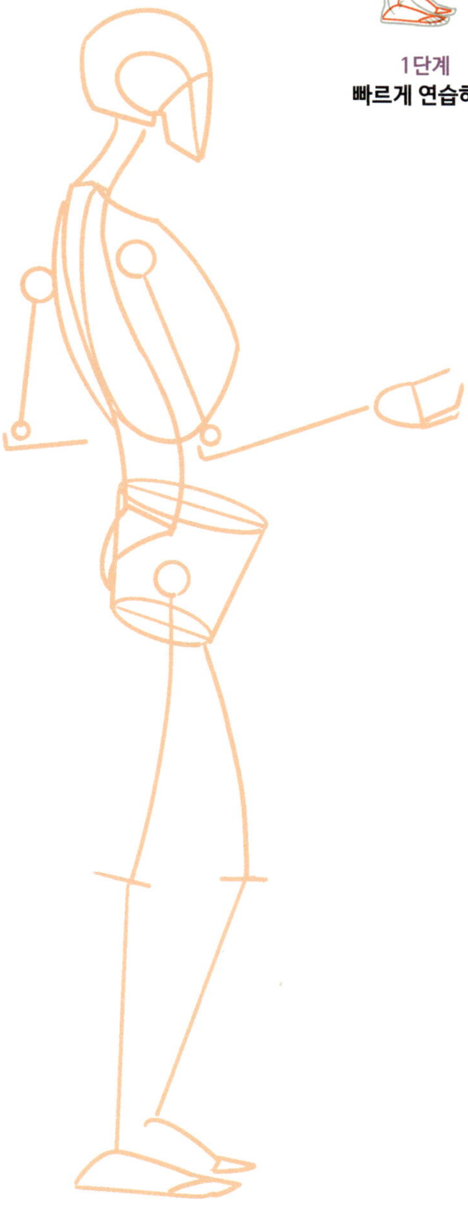

035

체표

1단계
빠르게 연습하기

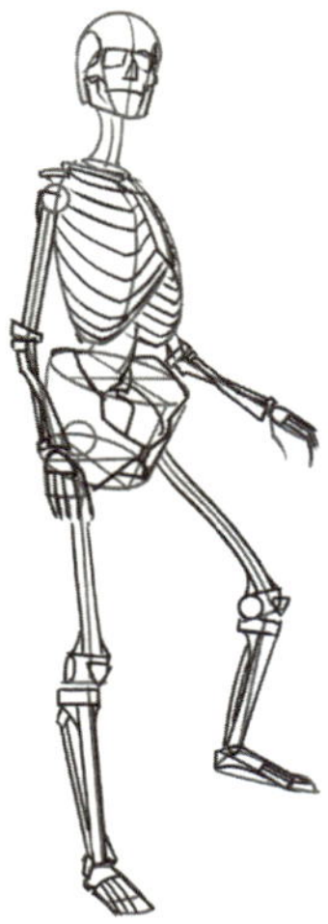

2단계
깊이 있게 연습하기

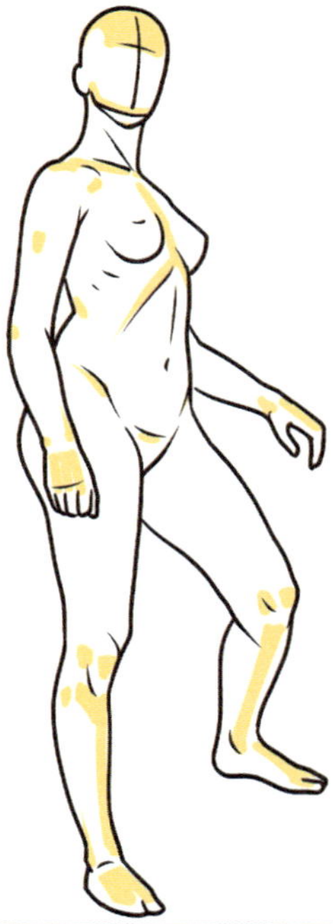

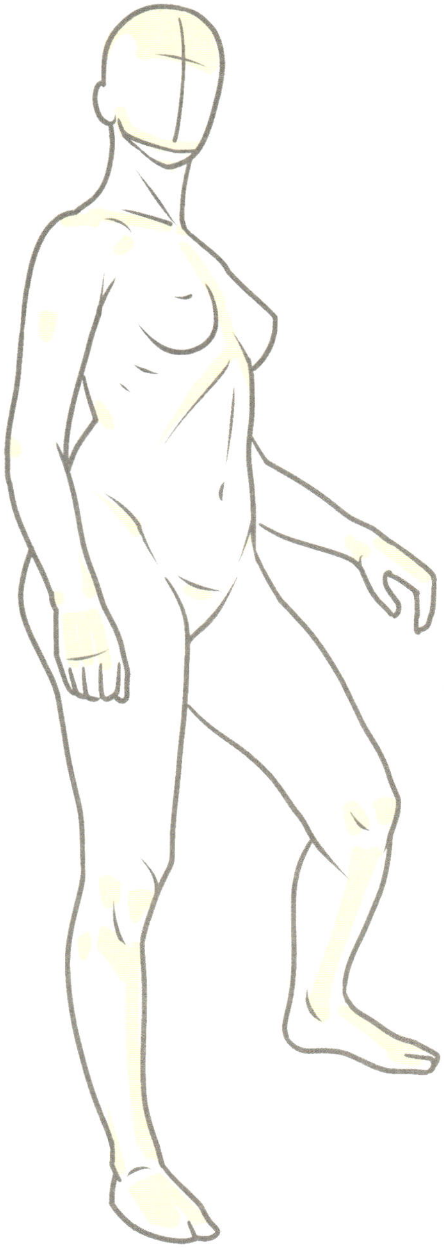

이 포즈의 포인트

턱 밑(아래에서 올려다본 각도)과 발등(위에서 내려다본 각도)이 동시에 보인다면, 관찰자가 대상에 매우 가까이 있다는 뜻입니다. 이처럼 아래에서 올려다보거나 위에서 내려다보는 시점은 어려워 보일 수 있지만, 몸 표면에 드러나는 뼈들을 차례로 연결해 가며 그리면 충분히 연습할 수 있습니다.

골격

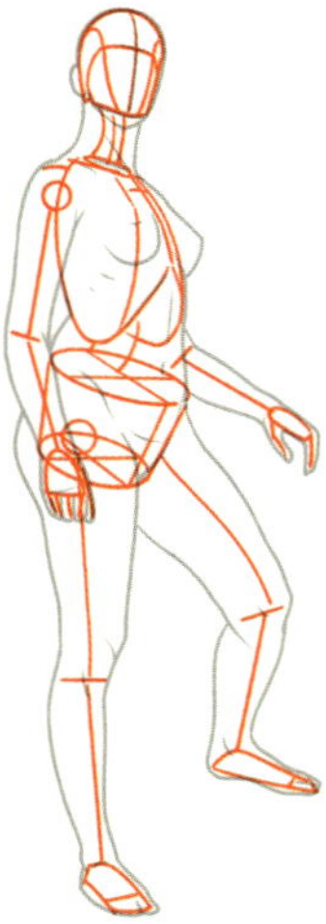

1단계
빠르게 연습하기

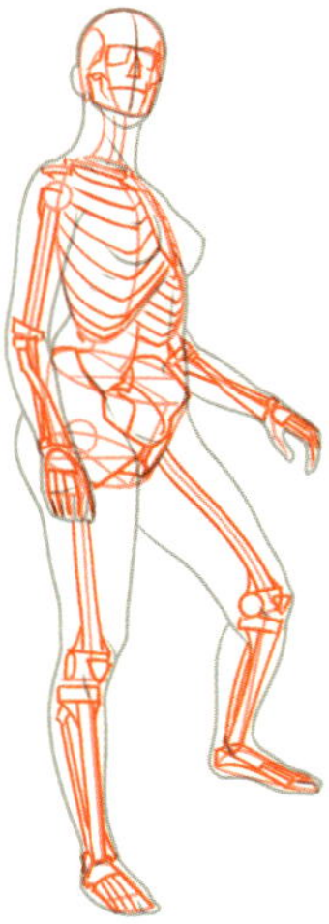

2단계
깊이 있게 연습하기

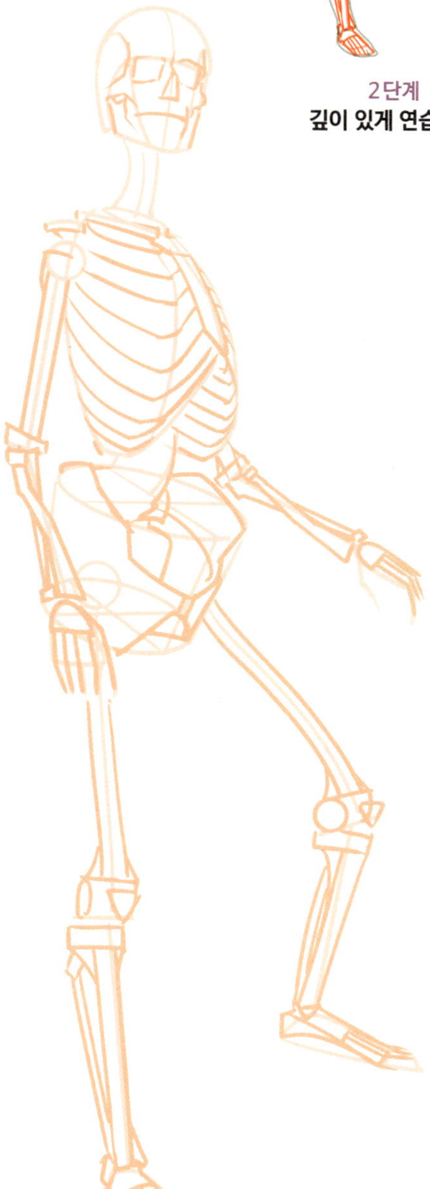

체표

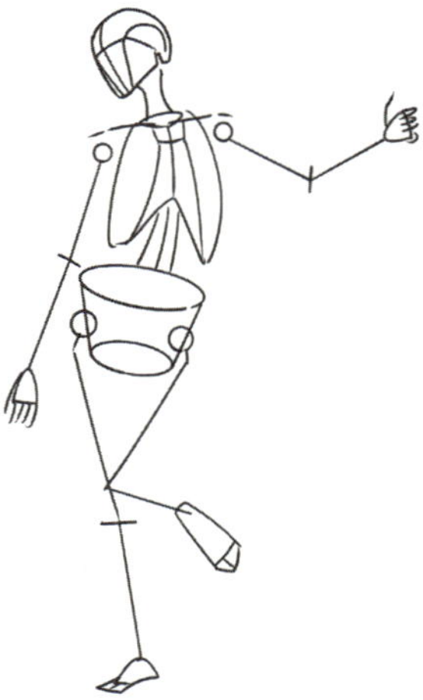

1단계
빠르게 연습하기

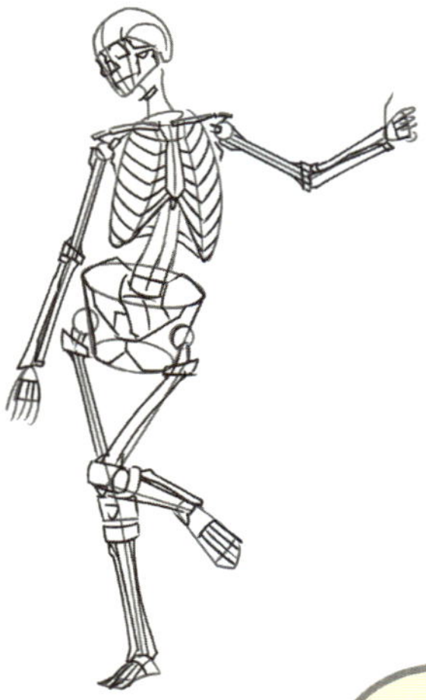

2단계
깊이 있게 연습하기

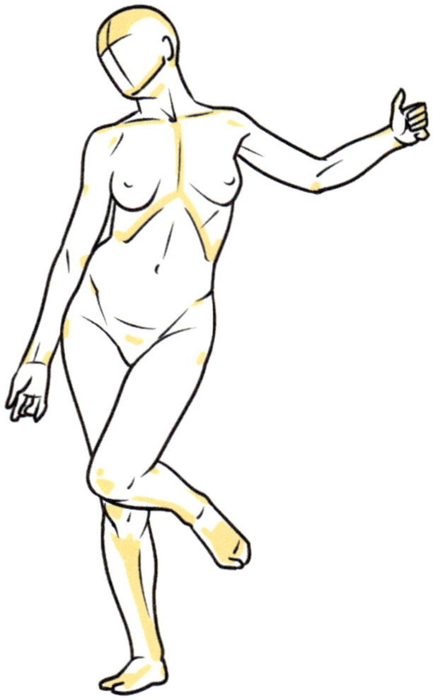

이 포즈의 포인트

양쪽 무릎을 포갠 자세는 여성 조각상이나 그림에서 자주 볼 수 있습니다. 여성은 남성보다 골반이 넓어서 넙다리뼈(대퇴골)가 안쪽으로 더 많이 기울어지는 경향이 있습니다.

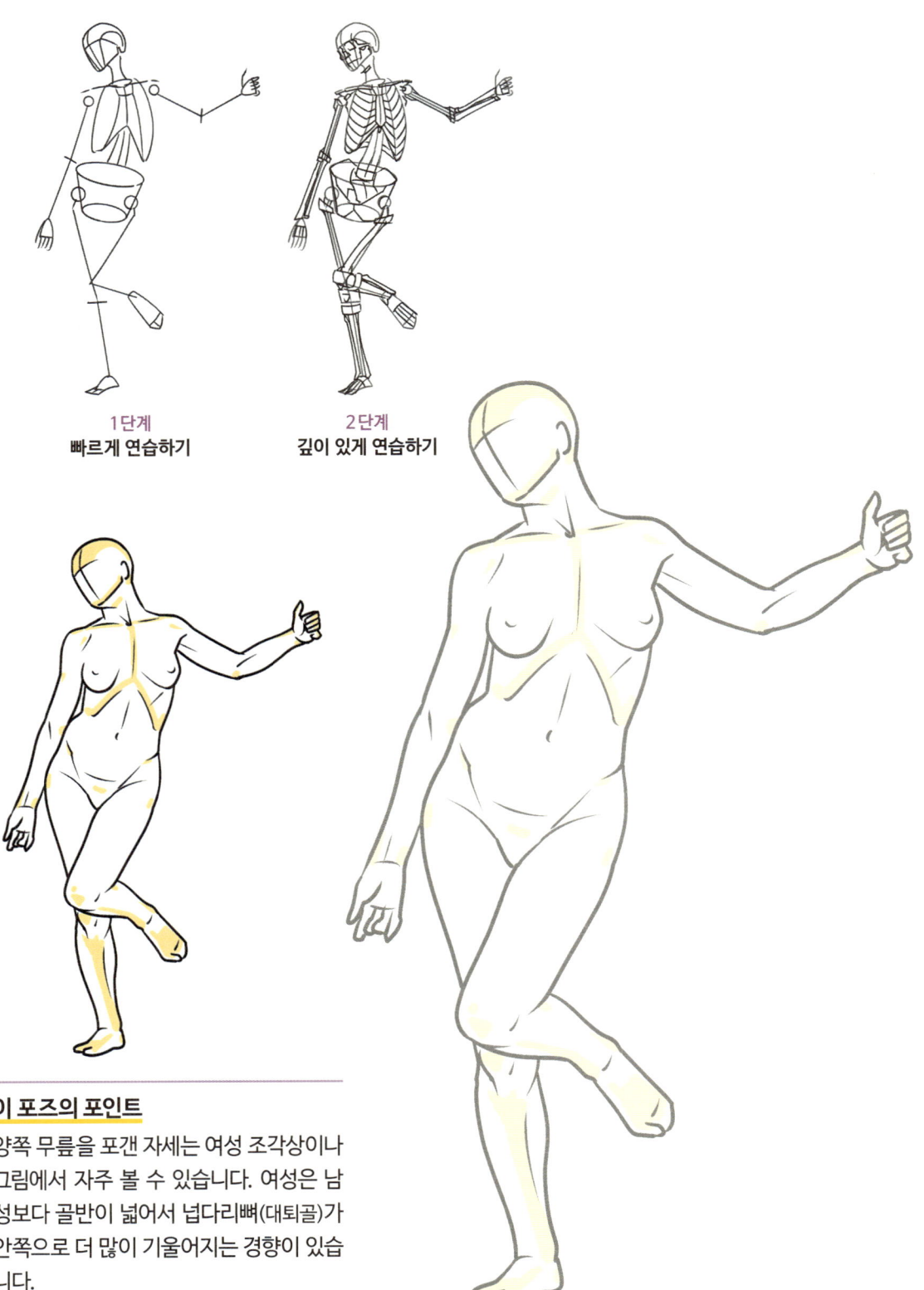

골격

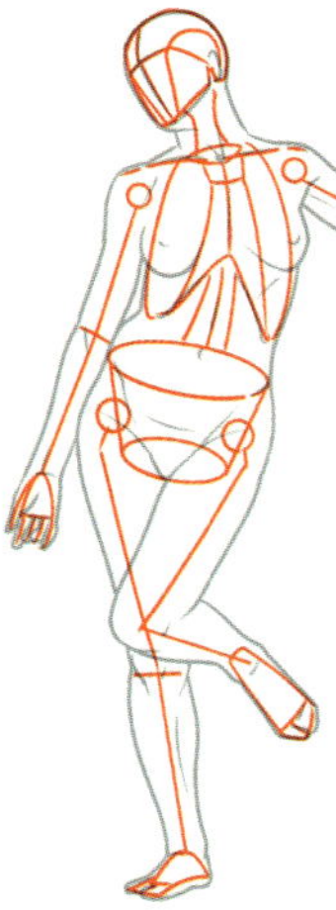

1단계
빠르게 연습하기

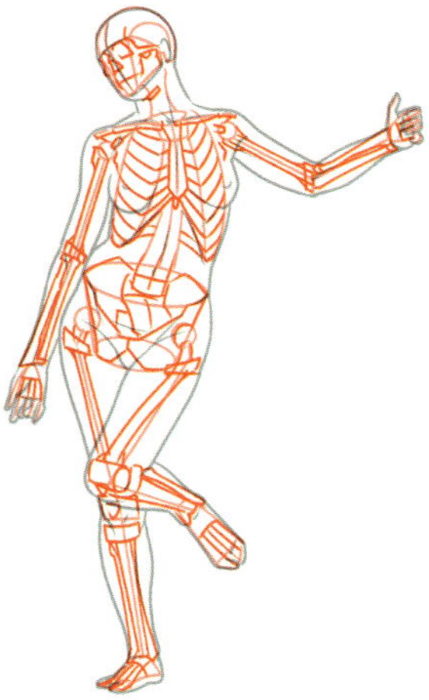

2단계
깊이 있게 연습하기

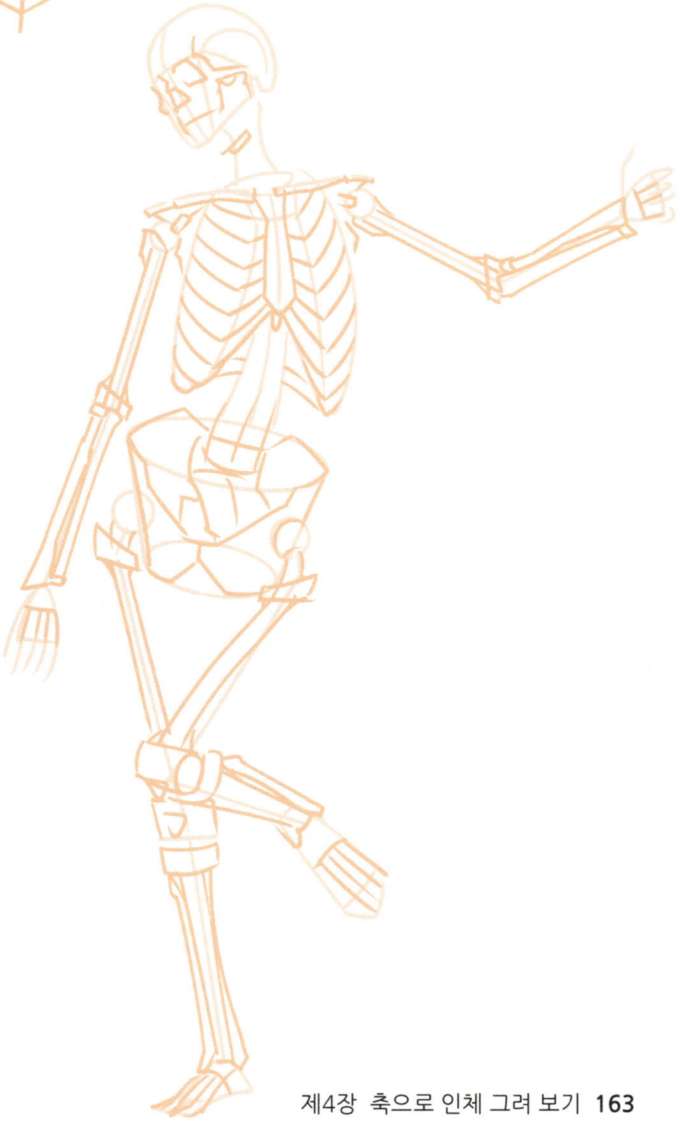

체표

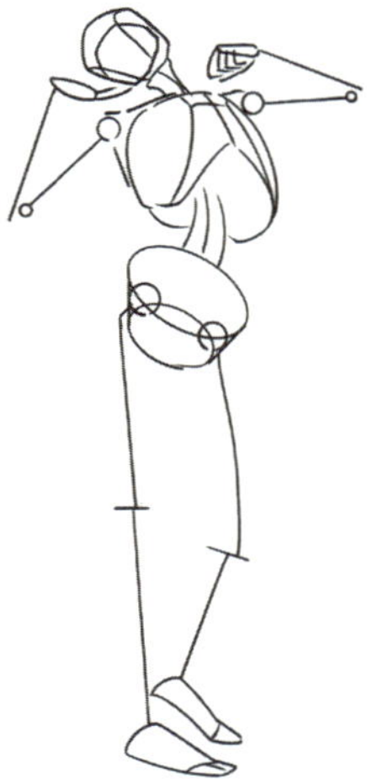

1단계
빠르게 연습하기

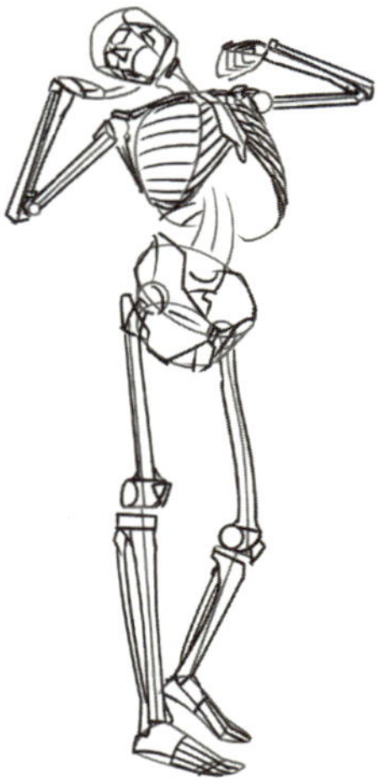

2단계
깊이 있게 연습하기

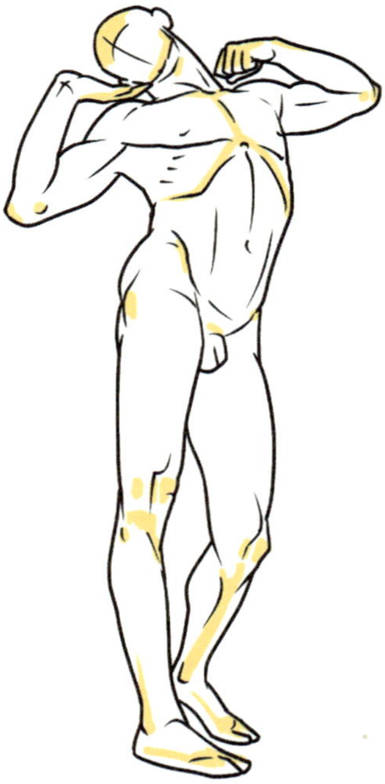

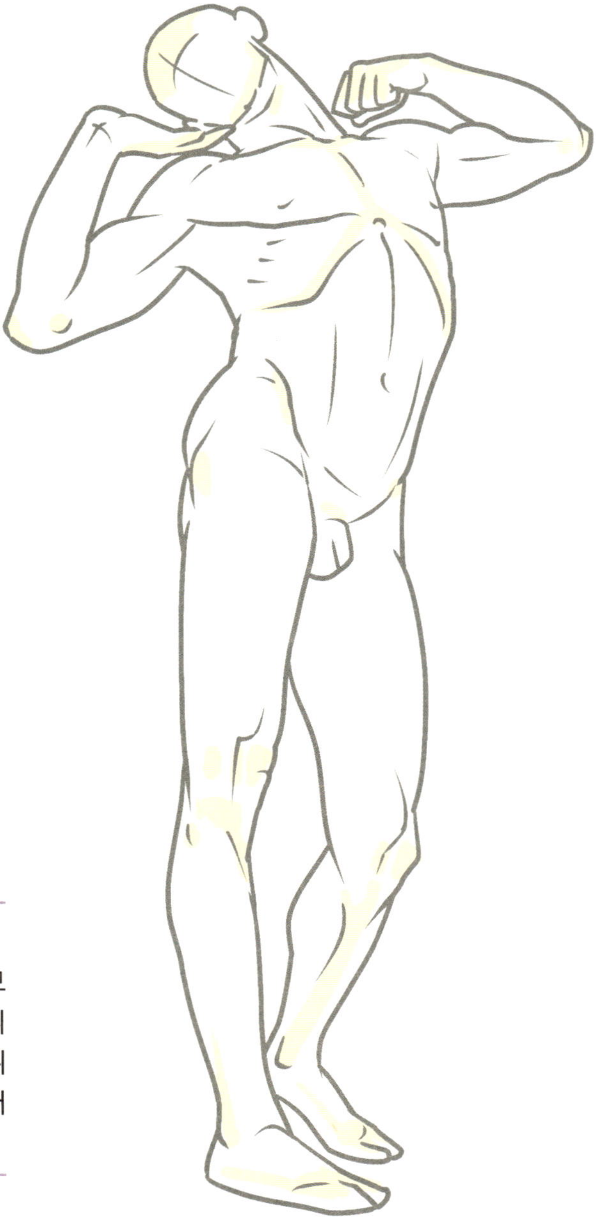

이 포즈의 포인트

감상 위치가 가깝고, 작품이 상반신을 젖힌 자세이므로 마치 어안렌즈로 본 것처럼 왜곡된 형태로 보입니다. 눈에 보이는 형태가 왜곡되어 보이더라도 뼈의 위치를 찾아 차례로 연결해 나가면 어떤 시점에서도 내부 구조를 충분히 추측할 수 있습니다.

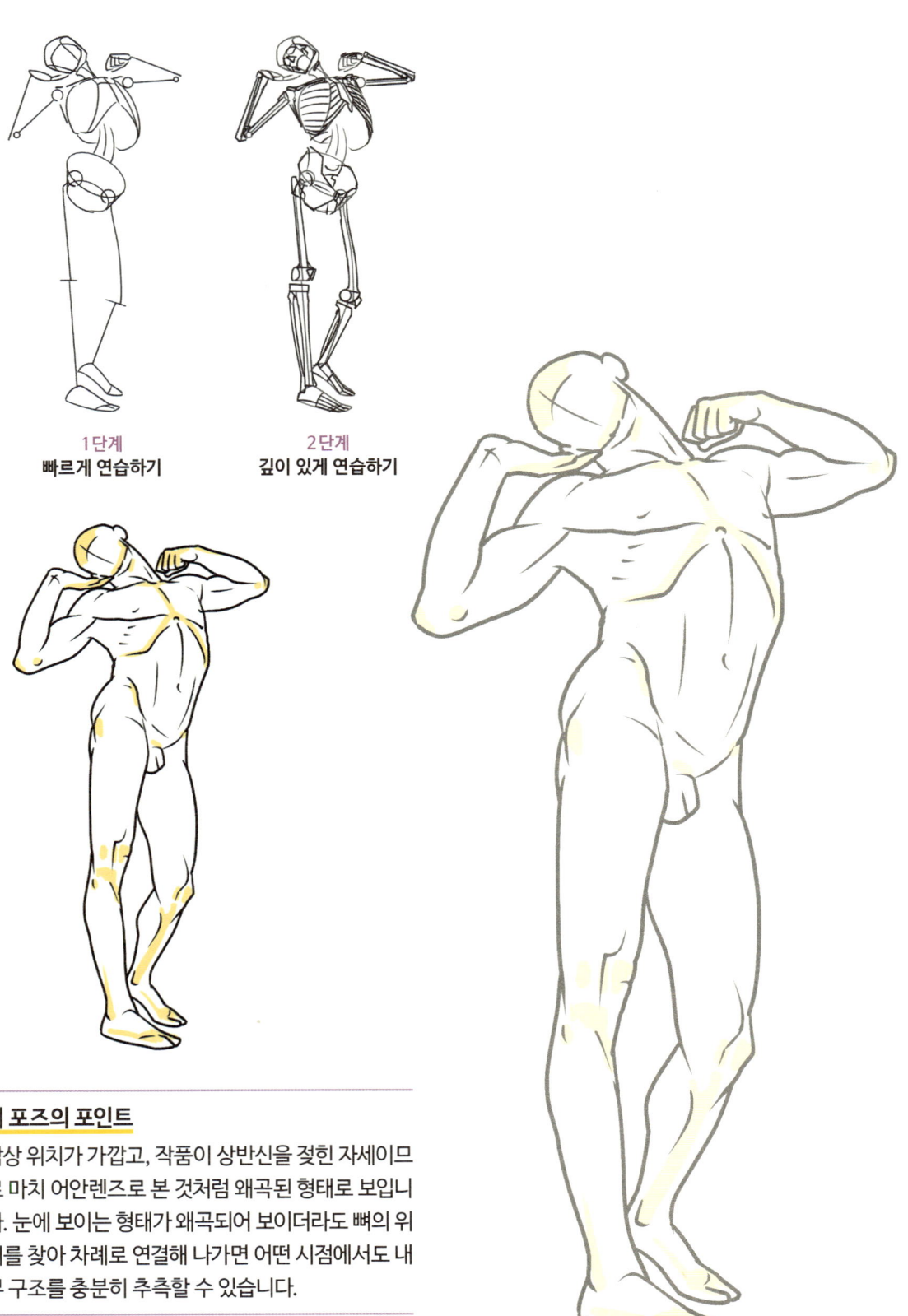

골격

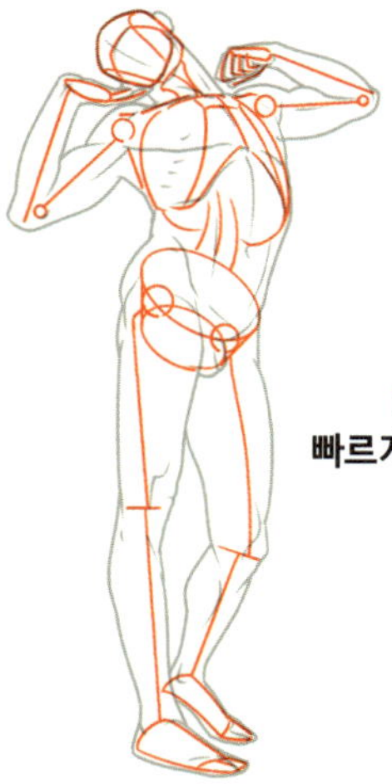

1단계
빠르게 연습하기

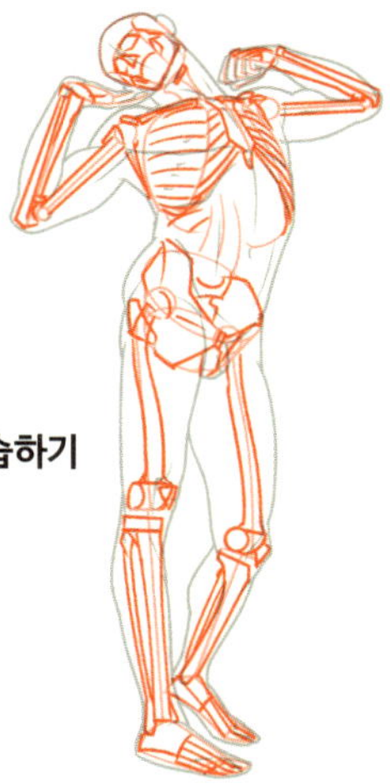

2단계
깊이 있게 연습하기

체표

1단계
빠르게 연습하기

2단계
깊이 있게 연습하기

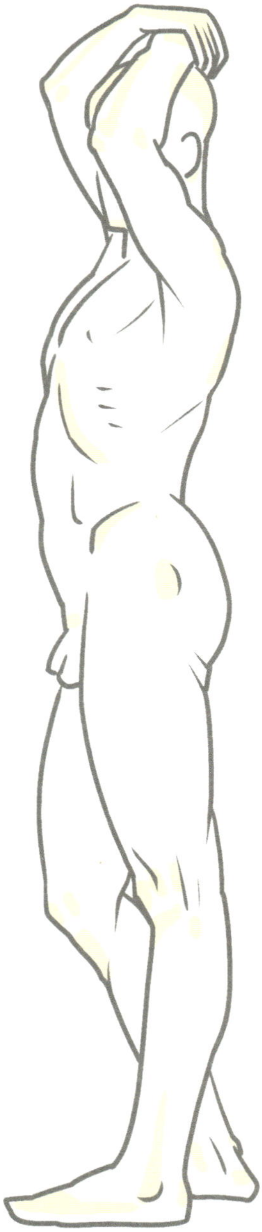

이 포즈의 포인트

측면에서 보면 앞쪽 팔에 가려져 몸의 일부가 보이지 않습니다. 하지만 이 자세는 양손을 머리에 올리고 있기 때문에 겨드랑이 아래에서 발바닥까지 이어지는 신체의 흐름이 잘 드러납니다. 작품을 만들 때도 어떤 부분을 강조할지 고려하여 포즈를 정하는 것이 좋습니다.

골격

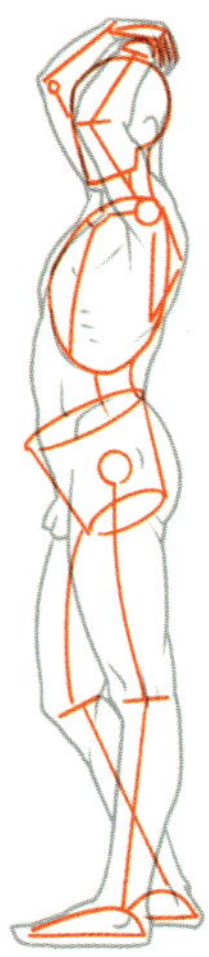

1단계
빠르게 연습하기

2단계
깊이 있게 연습하기

체표

1단계
빠르게 연습하기

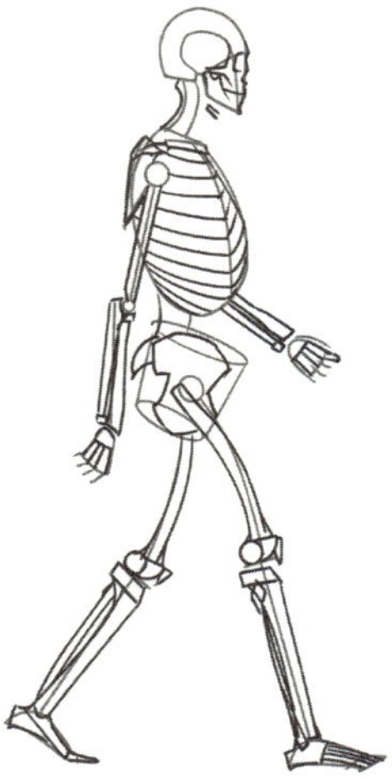

2단계
깊이 있게 연습하기

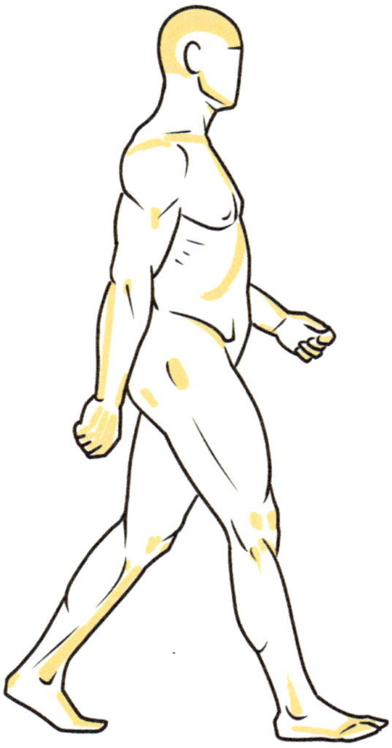

이 포즈의 포인트

걷고 있는 자세입니다. 움직이는 자세는 사진 기술의 발달 덕분에 세세한 부분까지 확인할 수 있게 되었습니다. 포즈를 볼 때, 그것이 '오래 유지할 수 없는 동적인 자세'인지, 아니면 '일시적으로 정지한 자세'인지를 구분해 보는 것만으로도 포즈에 대한 이해도를 높일 수 있습니다.

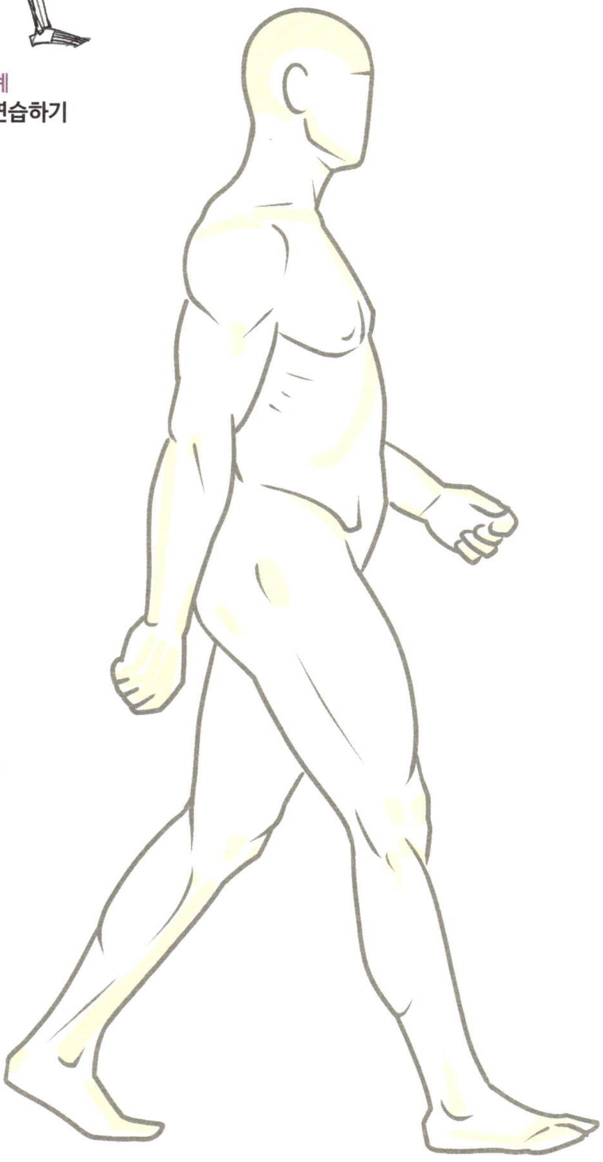

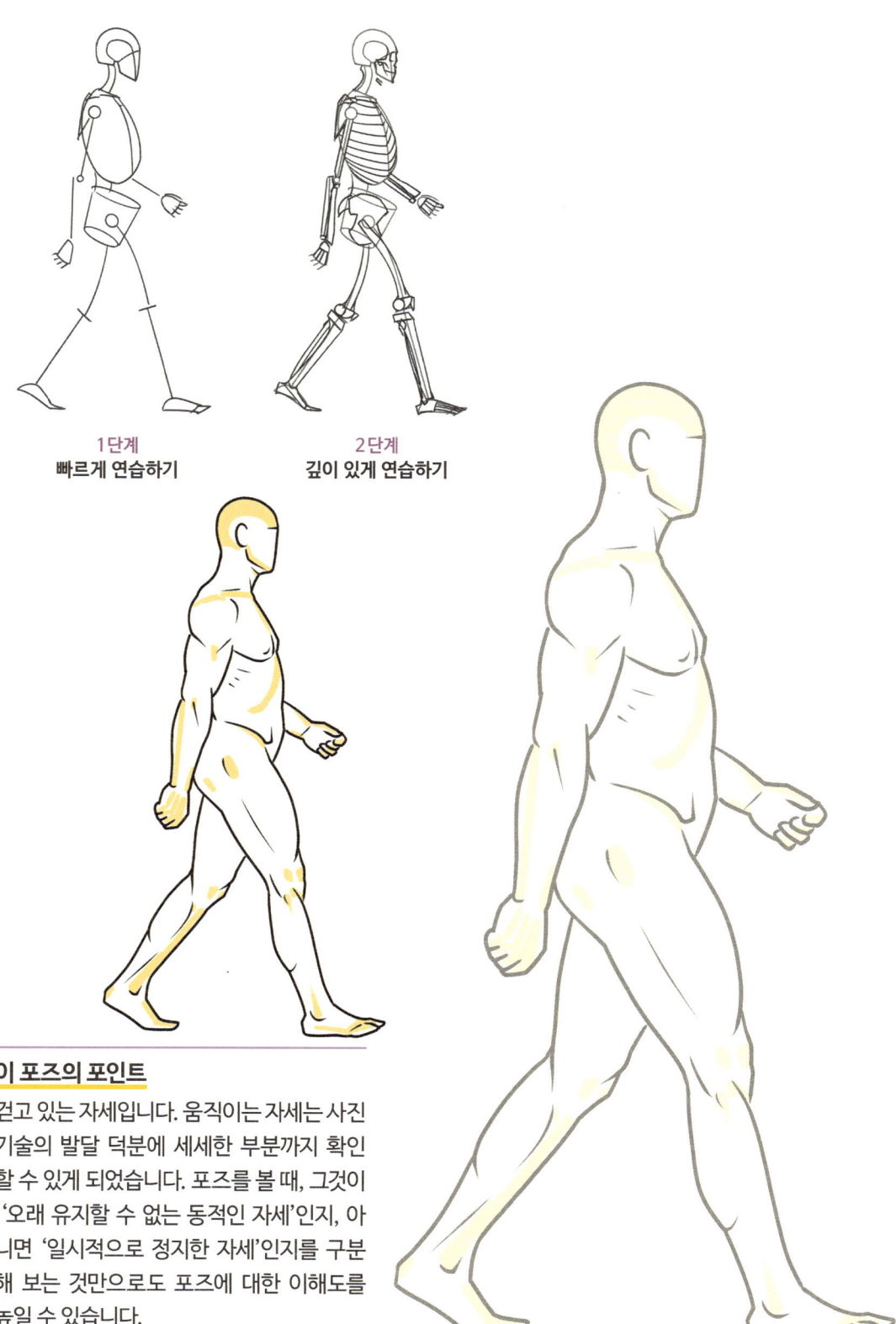

골격

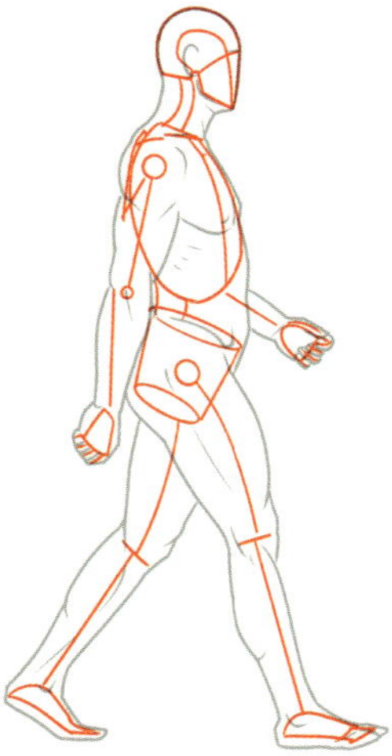

1단계
빠르게 연습하기

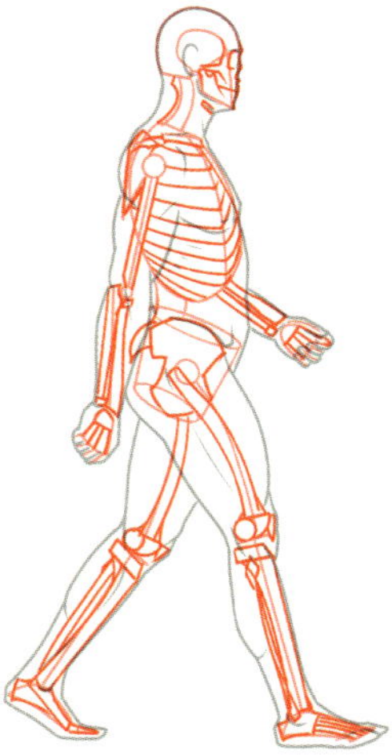

2단계
깊이 있게 연습하기

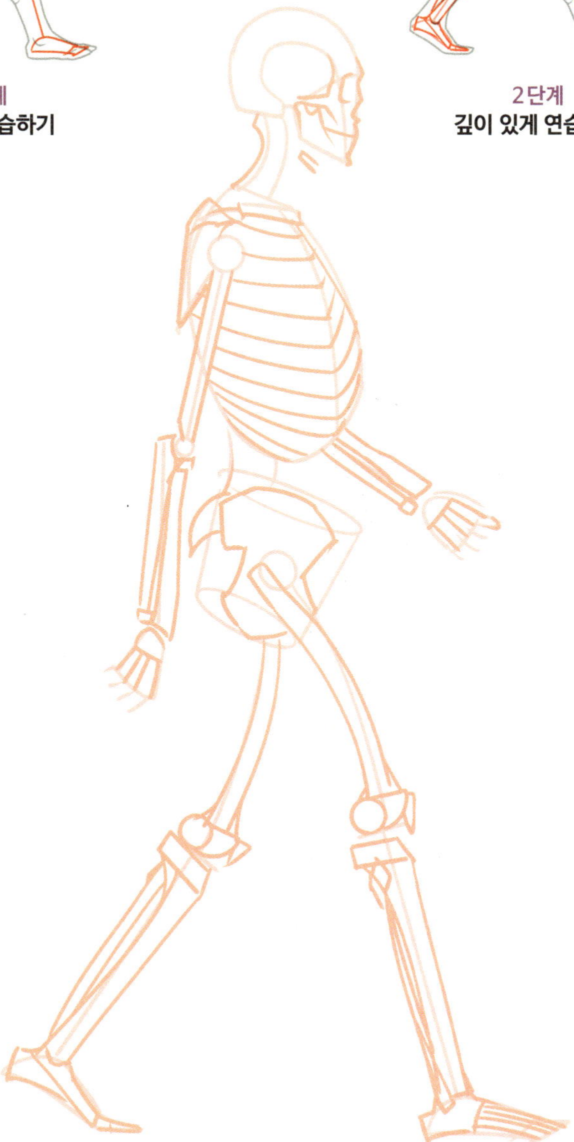

040

체표

1단계
빠르게 연습하기

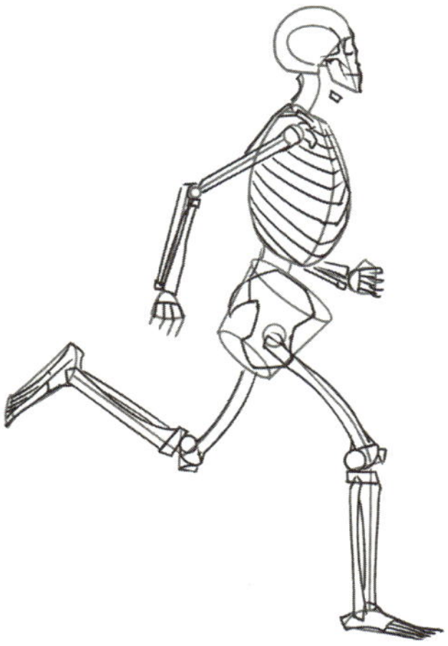

2단계
깊이 있게 연습하기

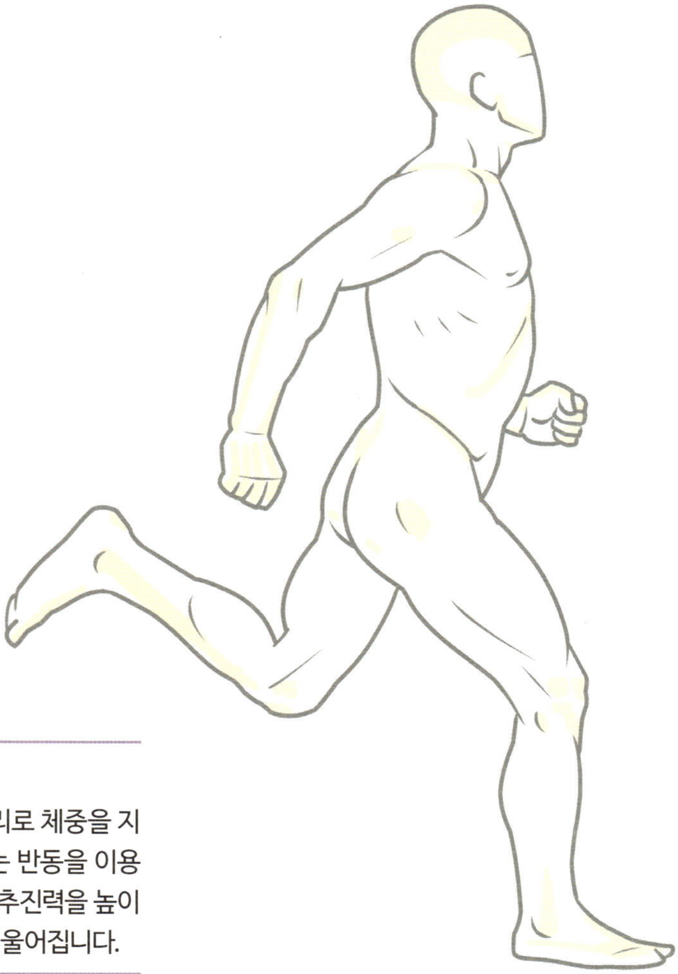

이 포즈의 포인트

달리는 자세입니다. 달릴 때는 한쪽 다리로 체중을 지탱하고, 반대쪽 다리로 지면을 밀어내는 반동을 이용해 앞으로 나아갑니다. 또한, 전진하는 추진력을 높이기 위해 상반신은 자연스럽게 앞으로 기울어집니다.

골격

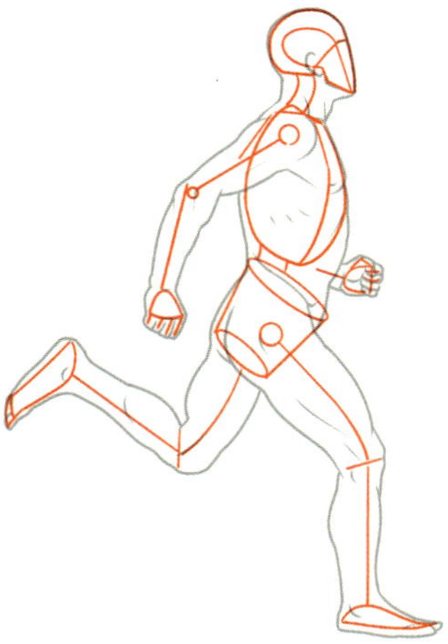

1단계
빠르게 연습하기

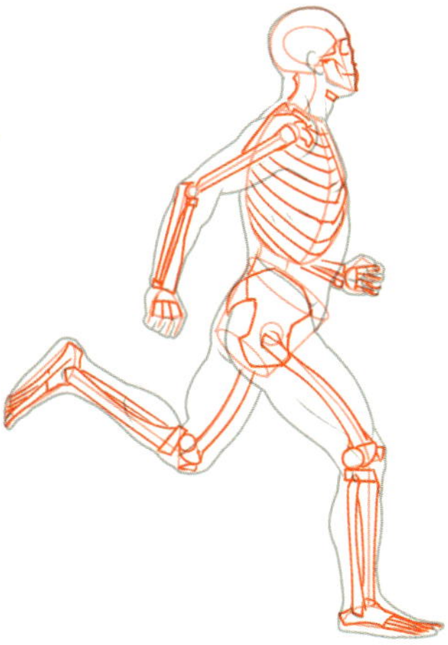

2단계
깊이 있게 연습하기

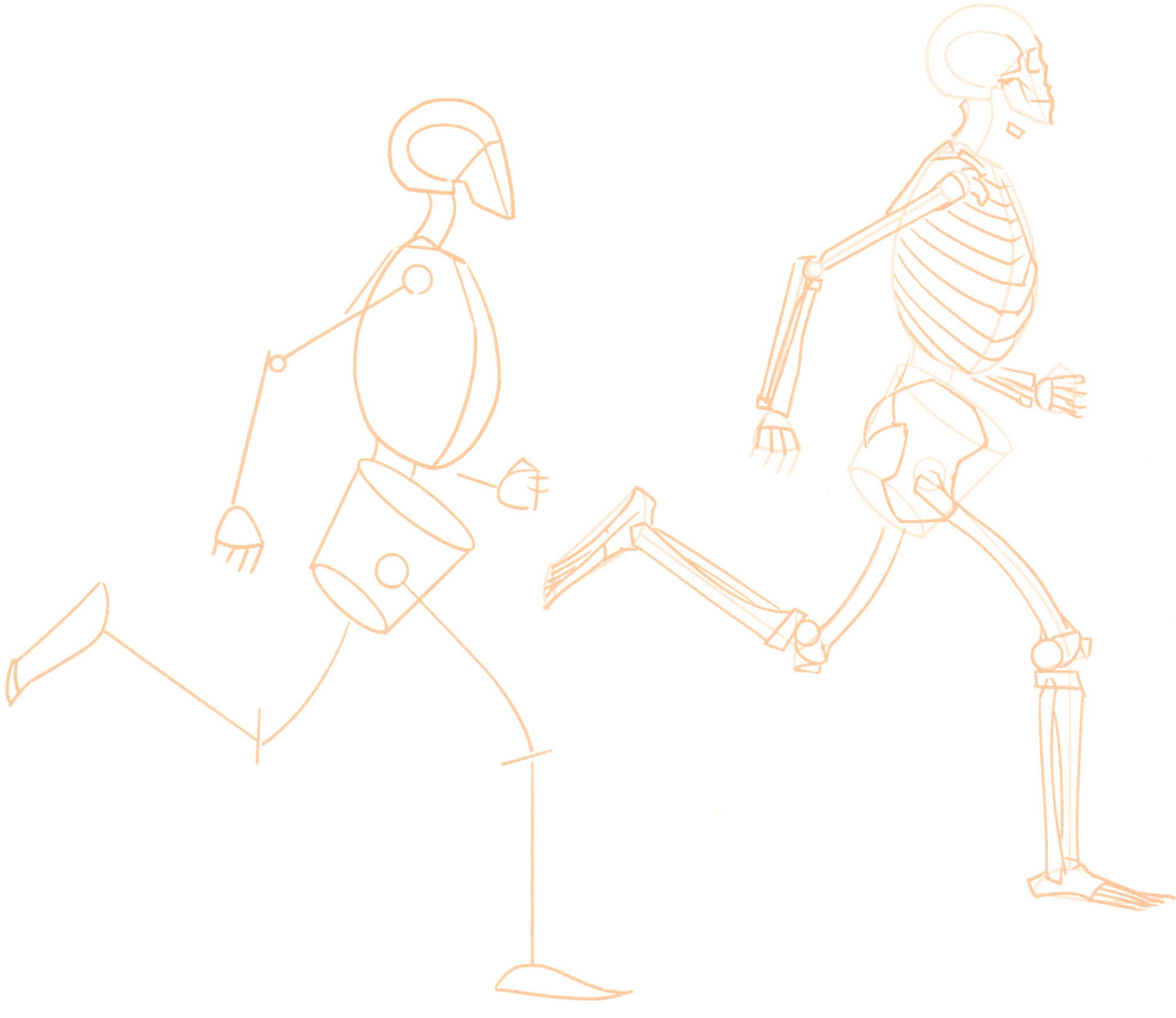

체표

1단계
빠르게 연습하기

2단계
깊이 있게 연습하기

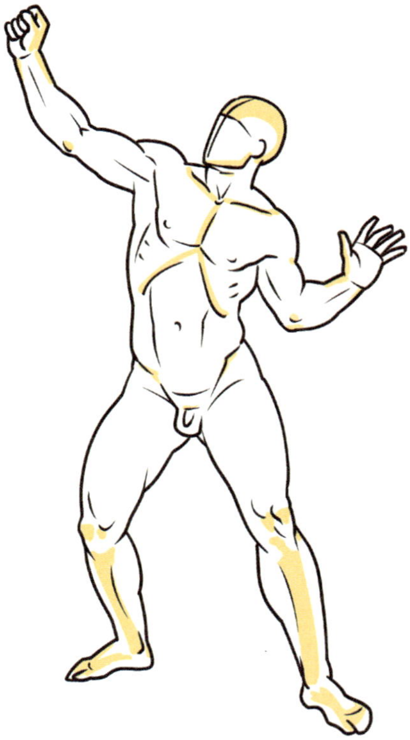

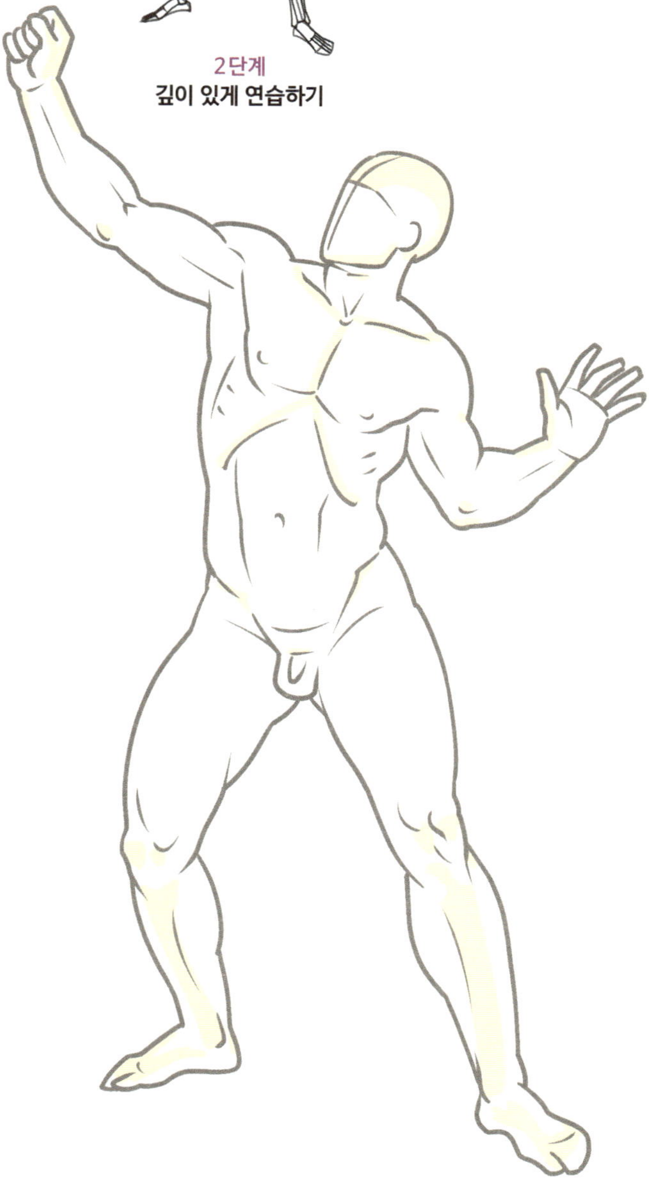

이 포즈의 포인트

팔과 다리를 여러 방향으로 뻗은 자세입니다. 감상자 쪽을 향해 몸통이나 손바닥 정면을 보여주는 동작은 그림뿐 아니라 연극에서도 흔히 볼 수 있습니다.

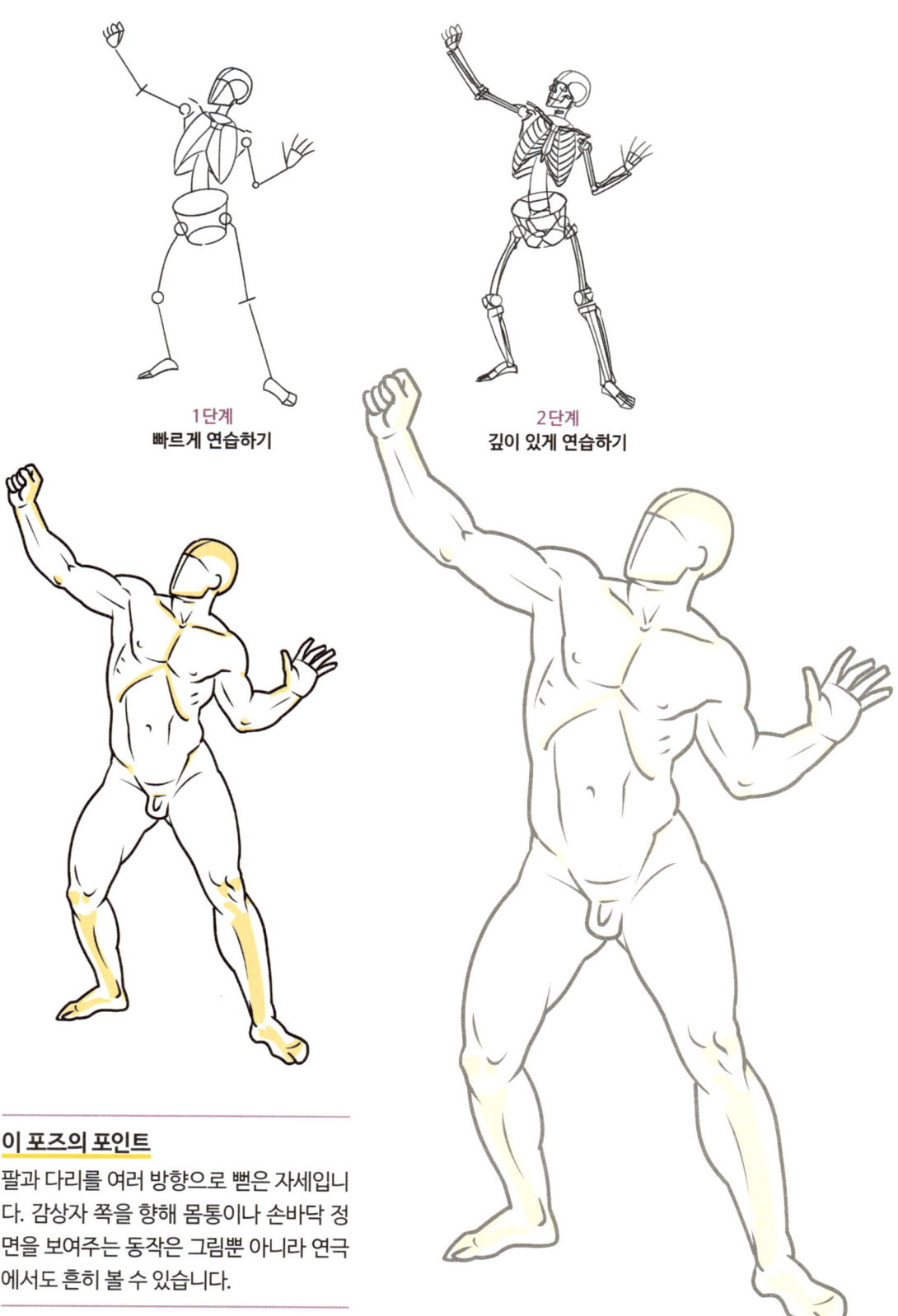

골격

1단계
빠르게 연습하기

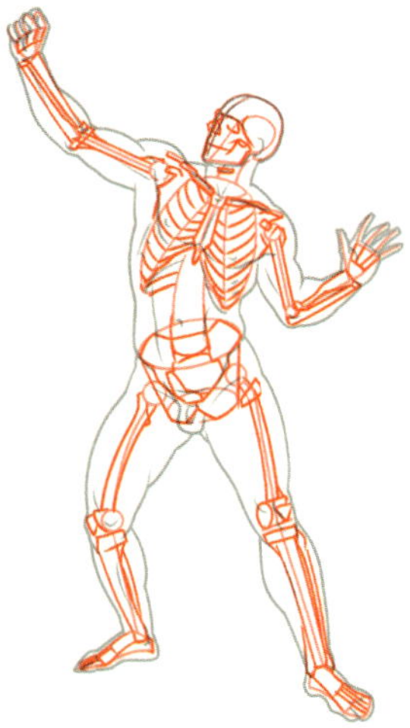

2단계
깊이 있게 연습하기

체표

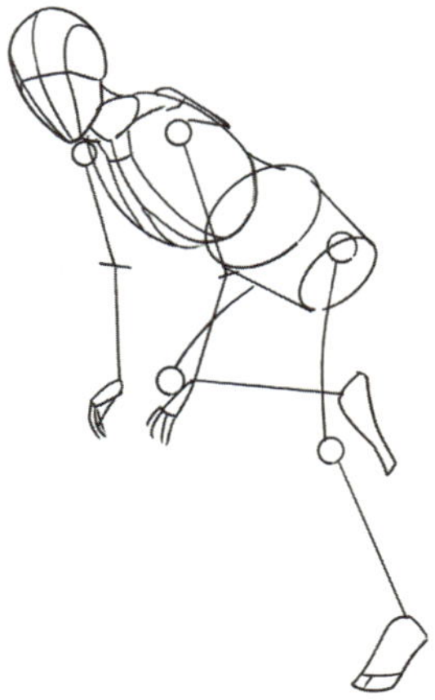

1단계
빠르게 연습하기

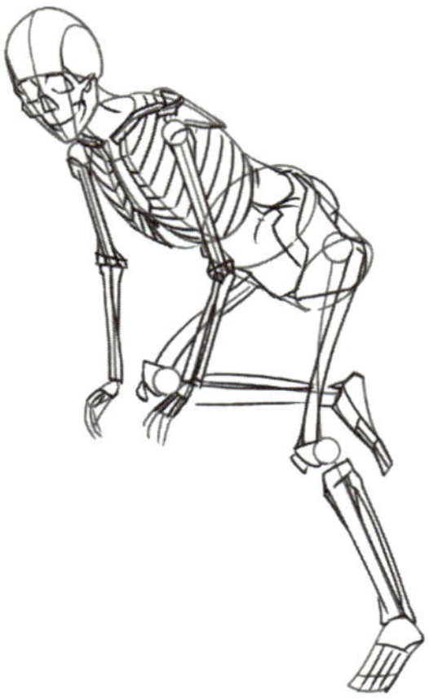

2단계
깊이 있게 연습하기

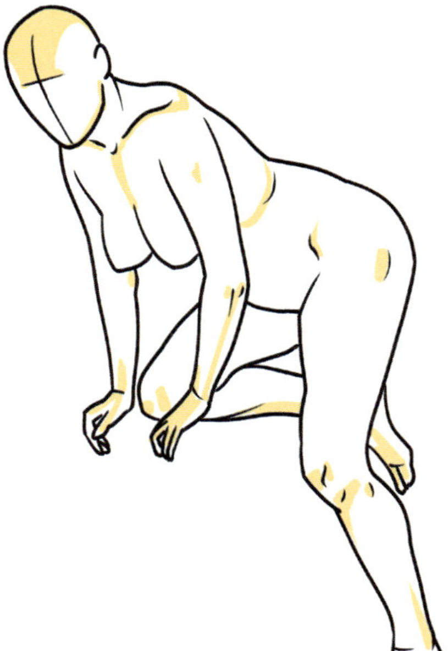

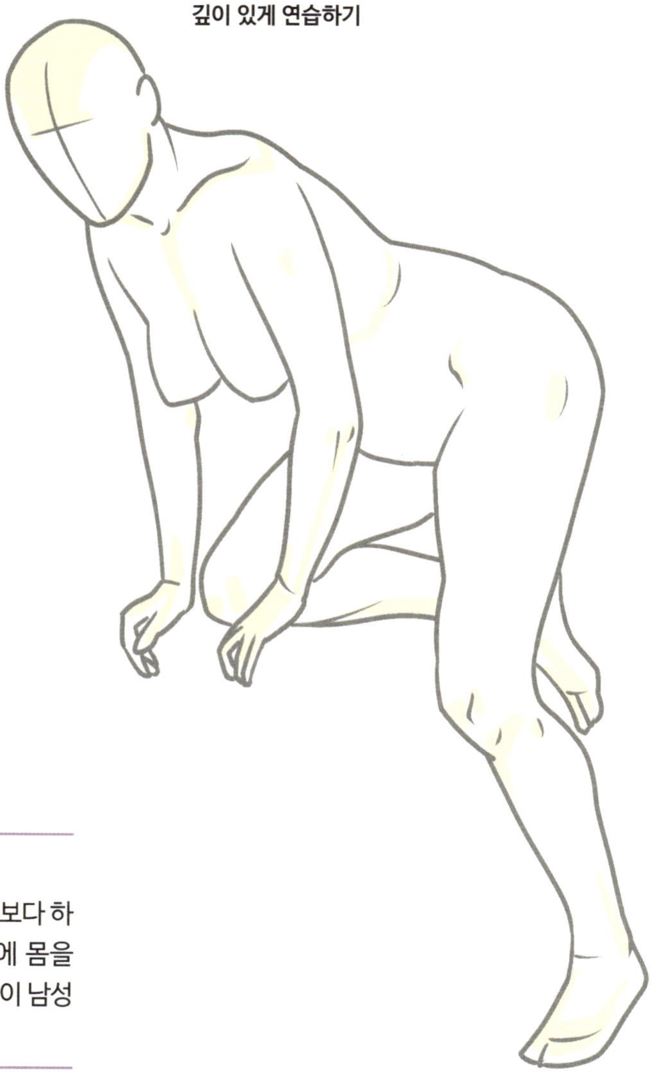

이 포즈의 포인트

몸을 앞으로 숙인 자세입니다. 여성은 상반신보다 하반신의 무게가 더 나가는 경우가 많기 때문에 몸을 숙였을 때 상반신을 팔로 지탱해야 하는 부담이 남성보다 적습니다.

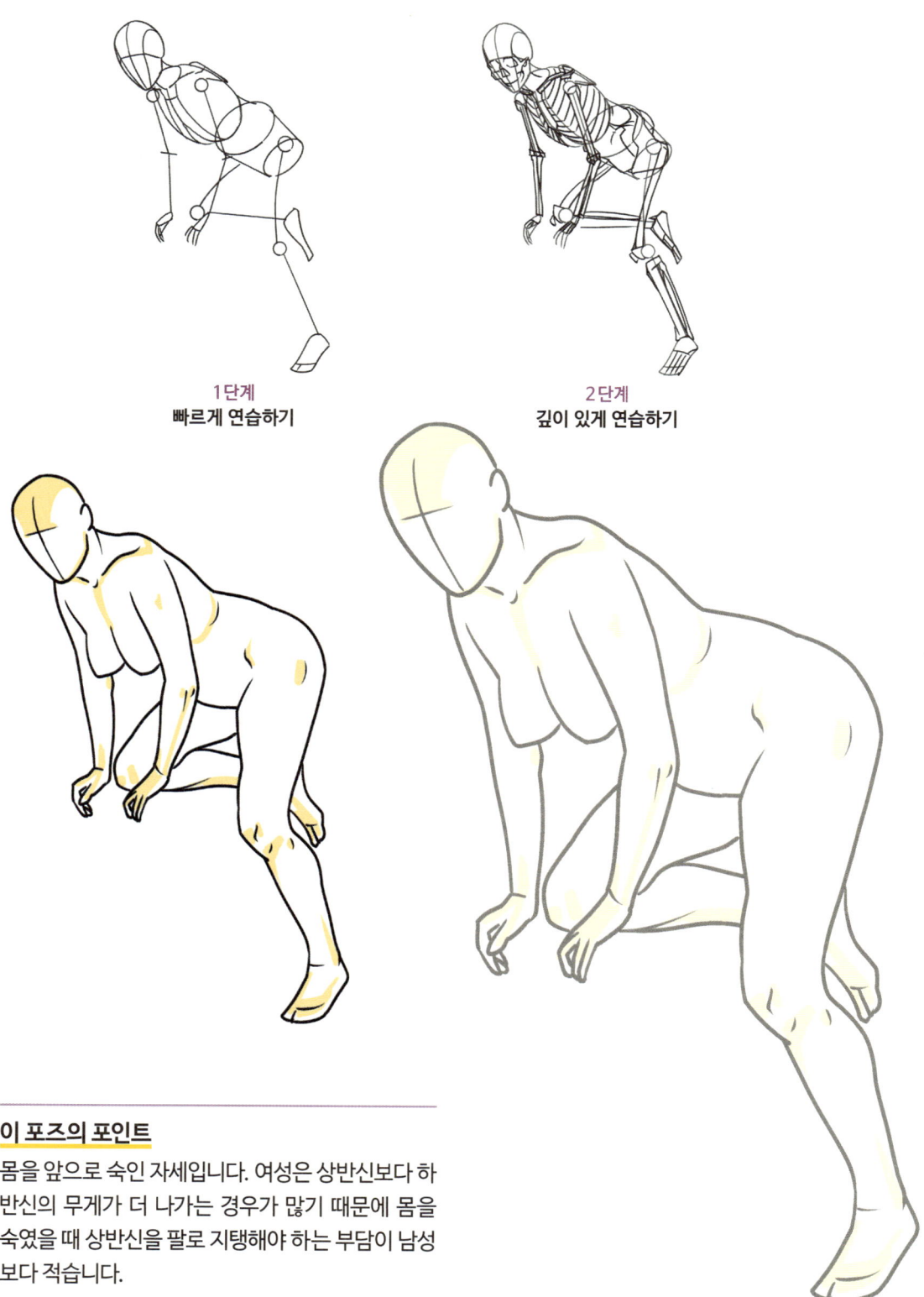

골격

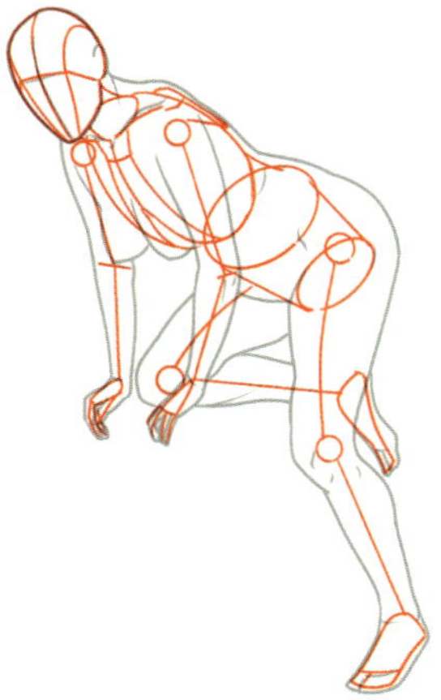

1단계
빠르게 연습하기

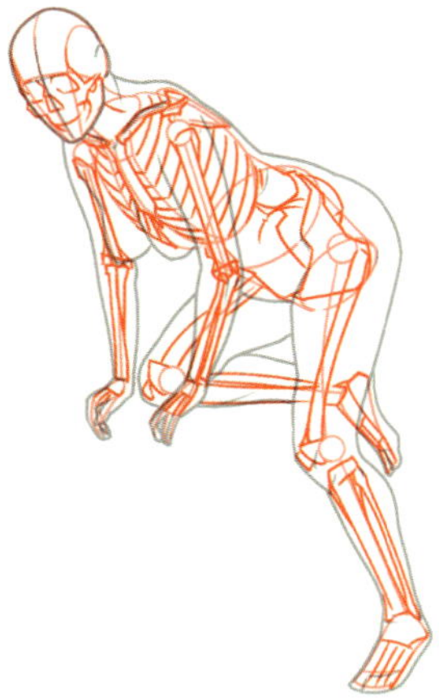

2단계
깊이 있게 연습하기

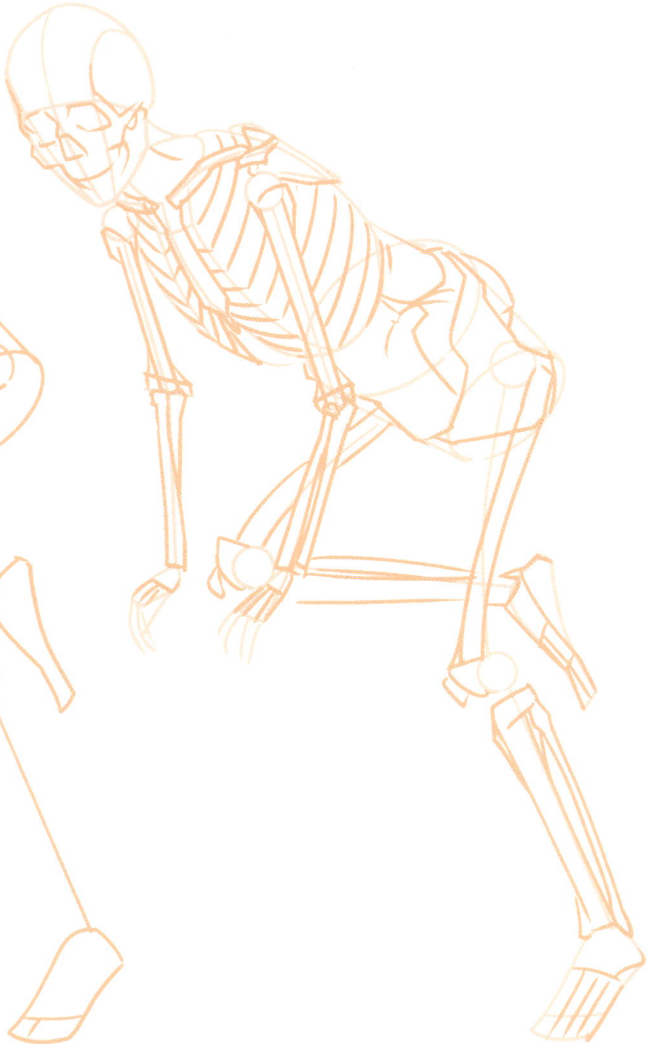

체표

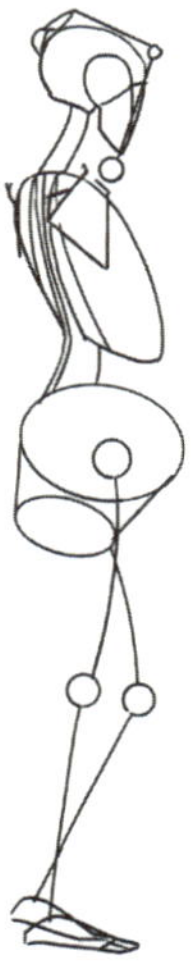

1단계
빠르게 연습하기

2단계
깊이 있게 연습하기

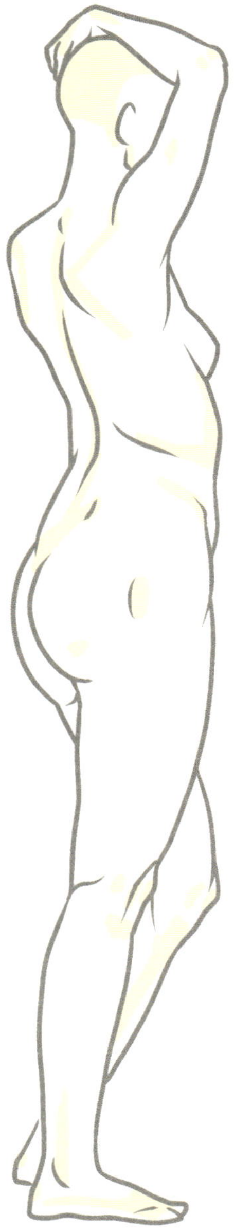

이 포즈의 포인트

팔을 머리 위에 올리는 자세는 인체 드로잉 수업 등에서 흔히 볼 수 있습니다. 팔을 몸통에서 떼면 오랫동안 버티기 힘들기 때문에 팔을 머리 위에 올려 지지하는 것입니다. 이 자세에서는 옆구리가 팔에 가려지지 않아 몸통 옆면을 관찰하기가 더 수월해집니다.

골격

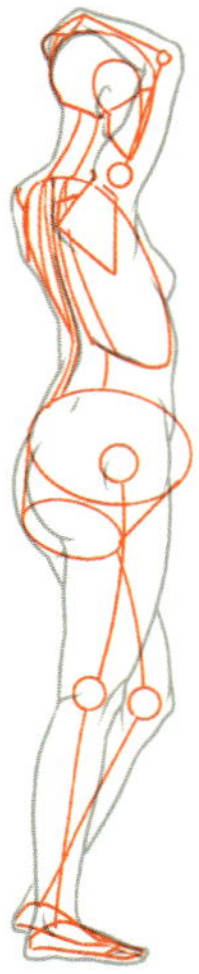

1단계
빠르게 연습하기

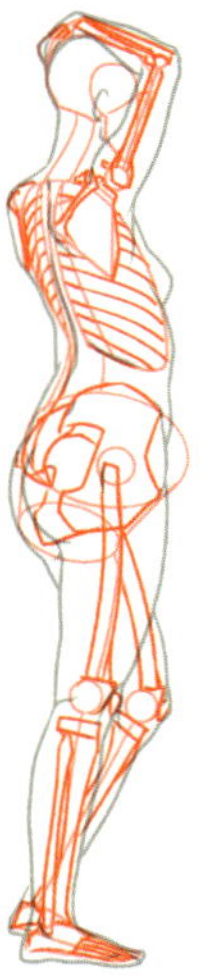

2단계
깊이 있게 연습하기

체표

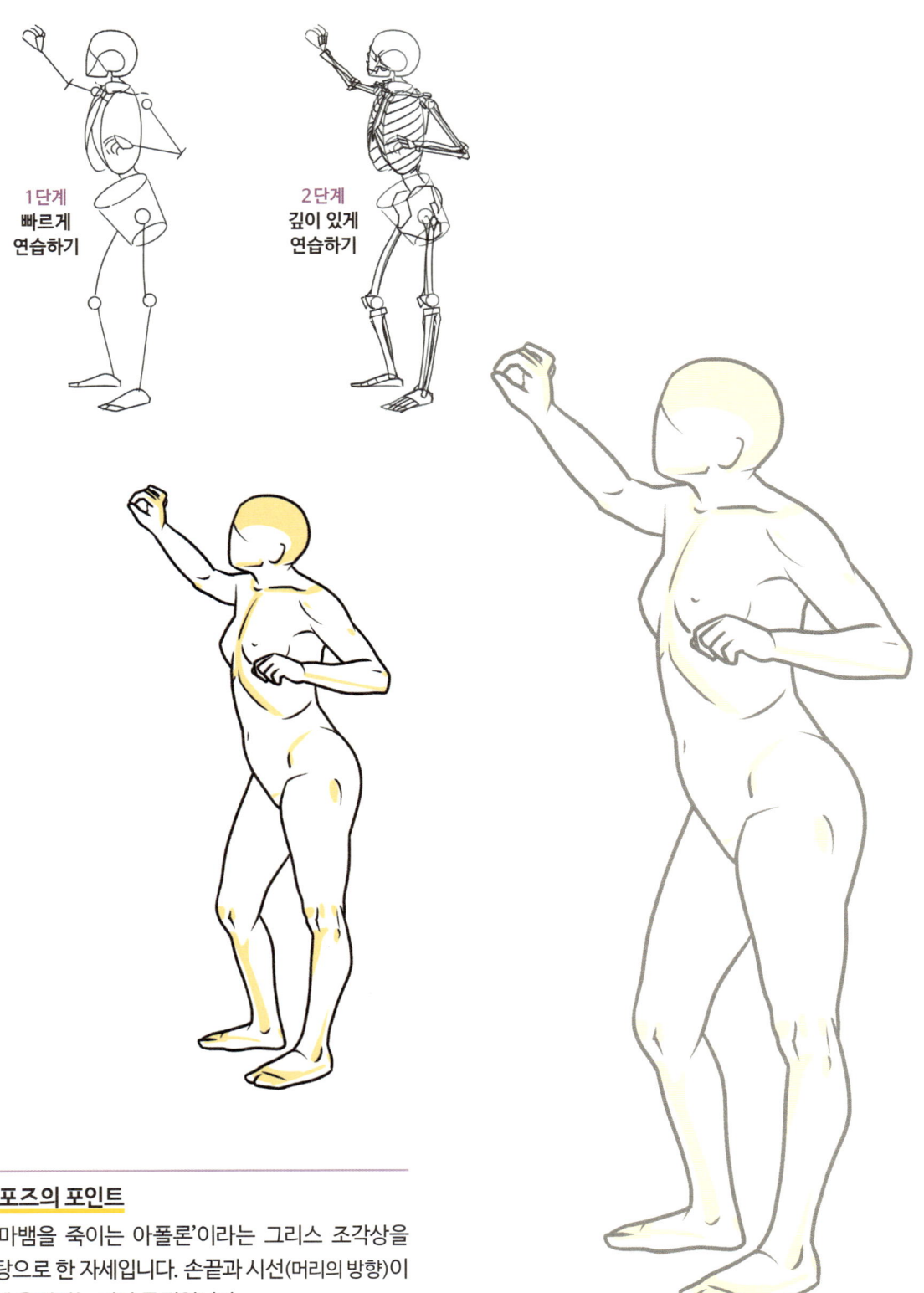

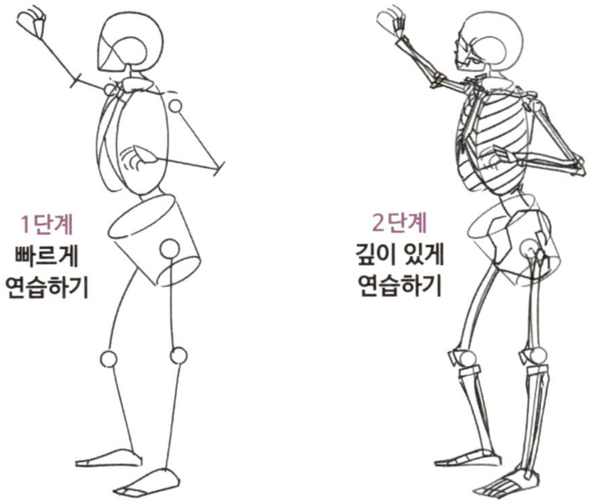
1단계
빠르게
연습하기
2단계
깊이 있게
연습하기

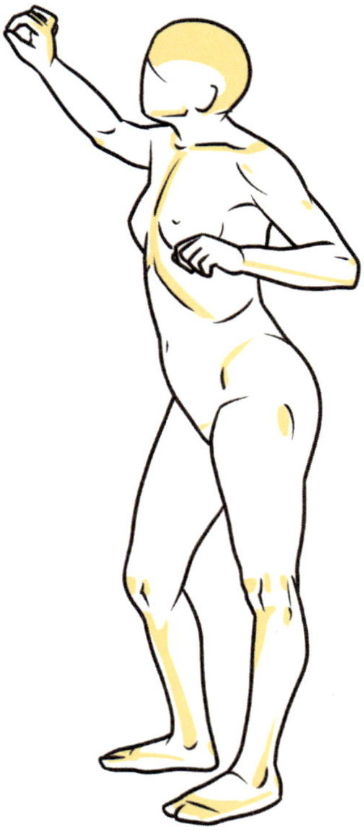

이 포즈의 포인트

'도마뱀을 죽이는 아폴론'이라는 그리스 조각상을 바탕으로 한 자세입니다. 손끝과 시선(머리의 방향)이 함께 움직이는 것이 특징입니다.

골격

1단계
빠르게 연습하기

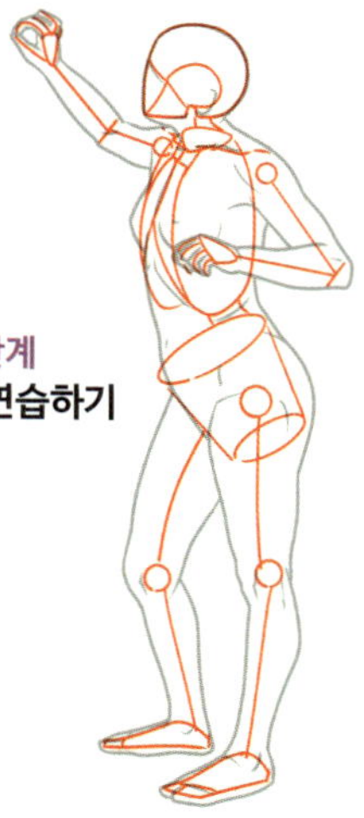

2단계
깊이 있게 연습하기

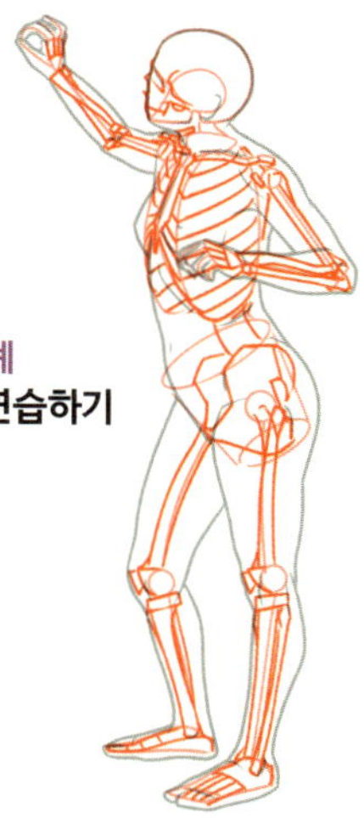

체표

1단계
빠르게 연습하기

2단계
깊이 있게 연습하기

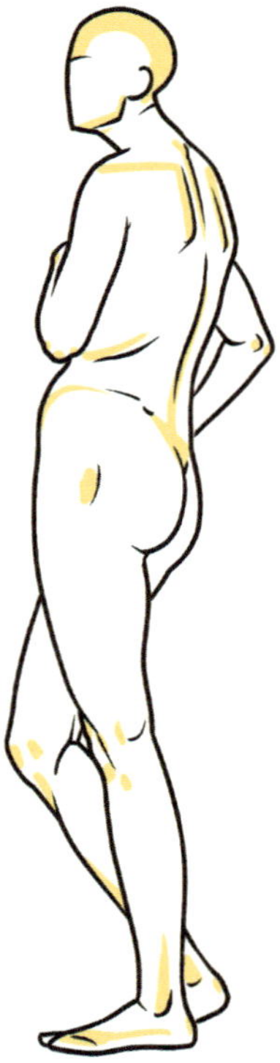

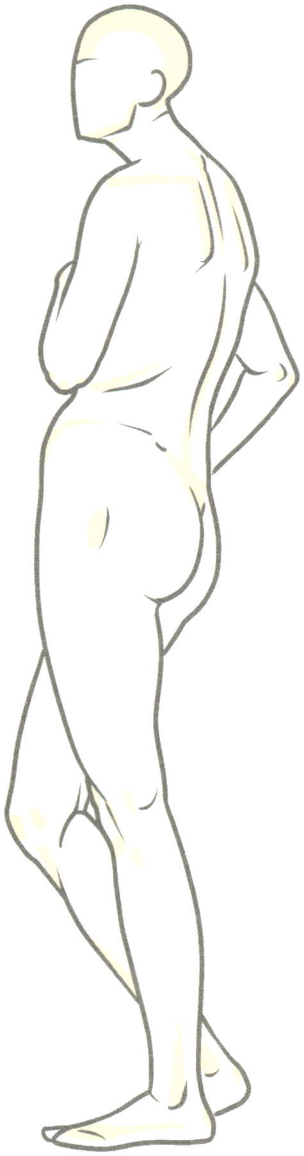

이 포즈의 포인트

미술 작품에서는 인체를 날씬하고 길쭉한 체형으로 표현하는 경우가 많습니다. 머리 크기를 기준으로 키를 재면 8등신에 해당하는데, 실제로도 아주 드물게 이런 체형을 가진 사람이 있습니다. 이들은 정강이와 아래팔이 비교적 긴 경향이 있습니다.

골격

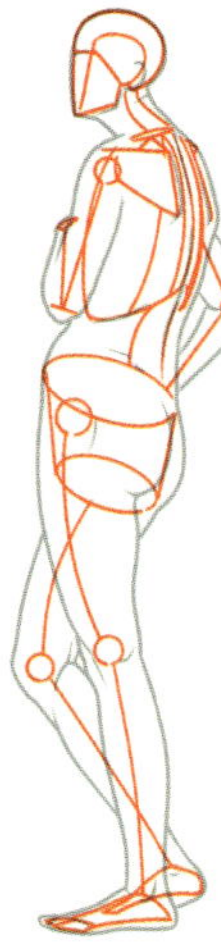

1단계
빠르게 연습하기

2단계
깊이 있게 연습하기

046

체표

1단계
빠르게 연습하기

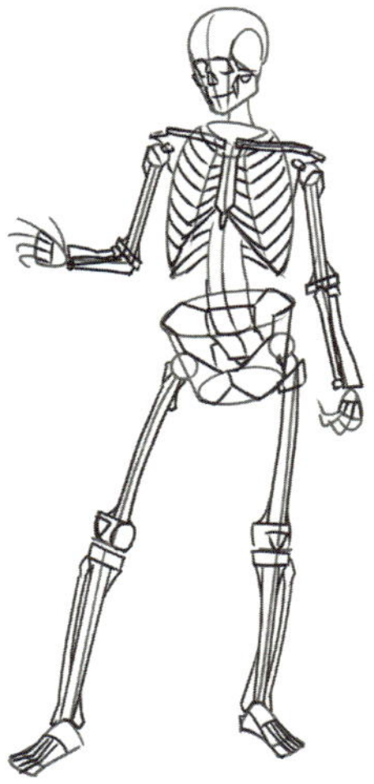

2단계
깊이 있게 연습하기

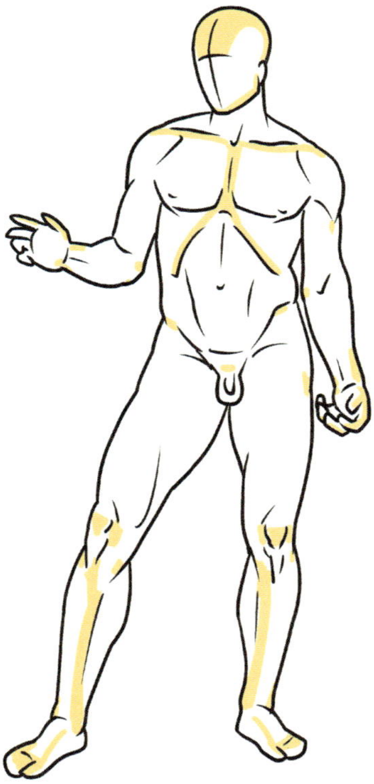

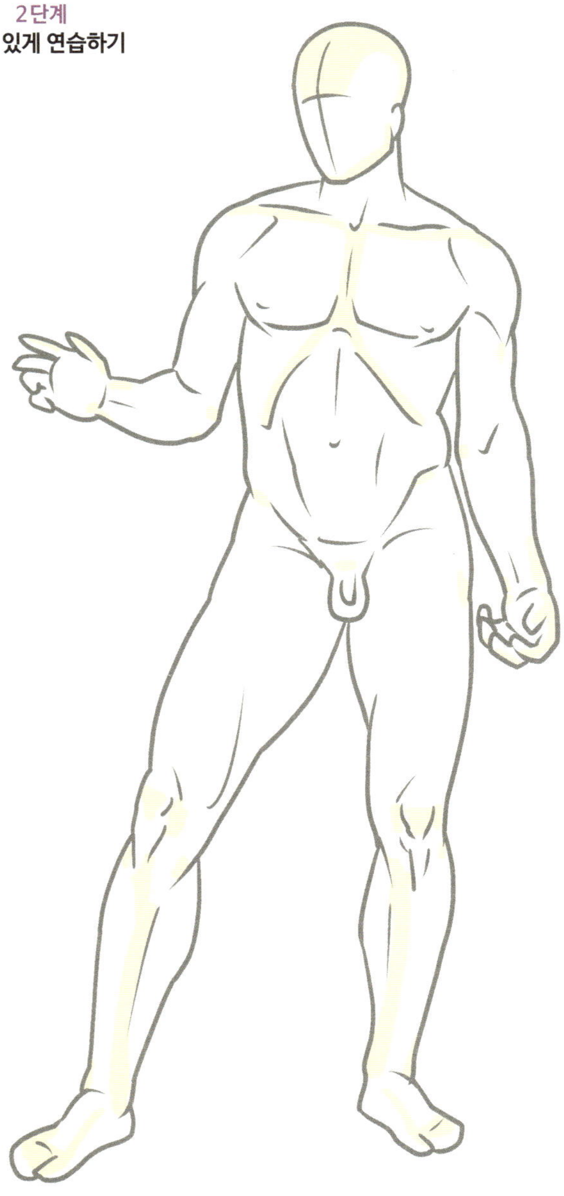

이 포즈의 포인트

미술 작품에서는 몸통이 짧아 보이는 체형이 종종 등장하는데, 실제로도 아프리카계 인종에서 이런 체형을 볼 수 있습니다.

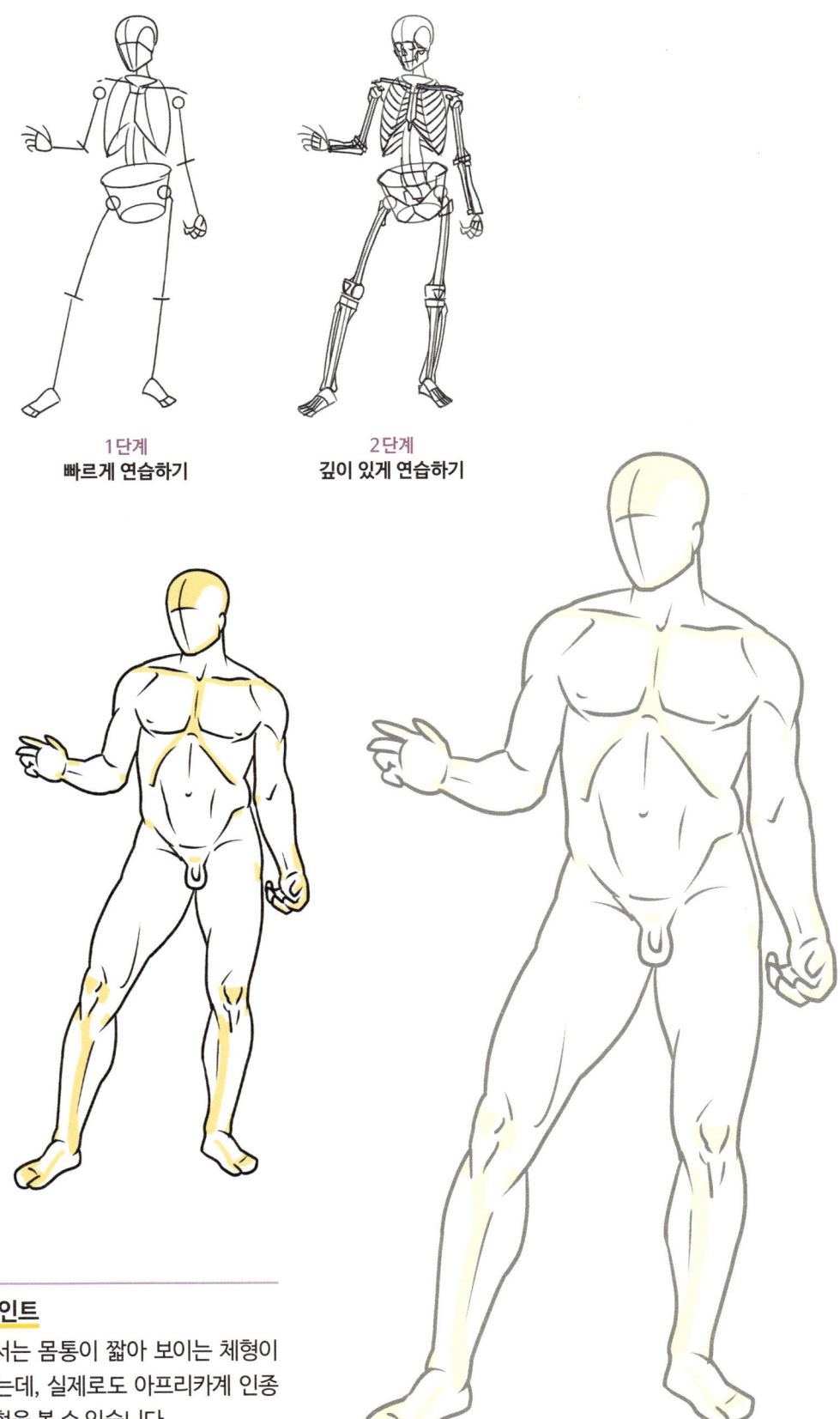

골격

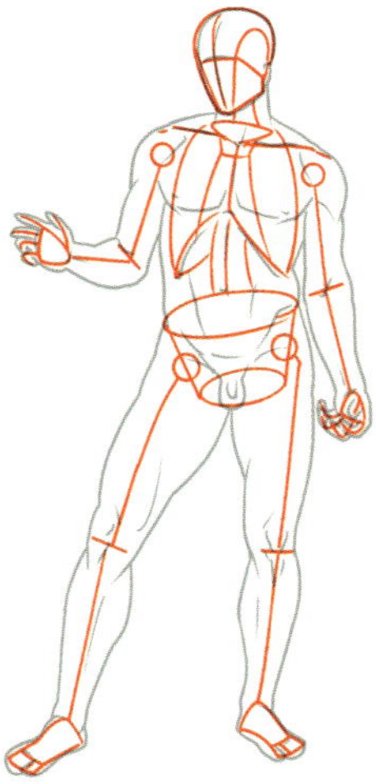

1단계
빠르게 연습하기

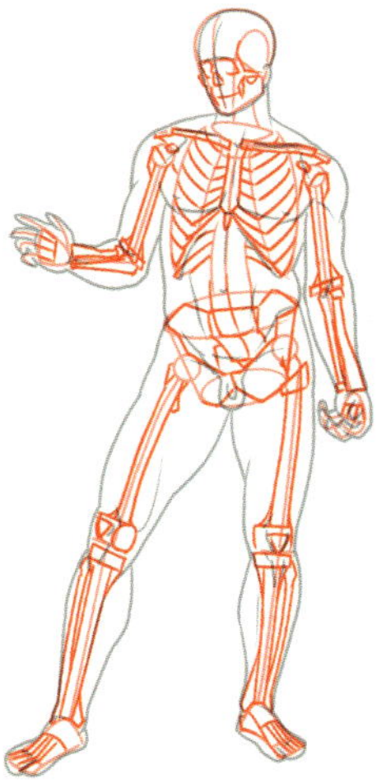

2단계
깊이 있게 연습하기

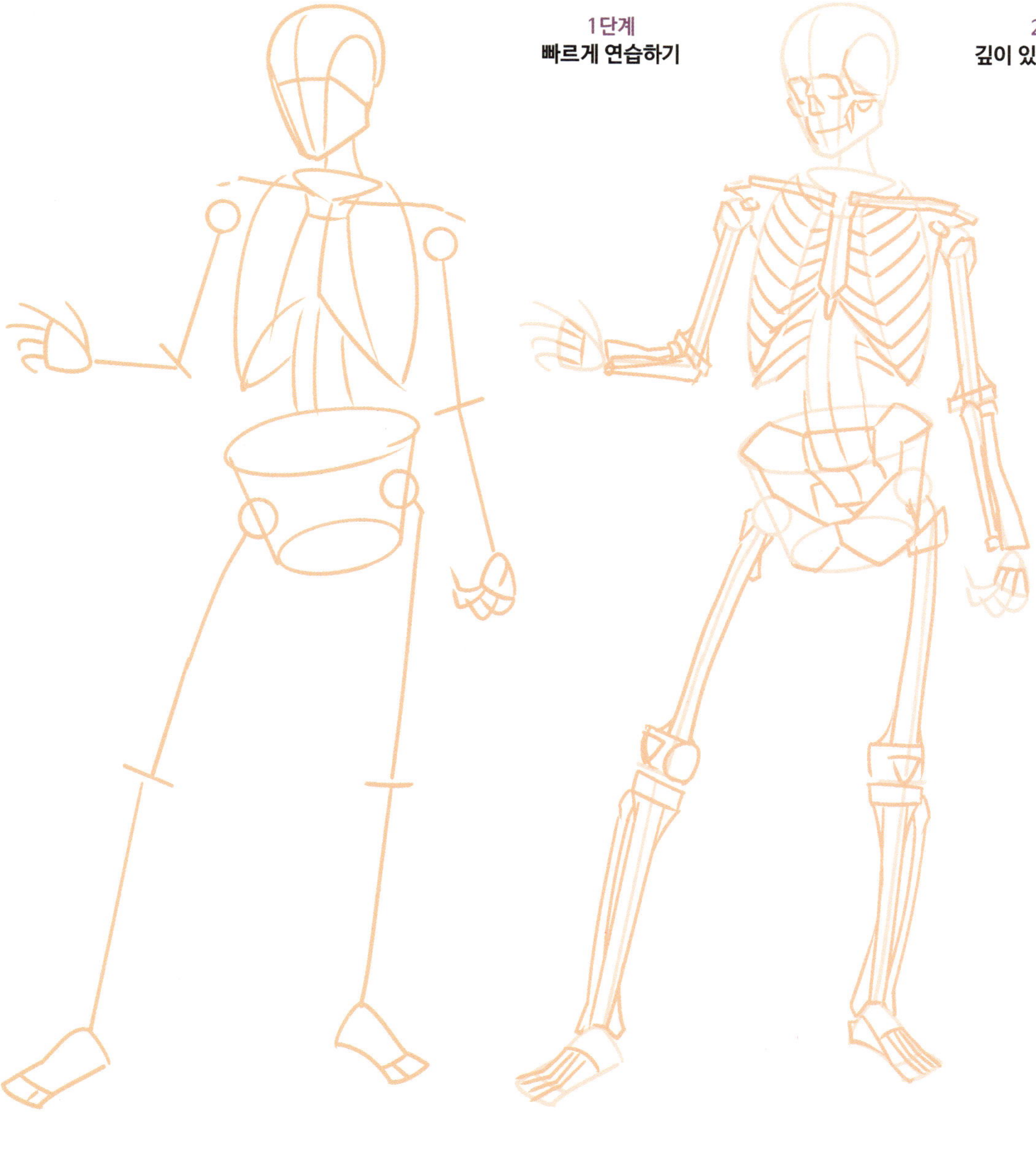

047

체표

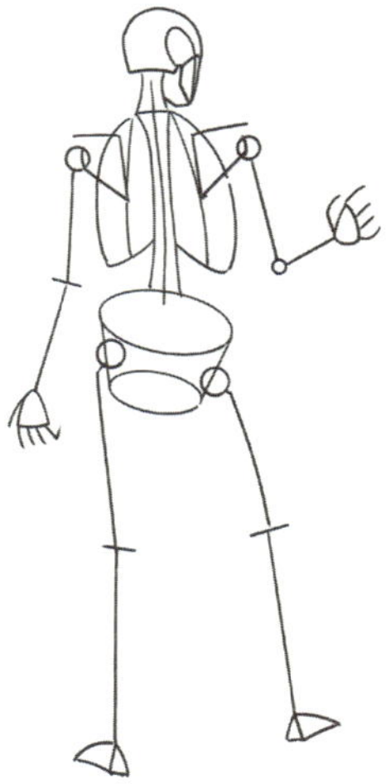

1단계
빠르게 연습하기

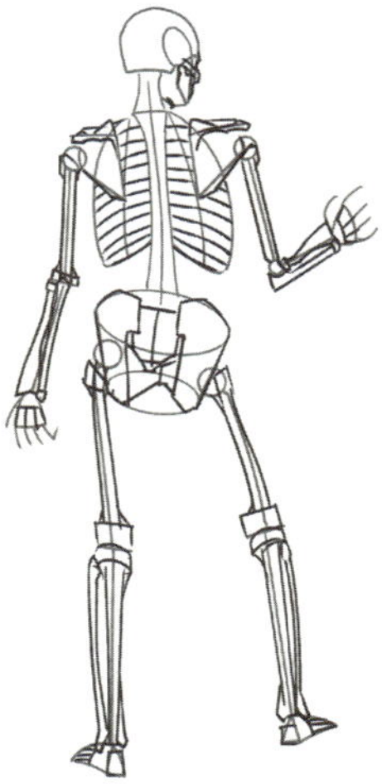

2단계
깊이 있게 연습하기

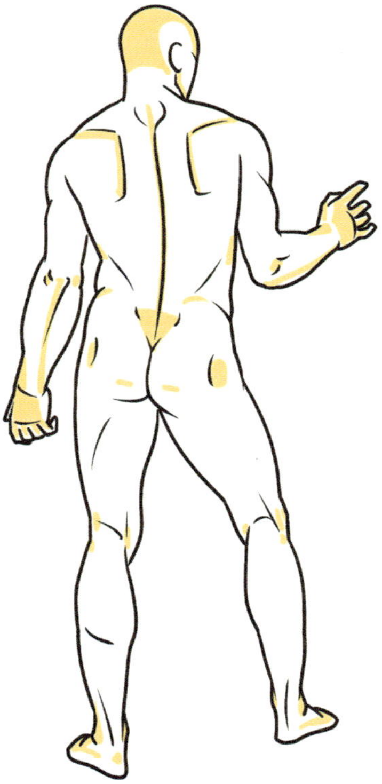

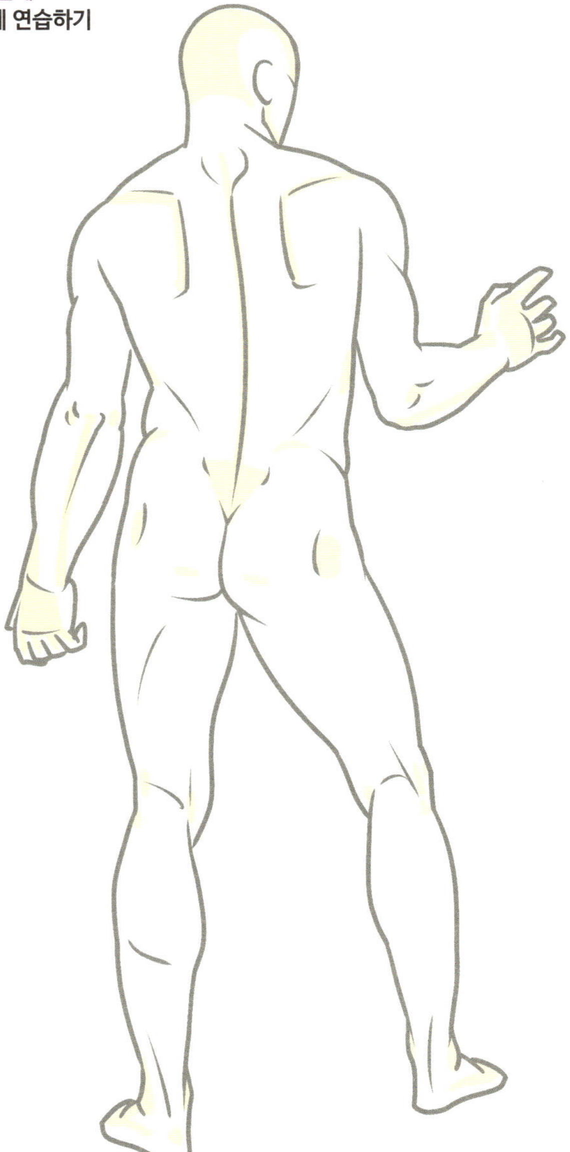

이 포즈의 포인트

몸통이 짧아 보이는 사람은 엉덩이 위치도 높습니다. 엉덩이 위치는 남녀 차이가 있는데, 여성은 피하지방이 많기 때문에 남성보다 엉덩이 위치가 더 낮아 보입니다.

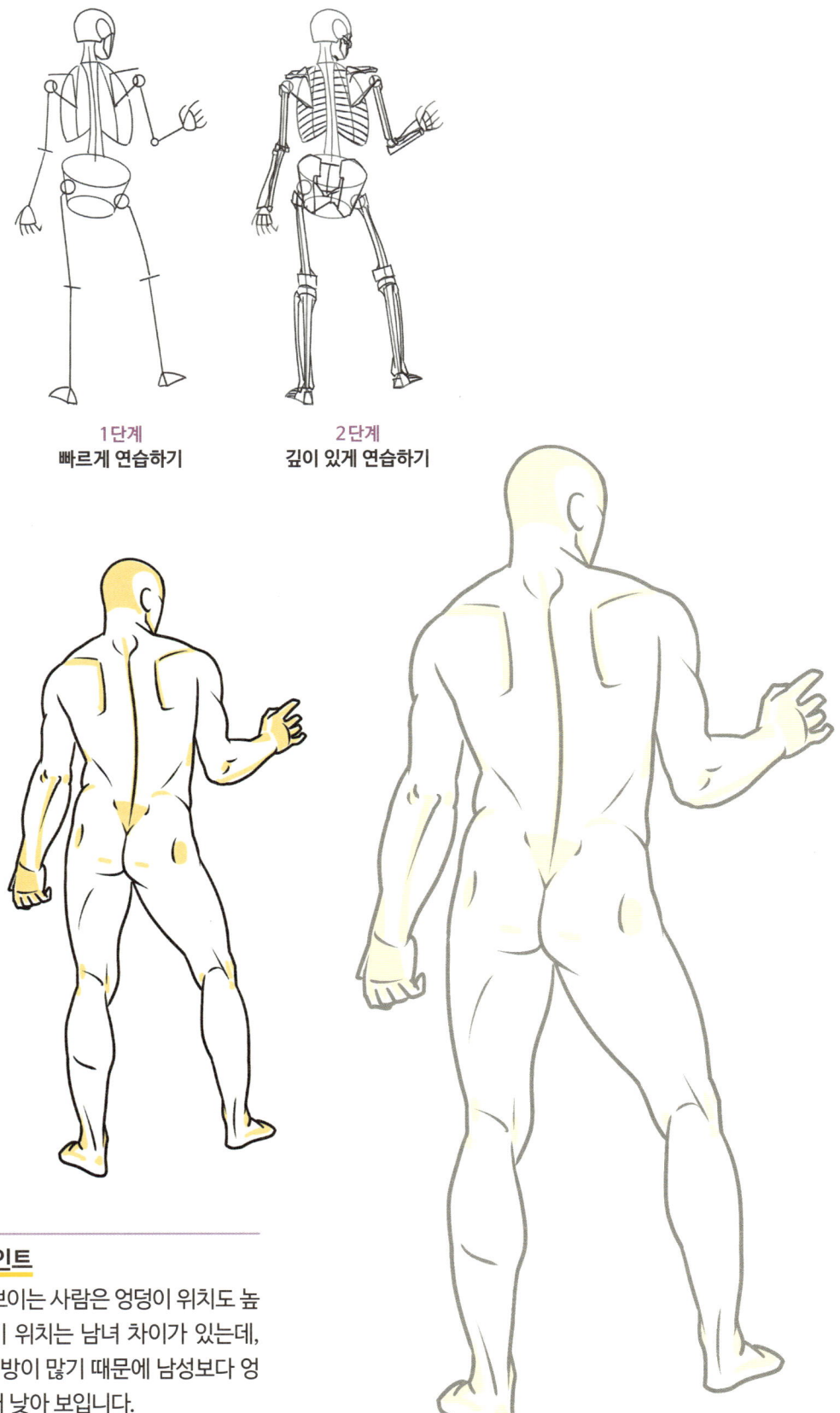

골격

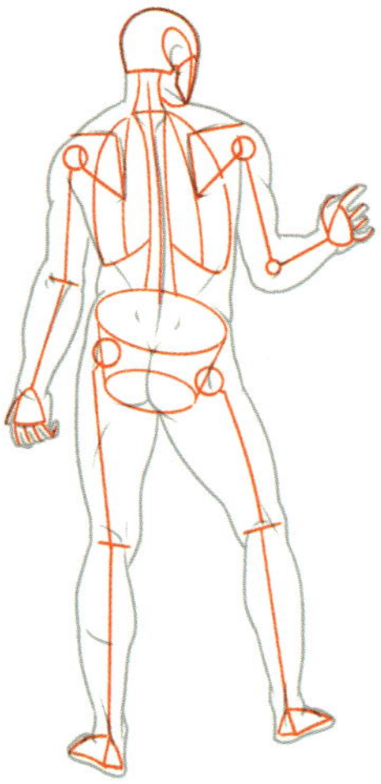

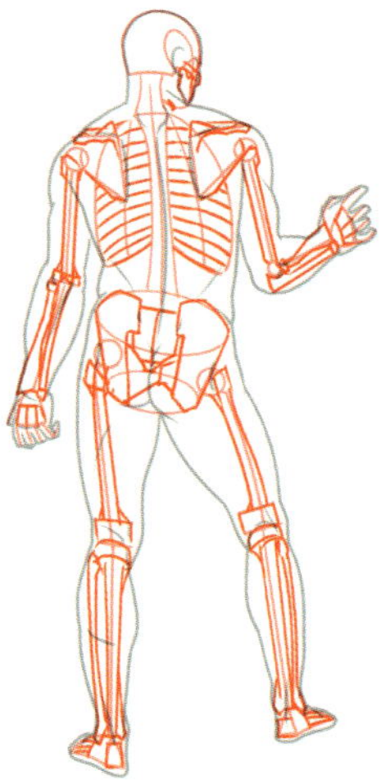

1단계
빠르게 연습하기

2단계
깊이 있게 연습하기

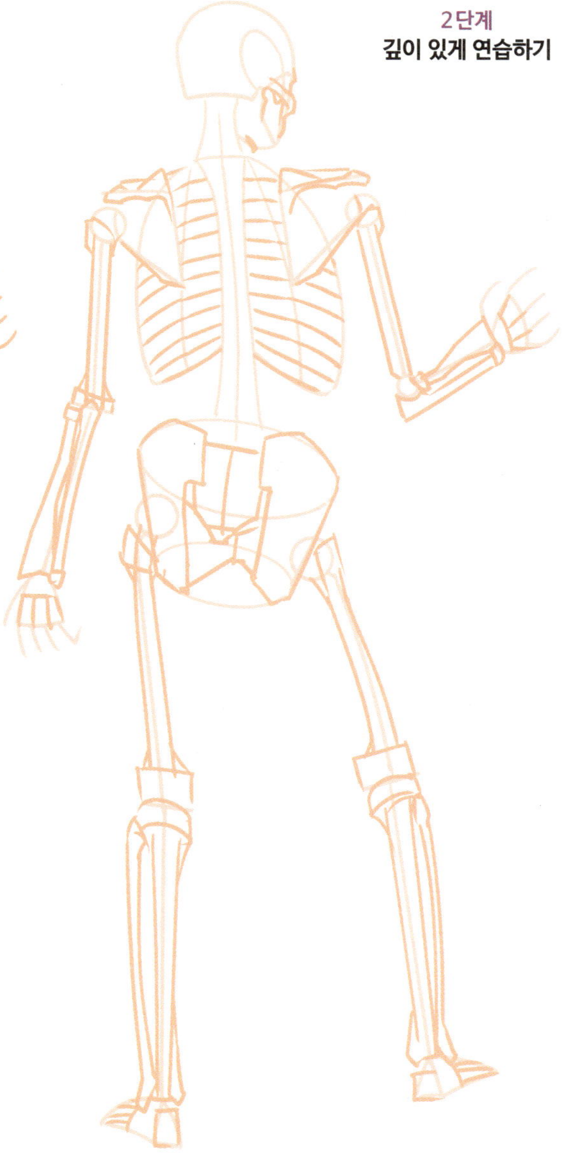

체표

1단계
빠르게 연습하기

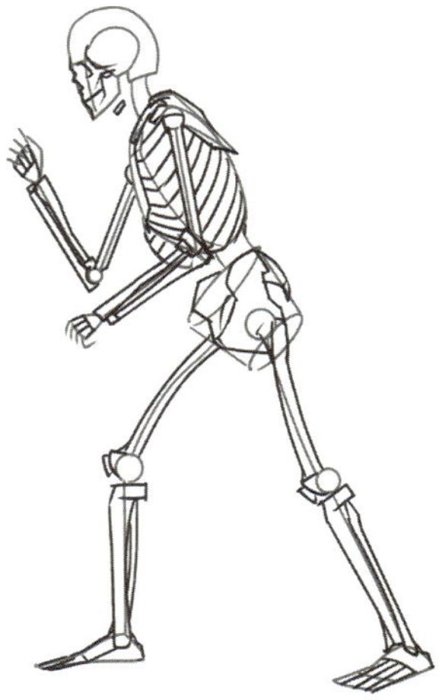

2단계
깊이 있게 연습하기

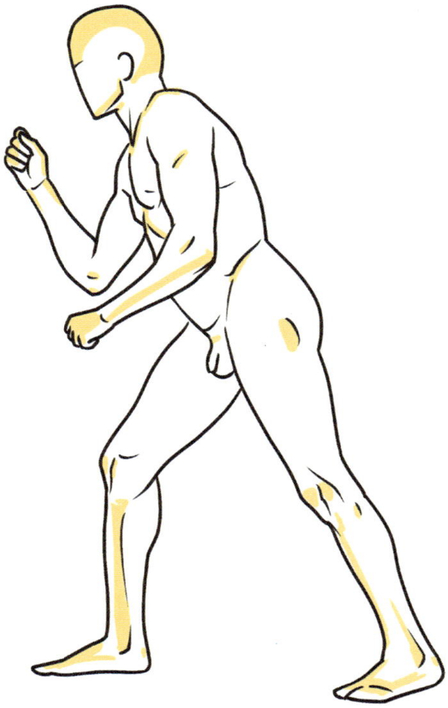

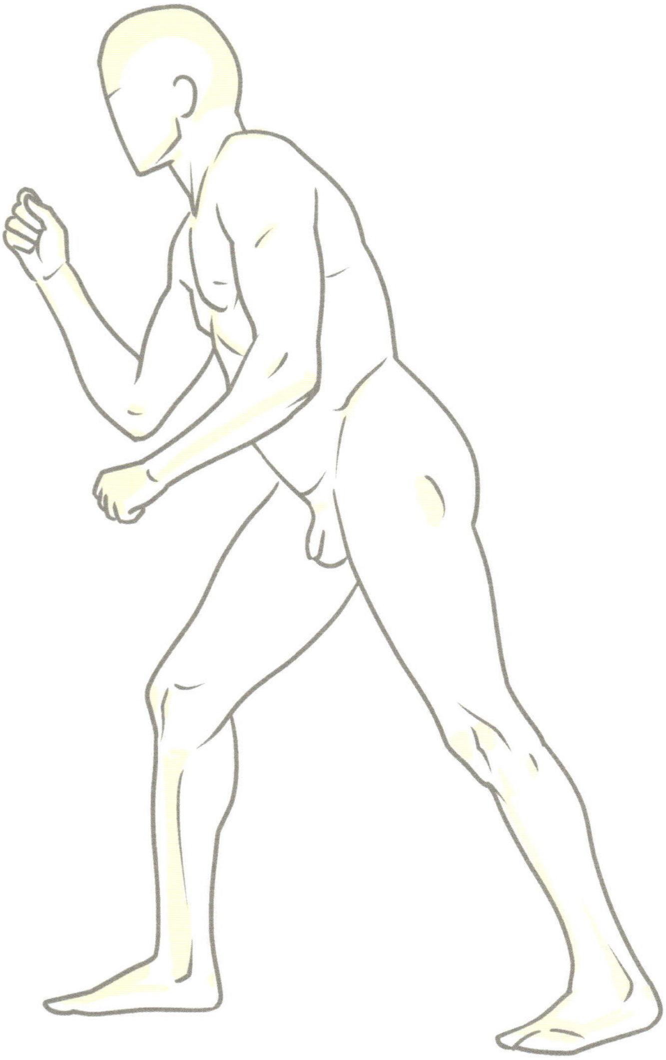

이 포즈의 포인트

몸통을 앞으로 숙이려면 다리를 앞으로 내밀어 지탱해야 합니다. 두 발이 지면에 닿아 있을 때는 뒤쪽 다리가 펴지고, 앞으로 내민 다리는 구부러집니다.

골격

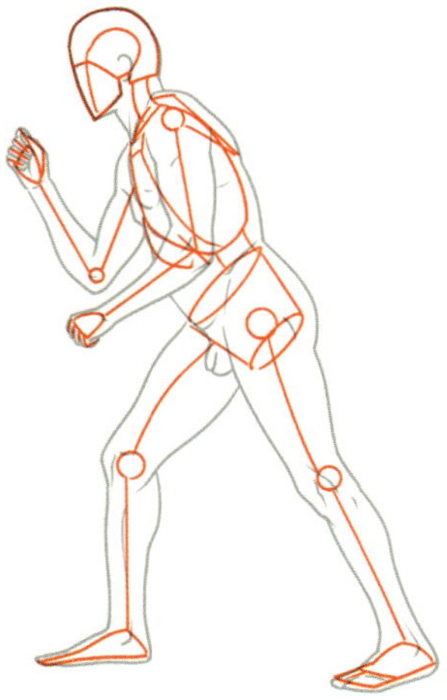

1단계
빠르게 연습하기

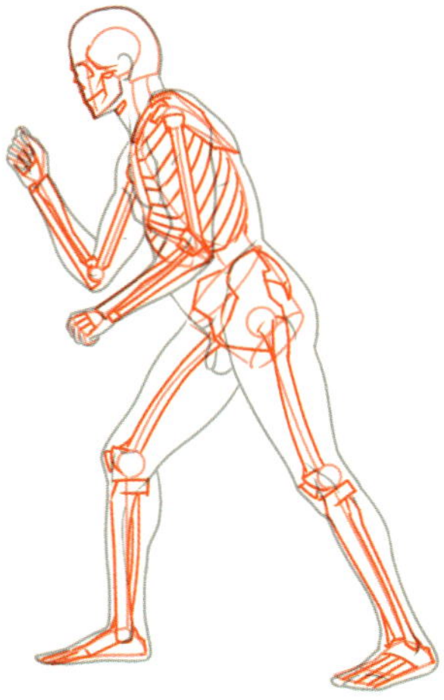

2단계
깊이 있게 연습하기

체표

1단계
빠르게 연습하기

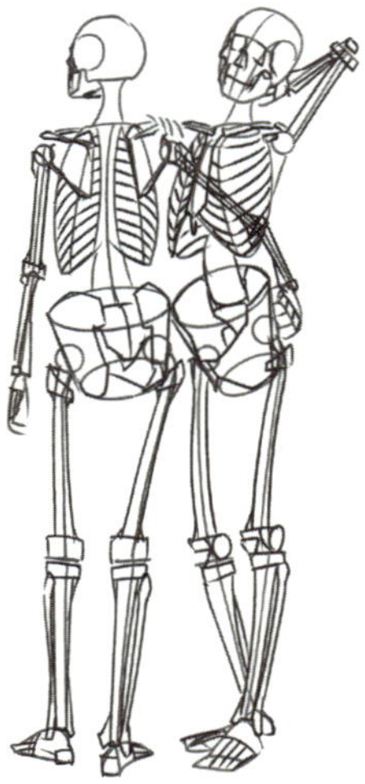

2단계
깊이 있게 연습하기

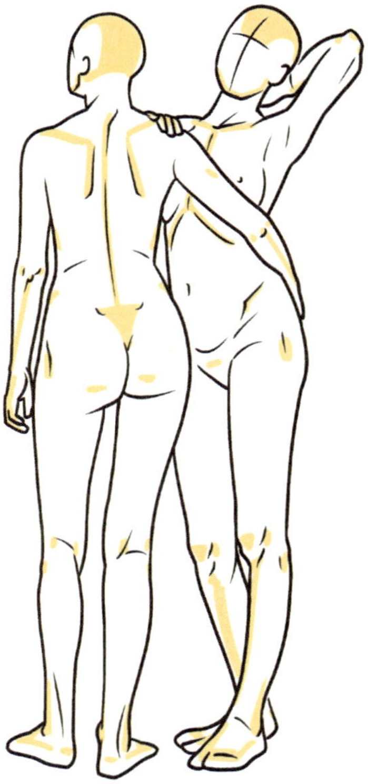

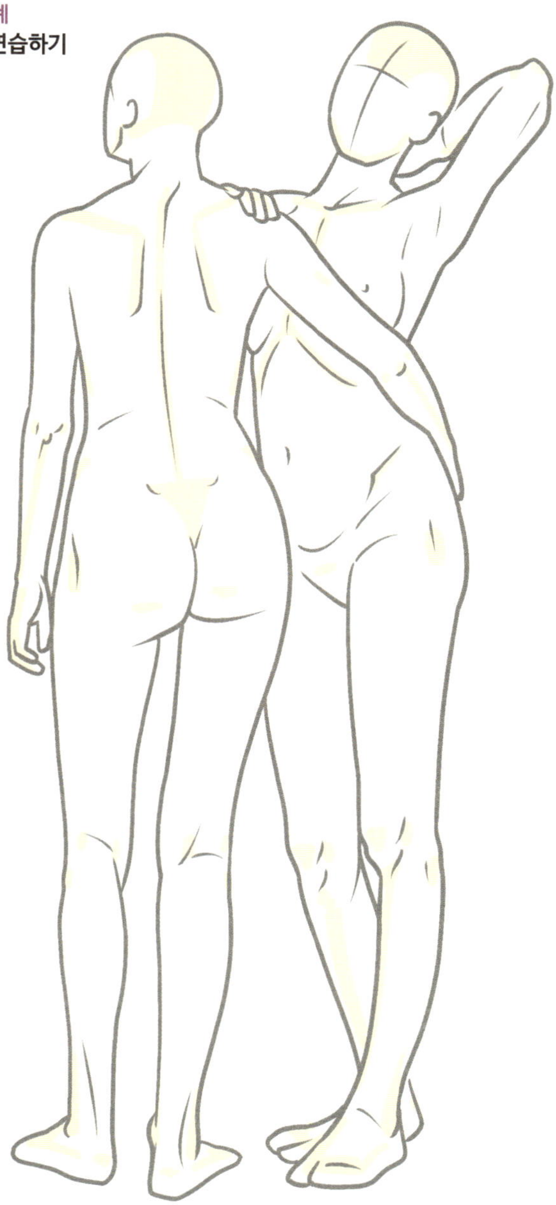

이 포즈의 포인트

그리스 조각 등에서는 여러 명의 여성을 함께 표현하는 경우가 있습니다. 인물이 여럿이라도 침착하게 뼈대 구조를 찾아 관찰해 보세요.

골격

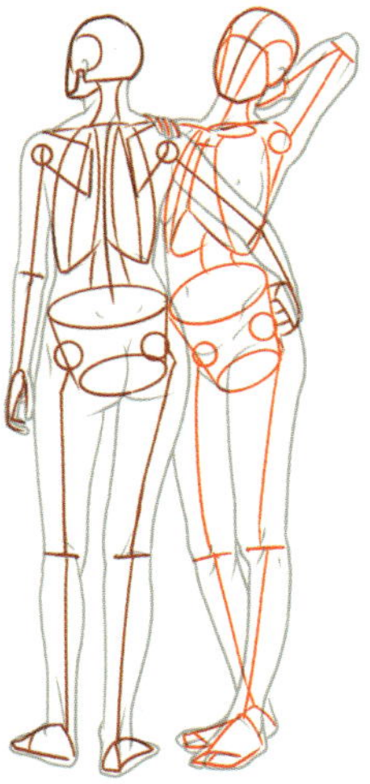

1단계
빠르게 연습하기

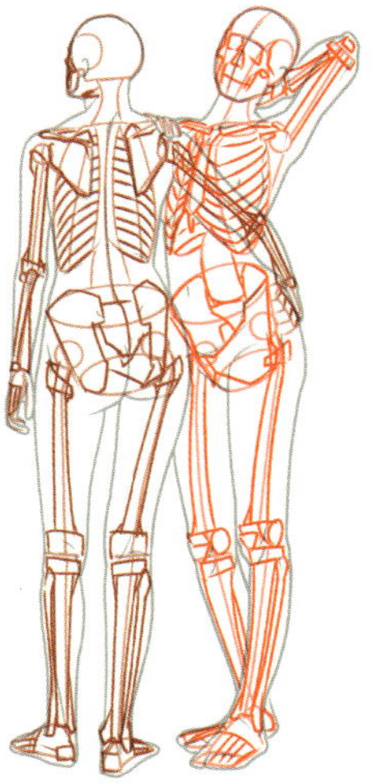

2단계
깊이 있게 연습하기

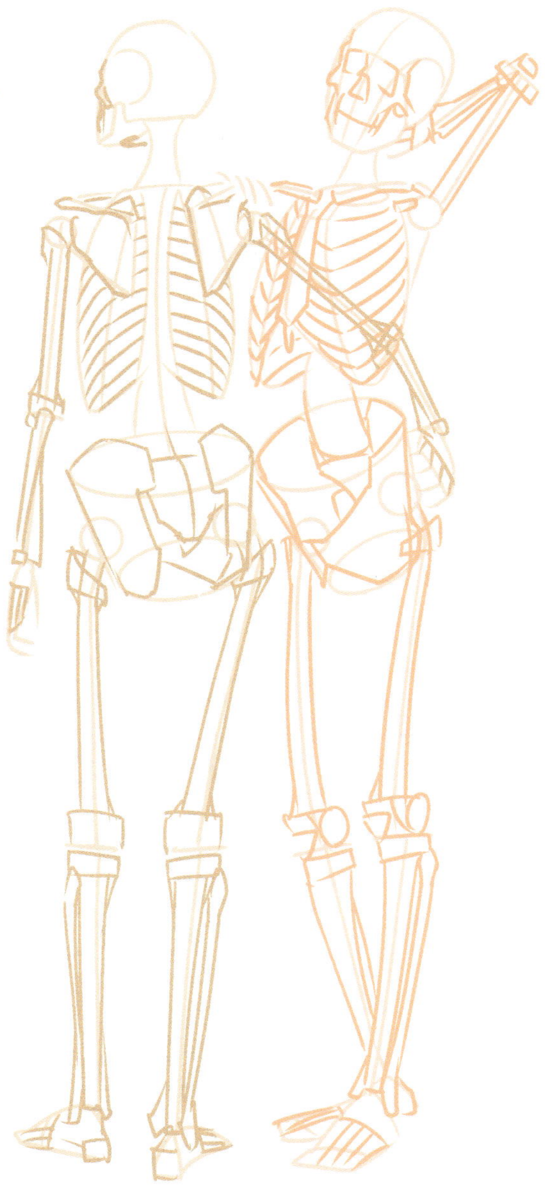

체표

1단계
빠르게 연습하기

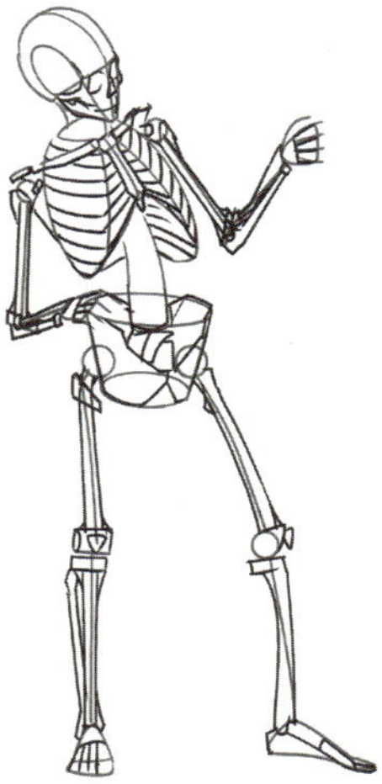

2단계
깊이 있게 연습하기

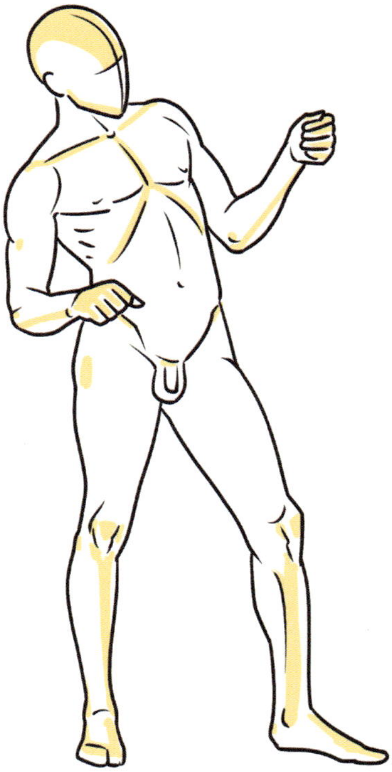

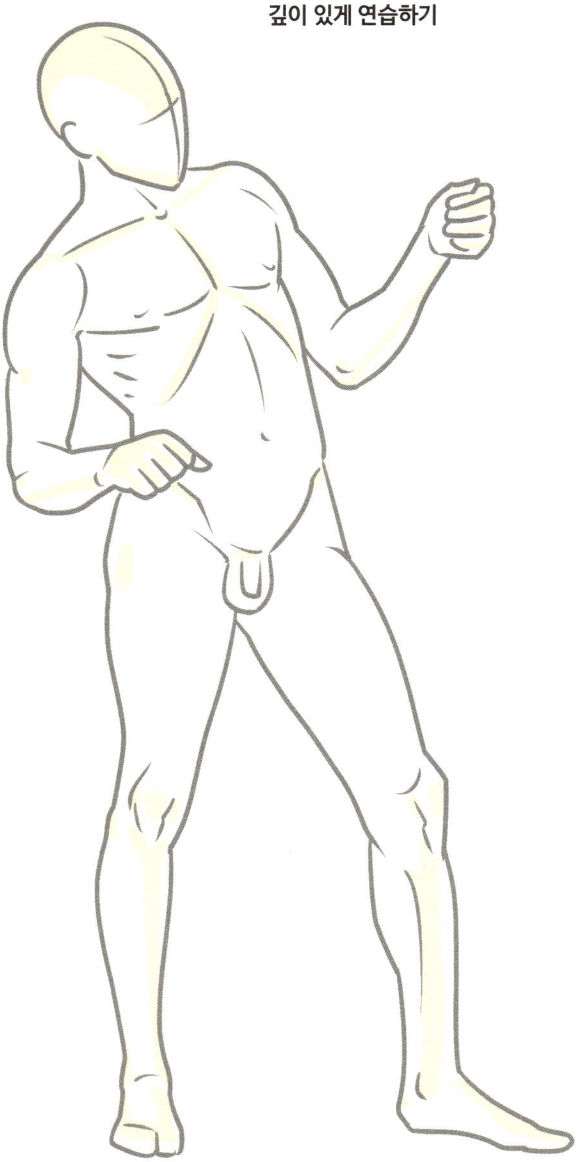

이 포즈의 포인트

정면이나 측면 등 정확한 투영도로 그려진 해부도를 참고하여 내부 구조를 추측할 때는, 해부도와 가장 가까운 시점에서 보는 것이 좋습니다. 이 자세의 경우에는 다리의 골격을 해부도의 정면도와 내측면도에서 정확하게 추측할 수 있습니다.

골격

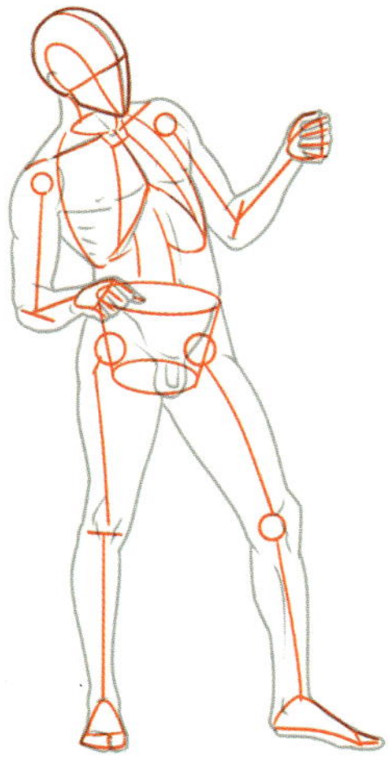

1단계
빠르게 연습하기

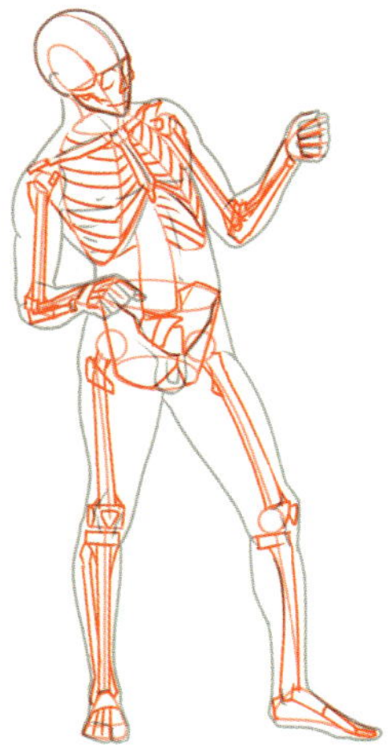

2단계
깊이 있게 연습하기

체표

1단계
빠르게
연습하기

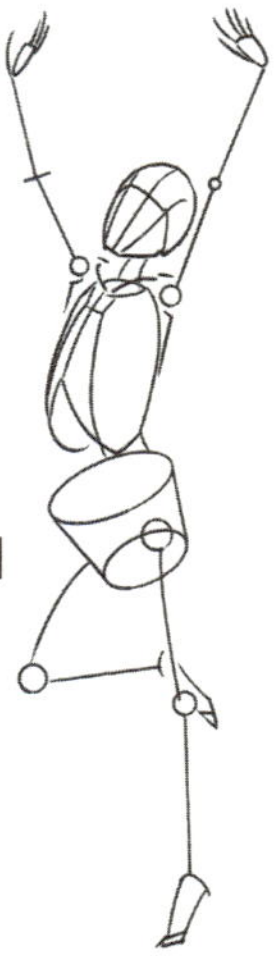

2단계
깊이 있게
연습하기

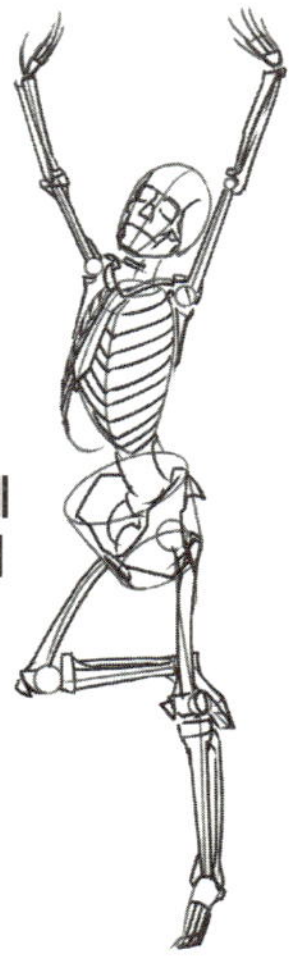

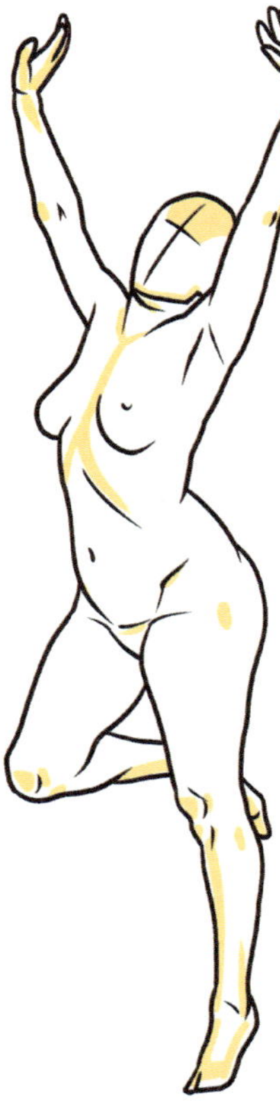

이 포즈의 포인트

한쪽 발끝으로 서 있는 자세입니다. 오래 버티기 힘든 이런 포즈는 받침대 위에 무릎을 올리거나, 손으로 막대기나 손잡이 등을 잡으면 더 오래 자세를 유지할 수 있습니다.

골격

1단계
빠르게 연습하기

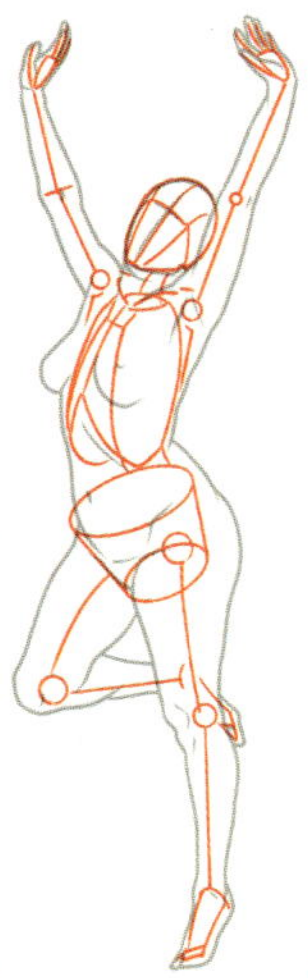

2단계
깊이 있게 연습하기

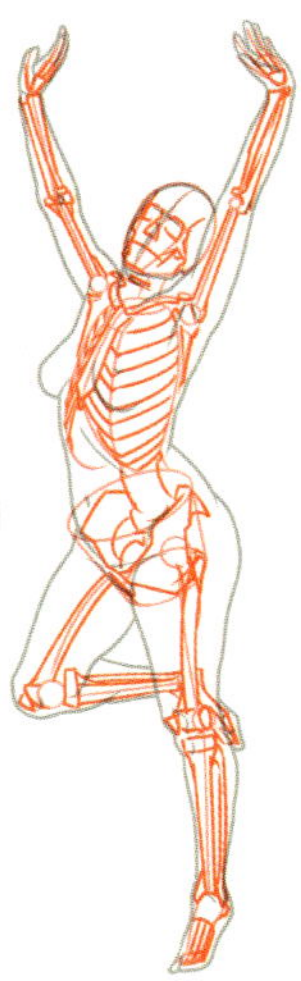

052

체표

1단계
빠르게 연습하기

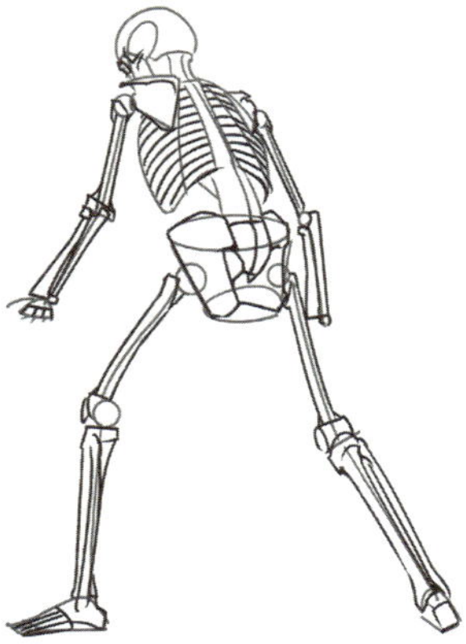

2단계
깊이 있게 연습하기

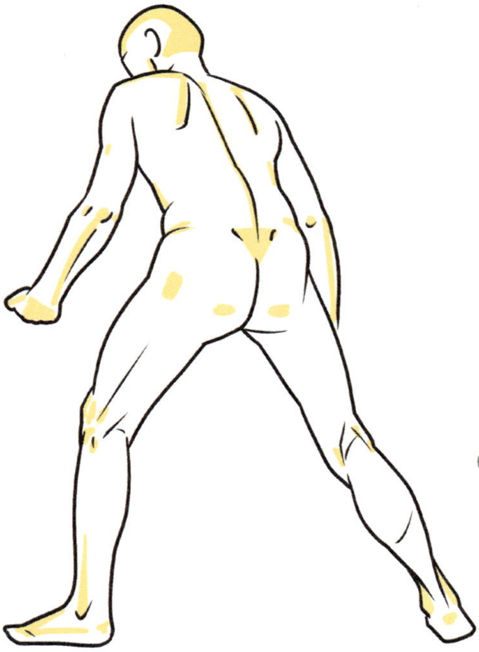

이 포즈의 포인트

몸을 약간 앞으로 기울인 자세라 어깨뼈가시(견갑극)가 어깨선 부근에 드러나 보입니다. 가슴우리(흉곽)와 골반은 약간 아래에서 올려다보는 시점입니다.

골격

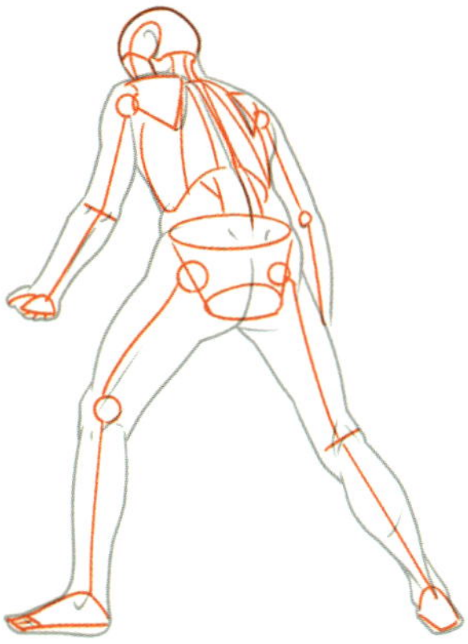

1단계
빠르게 연습하기

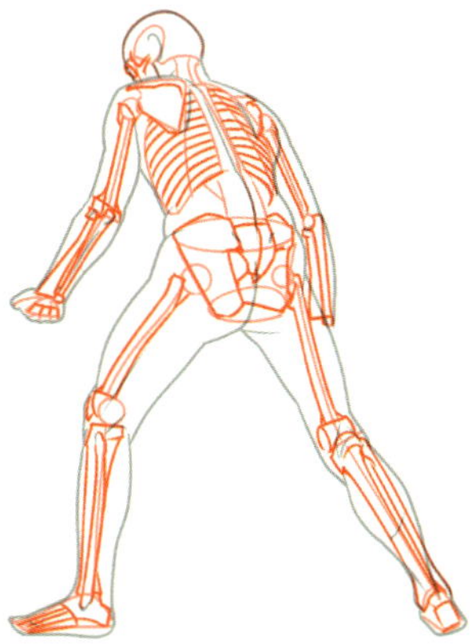

2단계
깊이 있게 연습하기

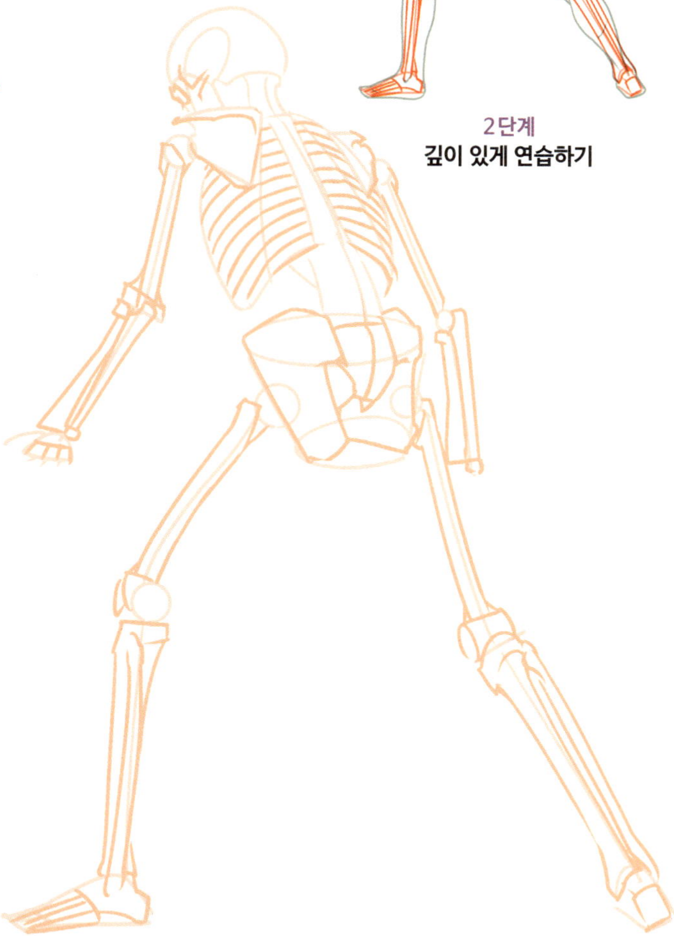

체표

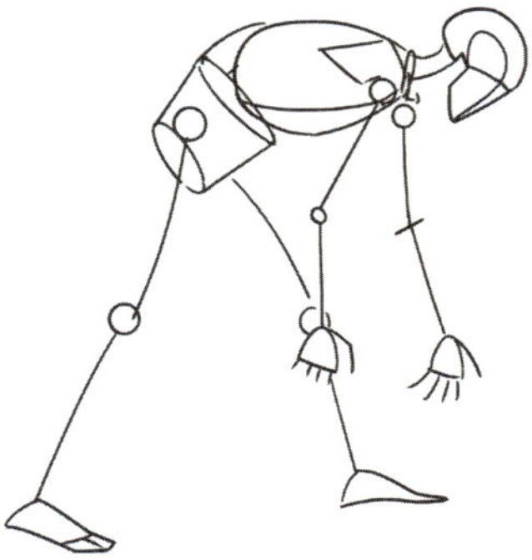

1단계
빠르게 연습하기

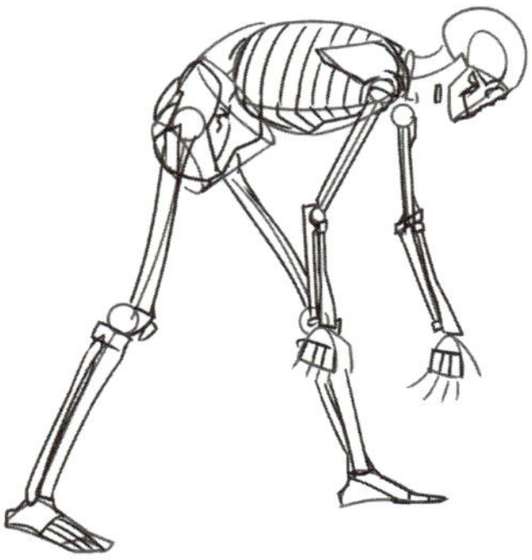

2단계
깊이 있게 연습하기

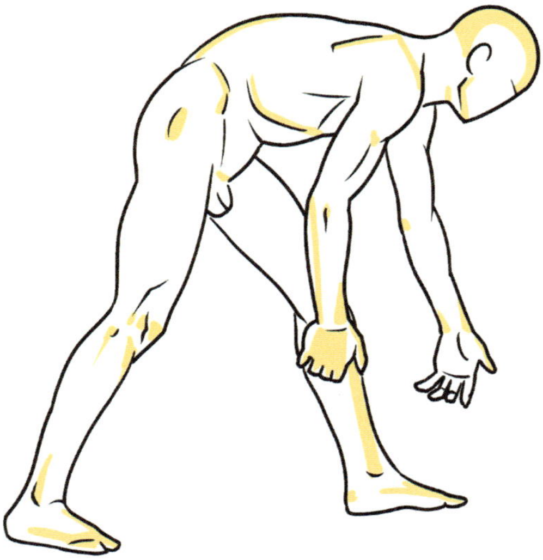

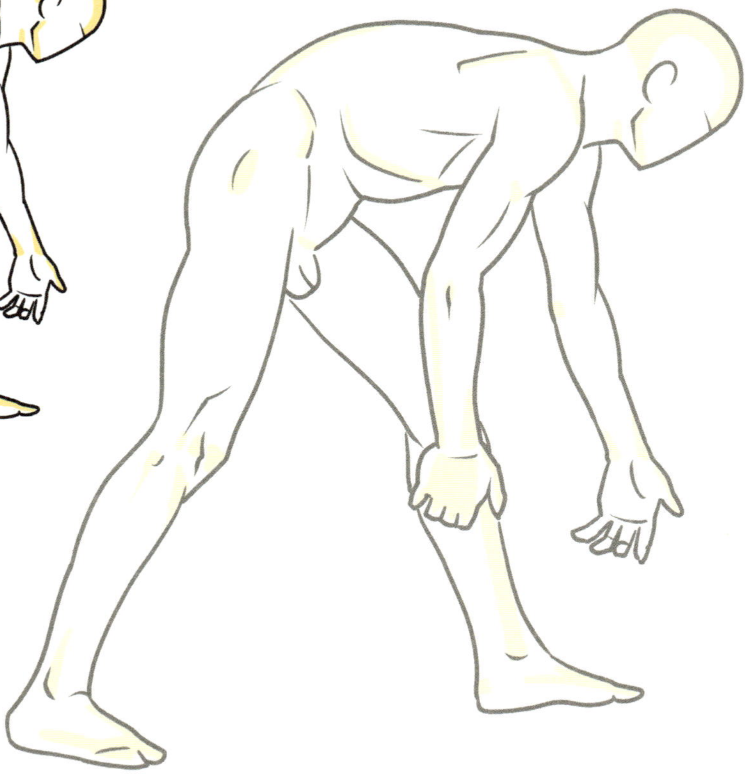

이 포즈의 포인트

짐을 들고 있는 자세입니다. 이 자세는 팔과 다리의 길이 비율을 알기 쉽게 보여줍니다. 곧게 뻗은 팔(중지 끝에서 어깨까지)의 길이는, 똑바로 섰을 때 다리(지면에서 골반까지) 길이의 약 80%입니다.

골격

1단계
빠르게 연습하기

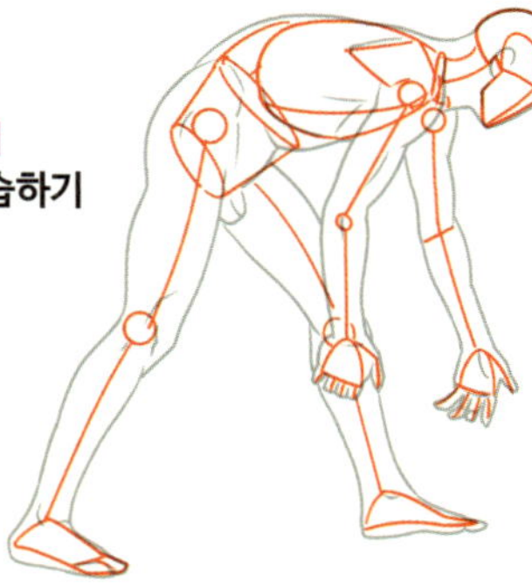

2단계
깊이 있게 연습하기

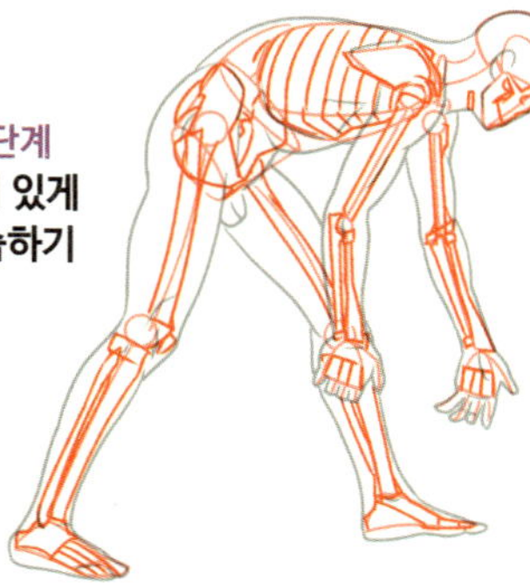

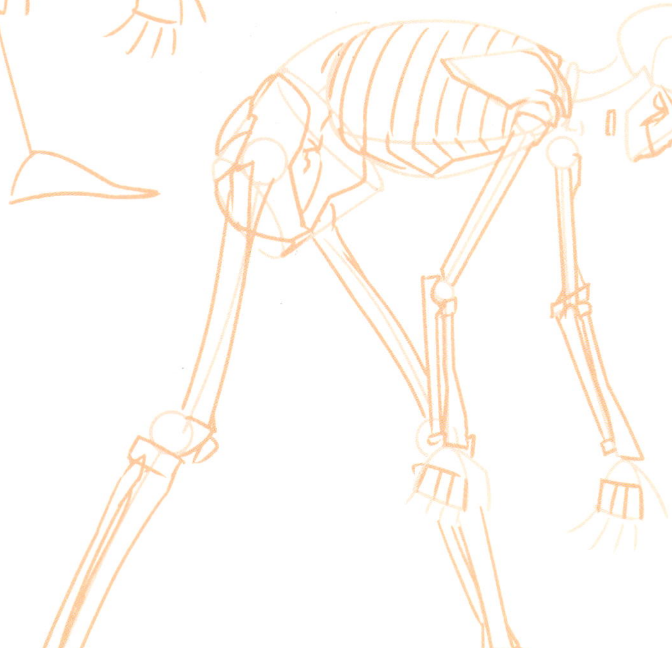

체표

1단계
빠르게 연습하기

2단계
깊이 있게 연습하기

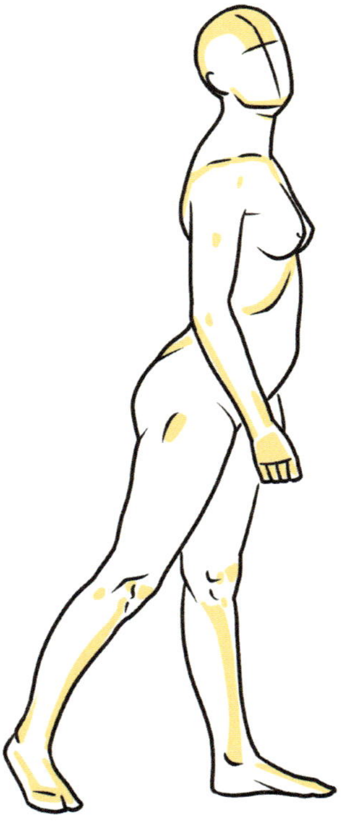

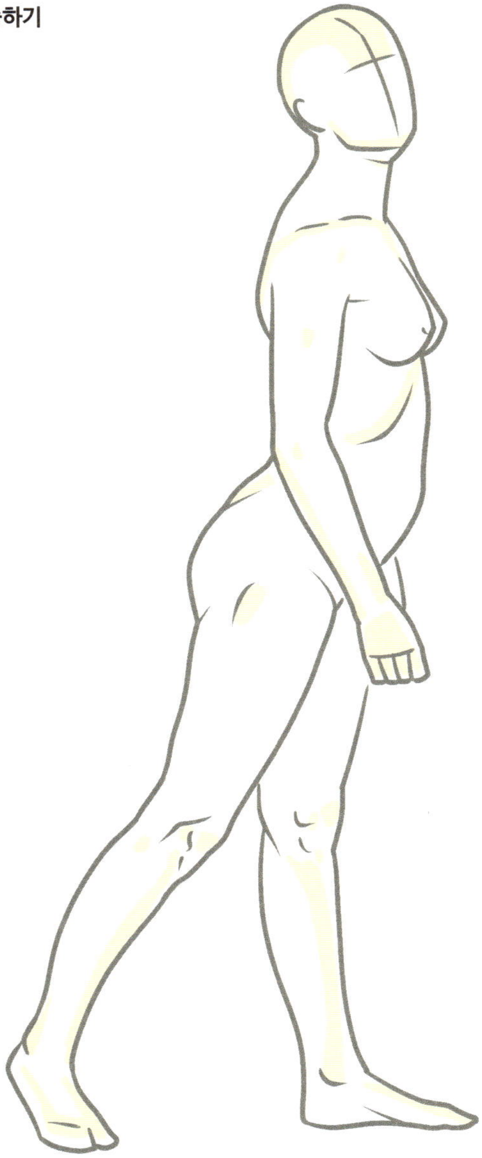

이 포즈의 포인트

여성이나 어린이는 팔꿈치나 무릎이 곧게 펴지는 것을 넘어 뒤로 휘는 경우가 있습니다. 이런 현상을 '과신전'이라고 하는데, 무릎이 뒤로 꺾이는 경우는 '반장슬'이라고 합니다. 이 포즈에서는 체중이 실린 쪽 다리의 무릎이 반장슬 상태를 보이고 있습니다.

골격

1단계
빠르게 연습하기

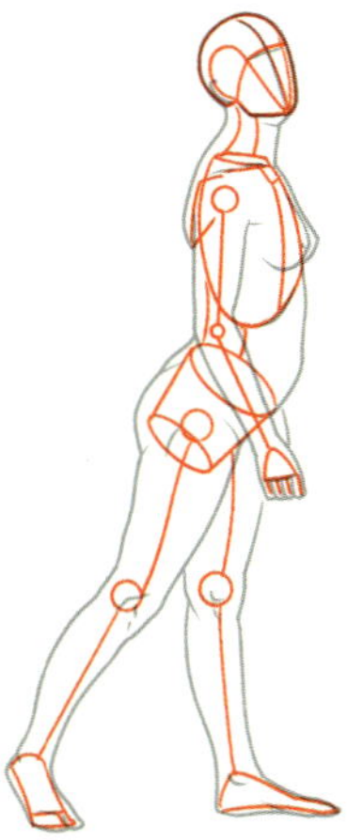

2단계
깊이 있게 연습하기

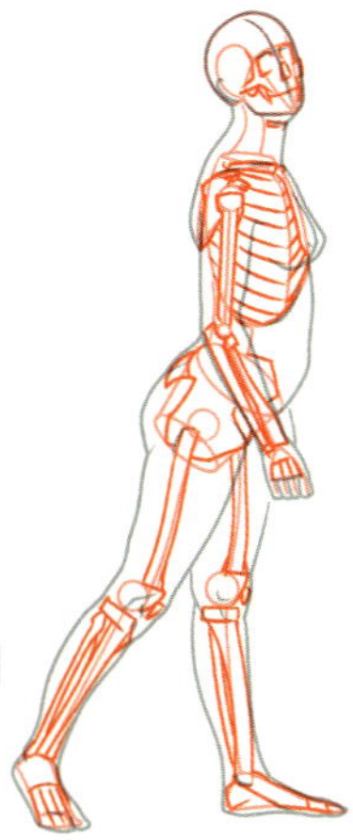

체표

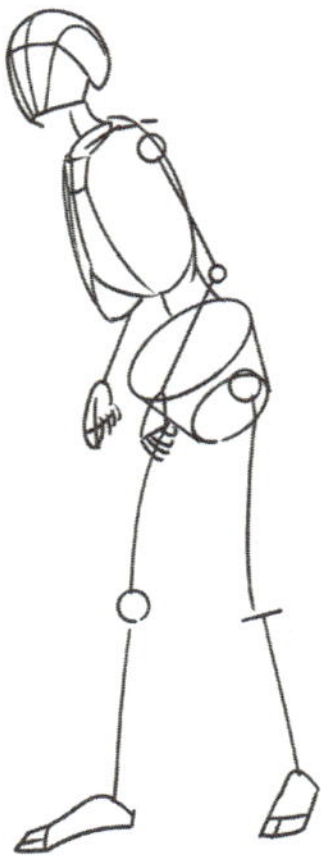

1단계
빠르게 연습하기

2단계
깊이 있게 연습하기

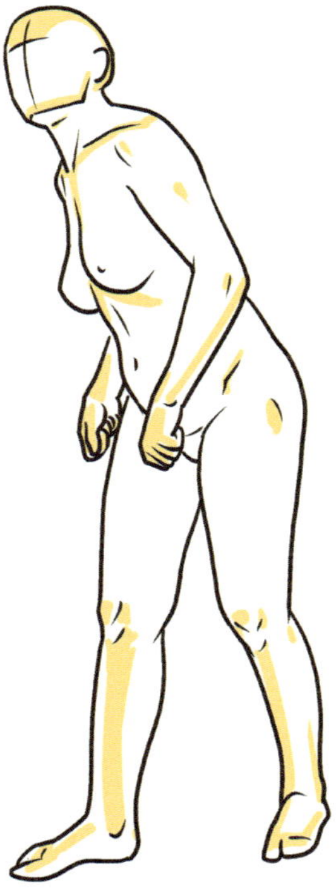

이 포즈의 포인트

손수레를 밀 때처럼 골반을 뒤로 뺀 자세입니다. 뒤편에 가려진 팔은 굳이 자세히 그리지 않아도 괜찮습니다. 양손의 위치가 비슷하기 때문에 앞에 보이는 팔을 기준으로 가려진 팔꿈치의 위치를 충분히 추측할 수 있습니다.

골격

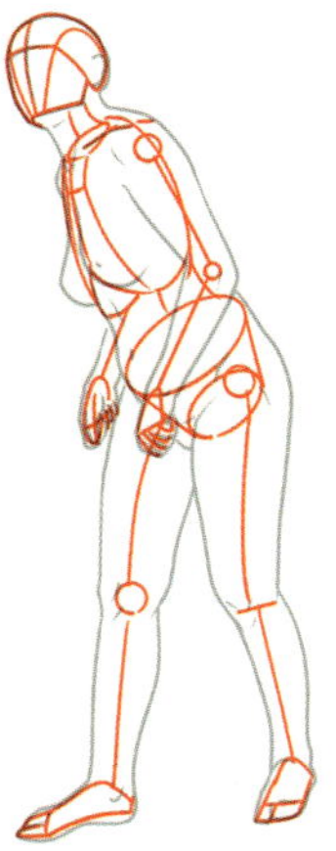

1단계
빠르게 연습하기

2단계
깊이 있게 연습하기

체표

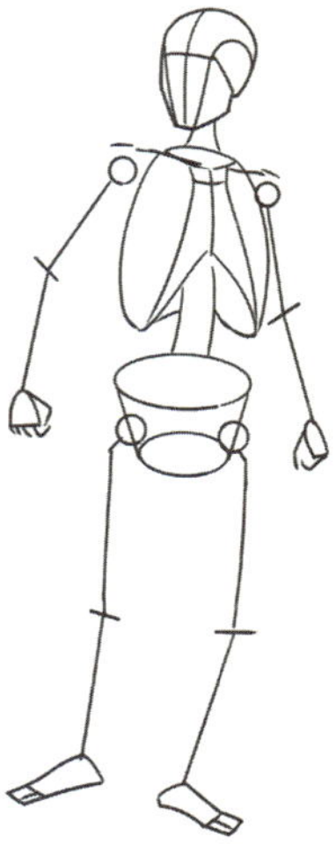

1단계
빠르게 연습하기

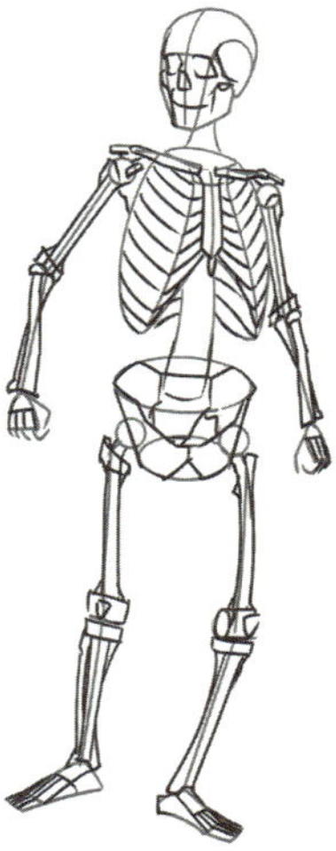

2단계
깊이 있게 연습하기

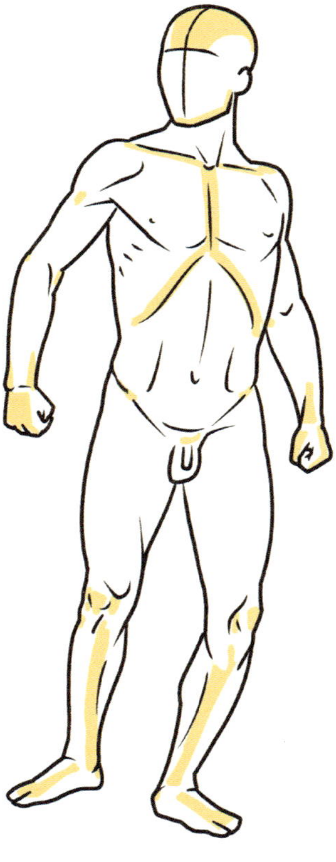

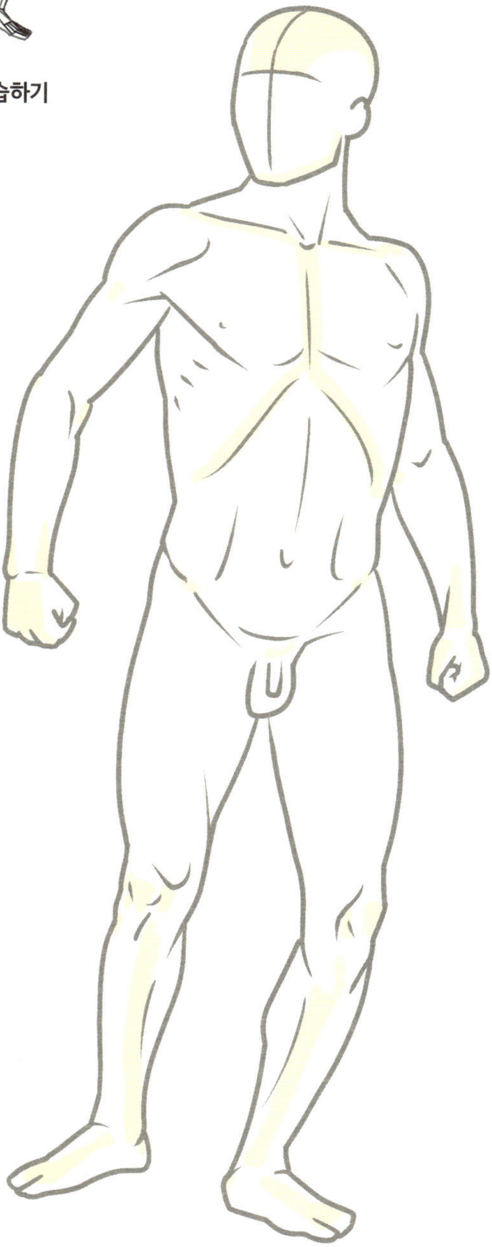

이 포즈의 포인트

소위 '어깨로 바람을 가르며 걷는' 자세입니다. 앞으로 나아갈 때 팔을 흔드는 것이 아니라 어깨를 앞뒤로 크게 움직입니다. 이때 팔은 힘이 들어가 고정된 상태입니다.

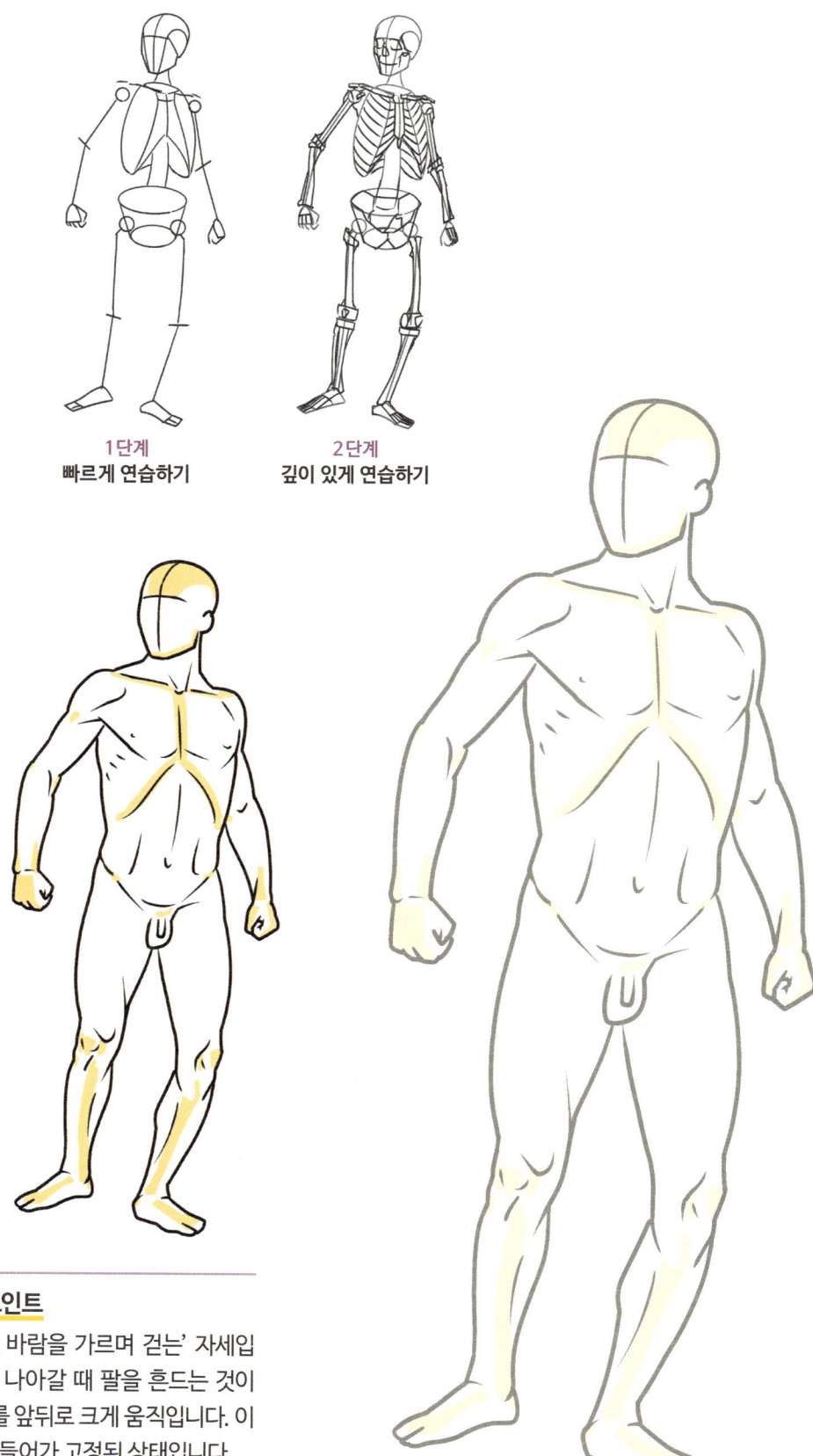

골격

1단계
빠르게 연습하기

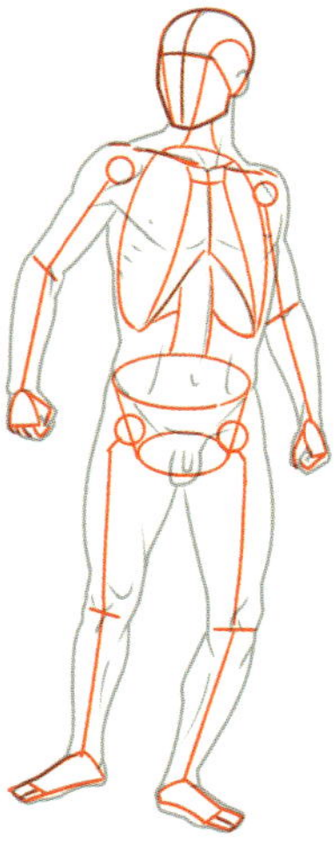

2단계
깊이 있게 연습하기

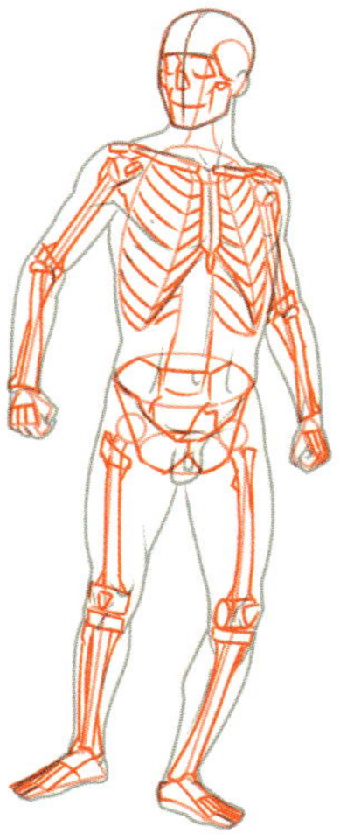

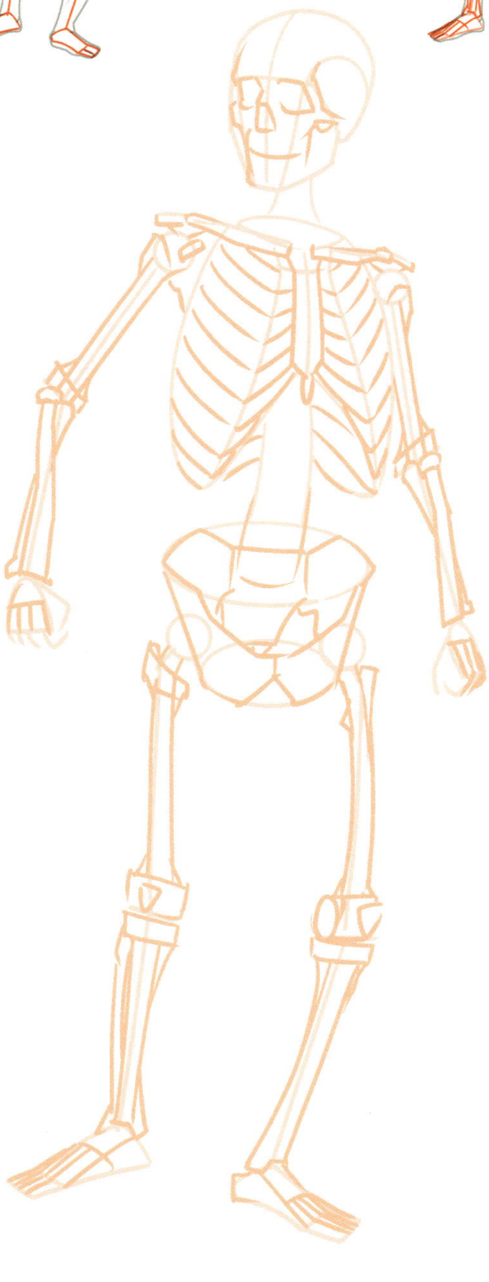

체표

1단계
빠르게 연습하기

2단계
깊이 있게 연습하기

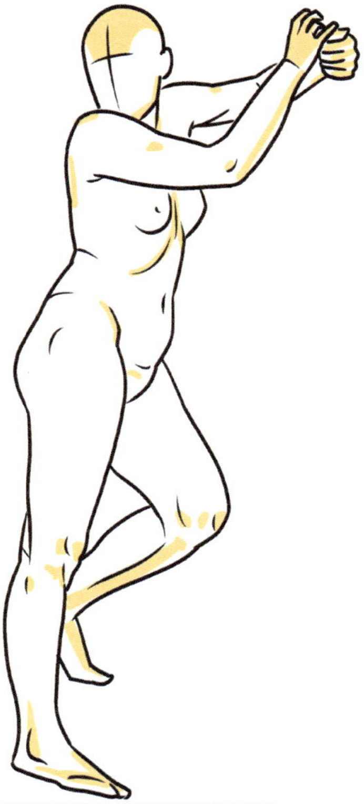

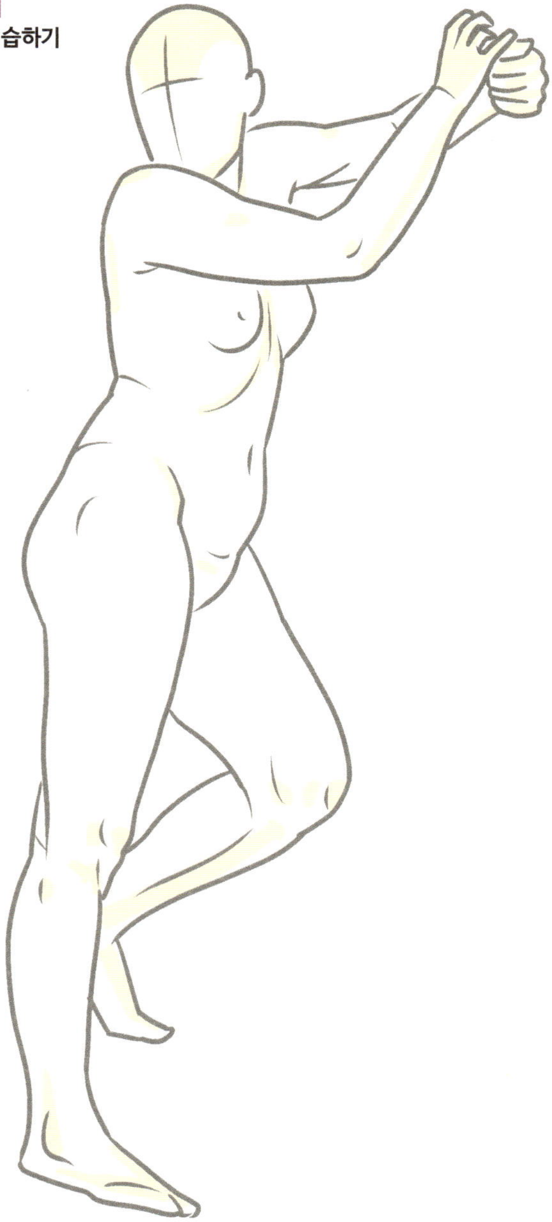

이 포즈의 포인트

계단이나 사다리에 발을 올리고, 벽 등에 몸을 기댄 자세입니다. 앞쪽 다리는 전체가 드러나 있지만, 빗장뼈(쇄골)는 앞쪽 팔에 가려 잘 보이지 않습니다. 이럴 경우에는 어깨뼈봉우리(견봉)의 위치를 기준으로 빗장뼈의 위치를 짐작해 그려주면 됩니다.

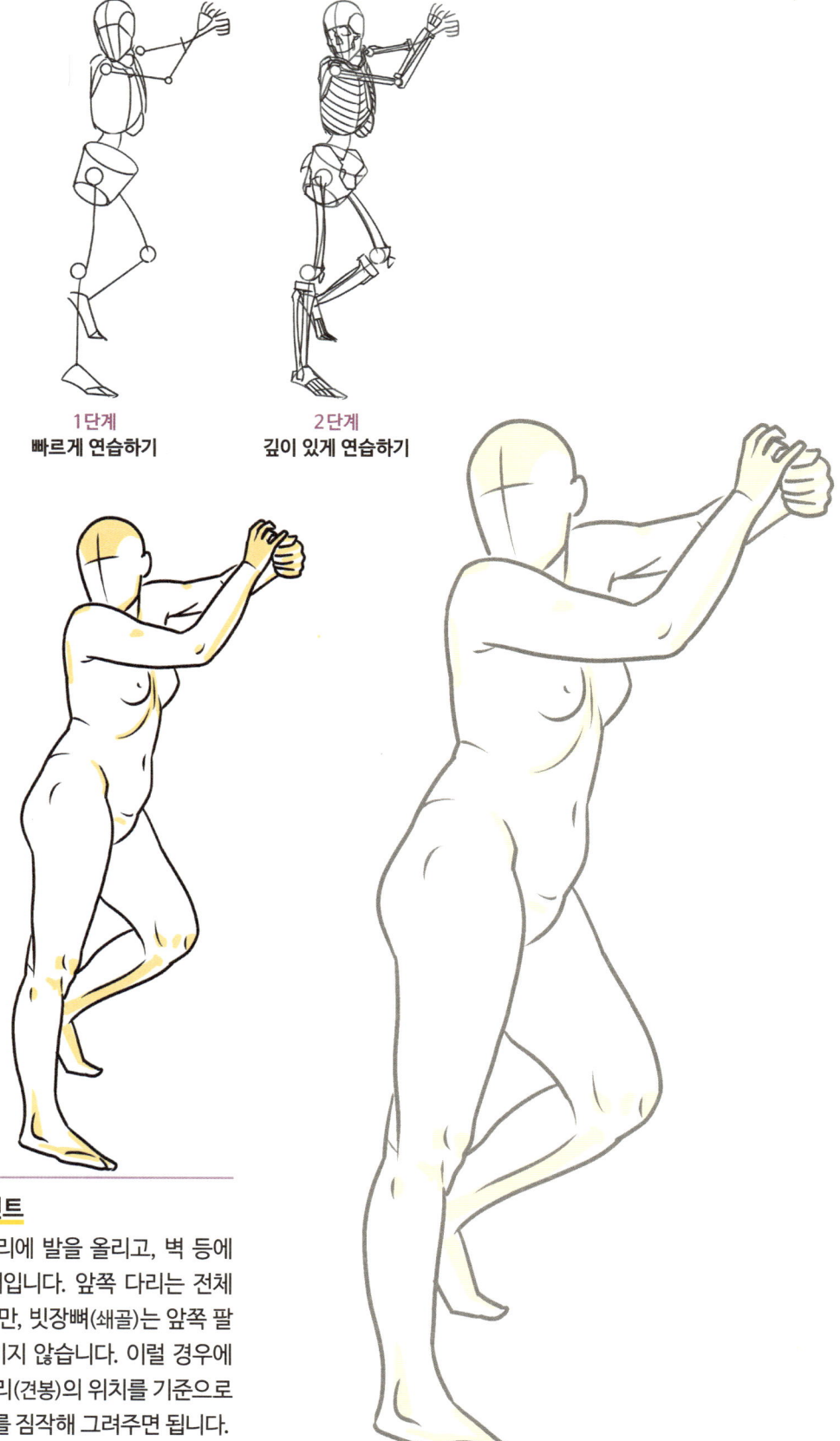

골격

1단계
빠르게 연습하기

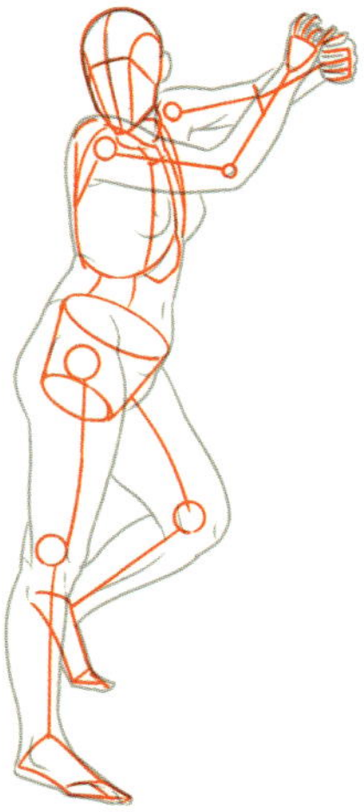

2단계
깊이 있게 연습하기

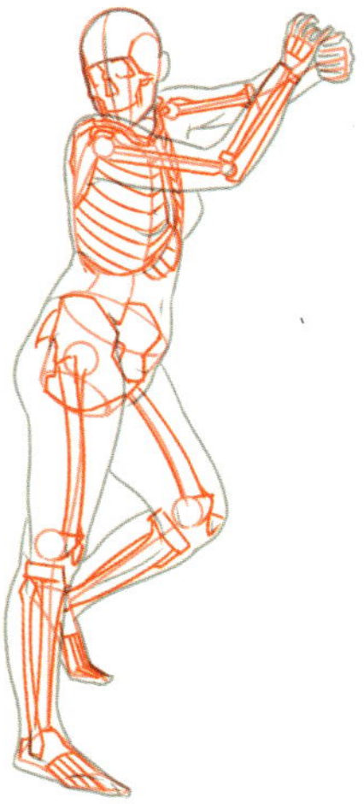

체표

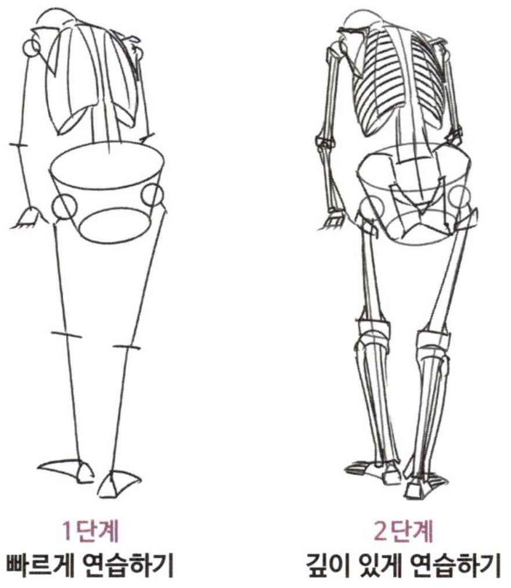

1단계
빠르게 연습하기
2단계
깊이 있게 연습하기

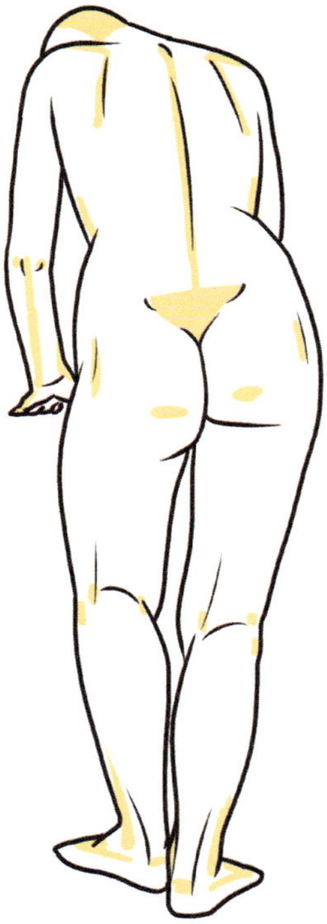

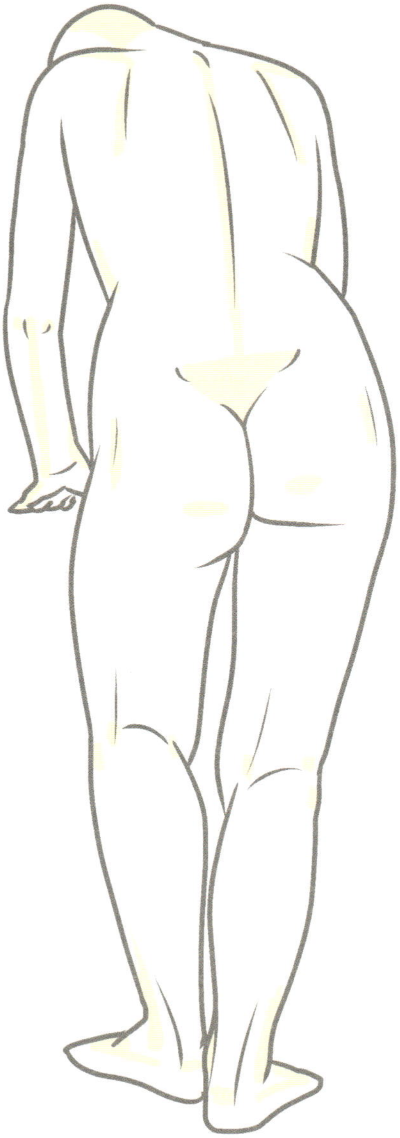

이 포즈의 포인트

몸을 앞으로 숙인 상태를 뒤에서 본 자세입니다. 어깨뼈가시(견갑극)가 어깨 윤곽을 만들고 있습니다. 머리는 대부분 가려져 있으므로 생략해도 괜찮습니다.

골격

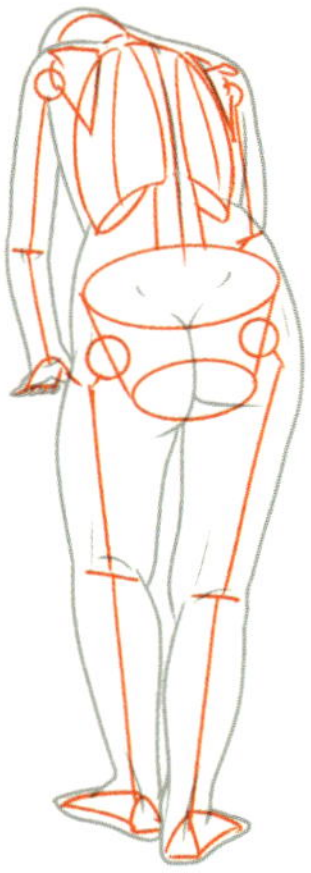

1단계
빠르게 연습하기

2단계
깊이 있게 연습하기

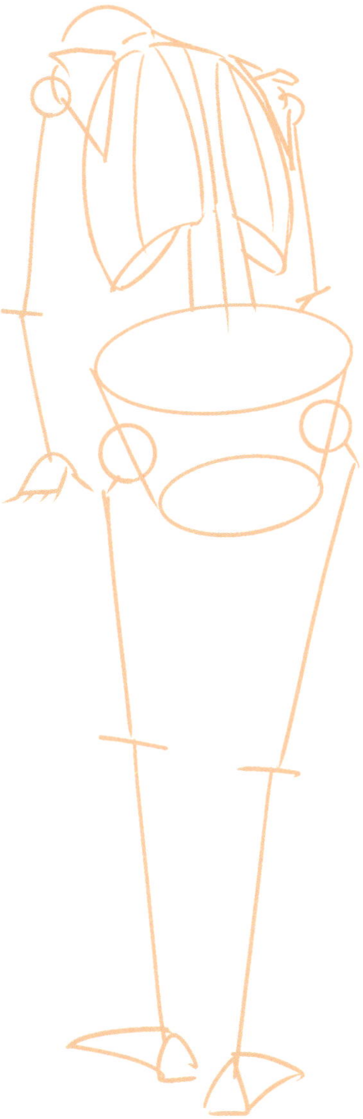

체표

1단계
빠르게 연습하기

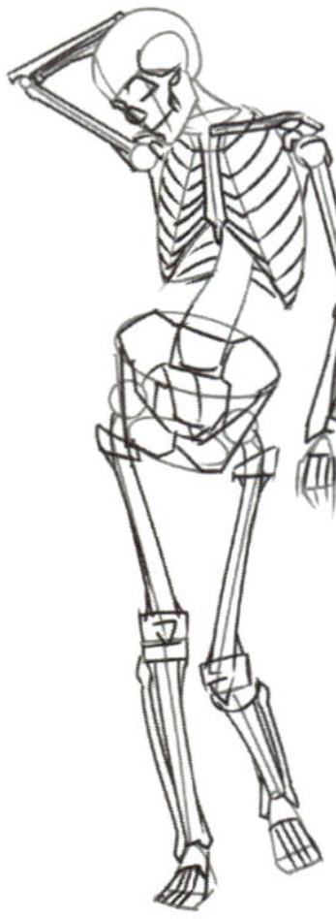

2단계
깊이 있게 연습하기

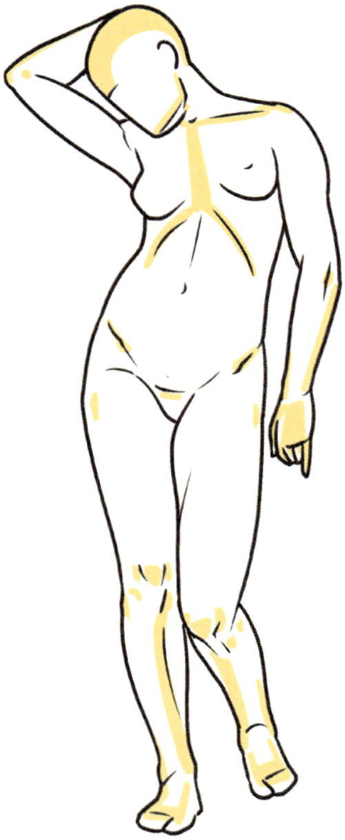

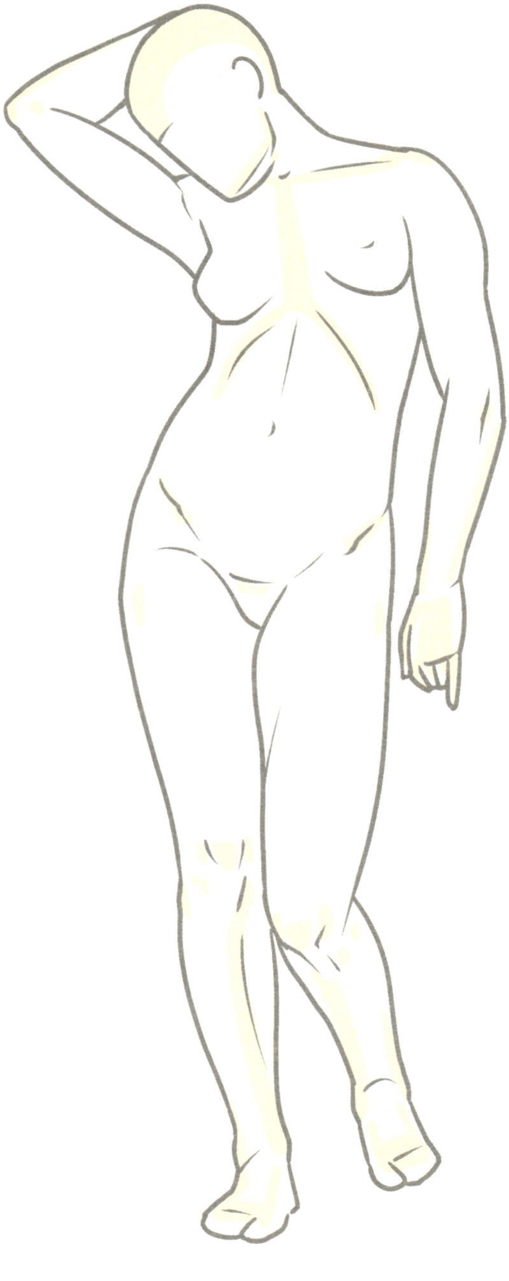

이 포즈의 포인트

한쪽 다리에 체중을 싣는 기본자세입니다. 미술 해부학 공부는 반복 학습이 중요합니다. 반복해서 연습하며 감각을 길러 나가세요.

골격

1단계
빠르게 연습하기

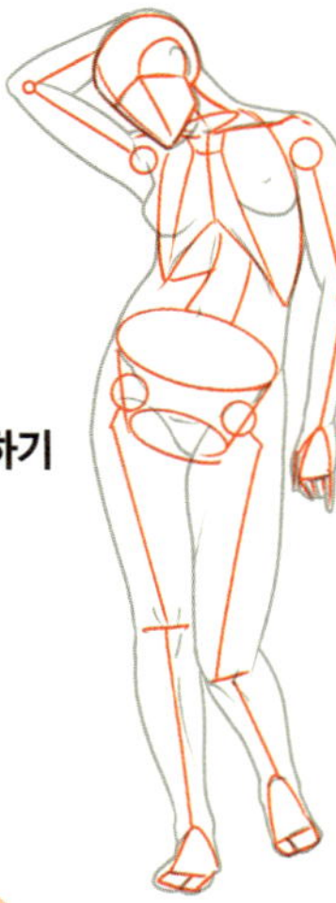

2단계
깊이 있게 연습하기

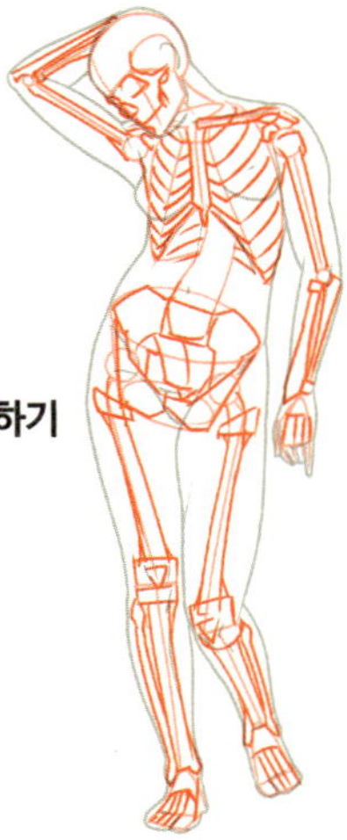

체표

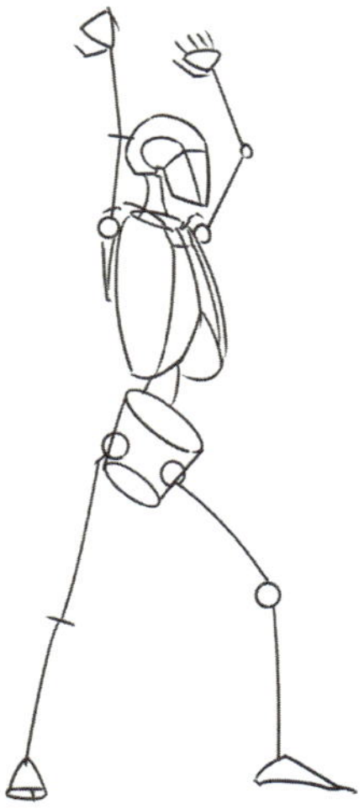

1단계
빠르게 연습하기

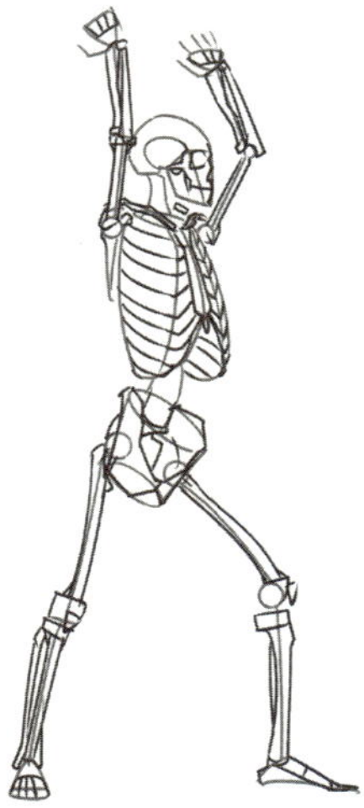

2단계
깊이 있게 연습하기

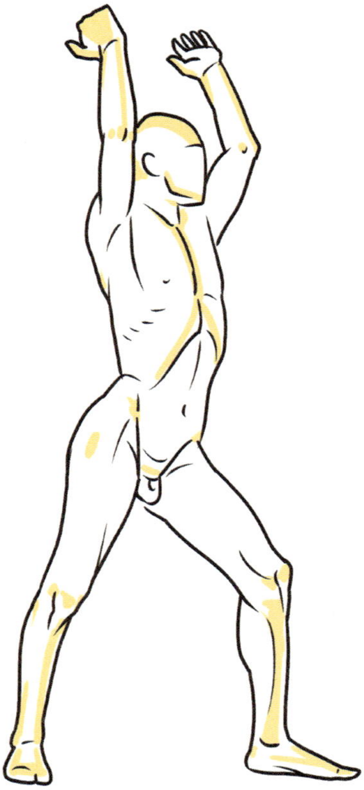

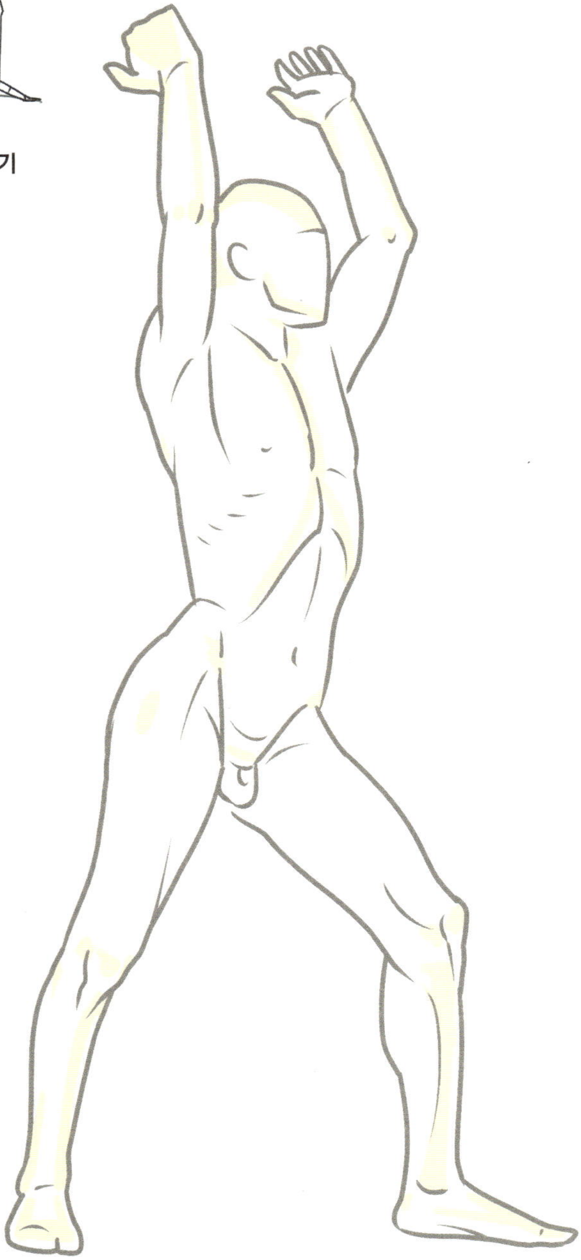

이 포즈의 포인트

짐을 들어 올린 자세입니다. 팔을 수평보다 높이 들면 어깨도 함께 올라가기 때문에 빗장뼈(쇄골)도 안쪽보다 바깥쪽이 더 높게 기울어집니다.

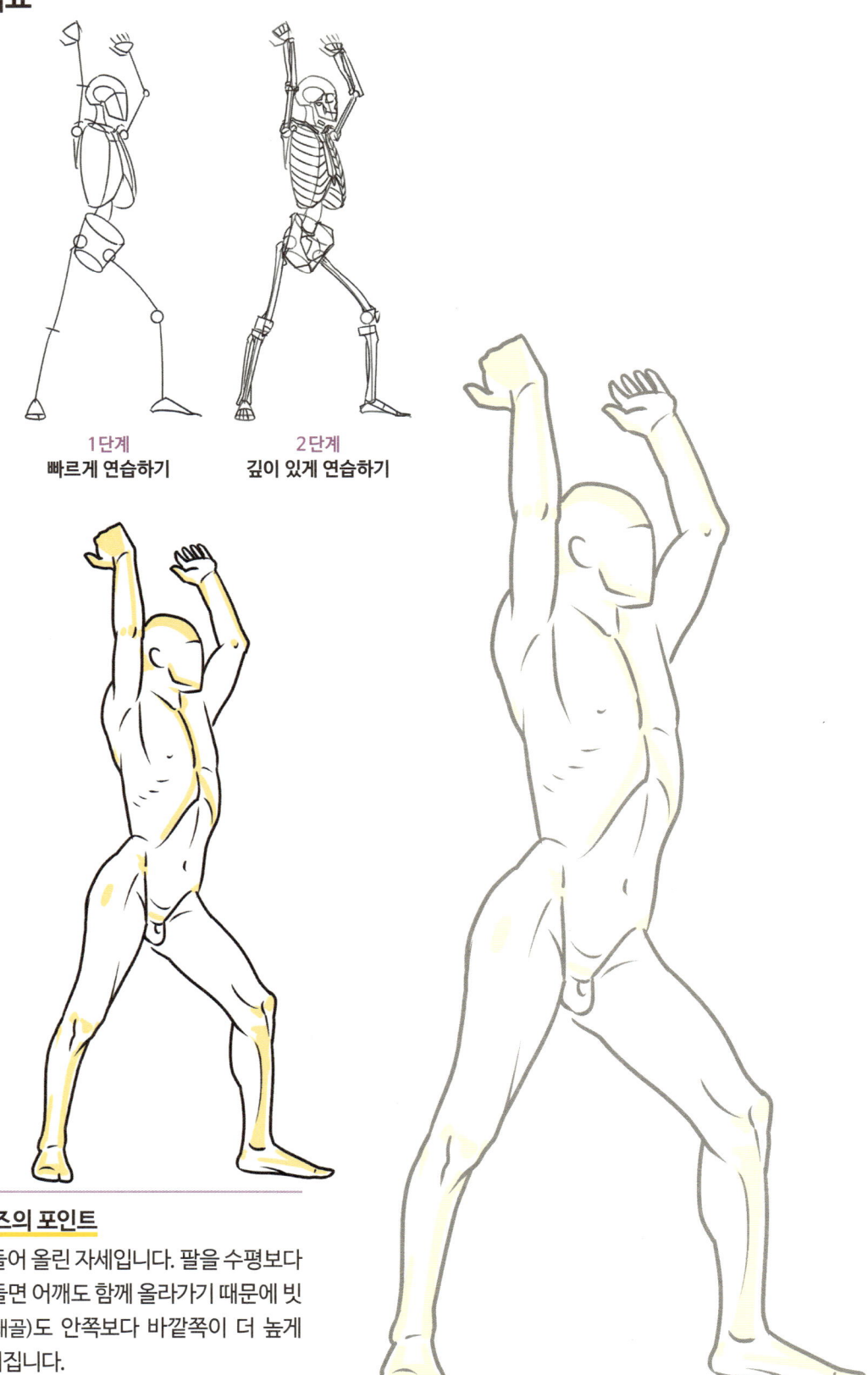

골격

1단계
빠르게 연습하기

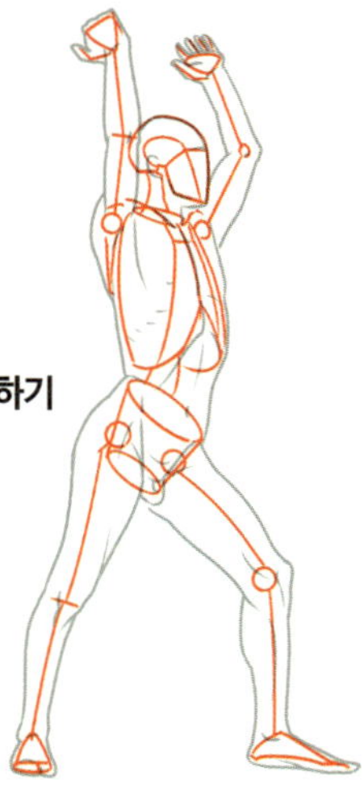

2단계
깊이 있게 연습하기

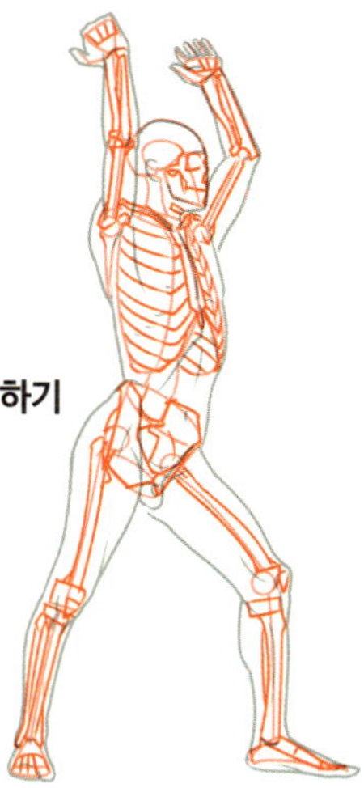

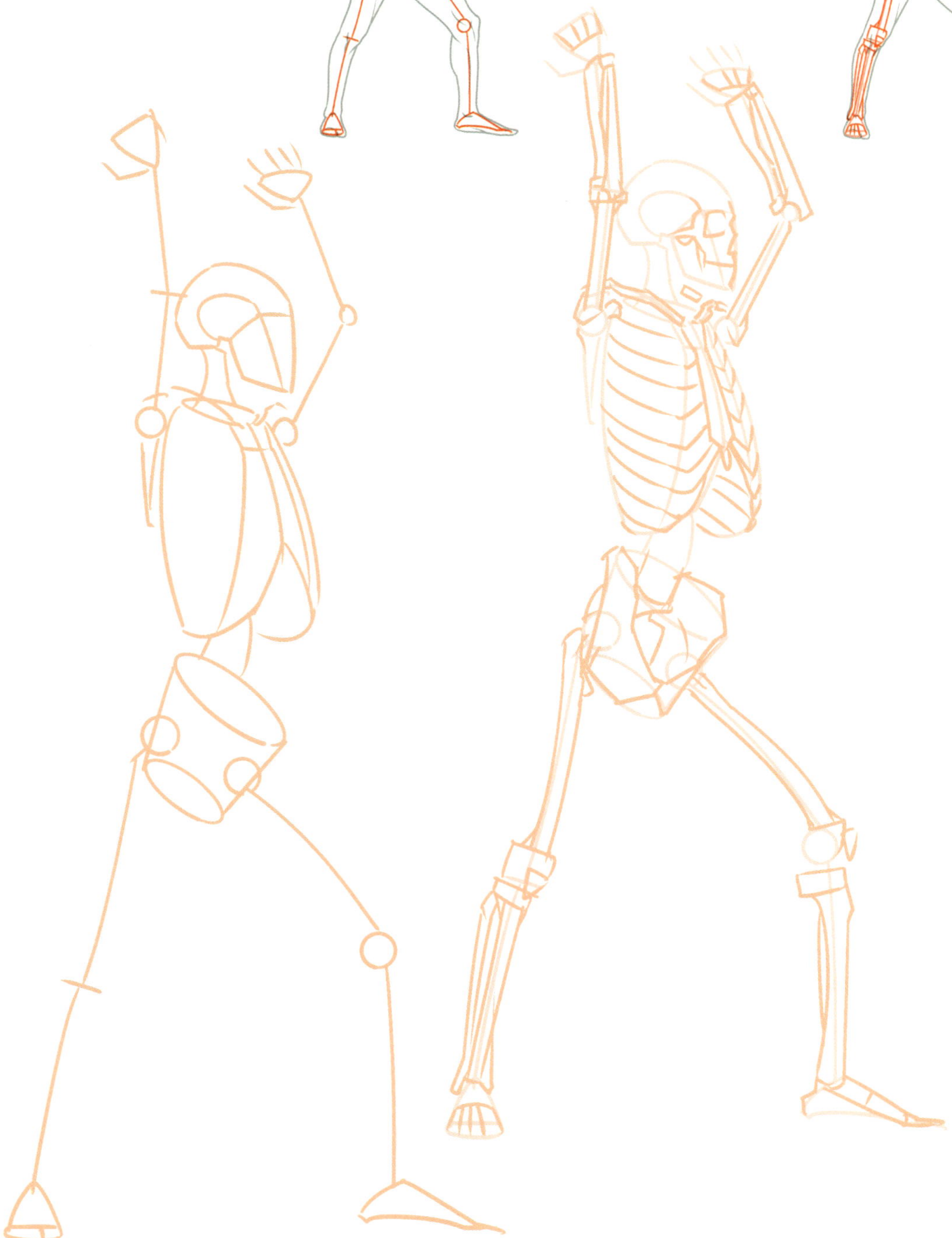

체표

1단계
빠르게 연습하기

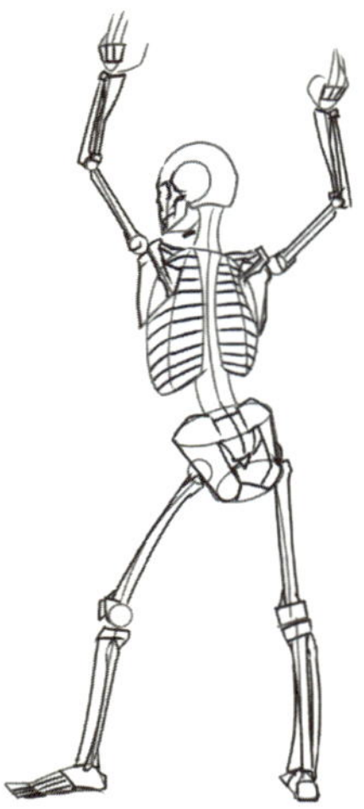

2단계
깊이 있게 연습하기

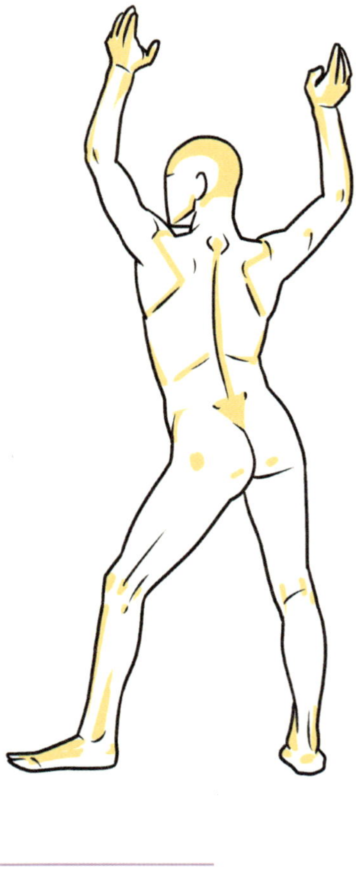

이 포즈의 포인트

이 자세는 짐을 들어 올린 모습을 뒤에서 본 것입니다. 어깨뼈의 회전에 유의하며 그려 보세요.

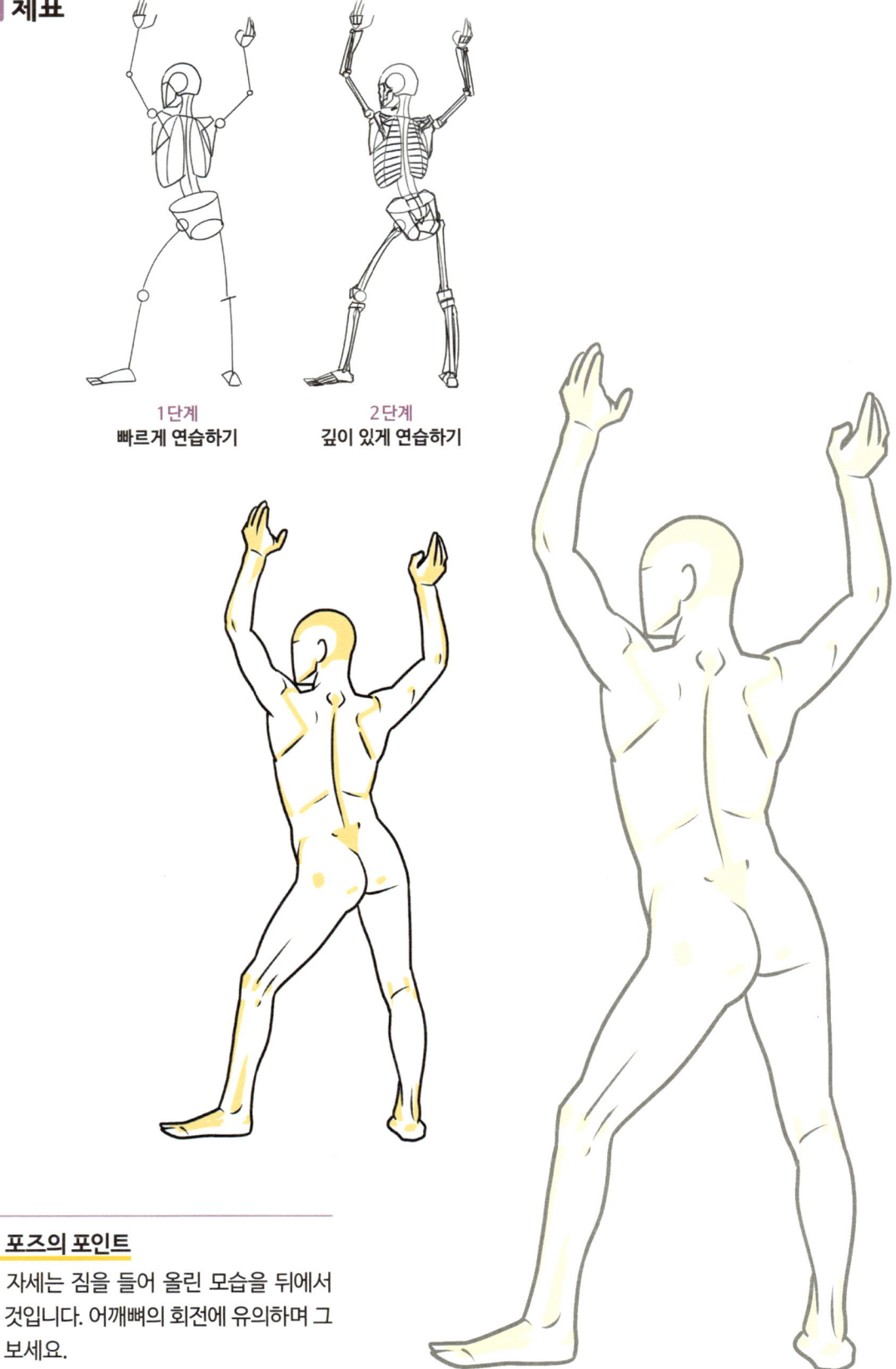

골격

1단계
빠르게 연습하기

2단계
깊이 있게 연습하기

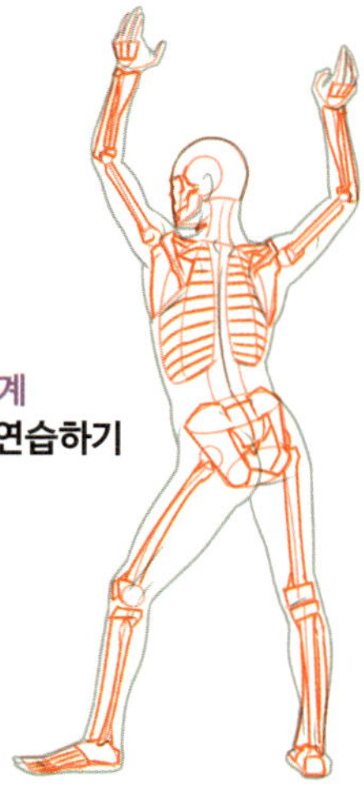

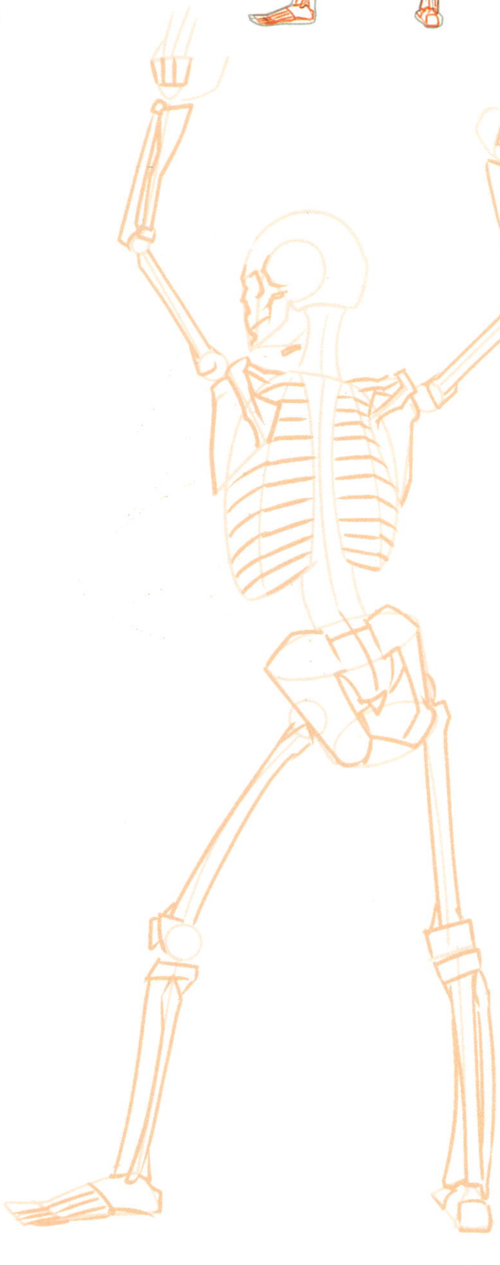

체표

1단계
빠르게 연습하기

2단계
깊이 있게 연습하기

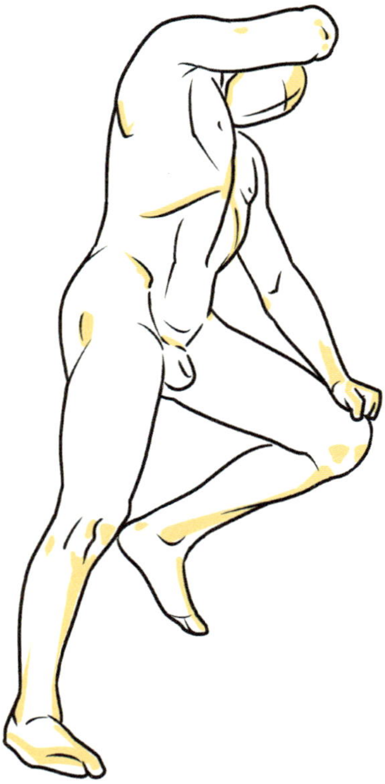

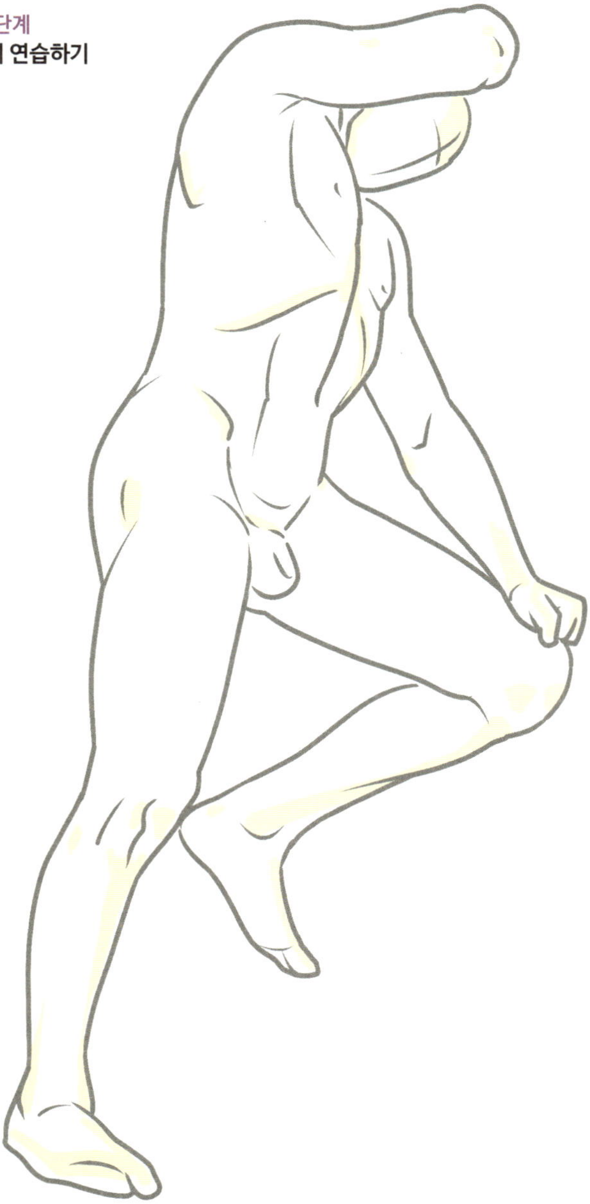

이 포즈의 포인트

서양 미술에서는 장식적인 건축 기둥에 인체상을 조각하는 경우가 있습니다. 이는 고대 그리스 조각인 '카리아티드(Caryatid)'에서 유래한 것으로, 천장을 떠받치거나 머리 위에 무거운 물건을 이고 선 자세를 표현한 것이 많습니다.

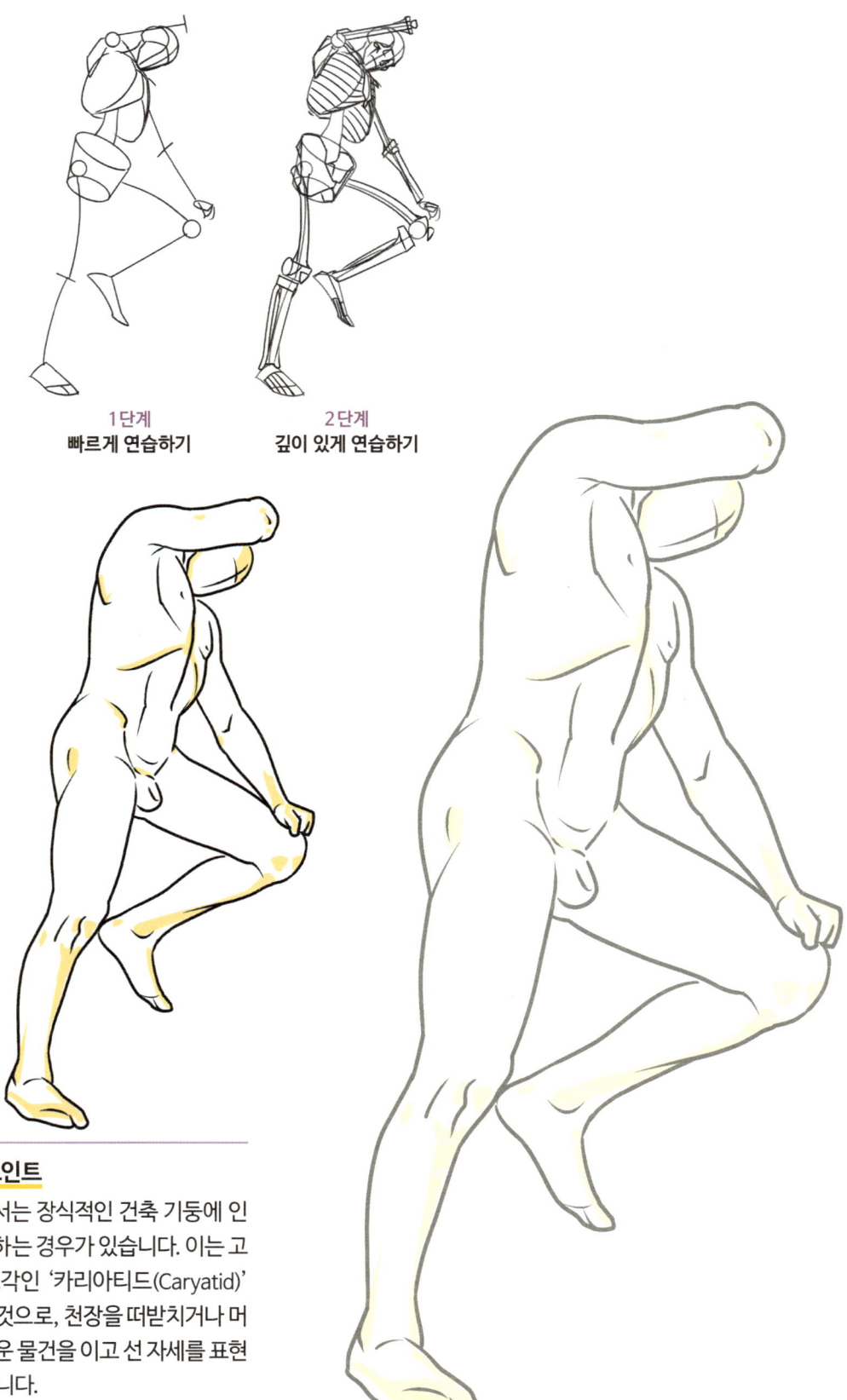

골격

1단계
빠르게 연습하기

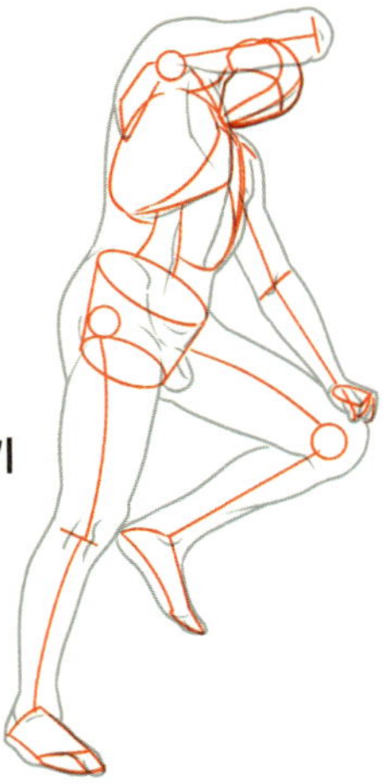

2단계
깊이 있게 연습하기

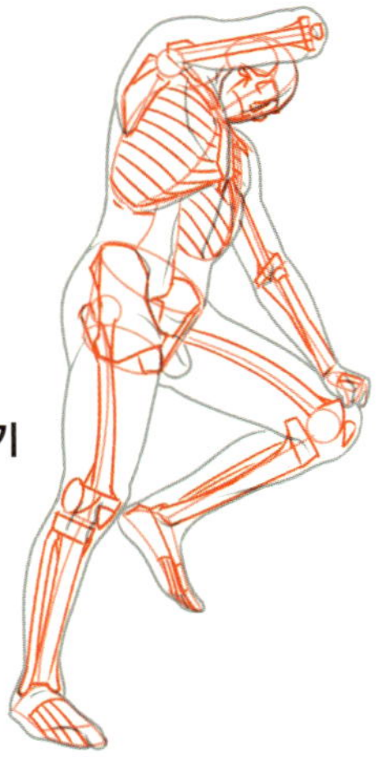

063

체표

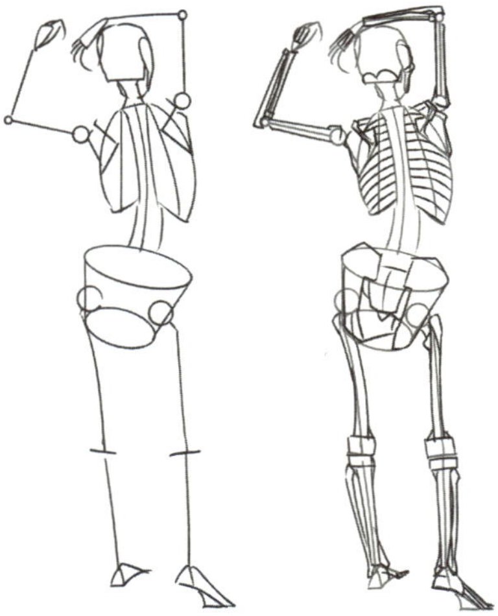

1단계
빠르게 연습하기

2단계
깊이 있게 연습하기

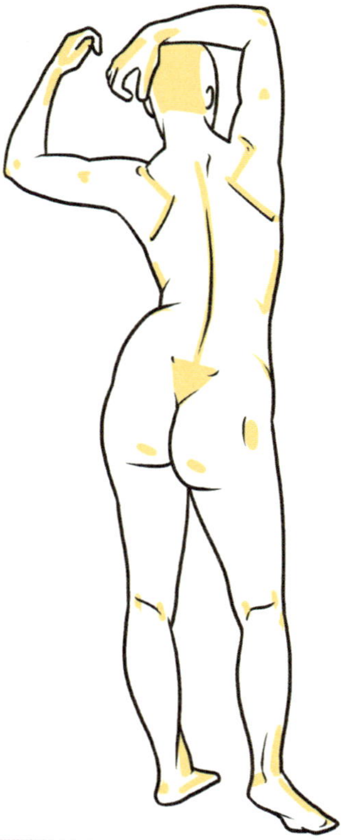

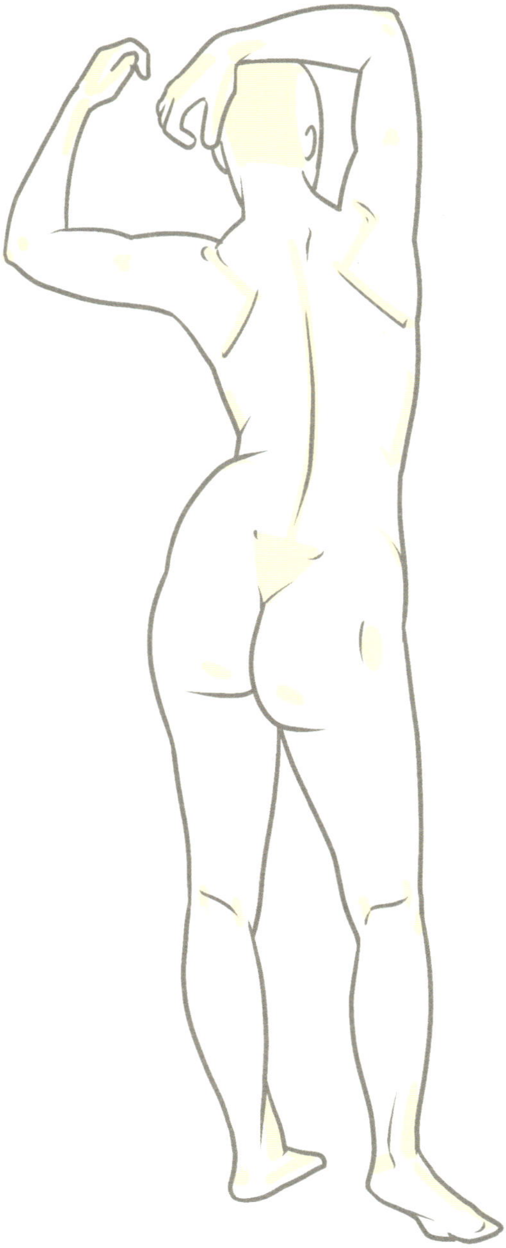

이 포즈의 포인트

물건을 짊어지는 자세는 분수 조각 등에서 흔히 볼 수 있는데, 어깨에 올린 물동이나 항아리에서 물이 흐르는 듯한 작품이 특히 유명합니다. 팔이 어깨보다 위로 올라가면 어깨뼈도 함께 움직이므로 어깨뼈의 회전에 유의하며 그려 보세요.

골격

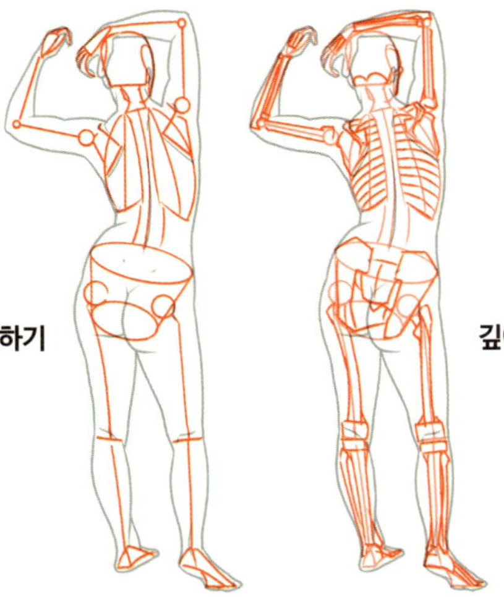

1단계
빠르게 연습하기

2단계
깊이 있게 연습하기

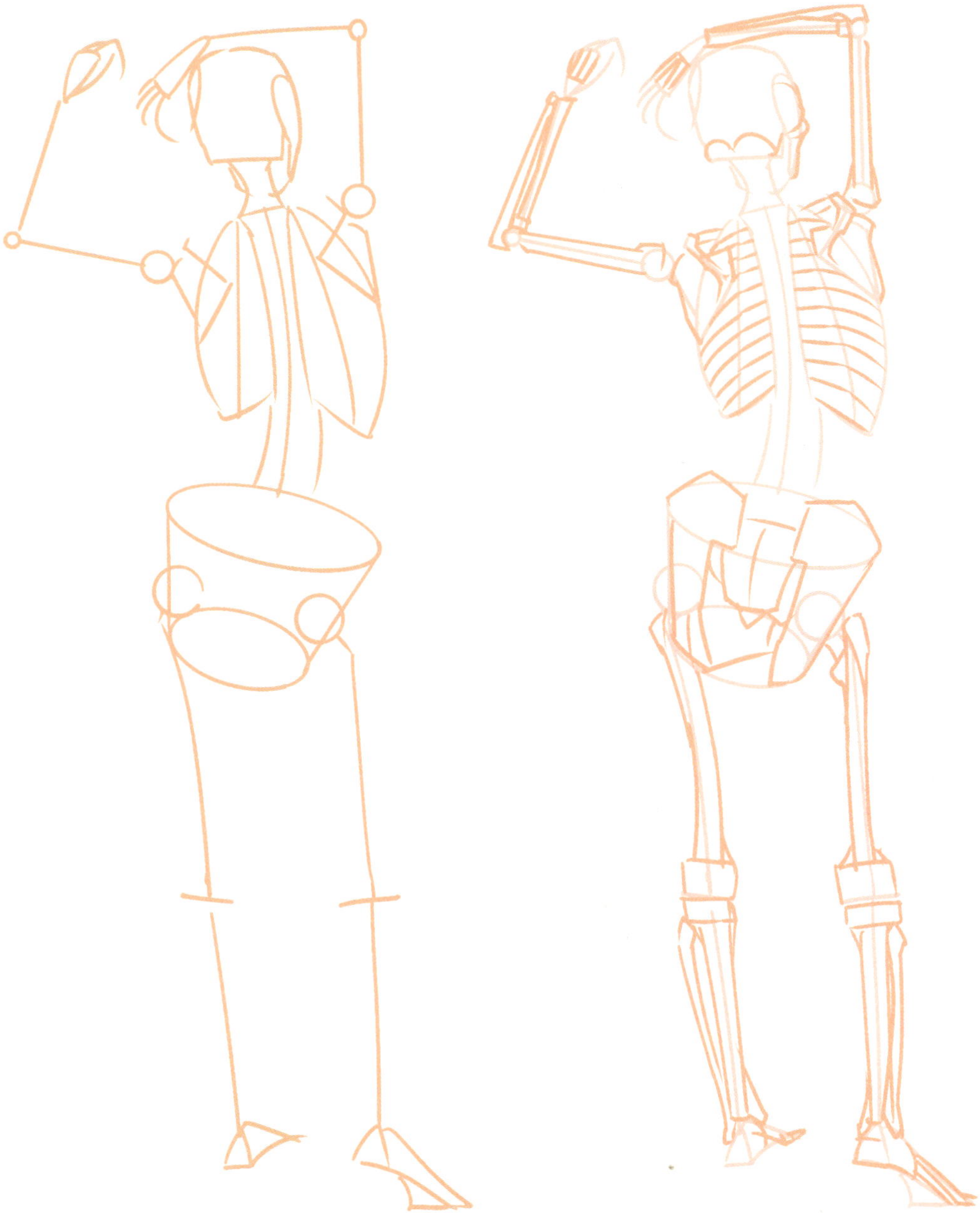

체표

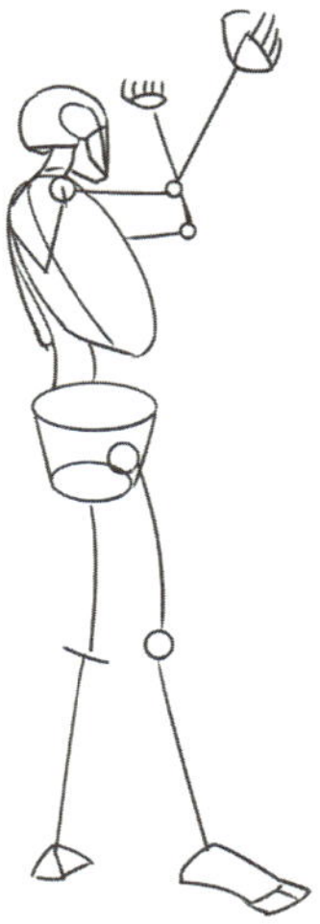

1단계
빠르게 연습하기

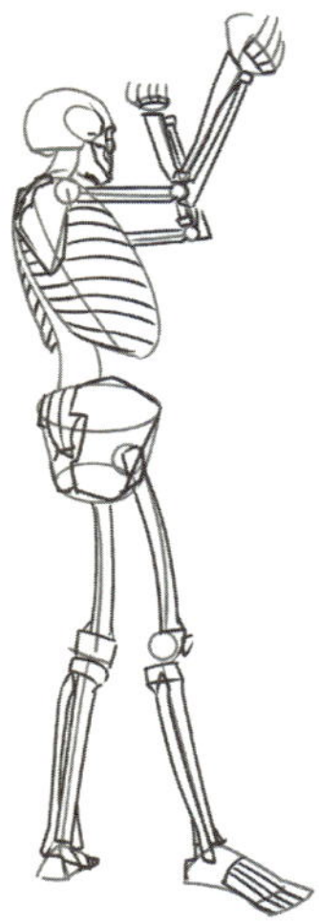

2단계
깊이 있게 연습하기

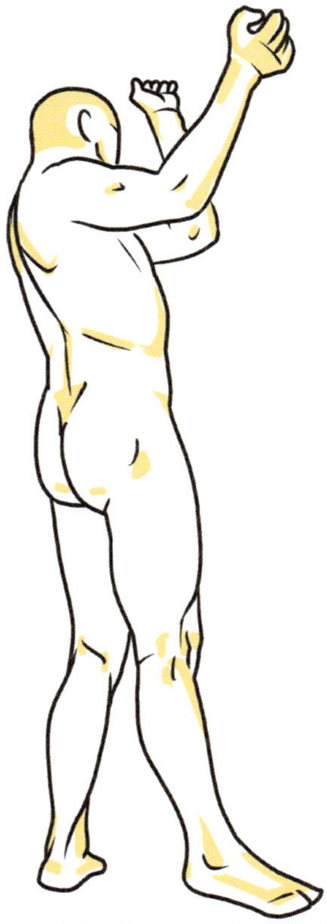

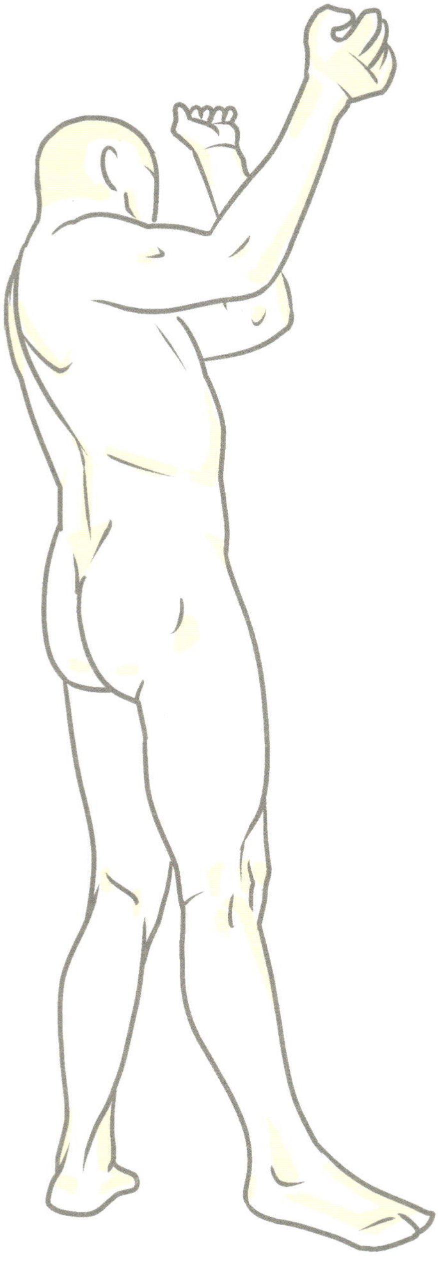

이 포즈의 포인트

카리아티드 스타일의 자세입니다. 옆모습 시점이므로, 뒤편에 가려진 부분은 굳이 그리지 않아도 됩니다. 앞쪽 무릎이 약간 과신전(지나치게 펴져 뒤로 휘어진 듯한 상태)일 수 있으므로 유의해서 관찰해 보세요.

골격

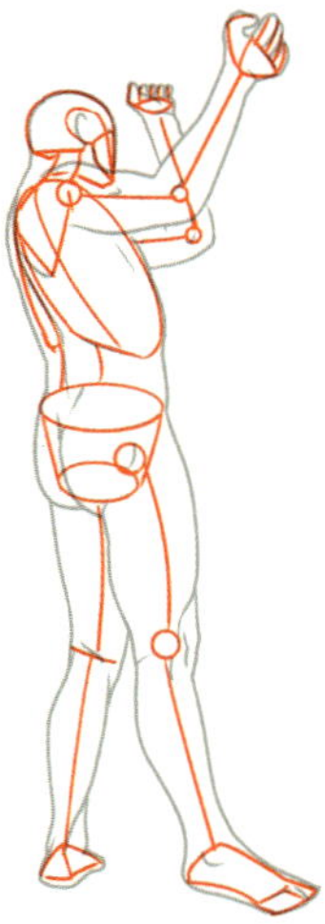

1단계
빠르게 연습하기

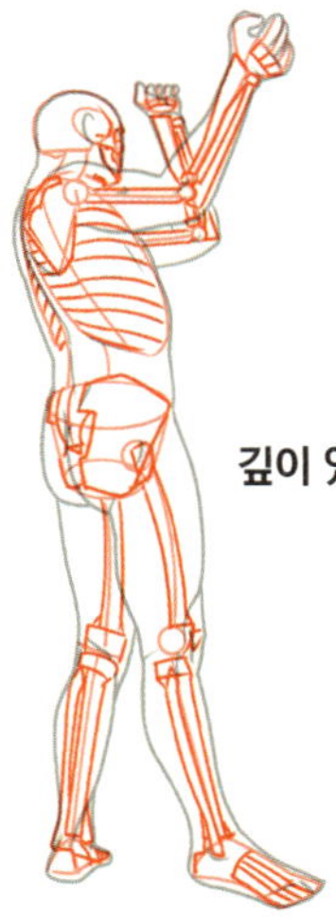

2단계
깊이 있게 연습하기

체표

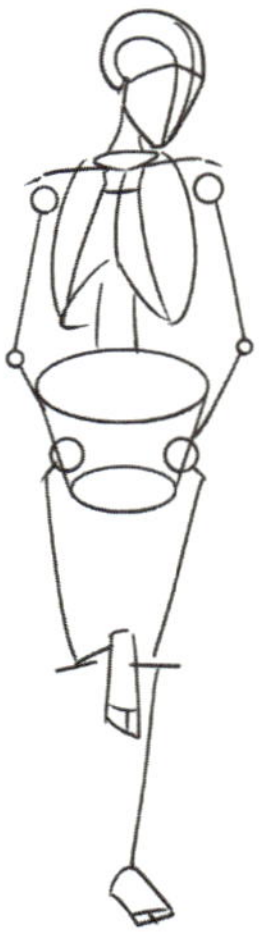

1단계
빠르게 연습하기

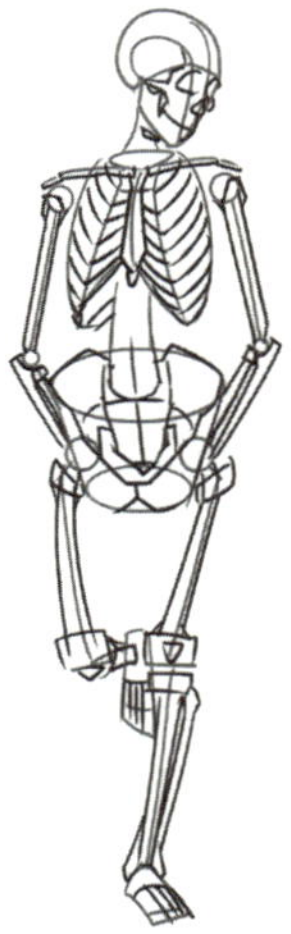

2단계
깊이 있게 연습하기

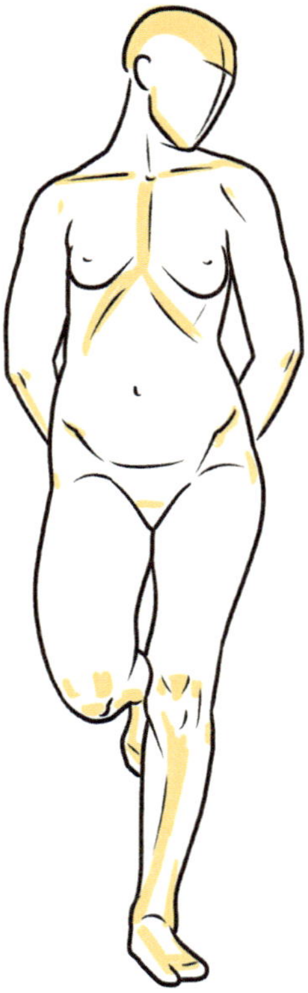

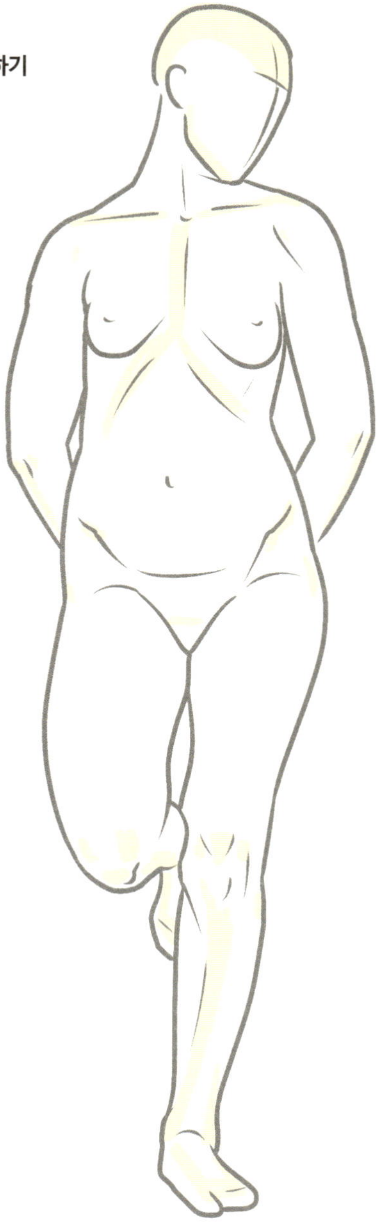

이 포즈의 포인트

벽에 기댄 자세입니다. 몸통은 정면을 향하고, 머리는 옆으로 향해 있습니다. 구부린 다리의 무릎 아랫부분은 생략해도 괜찮습니다.

■ 골격

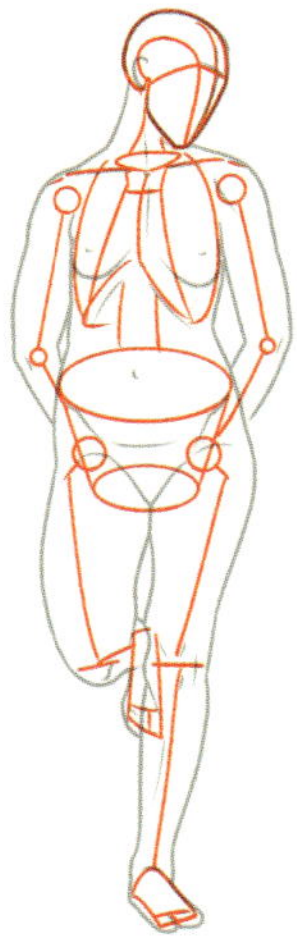

1단계
빠르게 연습하기

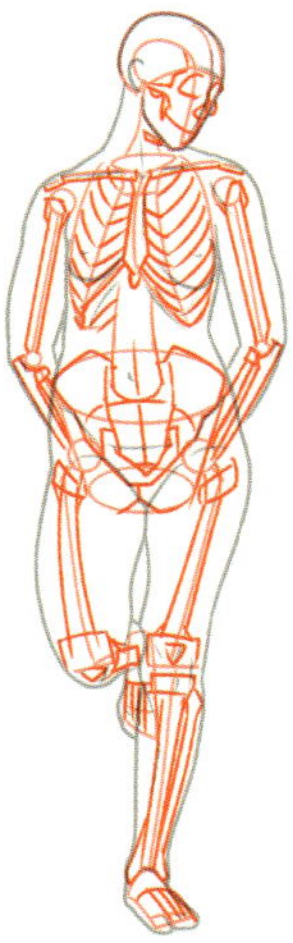

2단계
깊이 있게 연습하기

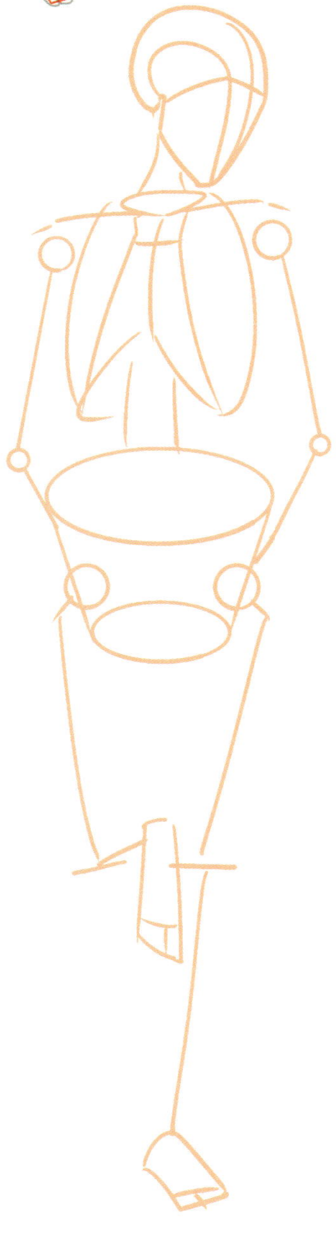

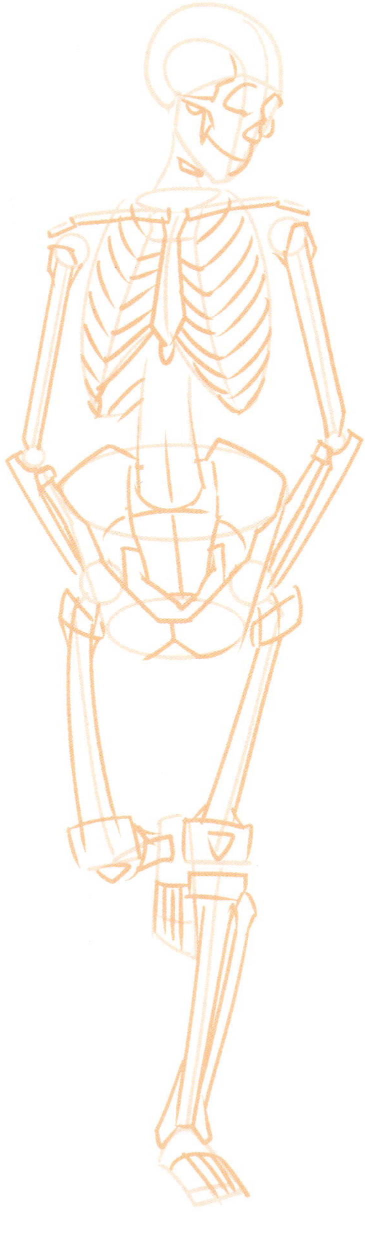

체표

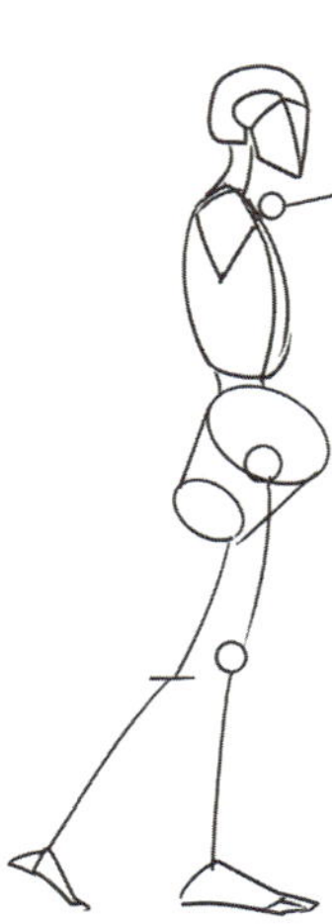

1단계
빠르게 연습하기

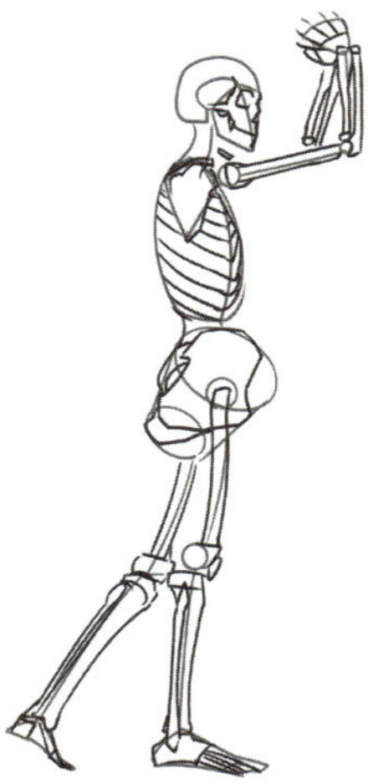

2단계
깊이 있게 연습하기

이 포즈의 포인트

옆에서 본 자세입니다. 지금까지와 마찬가지로, 보이는 범위를 중심으로 그리면 됩니다.

골격

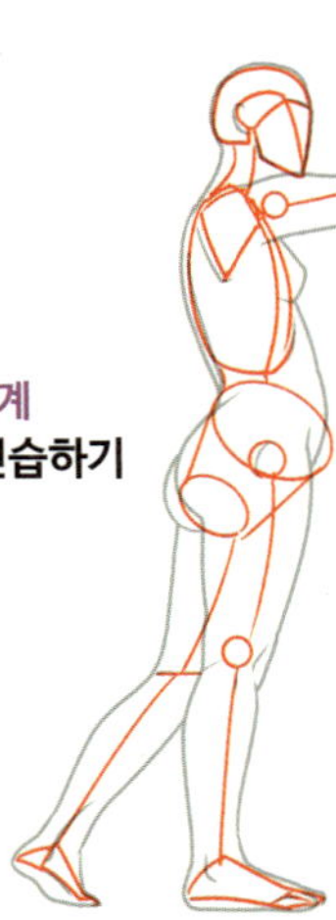

1단계
빠르게 연습하기

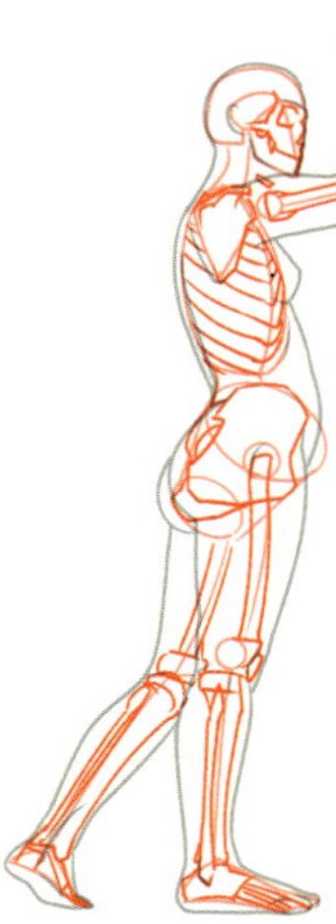

2단계
깊이 있게 연습하기

체표

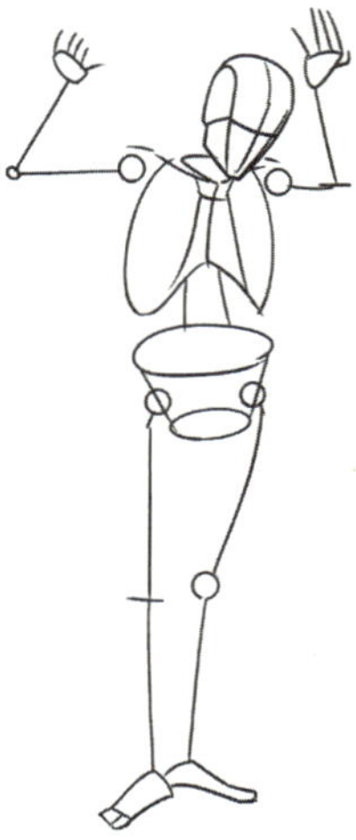

1단계
빠르게 연습하기

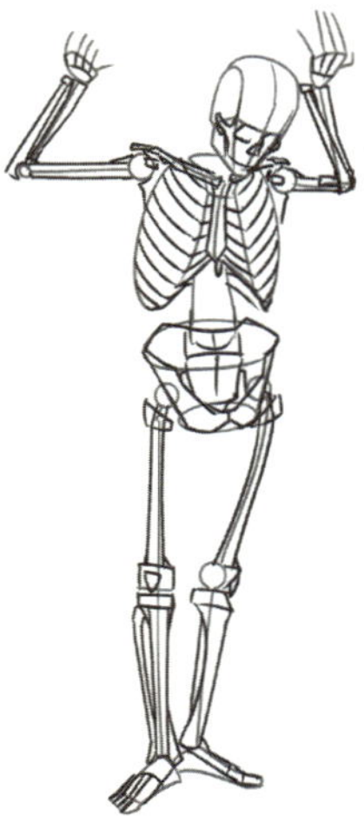

2단계
깊이 있게 연습하기

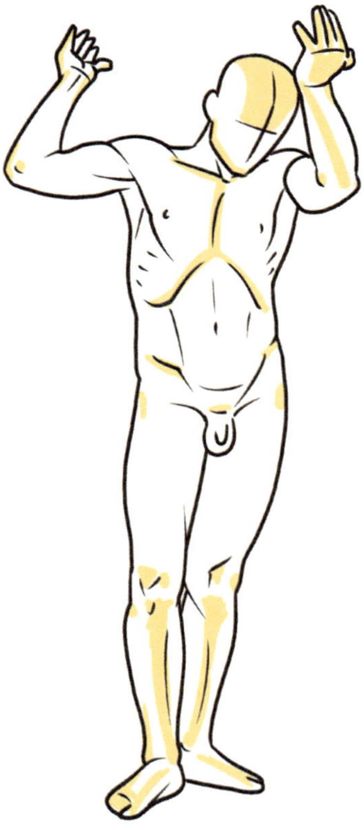

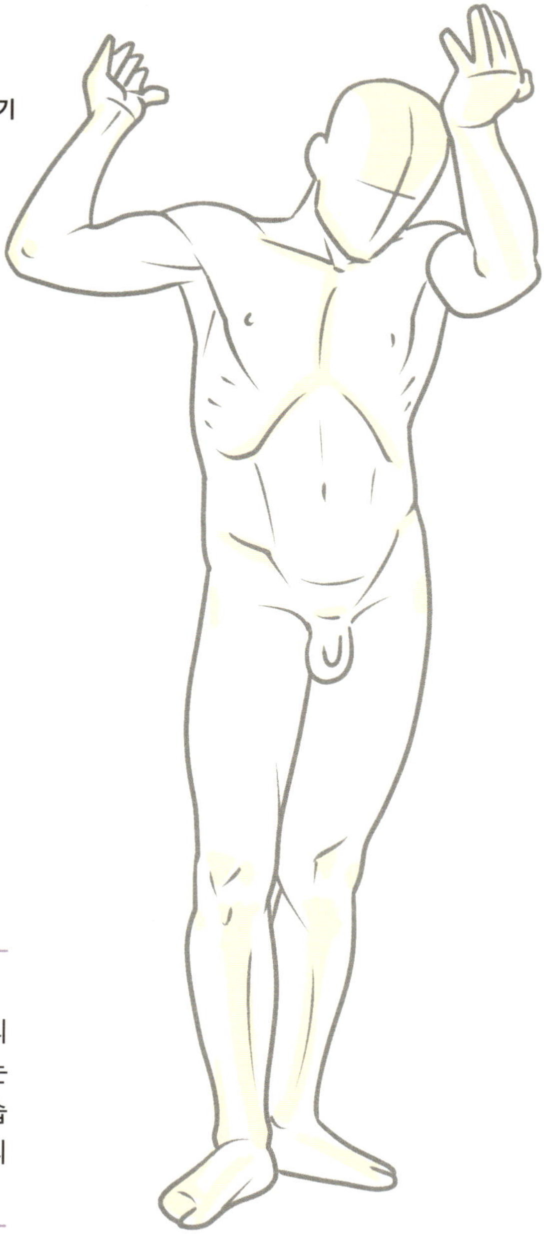

이 포즈의 포인트

이 포즈는 지구를 떠받치는 '아틀라스' 조각상으로, 카리아티드 자세에서 변형된 대표적인 예입니다. 아틀라스는 고대 그리스 신으로, 두 팔과 머리로 지구를 받치고 있습니다. 아주 무거운 물건을 들 때는 양팔뿐만 아니라 머리까지 함께 사용하면 무게감을 더 잘 표현할 수 있습니다.

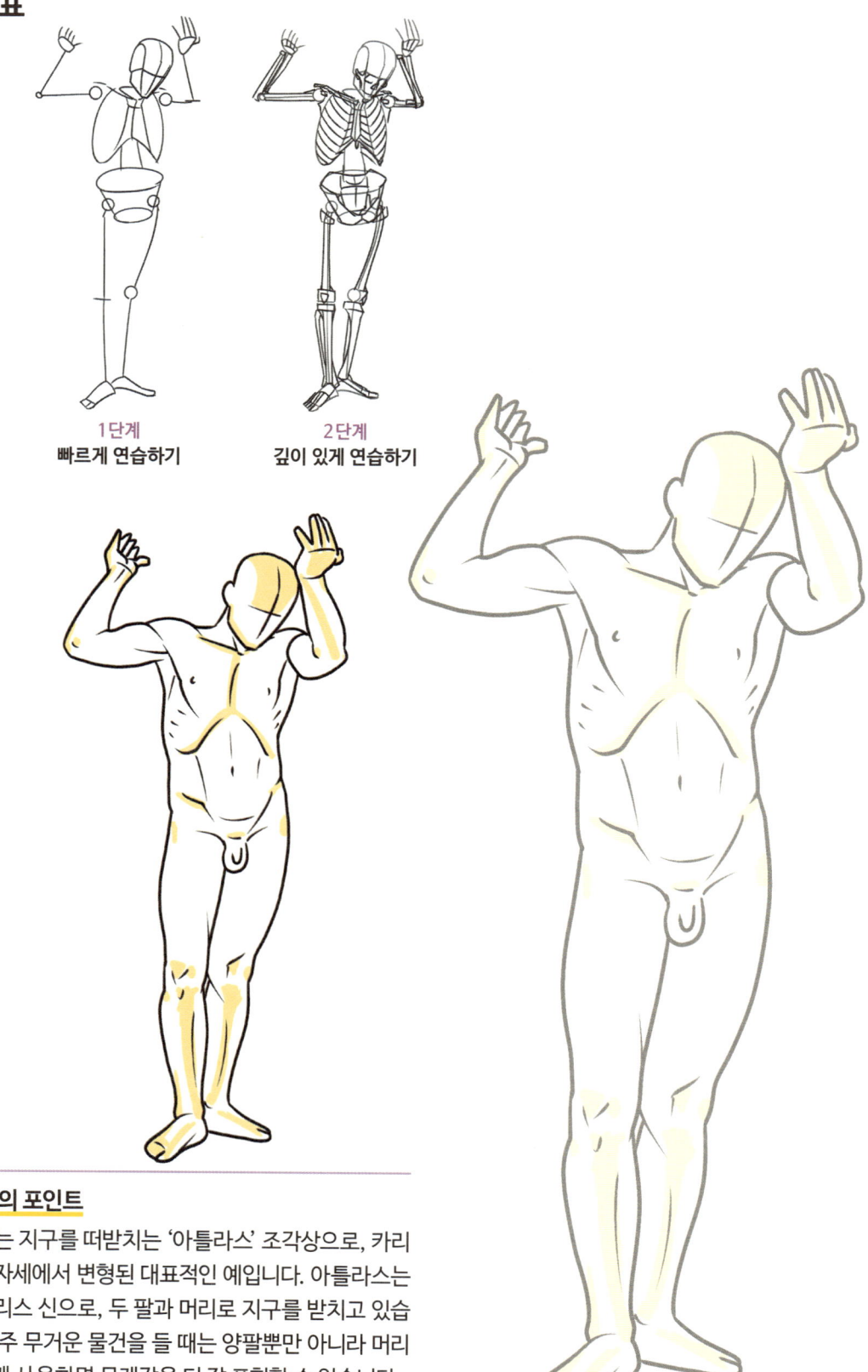

골격

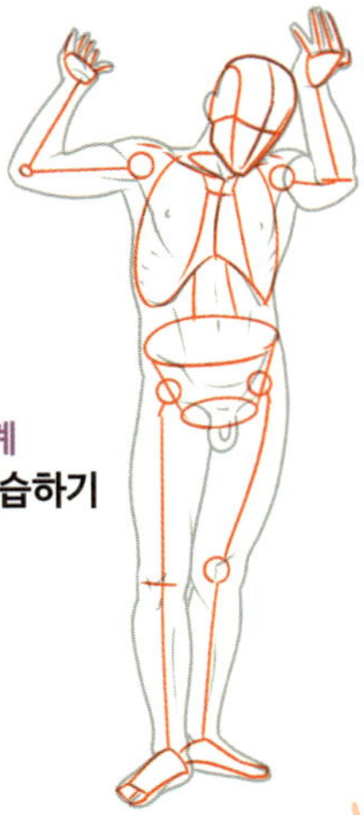

1단계
빠르게 연습하기

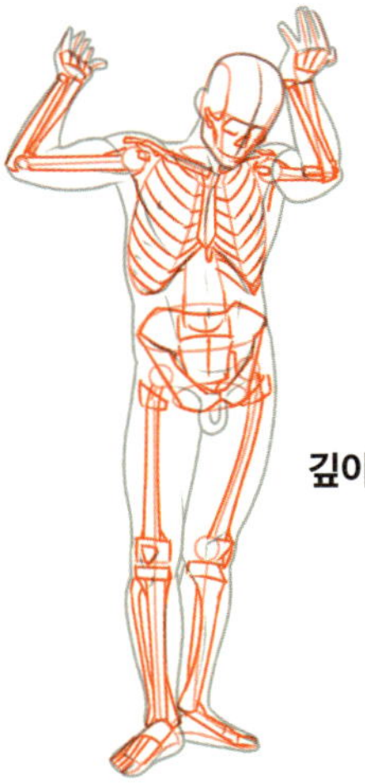

2단계
깊이 있게 연습하기

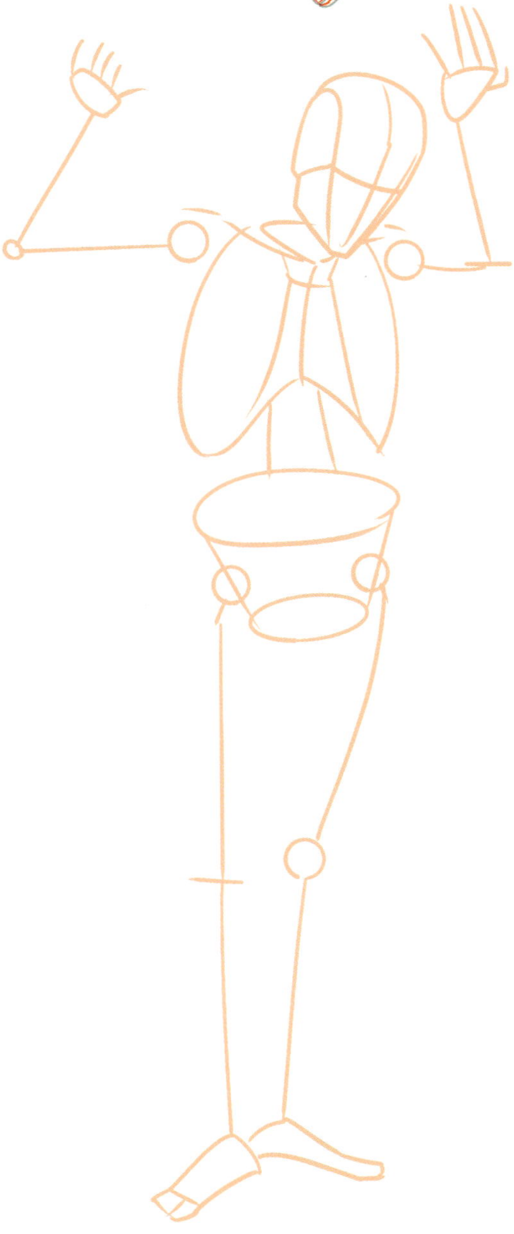

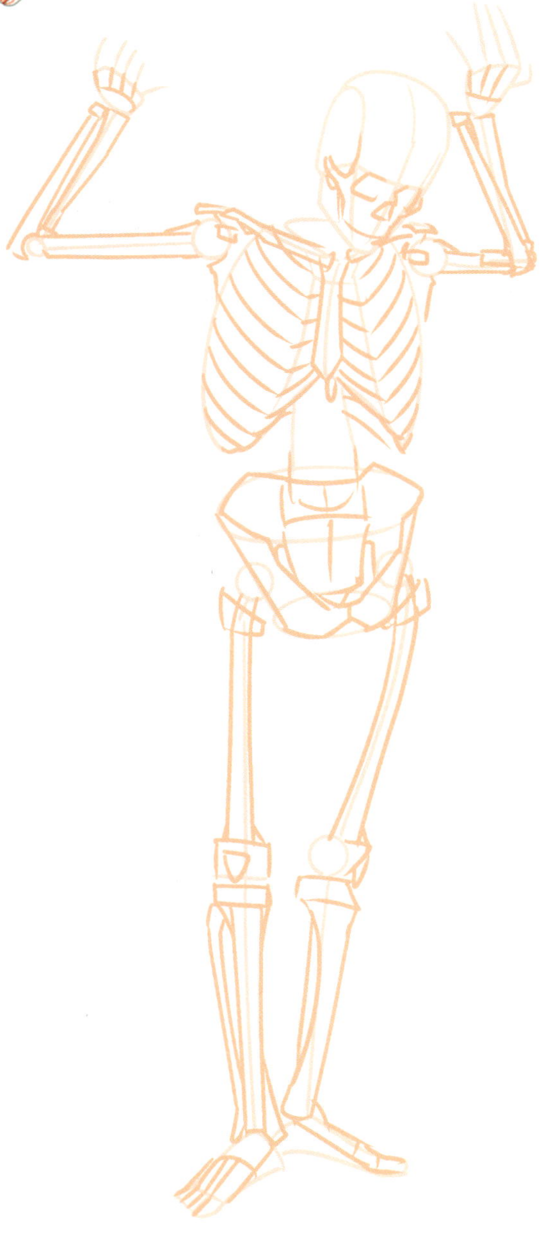

체표

1단계
빠르게 연습하기

2단계
깊이 있게 연습하기

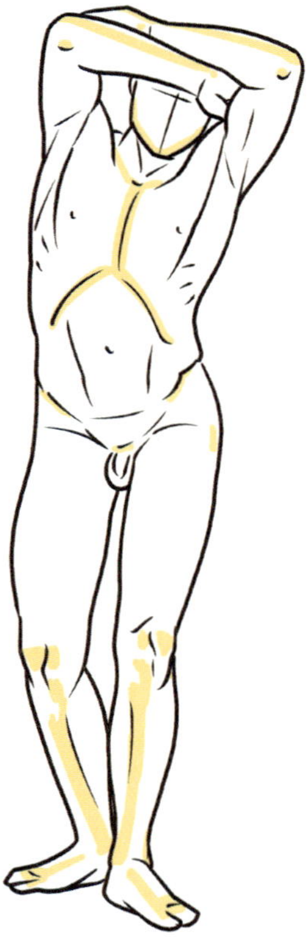

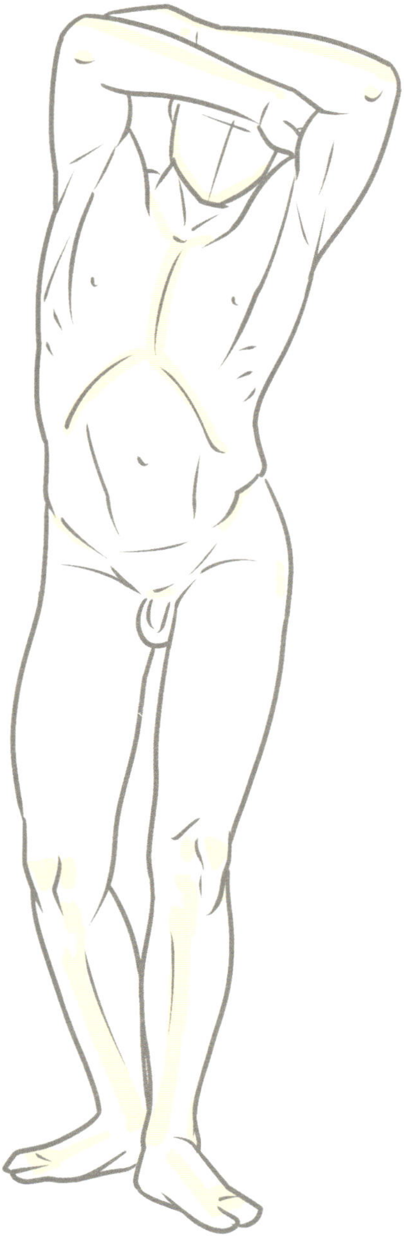

이 포즈의 포인트

상의를 벗을 때처럼 구부린 양팔을 머리 위로 올리는 동작은 팔이 머리 위를 지나갑니다. 팔을 높이 들면 가슴 근육 모양이 달라지고, 겨드랑이 아래쪽의 앞뒤 근육이 나란히 정렬된 것처럼 보입니다.

골격

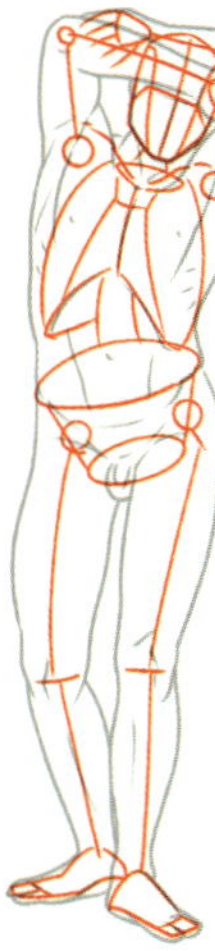

1단계
빠르게 연습하기

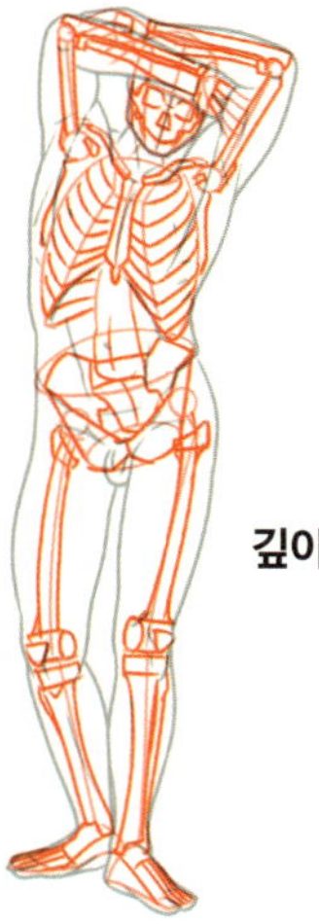

2단계
깊이 있게 연습하기

체표

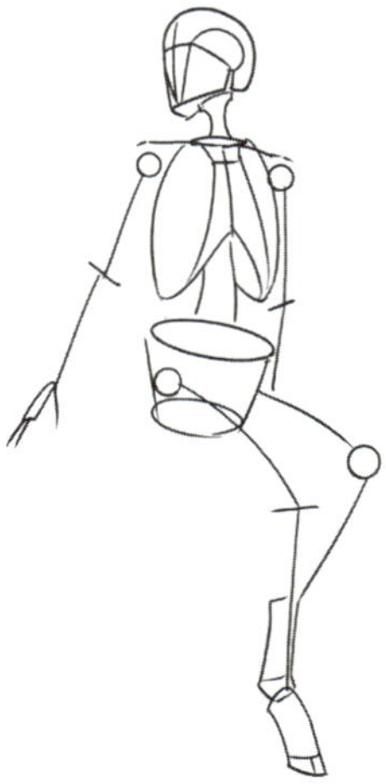

1단계
빠르게 연습하기

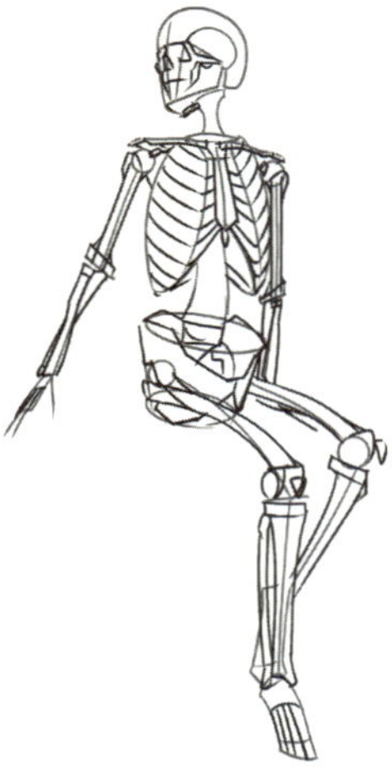

2단계
깊이 있게 연습하기

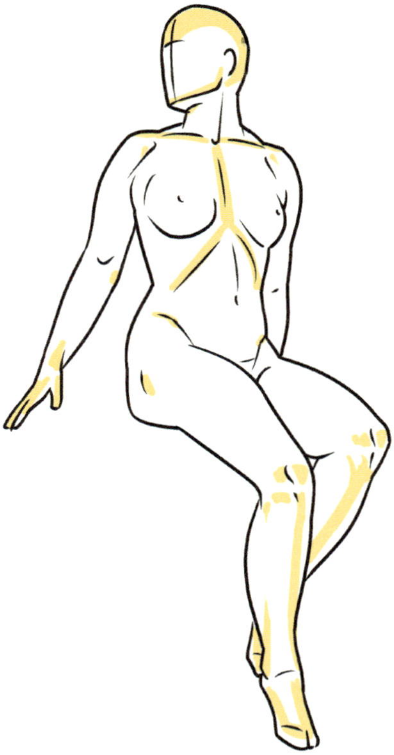

이 포즈의 포인트

앉은 자세에서는 등의 굽은 정도가 다양합니다. 편하게 힘을 빼고 앉아 있을 때는 등이 둥글게 말리고 단정해 보이도록 바르게 앉으면 등은 곧게 펴집니다.

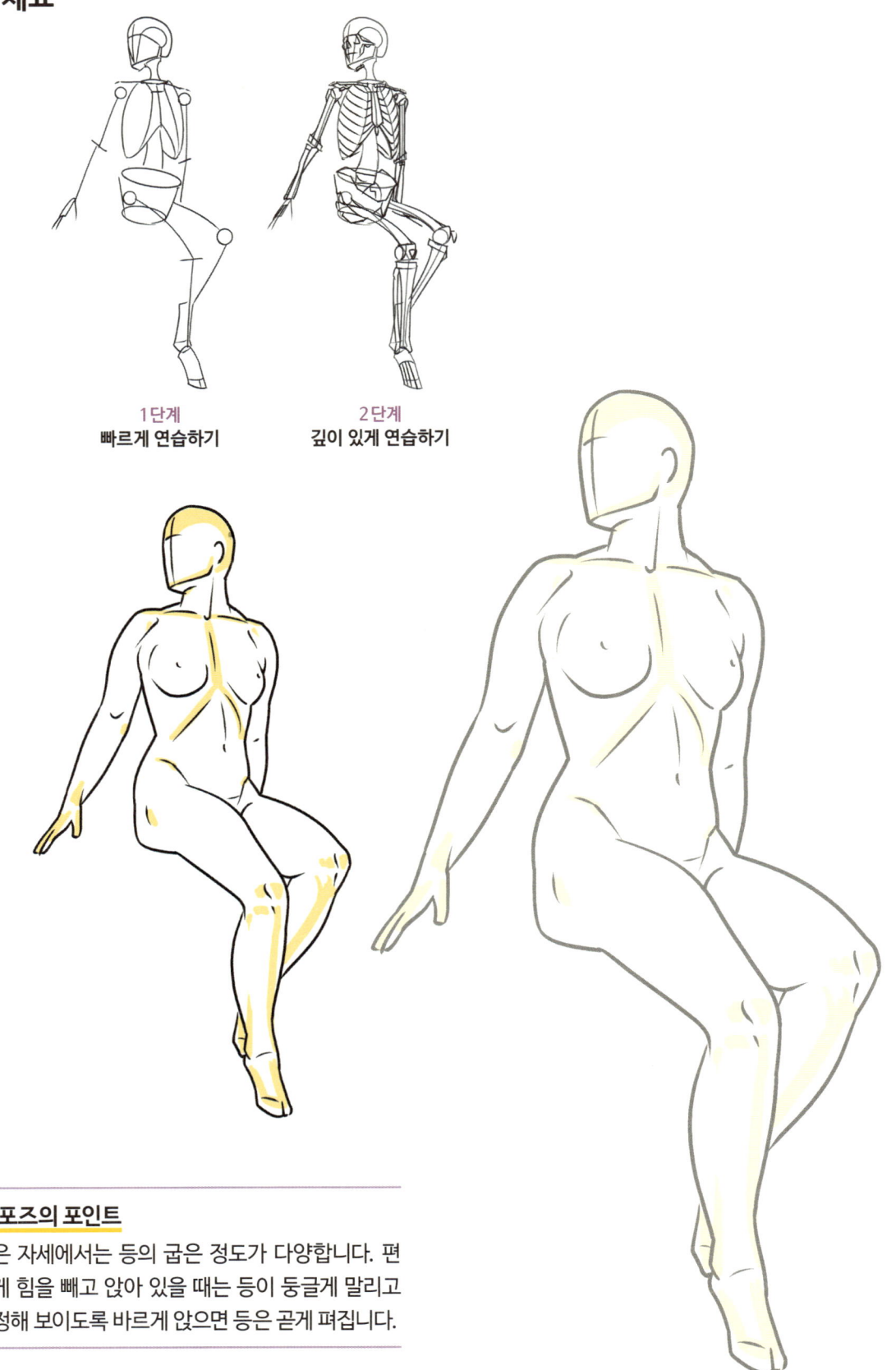

골격

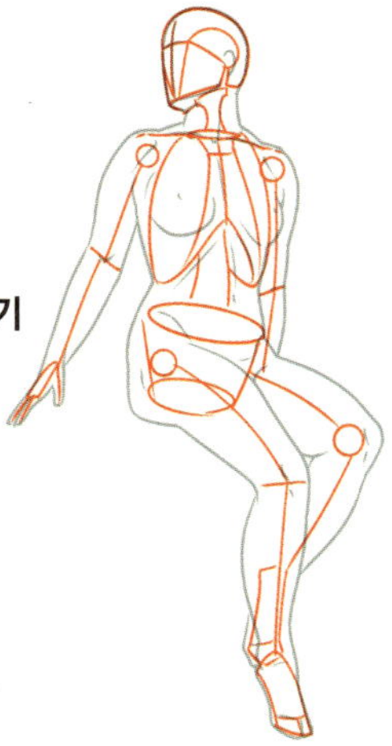

1단계
빠르게 연습하기

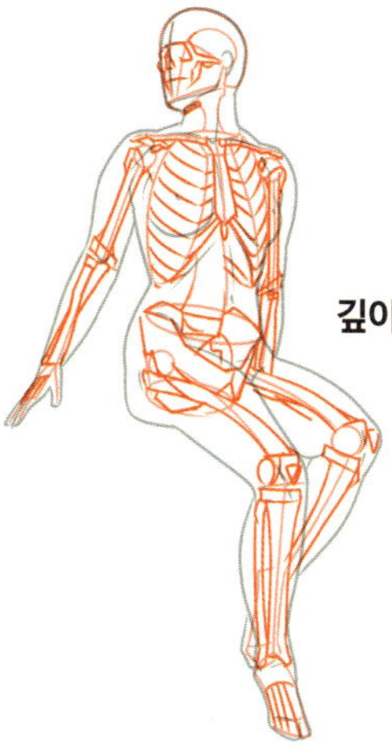

2단계
깊이 있게 연습하기

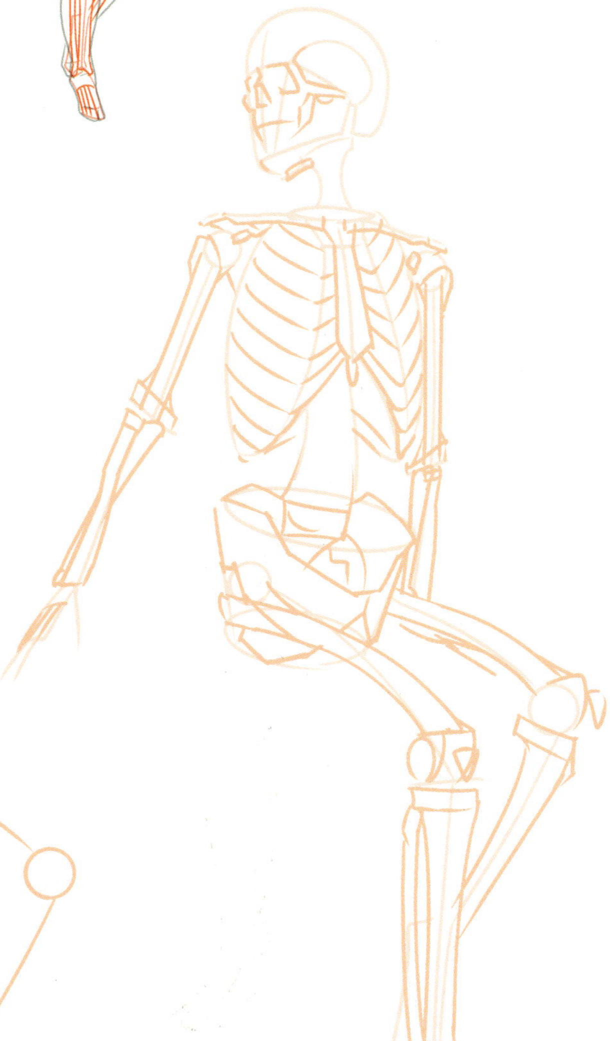

체표

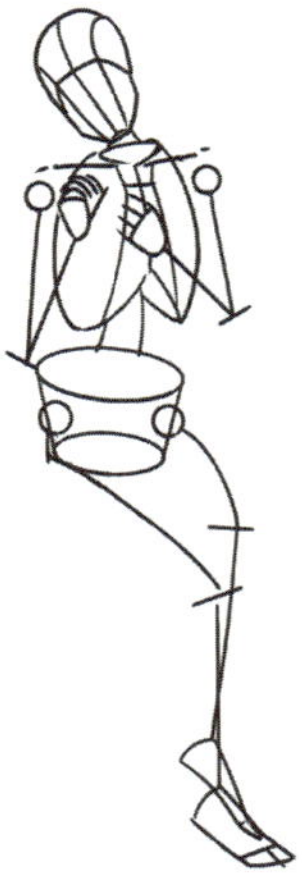

1단계
빠르게 연습하기

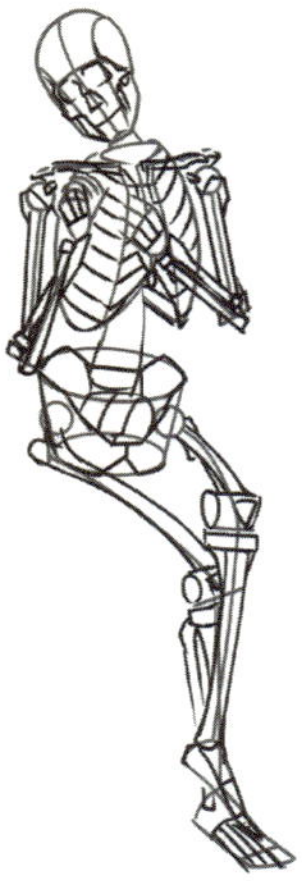

2단계
깊이 있게 연습하기

이 포즈의 포인트

여성은 머리카락이 긴 경우가 많아 손으로 머리를 빗거나 만지는 동작을 자주 합니다. 이 자세에서는 손의 위치가 머리 가까이로 이동하고, 머리를 만지는 쪽으로 고개가 기울어집니다.

골격

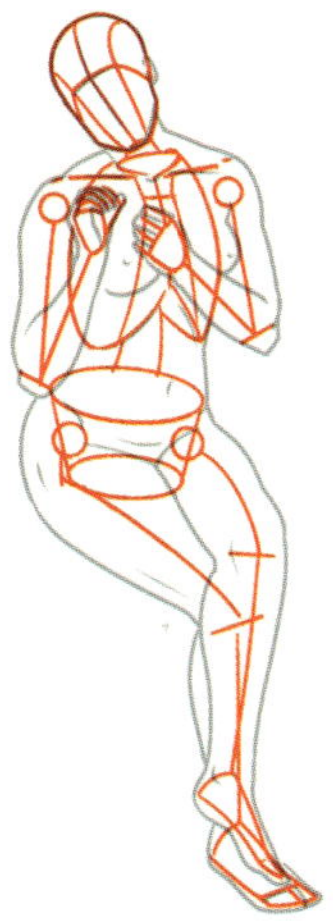

1단계
빠르게 연습하기

2단계
깊이 있게 연습하기

체표

1단계
빠르게 연습하기

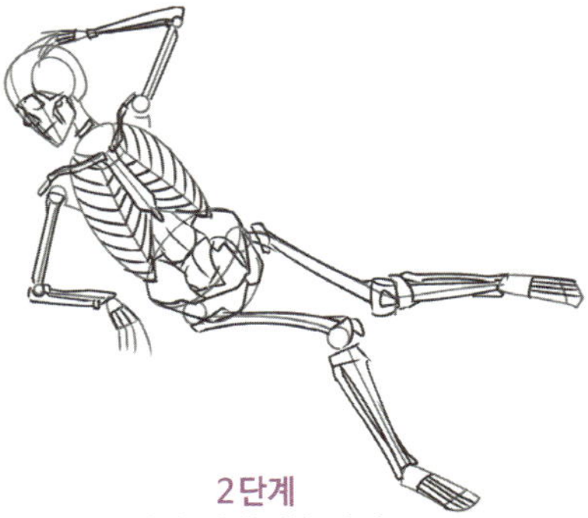

2단계
깊이 있게 연습하기

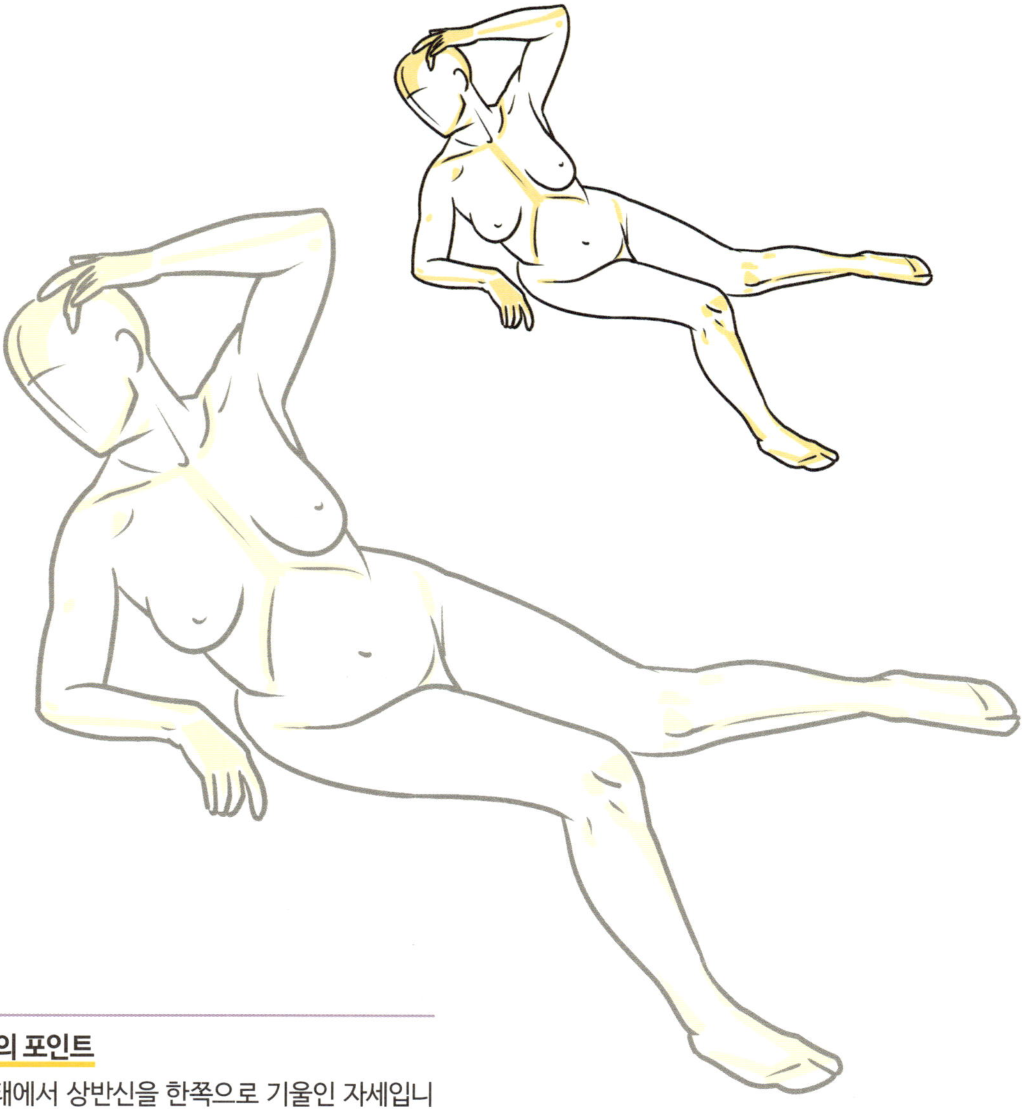

이 포즈의 포인트

앉은 상태에서 상반신을 한쪽으로 기울인 자세입니다. 균형을 잡기 위해 상반신이 기운 반대쪽 다리를 자연스럽게 바깥쪽으로 뻗었습니다.

골격

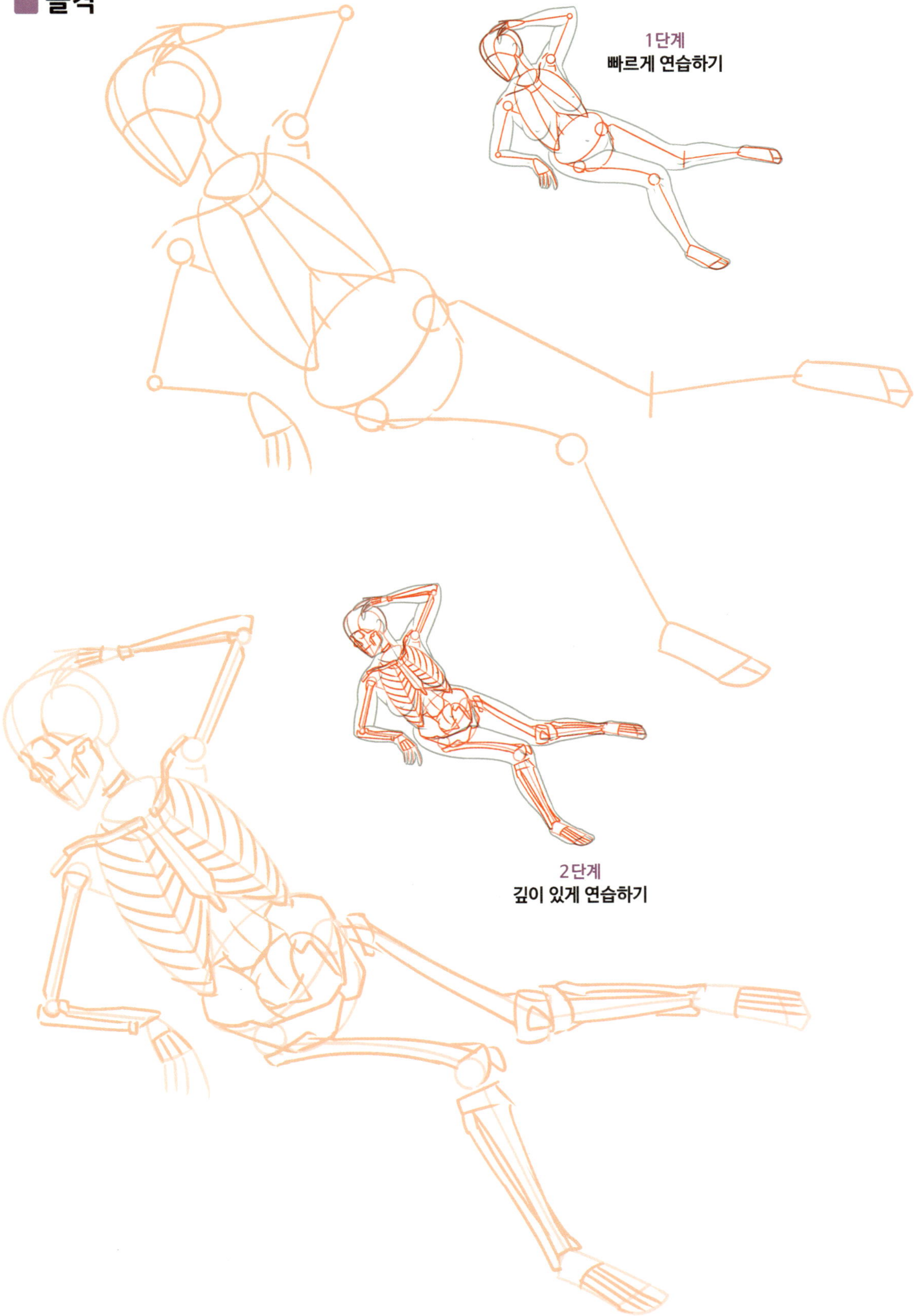

1단계
빠르게 연습하기

2단계
깊이 있게 연습하기

체표

1단계
빠르게 연습하기

2단계
깊이 있게 연습하기

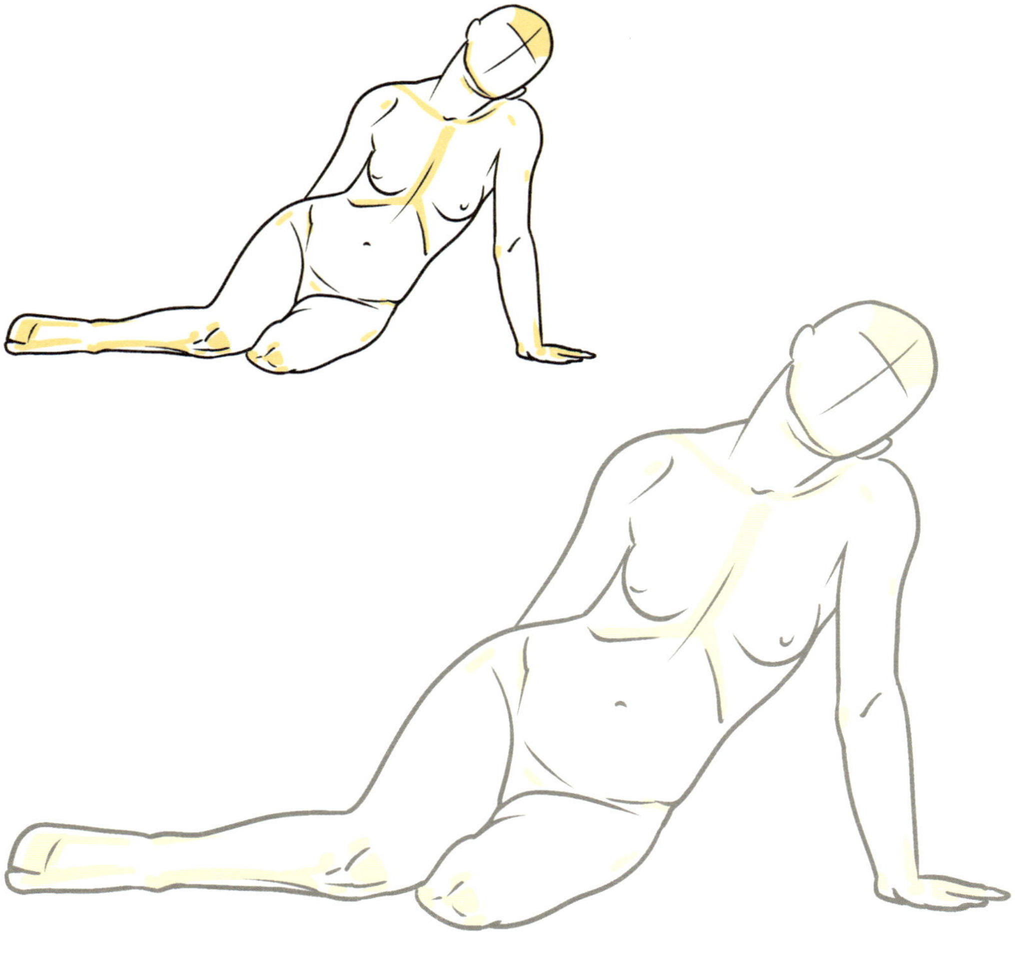

이 포즈의 포인트

옆으로 앉아 손을 짚은 자세에서는, 손을 짚은 쪽 어깨가 올라갑니다. 어깨를 올리고 머리를 기울이면, 귀가 어깨에 닿을 정도로 가까워집니다.

골격

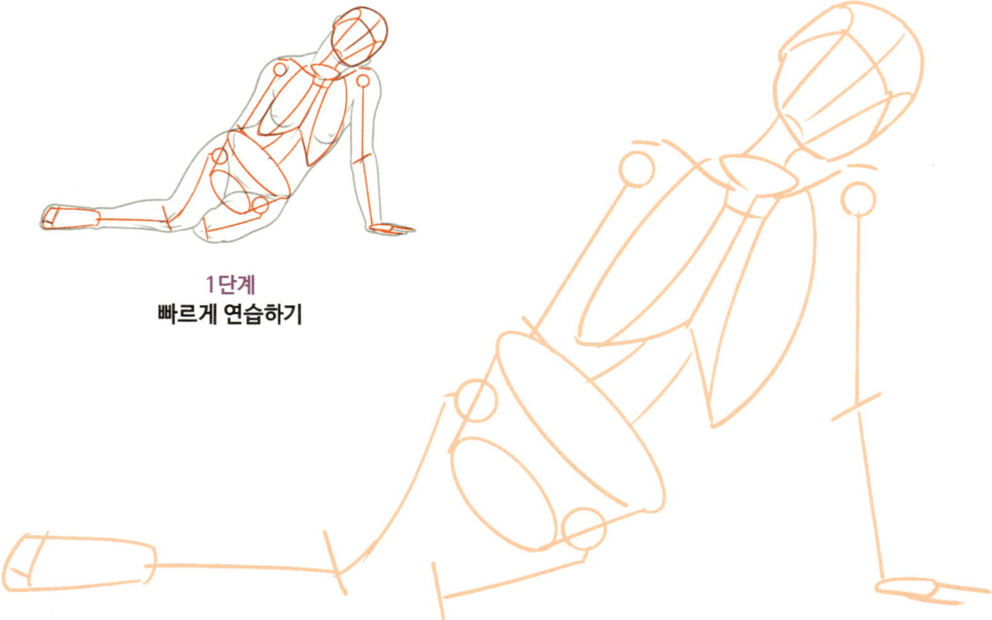

1단계
빠르게 연습하기

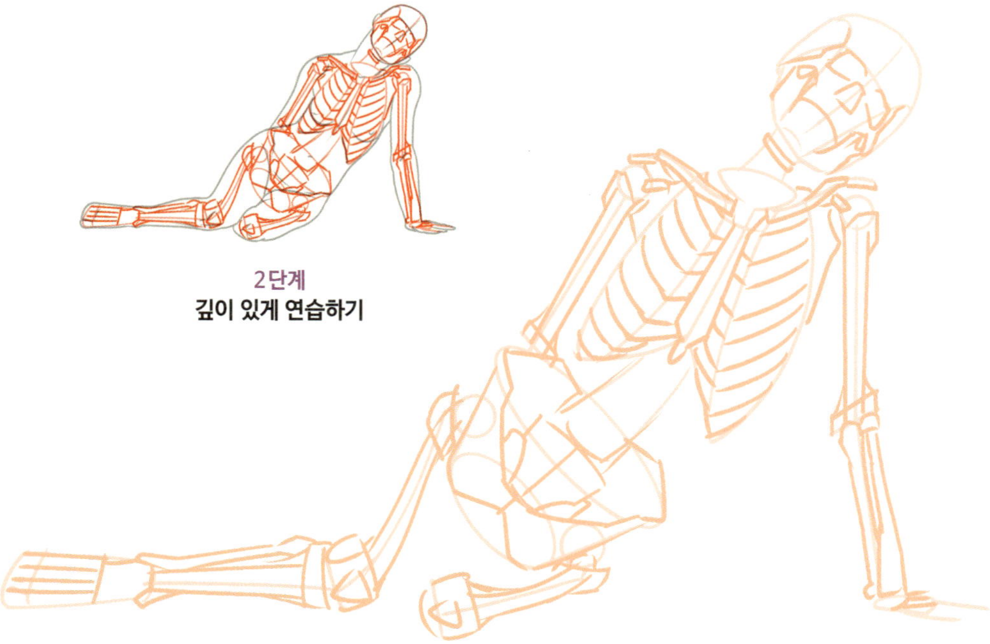

2단계
깊이 있게 연습하기

체표

1단계
빠르게 연습하기

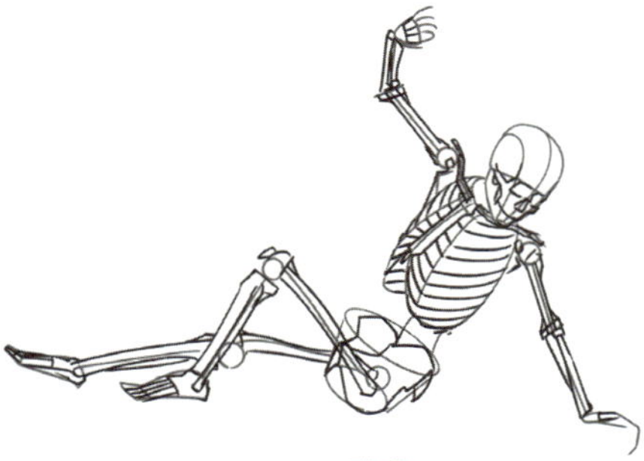

2단계
깊이 있게 연습하기

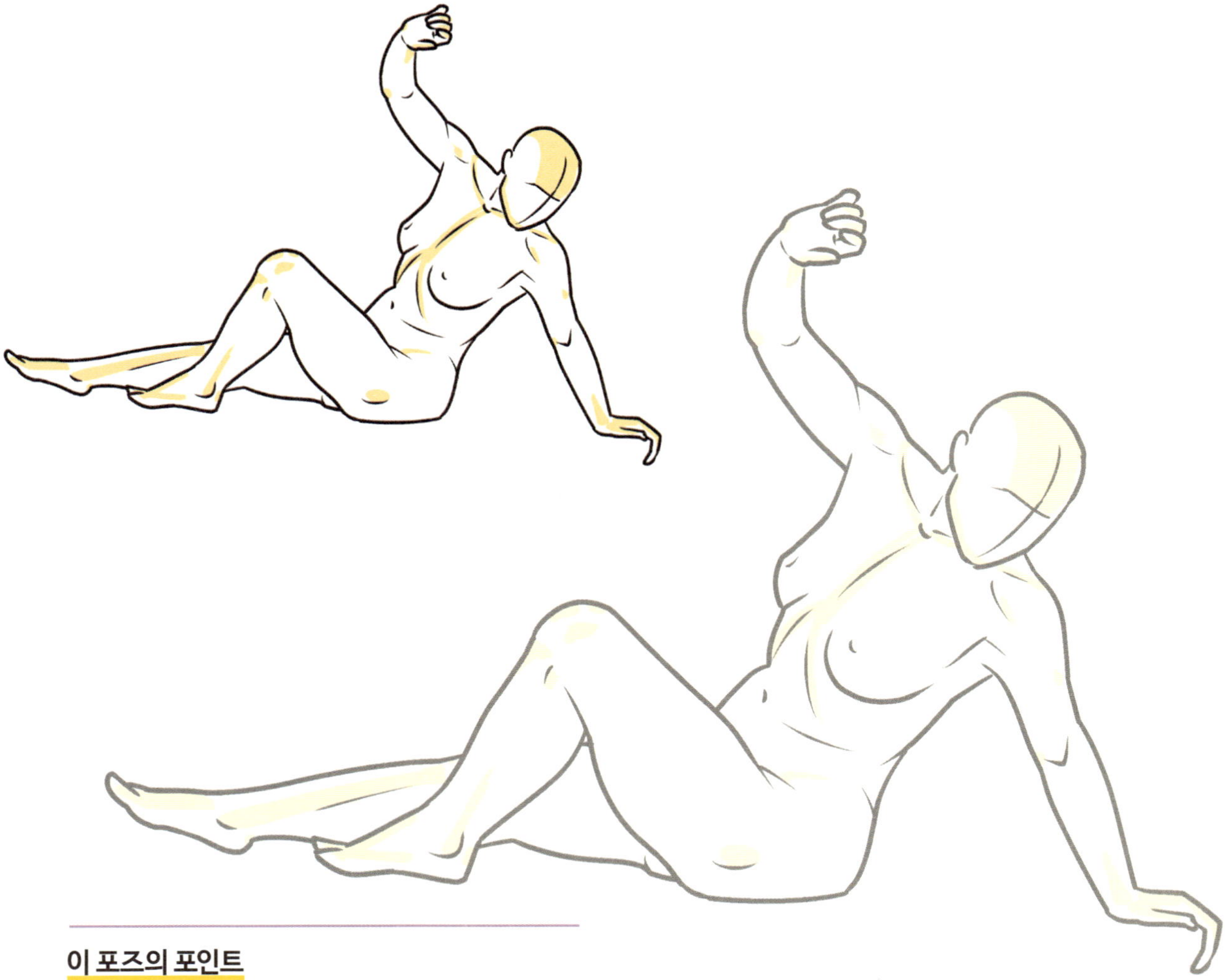

이 포즈의 포인트

넘어지듯 몸을 뒤로 젖히며 피하려는 자세입니다. 상대를 밀쳐내려는 듯 손을 앞으로 뻗고, 시선을 피하듯 머리는 반대 방향을 향하고 있습니다. 무릎을 굽힌 것은 발로 차기 위한 준비 동작입니다.

골격

1단계
빠르게 연습하기

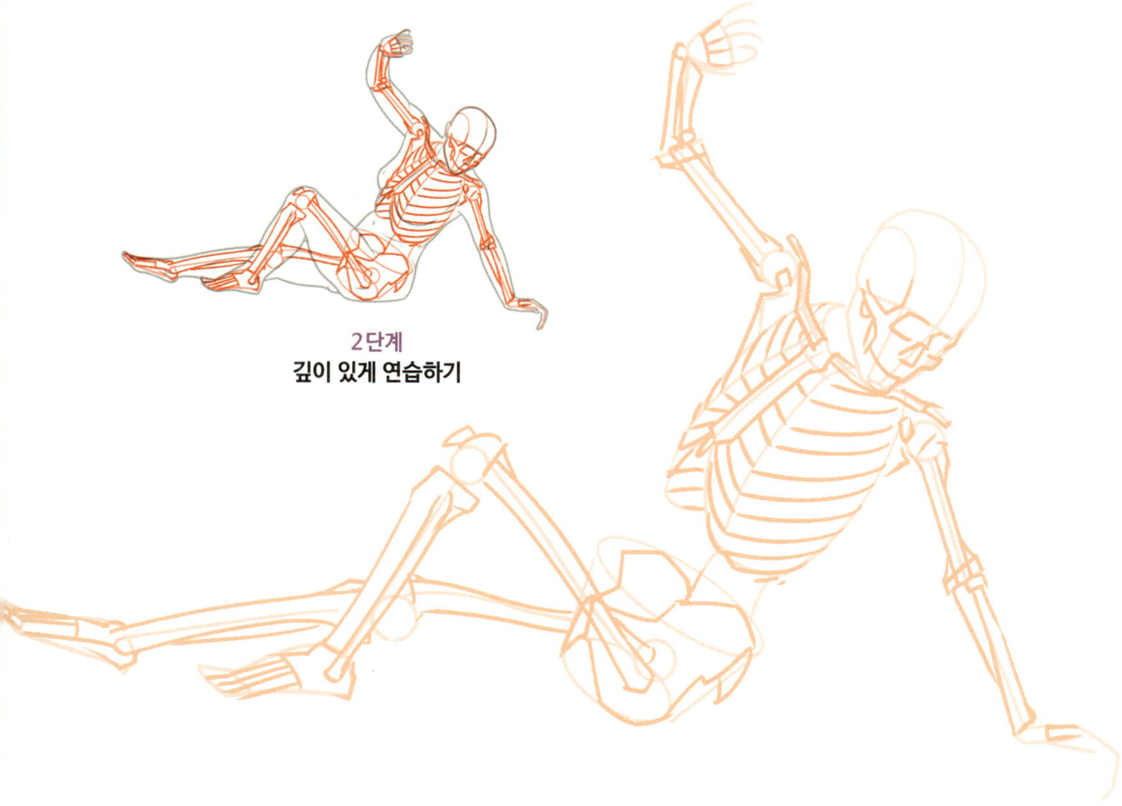

2단계
깊이 있게 연습하기

체표

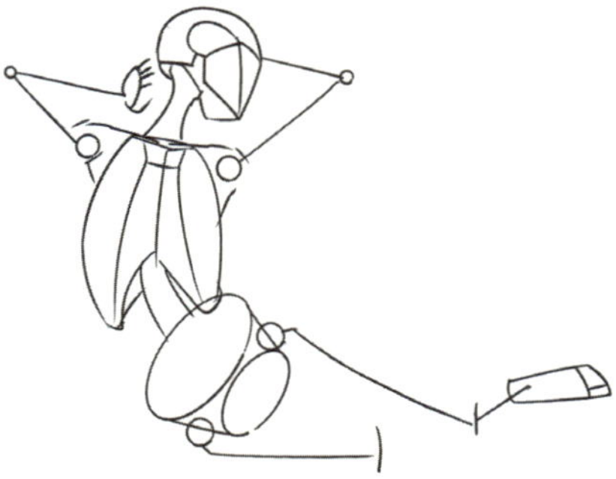

1단계
빠르게 연습하기

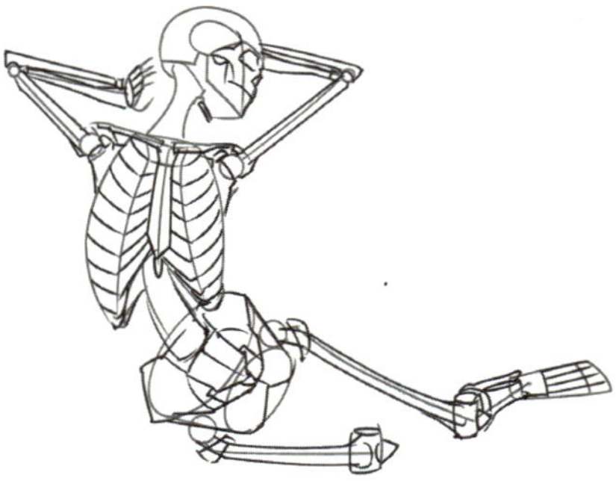

2단계
깊이 있게 연습하기

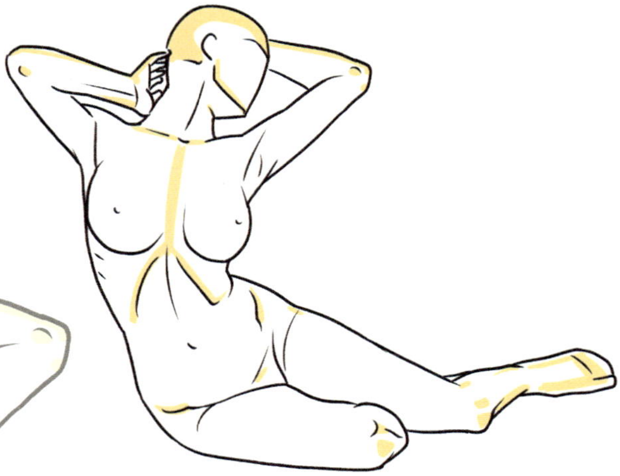

이 포즈의 포인트

양팔을 들어 올리고 상반신을 뒤로 젖히는 이 자세는, 잠에서 막 깨어 기지개를 켜기 직전에 흔히 볼 수 있습니다.

골격

1단계
빠르게 연습하기

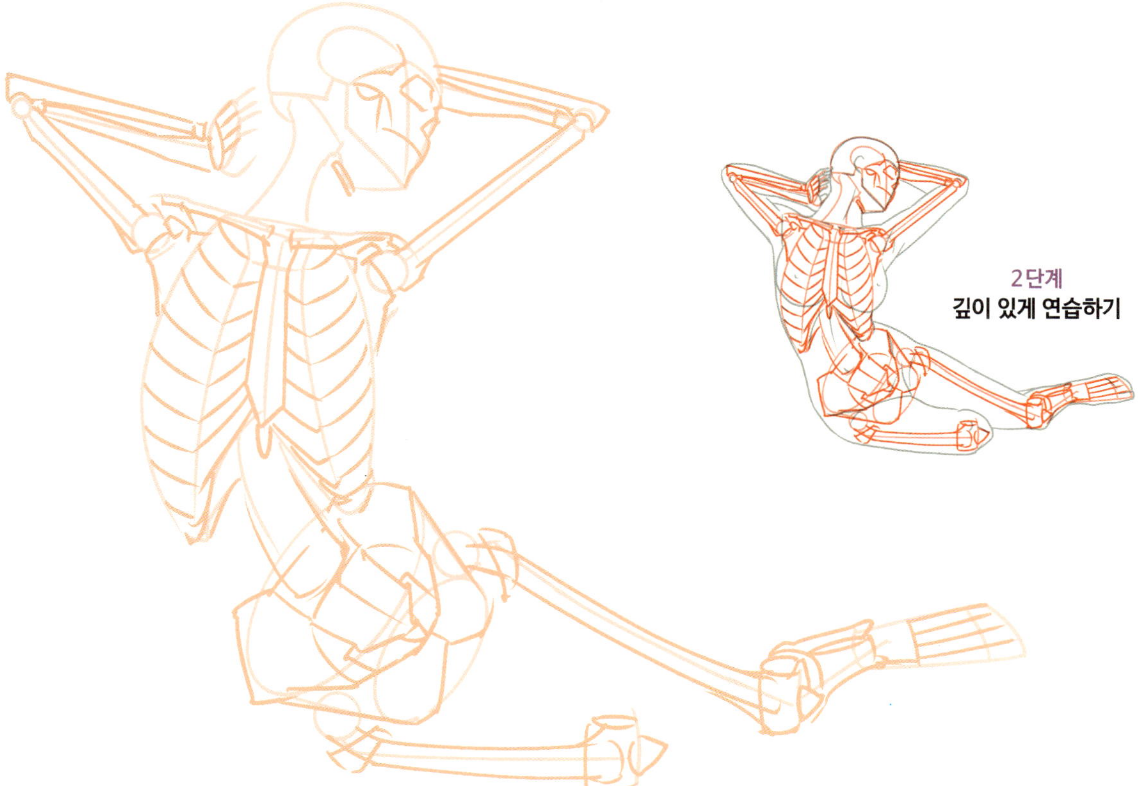

2단계
깊이 있게 연습하기

075

체표

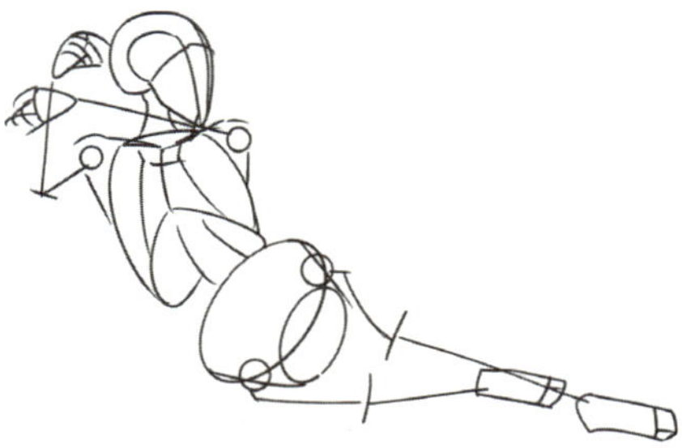

1단계
빠르게 연습하기

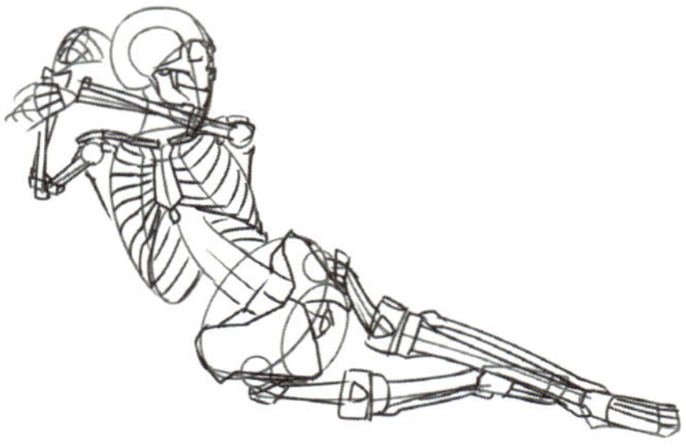

2단계
깊이 있게 연습하기

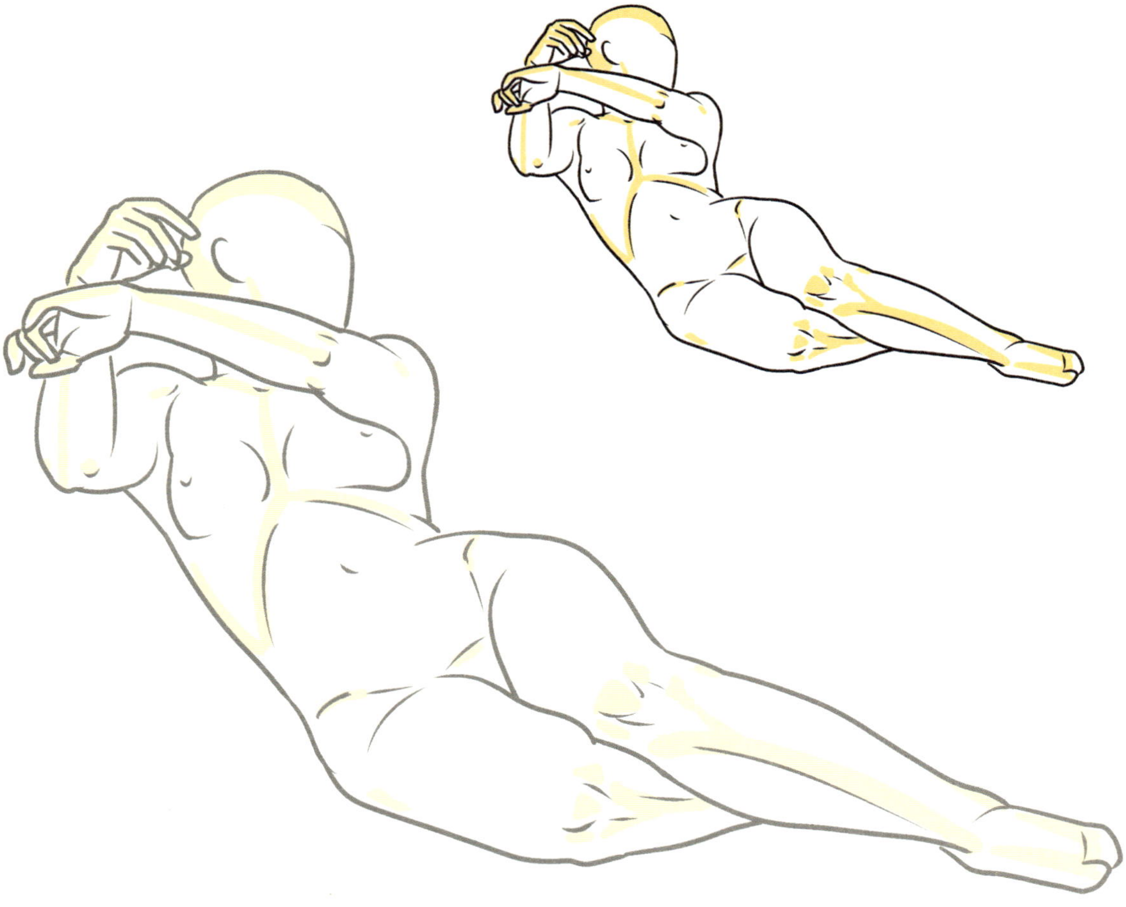

이 포즈의 포인트

힘을 뺀 자세에서 팔이 몸통과 떨어져 있는 경우, 모델의 팔을 매달거나 받침대에 올려 자세를 유지하기도 합니다. 이 자세에서는 팔과 턱 주변의 구조가 복잡해지므로 형태를 정확히 파악하려면 주의 깊게 관찰해야 합니다.

골격

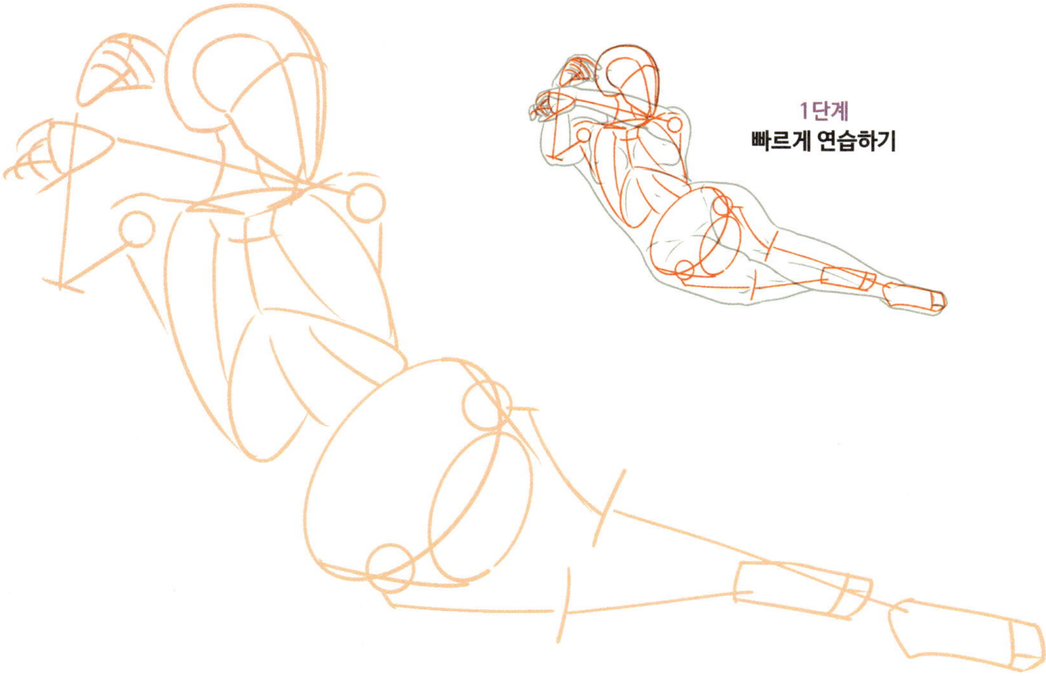
1단계
빠르게 연습하기

2단계
깊이 있게 연습하기

체표

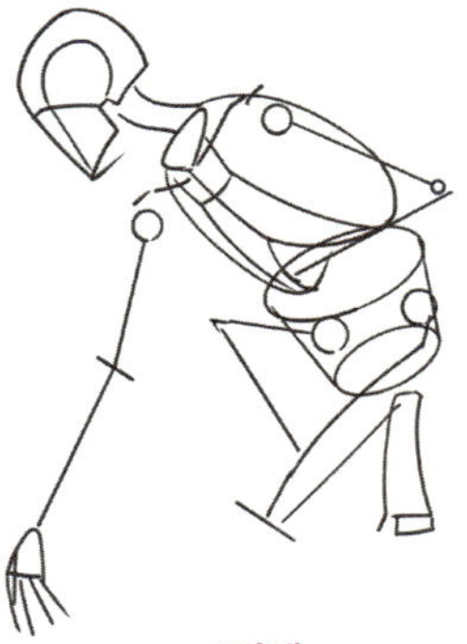

1단계
빠르게 연습하기

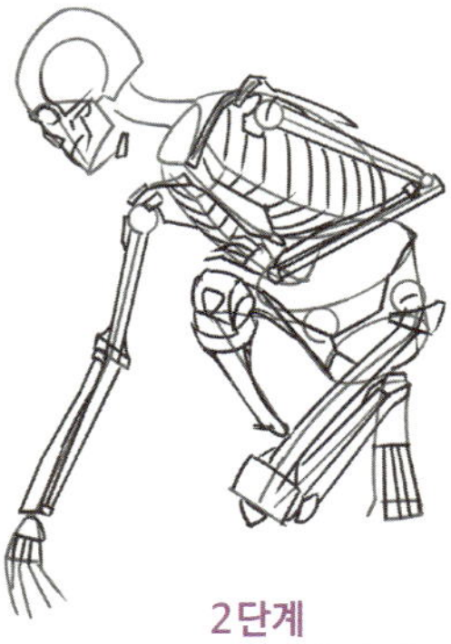

2단계
깊이 있게 연습하기

이 포즈의 포인트

웅크린 자세입니다. 고대 그리스 미술의 비너스 조각상 등에서 볼 수 있는 포즈로, 팔과 다리가 서로 교차하기 쉬워 골격 구조를 파악하기 어려울 수 있습니다. 무리하지 말고 확인 가능한 범위 내에서 추측하며 그려 보세요.

골격

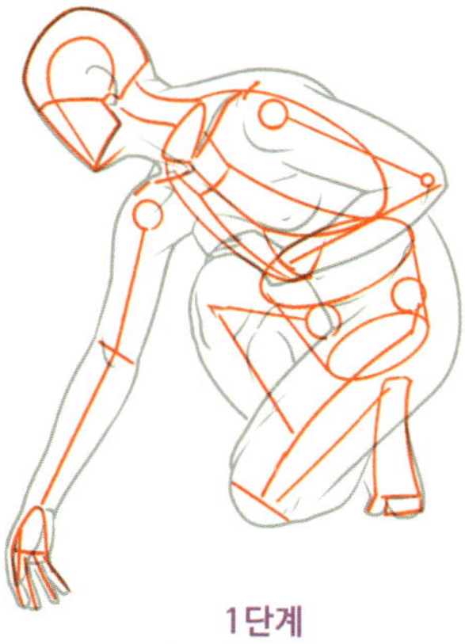

1단계
빠르게 연습하기

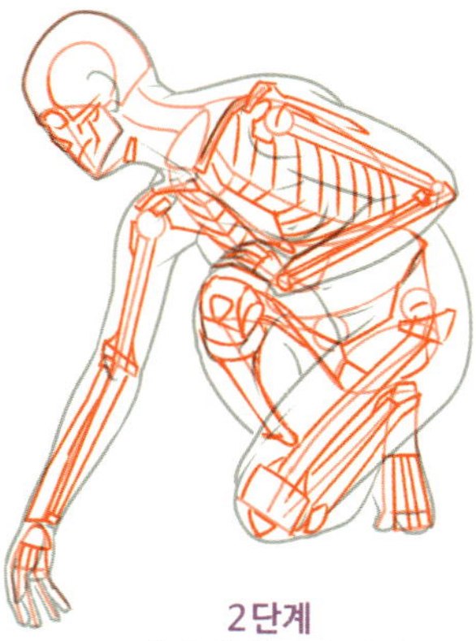

2단계
깊이 있게 연습하기

체표

1단계
빠르게 연습하기

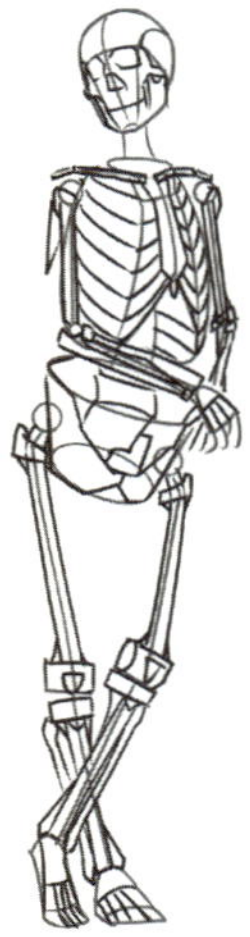

2단계
깊이 있게 연습하기

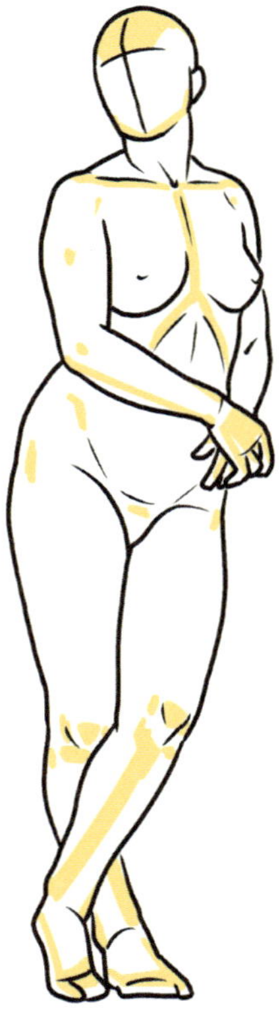

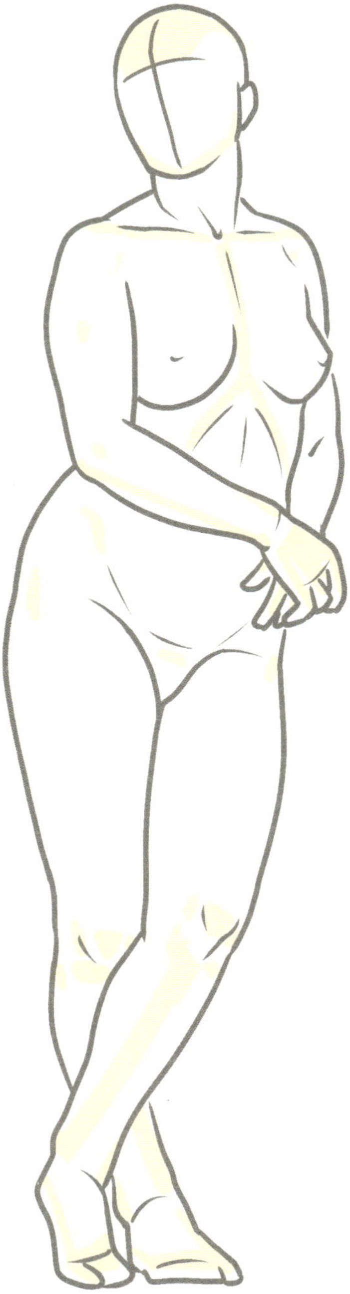

이 포즈의 포인트

정강이가 교차된 자세입니다. 그리기 어렵거나 선이 복잡해질 경우에는 보이지 않는 뒷부분은 과감히 생략해도 괜찮습니다.

골격

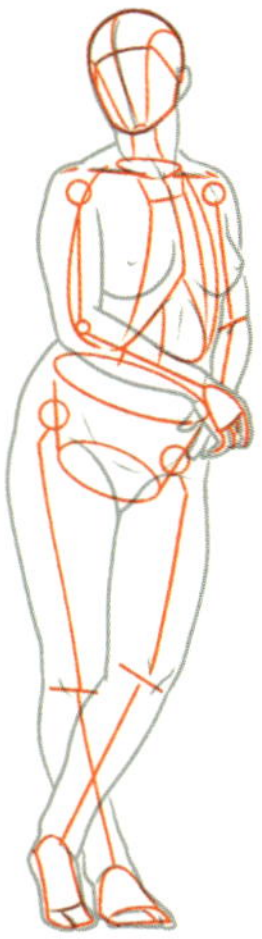

1단계
빠르게 연습하기

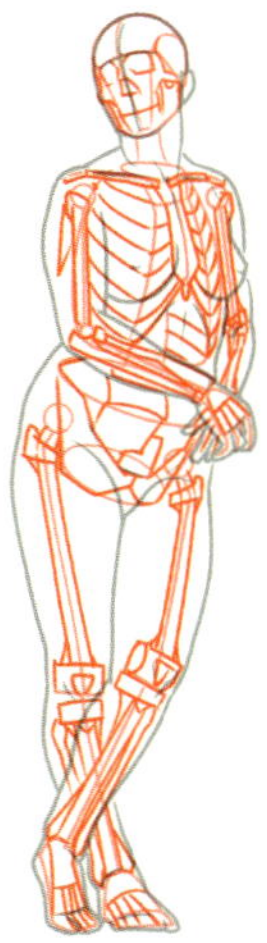

2단계
깊이 있게 연습하기

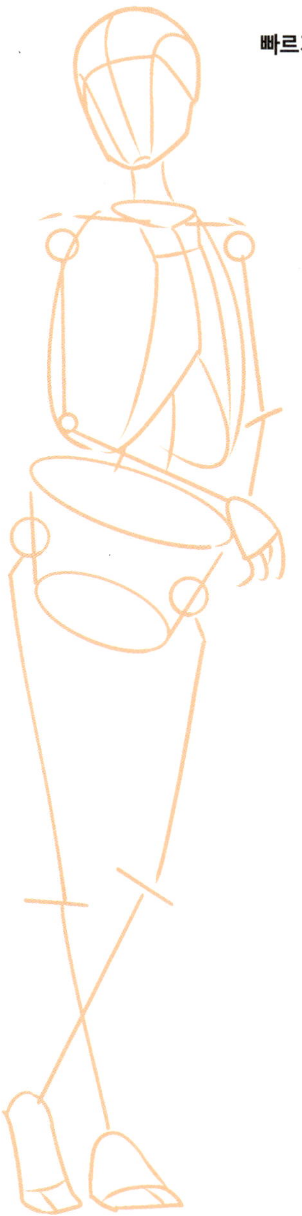

체표

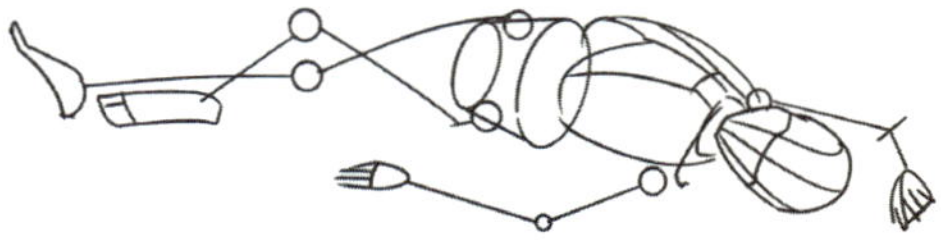

1단계
빠르게 연습하기

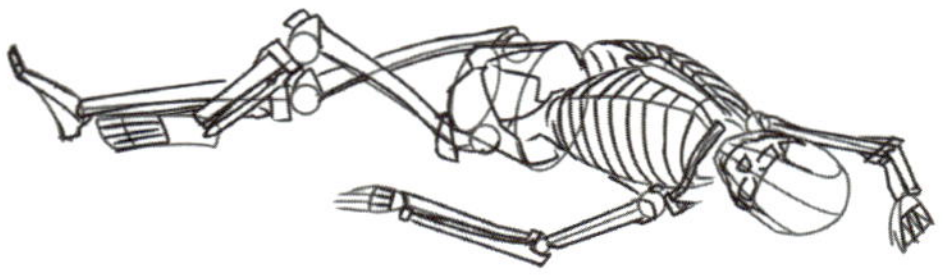

2단계
깊이 있게 연습하기

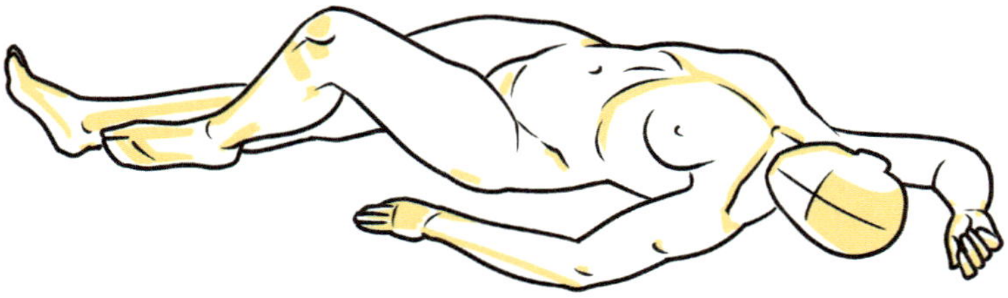

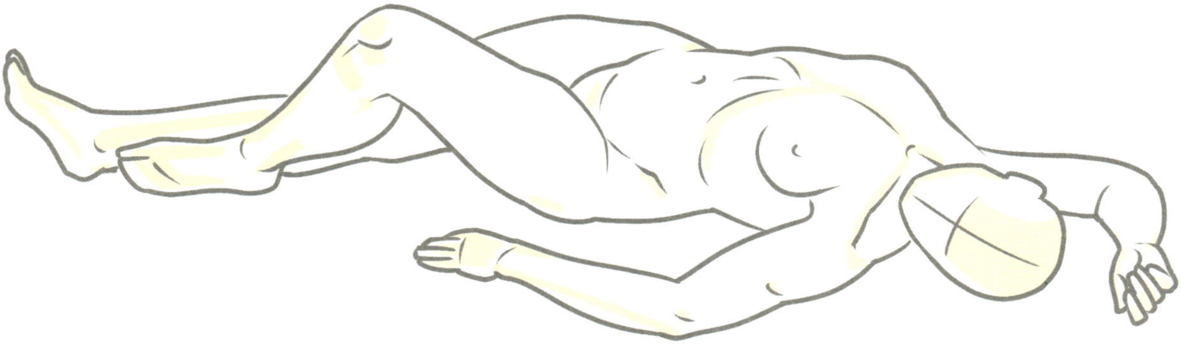

이 포즈의 포인트

누워 있는 자세를 약간 위에서 내려다본 시점입니다. 어깨의 윗면이 보입니다. 오른쪽 무릎은 왼쪽 다리에 가려져 보이지 않기 때문에 위치를 잘 추정해서 그려야 합니다. 무릎의 대략적인 위치는 골반 윗부분과 발뒤꿈치를 잇는 선의 중간쯤입니다.

골격

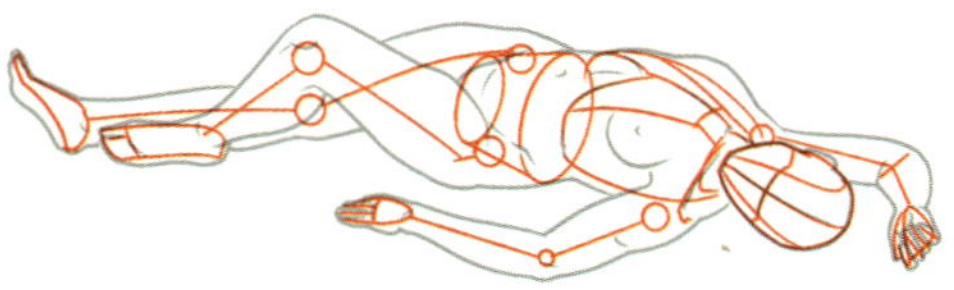

1단계
빠르게 연습하기

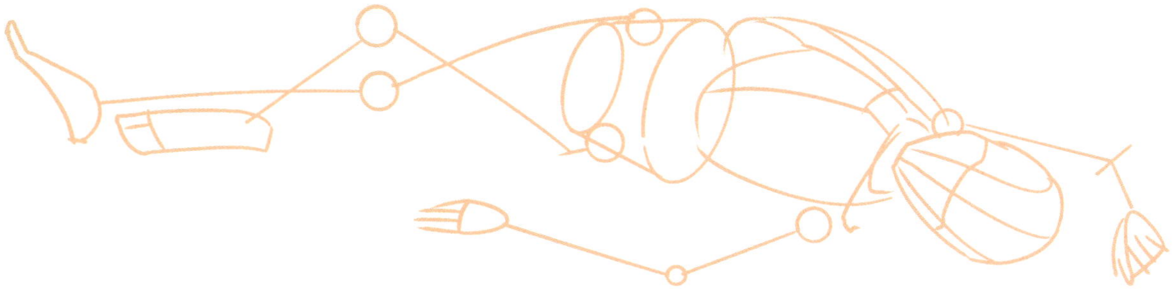

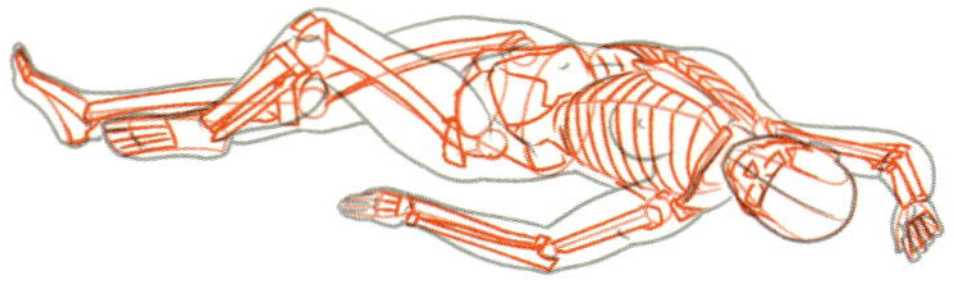

2단계
깊이 있게 연습하기

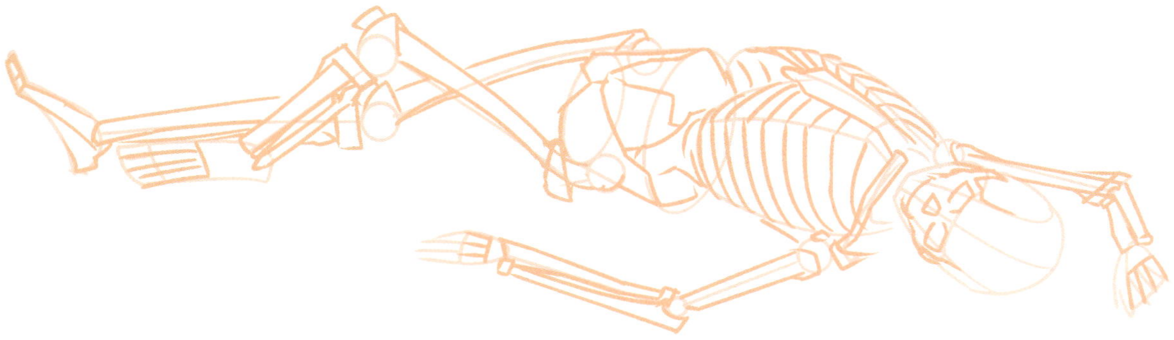

체표

1단계
빠르게 연습하기

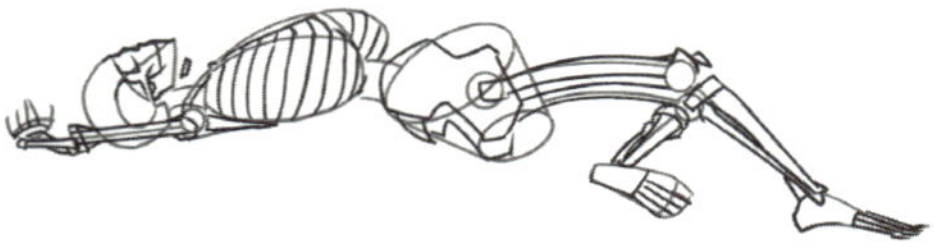

2단계
깊이 있게 연습하기

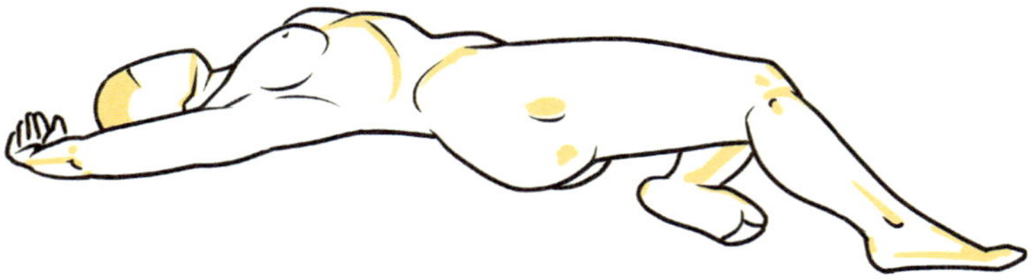

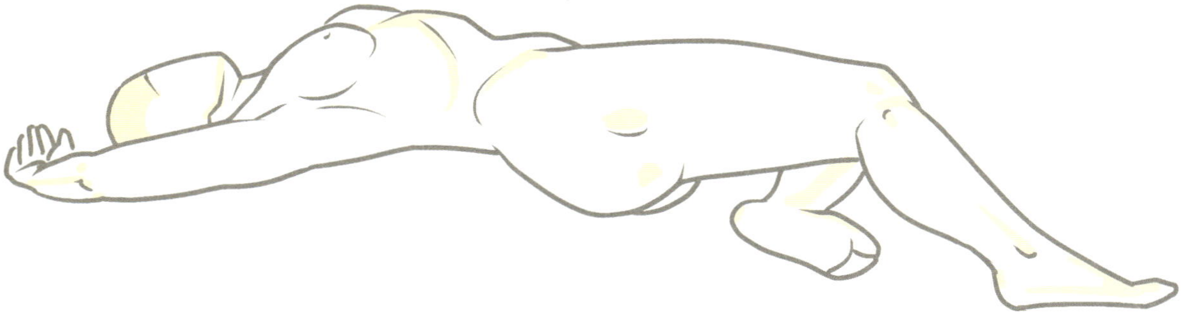

이 포즈의 포인트

누워 있는 자세를 옆에서 본 모습입니다. 누워 있을 때는 척추의 곡선이 다소 완만해집니다. 특히 허리의 앞쪽으로 살짝 굽은 형태(요추 전만)는 중력과 복부의 무게 때문에 덜 도드라지게 됩니다.

골격

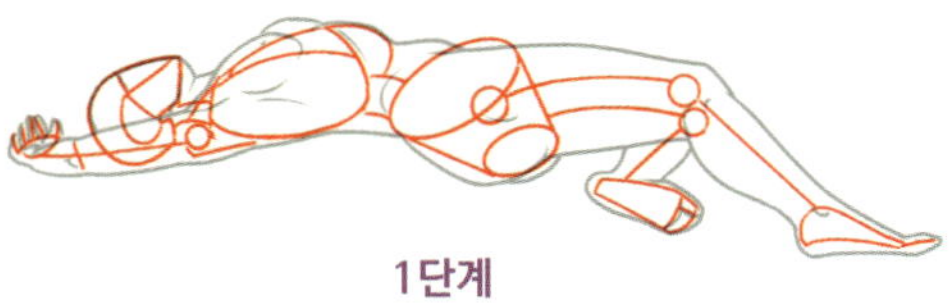

1단계
빠르게 연습하기

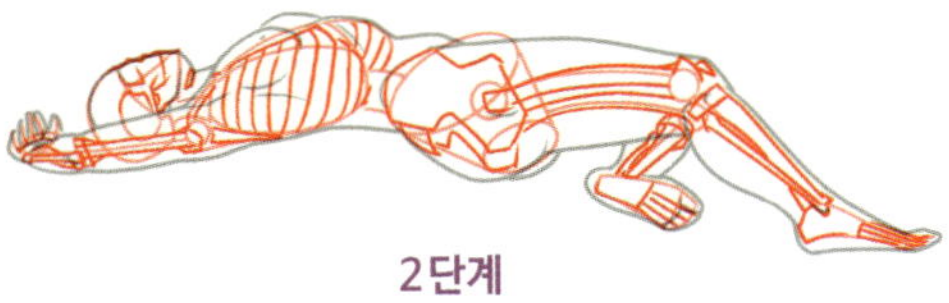

2단계
깊이 있게 연습하기

080

체표

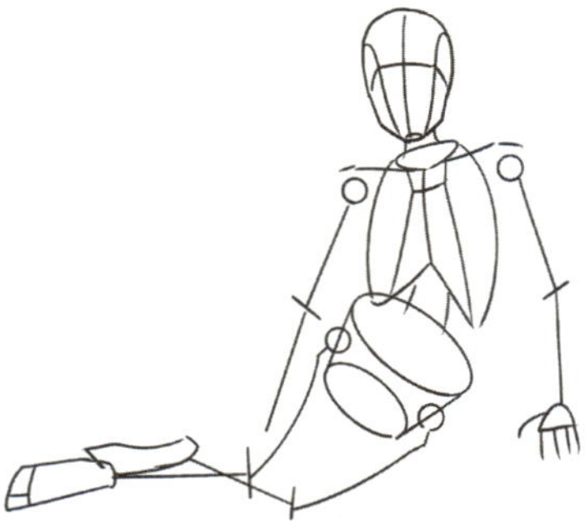

1단계
빠르게 연습하기

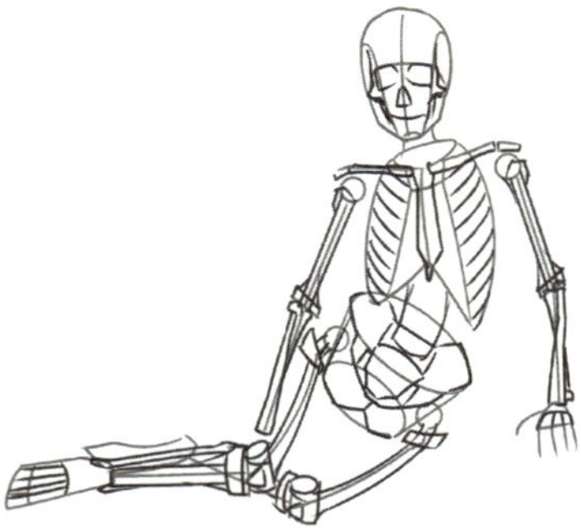

2단계
깊이 있게 연습하기

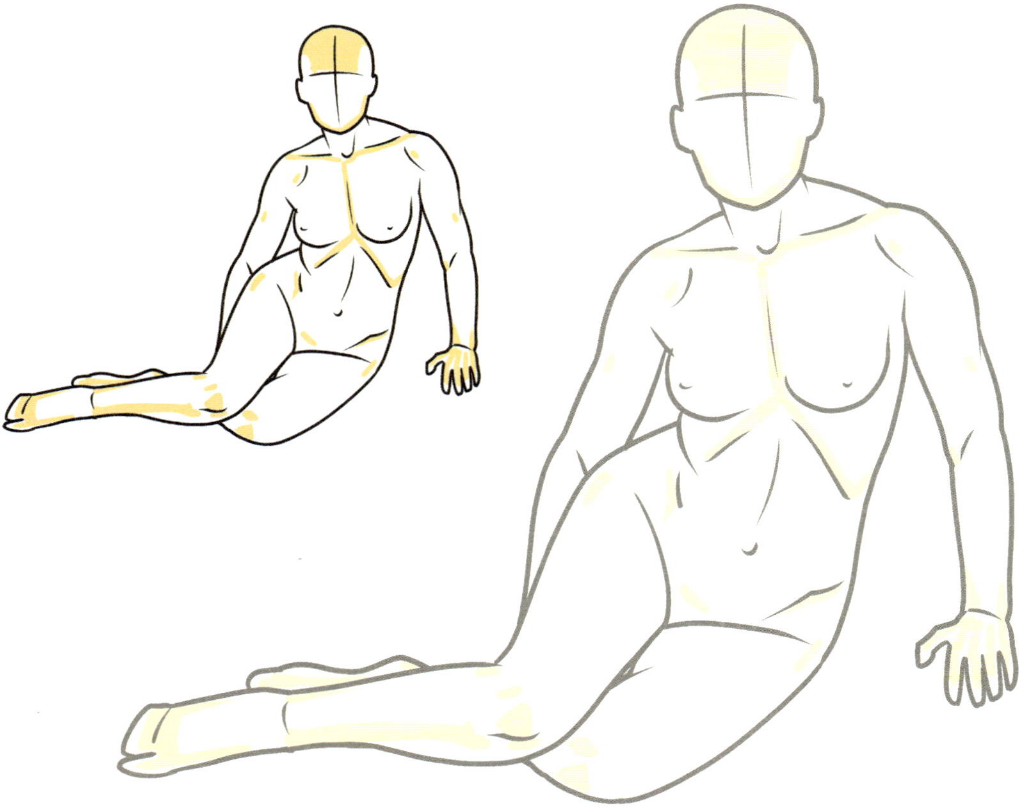

이 포즈의 포인트

옆으로 앉은 자세입니다. 보이지 않는 오른쪽 아래팔과 손은 생략해도 괜찮습니다. 척추는 등뼈(흉추), 등뼈와 허리뼈(요추)의 경계 부위가 옆으로 휘어져 있습니다.

골격

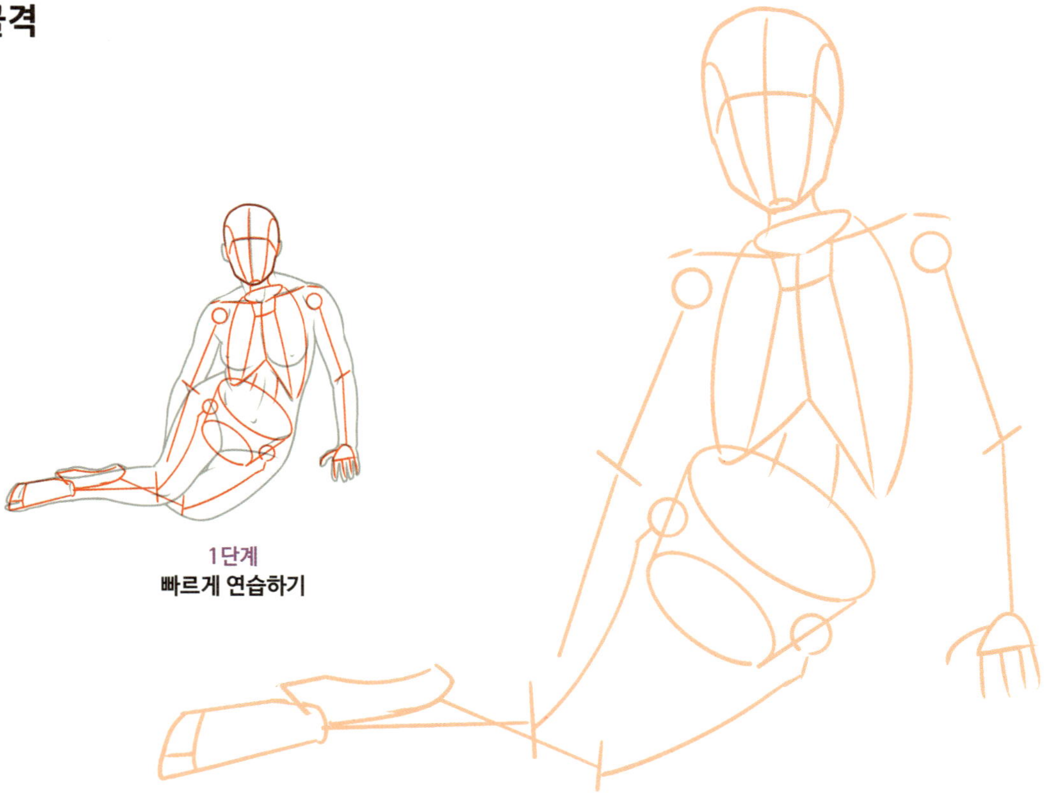

1단계
빠르게 연습하기

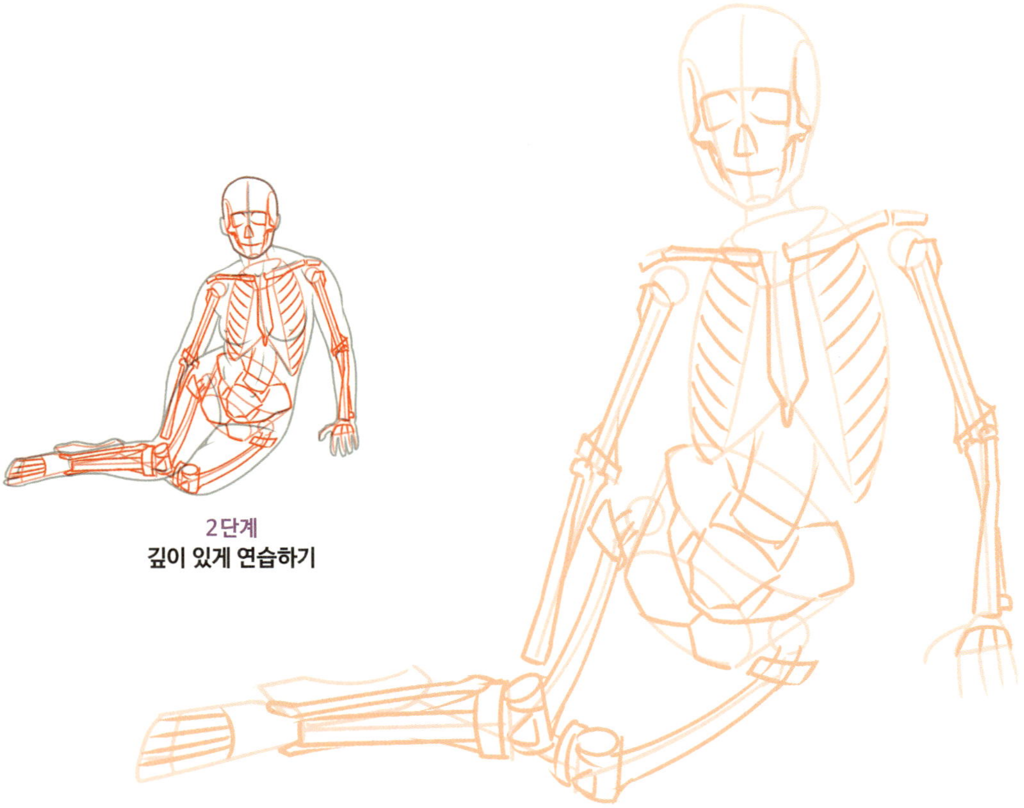

2단계
깊이 있게 연습하기

체표

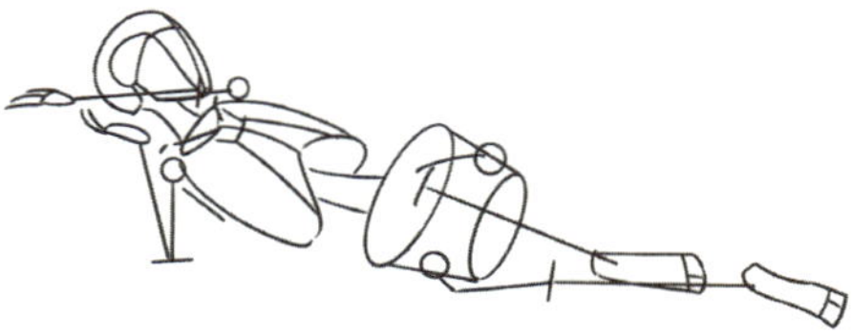

1단계
빠르게 연습하기

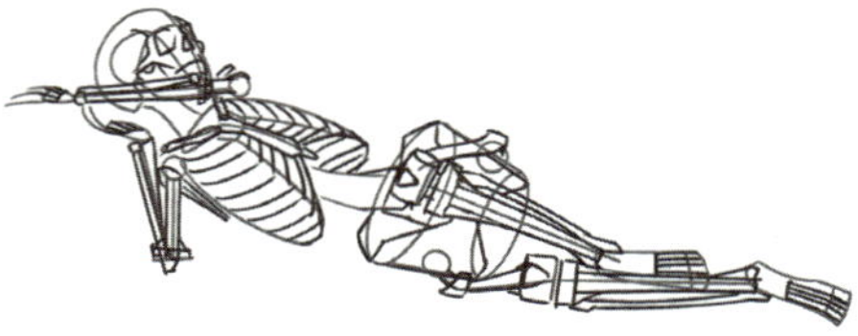

2단계
깊이 있게 연습하기

이 포즈의 포인트

누운 자세인데, 상반신과 하반신이 반대 방향으로 비틀려 있어 몸통에서 다리까지 전체적으로 나선형을 그리고 있습니다. 무릎을 굽혀 옆으로 기울이면 이러한 비틀림은 더욱 강조됩니다. 굽힌 쪽의 넙다리뼈(대퇴골)는 거의 정면을 향하고 있으므로 표현하기 어렵다면 과감히 생략해도 무방합니다.

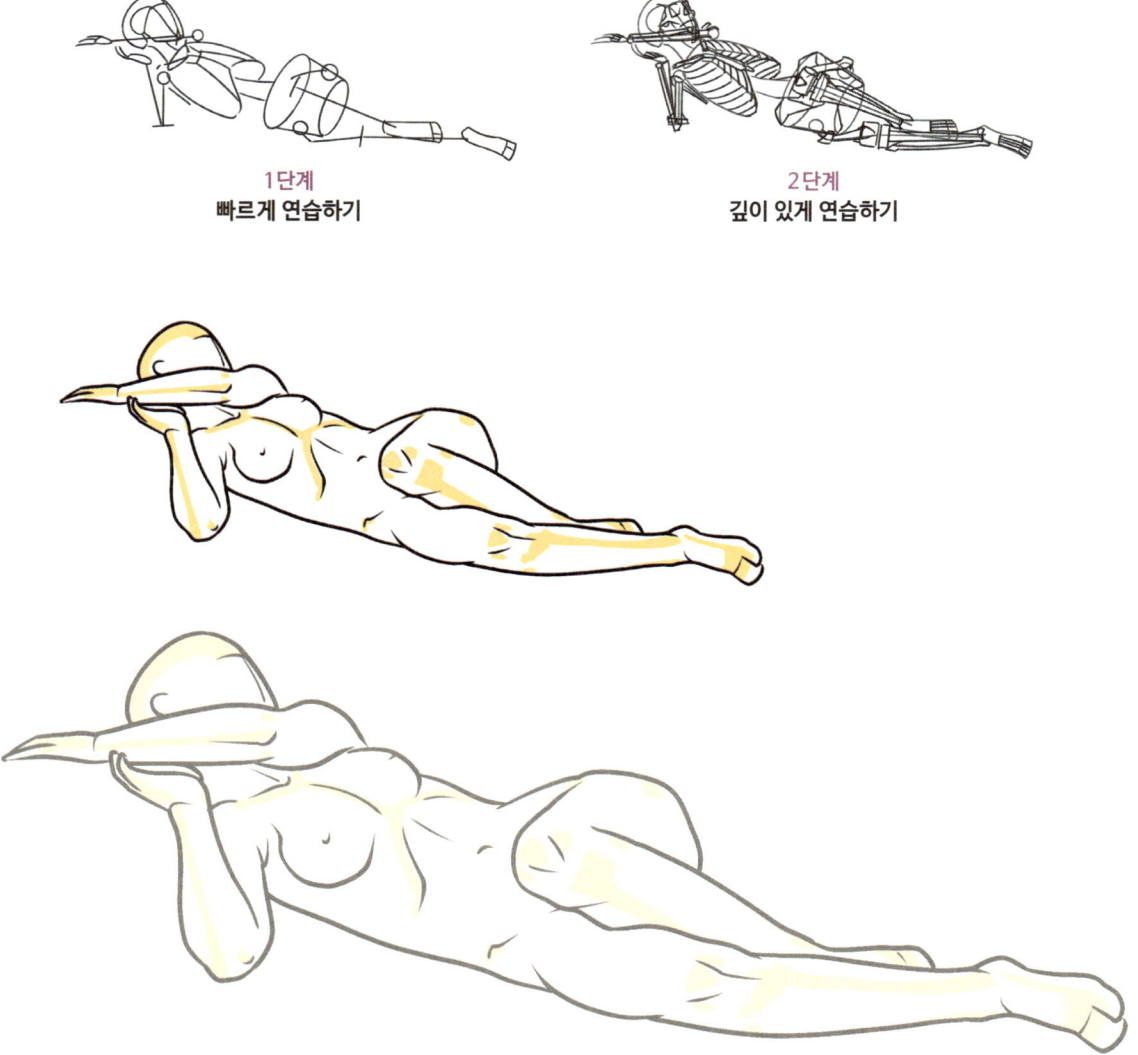

골격

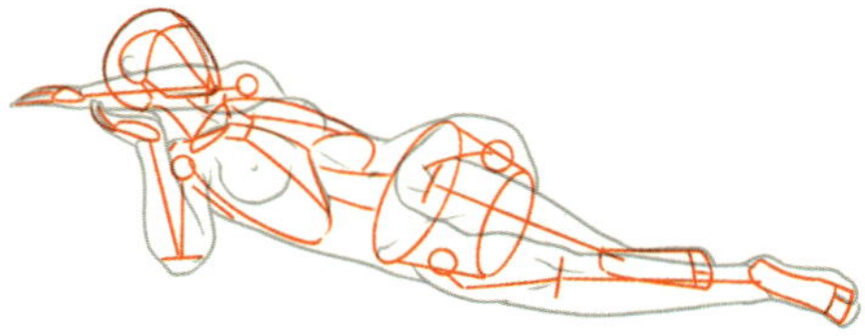

1단계
빠르게 연습하기

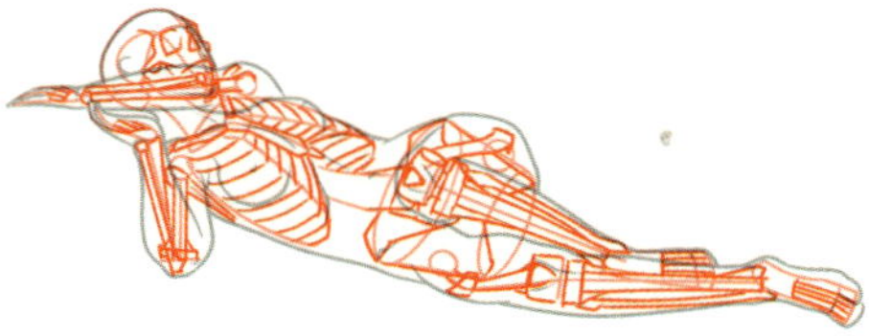

2단계
깊이 있게 연습하기

체표

1단계
빠르게 연습하기

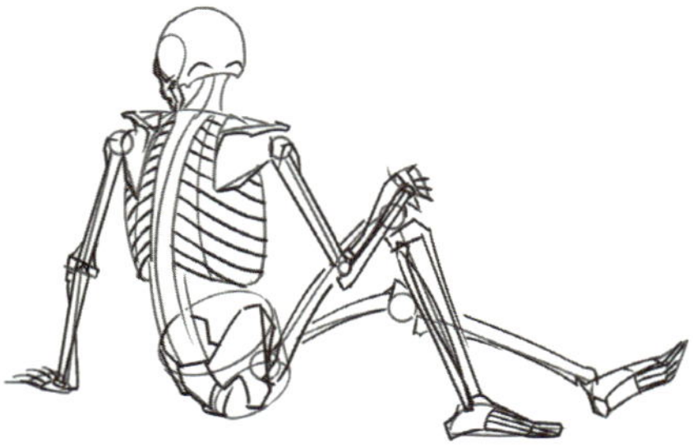

2단계
깊이 있게 연습하기

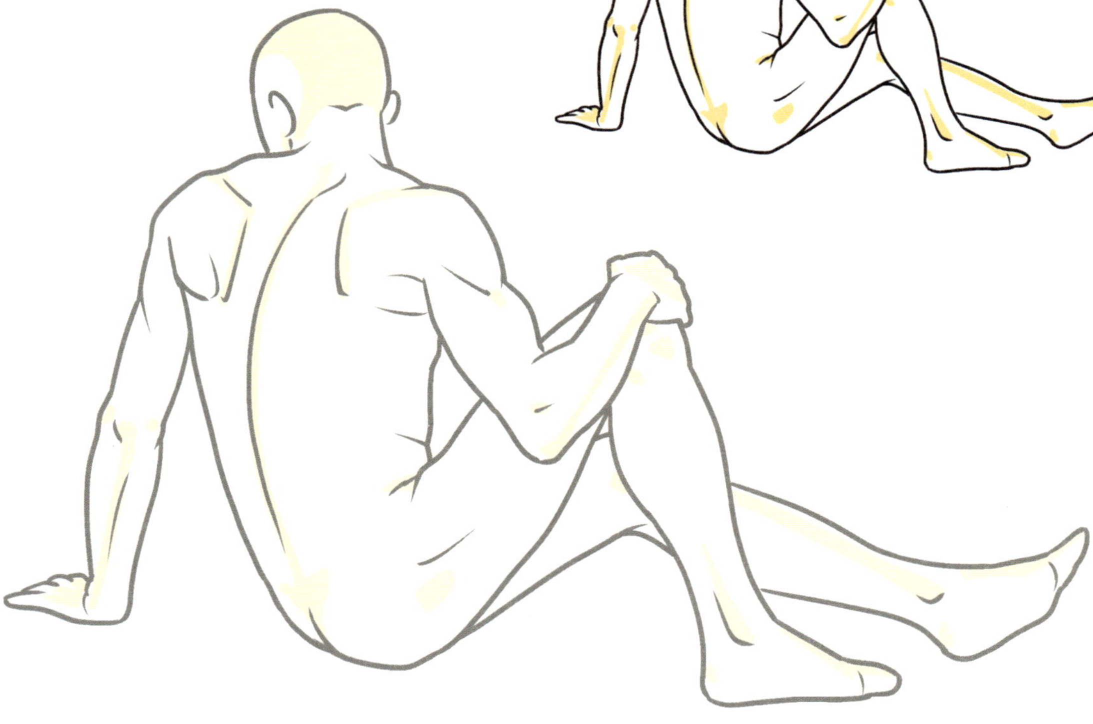

이 포즈의 포인트

무릎을 세우고 앉은 자세입니다. 한 손으로 바닥을 짚고 버팀목처럼 지지하면서 상반신을 회전시켜 몸통이 더 크게 비틀려 있습니다.

골격

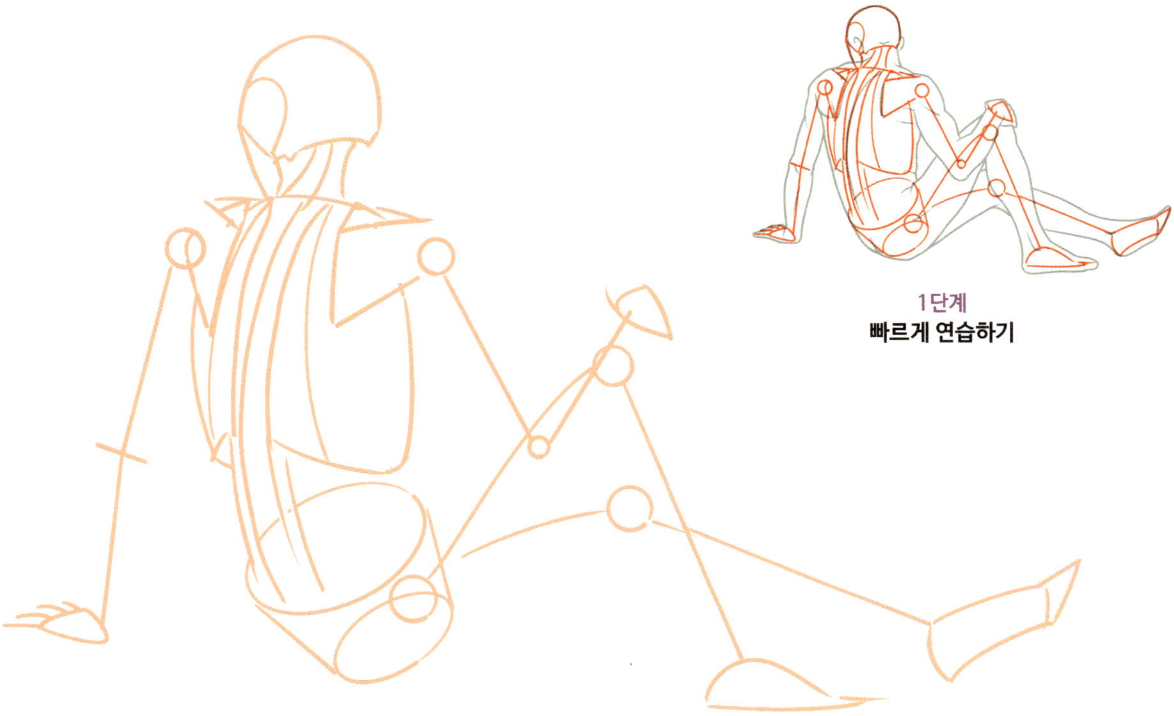

1단계
빠르게 연습하기

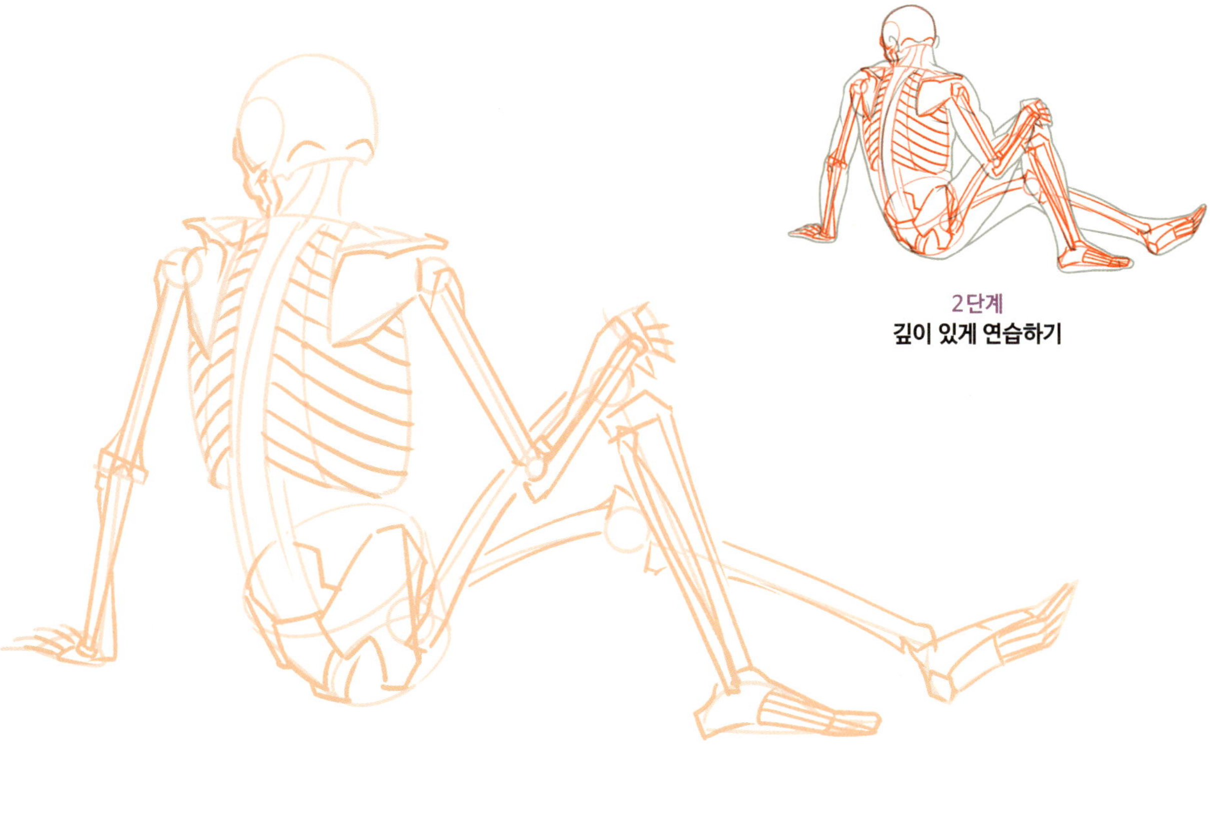

2단계
깊이 있게 연습하기

083

체표

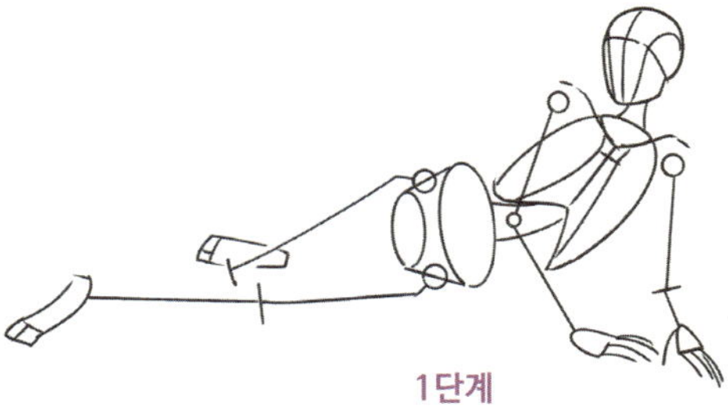

1단계
빠르게 연습하기

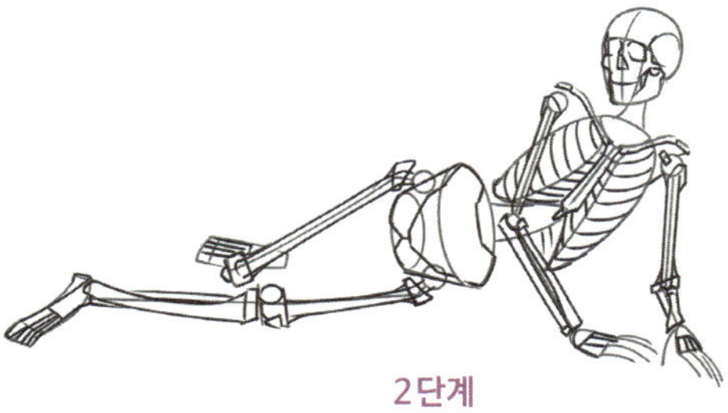

2단계
깊이 있게 연습하기

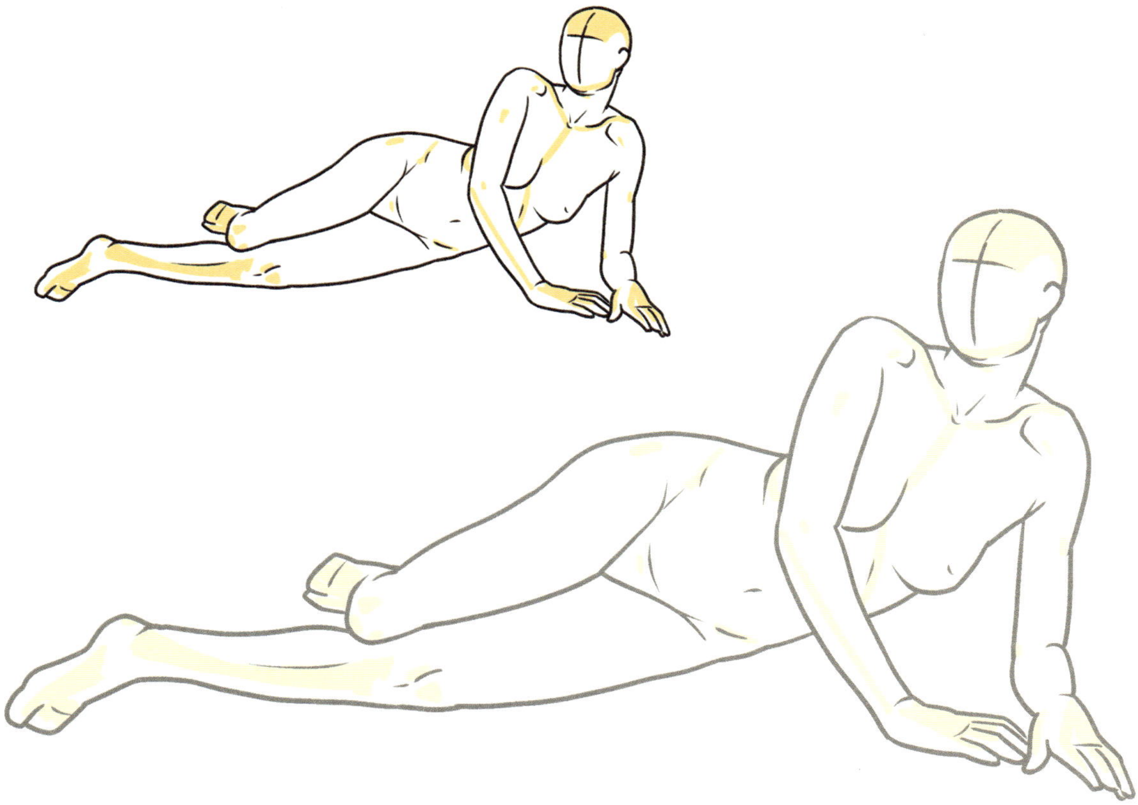

이 포즈의 포인트

팔꿈치를 바닥에 대고 상반신을 들어 올린 자세입니다. 몸통이 정면을 향하고 있기 때문에 척추는 옆으로 휘지만, 허리뼈는 크게 휘지 않습니다. 몸통이 옆으로 구부러질 때(측굴) 많이 휘는 부위는 등뼈입니다.

골격

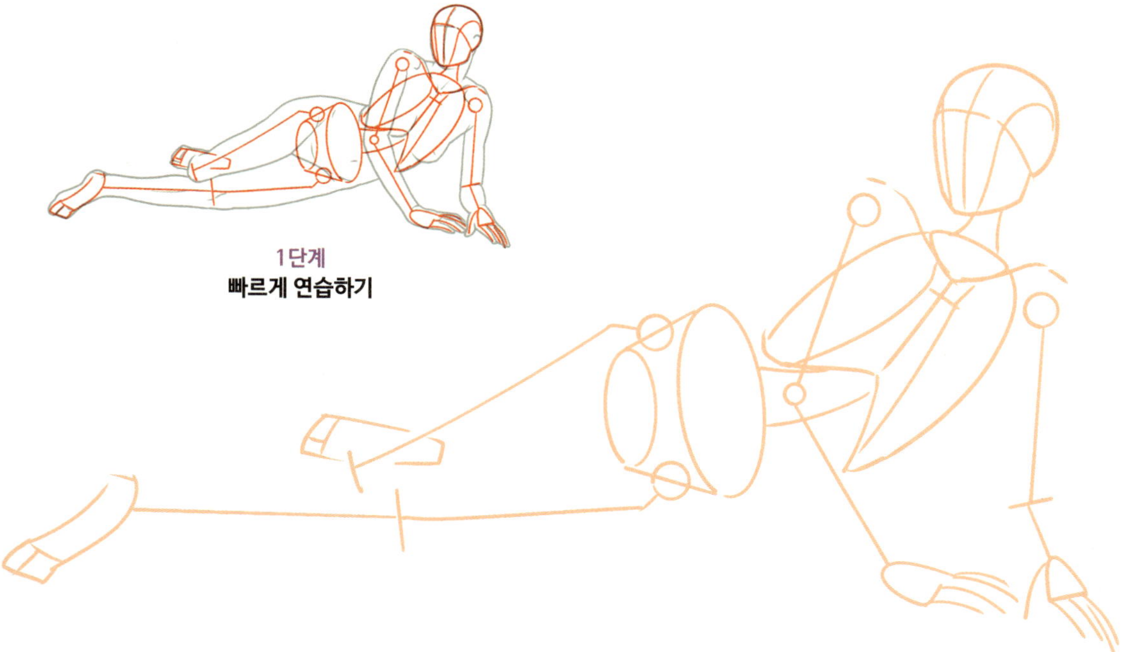

1단계
빠르게 연습하기

2단계
깊이 있게 연습하기

체표

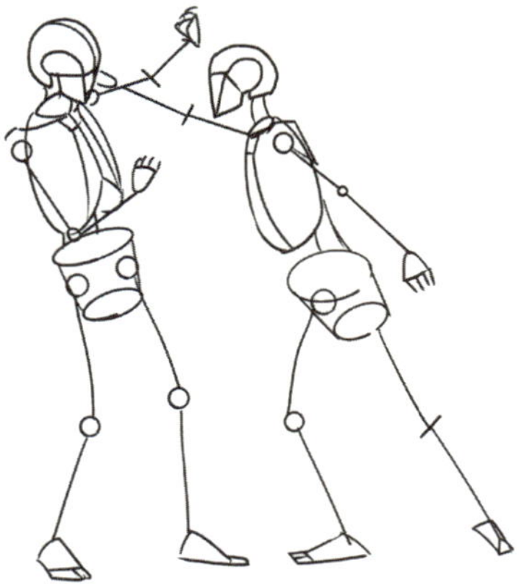

1단계
빠르게 연습하기

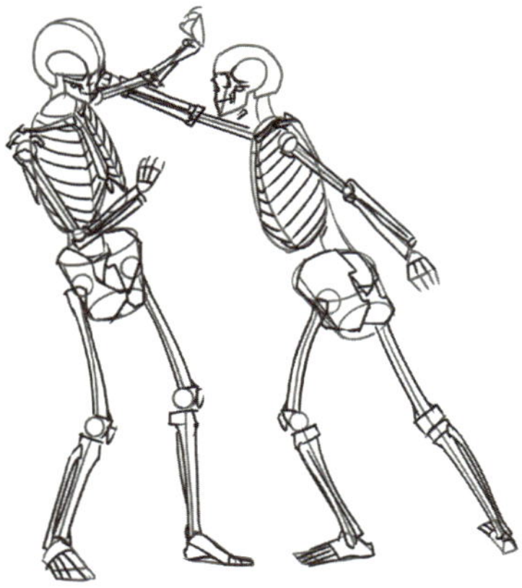

2단계
깊이 있게 연습하기

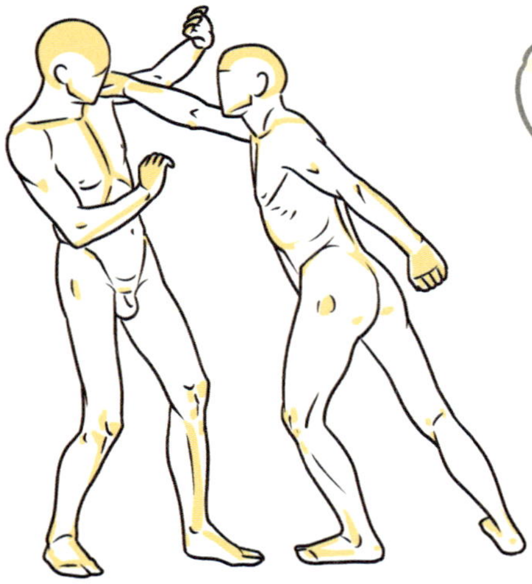

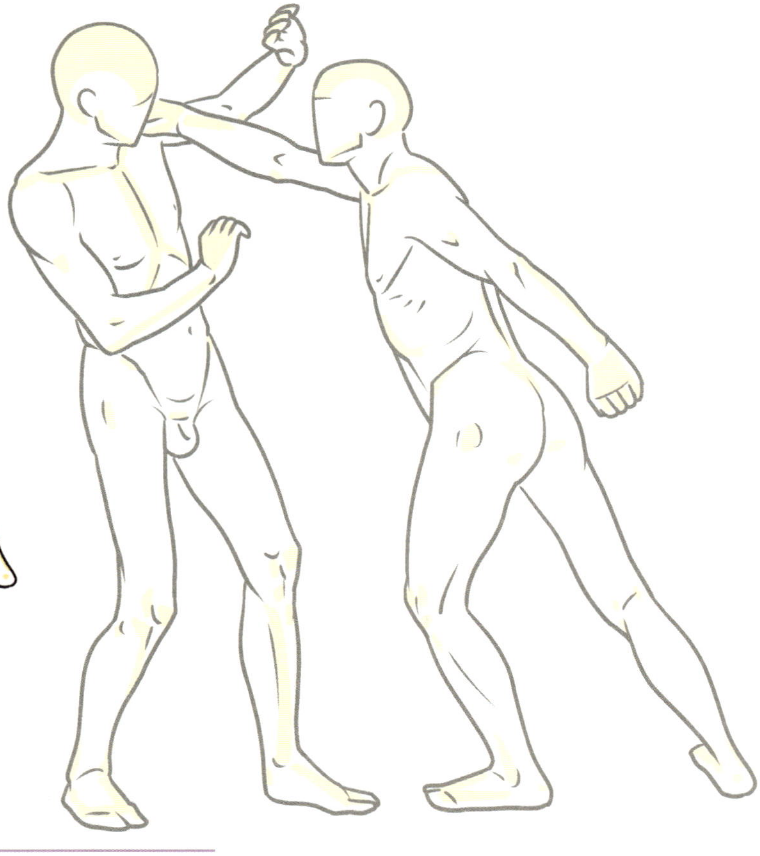

이 포즈의 포인트

두 남성이 마주 선 대립 포즈입니다. 한 사람은 공격적으로 다가가고, 다른 한 사람은 이를 받아넘기며 거부하는 동작을 취하고 있습니다. 이처럼 두 인물이 맞붙는 구도에서는 신체 일부가 서로에게 가려지는 경우가 많으므로 형태를 추측하기 어렵다면 과감하게 생략해도 괜찮습니다.

골격

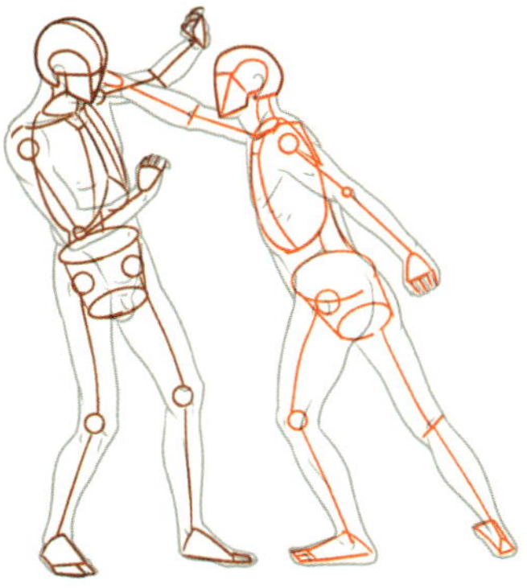

1단계
빠르게 연습하기

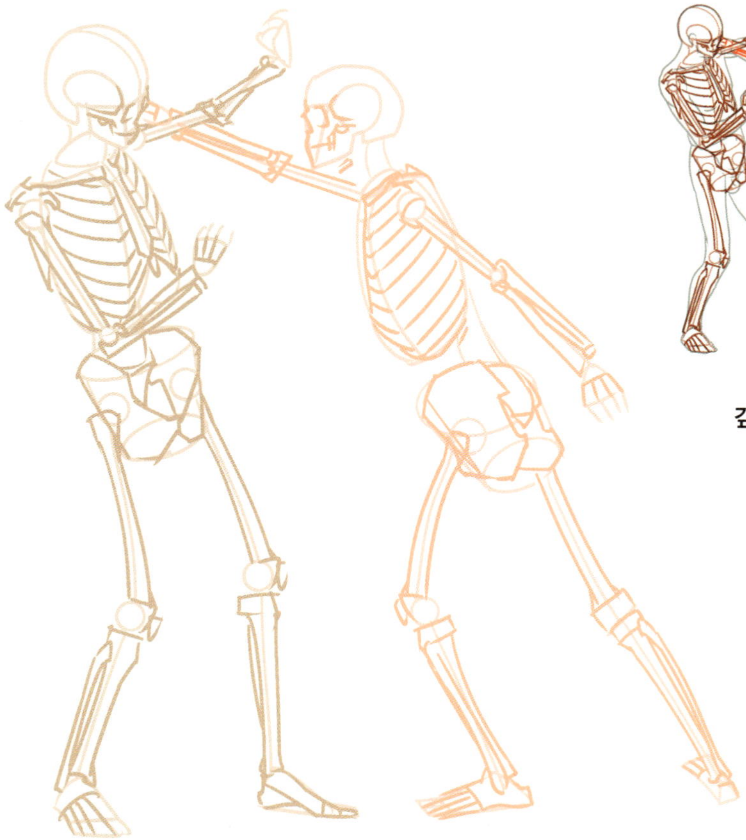

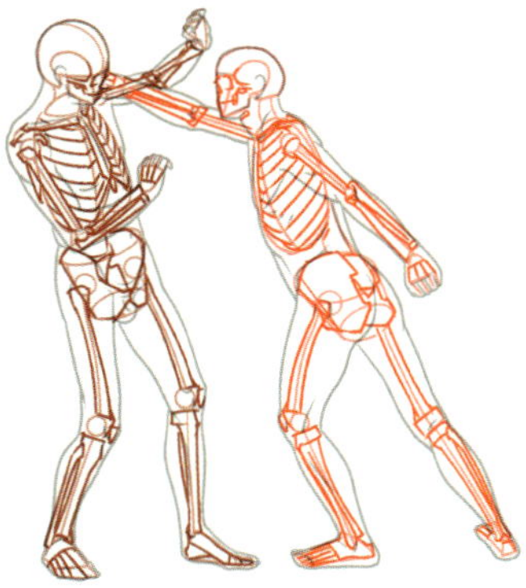

2단계
깊이 있게 연습하기

체표

1단계
빠르게 연습하기

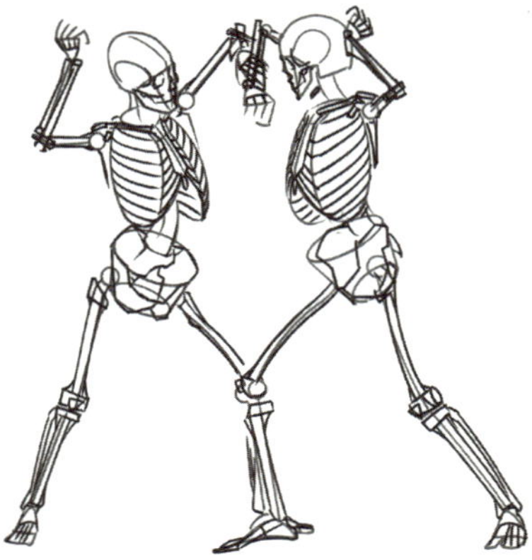

2단계
깊이 있게 연습하기

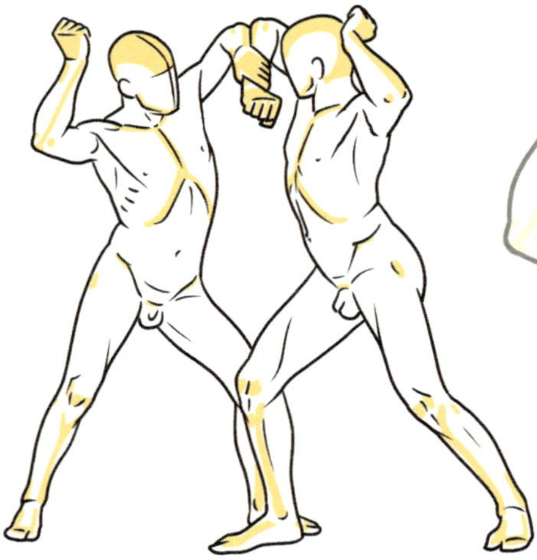

이 포즈의 포인트

격투를 벌이는 동작입니다. 무기는 그려져 있지 않지만, 단검 같은 것을 휘두르며 반대쪽 팔로는 상대의 팔을 붙잡아 방어를 무너뜨리는 모습입니다. 가려진 정강이 부분은 잘 보이지 않으므로 생략해도 괜찮습니다.

골격

1단계
빠르게 연습하기

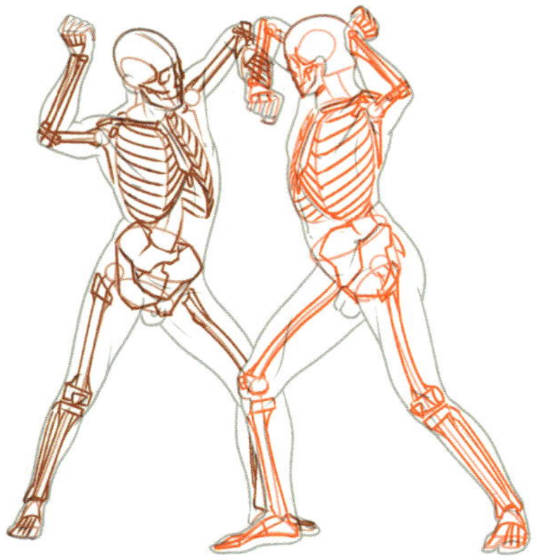

2단계
깊이 있게 연습하기

체표

1단계
빠르게 연습하기

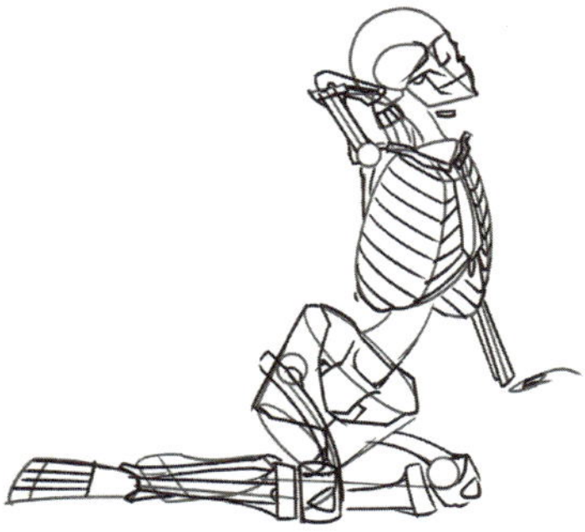
2단계
깊이 있게 연습하기

이 포즈의 포인트

옆으로 앉아 머리를 빗는 자세입니다. 무릎을 구부린 자세의 경우는, 무릎뼈(슬개골)의 위치를 정확하게 파악해야 전체적인 골격을 추측하기 쉽습니다.

골격

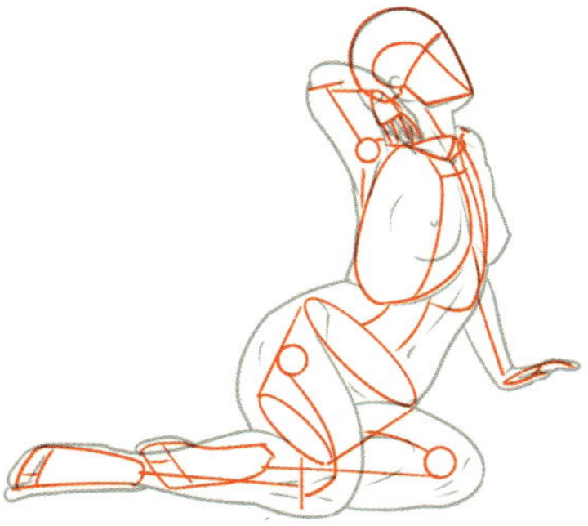

1단계
빠르게 연습하기

2단계
깊이 있게 연습하기

체표

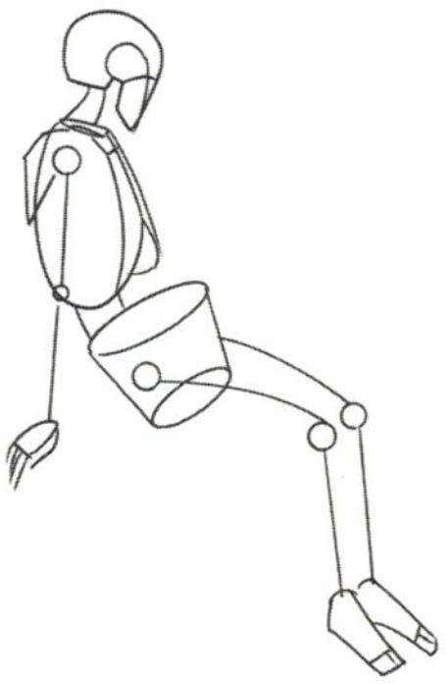

1단계
빠르게 연습하기

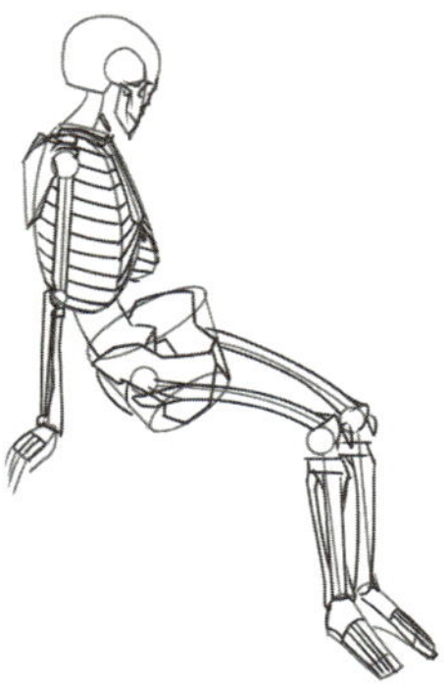

2단계
깊이 있게 연습하기

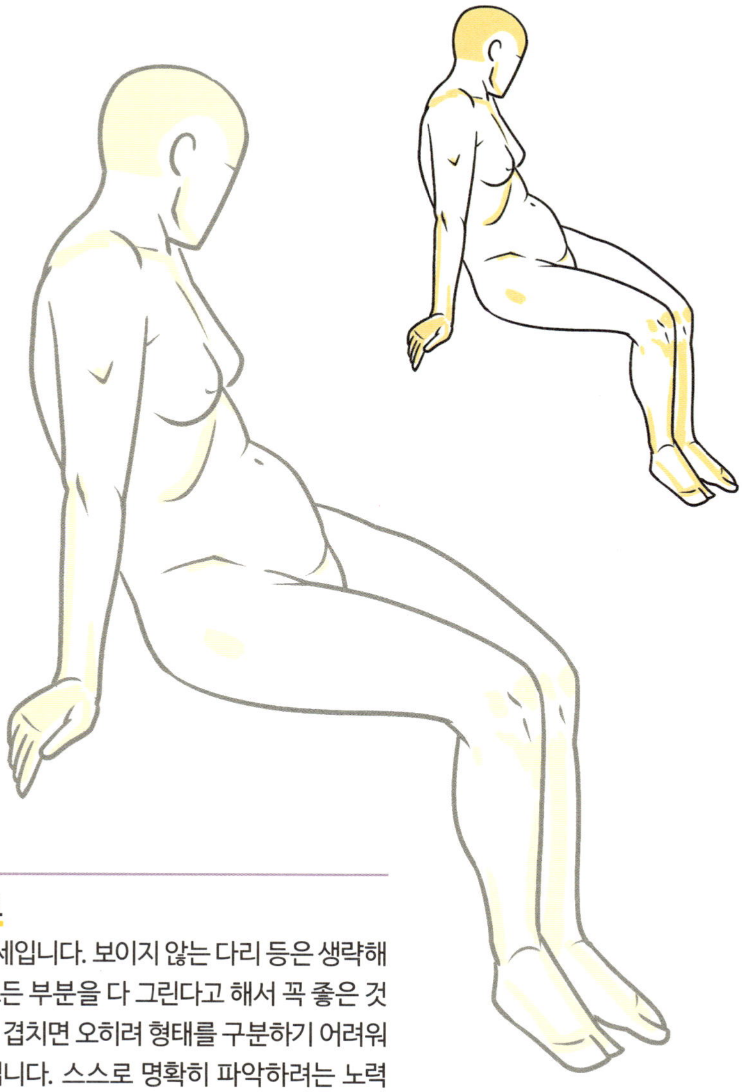

이 포즈의 포인트

반측면에서 본 자세입니다. 보이지 않는 다리 등은 생략해도 괜찮습니다. 모든 부분을 다 그린다고 해서 꼭 좋은 것은 아닙니다. 선이 겹치면 오히려 형태를 구분하기 어려워질 수 있기 때문입니다. 스스로 명확히 파악하려는 노력도 좋은 공부가 될 것입니다.

골격

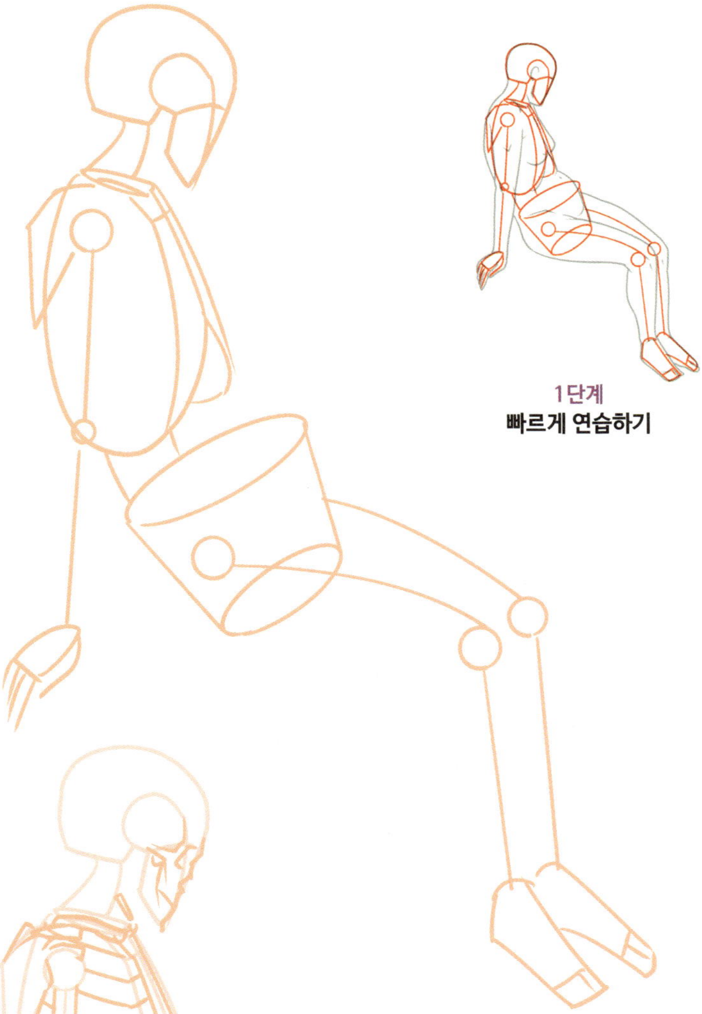

1단계
빠르게 연습하기

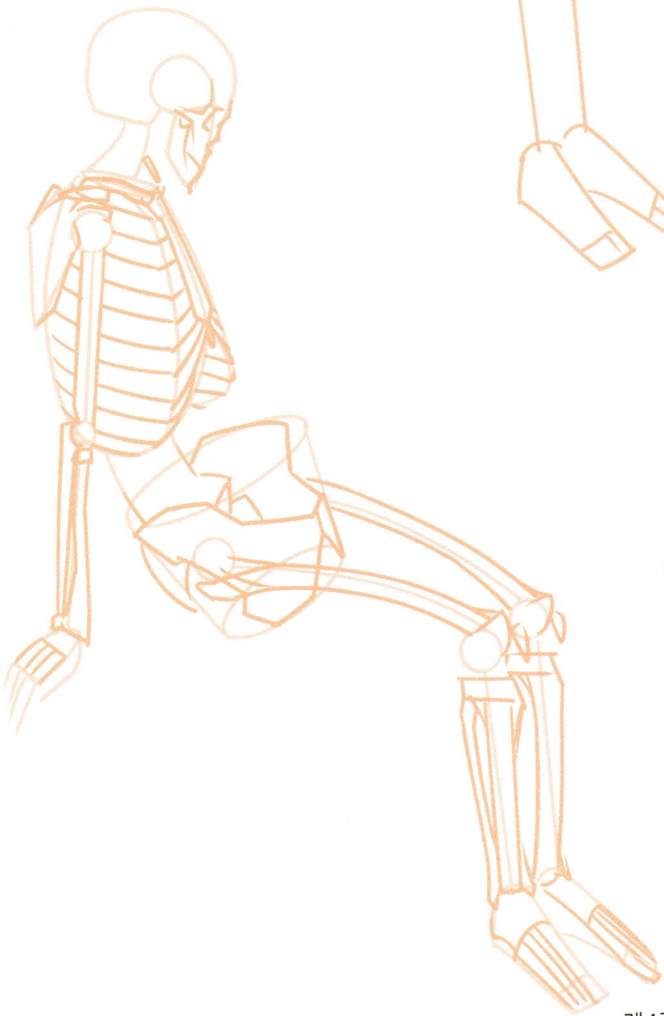

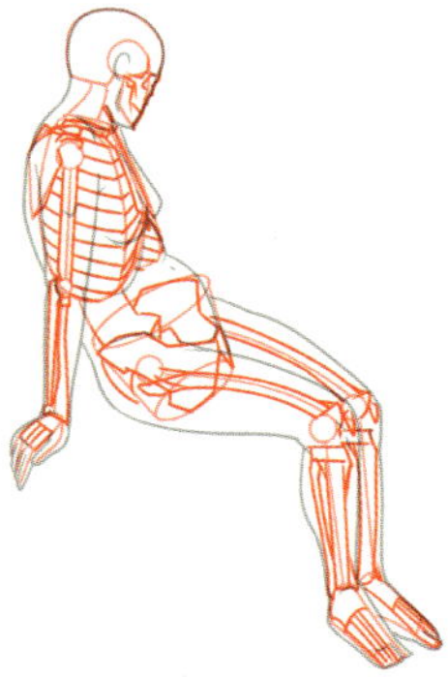

2단계
깊이 있게 연습하기

체표

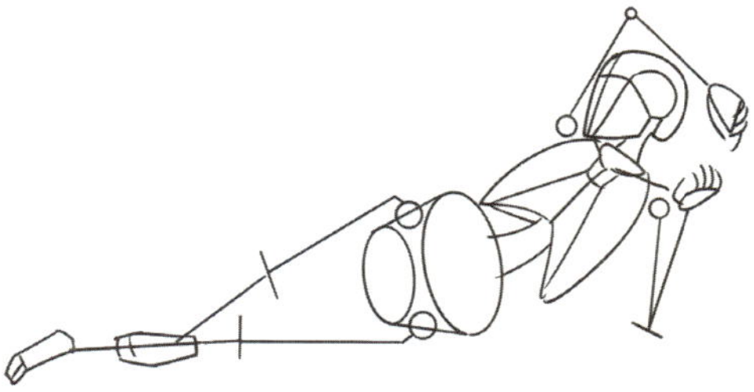

1단계
빠르게 연습하기

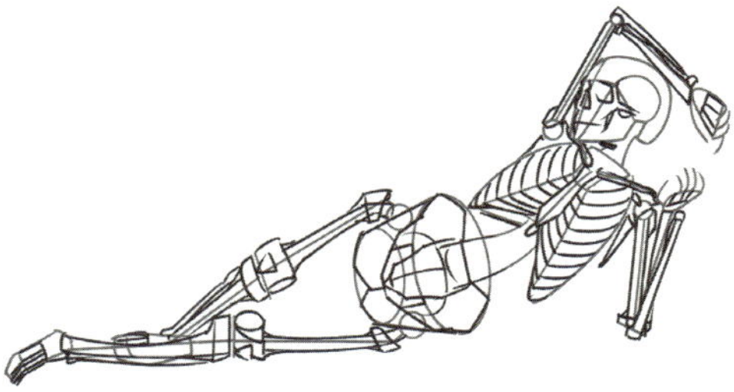

2단계
깊이 있게 연습하기

이 포즈의 포인트

여인의 부드럽고 아름다운 몸의 선이 잘 드러나도록 누드 상태로 누워 있는 자세를 '오달리스크' 스타일이라고 합니다. 이 표현은 프랑스 화가 도미니크 앵그르가 그린 〈그랑 오달리스크〉라는 작품에서 유래했습니다.

골격

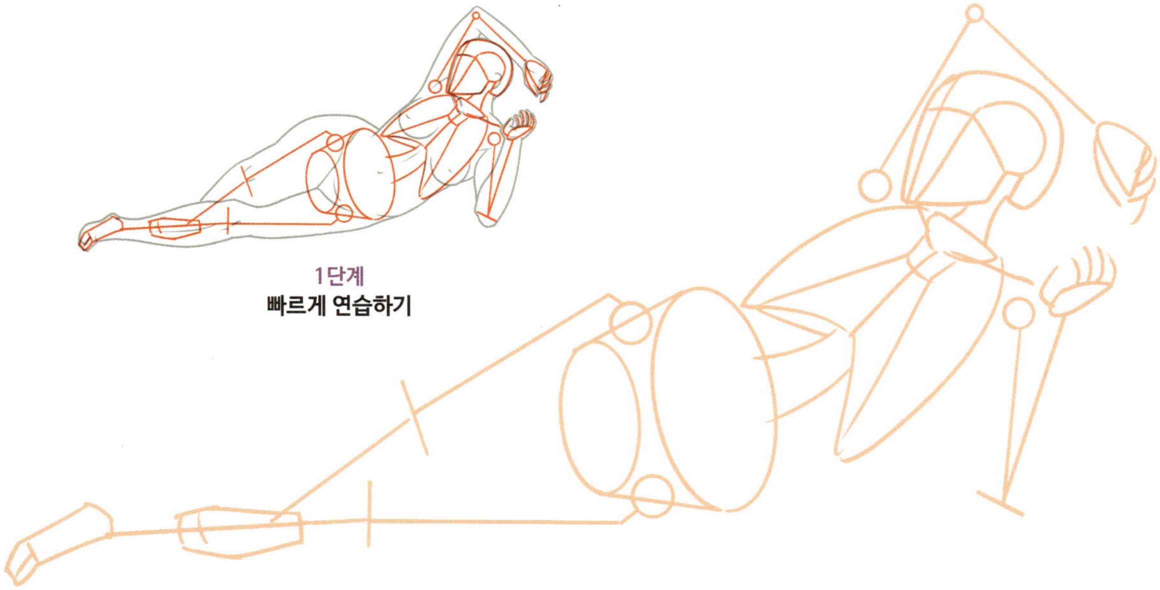

1단계
빠르게 연습하기

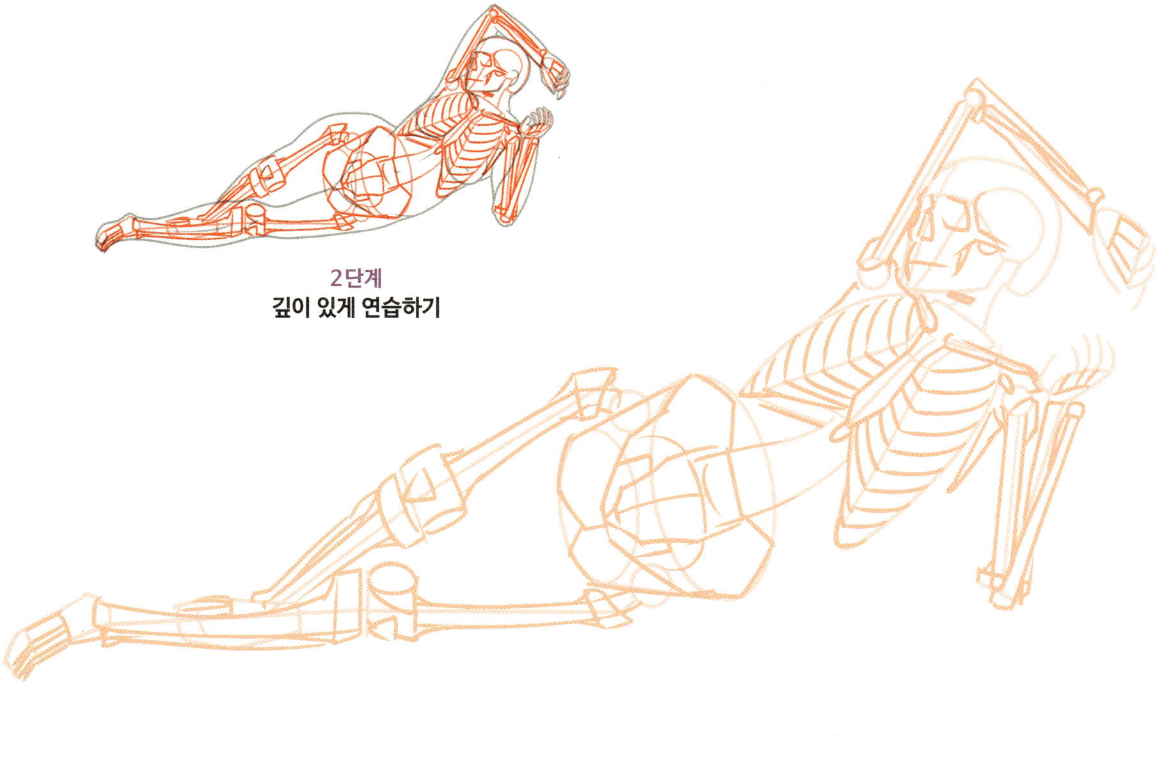

2단계
깊이 있게 연습하기

089

체표

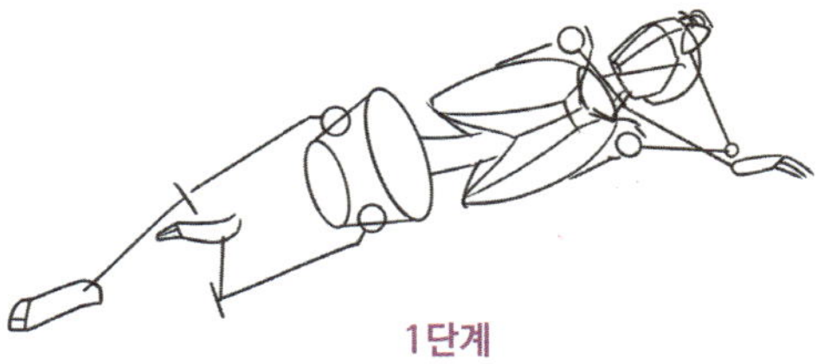

1단계
빠르게 연습하기

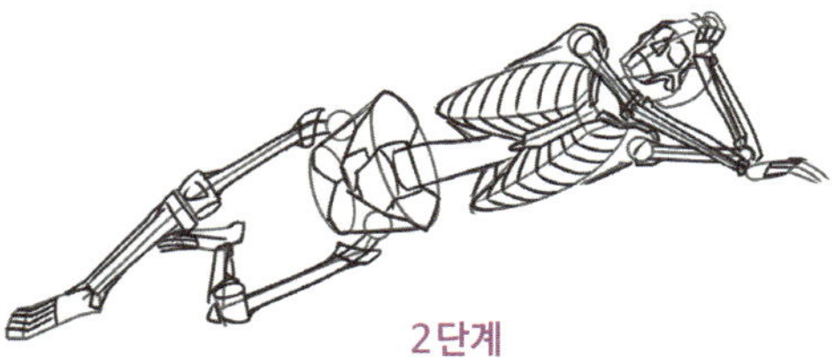

2단계
깊이 있게 연습하기

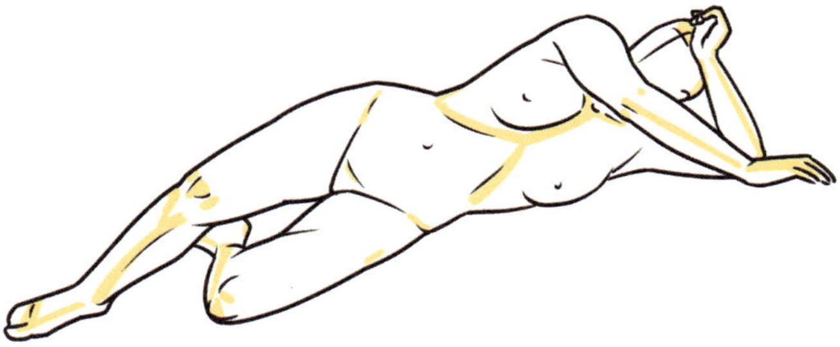

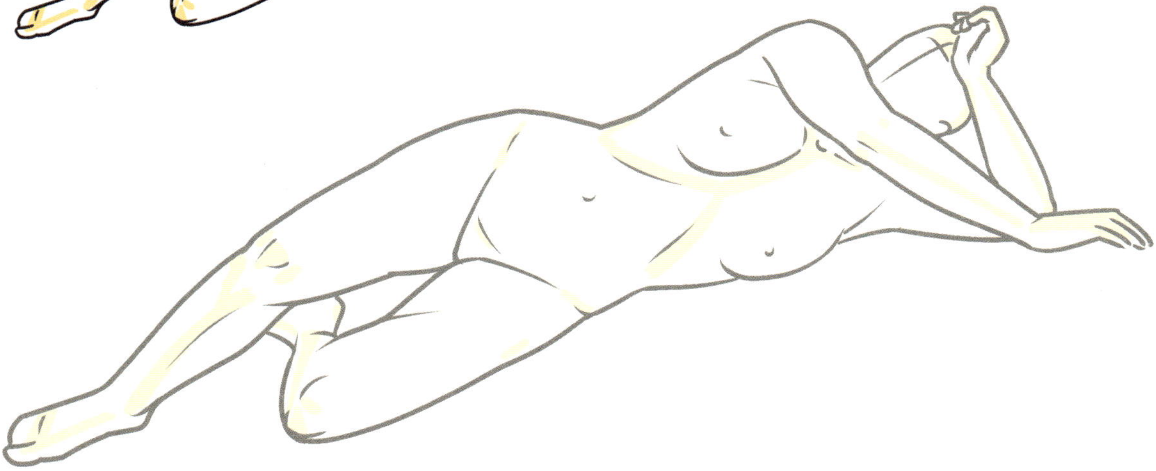

이 포즈의 포인트

목 부분이 팔에 가려져 있습니다. 여기까지 연습해 봤다면, 관절이나 뼈의 돌출 부위가 가려지면 골격을 추측하기 어렵다는 사실을 알게 되었을 것입니다. 관절은 움직임이나 방향을 추측하는 중요한 단서이므로 작품의 포즈를 설정할 때 이 부분을 드러낼지 가릴지 신중히 검토하는 것이 좋습니다.

골격

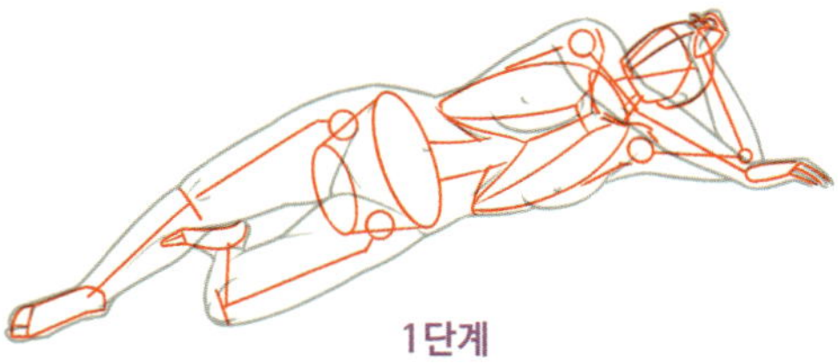

1단계

빠르게 연습하기

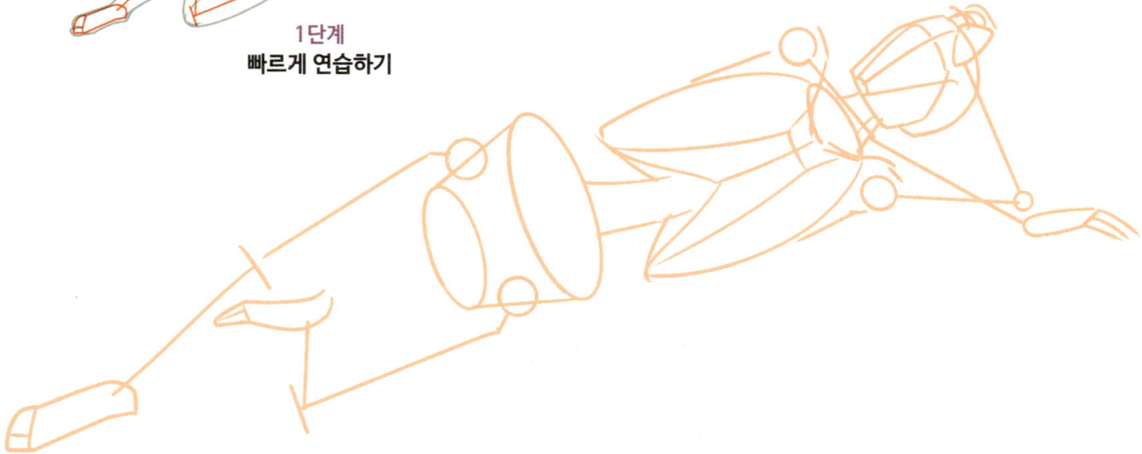

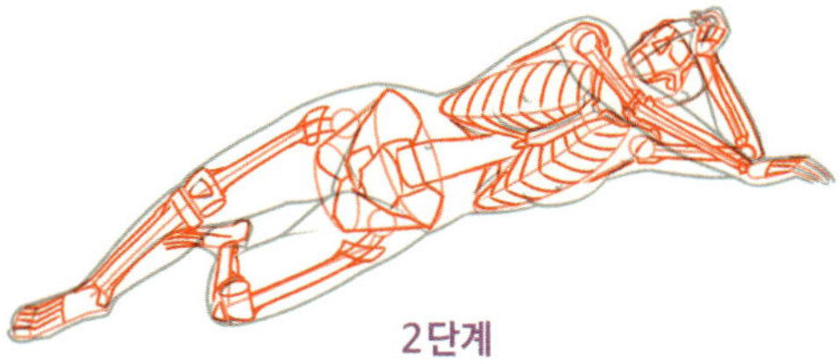

2단계

깊이 있게 연습하기

체표

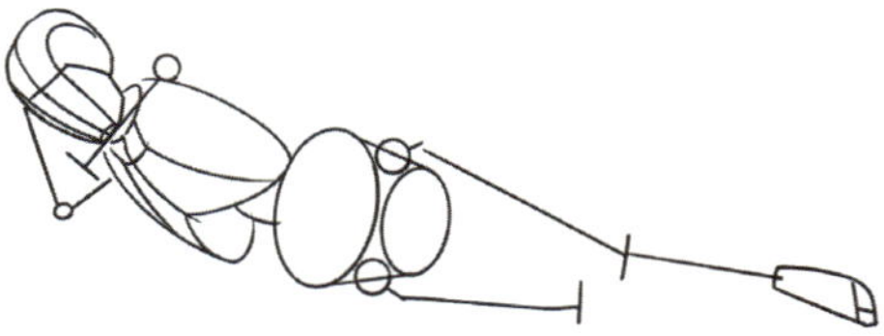

1단계
빠르게 연습하기

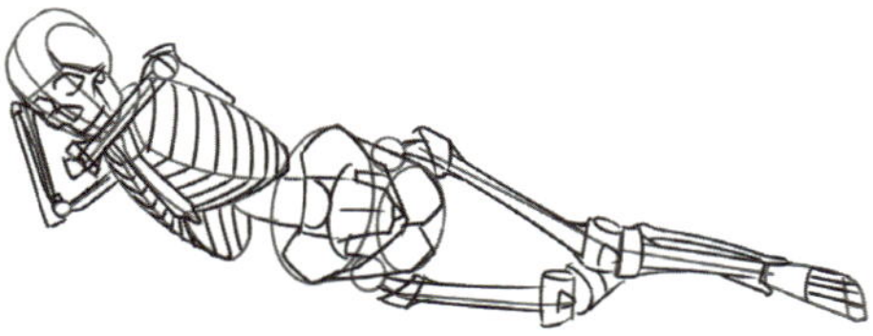

2단계
깊이 있게 연습하기

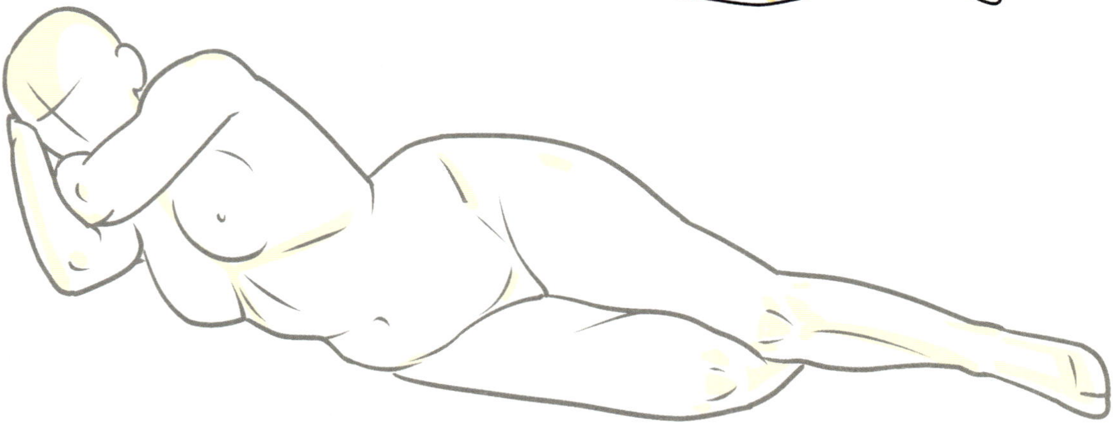

이 포즈의 포인트

옆으로 누워 팔베개를 한 자세입니다. 이러한 포즈는 목이 가려져도 어색하지 않고 자연스럽게 보입니다. 골격을 추측하며 그릴 때는 교차된 팔을 파악 가능한 범위 내에서 표현하는 것이 좋습니다.

골격

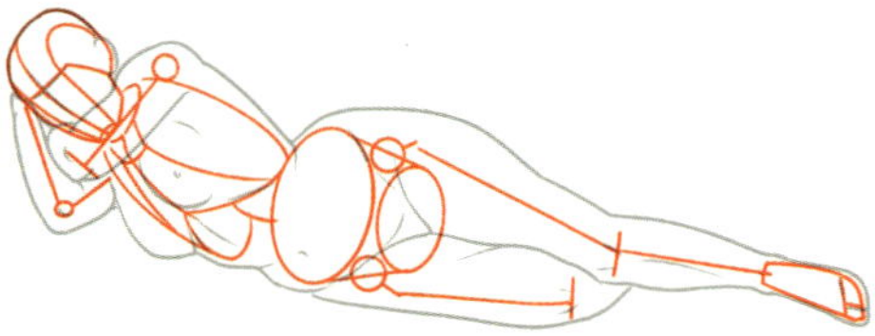

1단계
빠르게 연습하기

2단계
깊이 있게 연습하기

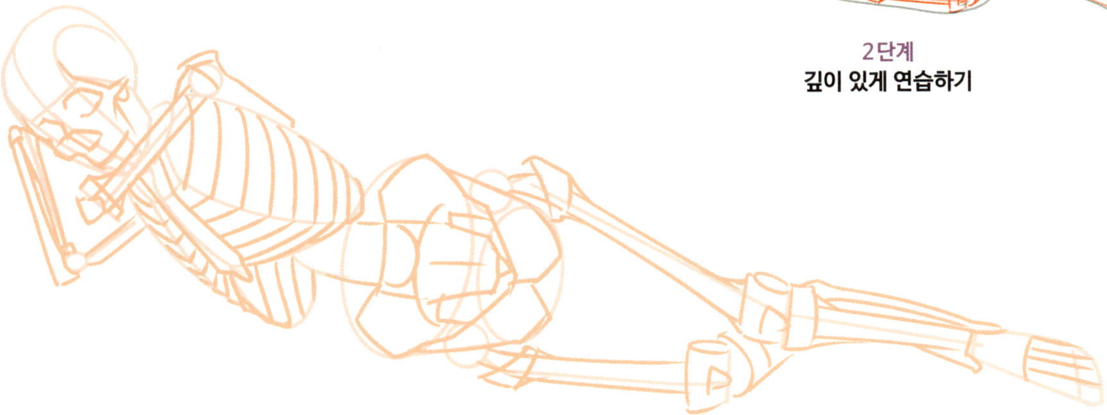

체표

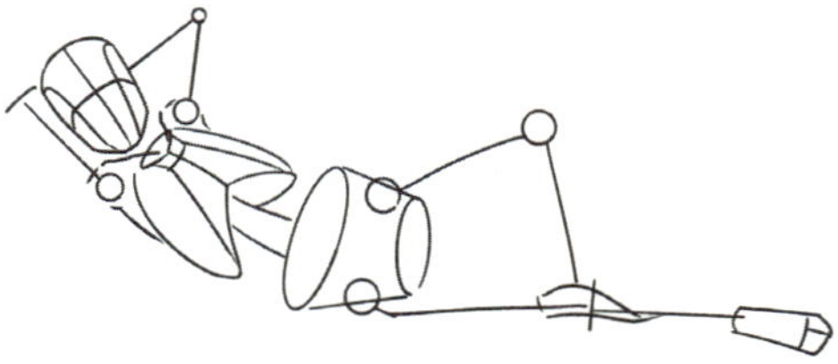

1단계
빠르게 연습하기

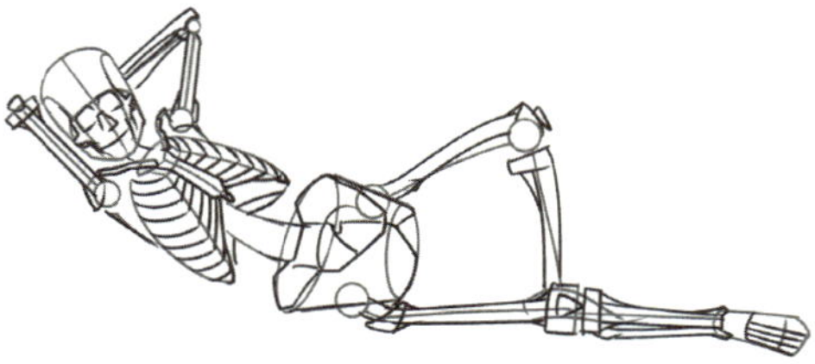

2단계
깊이 있게 연습하기

이 포즈의 포인트

바로 누운 채 팔베개를 한 자세입니다. 양팔이 위로 올라가 있으므로 빗장뼈의 기울기에 유의해 그리는 것이 좋습니다.

골격

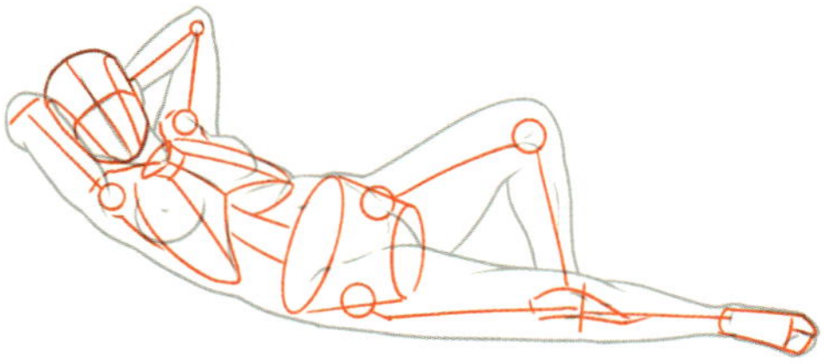

1단계
빠르게 연습하기

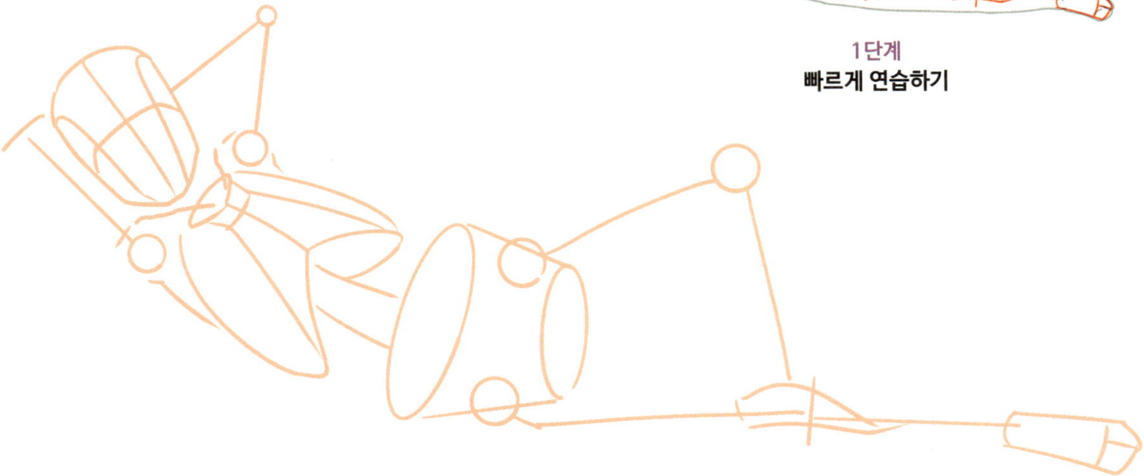

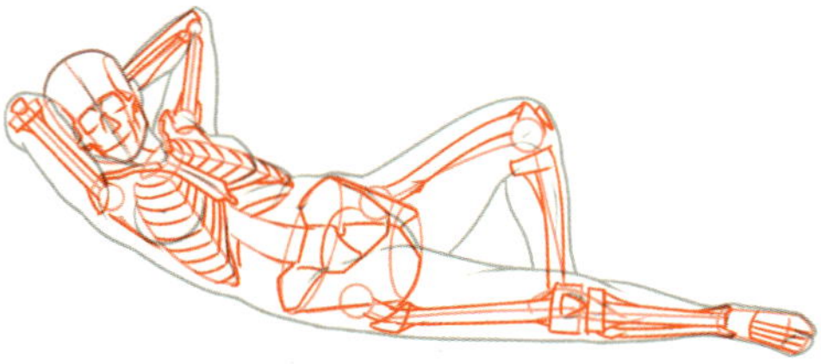

2단계
깊이 있게 연습하기

체표

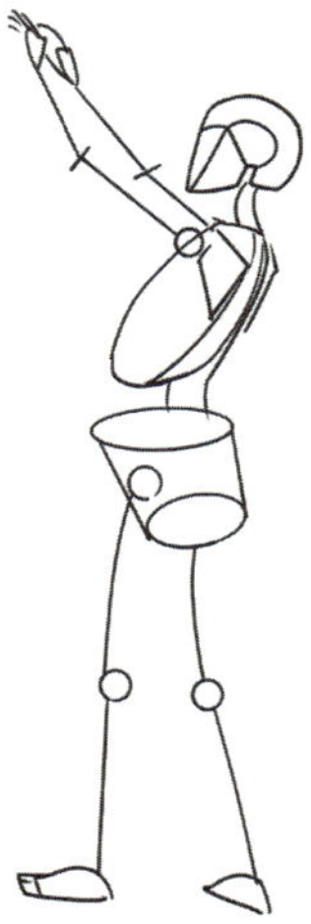

1단계
빠르게 연습하기

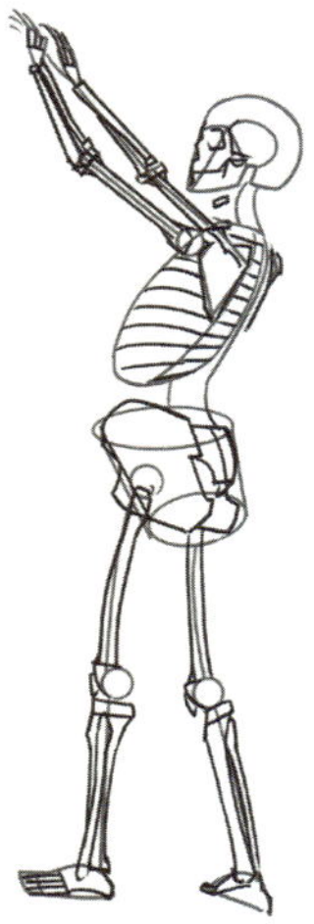

2단계
깊이 있게 연습하기

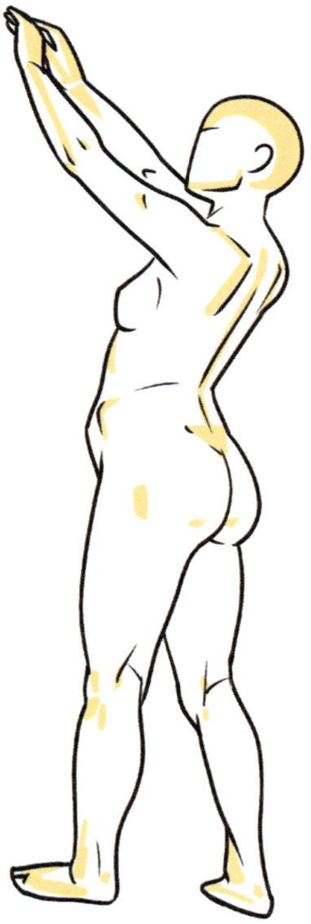

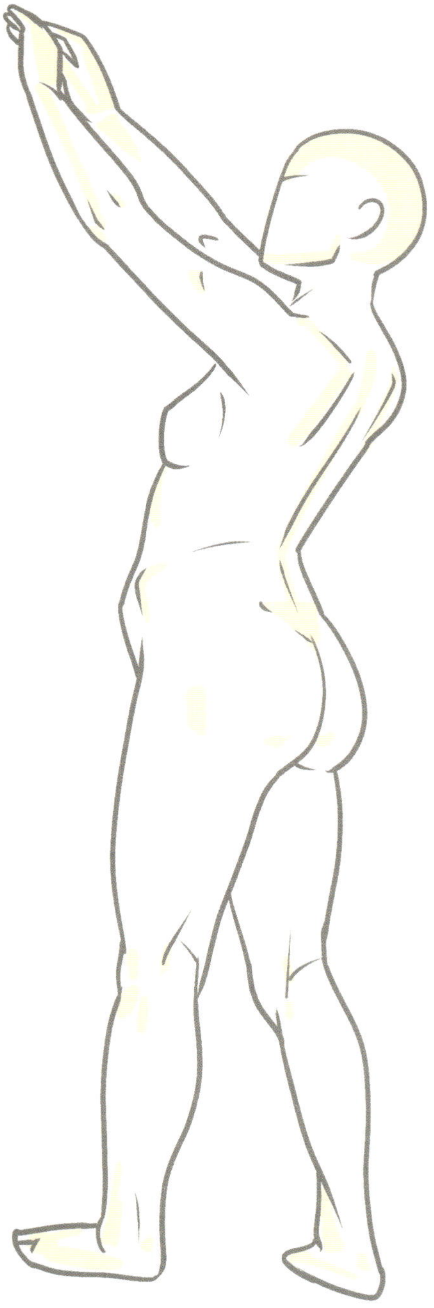

이 포즈의 포인트

높은 곳에 있는 물건을 잡으려는 자세입니다. 팔을 들어 올렸을 때의 어깨뼈의 회전과 움직임에 유의해 그리는 것이 좋습니다.

골격

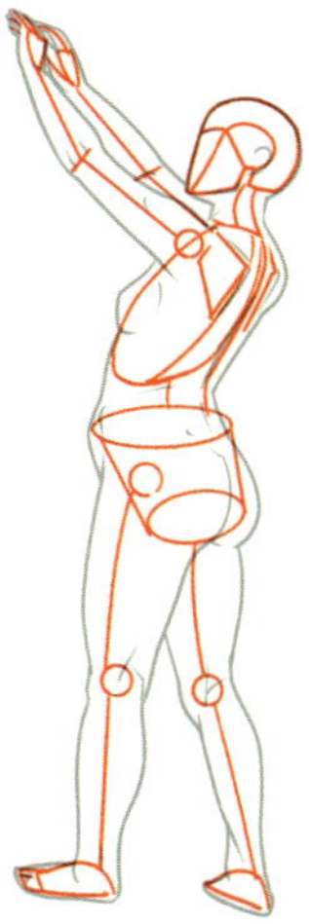

1단계
빠르게 연습하기

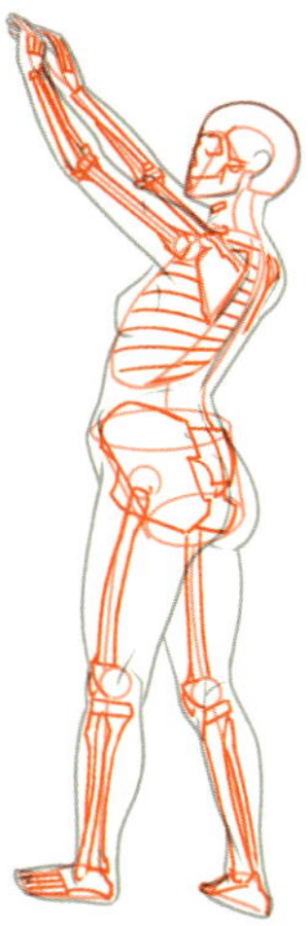

2단계
깊이 있게 연습하기

093

체표

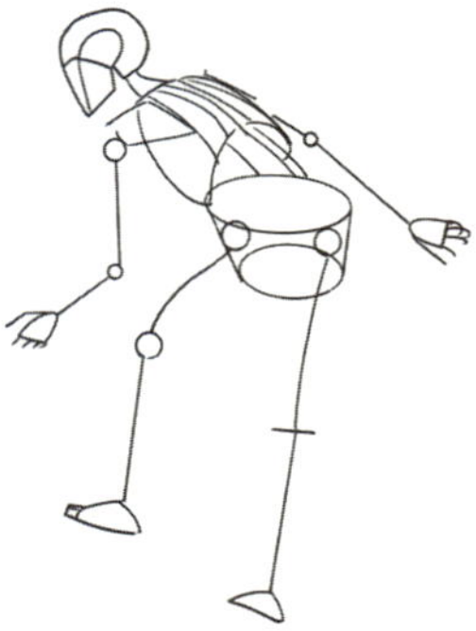

1단계
빠르게 연습하기

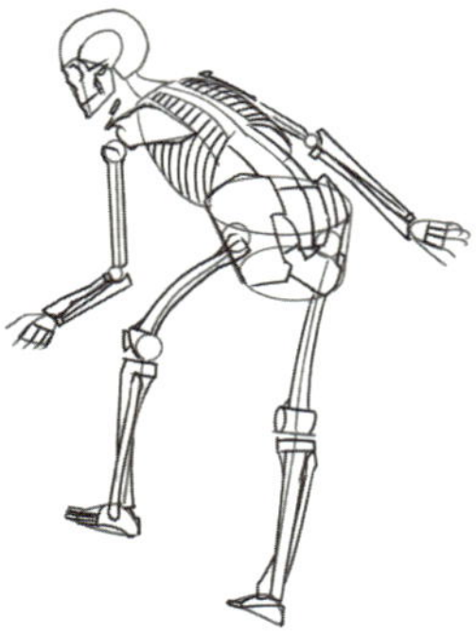

2단계
깊이 있게 연습하기

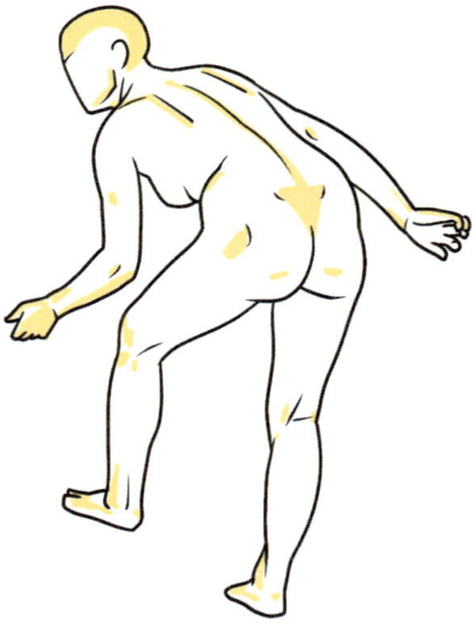

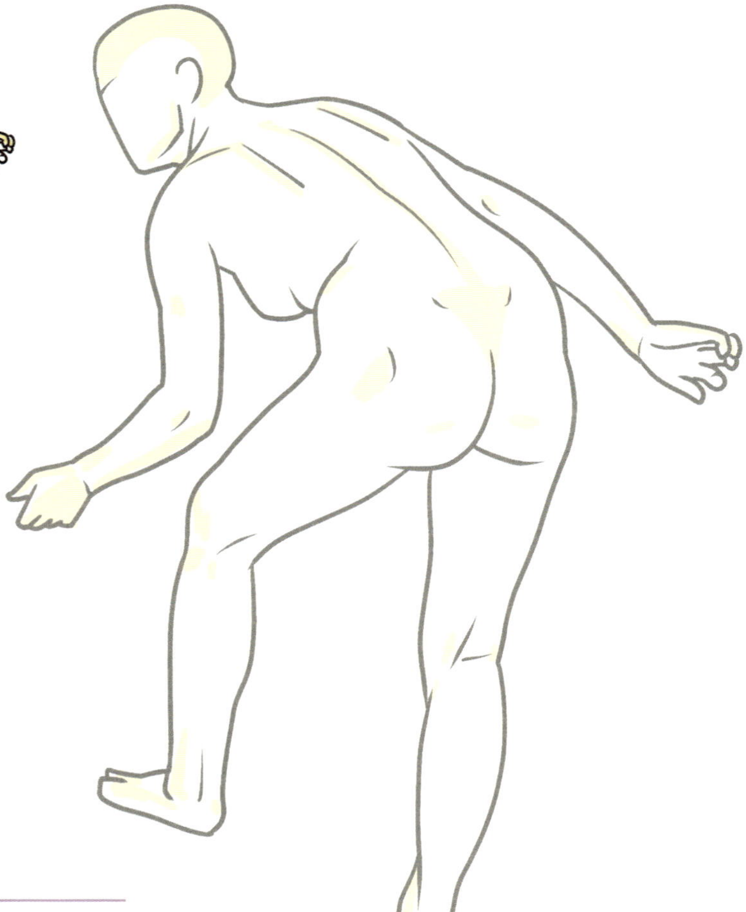

이 포즈의 포인트

몸을 앞으로 숙인 채 한쪽 다리를 들어 올린 자세입니다. 관절이 거의 가려지지 않아 골격을 추측하기 쉽습니다.

골격

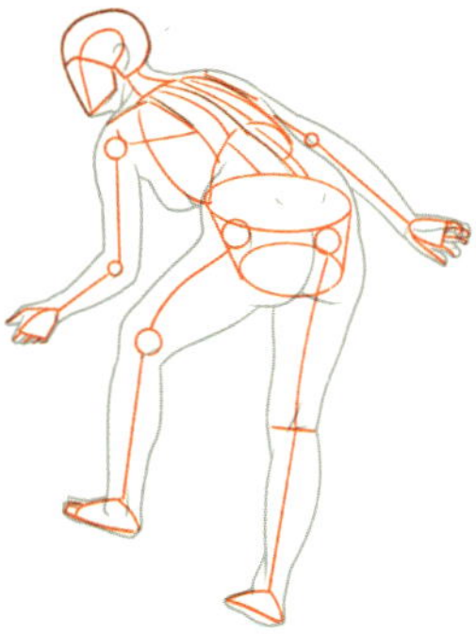

1단계
빠르게 연습하기

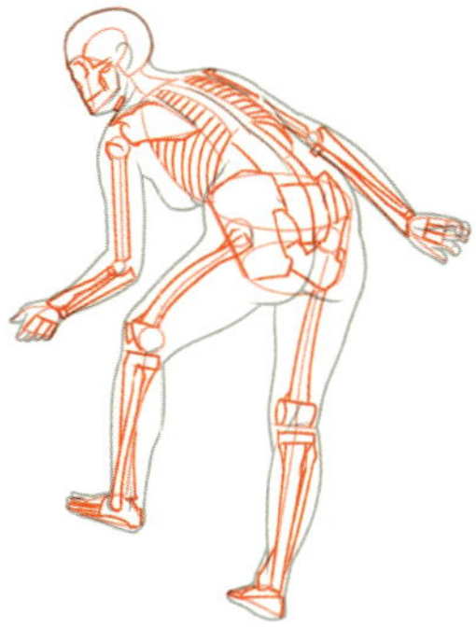

2단계
깊이 있게 연습하기

094

체표

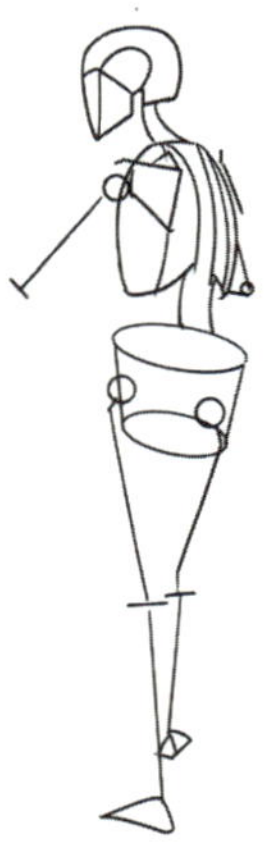

1단계
빠르게 연습하기

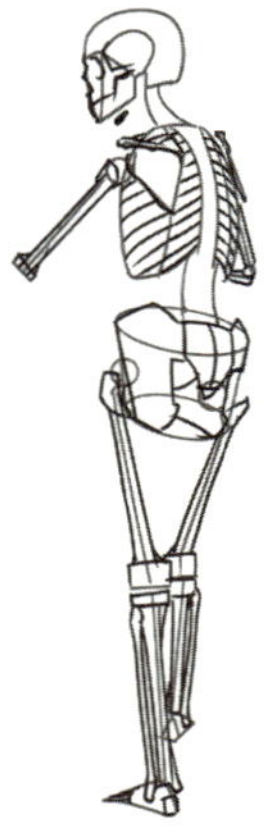

2단계
깊이 있게 연습하기

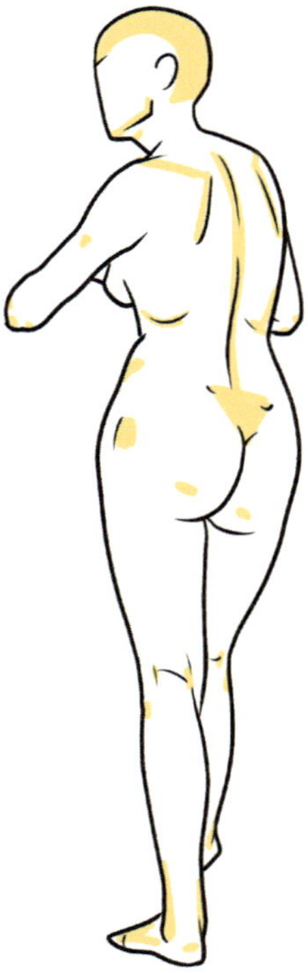

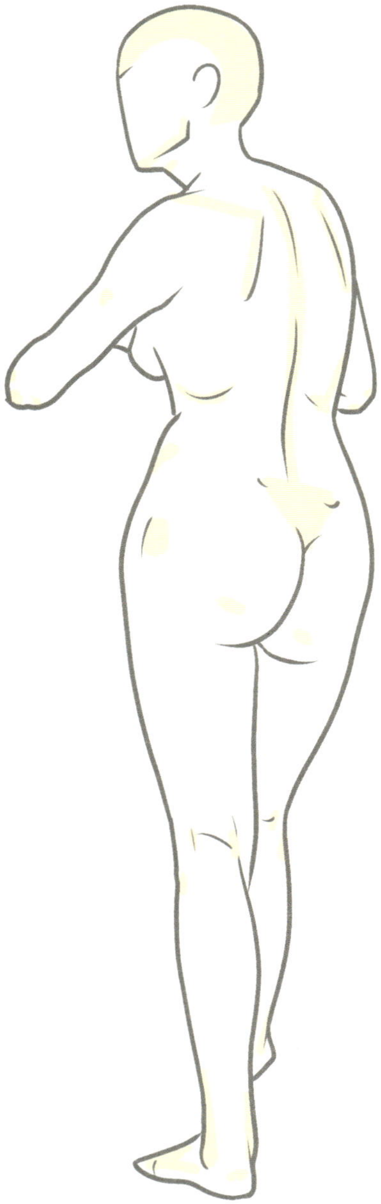

이 포즈의 포인트

팔꿈치를 구부린 채 서 있는 자세입니다. 팔꿈치 높이가 허리의 잘록한 부분(갈비뼈 아래 가장자리)과 가깝다는 점에 주목해 보세요.

골격

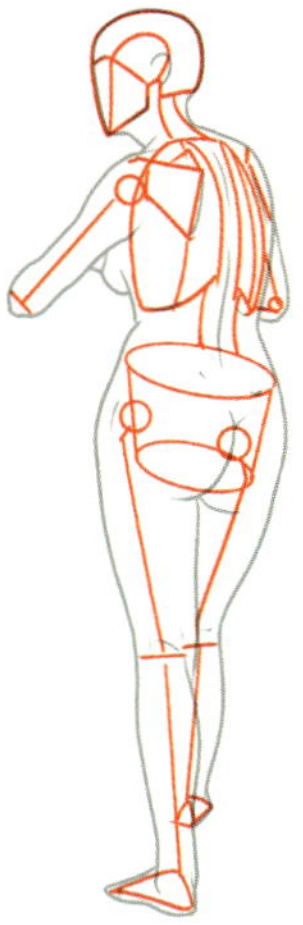

1단계
빠르게 연습하기

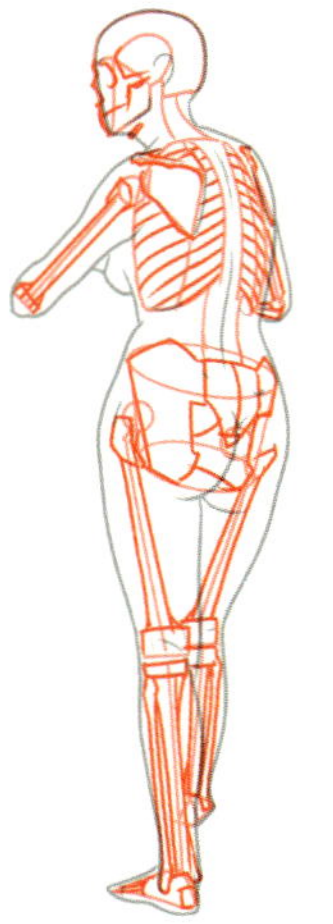

2단계
깊이 있게 연습하기

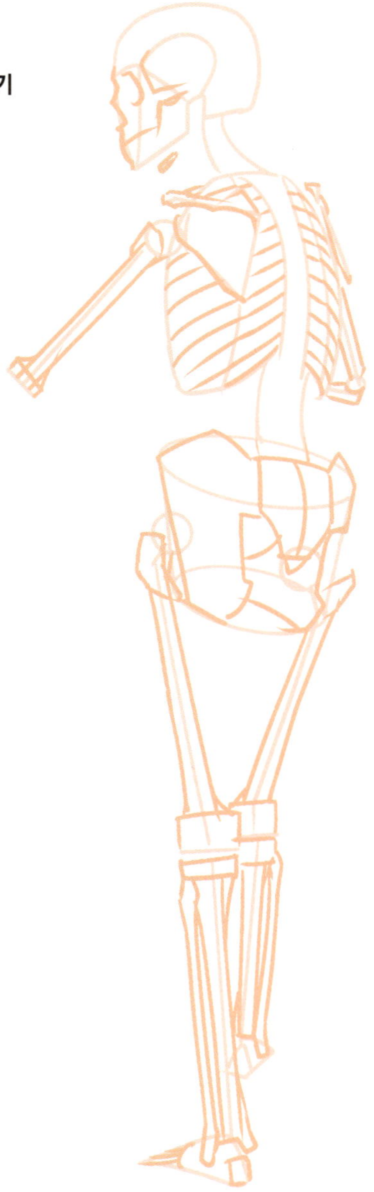

체표

1단계
빠르게 연습하기

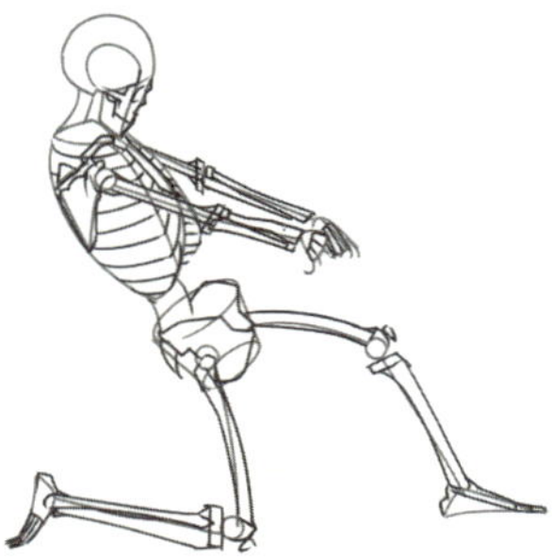

2단계
깊이 있게 연습하기

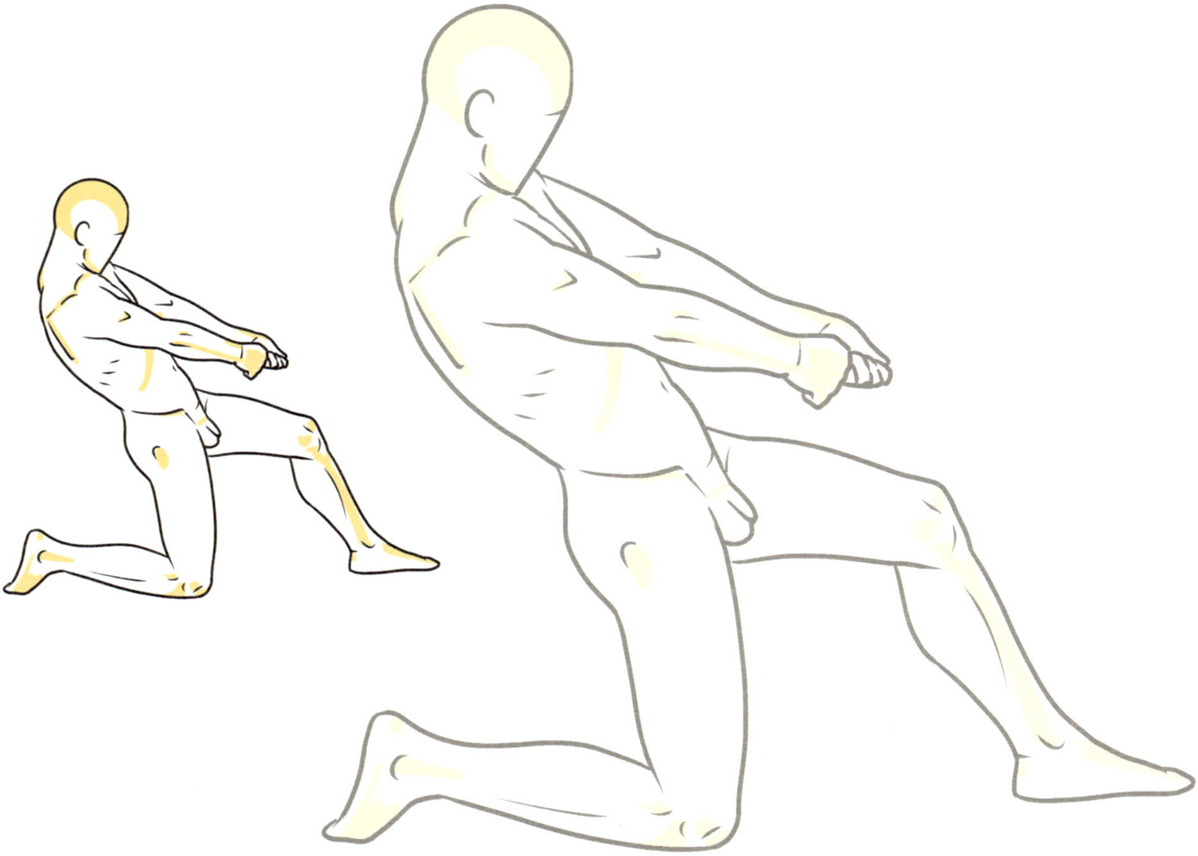

이 포즈의 포인트

무거운 짐을 끌어당기는 자세로, 줄다리기 등에서 흔히 볼 수 있습니다. 몸을 뒤로 크게 기울여 체중을 실으면서, 다리로는 단단히 버티는 동작이 조화를 이루고 있습니다. 겹쳐져 잘 보이지 않는 안쪽 팔은 생략해도 괜찮습니다.

골격

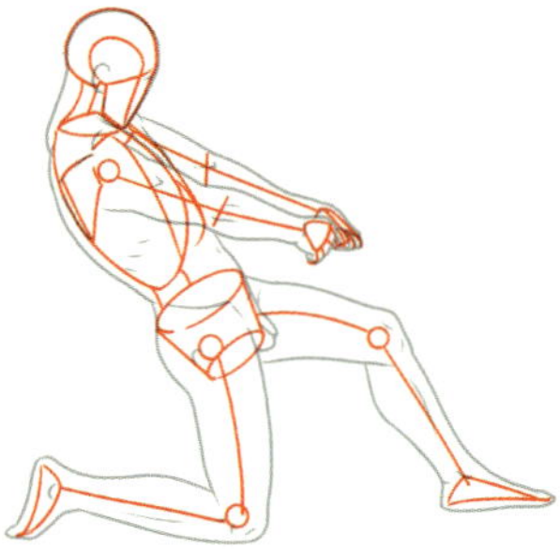

1단계
빠르게 연습하기

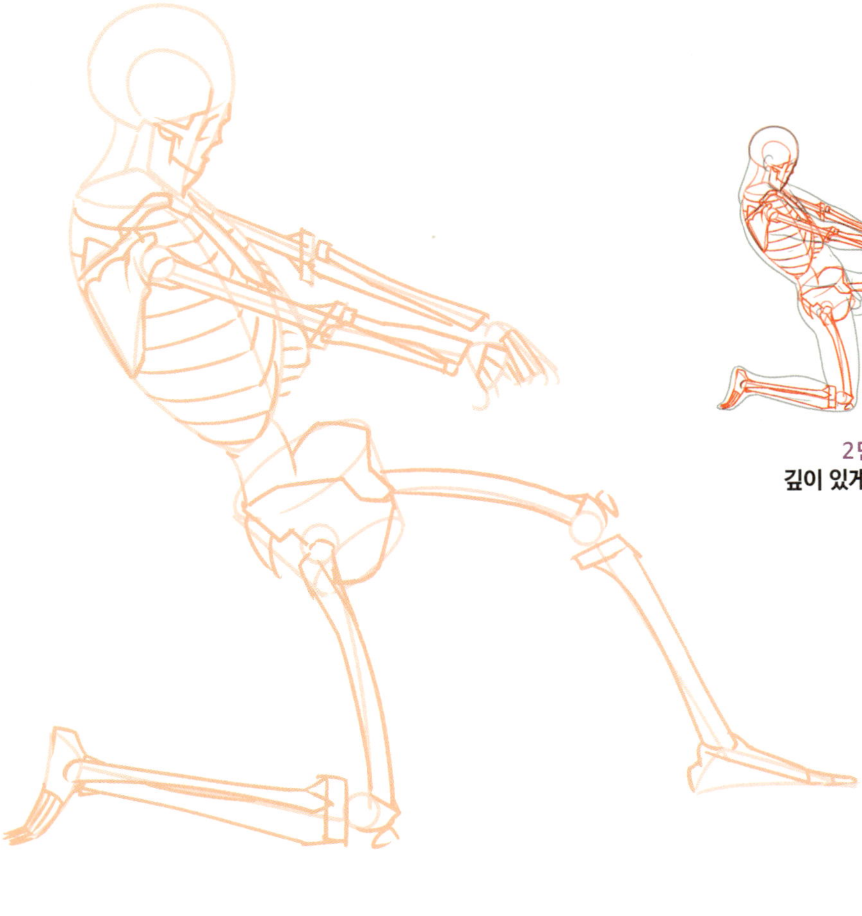

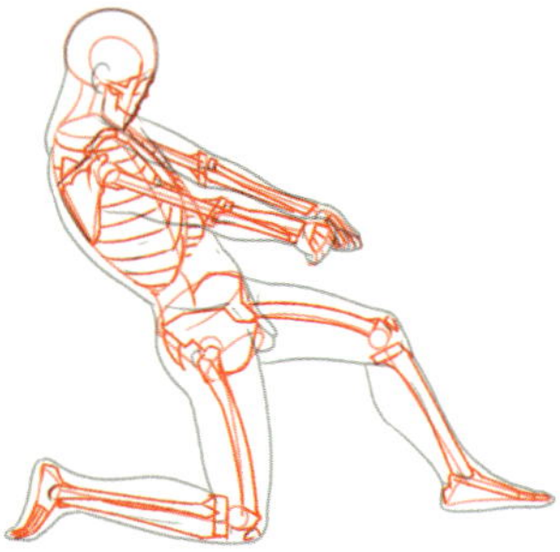

2단계
깊이 있게 연습하기

체표

1단계
빠르게 연습하기

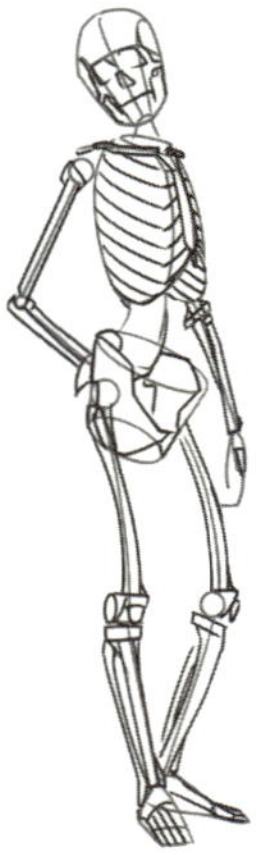

2단계
깊이 있게 연습하기

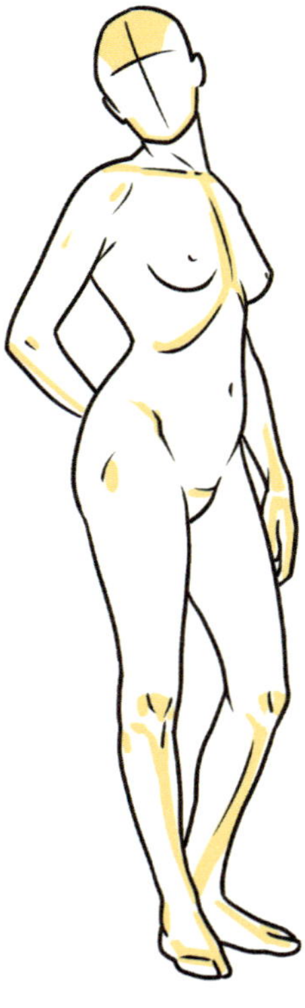

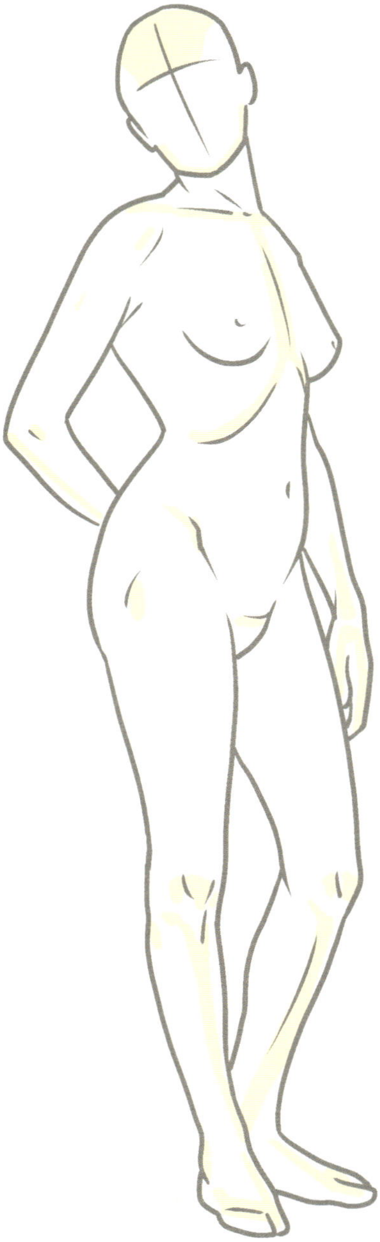

이 포즈의 포인트

손이 몸 뒤쪽에 가려져 있습니다. 생략해도 되지만, 추측해서 그릴 경우, 실제 사람의 손 크기는 턱 끝에서 눈썹 높이(일러스트의 얼굴에 그어진 가로선) 정도입니다. 미술 작품에서는 턱 끝에서 헤어라인까지 이를 정도로 손을 크게 표현하기도 합니다.

골격

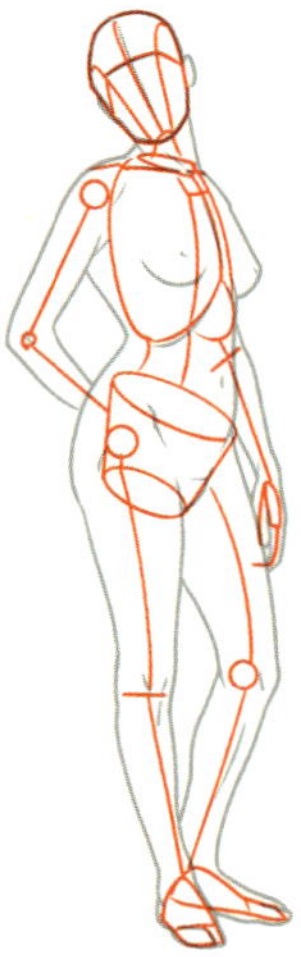

1단계
빠르게 연습하기

2단계
깊이 있게 연습하기

체표

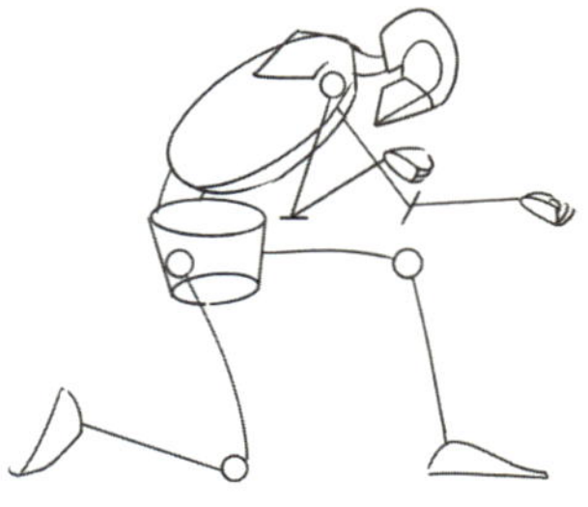

1단계
빠르게 연습하기

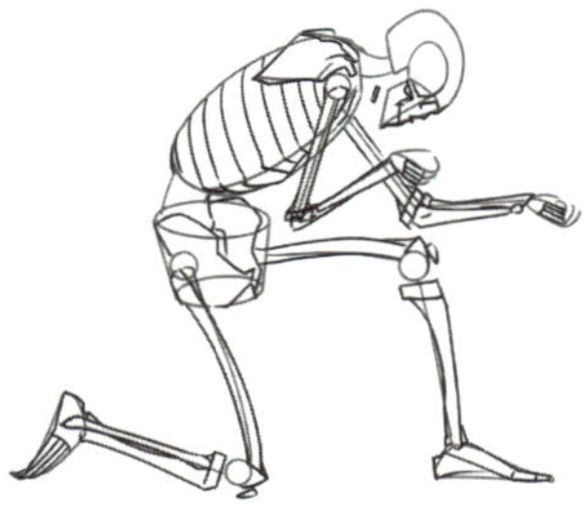

2단계
깊이 있게 연습하기

이 포즈의 포인트

무릎을 꿇고 밧줄 등을 끌어당기는 자세입니다. 양손바닥이 위를 향하는데, 이는 측면 해부도와 동일한 구조입니다. 아래팔에서 '엄지손가락 쪽(가쪽)'은 노뼈(요골), '새끼손가락 쪽(안쪽)'은 자뼈(척골)라는 위치 관계는 어떤 자세에서도 동일하므로 꼭 기억해 두세요.

골격

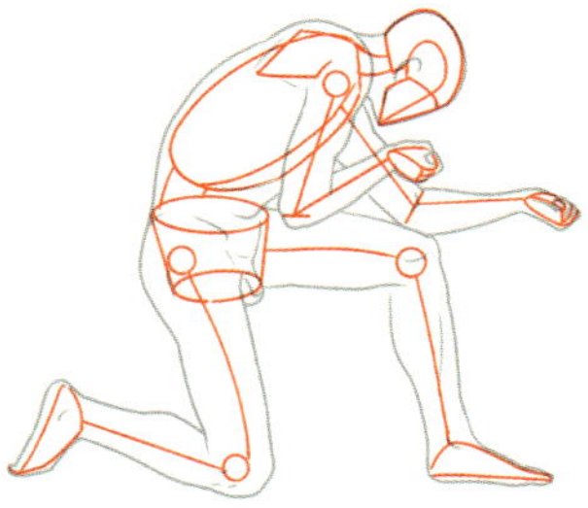

1단계
빠르게 연습하기

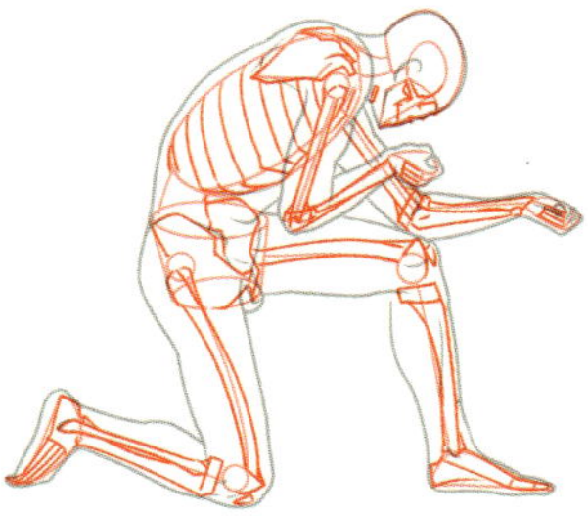

2단계
깊이 있게 연습하기

098

체표

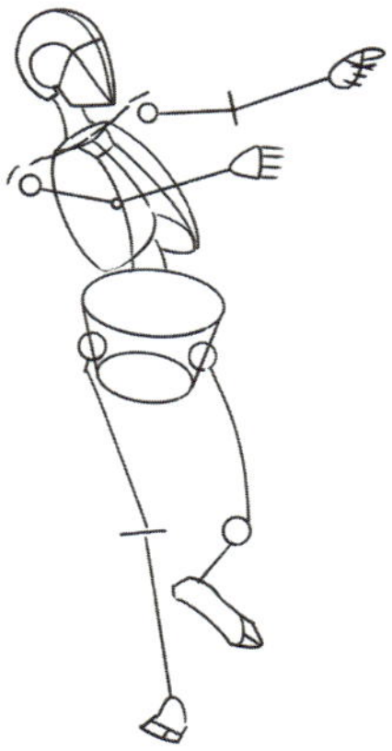

1단계
빠르게 연습하기

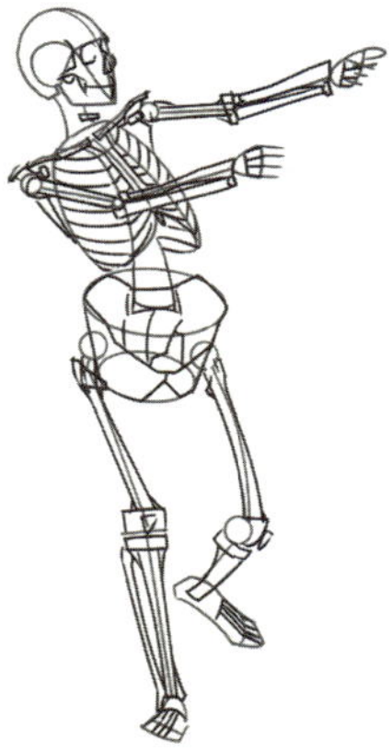

2단계
깊이 있게 연습하기

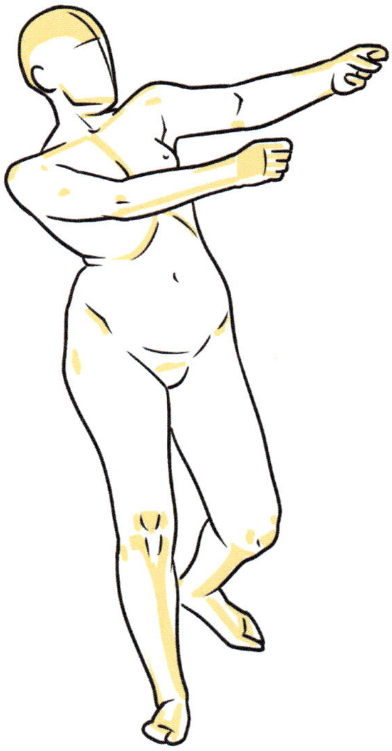

이 포즈의 포인트

밧줄을 붙잡고 있는 자세입니다. 축이 되는 발에서 몸통까지 밧줄 반대쪽으로 기울어져 있으며, 밧줄을 잡아 몸을 지탱하고 있습니다.

골격

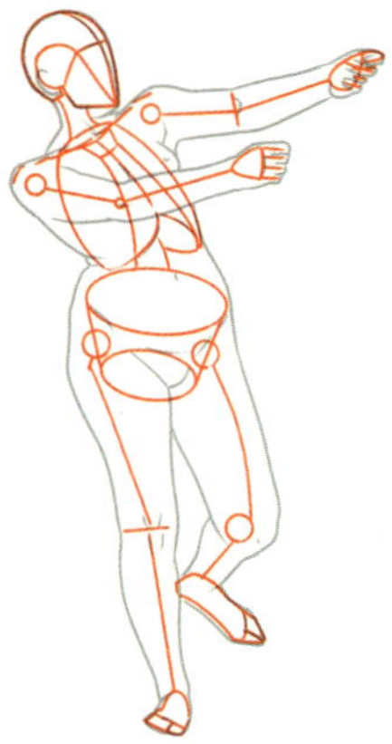

1단계
빠르게 연습하기

2단계
깊이 있게 연습하기

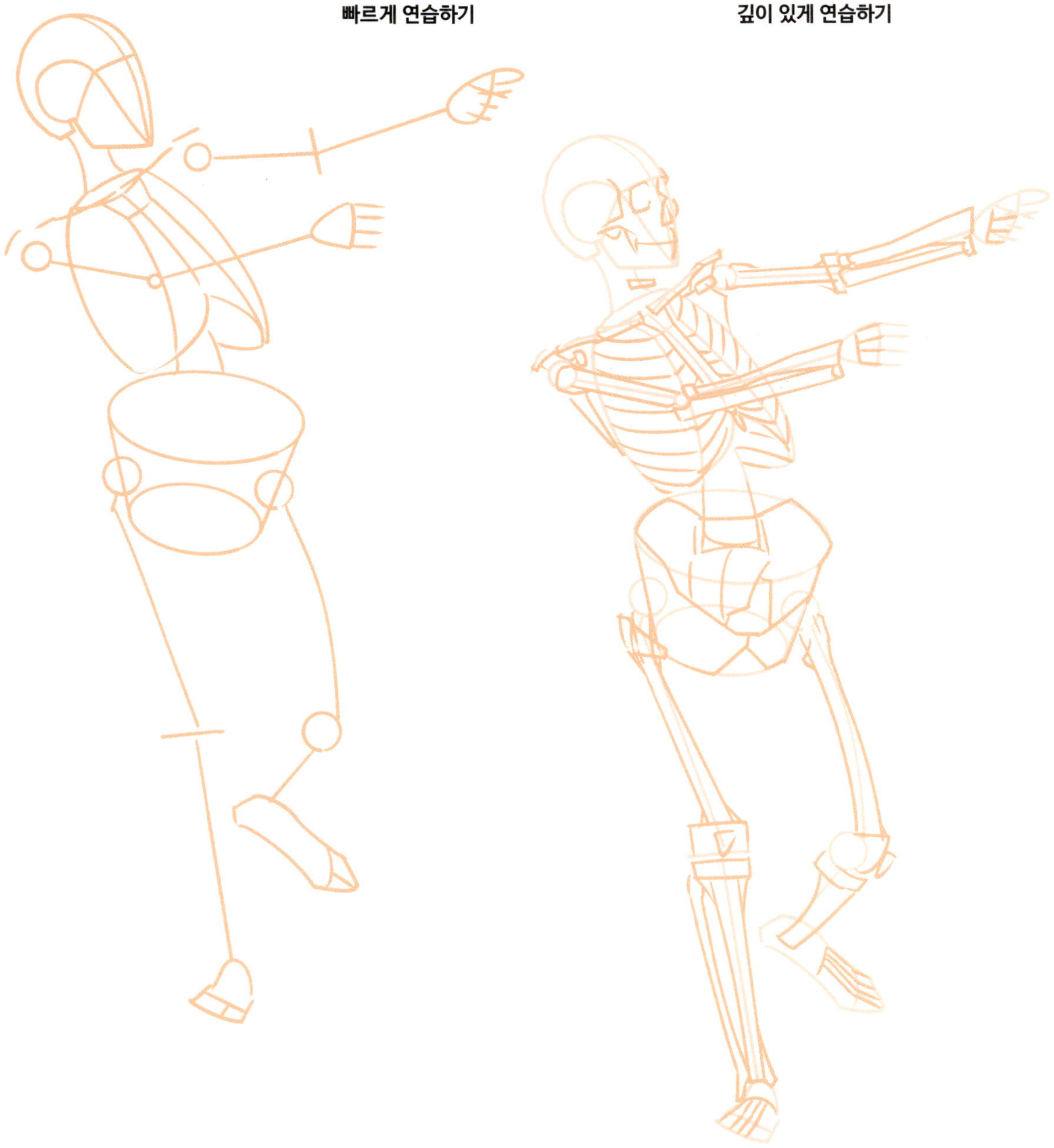

체표

1단계
빠르게 연습하기

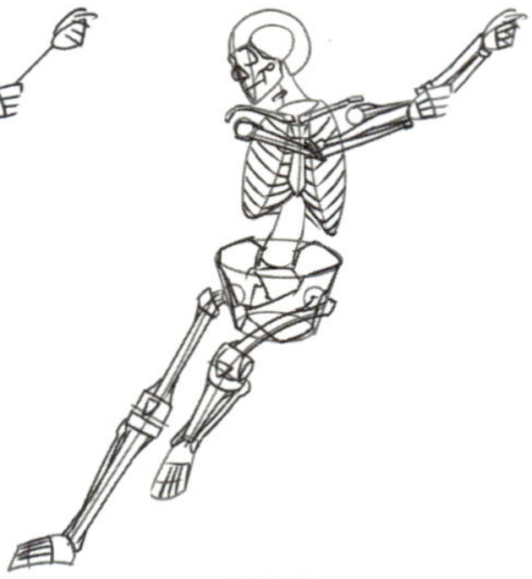

2단계
깊이 있게 연습하기

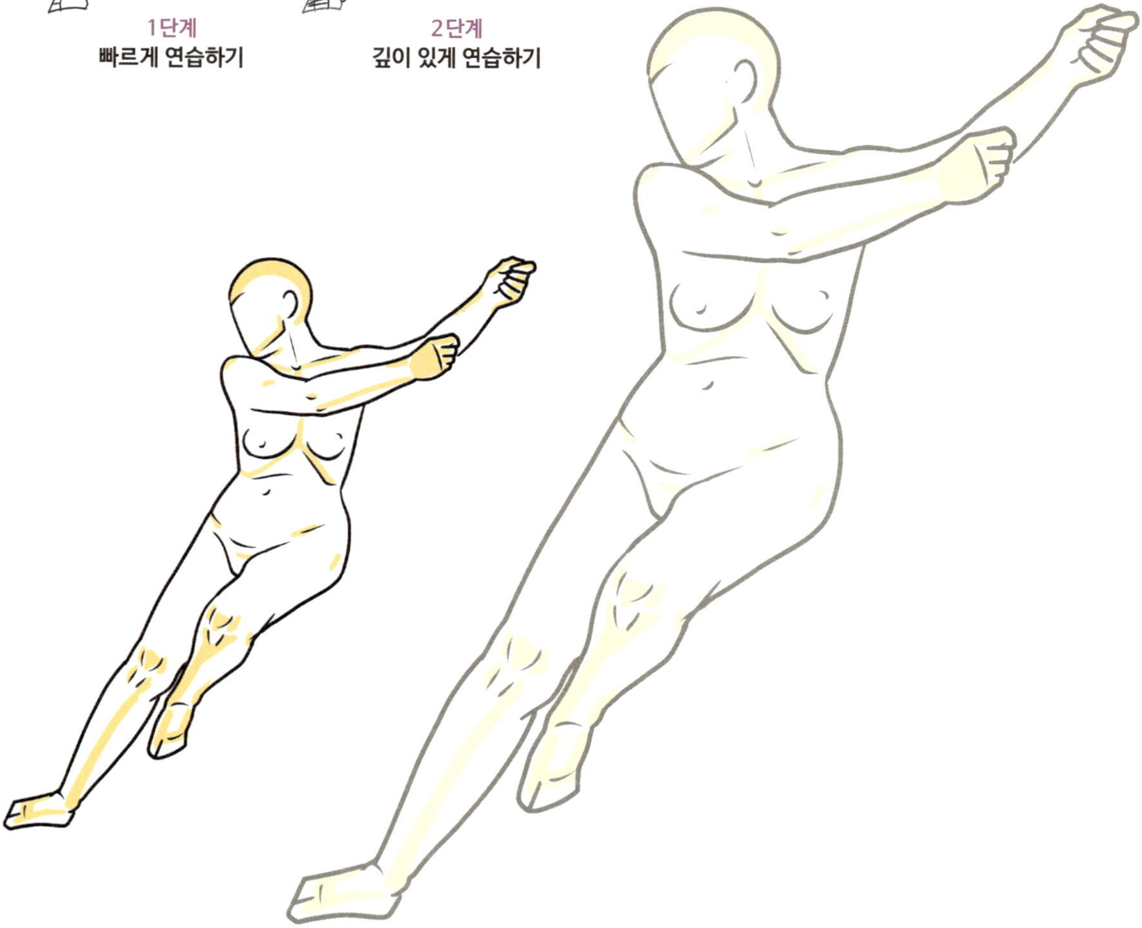

이 포즈의 포인트

역시 밧줄을 잡고 있지만, 축이 되는 발에서 몸통까지가 밧줄 쪽으로 기울어져 있습니다. 이 경우에는 의자 같은 것에 기대어 몸을 지탱하고 있습니다.

골격

1단계
빠르게 연습하기

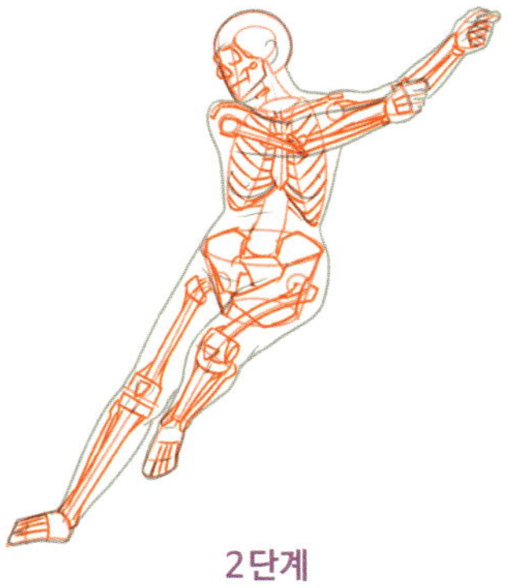

2단계
깊이 있게 연습하기

체표

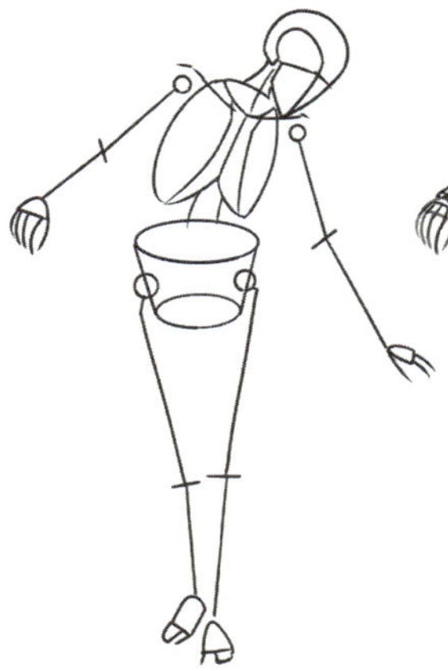

1단계
빠르게 연습하기

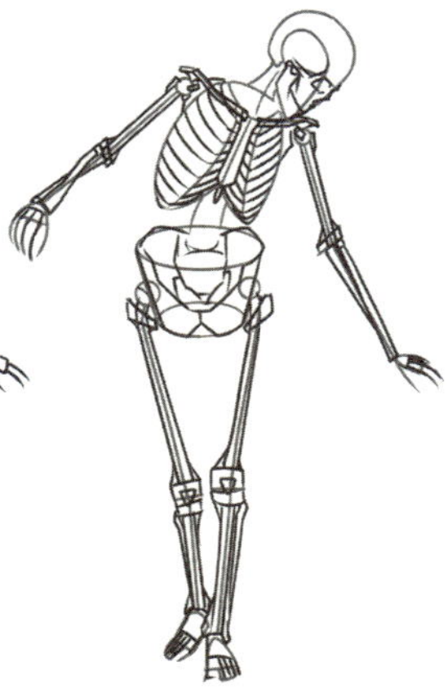

2단계
깊이 있게 연습하기

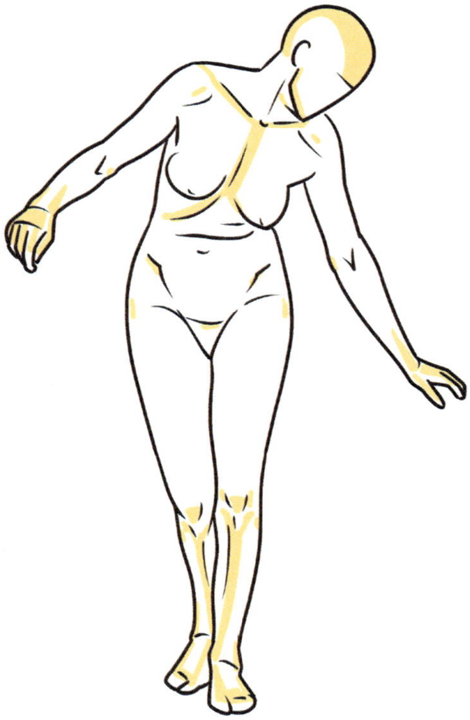

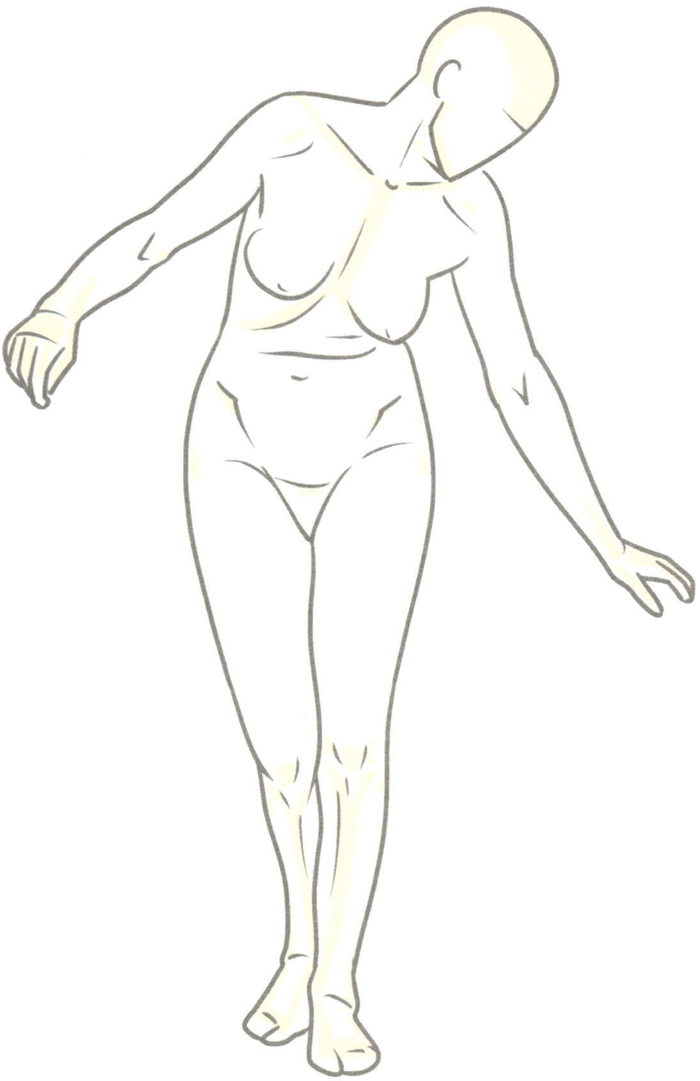

이 포즈의 포인트

몸을 살짝 앞으로 숙여 바닥을 내려다보는 자세입니다. 관절이 가려지지 않아 비교적 그리기 쉽고, 동작을 파악하기에도 좋은 포즈입니다.

골격

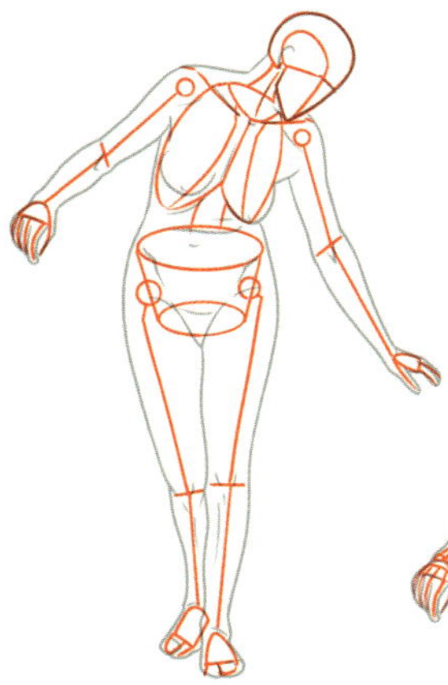

1단계
빠르게 연습하기

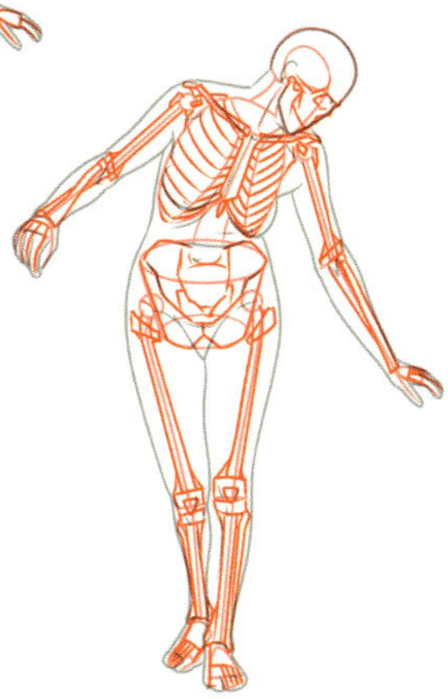

2단계
깊이 있게 연습하기

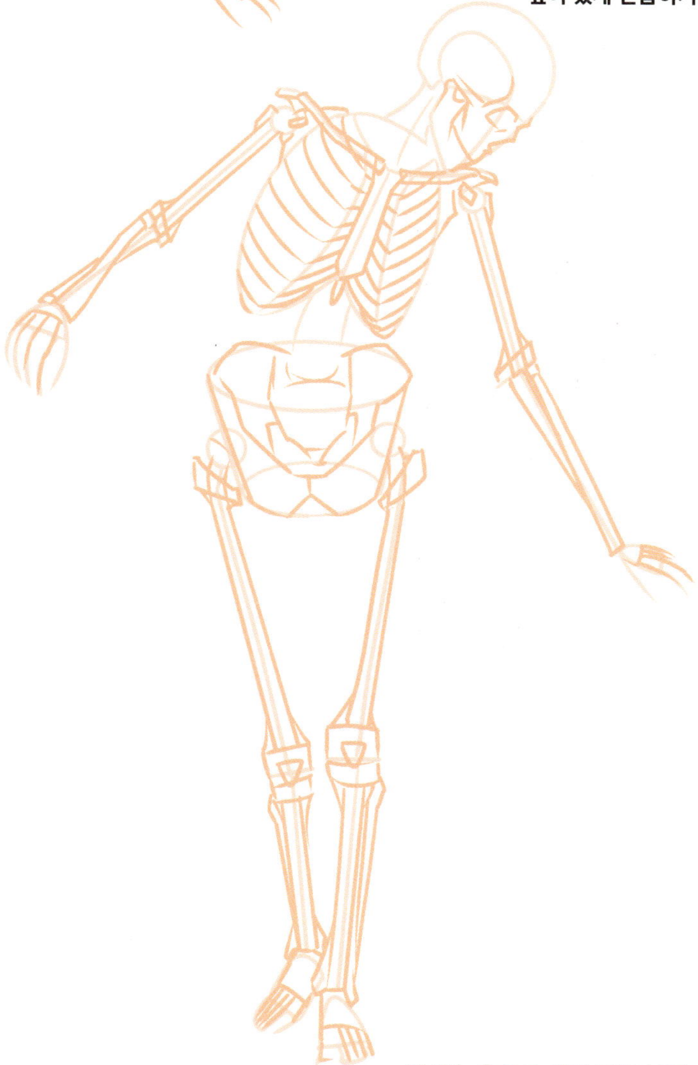

101

체표

1단계
빠르게 연습하기

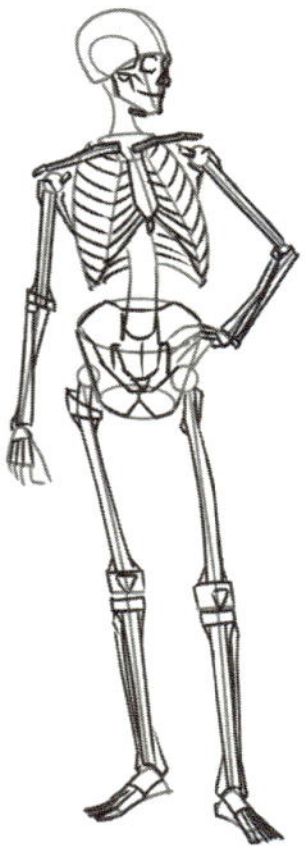

2단계
깊이 있게 연습하기

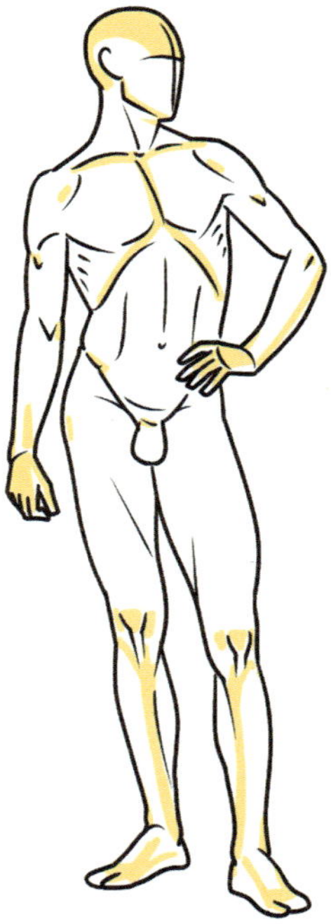

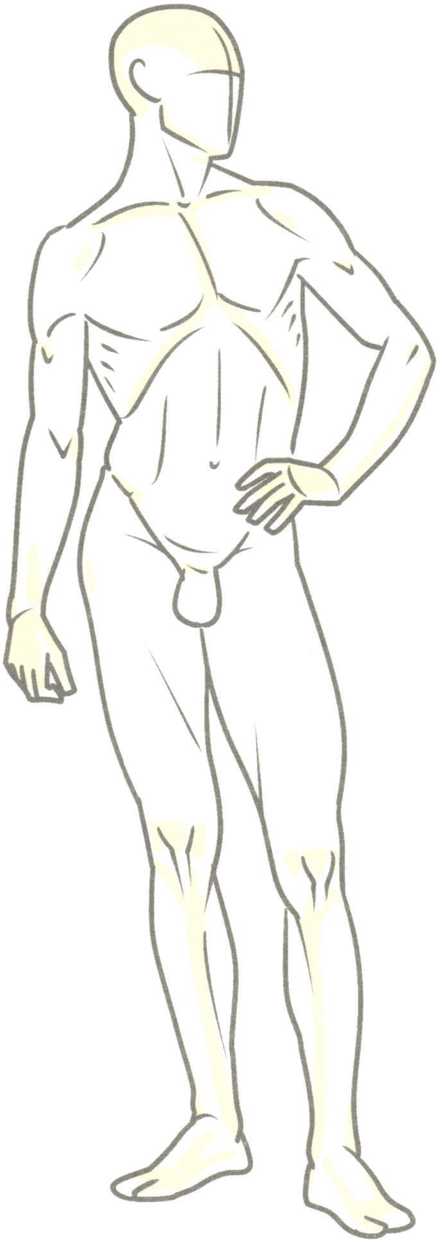

이 포즈의 포인트

한쪽 다리에 체중을 싣고 허리에 손을 얹은 자세입니다. 허리에 얹은 손은 골반의 윗부분(엉덩뼈능선)에 올려져 있습니다. 이때 손바닥으로 골반을 누르듯 얹기도 하고, 손가락을 구부려 손등 쪽을 골반에 올리기도 합니다.

골격

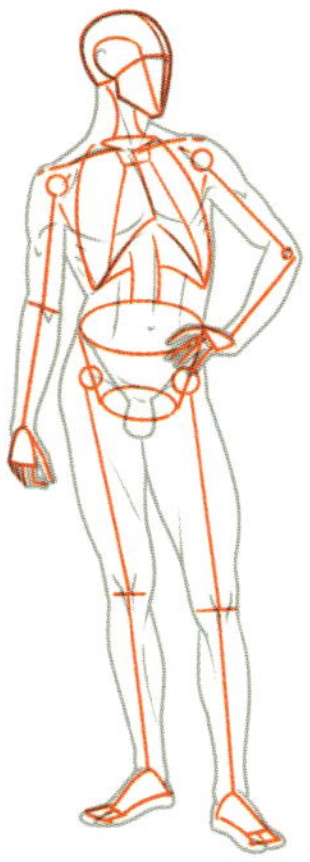

1단계
빠르게 연습하기

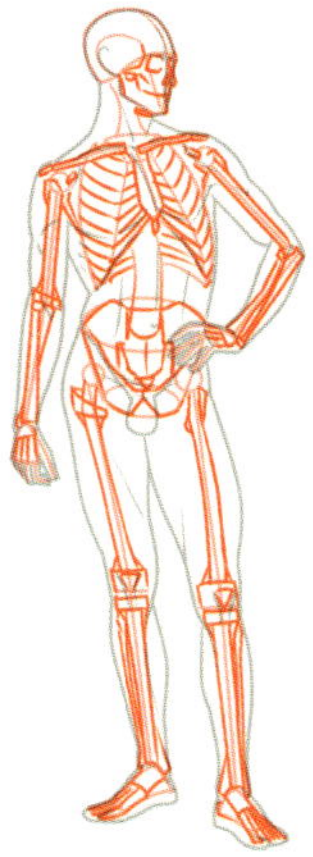

2단계
깊이 있게 연습하기

체표

1단계
빠르게 연습하기

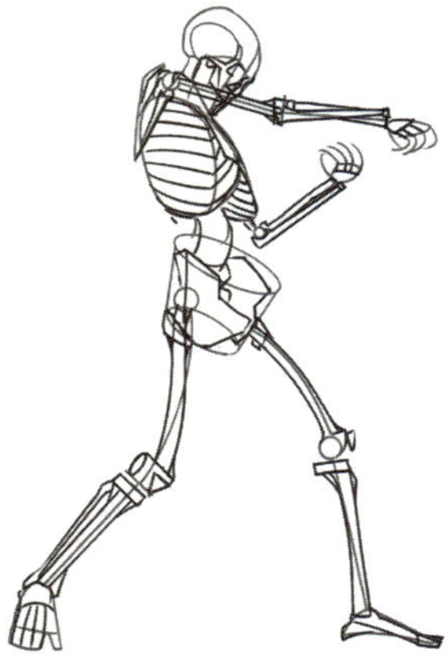

2단계
깊이 있게 연습하기

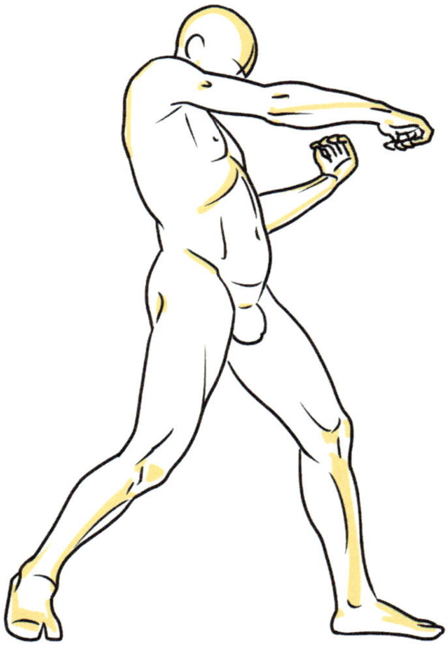

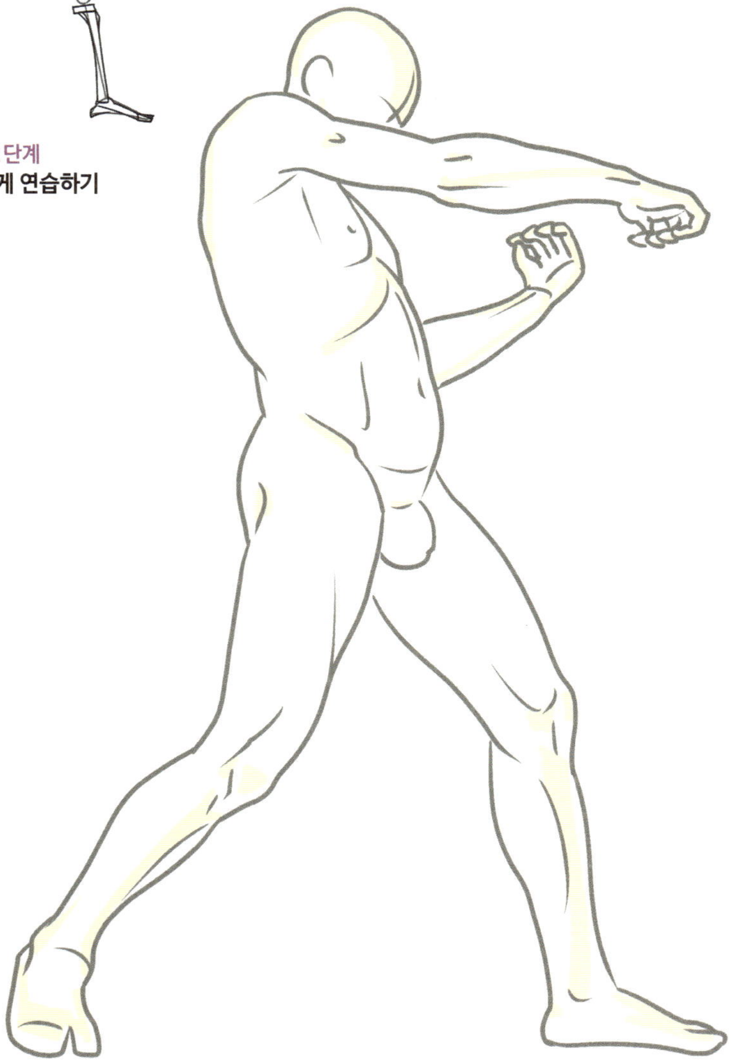

이 포즈의 포인트

배트나 큰 망치 도구를 휘두르는 자세입니다. 도구를 휘두르기 직전에는 축이 되는 발의 반대쪽 팔이 펴지고, 축이 되는 발 쪽 팔은 구부러집니다.

골격

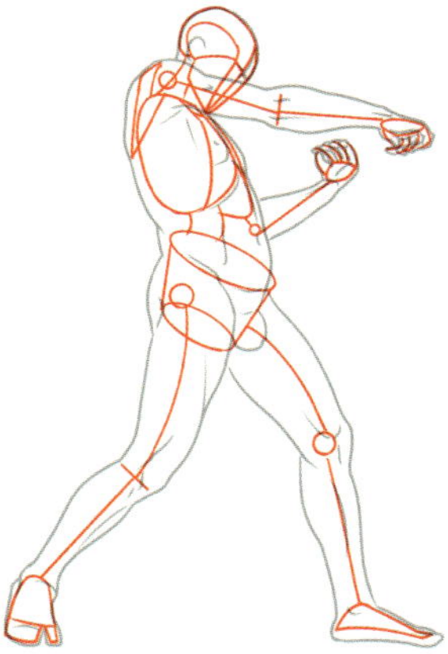

1단계
빠르게 연습하기

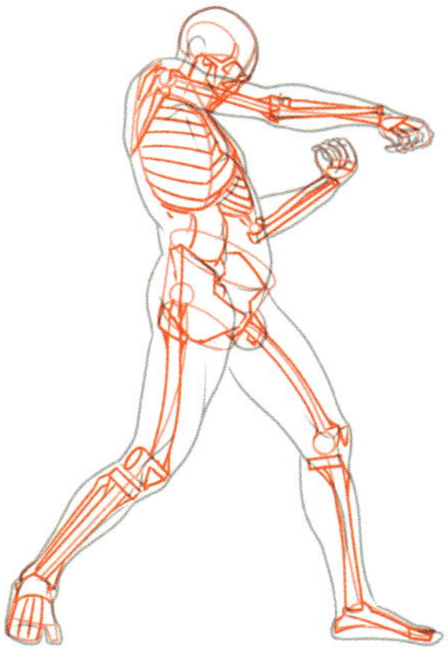

2단계
깊이 있게 연습하기

체표

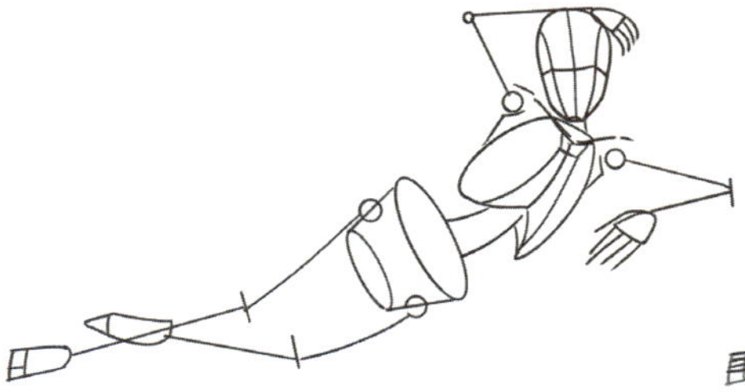

1단계
빠르게 연습하기

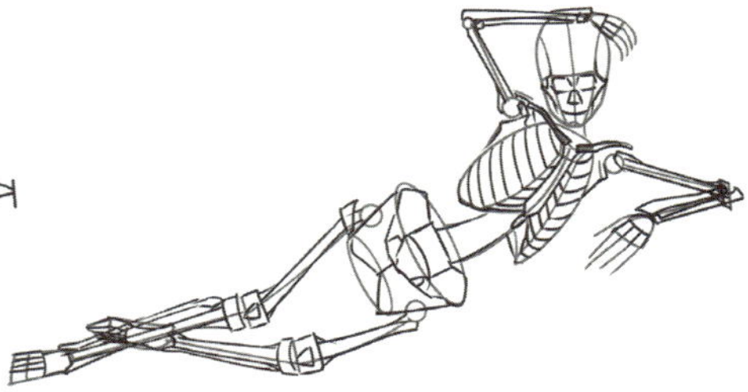

2단계
깊이 있게 연습하기

이 포즈의 포인트

오달리스크 스타일의 자세입니다. 왼쪽 발목이 가려져 있으므로 왼쪽 무릎 아랫부분은 생략해도 괜찮습니다.

골격

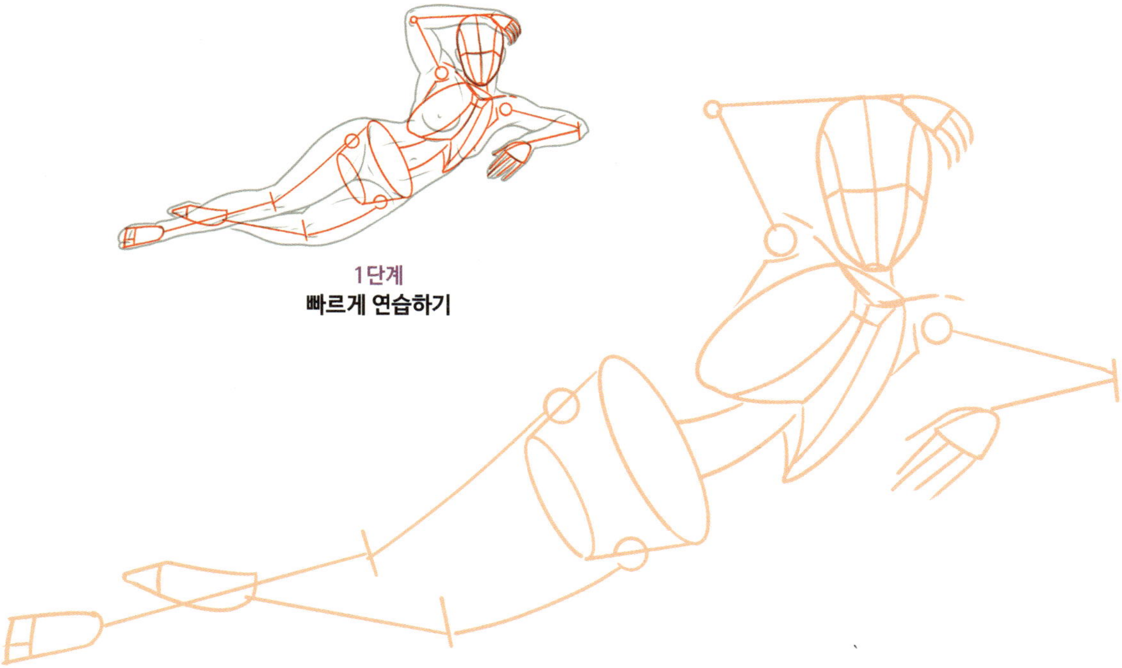

1단계
빠르게 연습하기

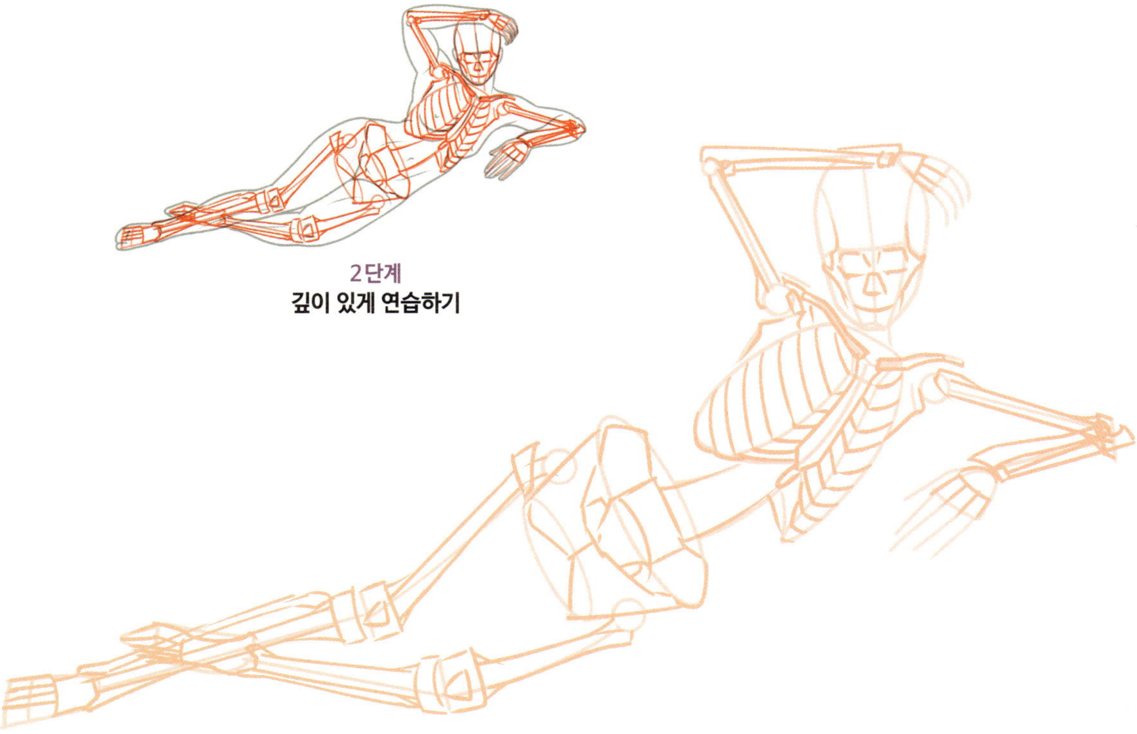

2단계
깊이 있게 연습하기

체표

1단계
빠르게 연습하기

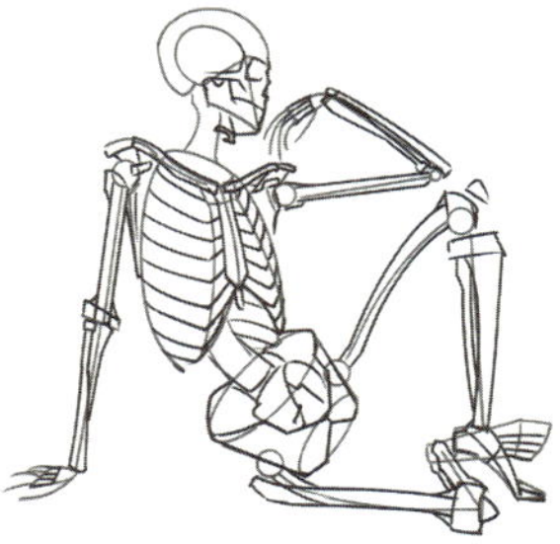

2단계
깊이 있게 연습하기

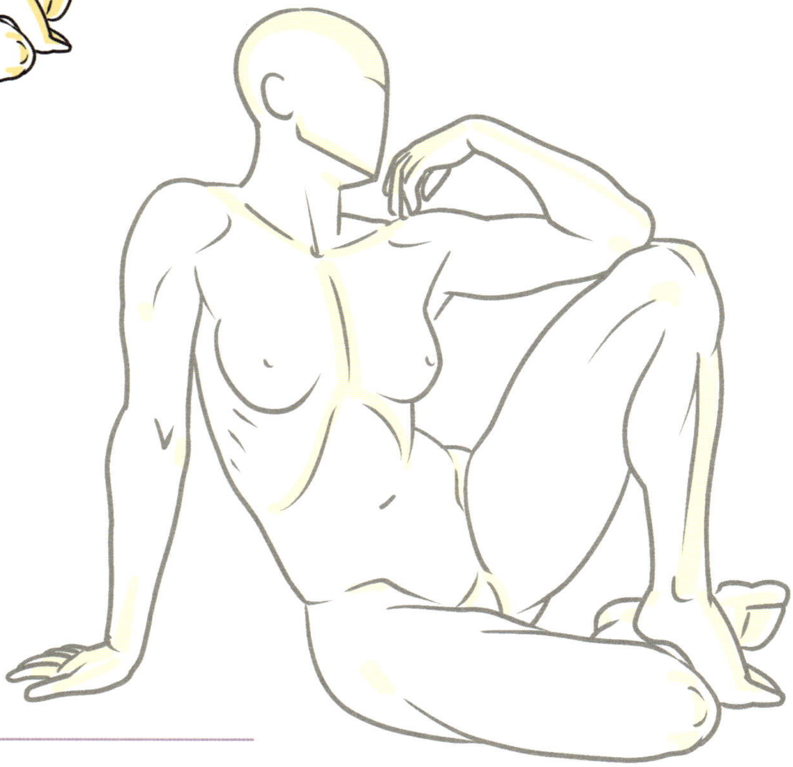

이 포즈의 포인트

한쪽 무릎을 세우고 책상다리를 한 자세입니다. 상반신이 뒤로 기울어져 있어 오른손으로 바닥을 짚고 몸을 지탱하고 있습니다. 오른쪽 무릎 아랫부분은 가려져 있으므로 연습할 때는 생략해도 괜찮습니다.

골격

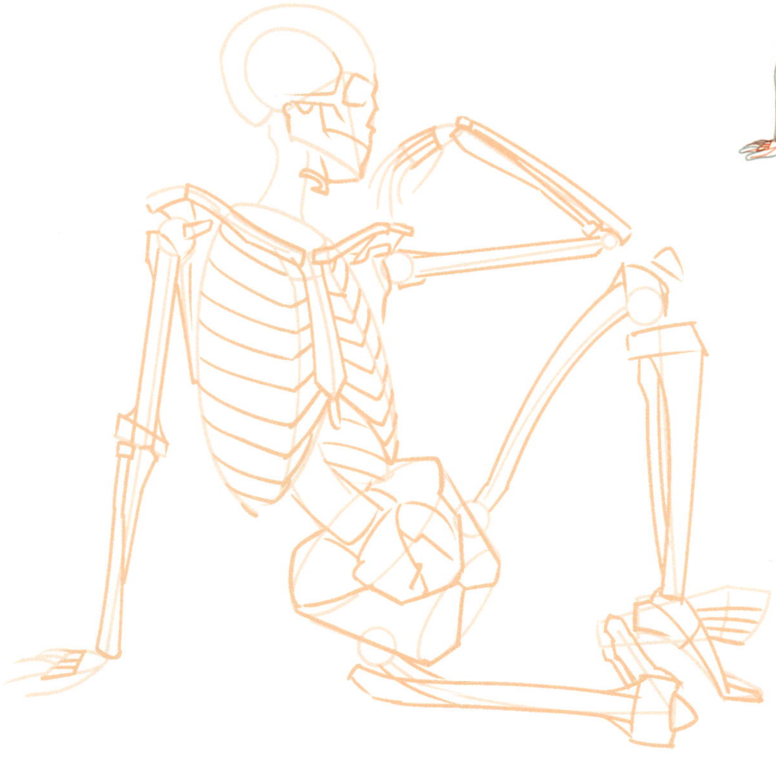

1단계
빠르게 연습하기

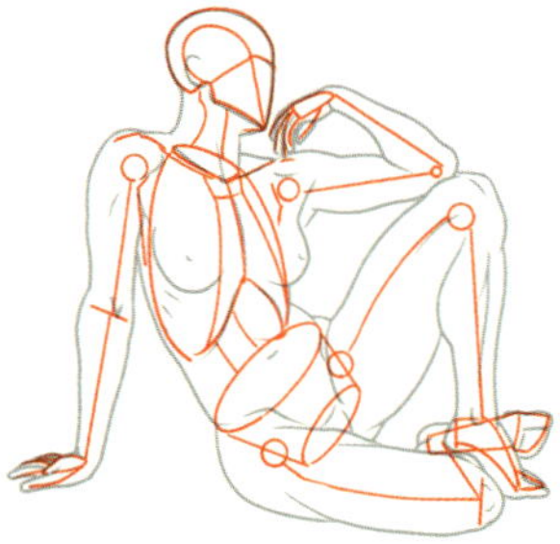

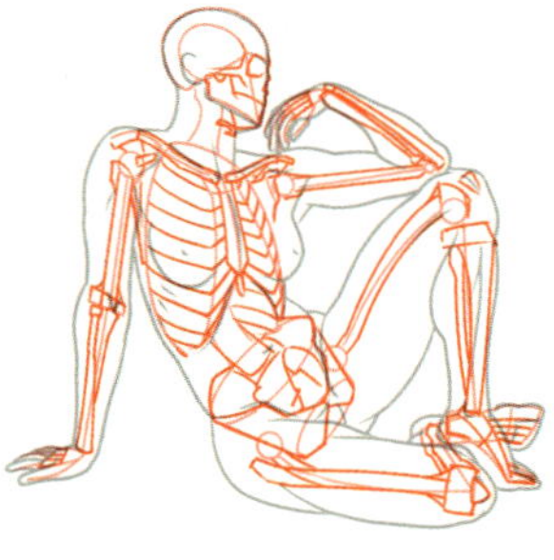

2단계
깊이 있게 연습하기

체표

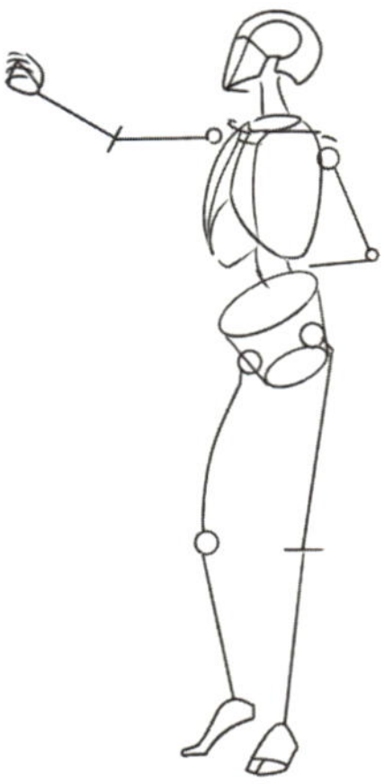

1단계
빠르게 연습하기

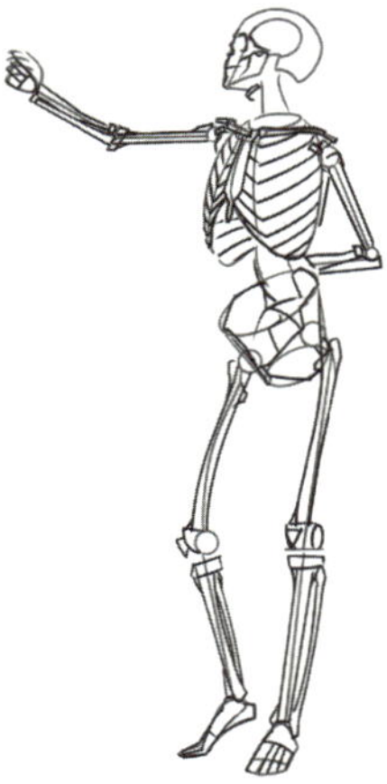

2단계
깊이 있게 연습하기

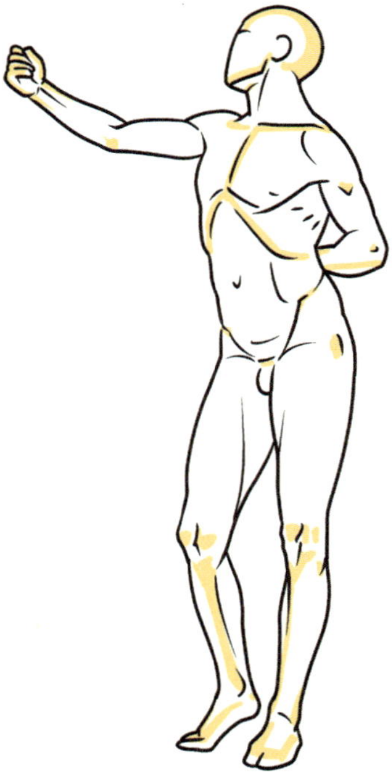

이 포즈의 포인트

한쪽 다리에 체중을 싣고 한쪽 팔을 들어 올린 자세입니다. 이러한 자세에서는 다리에서 몸통까지가 서 있는 것처럼 보이는지가 중요합니다. 팔의 위치는 나중에 설정해도 전체적인 균형에 큰 어색함이 생기지 않습니다.

골격

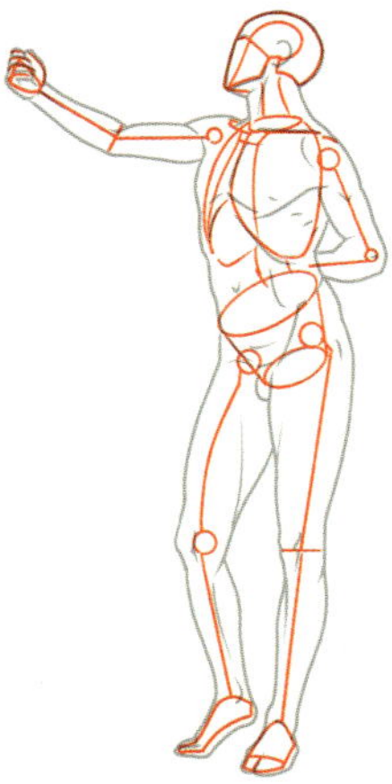

1단계
빠르게 연습하기

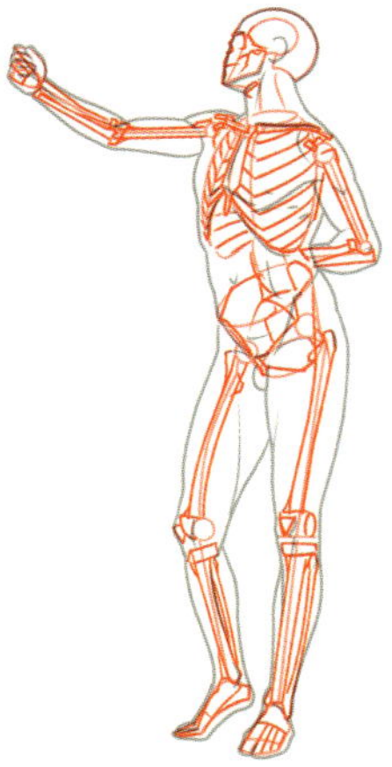

2단계
깊이 있게 연습하기

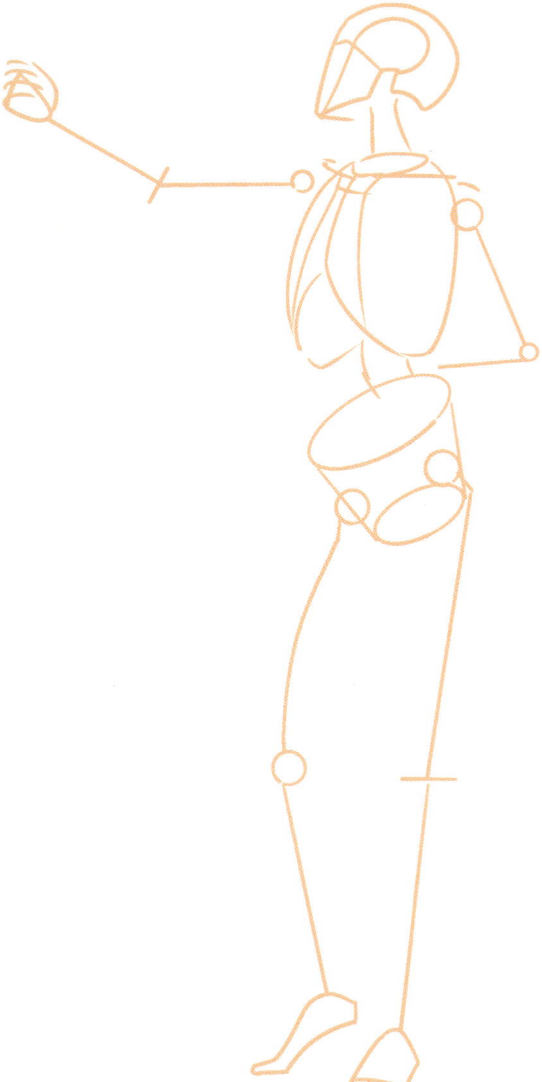

체표

1단계
빠르게 연습하기

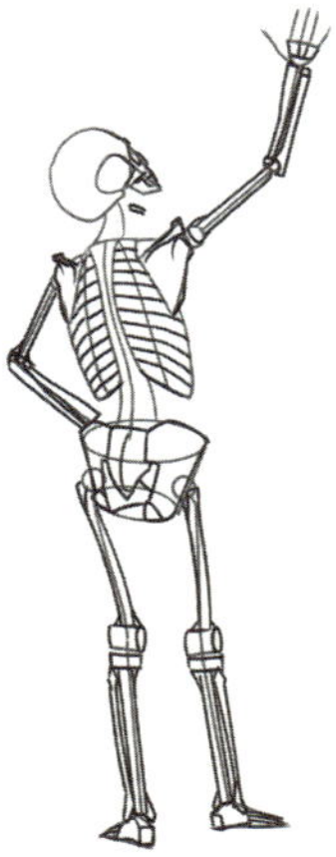

2단계
깊이 있게 연습하기

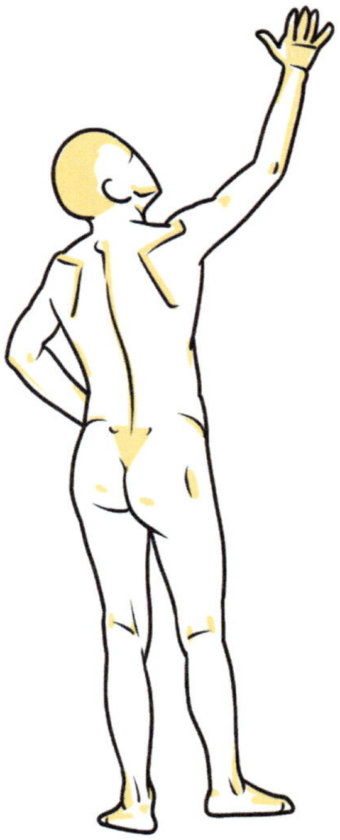

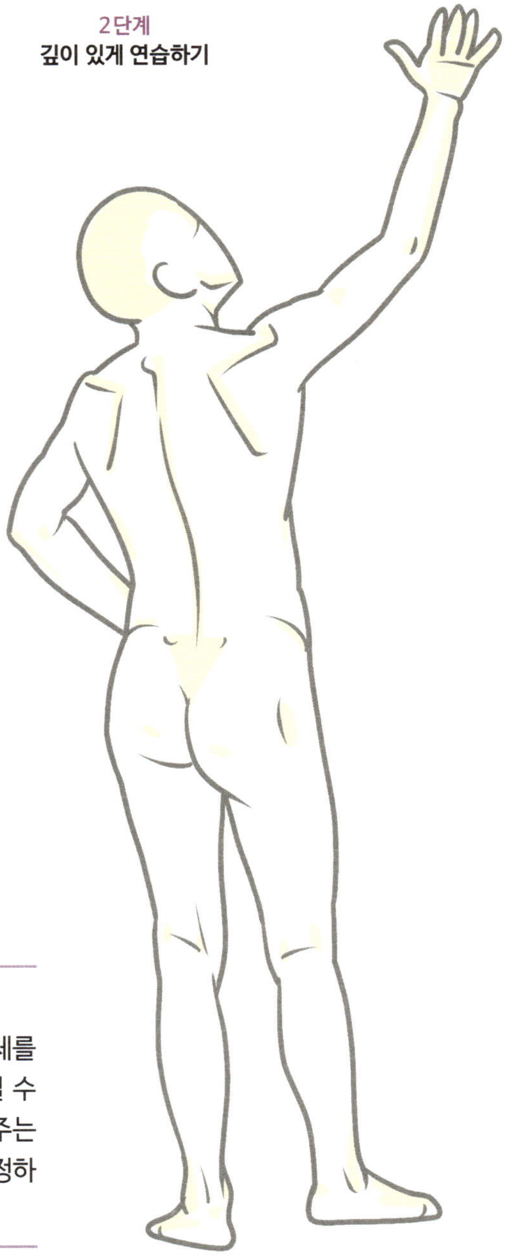

이 포즈의 포인트

한쪽 팔을 위로 들어 올린 자세입니다. 실제 인체를 바탕으로 선화를 그리다 보면 다리가 짧아 보일 수 있습니다. 다리를 길게 그리거나 형태에 변화를 주는 것은 작품의 미적 완성도를 위해 의도적으로 조정하는 것입니다.

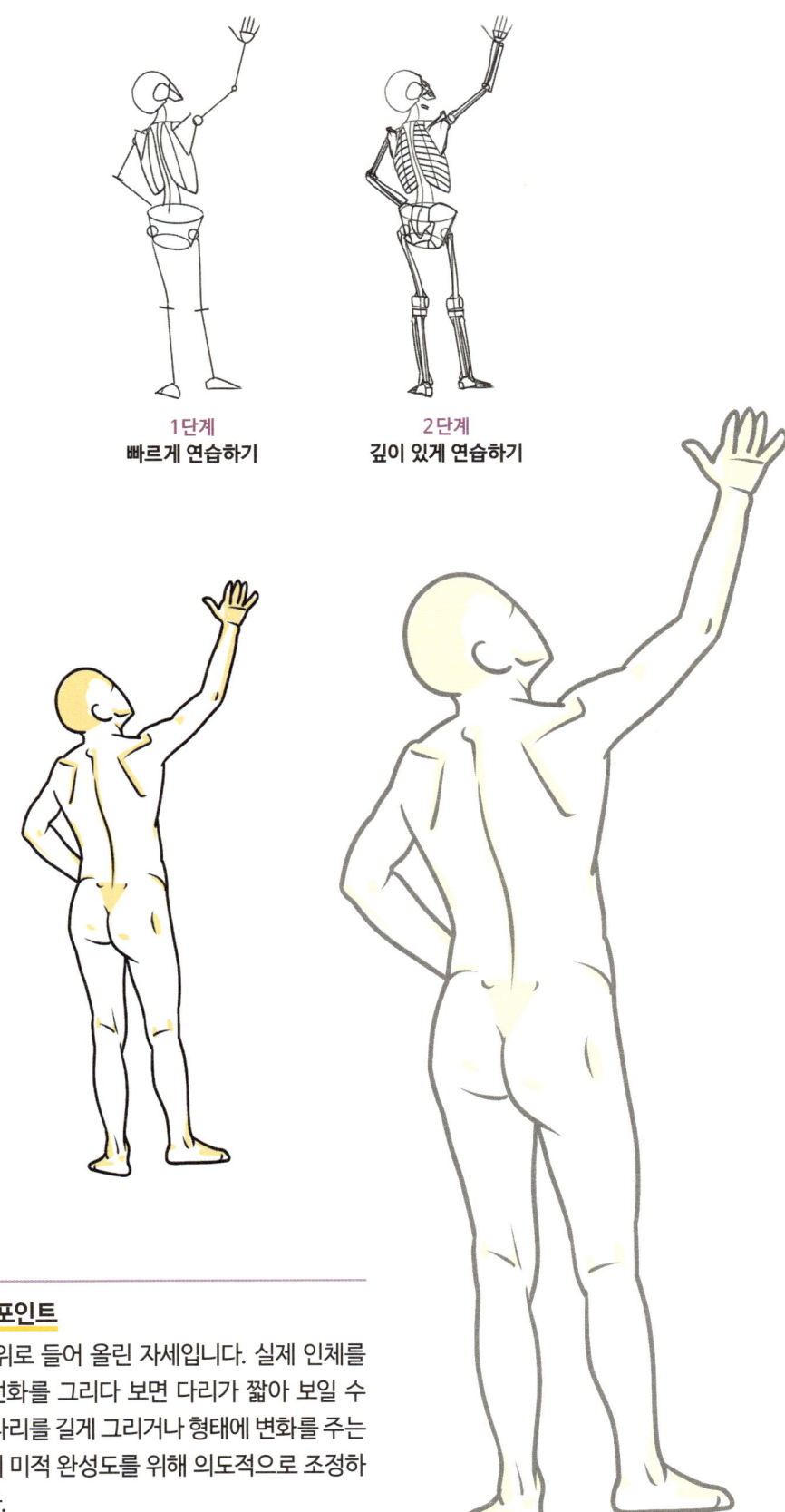

골격

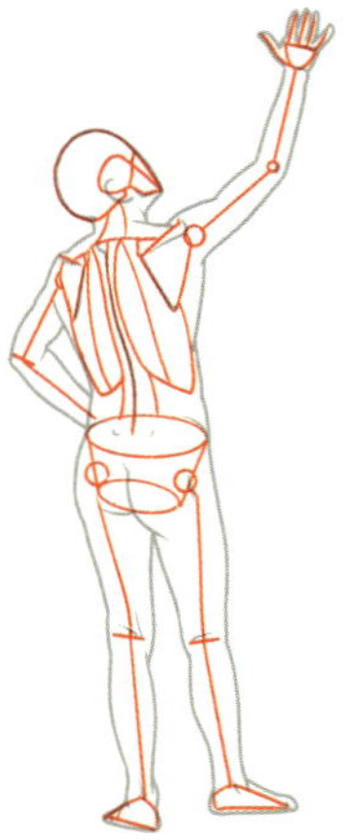

1단계
빠르게 연습하기

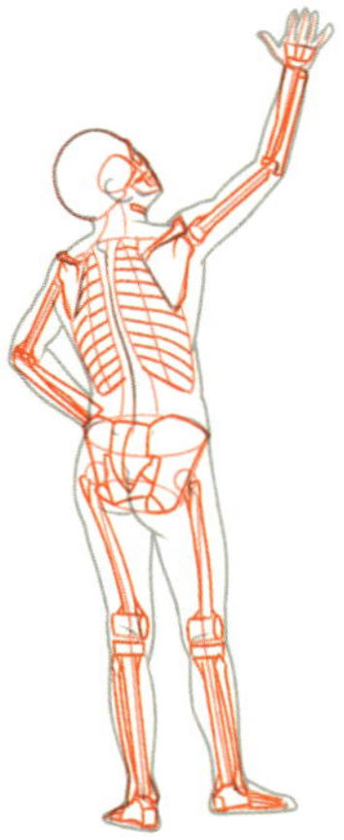

2단계
깊이 있게 연습하기

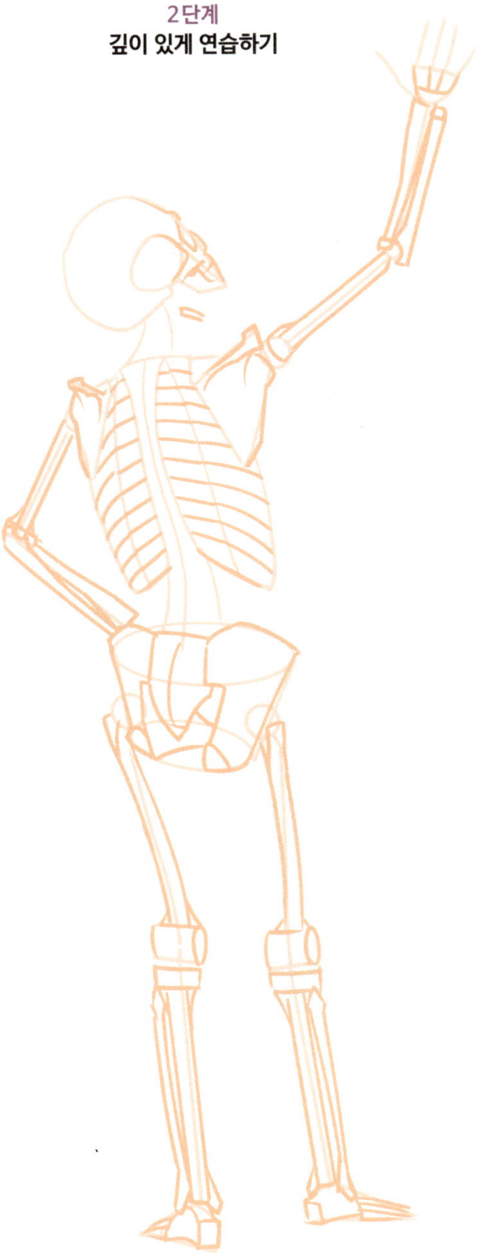

체표

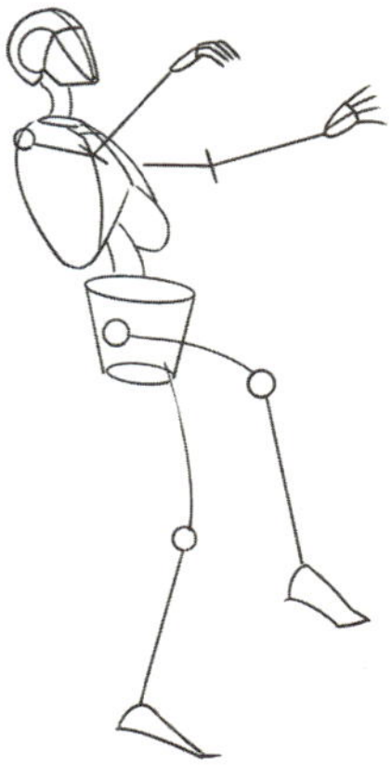

1단계
빠르게 연습하기

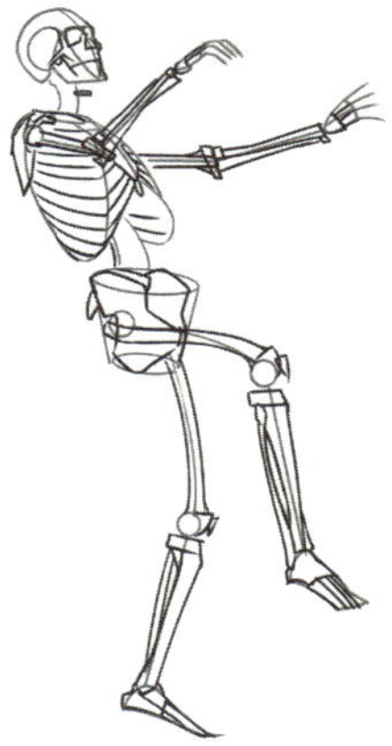

2단계
깊이 있게 연습하기

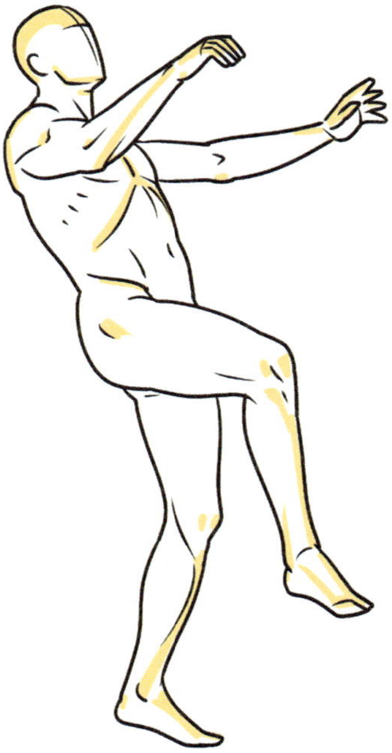

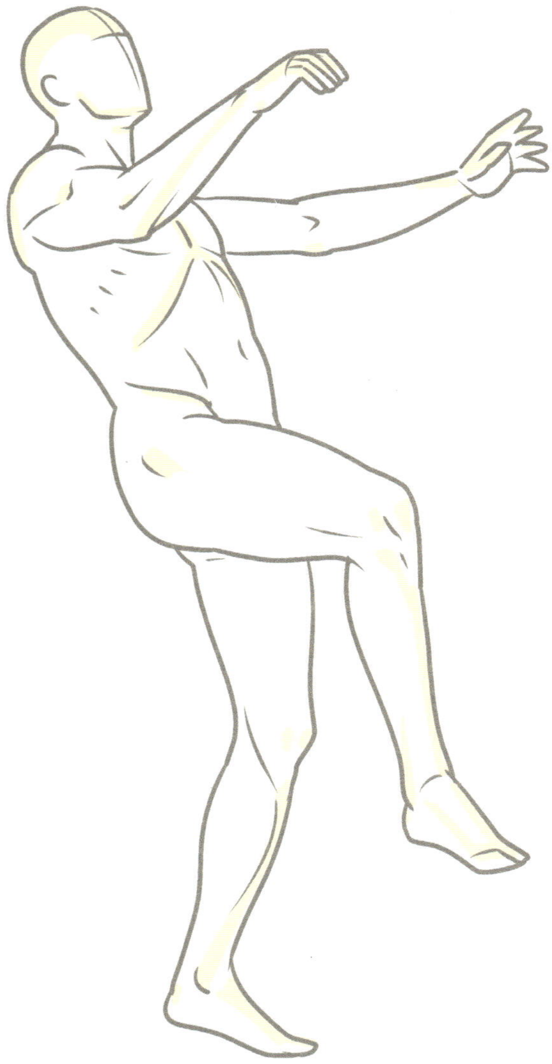

이 포즈의 포인트

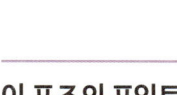

뒤로 넘어질 듯한 자세입니다. 균형을 유지하기 위해 손과 발을 앞으로 내밀어 무게 중심을 앞쪽으로 이동시켰습니다. 이러한 자세는 공을 가슴으로 받아내는 축구 트래핑 동작 등에서도 흔히 볼 수 있습니다.

골격

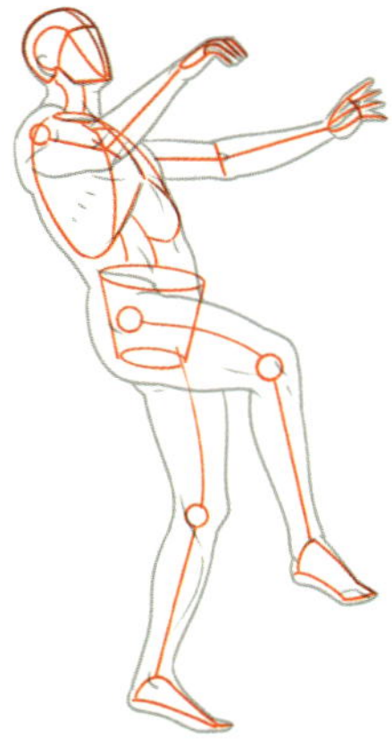

1단계
빠르게 연습하기

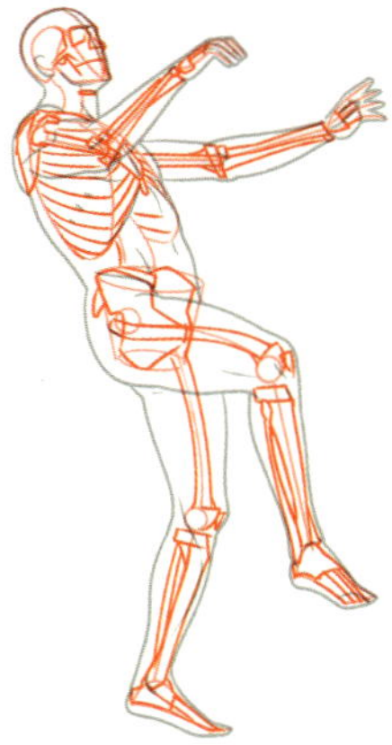

2단계
깊이 있게 연습하기

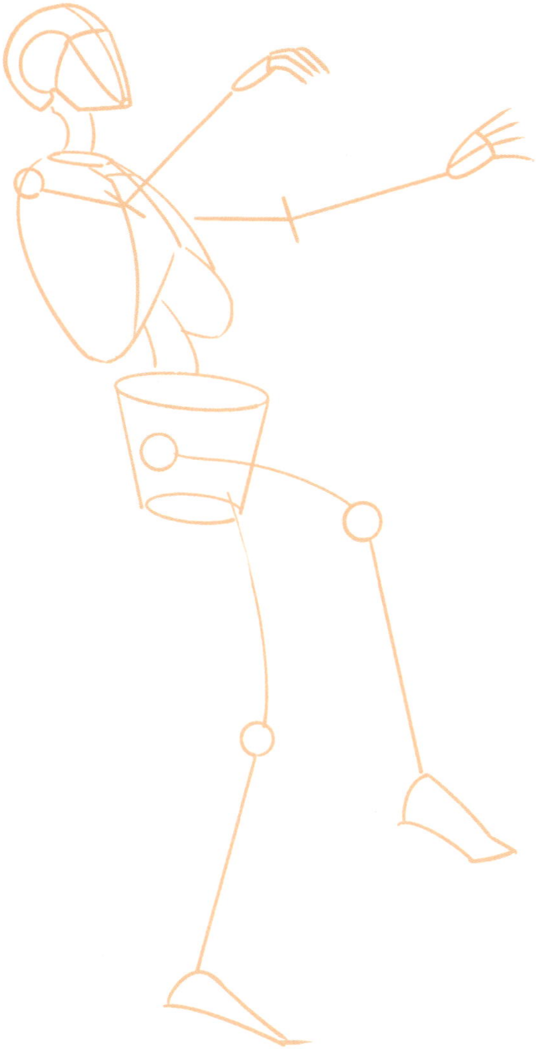

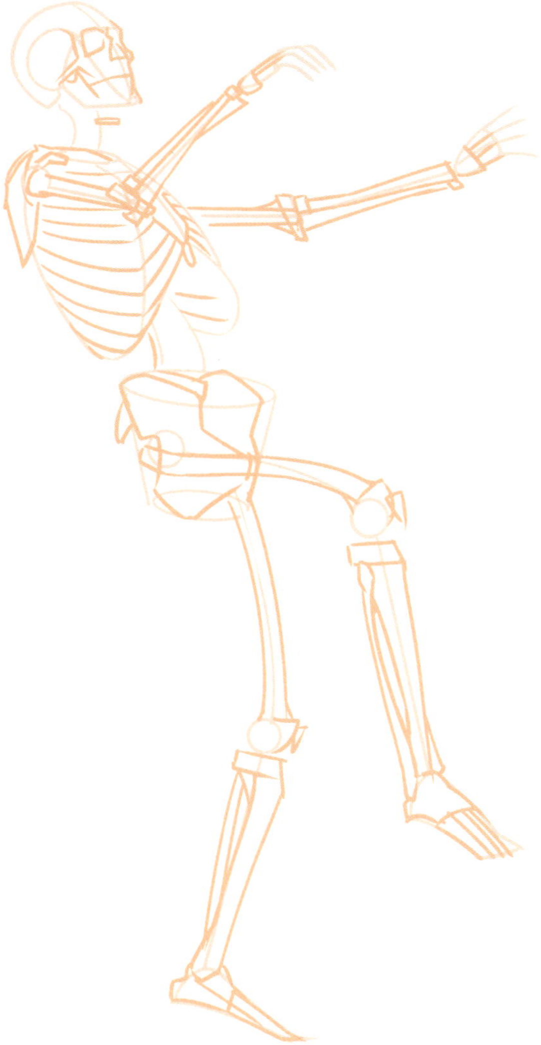

체표

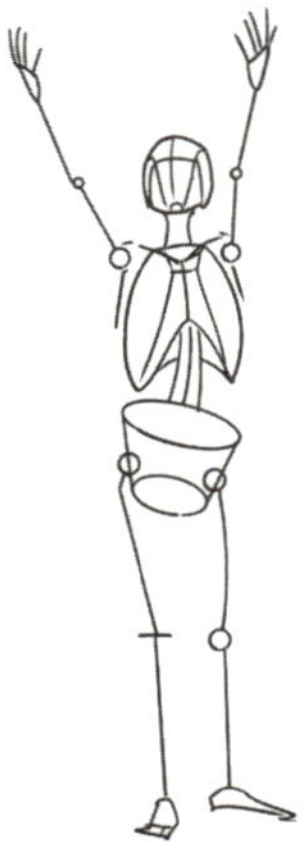

1단계
빠르게 연습하기

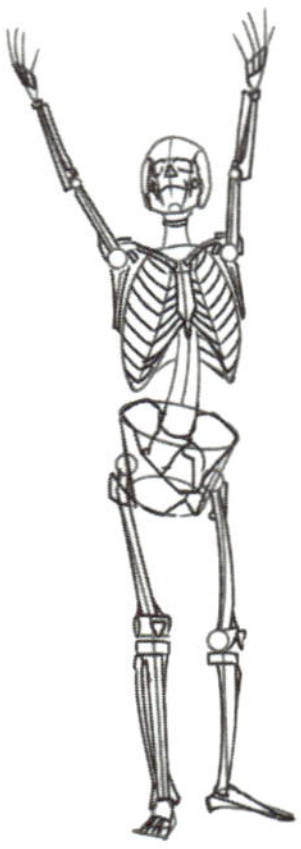

2단계
깊이 있게 연습하기

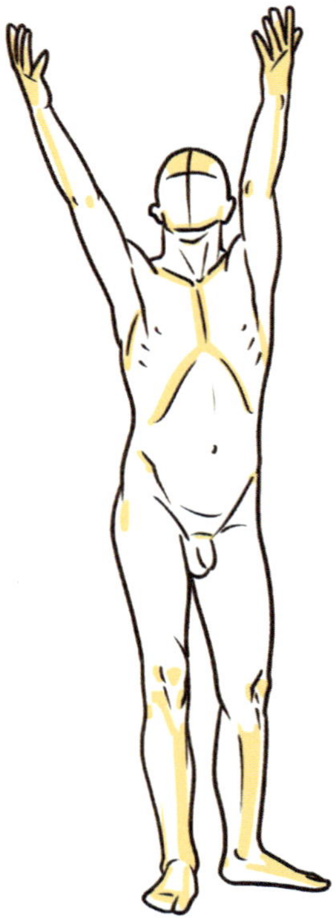

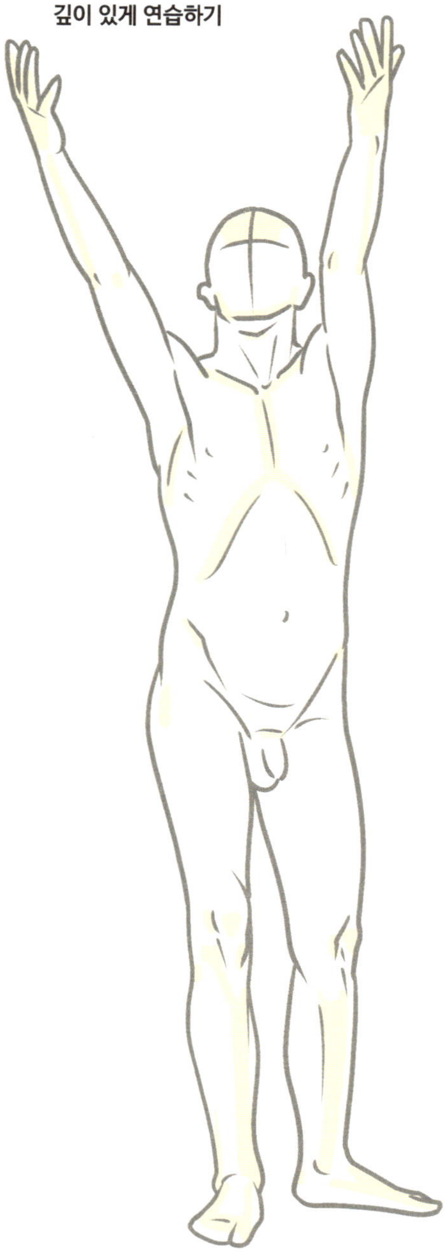

이 포즈의 포인트

양팔을 들어 올린 자세입니다. 왼쪽 팔꿈치에서는 과신전(지나치게 펴져 뒤로 휘어진 듯한 상태) 현상이 보입니다. 팔을 수평보다 높이 들어 올릴 때 팔과 손의 무게로 인해 이러한 과신전 현상이 발생할 수 있습니다.

골격

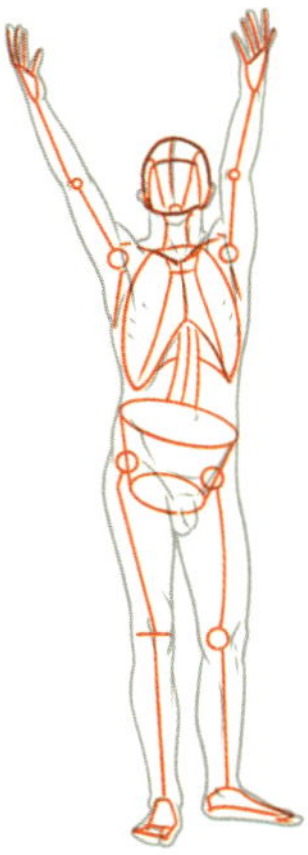

1단계
빠르게 연습하기

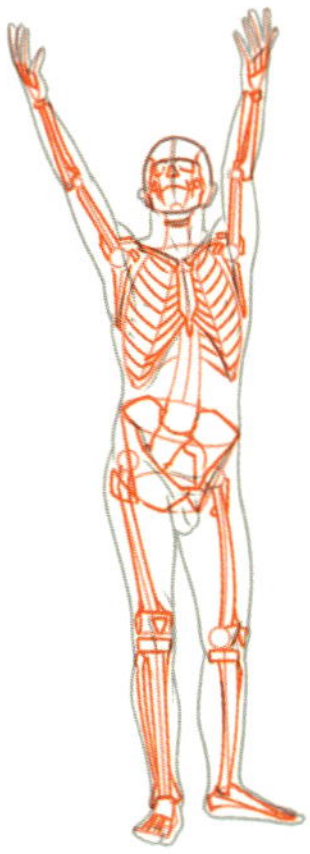

2단계
깊이 있게 연습하기

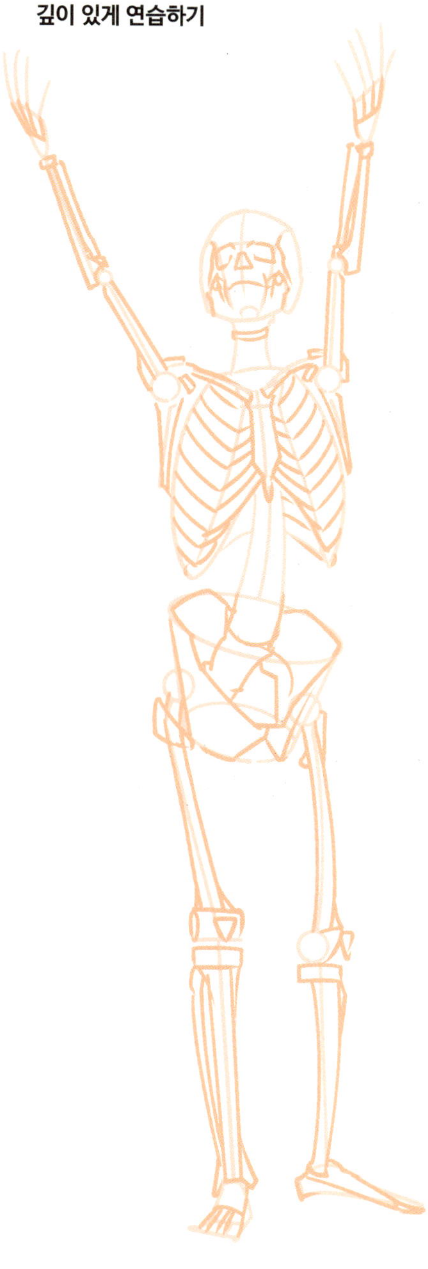

체표

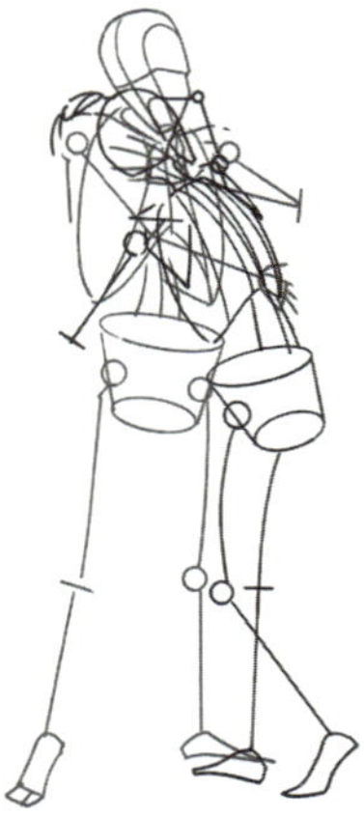

1단계
빠르게 연습하기

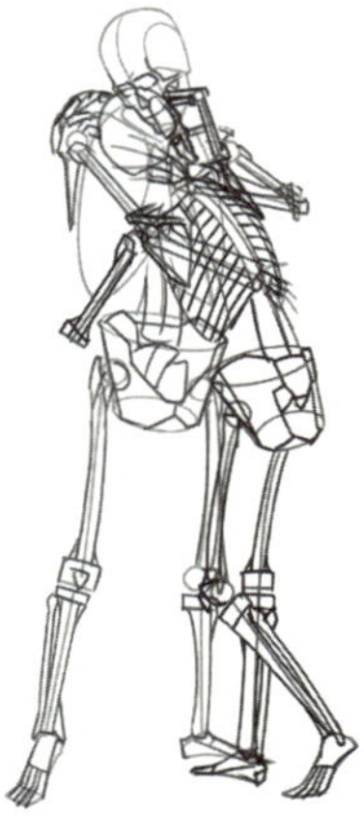

2단계
깊이 있게 연습하기

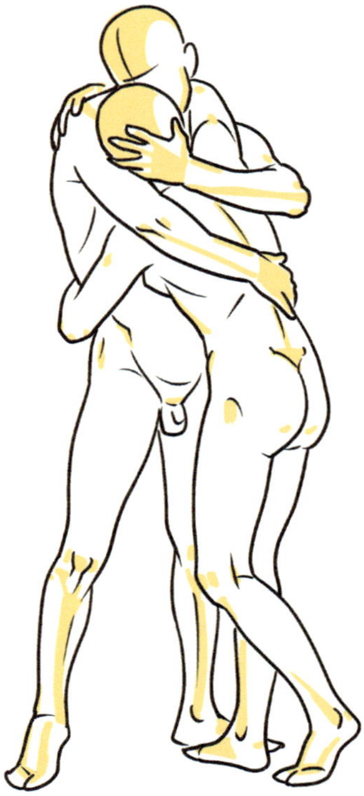

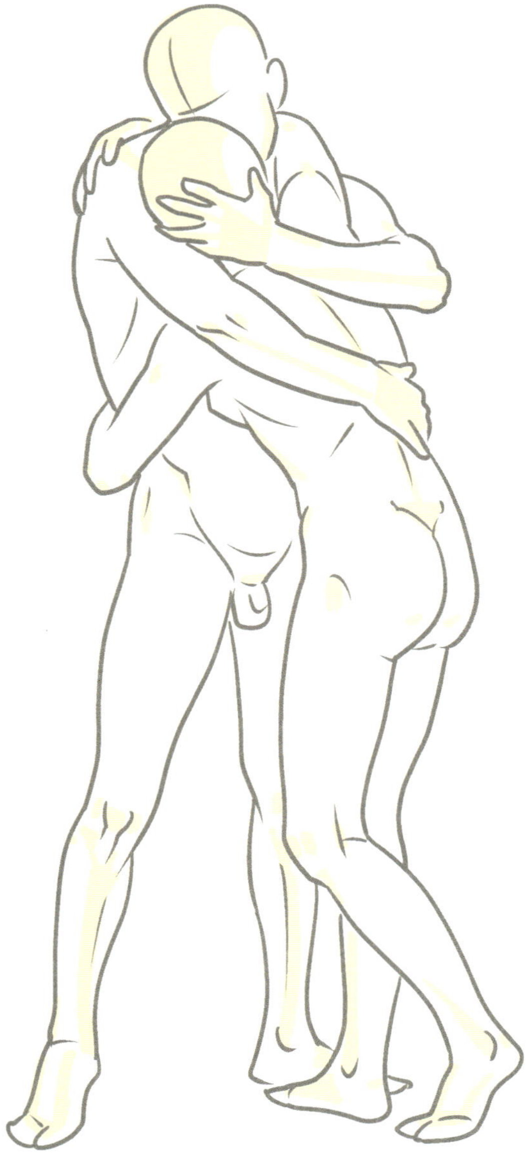

이 포즈의 포인트

20세기 초 근대에는 조각가 로댕을 필두로 '키스'를 주제로 한 미술 작품들이 자주 등장했습니다. 현대에 이르러서도 사랑은 여전히 관객의 감성을 자극하는 대표적인 주제 중 하나로 꼽힙니다.

골격

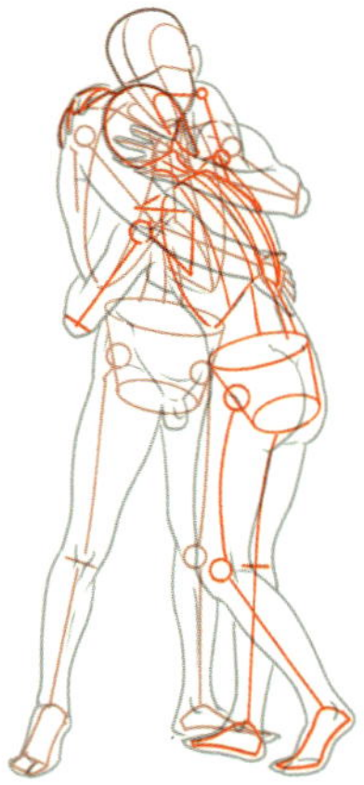

1단계
빠르게 연습하기

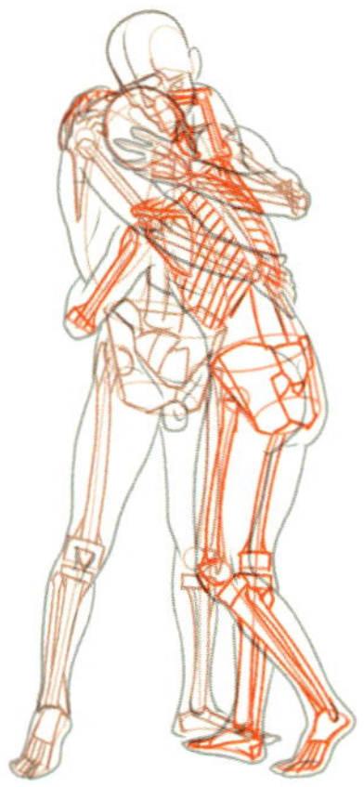

2단계
깊이 있게 연습하기

체표

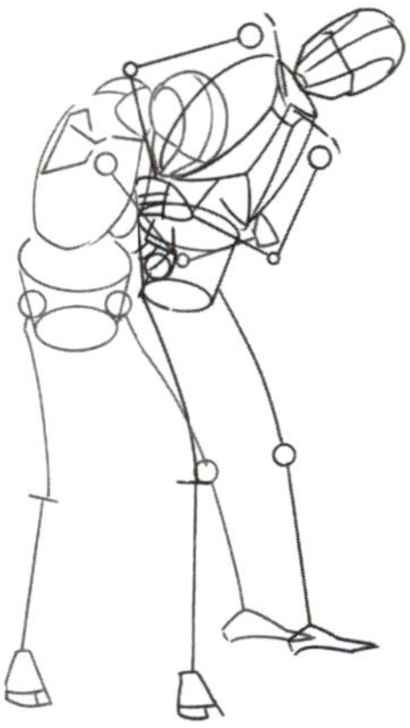

1단계
빠르게 연습하기

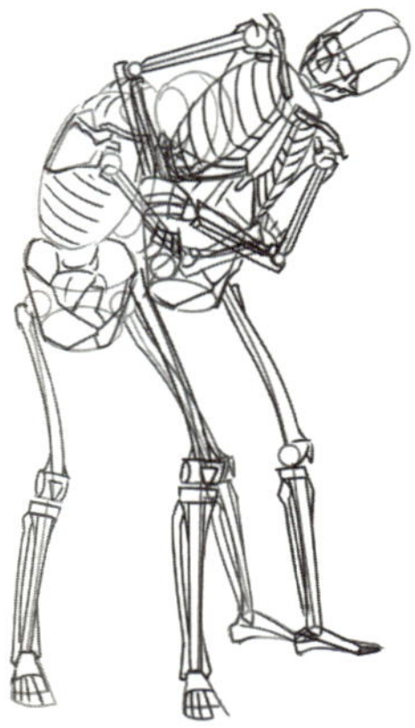

2단계
깊이 있게 연습하기

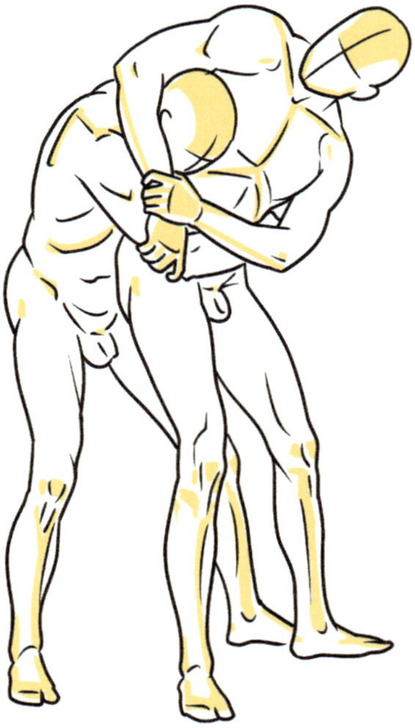

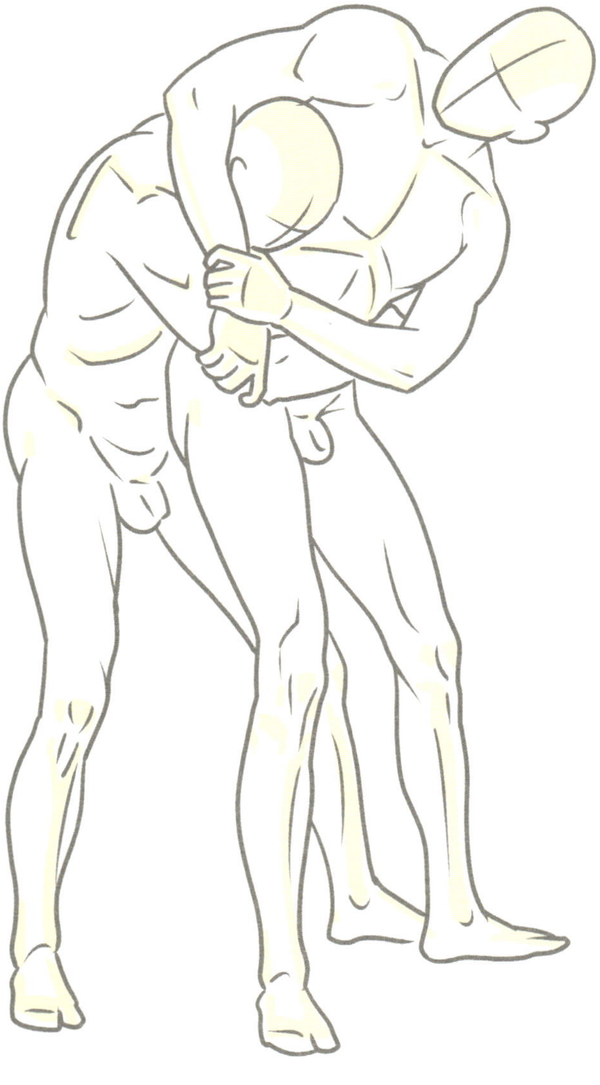

이 포즈의 포인트

레슬링 경기의 한 장면입니다. 싸움 장면은 무기를 든 전투 외에도 레슬링 같은 격투 경기를 주제로 하는 경우도 많습니다. 서로 몸을 맞대고 격렬하게 싸우는 장면에서는 신체 일부가 가려지거나 선이 많아져 복잡해 보일 수 있으므로, 생략해도 괜찮습니다.

골격

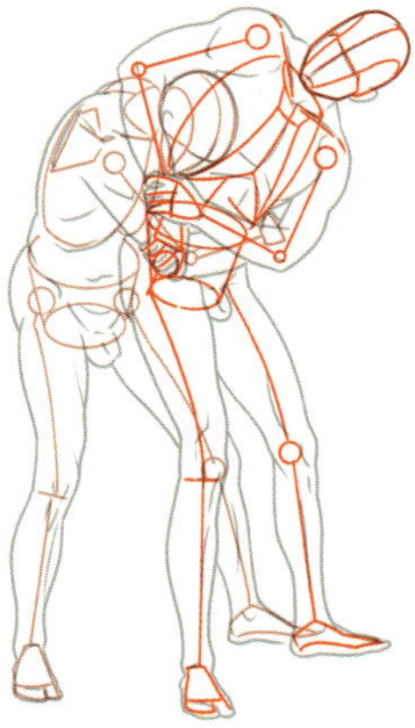

1단계
빠르게 연습하기

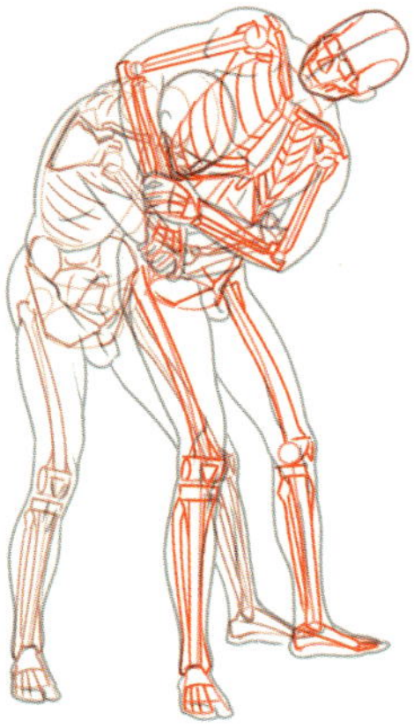

2단계
깊이 있게 연습하기

111

체표

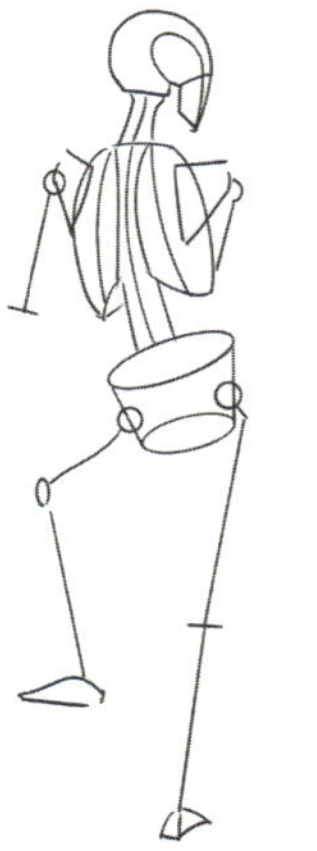

1단계
빠르게 연습하기

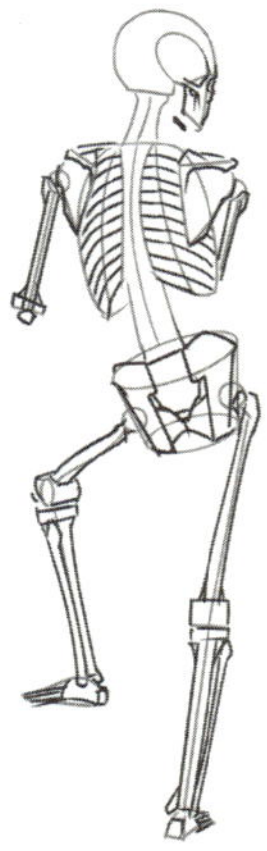

2단계
깊이 있게 연습하기

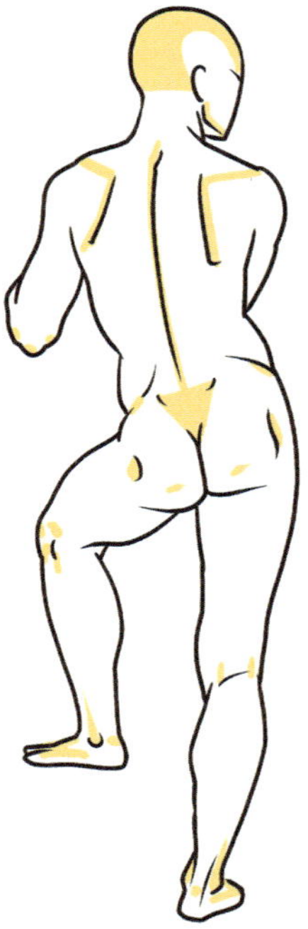

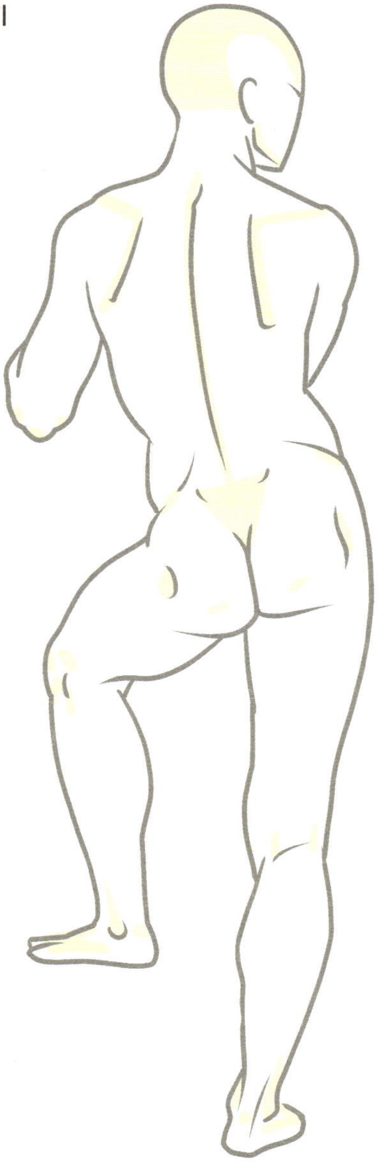

이 포즈의 포인트

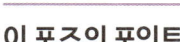

한쪽 다리를 들어 올린 자세입니다. 척추에서 다리까지 유려한 곡선을 그리고 있습니다. 이 작품 예시는 르네상스 시대 거장 중 한 명인 라파엘로의 소묘를 바탕으로 한 것입니다. 사진이 없던 시절에는 실제 인물보다 형태가 더 뚜렷하고 과장된 표현이 많았습니다.

골격

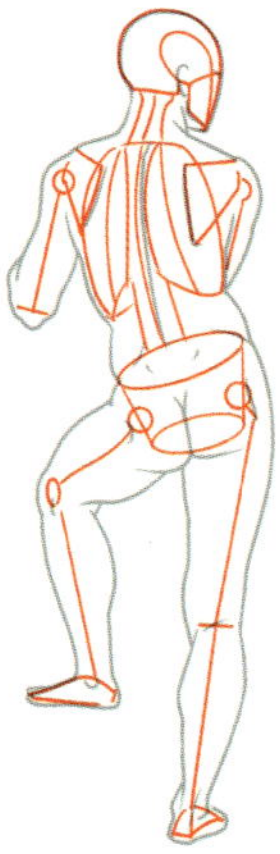

1단계
빠르게 연습하기

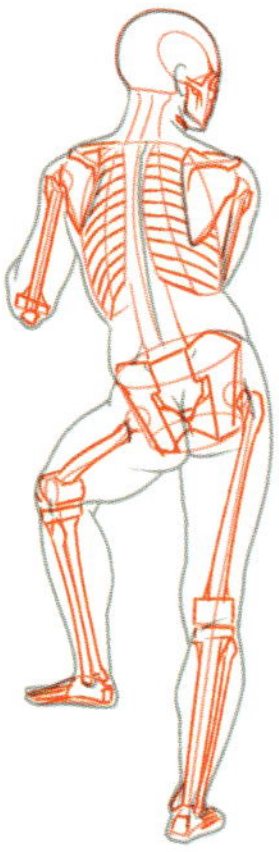

2단계
깊이 있게 연습하기

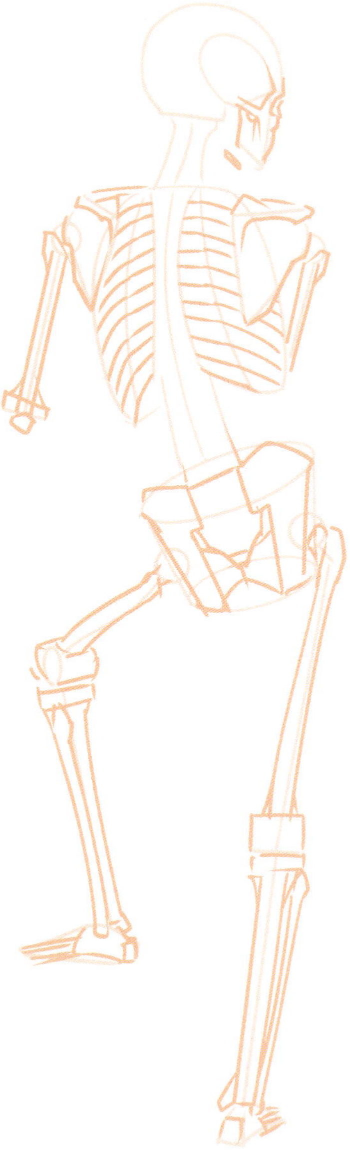

112

체표

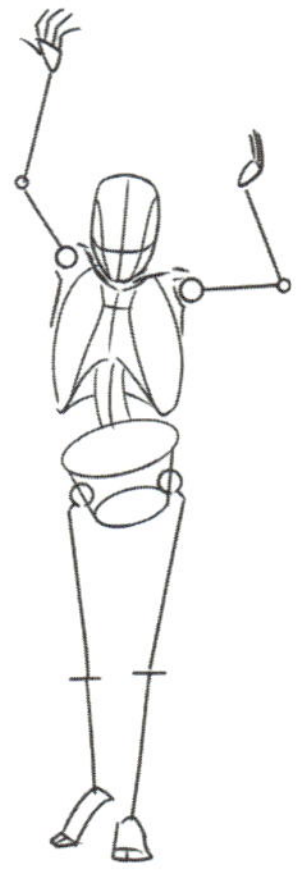

1단계
빠르게 연습하기

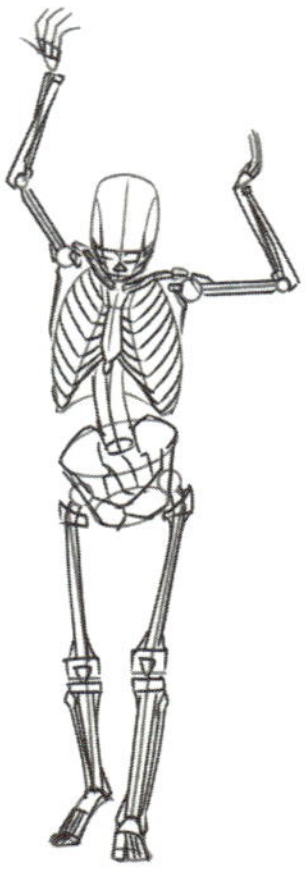

2단계
깊이 있게 연습하기

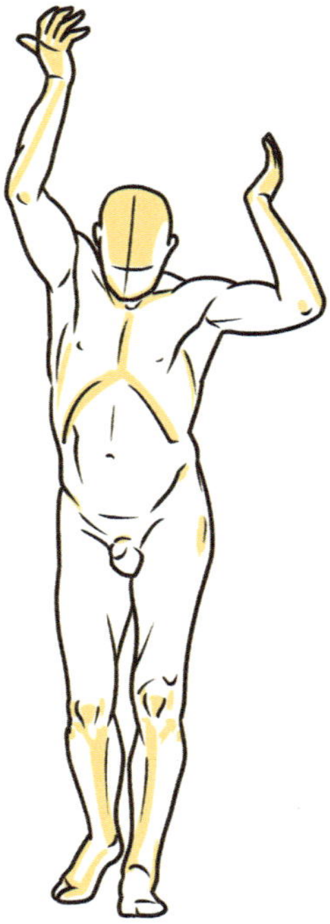

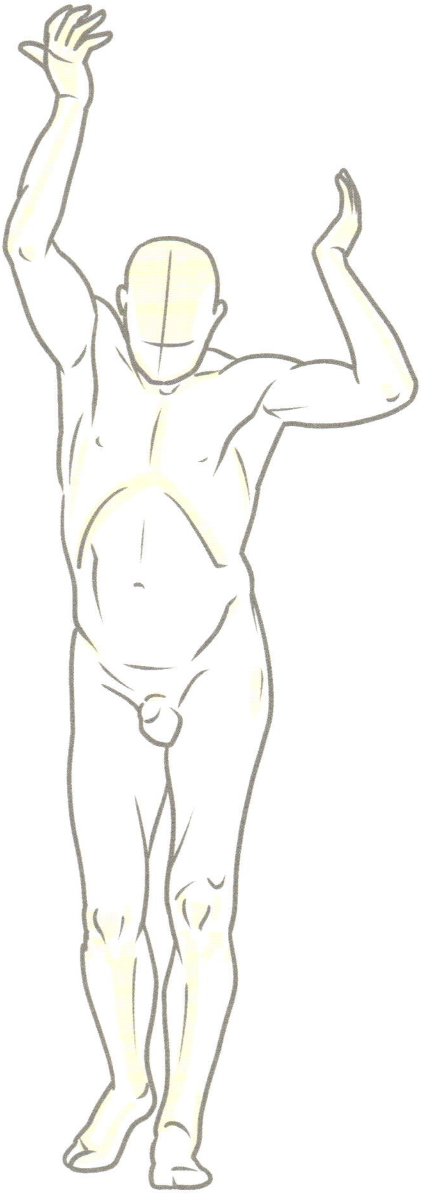

이 포즈의 포인트

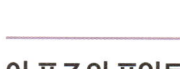

카리아티드 스타일의 조각상에서 볼 수 있는 자세입니다. 어깨가 올라가면서 겨드랑이 앞뒤 윤곽이 변형되고, 가슴우리(흉곽) 측면의 윤곽이 더욱 뚜렷하게 드러납니다. 이러한 구조적 변화에도 주의를 기울여 관찰해 보세요.

골격

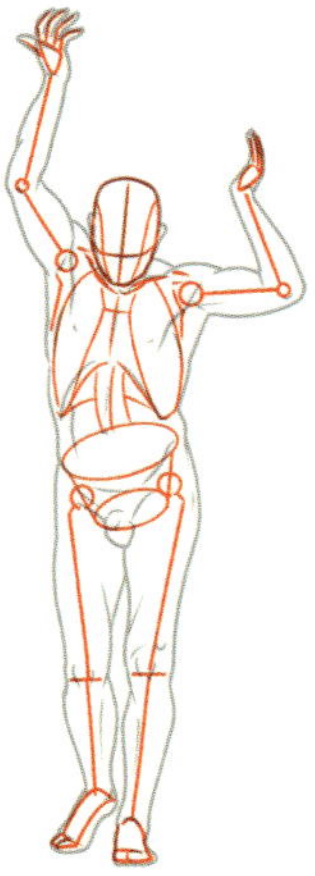

1단계
빠르게 연습하기

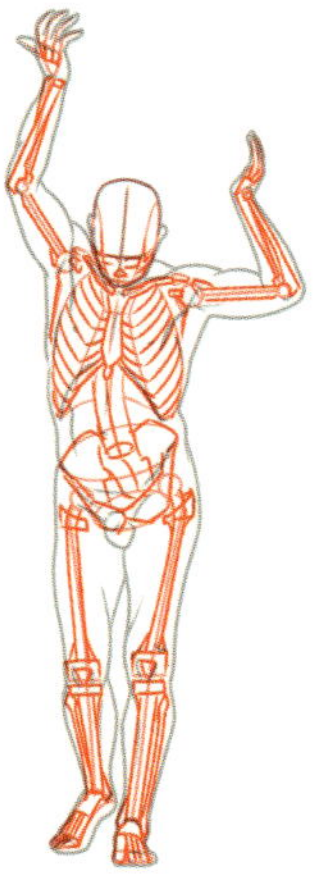

2단계
깊이 있게 연습하기

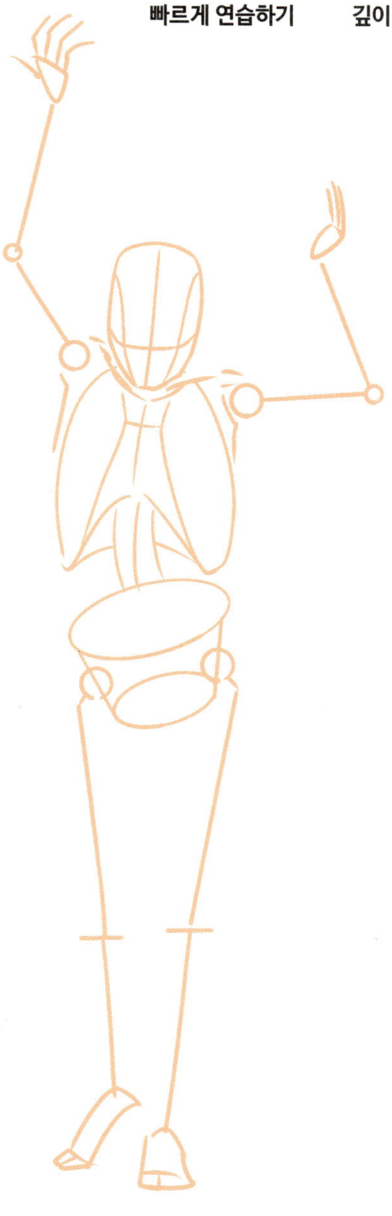

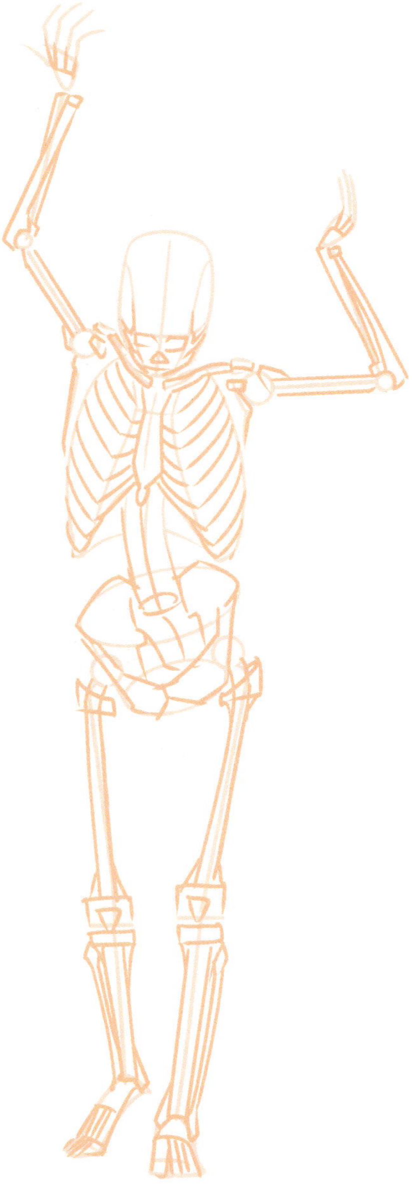

체표

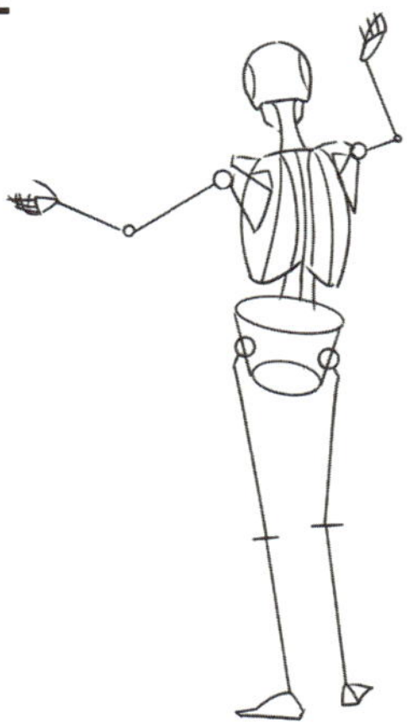

1단계
빠르게 연습하기

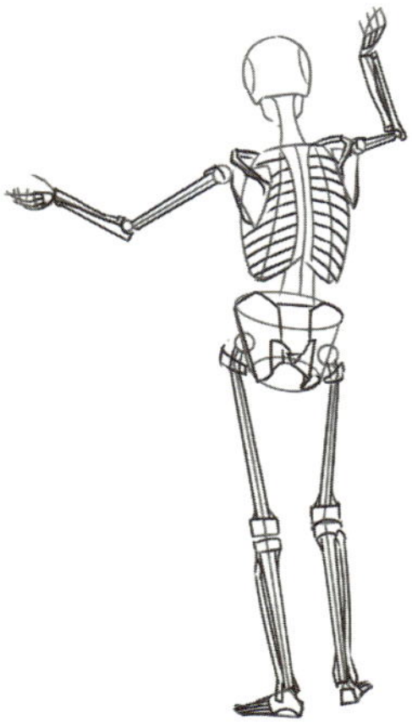

2단계
깊이 있게 연습하기

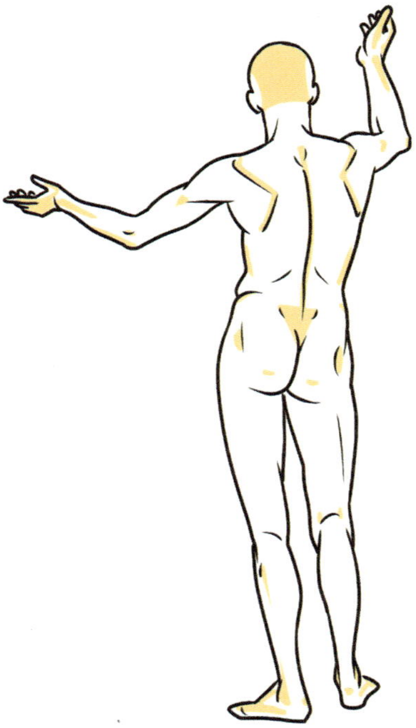

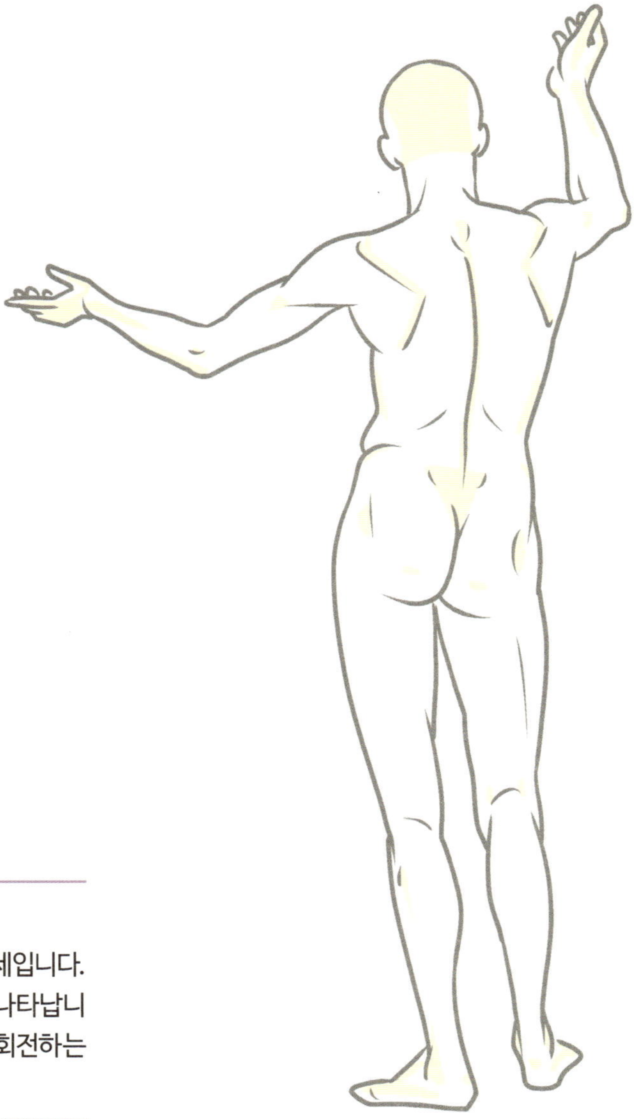

이 포즈의 포인트

양팔을 각각 옆쪽과 앞쪽으로 들어 올린 자세입니다. 이때 양쪽 어깨뼈의 기울기가 서로 다르게 나타납니다. 팔을 앞쪽으로 들어 올리면 어깨뼈가 회전하는 동시에 비스듬히 앞쪽으로 이동합니다.

골격

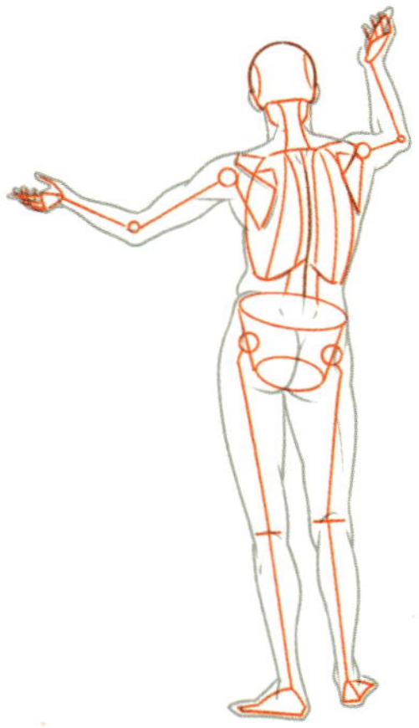

1단계
빠르게 연습하기

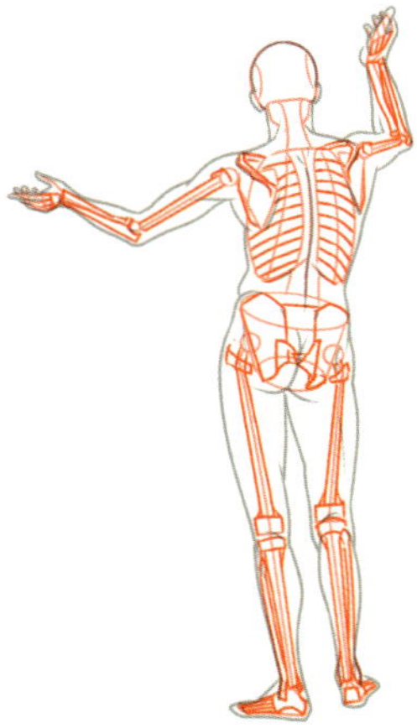

2단계
깊이 있게 연습하기

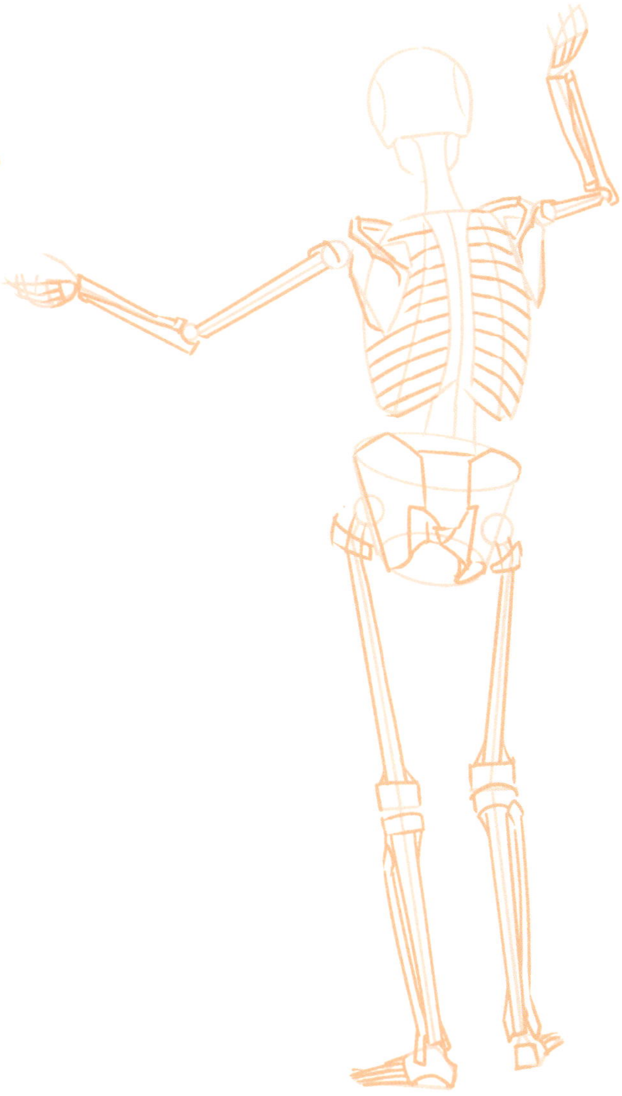

체표

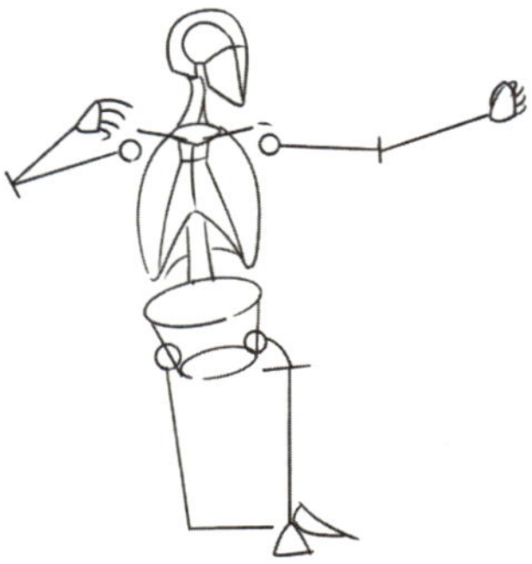

1단계
빠르게 연습하기

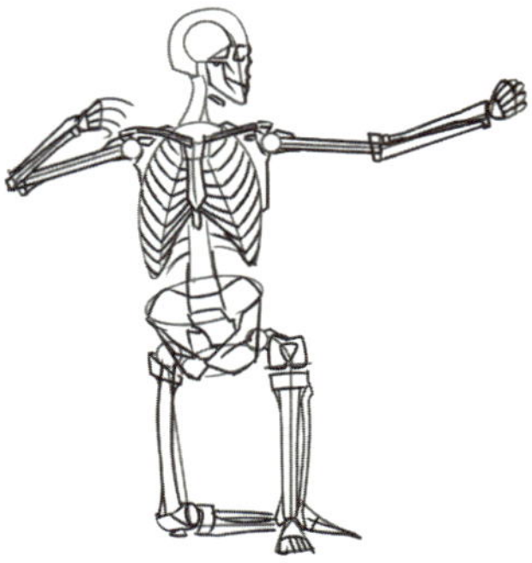

2단계
깊이 있게 연습하기

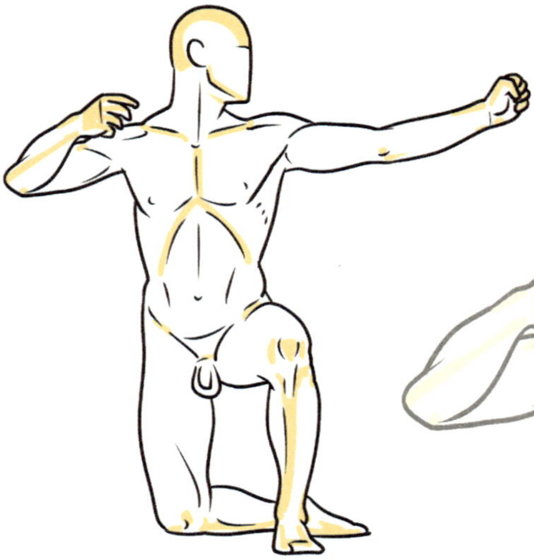

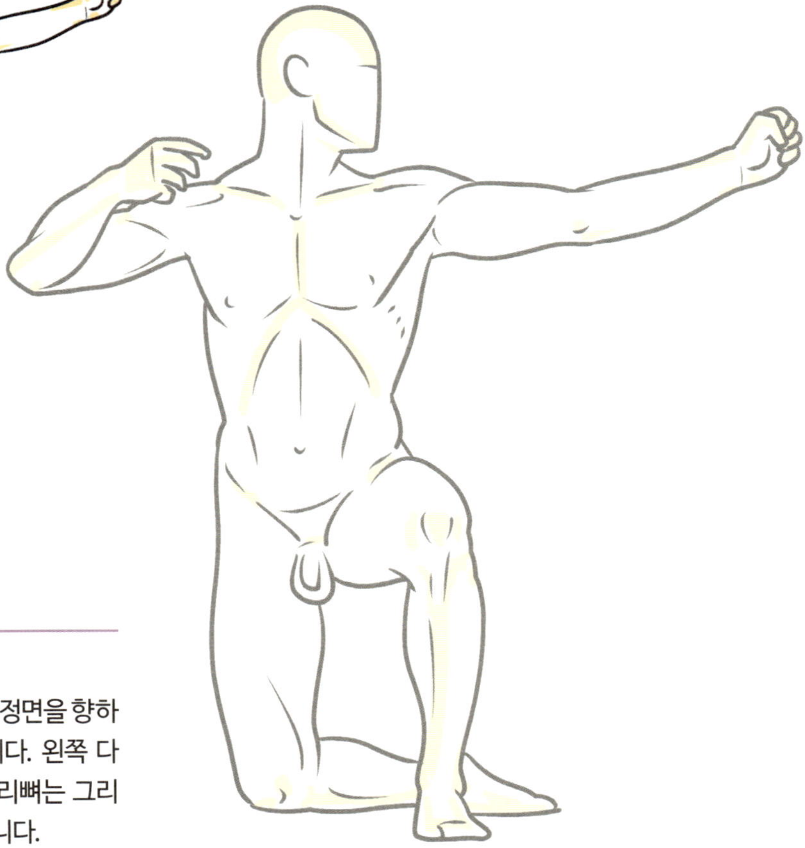

이 포즈의 포인트

활을 쏘는 자세입니다. 몸통은 정면을 향하고 머리는 옆을 향하고 있습니다. 왼쪽 다리, 즉 무릎을 세운 쪽의 넙다리뼈는 그리기 어렵다면 생략해도 괜찮습니다.

골격

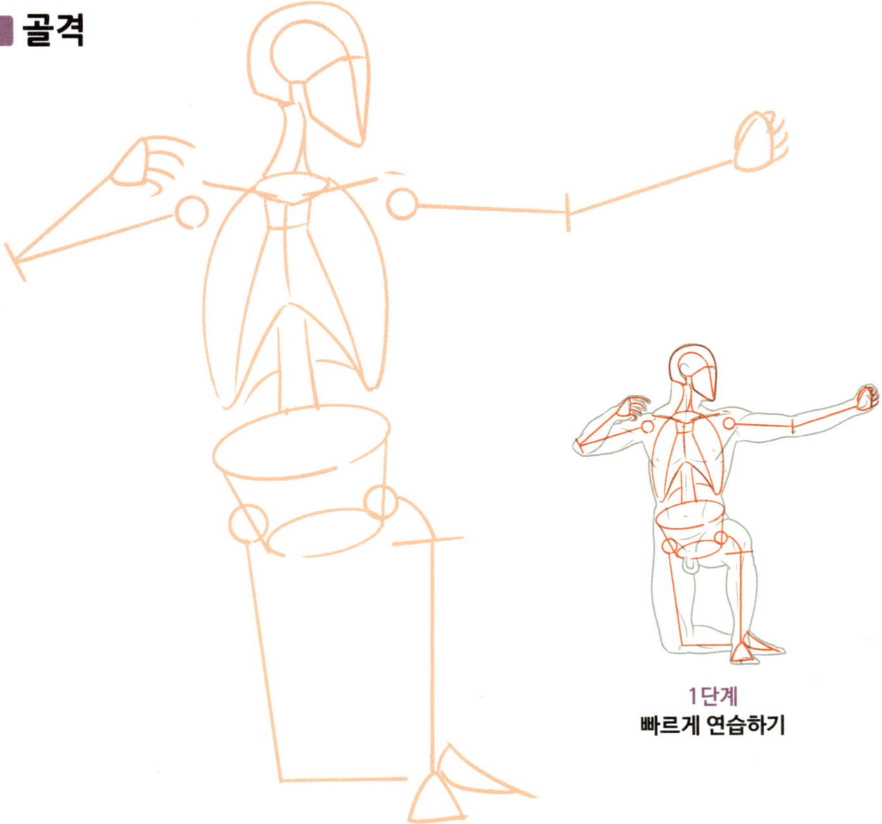

1단계
빠르게 연습하기

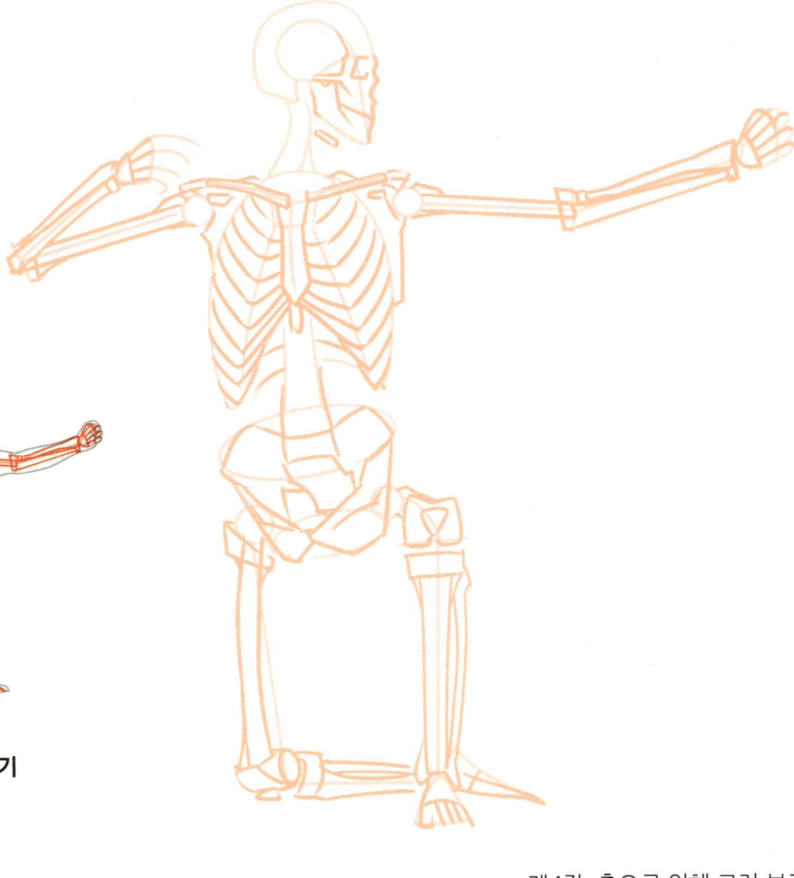

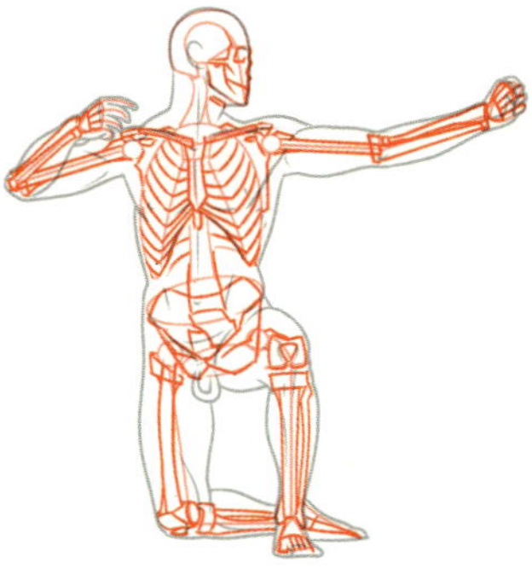

2단계
깊이 있게 연습하기

체표

1단계
빠르게 연습하기

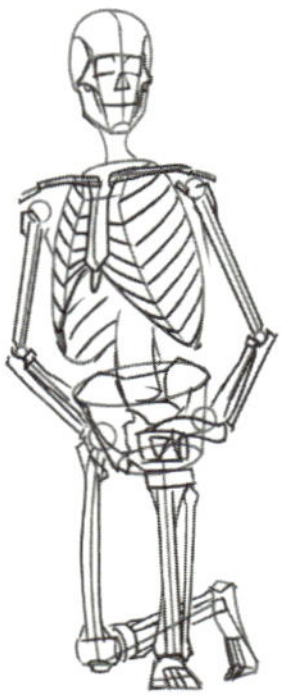

2단계
깊이 있게 연습하기

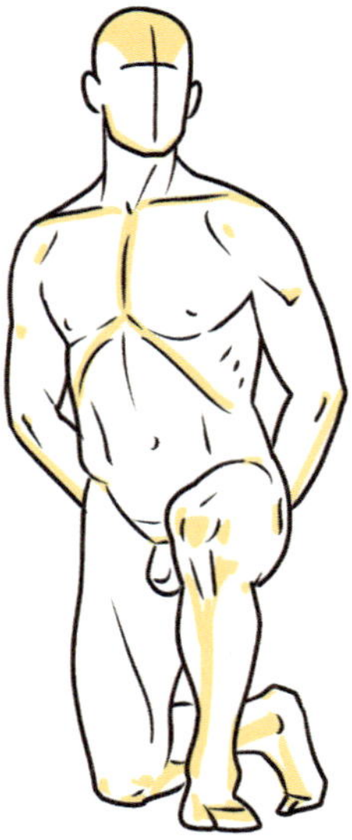

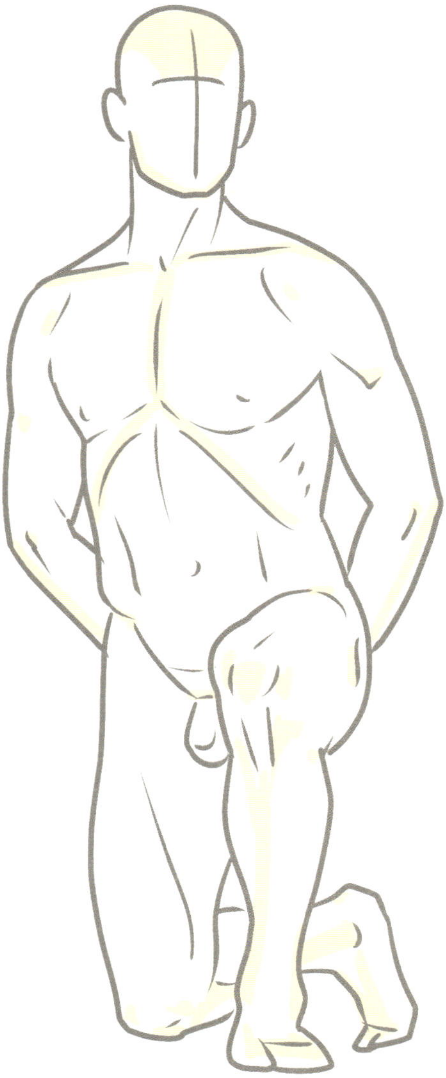

이 포즈의 포인트

무릎을 세운 자세입니다. 이 자세에서는 넓적다리와 무릎 아랫부분의 길이가 거의 비슷하다는 것을 확인할 수 있습니다. 가려진 양손과 왼쪽 넙다리뼈는 생략해도 괜찮습니다.

골격

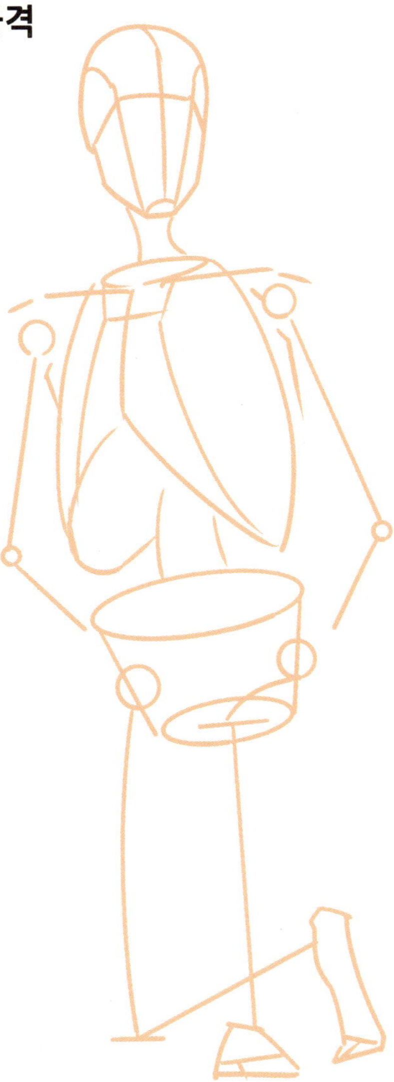

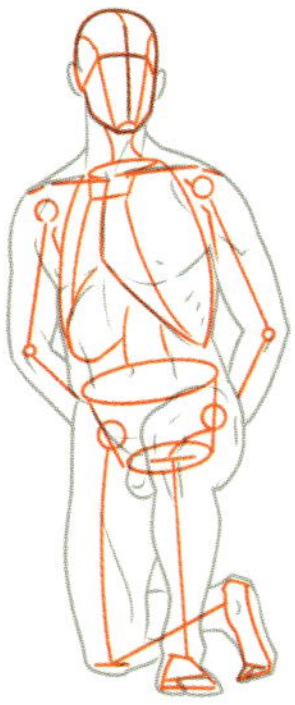

1단계
빠르게 연습하기

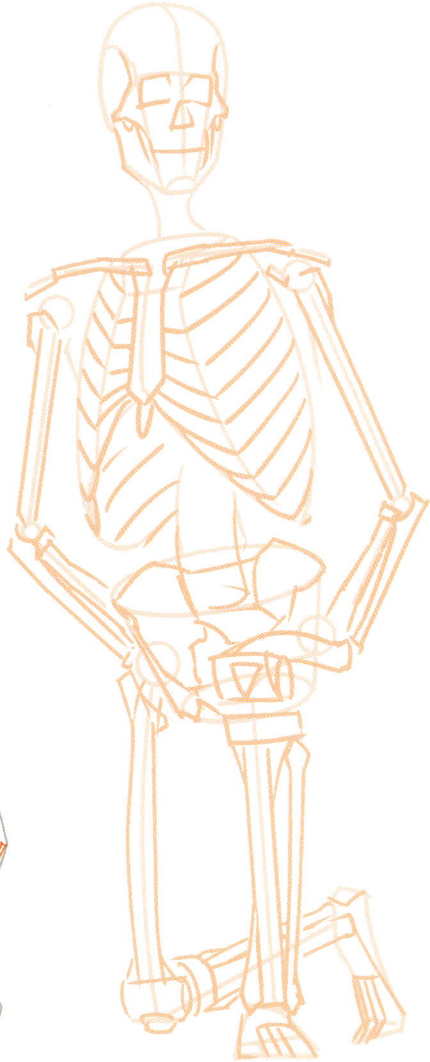

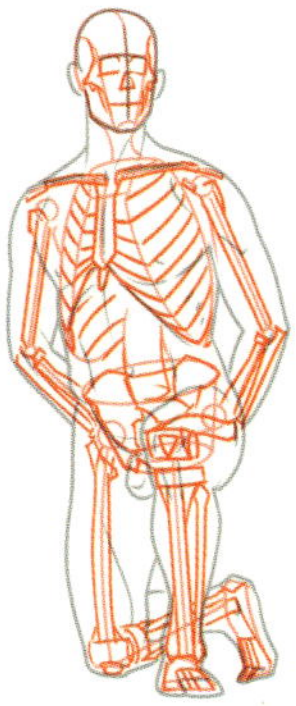

2단계
깊이 있게 연습하기

체표

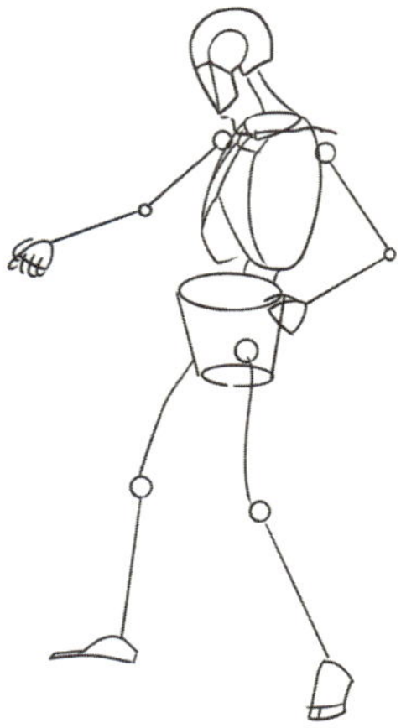

1단계
빠르게 연습하기

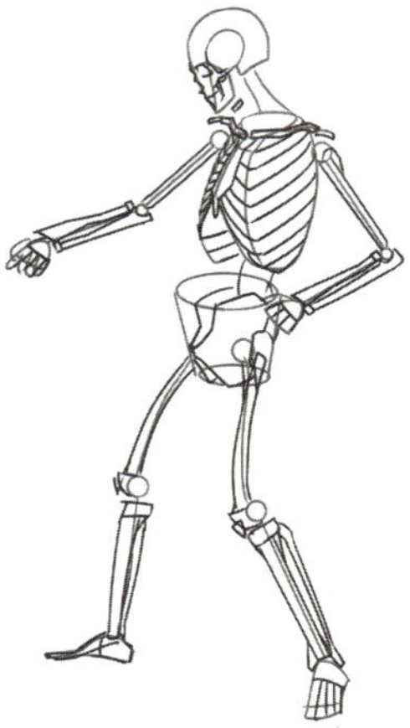

2단계
깊이 있게 연습하기

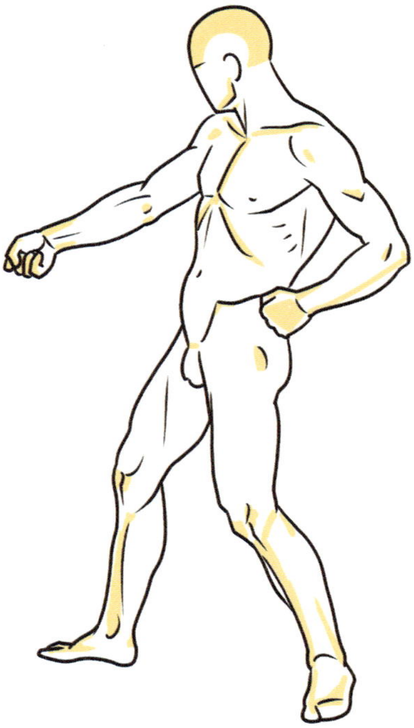

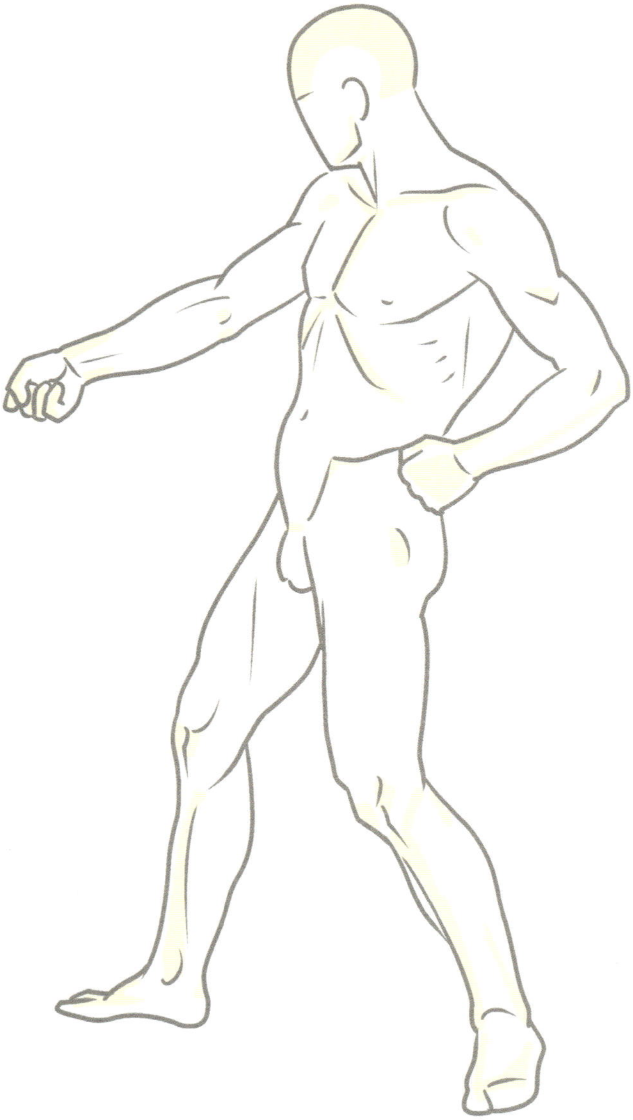

이 포즈의 포인트

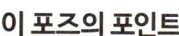

밧줄을 잡아당기는 자세입니다. 미술 작품에는 육체노동과 관련된 동작도 곧잘 등장합니다. 이 자세는 똑바로 선 자세에 비해 몸의 중심이 뒤쪽으로 기우는 것이 특징입니다. 다리로 단단히 버티며 균형을 잡는 모습에도 주목해 보세요.

골격

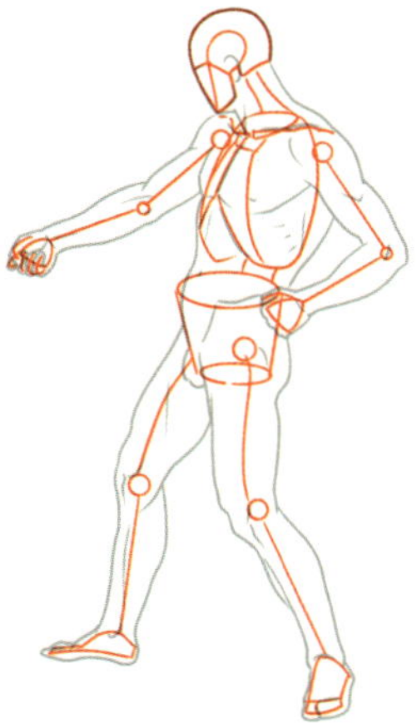

1단계
빠르게 연습하기

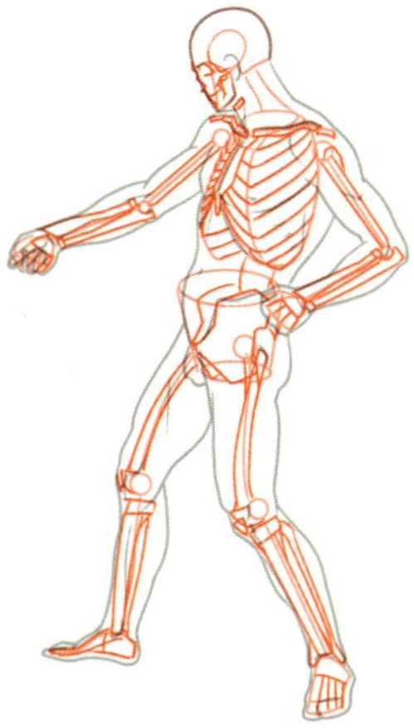

2단계
깊이 있게 연습하기

117

체표

1단계
빠르게 연습하기

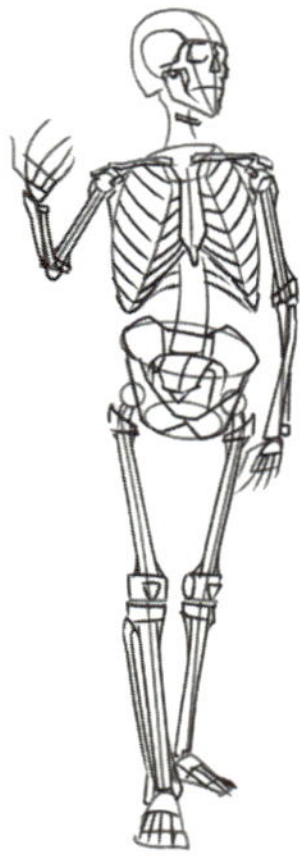

2단계
깊이 있게 연습하기

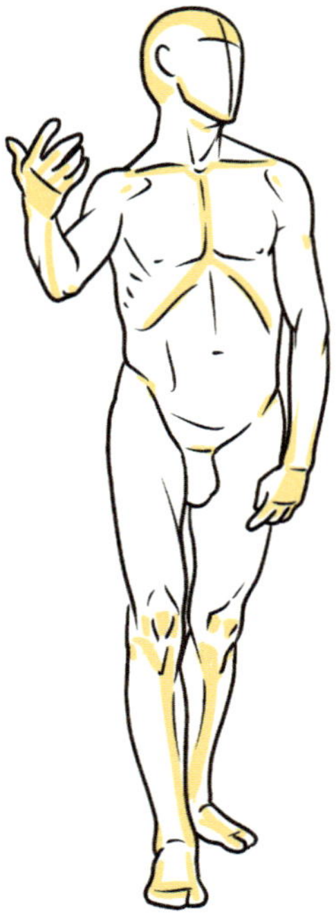

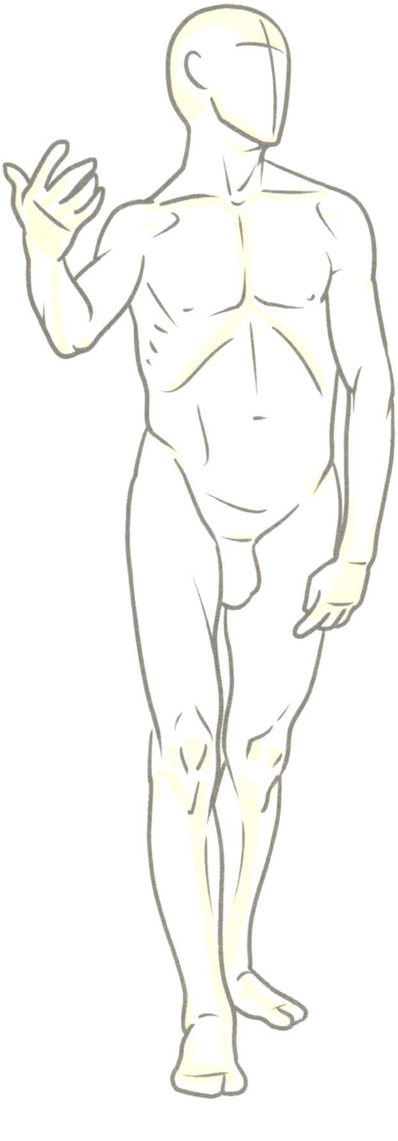

이 포즈의 포인트

오른손에 스마트폰을 들고 있는 자세입니다. 이 선화 역시 로댕의 조각 〈설교하는 세례자 요한〉의 사진 자료를 바탕으로 그린 것입니다. 명작의 일부를 살펴보면 현대 작품에도 참고할 만한 요소를 발견할 수 있습니다.

골격

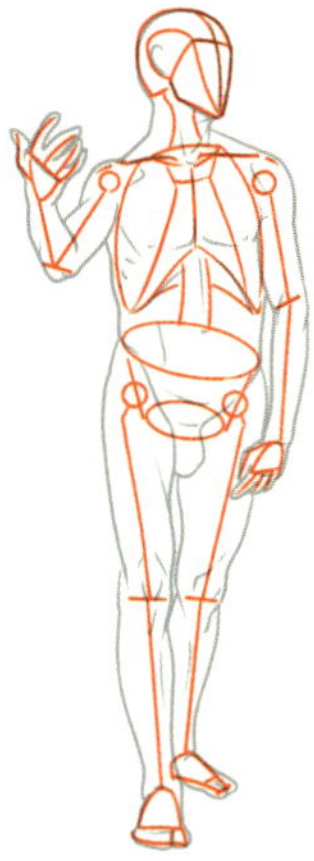

1단계
빠르게 연습하기

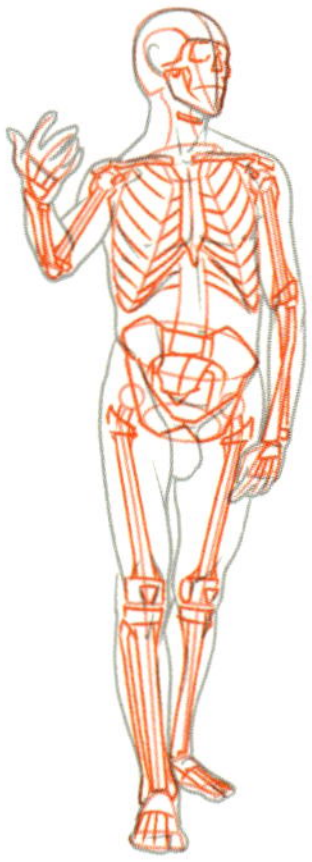

2단계
깊이 있게 연습하기

체표

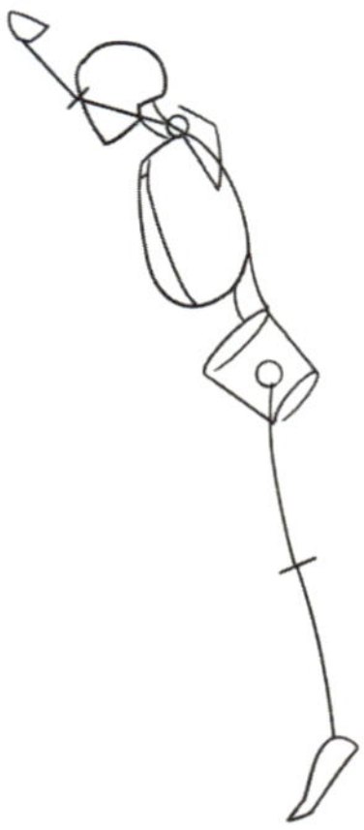

1단계
빠르게 연습하기

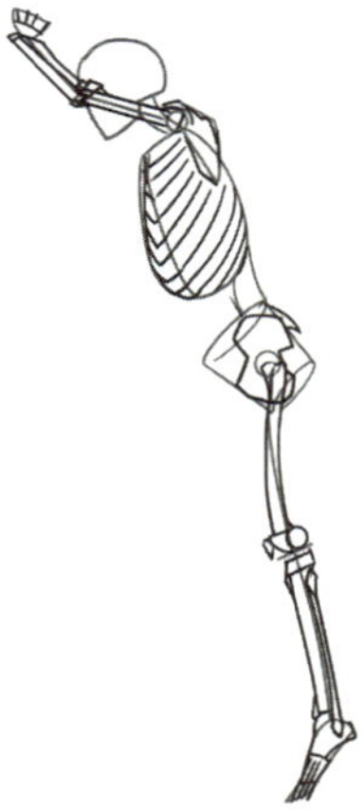

2단계
깊이 있게 연습하기

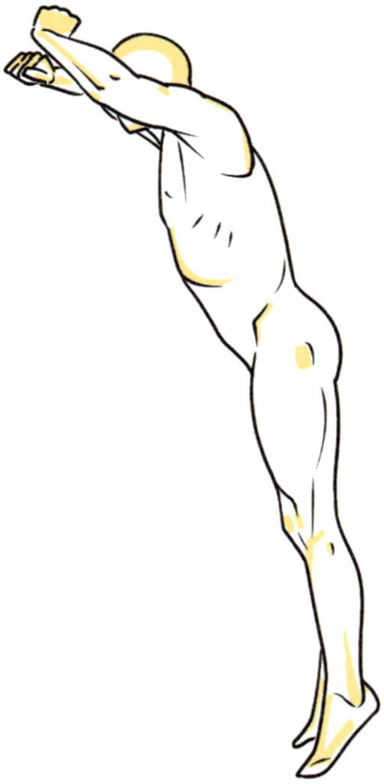

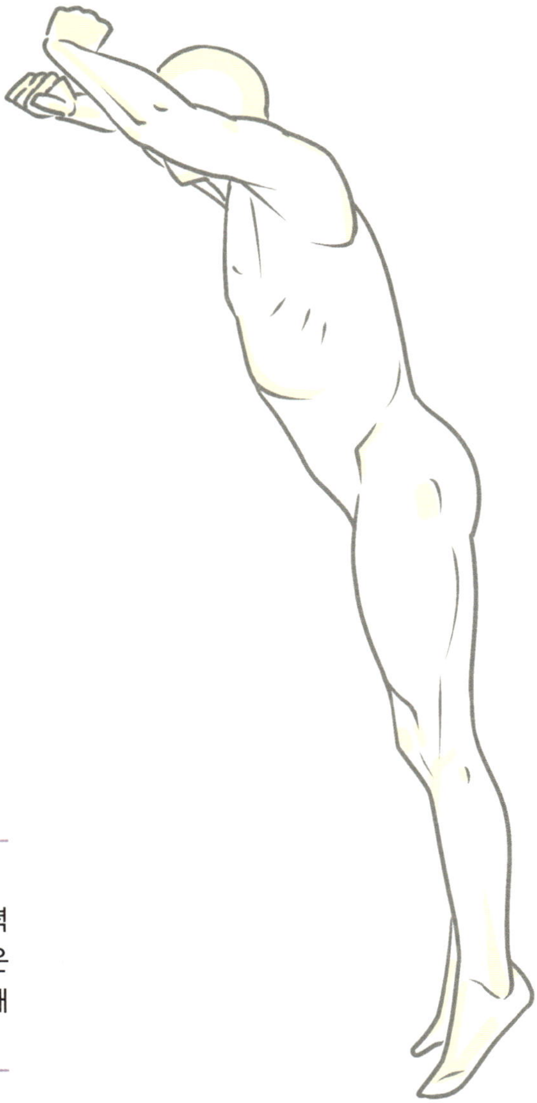

이 포즈의 포인트

앞쪽 단차 위로 점프해 올라가려는 자세입니다. 탄력 있게 지면을 박차고 튀어 오르며 온몸을 최대한 뻗은 상태입니다. 팔은 균형을 잡고 몸 전체를 뻗기 위해 들어 올리고 있습니다.

■ 골격

1단계
빠르게 연습하기

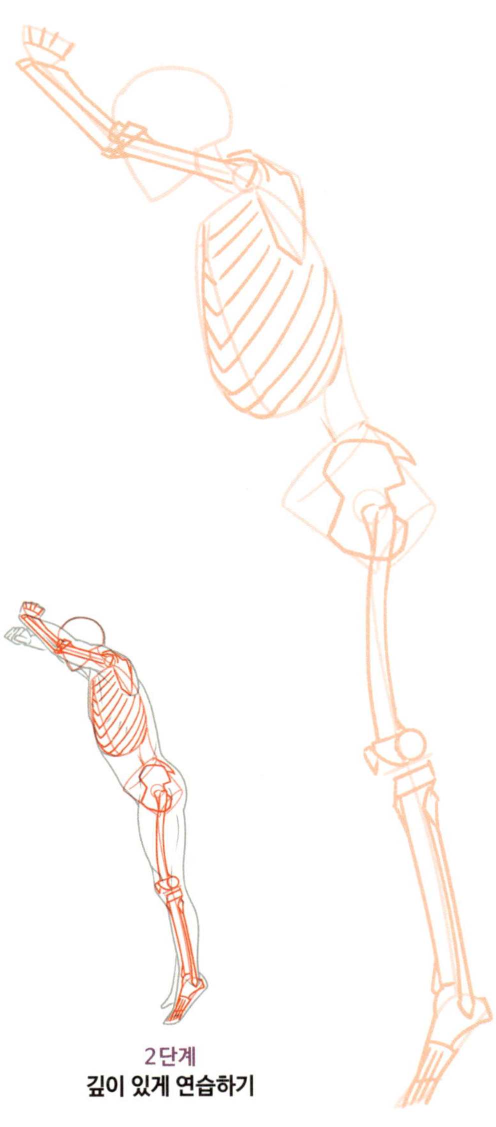

2단계
깊이 있게 연습하기

체표

1단계
빠르게 연습하기

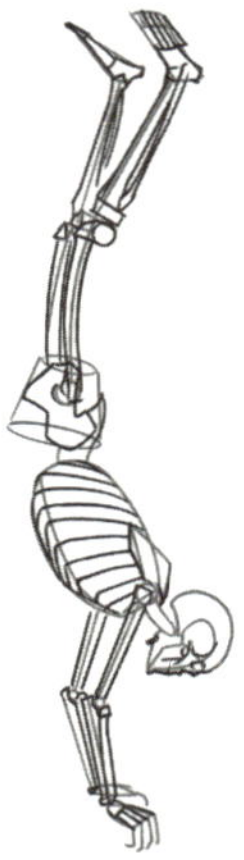

2단계
깊이 있게 연습하기

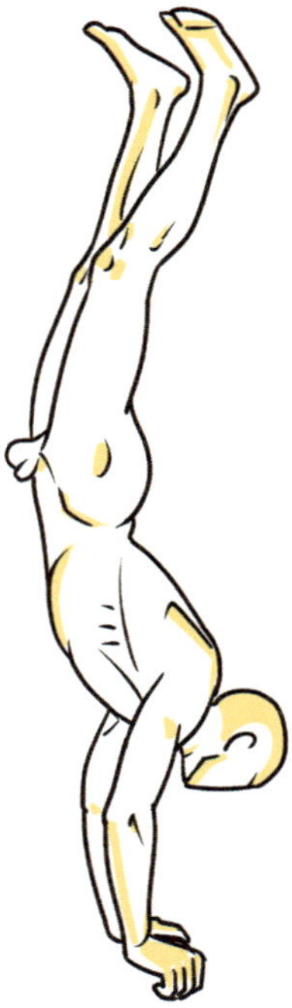

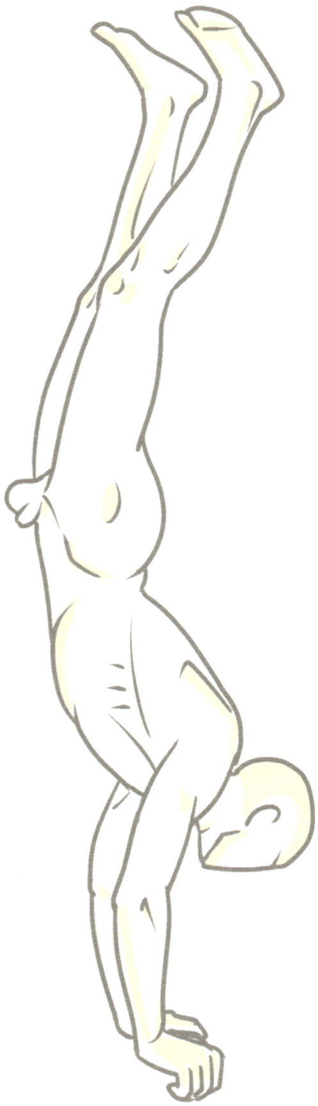

이 포즈의 포인트

물구나무 선 자세입니다. 똑바로 선 상태에서 팔을 올린 모습과 비교하면, 이 자세에서는 복부가 들어가 보이는 것이 특징입니다. 이는 물구나무를 설 때 장기가 가슴 쪽으로 이동하면서, 그만큼 배가 자연스럽게 꺼지기 때문입니다.

골격

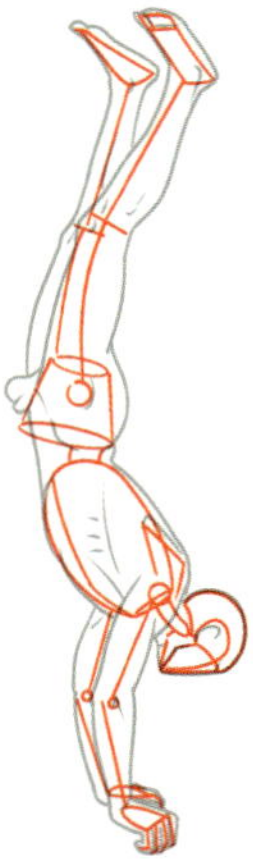

1단계
빠르게 연습하기

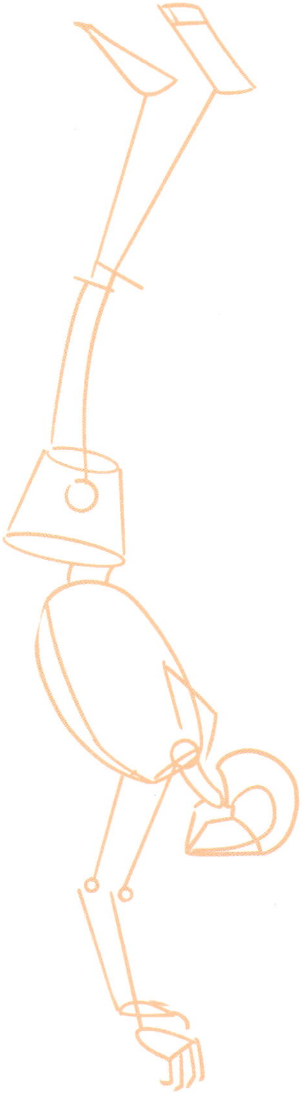

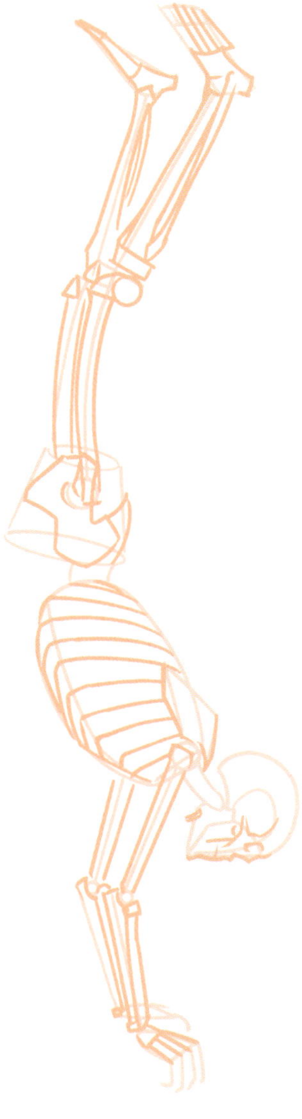

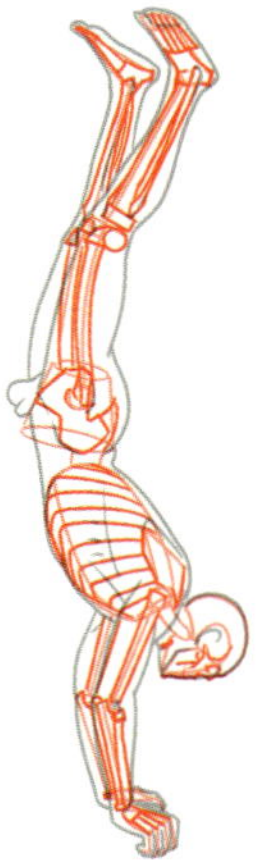

2단계
깊이 있게 연습하기

체표

1단계
빠르게 연습하기

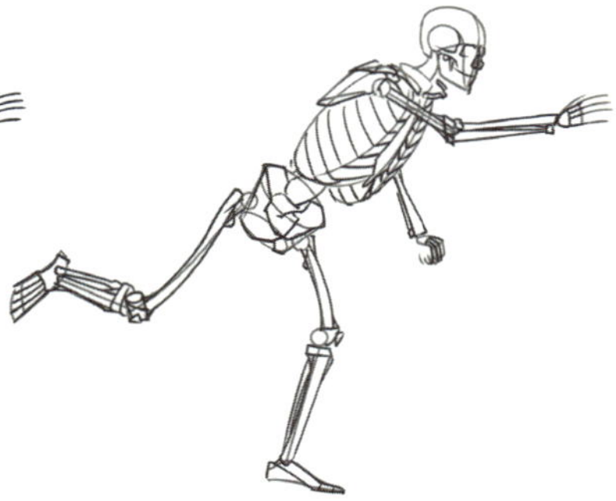

2단계
깊이 있게 연습하기

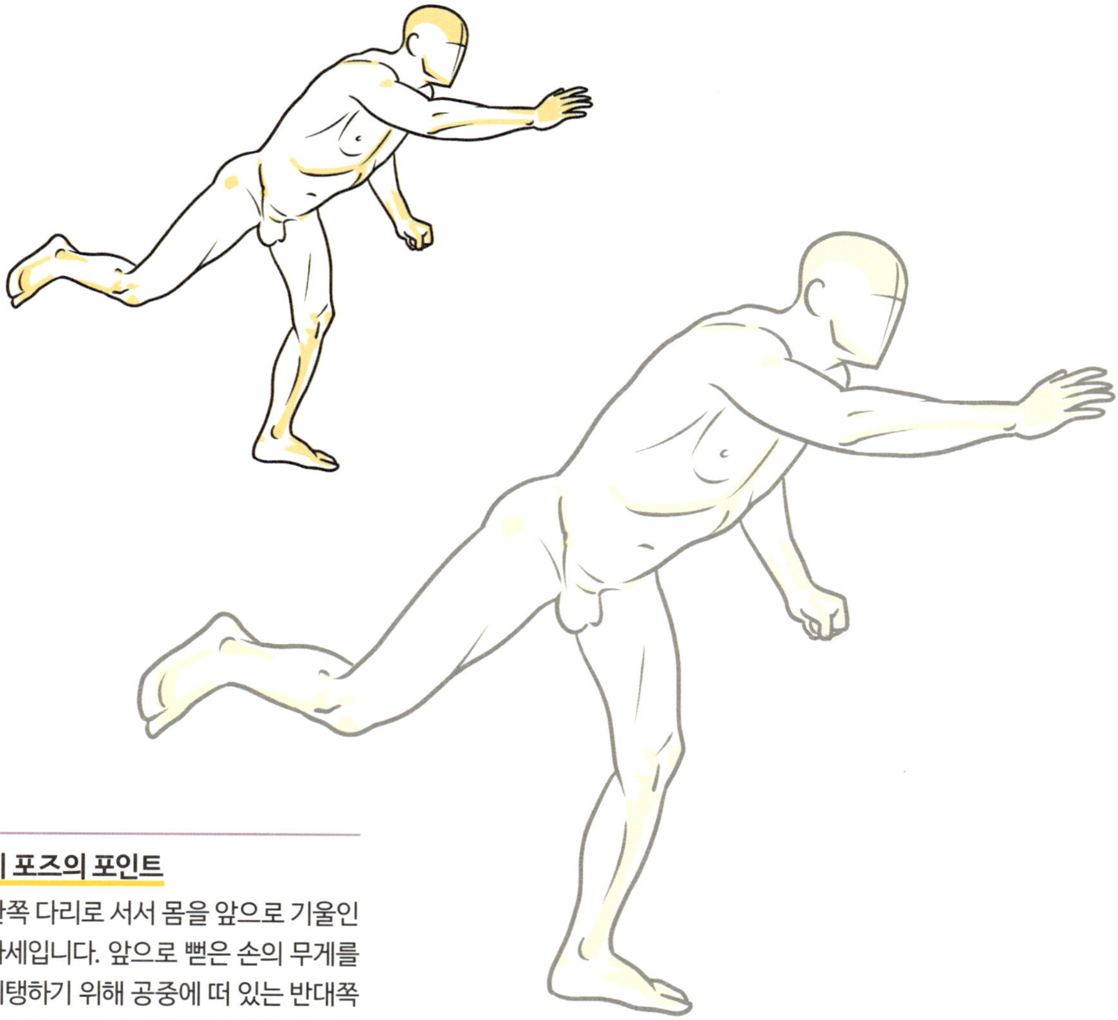

이 포즈의 포인트

한쪽 다리로 서서 몸을 앞으로 기울인 자세입니다. 앞으로 뻗은 손의 무게를 지탱하기 위해 공중에 떠 있는 반대쪽 다리를 뒤로 길게 뻗어 균형을 잡고 있습니다.

골격

1단계
빠르게 연습하기

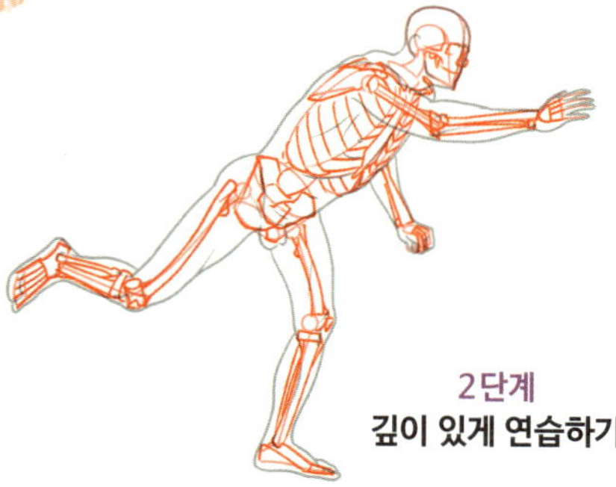

2단계
깊이 있게 연습하기

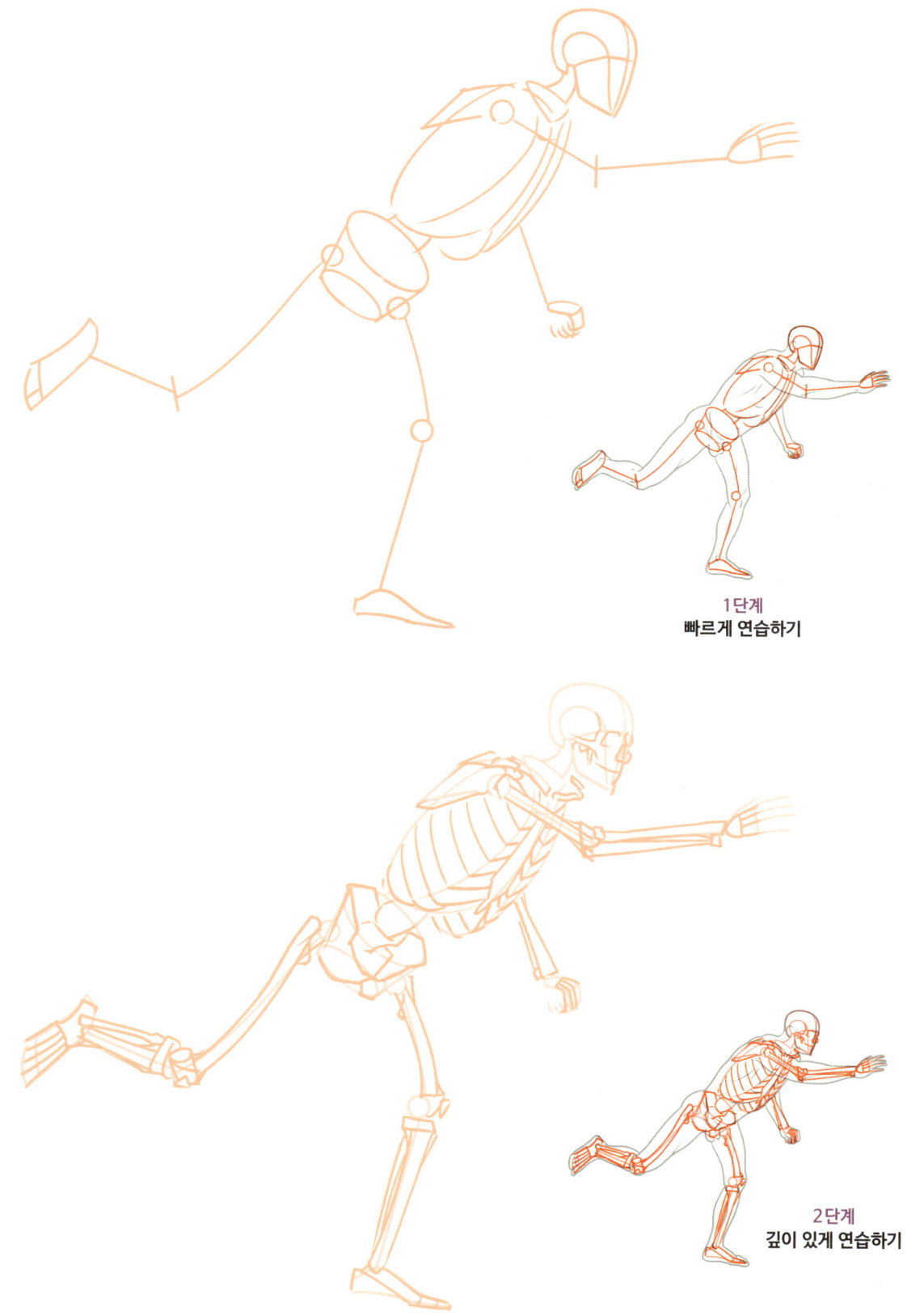

체표

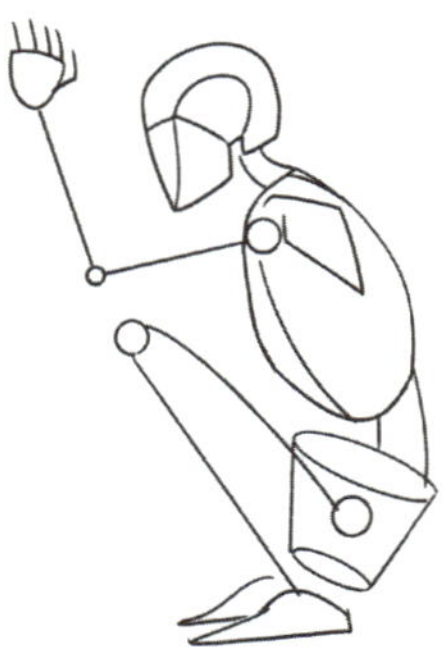

1단계
빠르게 연습하기

2단계
깊이 있게 연습하기

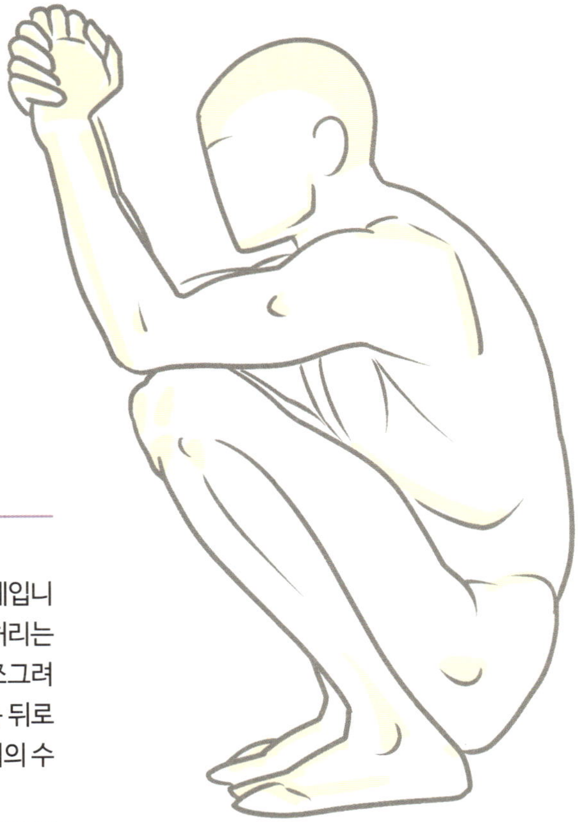

이 포즈의 포인트

발바닥 전체를 지면에 붙이고 쪼그려 앉은 자세입니다. 이 자세에서는 허벅지와 복부가 맞닿고, 허리는 자연스럽게 굽습니다. 반면, 까치발을 하고 쪼그려 앉으면 허벅지와 복부 사이가 벌어지고, 허리는 뒤로 젖혀집니다. 무릎 위에 얹은 팔꿈치가 어깨와 거의 수평을 이루는 점에도 주목해 보세요.

골격

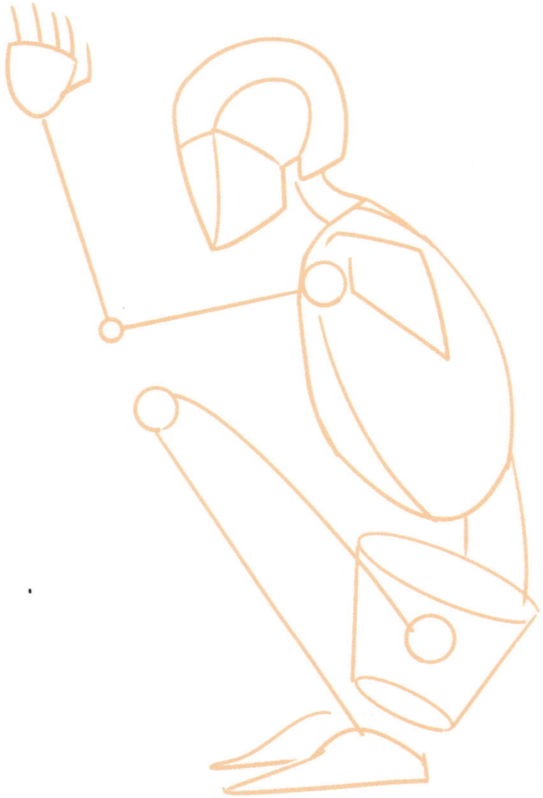

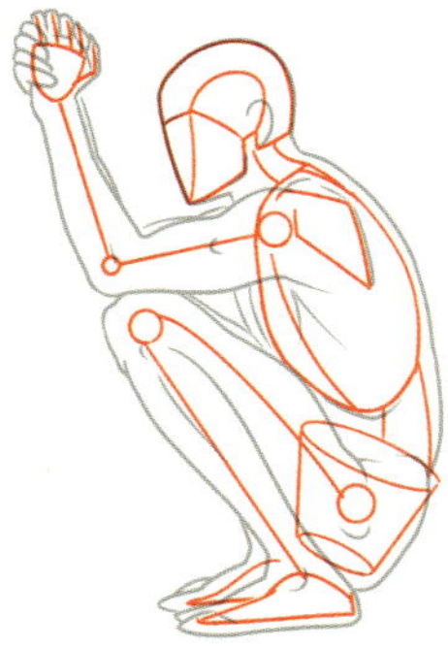

1단계
빠르게 연습하기

2단계
깊이 있게 연습하기

체표

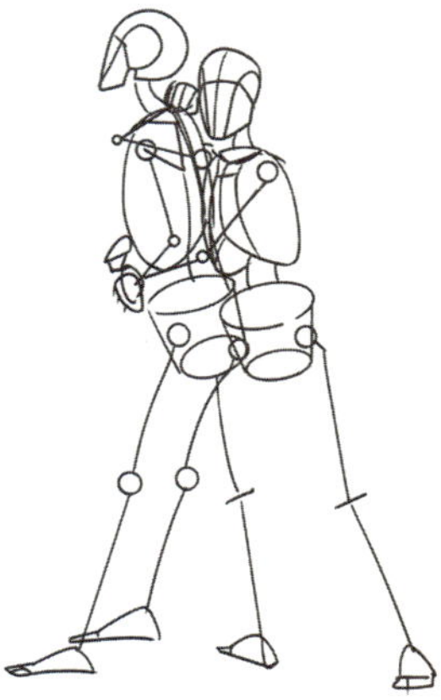

1단계
빠르게 연습하기

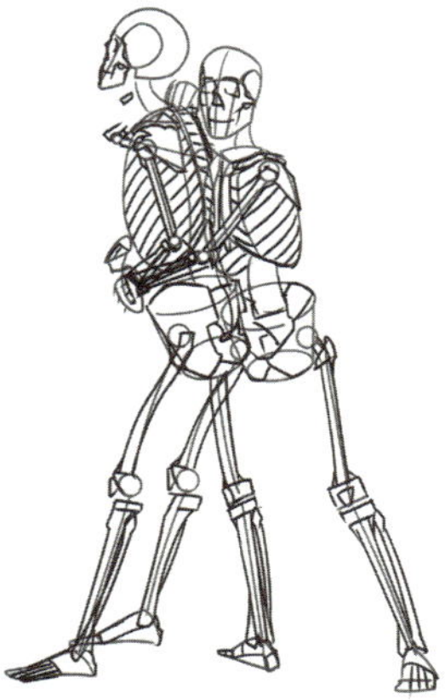

2단계
깊이 있게 연습하기

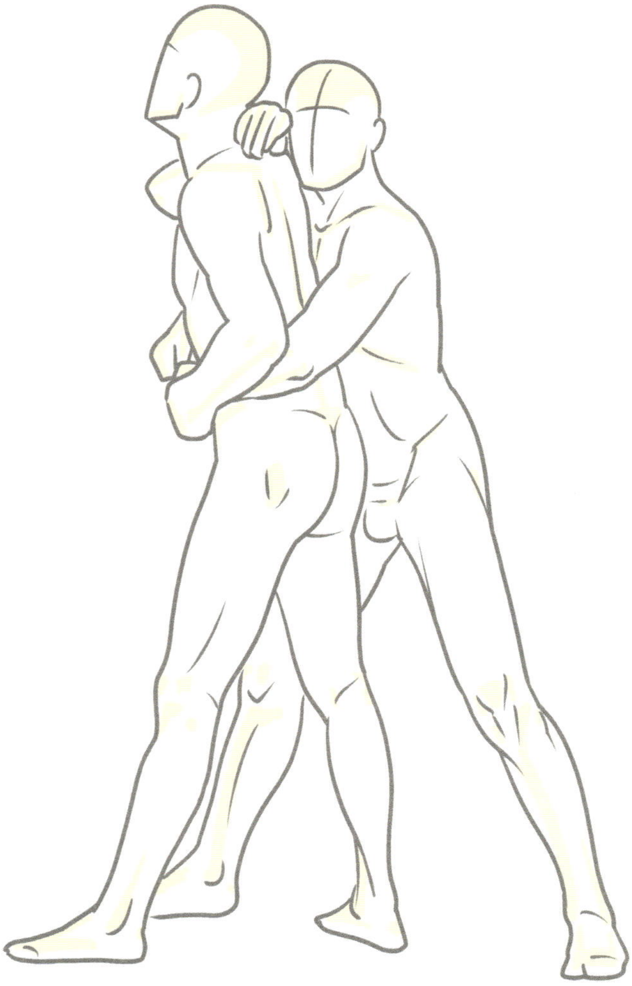

이 포즈의 포인트

남성 두 사람이 함께 있는 포즈입니다. 가려진 관절 부위는 생략해도 무방합니다. 만약 가려진 부분까지 표현하고 싶다면, 두 인물을 각각 따로 그려보는 방식으로 접근해 보세요.

■ 골격

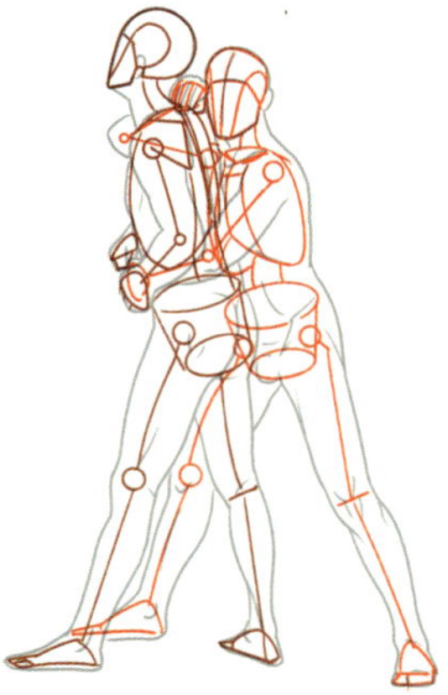

1단계
빠르게 연습하기

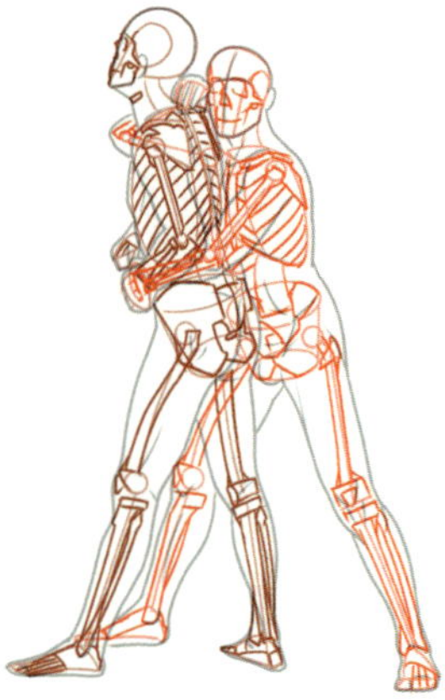

2단계
깊이 있게 연습하기

체표

1단계
빠르게 연습하기

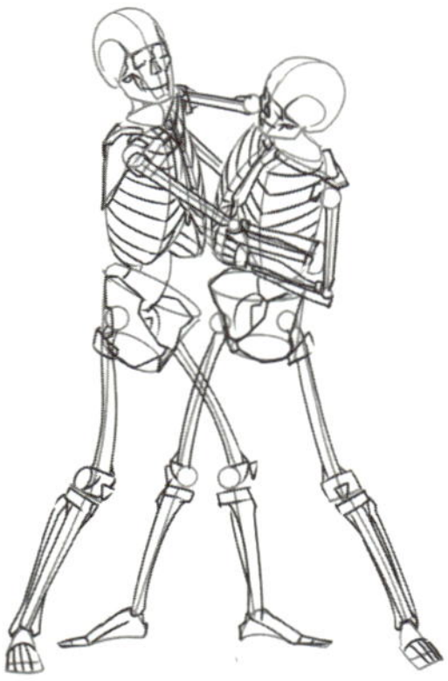

2단계
깊이 있게 연습하기

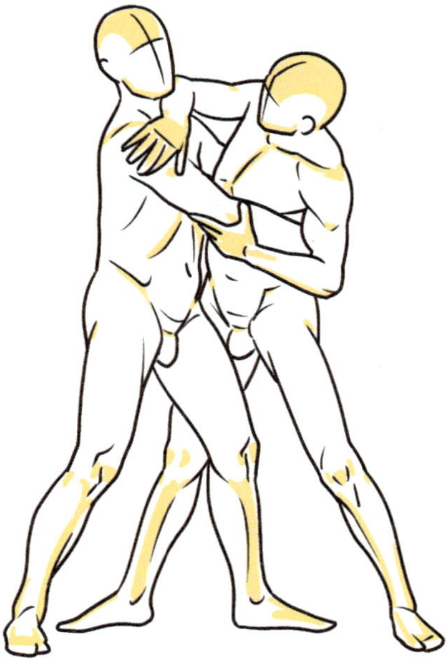

이 포즈의 포인트

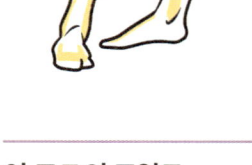

두 인물 모두 가슴우리(흉곽)의 형태를 추측하기 어려운 자세입니다. 가슴우리의 윗부분(흉곽상구)은 복장뼈의 윗단을 기준으로 가늠할 수 있습니다. 가슴우리의 아랫부분은 골반에서 손가락 두세 마디 정도 위에 위치합니다. 이 두 지점을 연결한 가슴우리 전체의 형태는 통 모양의 방추형을 떠올리면 추측하는 데 도움이 될 것입니다.

골격

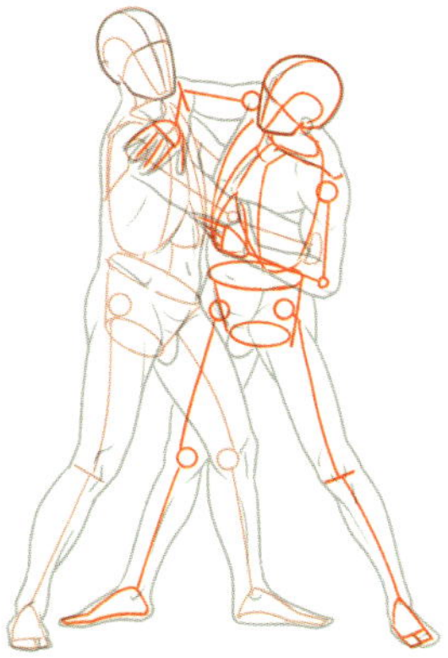

1단계
빠르게 연습하기

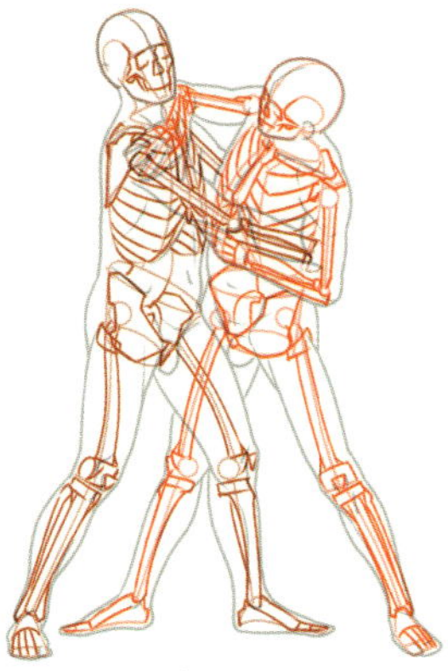

2단계
깊이 있게 연습하기

체표

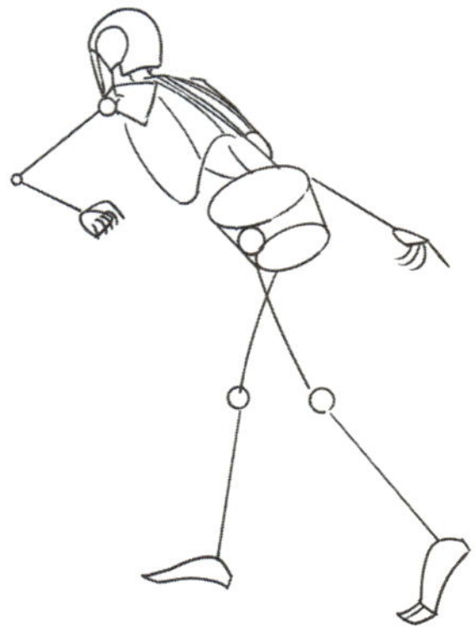

1단계
빠르게 연습하기

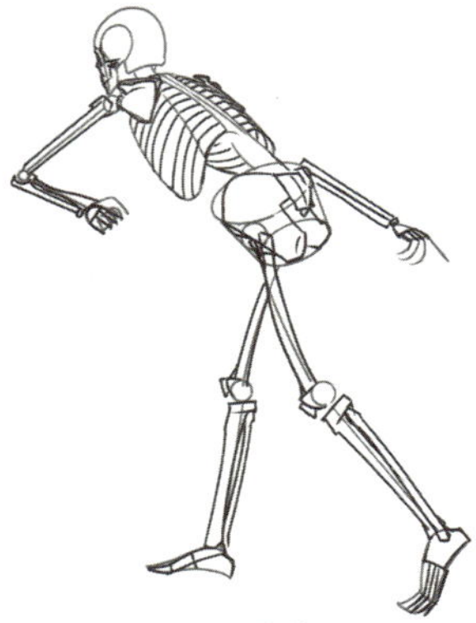

2단계
깊이 있게 연습하기

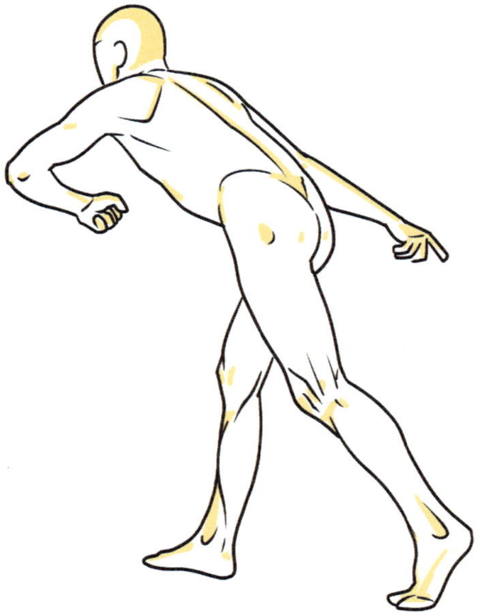

이 포즈의 포인트

이 시점에서도 가슴우리 아랫부분의 위치를 추측하기 어렵습니다. 골반 윗부분에서 손가락 두세 마디 정도 위 지점에 타원형 단면을 떠올리며 그려보세요.

골격

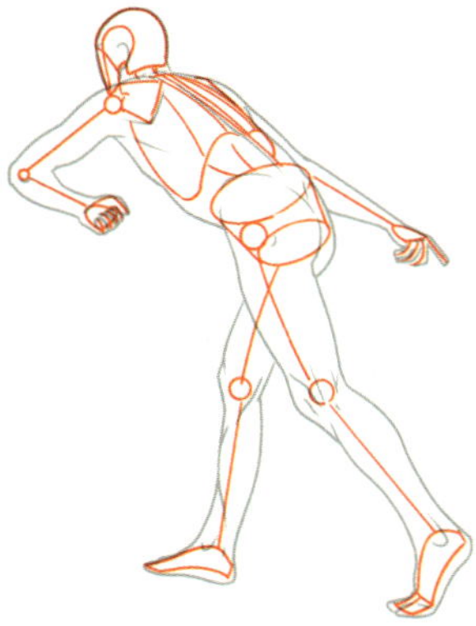

1단계
빠르게 연습하기

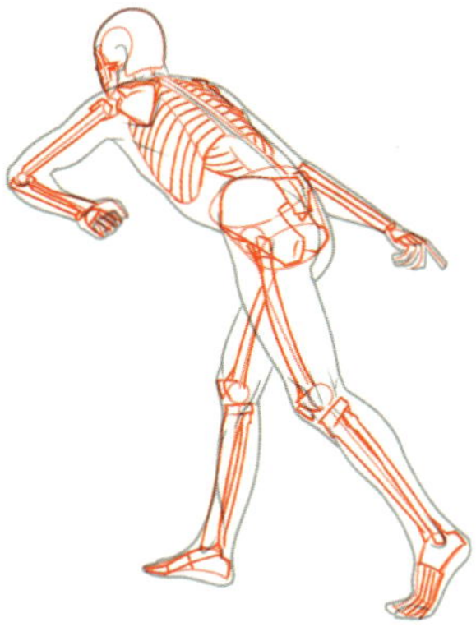

2단계
깊이 있게 연습하기

125

체표

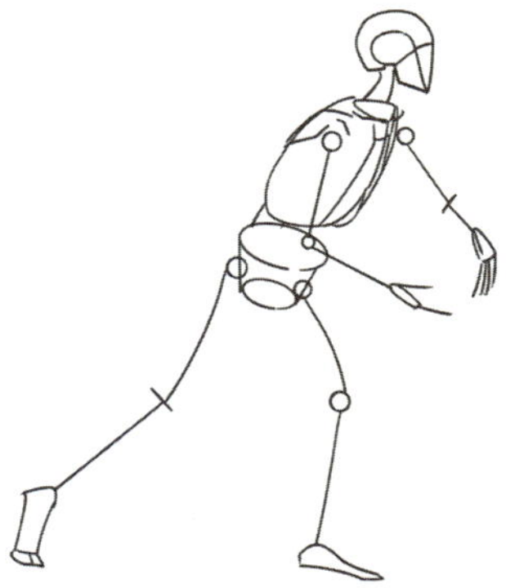

1단계
빠르게 연습하기

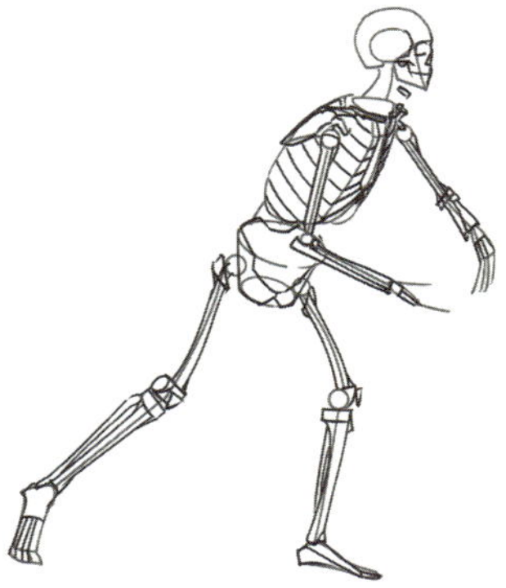

2단계
깊이 있게 연습하기

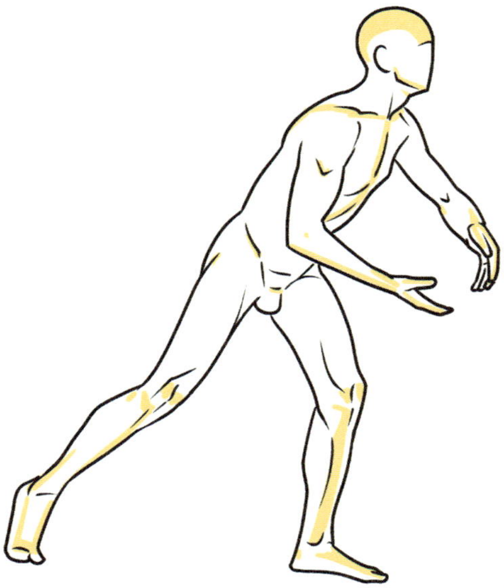

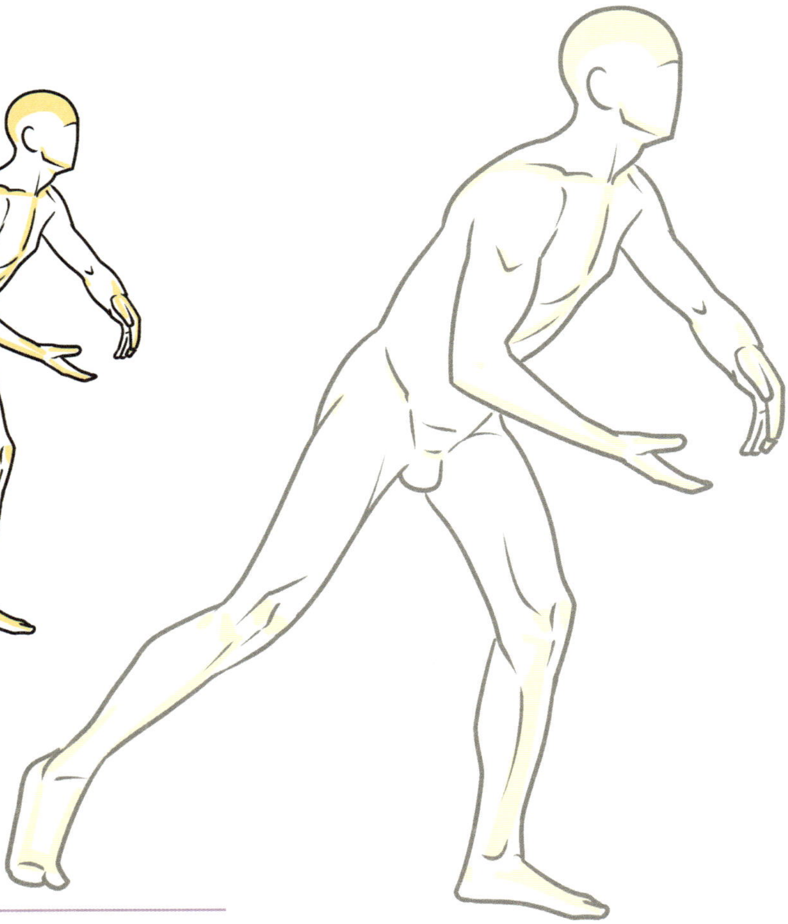

이 포즈의 포인트

물건을 운반하는 자세입니다. 전신이 어떻게 움직이는지 그 흐름을 파악하기 위해서는, 비교적 자유로운 위치에 있는 팔은 일단 무시하고, 체중을 지탱하는 다리에서 몸통까지 이어지는 흐름에 주목해 보세요.

골격

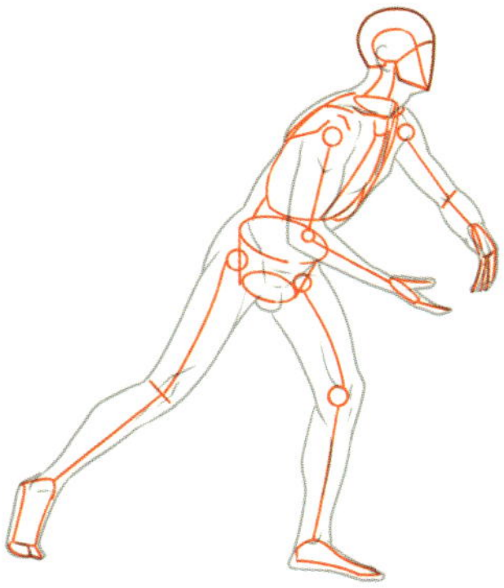

1단계
빠르게 연습하기

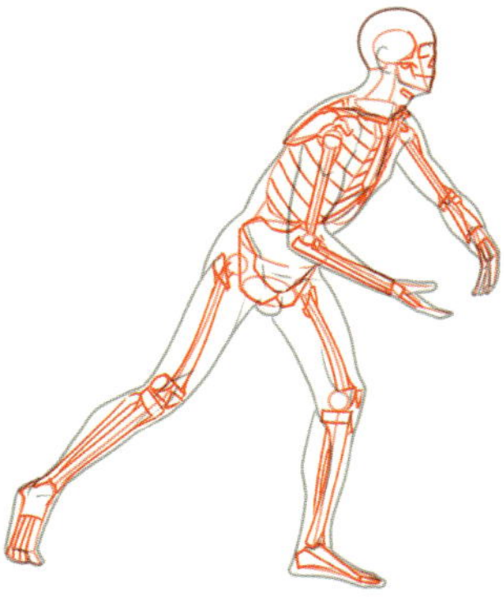

2단계
깊이 있게 연습하기

체표

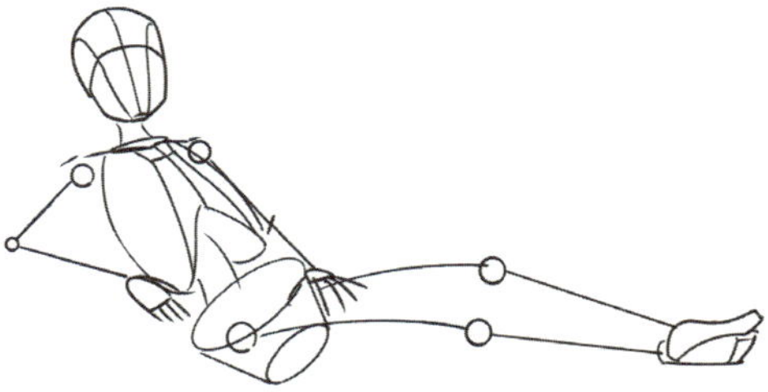

1단계
빠르게 연습하기

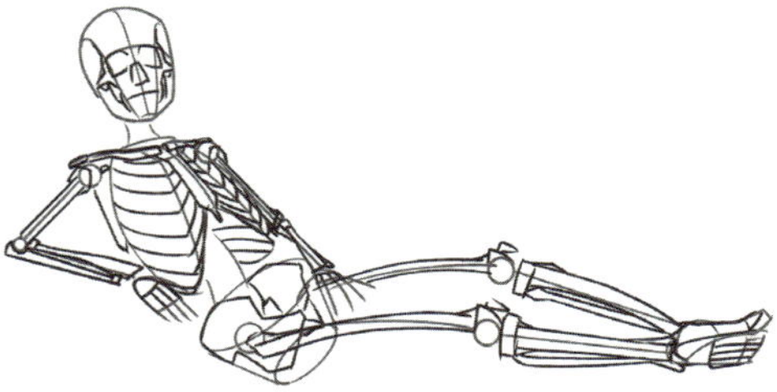

2단계
깊이 있게 연습하기

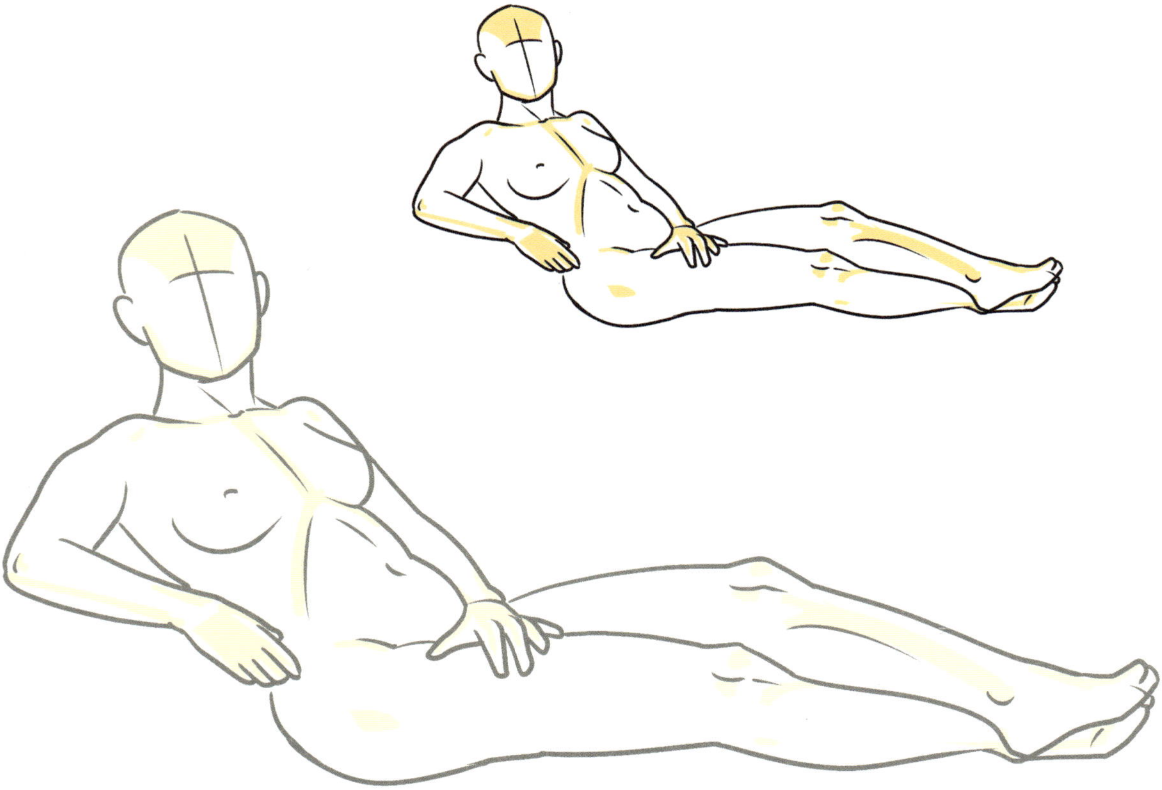

이 포즈의 포인트

손에 가려진 골반은 가슴우리(흉곽)를 기준으로 추측해 보세요. 몸통에 비틀림이 없으므로 정중선을 따라 골반을 배치하면 대략적인 위치를 가늠할 수 있습니다. 더 세밀하게 묘사하려면 누운 자세에 맞춰 골반을 뒤쪽으로 기울여 표현해 보세요.

골격

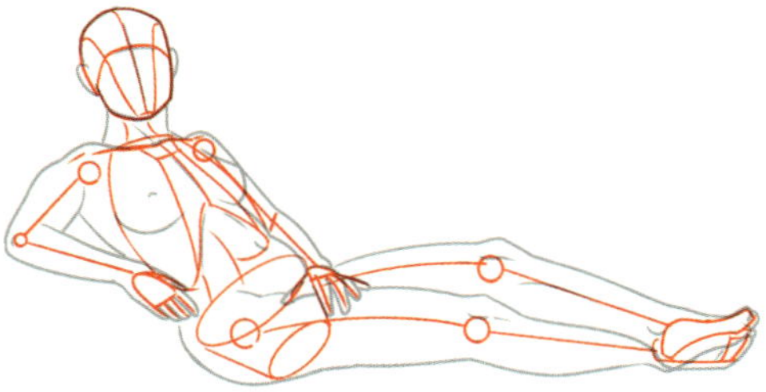

1단계
빠르게 연습하기

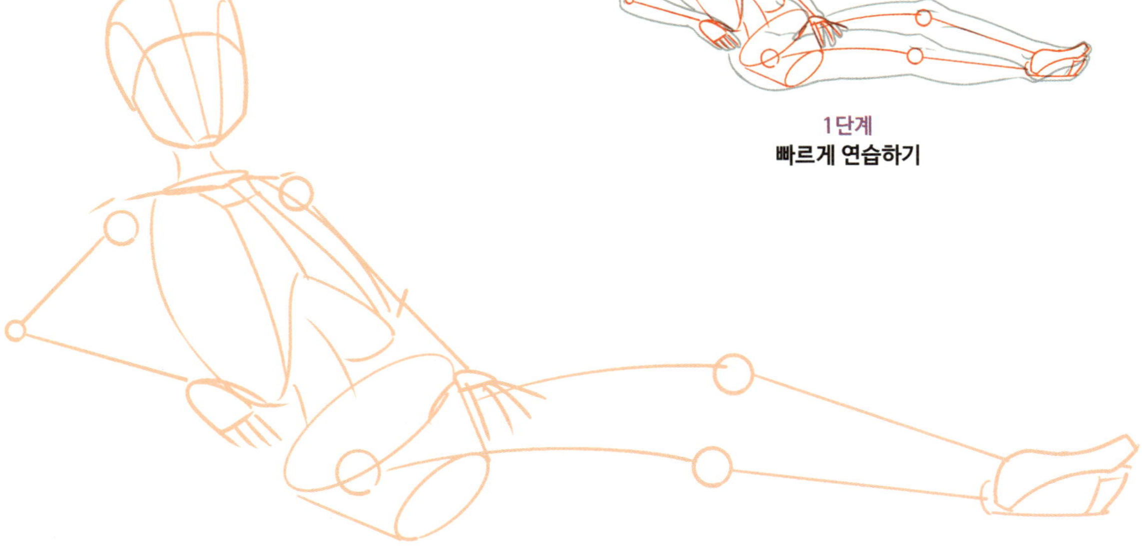

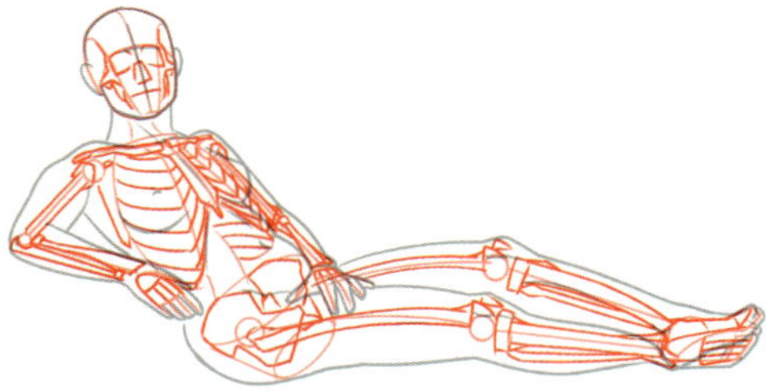

2단계
깊이 있게 연습하기

체표

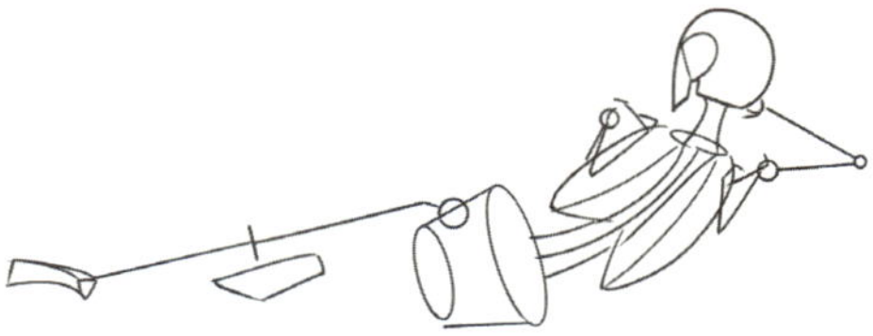

1단계
빠르게 연습하기

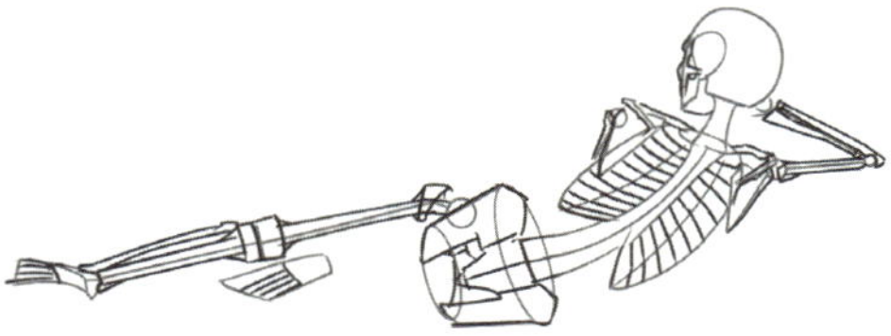

2단계
깊이 있게 연습하기

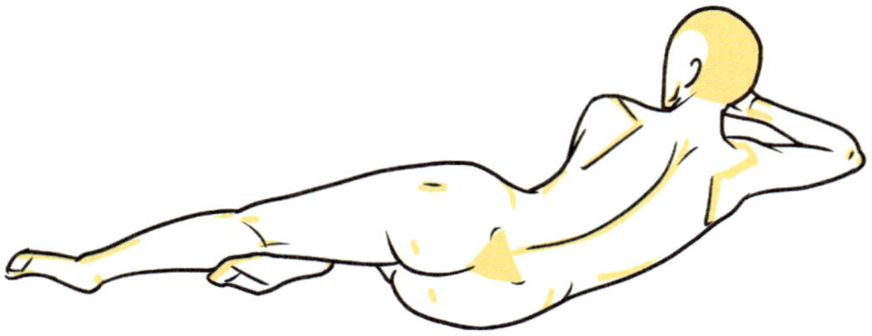

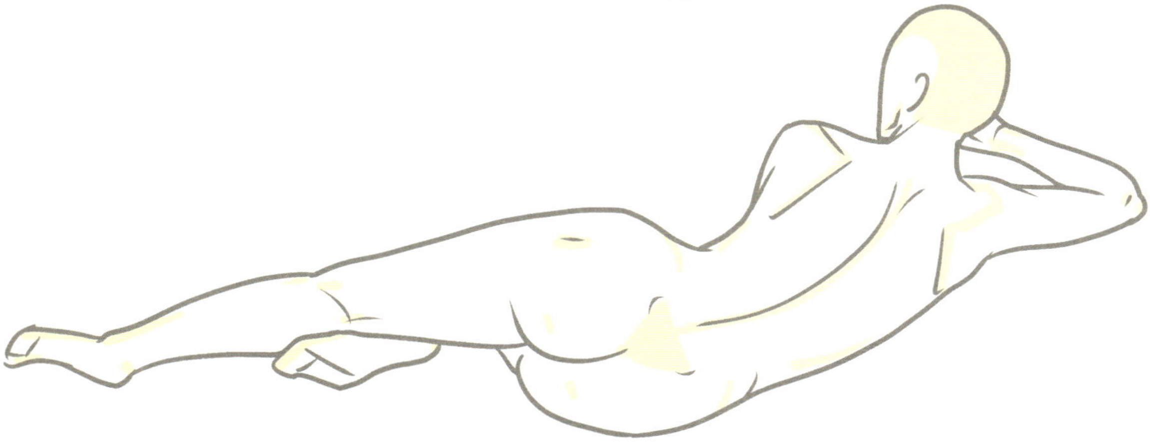

이 포즈의 포인트

오달리스크 스타일의 자세입니다. 오른쪽 무릎과 왼쪽 팔은 형태를 정확히 파악하기 어려우므로 생략해도 괜찮습니다.

골격

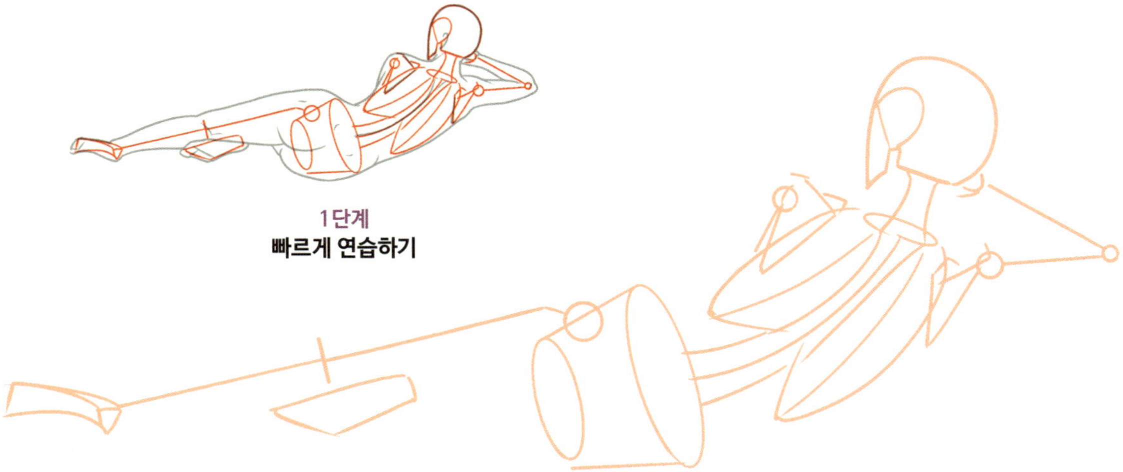

1단계
빠르게 연습하기

2단계
깊이 있게 연습하기

체표

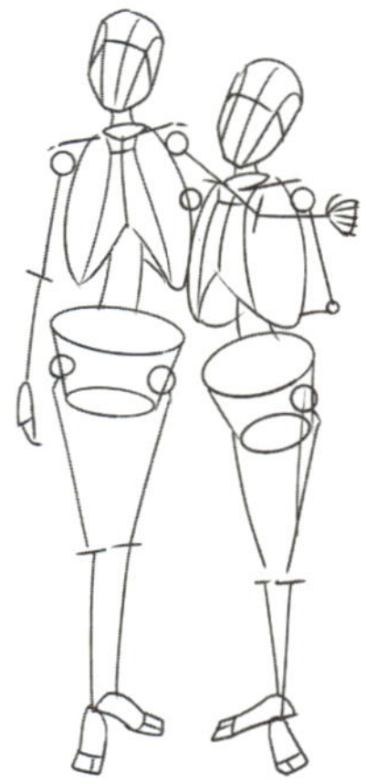

1단계
빠르게 연습하기

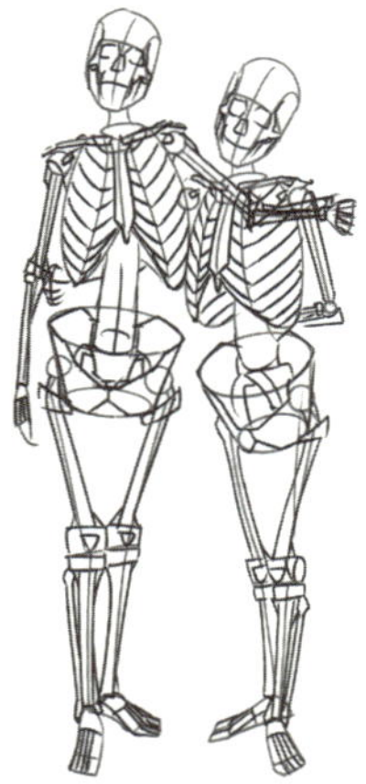

2단계
깊이 있게 연습하기

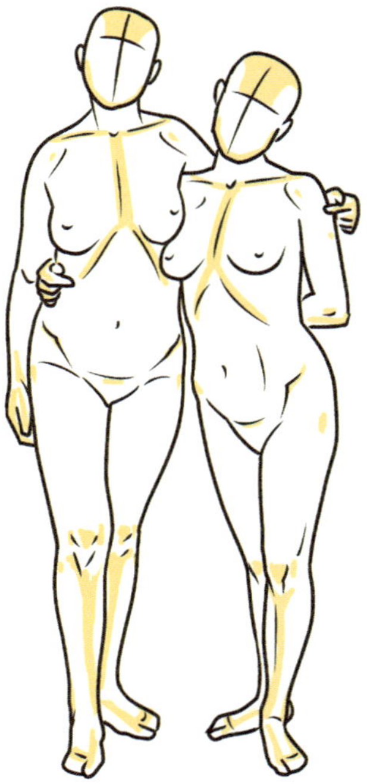

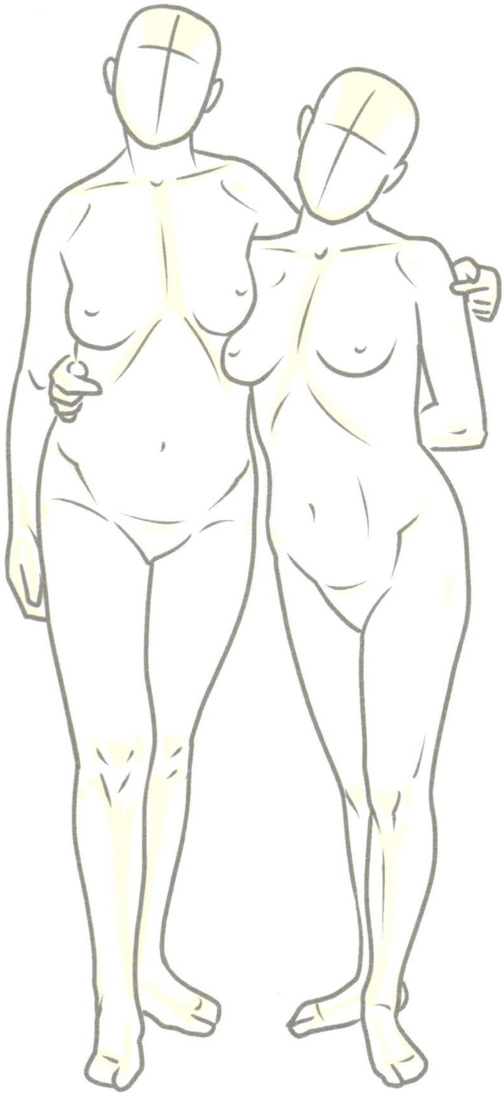

이 포즈의 포인트

여성 두 사람이 함께 있는 포즈입니다. 허리의 위치와 손의 각도를 참고하면 가려진 팔의 팔꿈치 위치를 어느 정도 추측할 수 있지만, 어렵다면 생략해도 괜찮습니다. 끈기 있게 연습하는 것도 중요하지만, 짧은 시간 안에 다양한 포즈를 시도해 보는 것도 좋은 연습 방법입니다.

골격

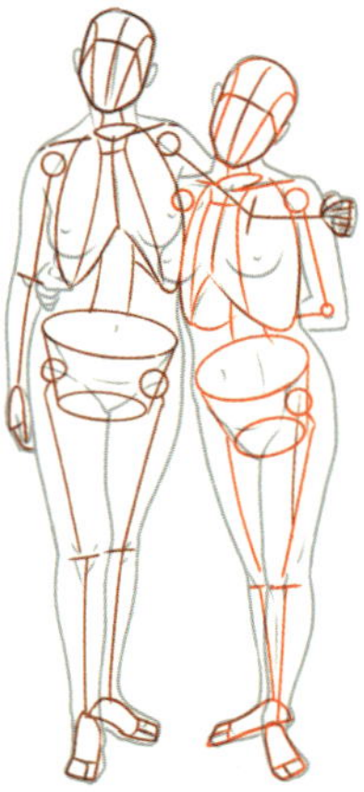

1단계
빠르게 연습하기

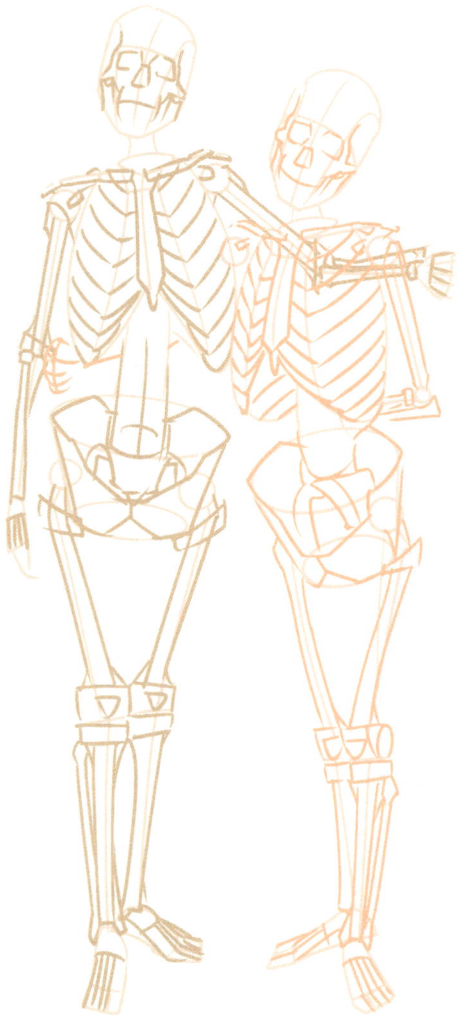

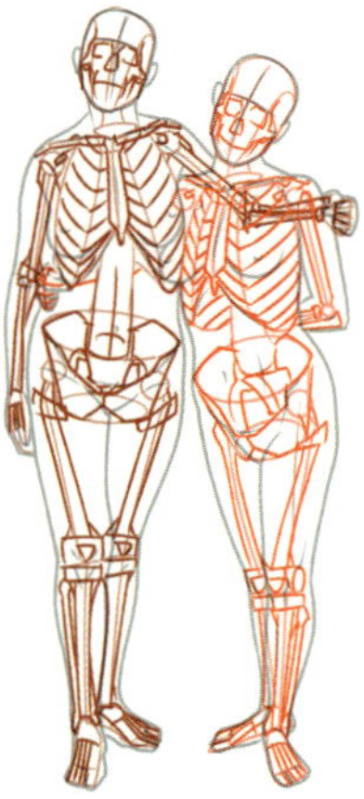

2단계
깊이 있게 연습하기

체표

1단계
빠르게 연습하기

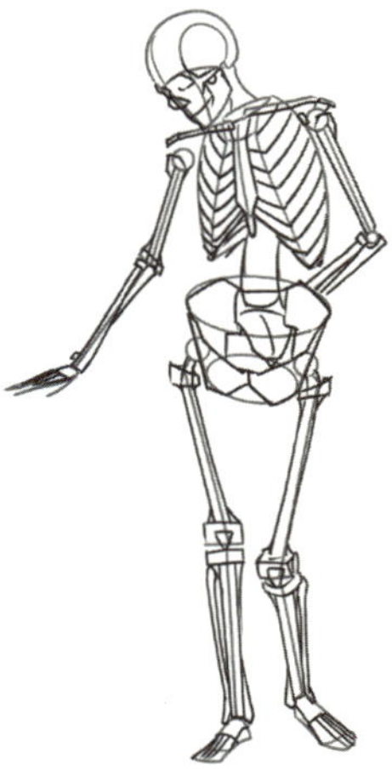

2단계
깊이 있게 연습하기

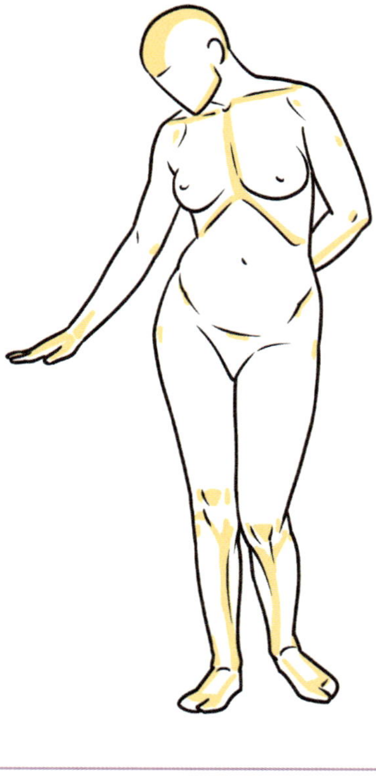

이 포즈의 포인트

미술 해부학 공부는 기본적으로 반복 학습을 바탕으로 합니다. 비슷한 포즈를 여러 차례 반복해서 그리다 보면, 형태를 파악하는 데 도움이 되는 시각적 단서가 점점 축적됩니다.

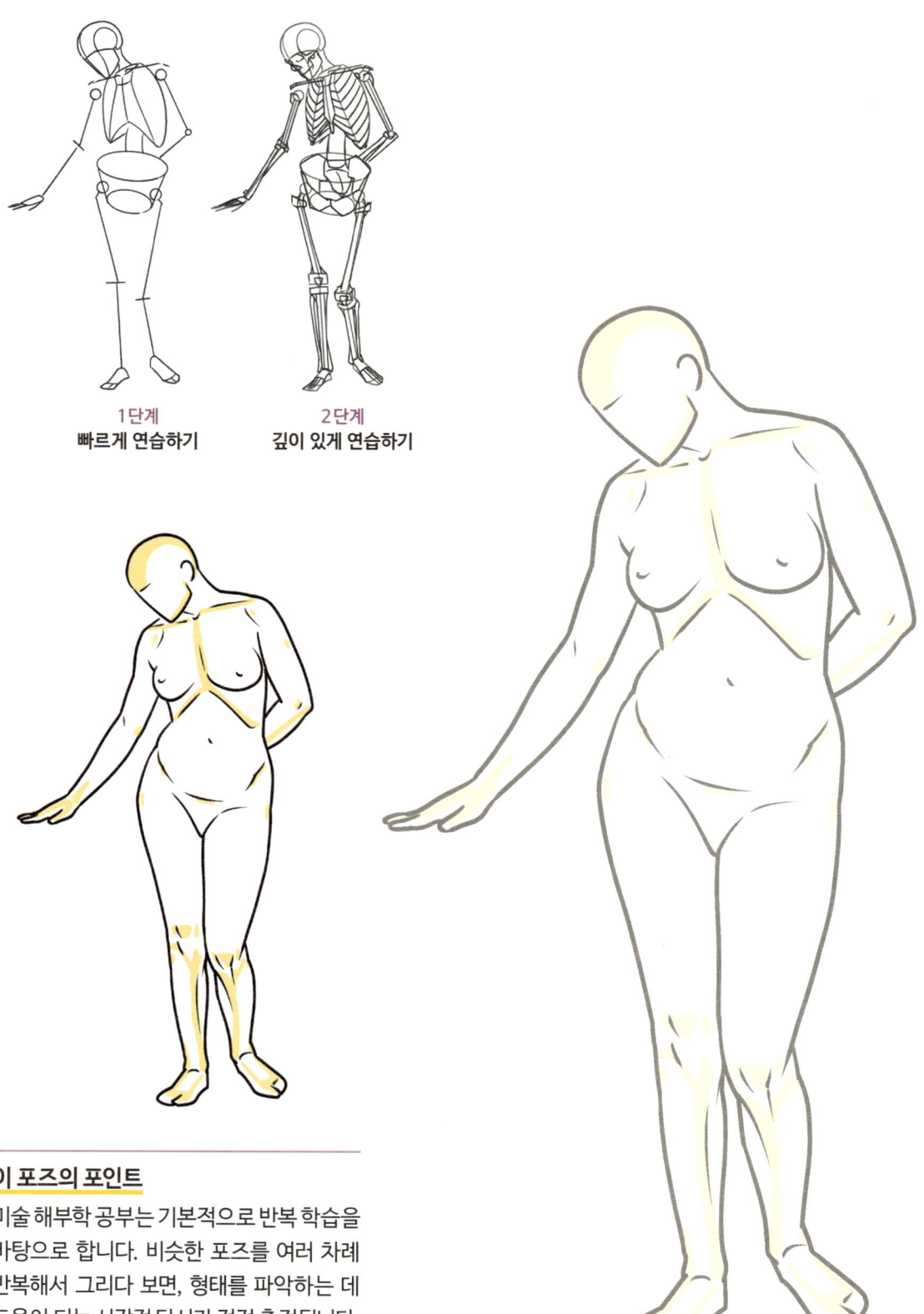

골격

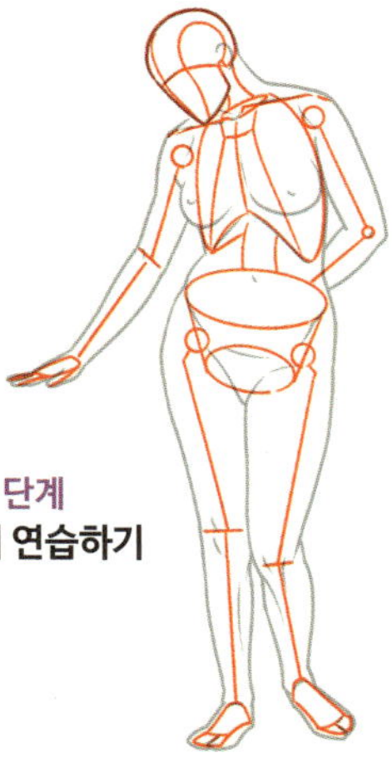

1단계
빠르게 연습하기

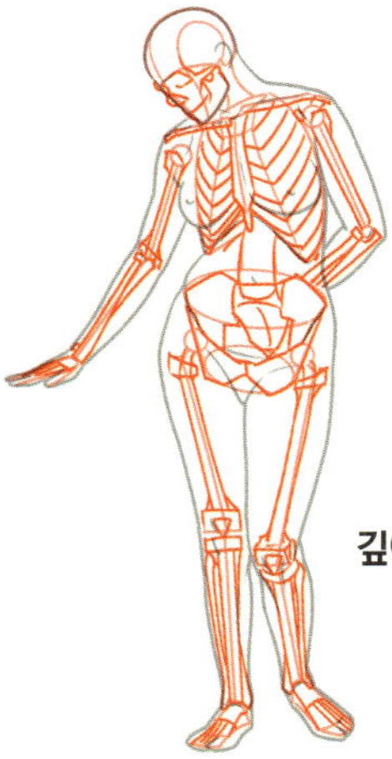

2단계
깊이 있게 연습하기

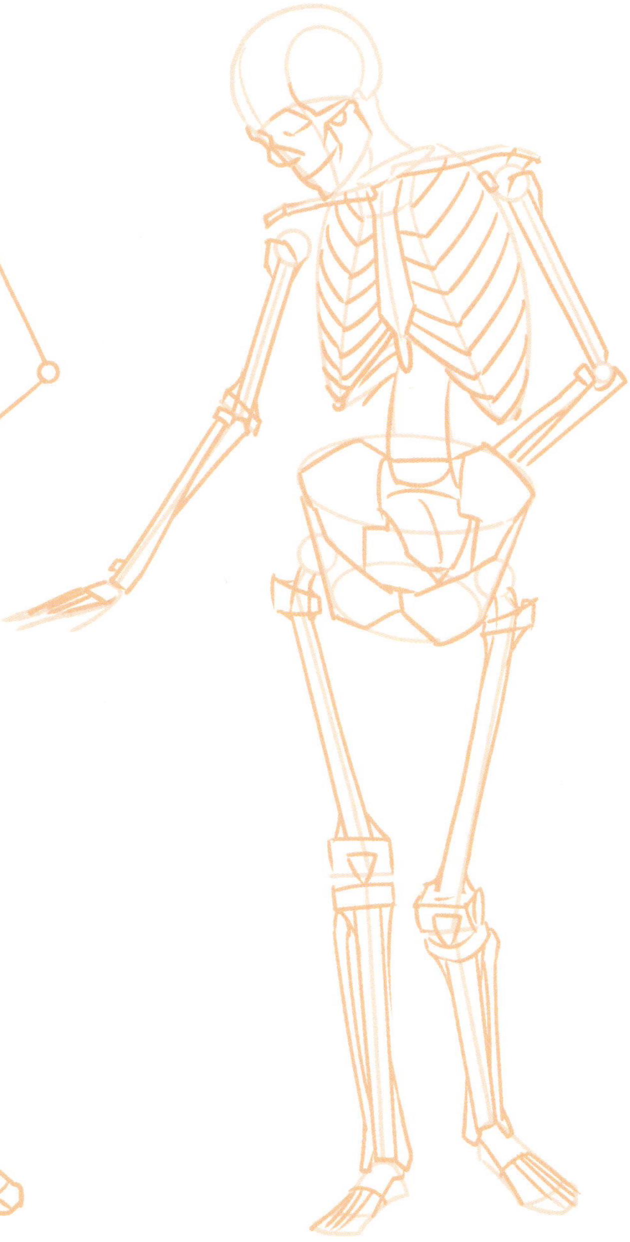

체표

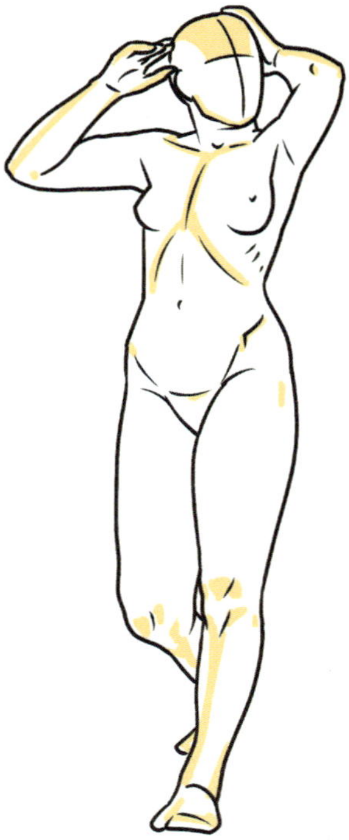

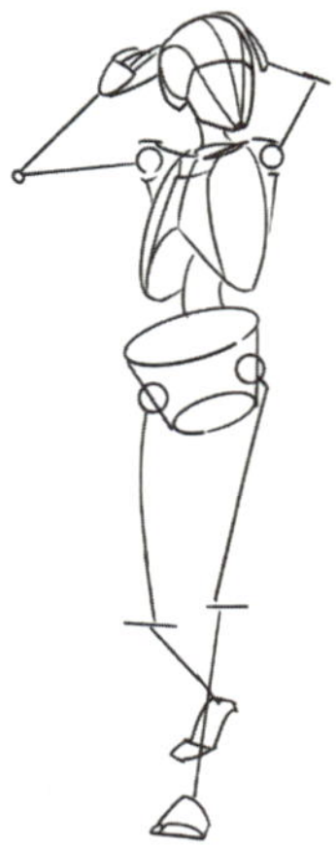

1단계
빠르게 연습하기

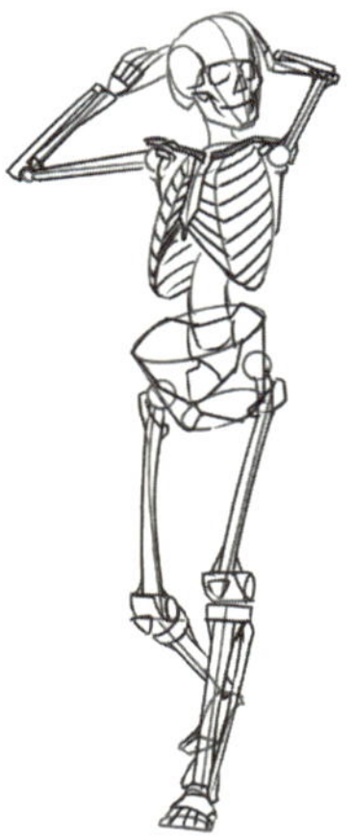

2단계
깊이 있게 연습하기

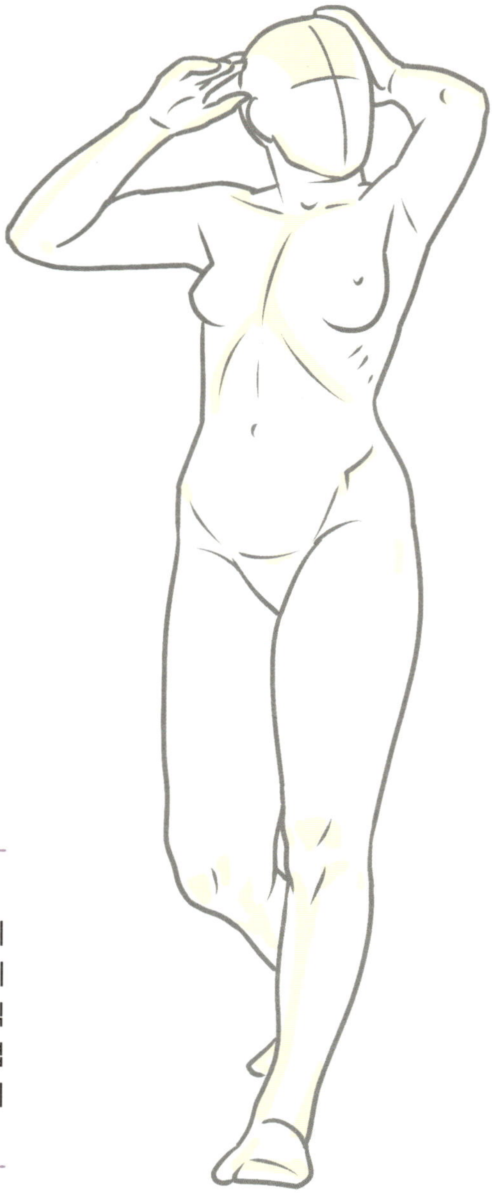

이 포즈의 포인트

머리카락을 매만지는 동작입니다. 겉보기에는 비슷한 포즈처럼 보여도, 모델의 자세는 매번 미묘하게 달라집니다. 사람은 의식하지 않으면 정지한 자세를 유지하기 어렵습니다. 단지 숨을 쉬는 것만으로도 몸이 앞뒤로 미세하게 흔들리기 때문입니다.

골격

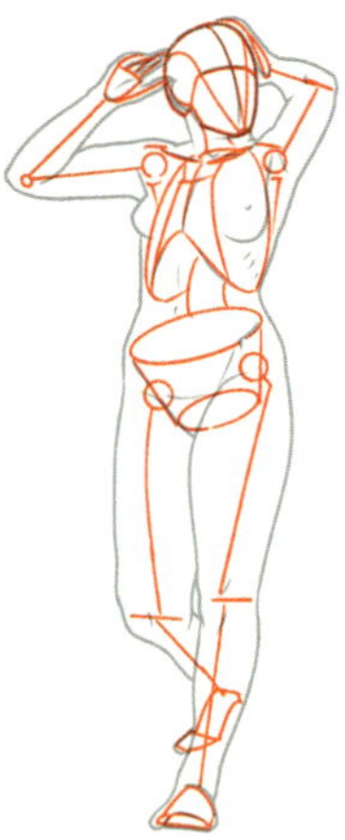

1단계
빠르게 연습하기

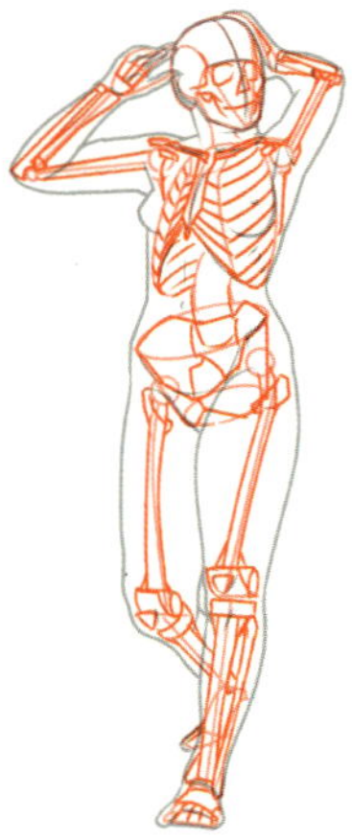

2단계
깊이 있게 연습하기

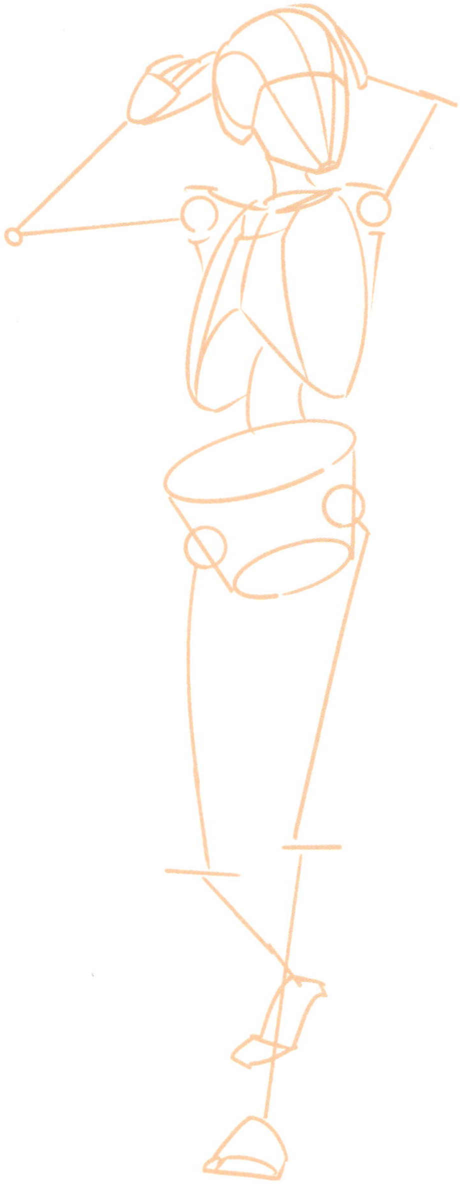

체표

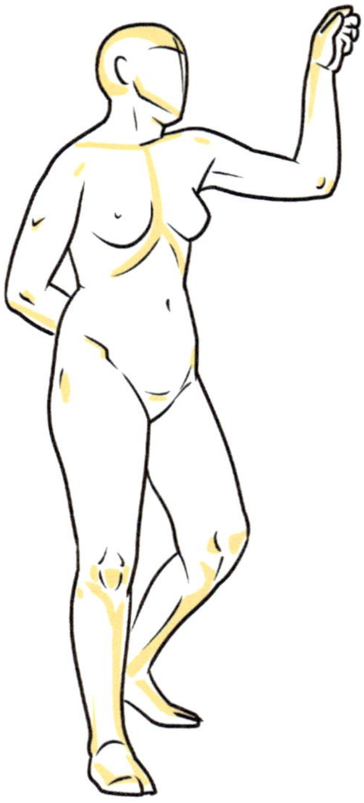

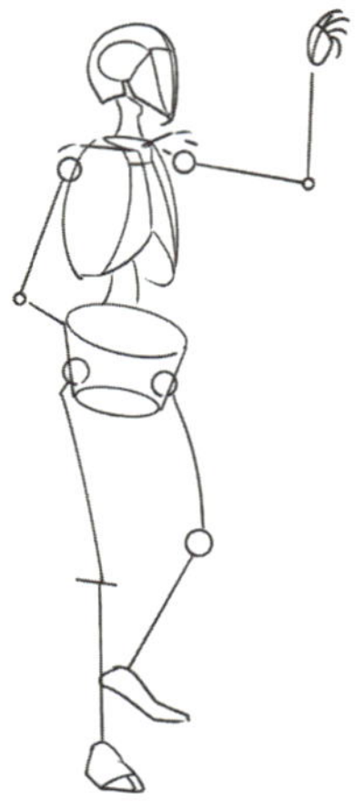

1단계
빠르게 연습하기

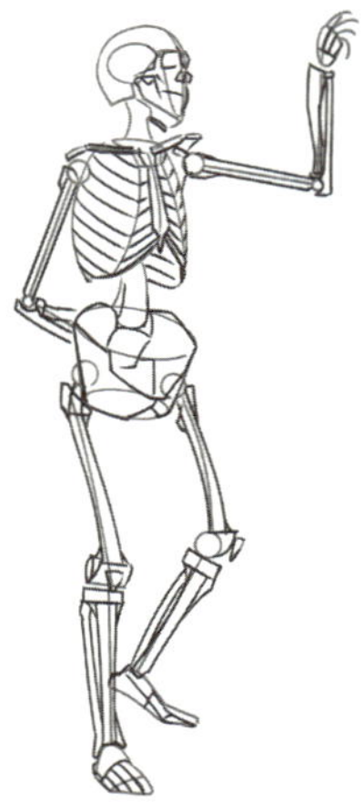

2단계
깊이 있게 연습하기

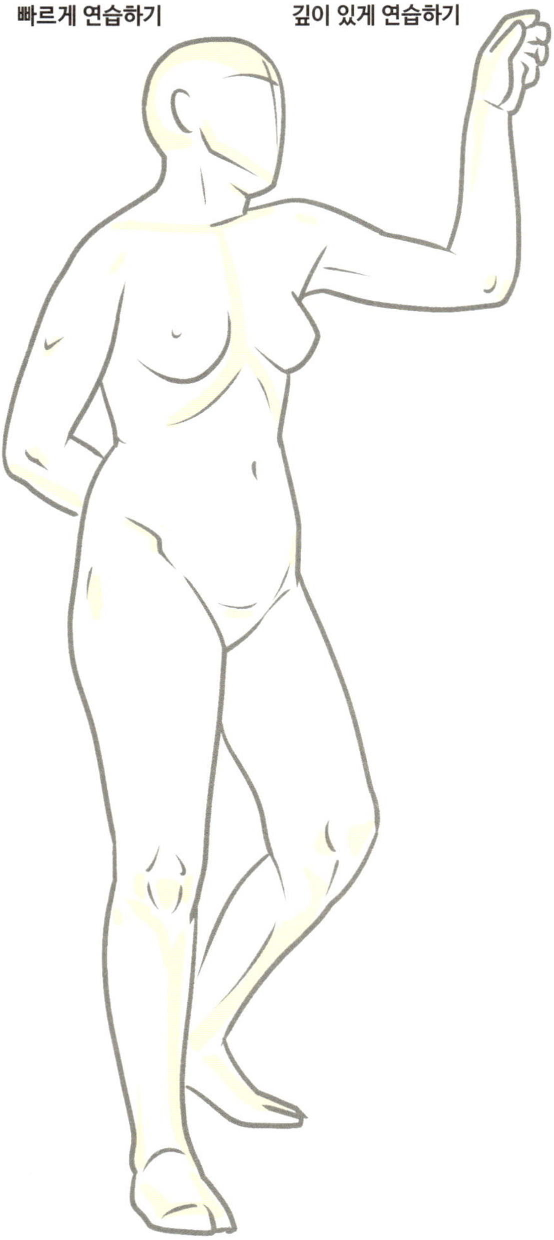

이 포즈의 포인트

난간을 붙잡고 힘을 뺀 채 서 있는 자세입니다. 몸에 힘이 빠진 상태이기 때문에 등이 살짝 굽어 있습니다.

골격

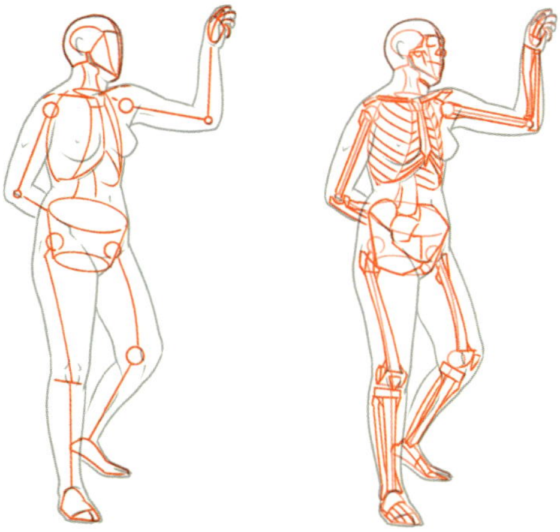

1단계
빠르게 연습하기

2단계
깊이 있게 연습하기

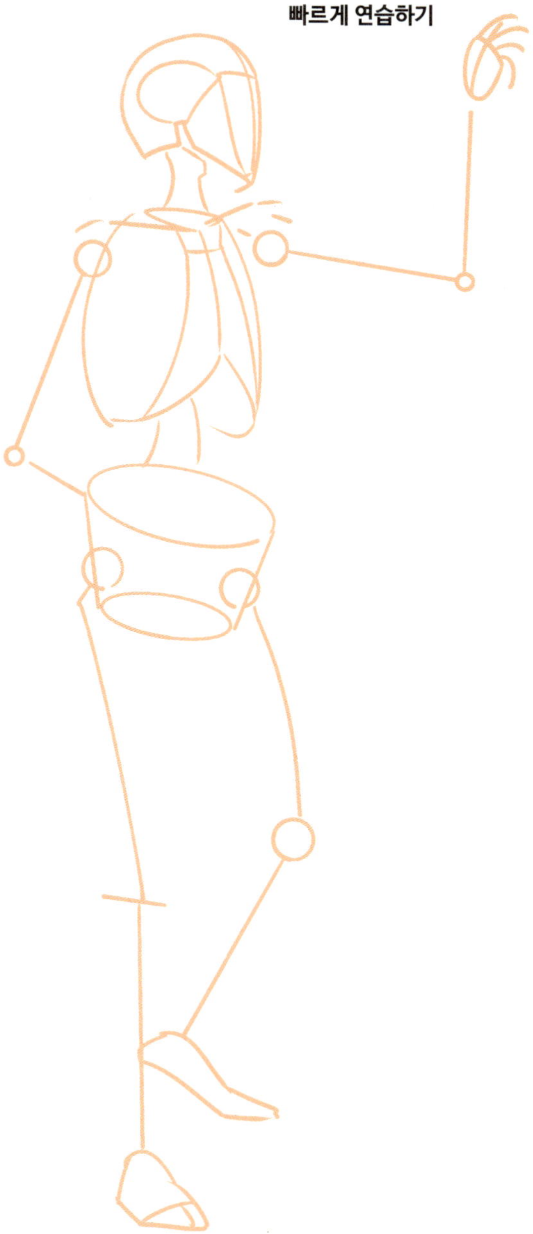

체표

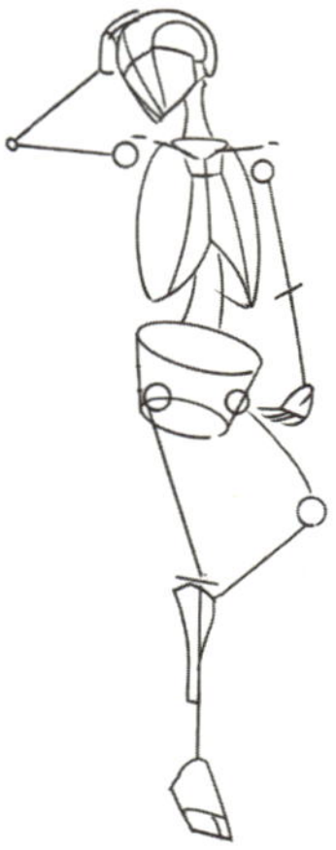

1단계
빠르게 연습하기

2단계
깊이 있게 연습하기

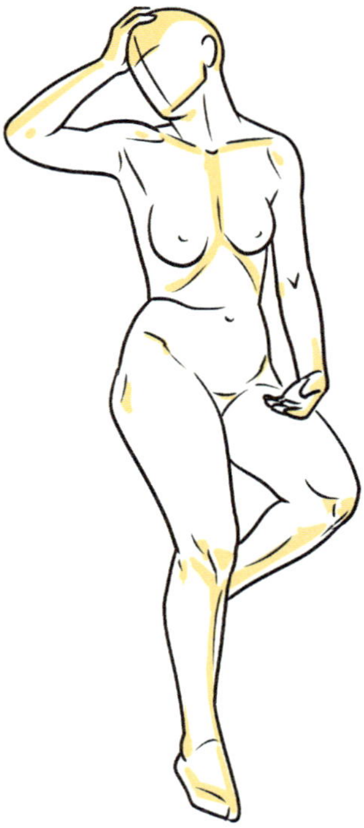

이 포즈의 포인트

걸터앉아 위를 올려다보는 자세입니다. 고전적인 작품에 등장하는 포즈는 그 의미뿐 아니라 시선을 끄는 요소의 개수까지도 조정되어 있습니다. 시선을 끄는 포인트는 표현하기 까다로운 부위이기도 한데, 예를 들어 턱 아래쪽 면, 겨드랑이, 허벅지 안쪽 등이 그렇습니다.

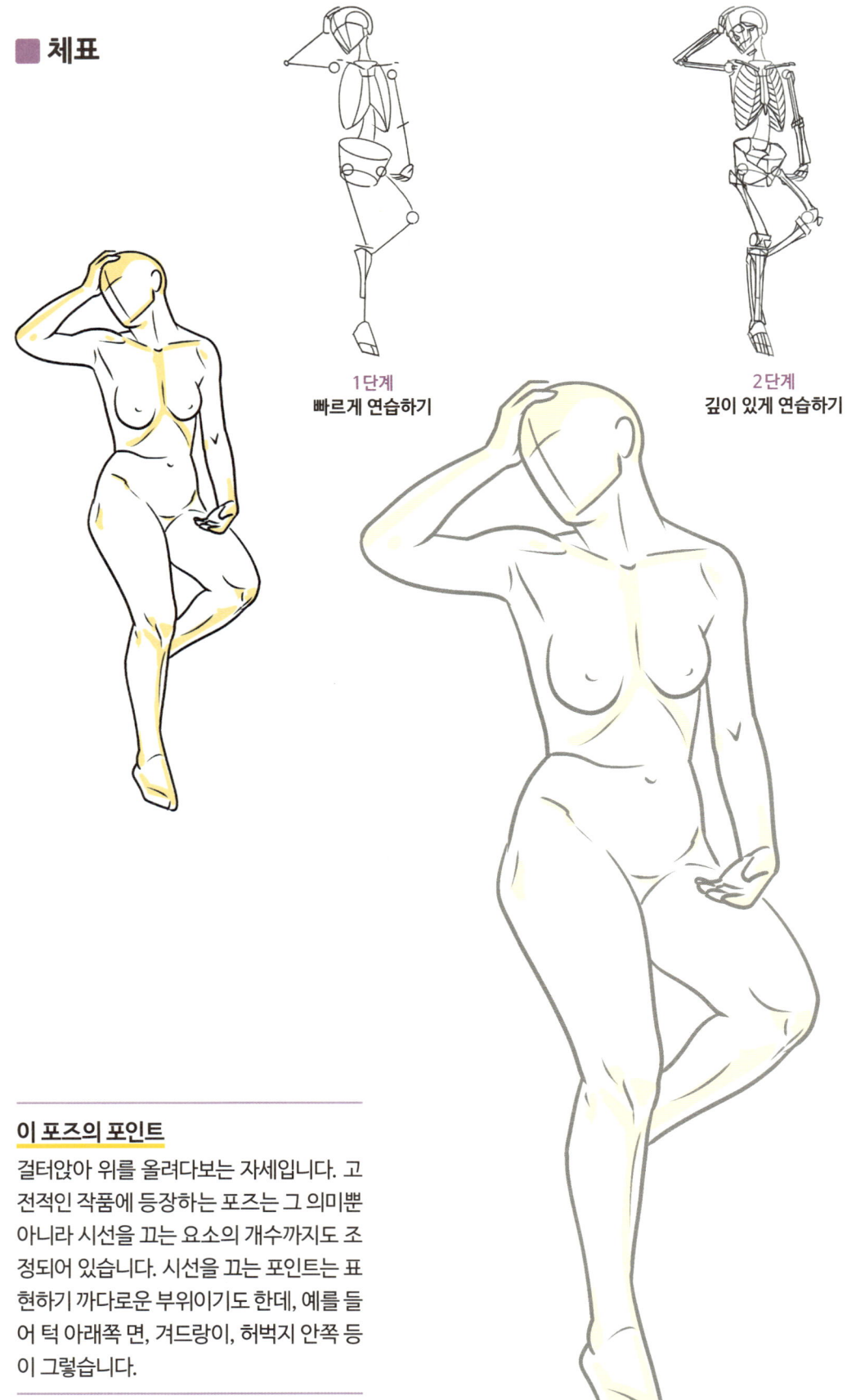

골격

1단계
빠르게 연습하기

2단계
깊이 있게 연습하기

체표

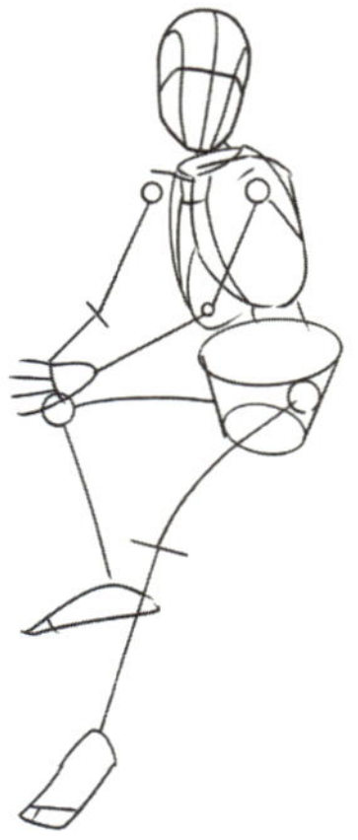

1단계
빠르게 연습하기

2단계
깊이 있게 연습하기

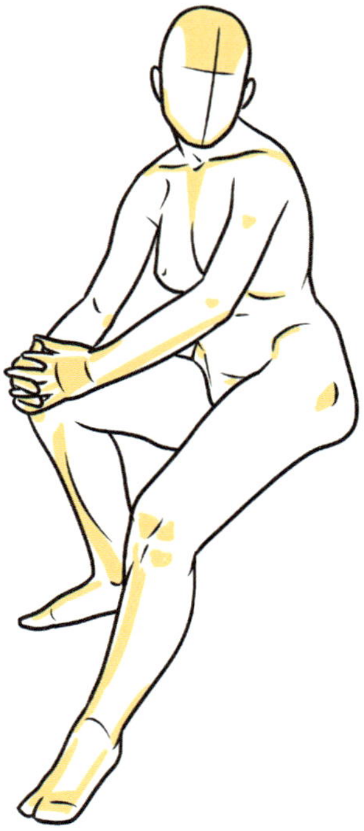

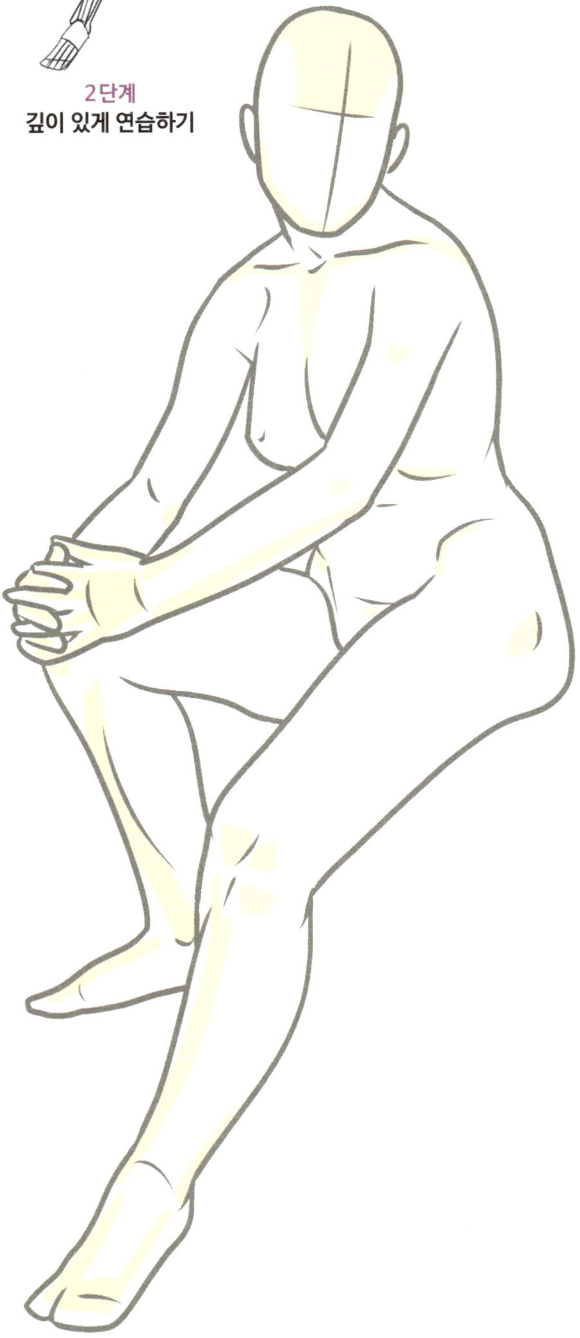

이 포즈의 포인트

앉은 채 무릎을 손으로 받친 이 자세는, 발이 받침대 위 등 지면보다 높은 위치에 있을 때 흔히 볼 수 있습니다. 팔꿈치가 구부러지면 상반신은 앞으로 약간 기울고, 팔꿈치가 곧게 펴지면 상반신은 뒤로 약간 젖혀집니다.

골격

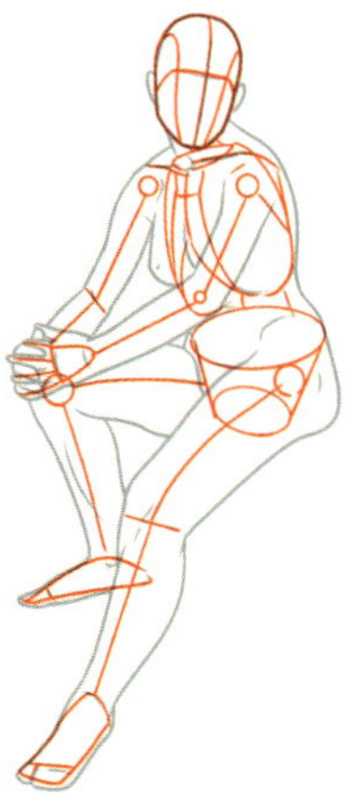

1단계
빠르게 연습하기

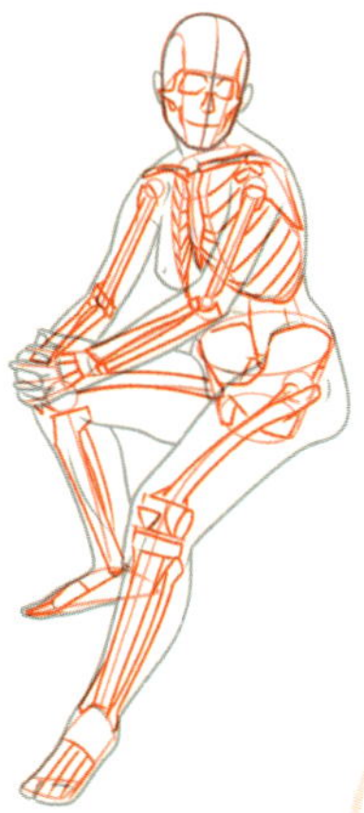

2단계
깊이 있게 연습하기

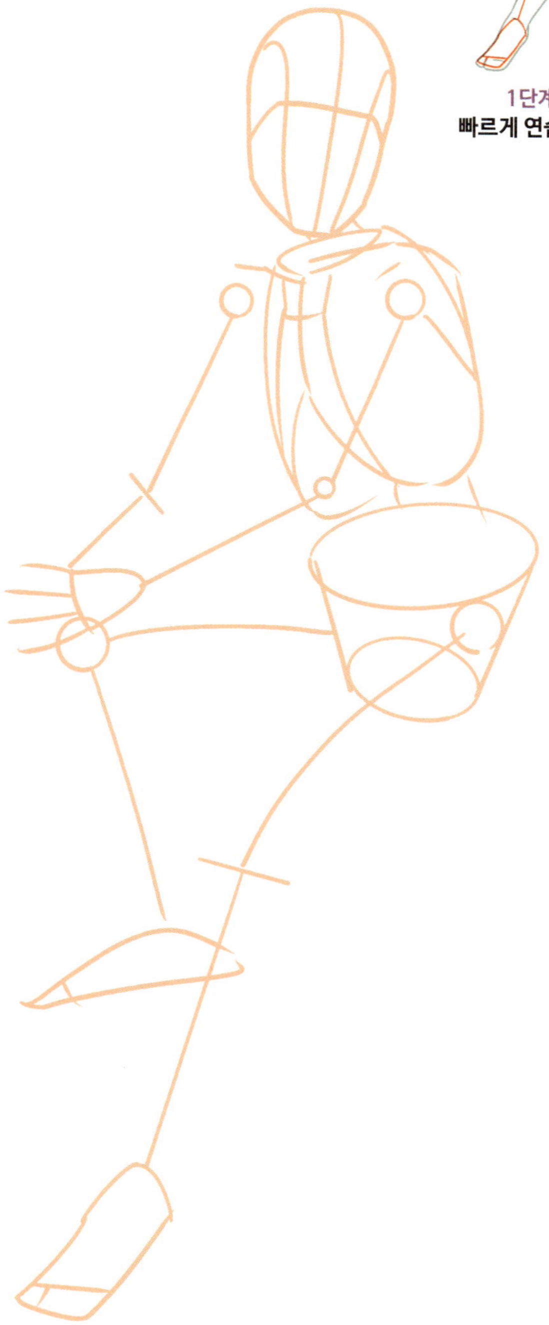

체표

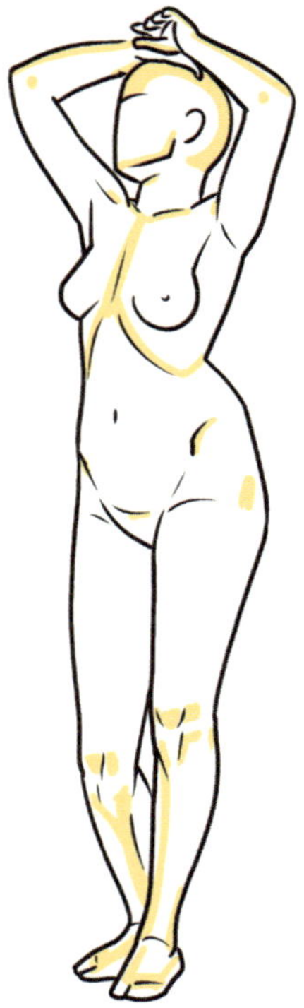

1단계
빠르게 연습하기

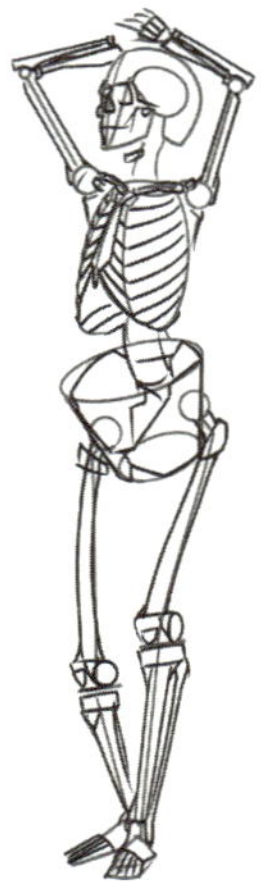

2단계
깊이 있게 연습하기

이 포즈의 포인트

양팔을 들어 올린 자세입니다. 지금까지 비슷한 포즈를 여러 번 연습했지만, 그리는 속도를 높이는 연습도 중요합니다. 빠르게 형태를 포착하는 연습을 하다 보면 시각적 판단력이 길러지고, 불필요한 요소를 걸러 낼 수 있는 감각도 함께 키워질 것입니다.

골격

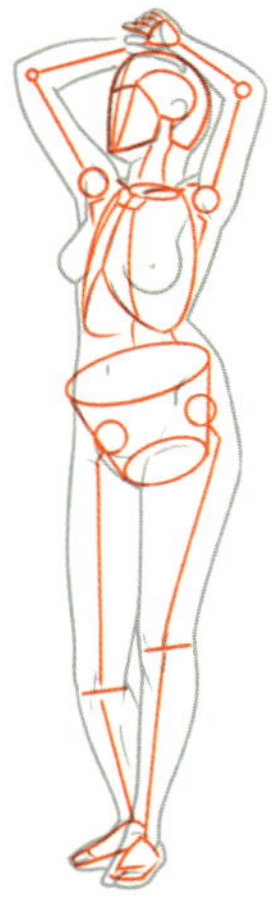

1단계
빠르게 연습하기

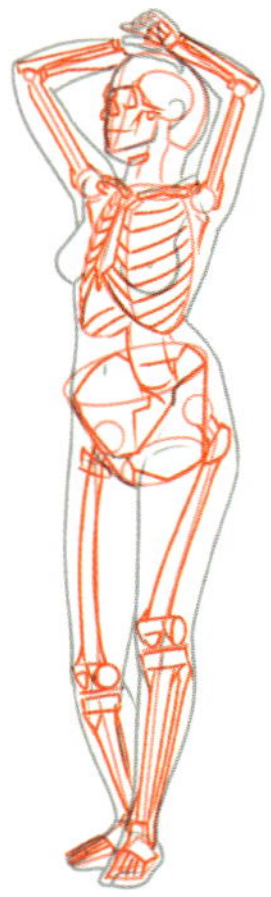

2단계
깊이 있게 연습하기

135

체표

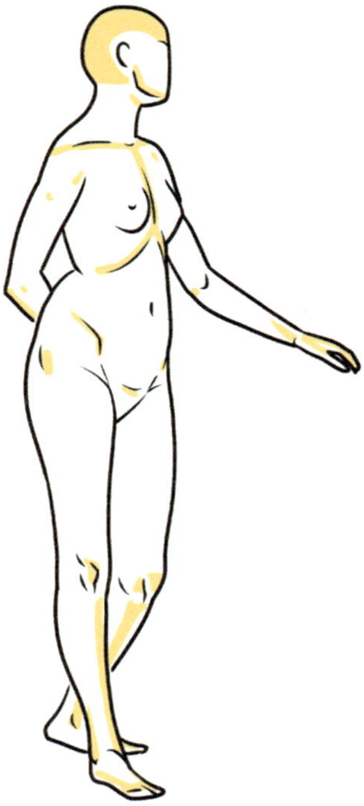

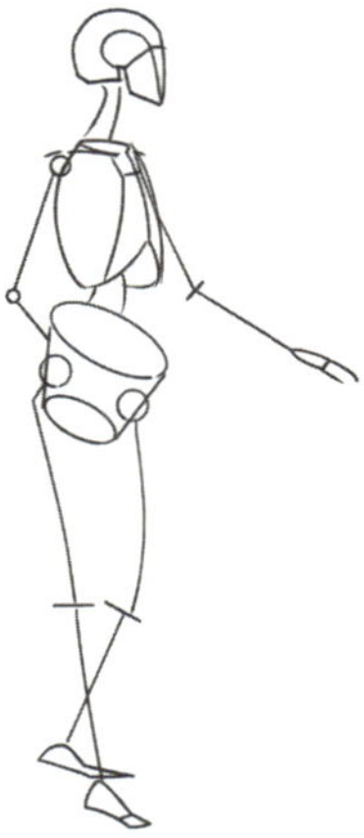

1단계
빠르게 연습하기

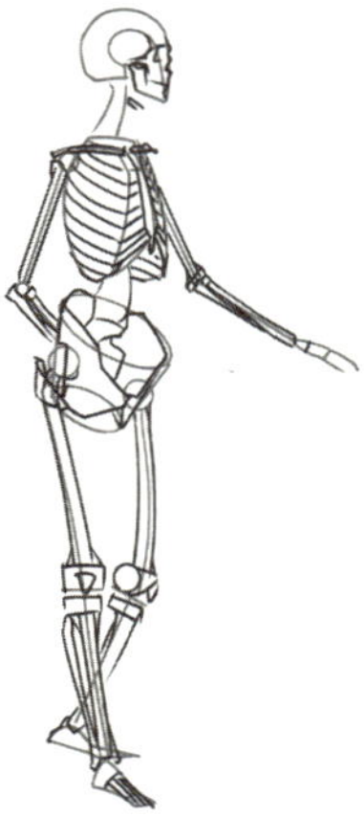

2단계
깊이 있게 연습하기

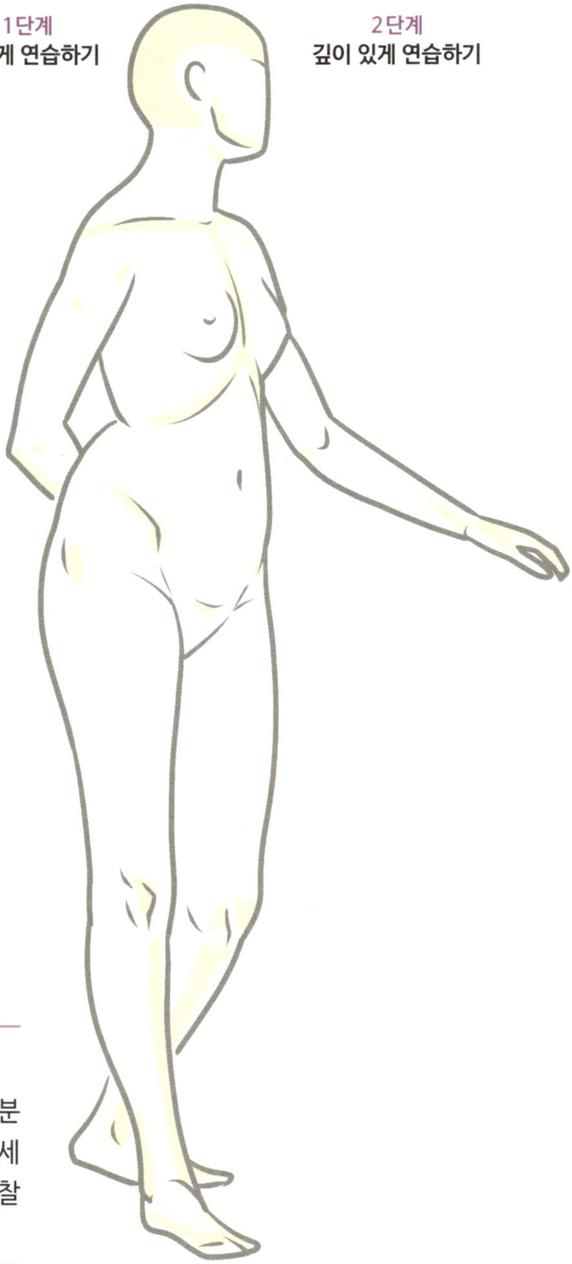

이 포즈의 포인트

여성은 가슴우리 아랫부분(흉곽 하연)과 골반 윗부분(골반 상연) 사이의 간격이 남성보다 깁니다. 이 자세에서는 그 두 지점이 뚜렷하게 드러납니다. 잘 관찰해보세요.

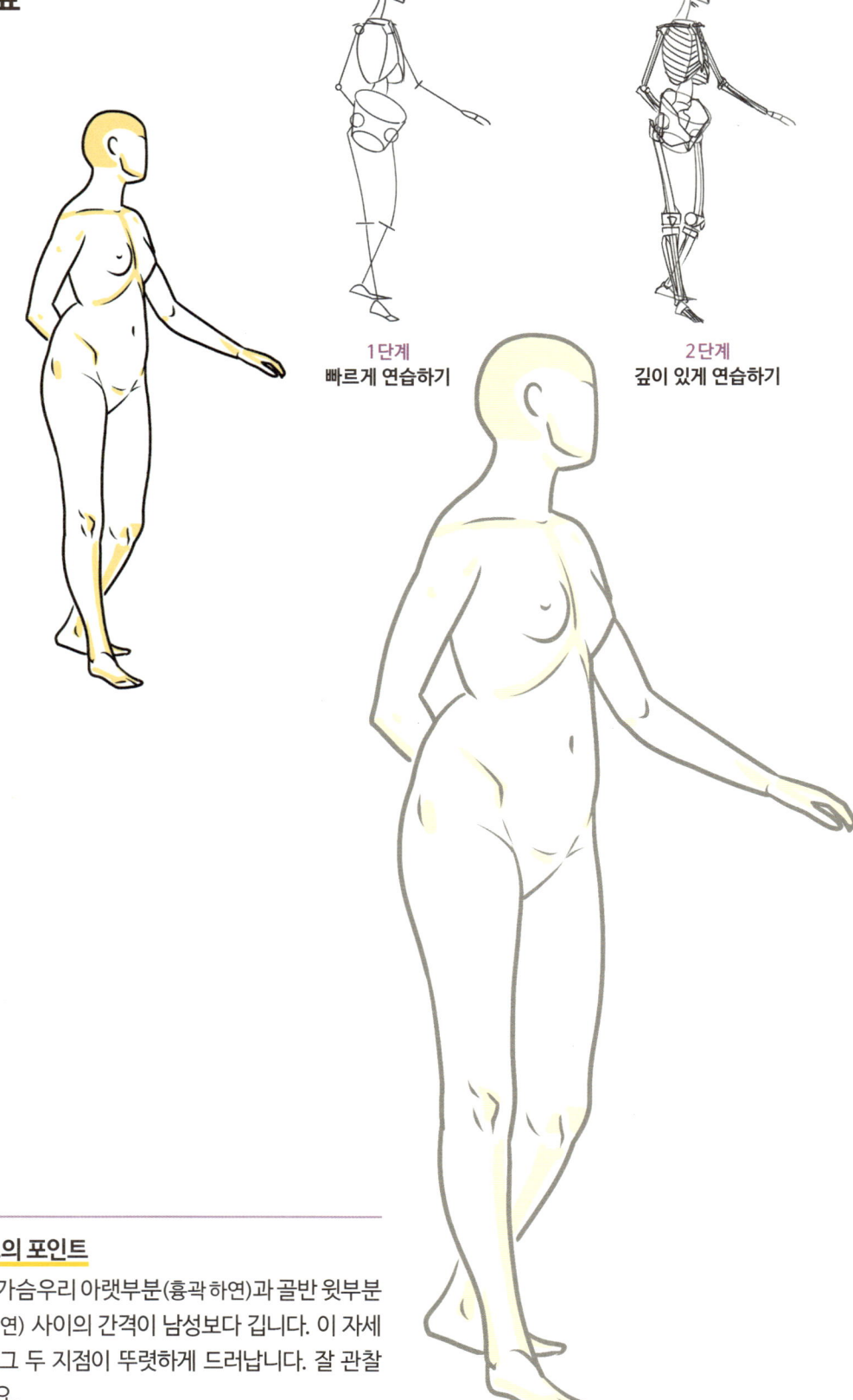

골격

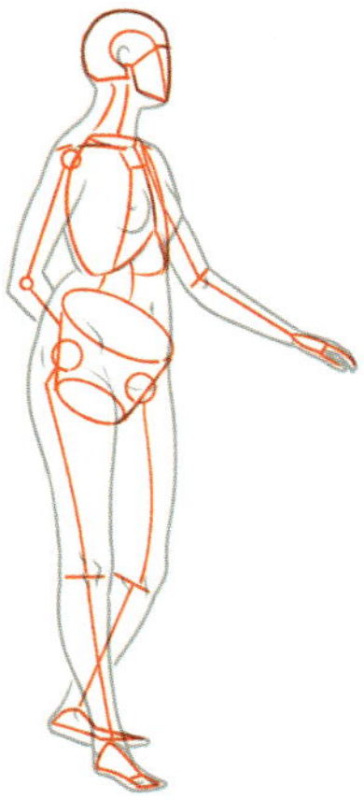

1단계
빠르게 연습하기

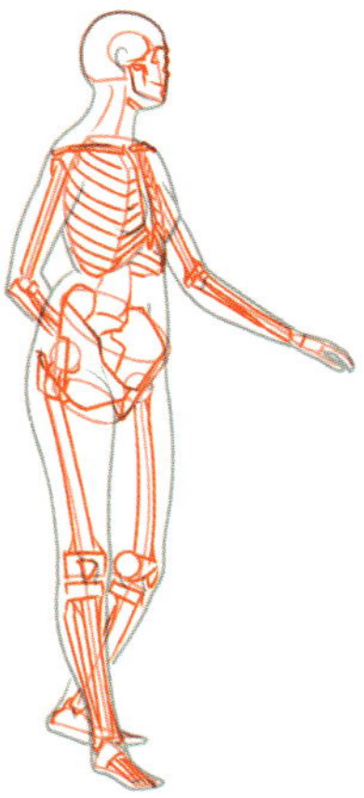

2단계
깊이 있게 연습하기

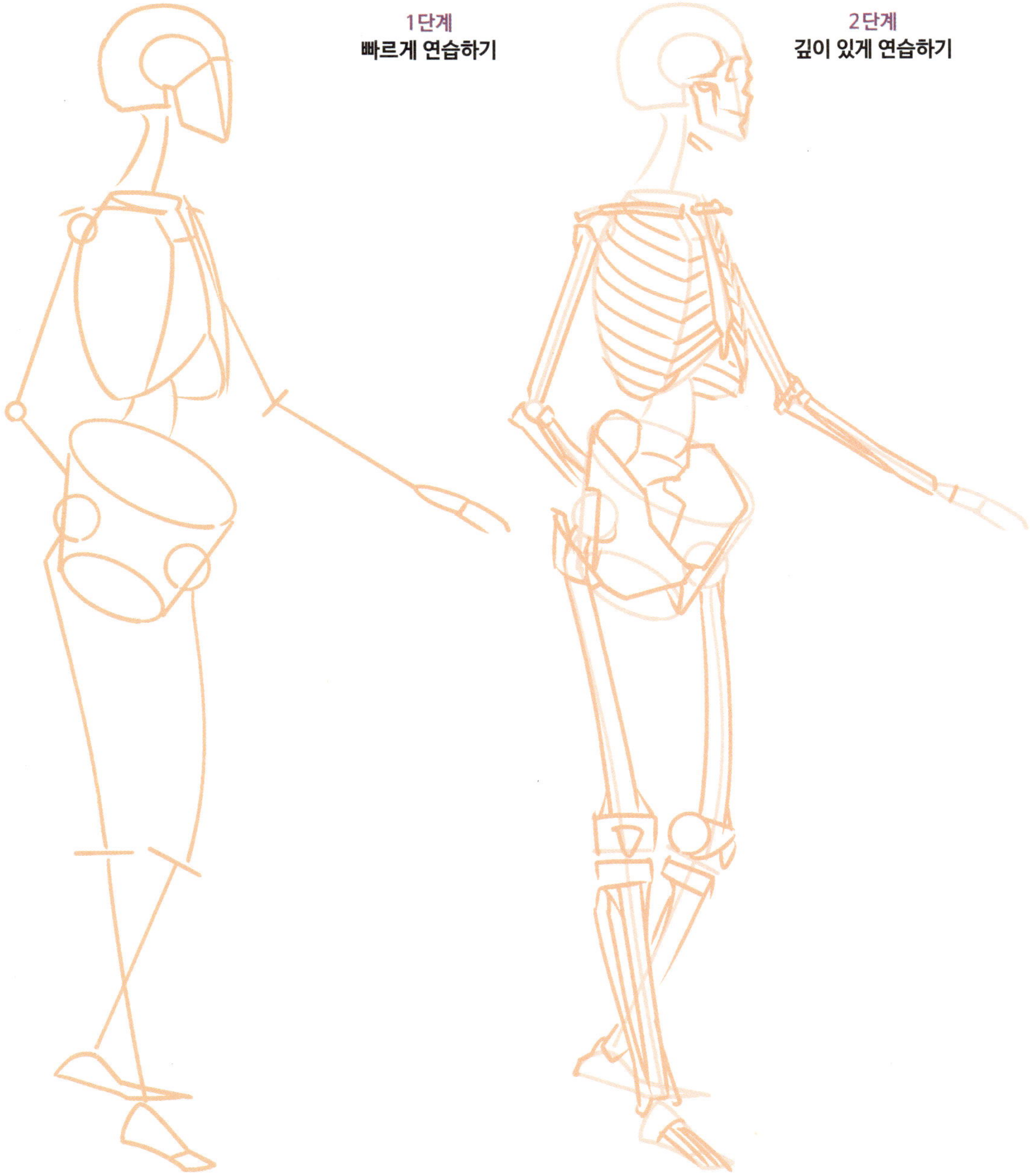

체표

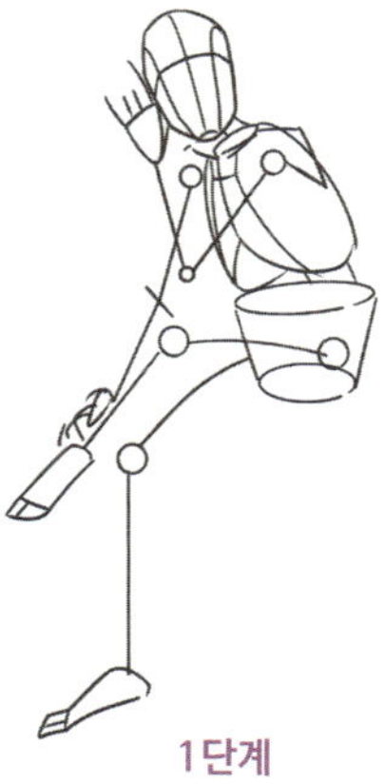

1단계
빠르게 연습하기

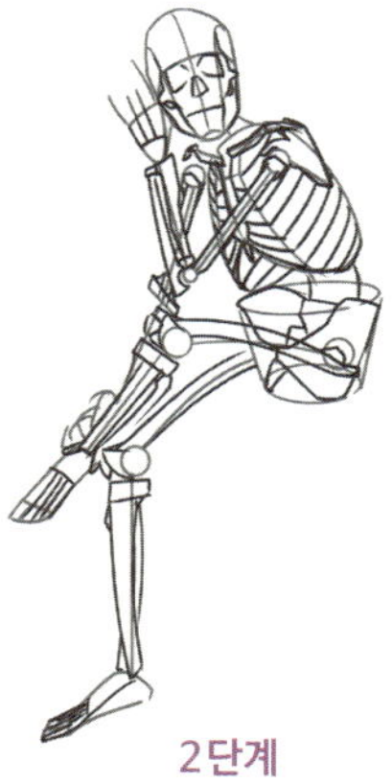

2단계
깊이 있게 연습하기

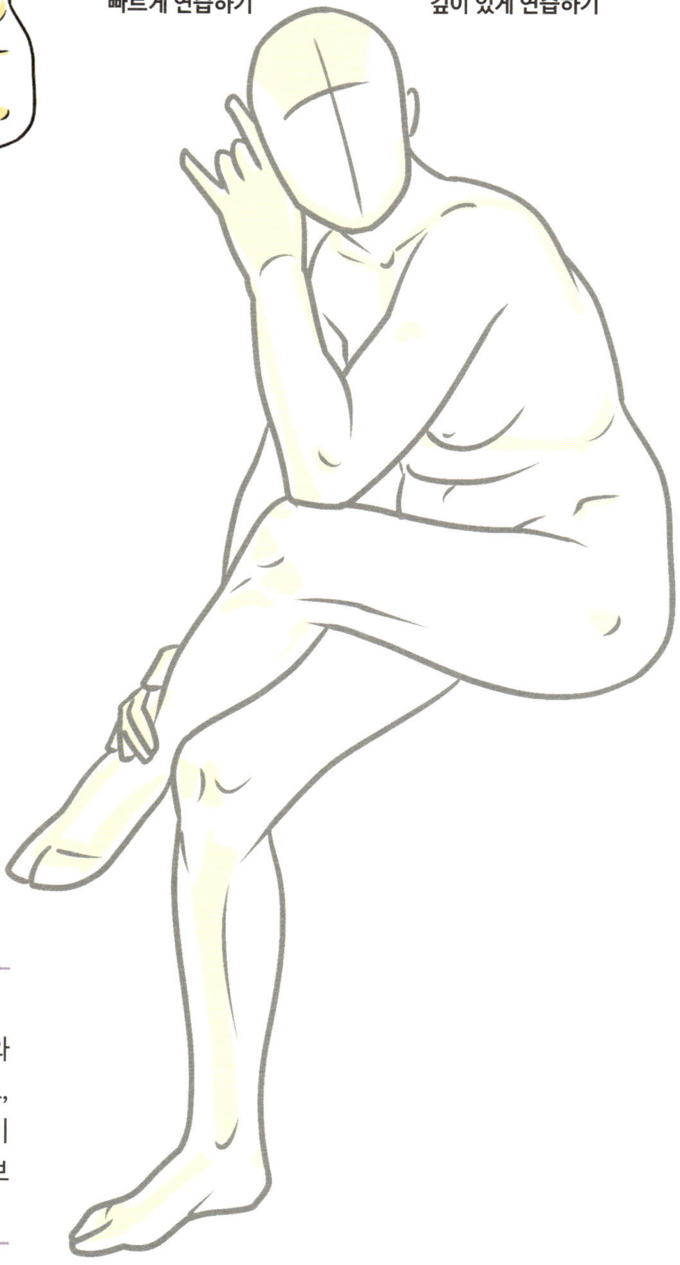

이 포즈의 포인트

앉은 채로 다리를 꼰 자세입니다. 팔꿈치와 무릎이 맞닿으면 상반신이 앞으로 기울고, 옆구리 부근에 삼각형처럼 보이는 공간이 생깁니다. 뒤편 팔꿈치 관절과 고관절은 보이지 않기 때문에 생략해도 괜찮습니다.

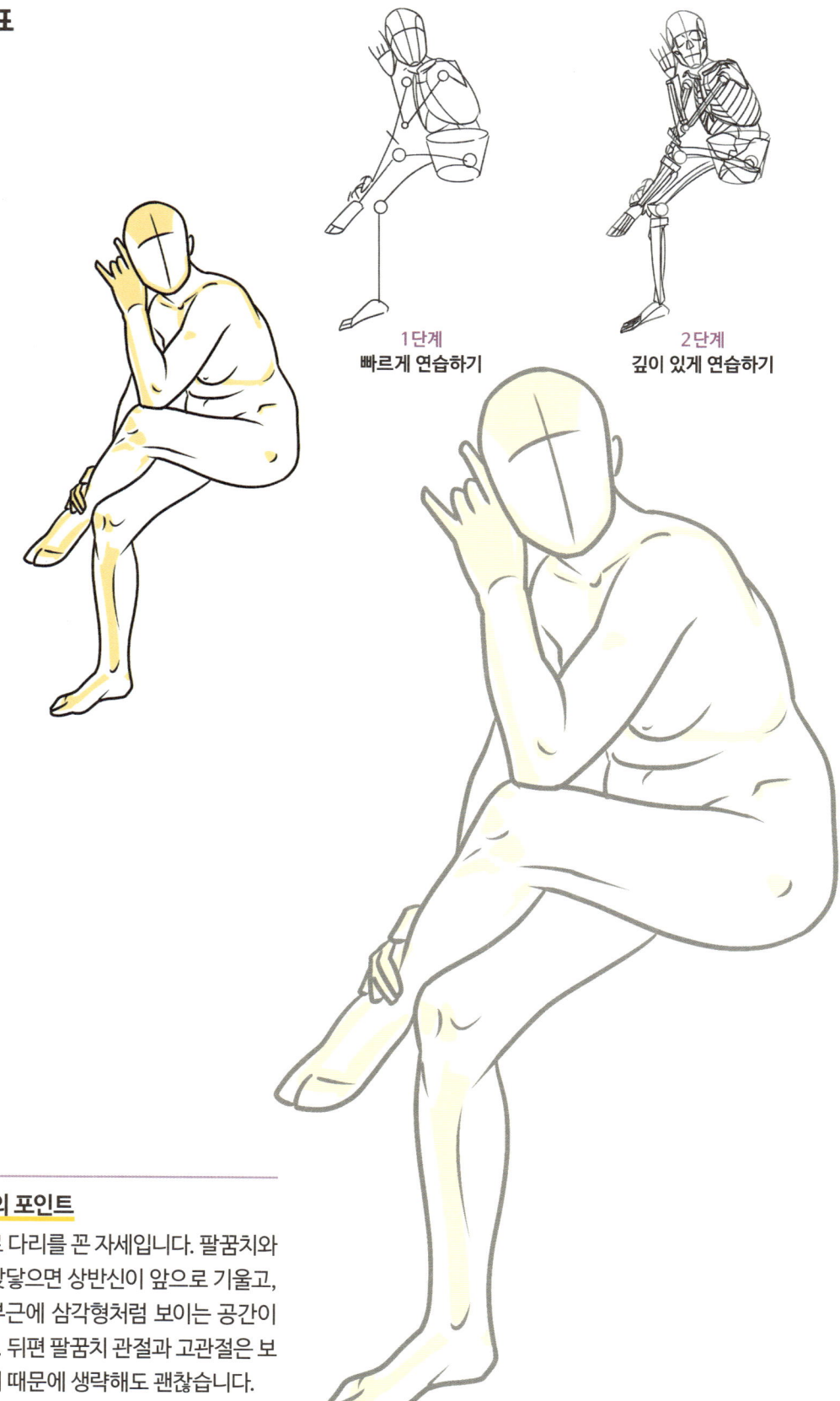

골격

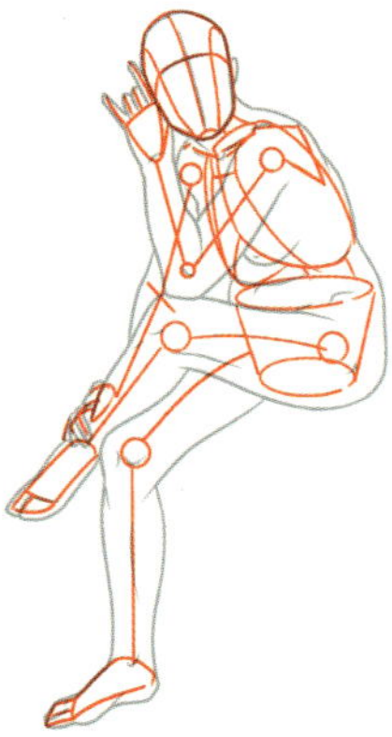

1단계
빠르게 연습하기

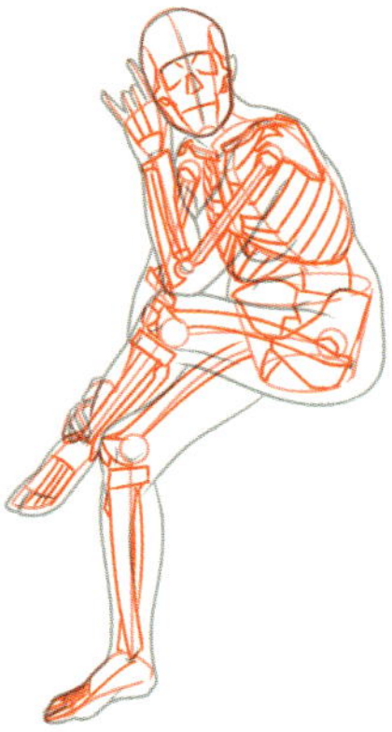

2단계
깊이 있게 연습하기

체표

1단계
빠르게 연습하기

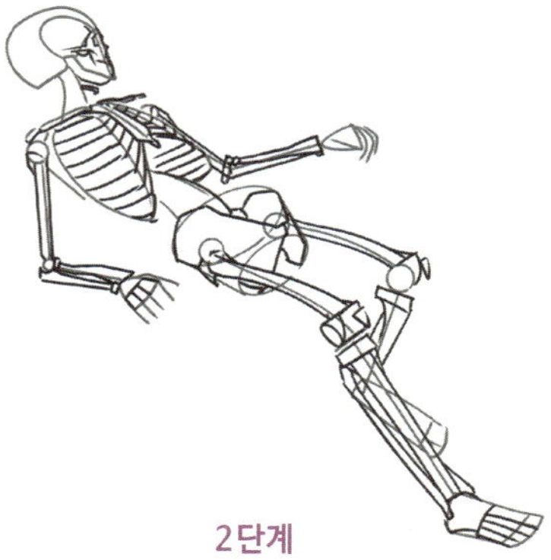

2단계
깊이 있게 연습하기

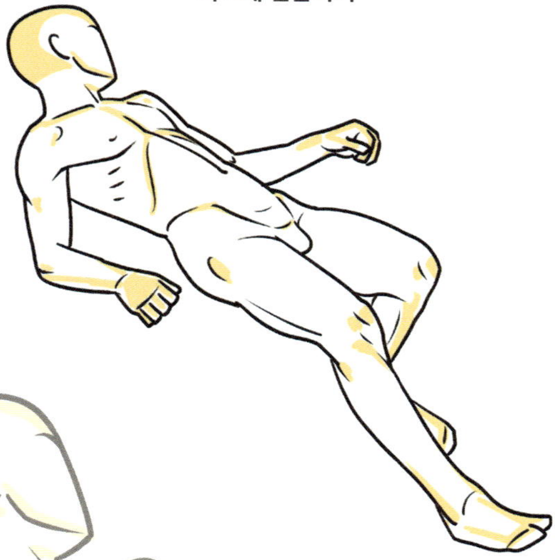

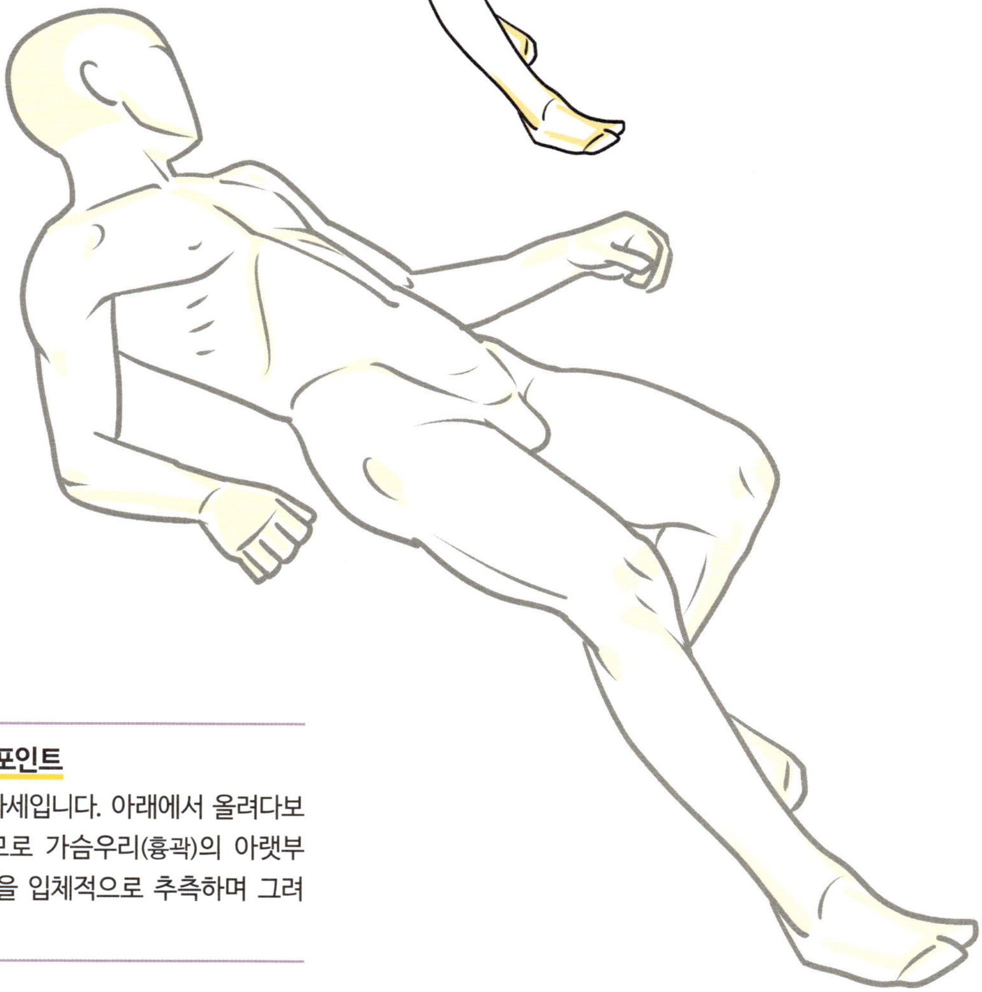

이 포즈의 포인트

드러누운 자세입니다. 아래에서 올려다보는 시점이므로 가슴우리(흉곽)의 아랫부분 형태 등을 입체적으로 추측하며 그려 보세요.

골격

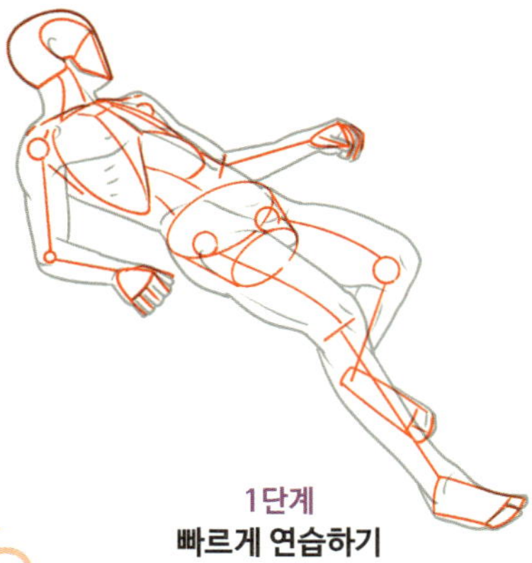

1단계
빠르게 연습하기

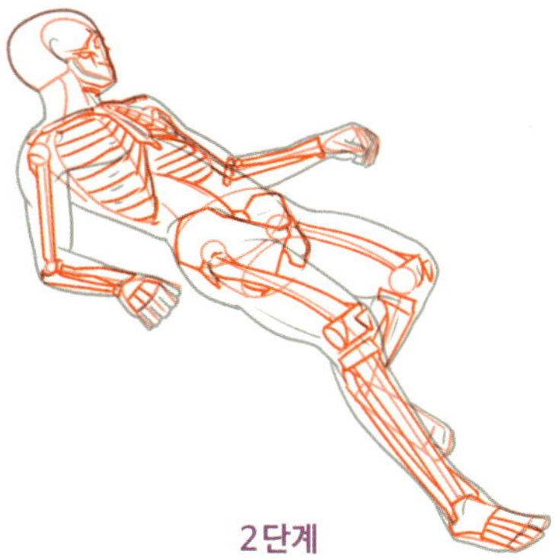

2단계
깊이 있게 연습하기

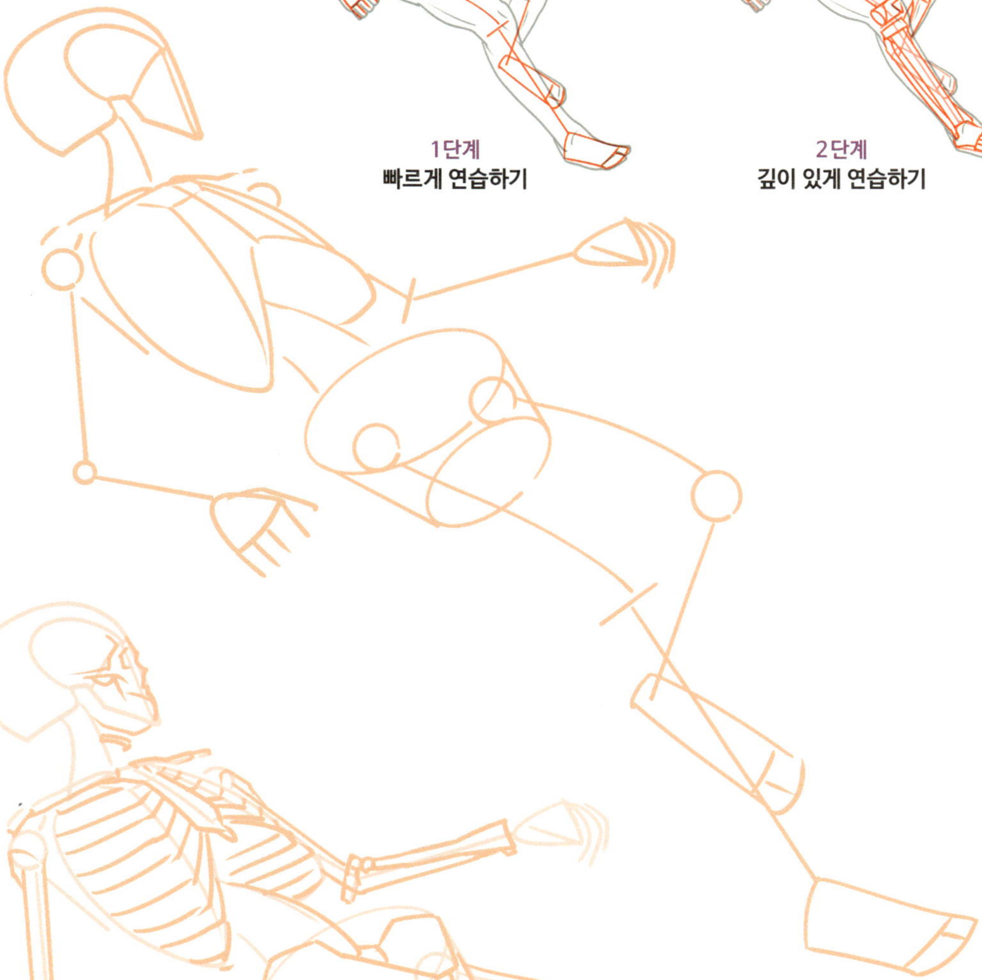

체표

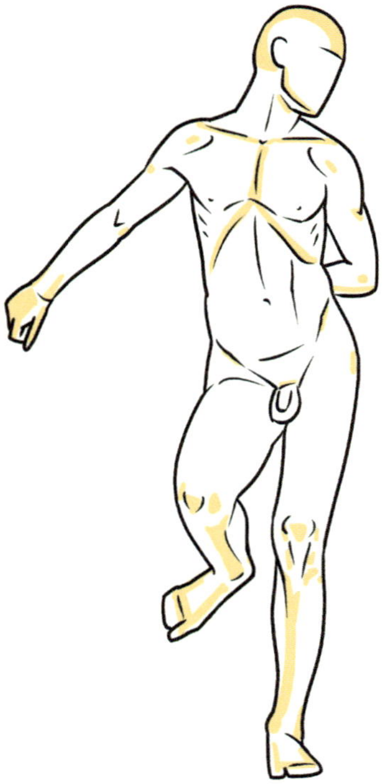

1단계
빠르게 연습하기

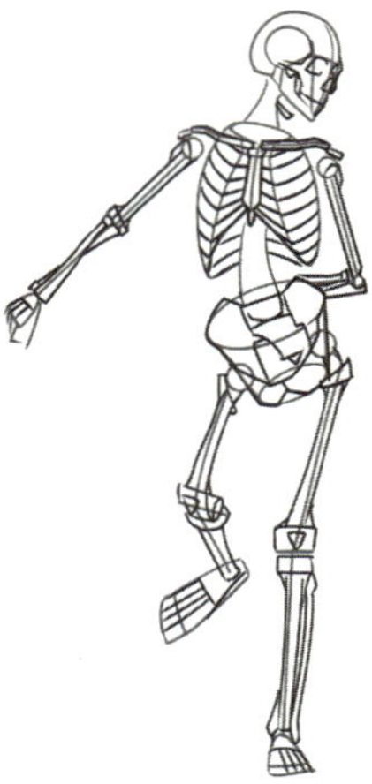

2단계
깊이 있게 연습하기

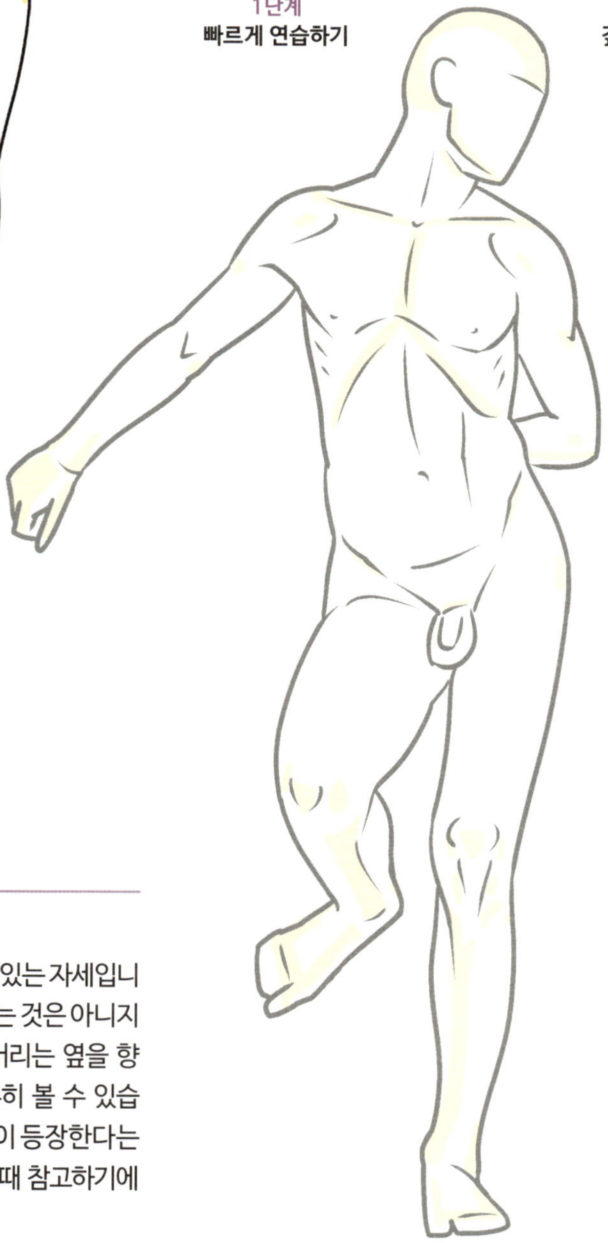

이 포즈의 포인트

한쪽 다리를 들어 올린 채 서 있는 자세입니다. 비단 이 자세에만 국한되는 것은 아니지만, 가슴은 정면을 향하고 머리는 옆을 향한 자세는 미술 작품에서 흔히 볼 수 있습니다. 이런 자세가 작품에 많이 등장한다는 것은, 포즈를 정하기 어려울 때 참고하기에 좋다는 뜻이기도 합니다.

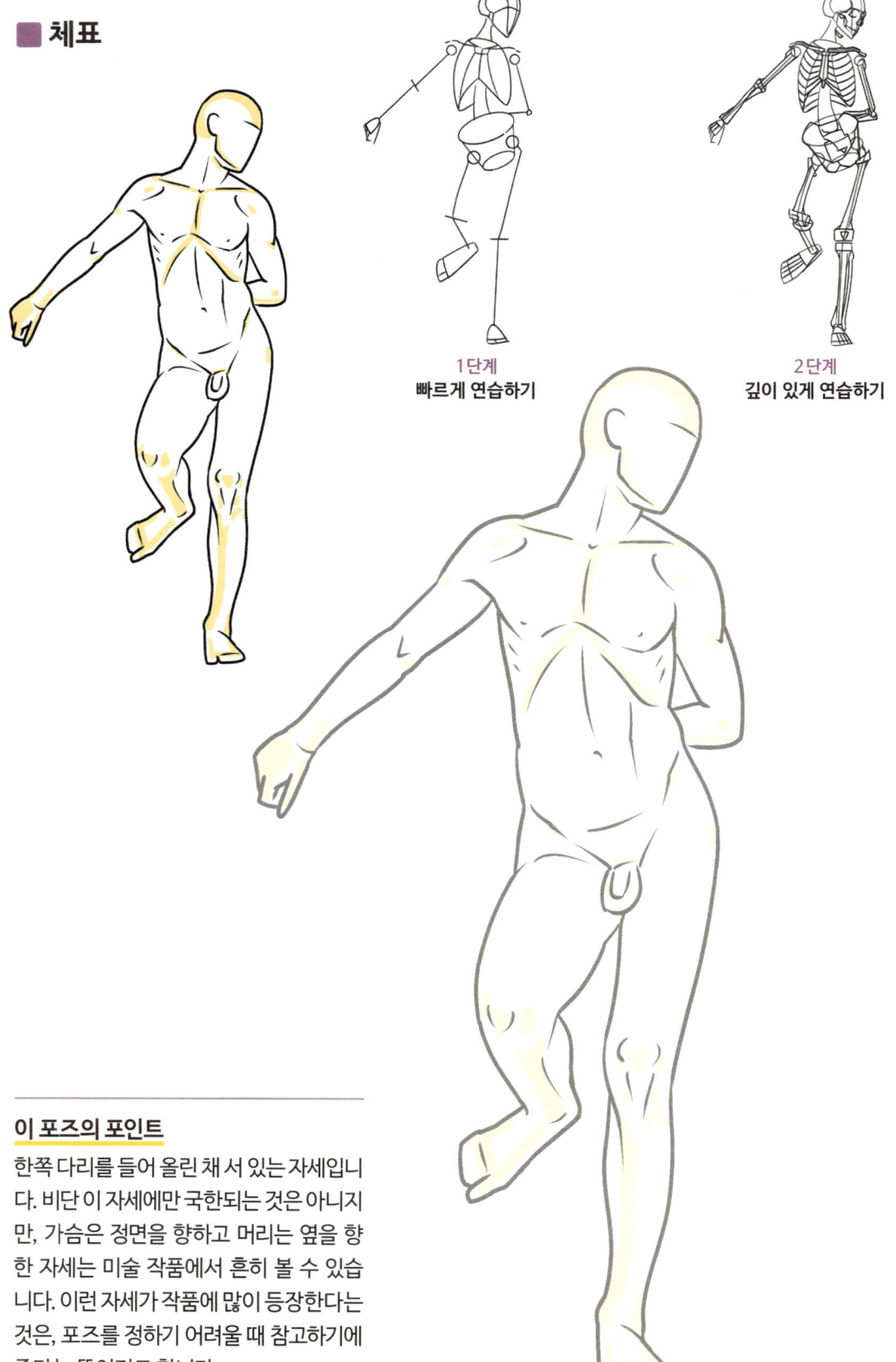

골격

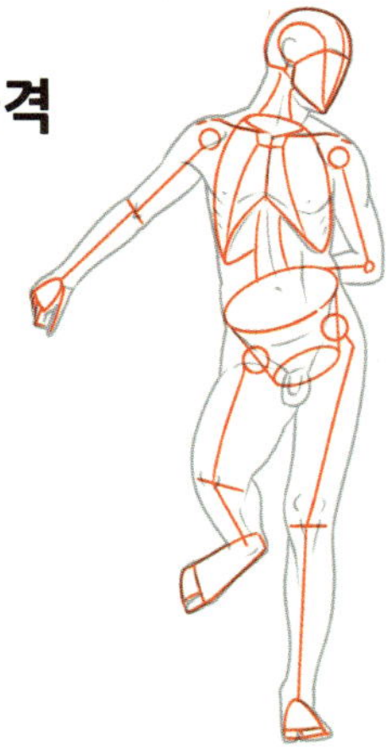

1단계
빠르게 연습하기

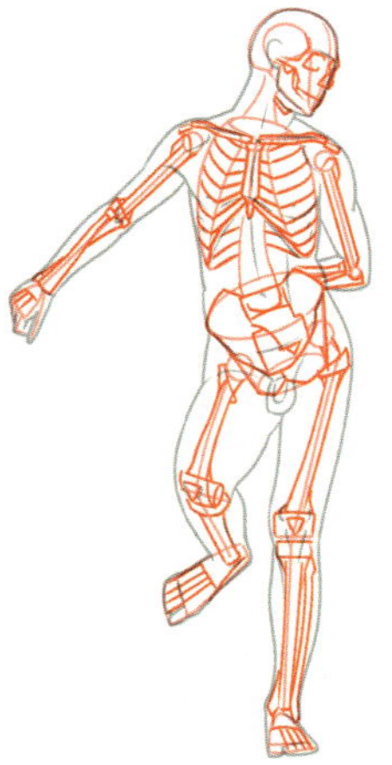

2단계
깊이 있게 연습하기

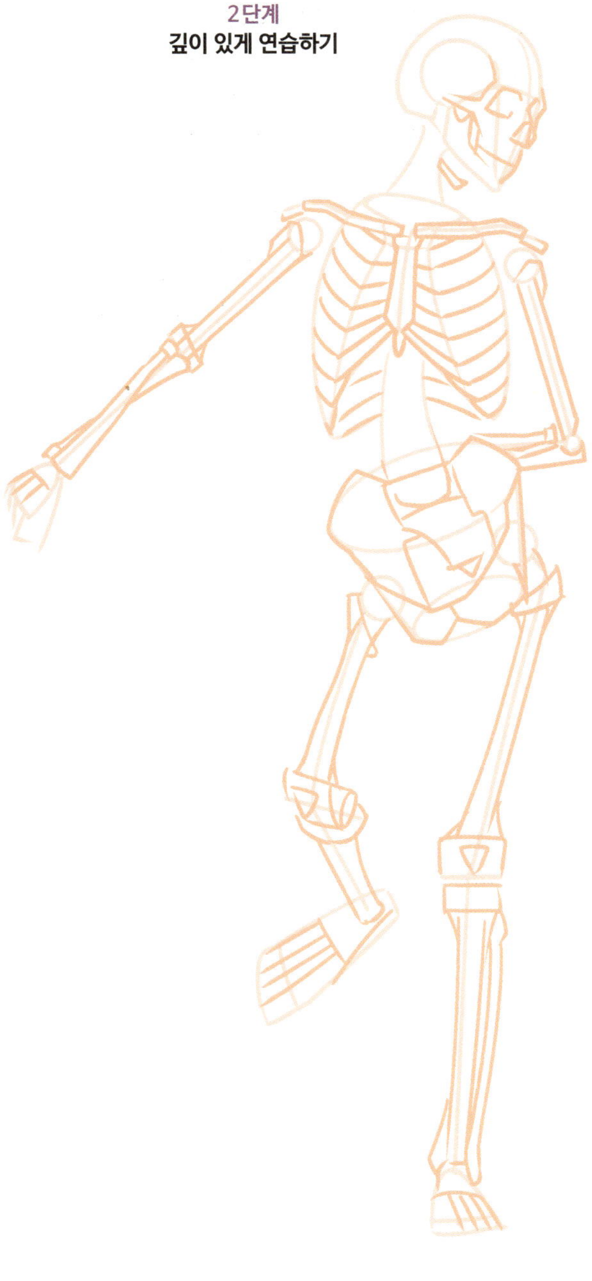

139

체표

1단계
빠르게 연습하기

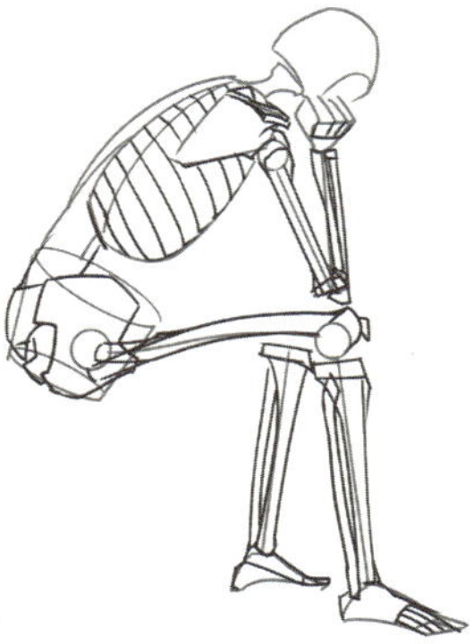

2단계
깊이 있게 연습하기

이 포즈의 포인트

무릎 위에 팔꿈치를 올리고 앉은 자세입니다. 위팔, 허벅지, 몸통이 만들어내는 삼각형 모양의 공간이 인상적입니다. 신체 형태에만 집중하기 쉽지만, 이처럼 신체 부위들이 만들어내는 '공간의 형태'에도 주의를 기울여 보세요.

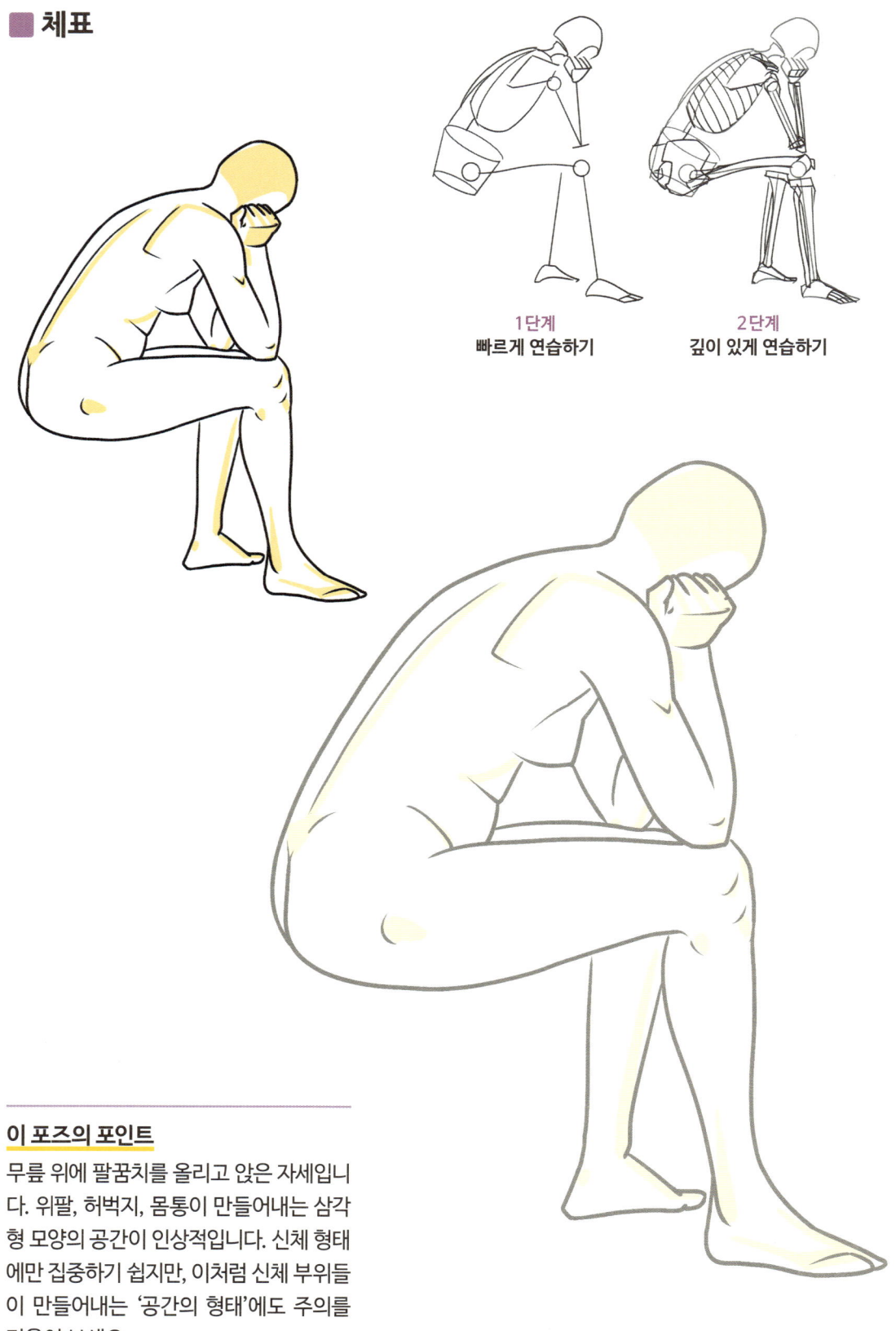

골격

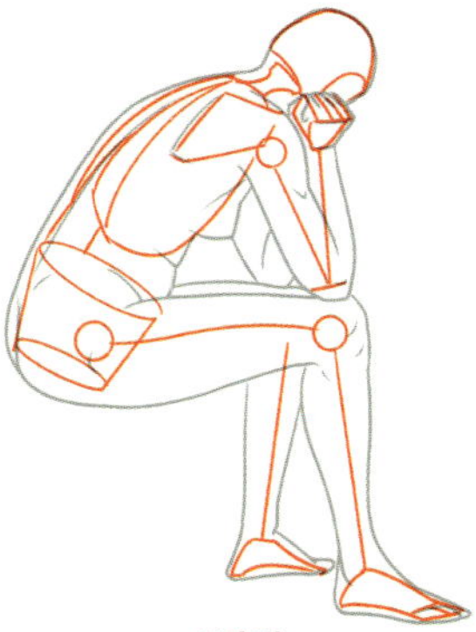

1단계
빠르게 연습하기

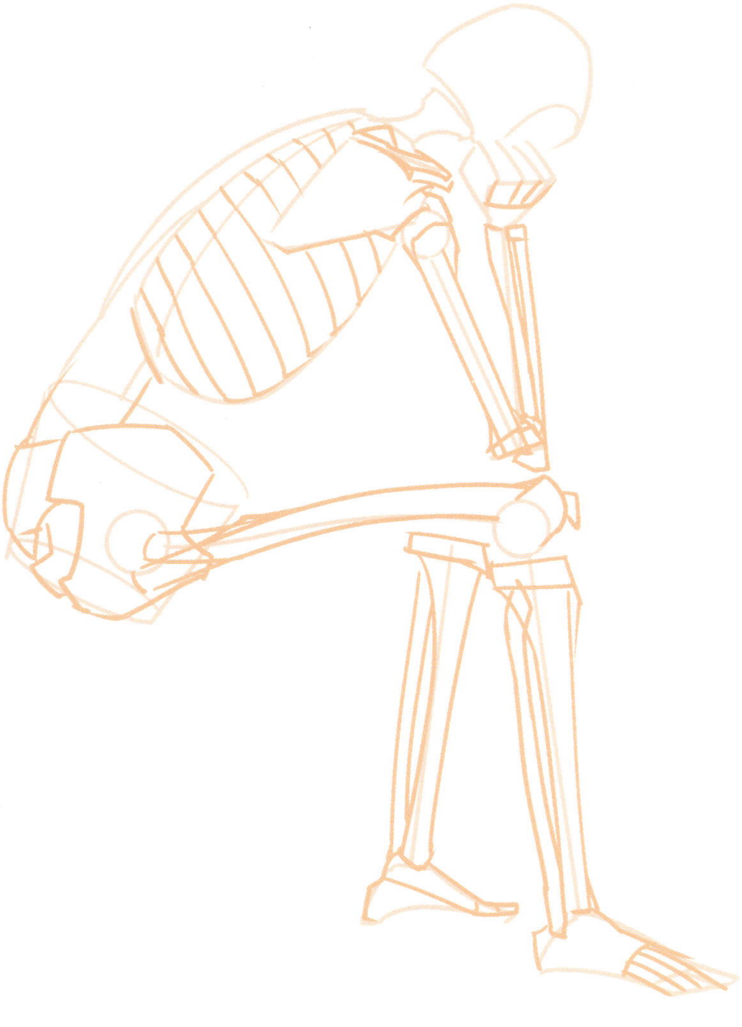

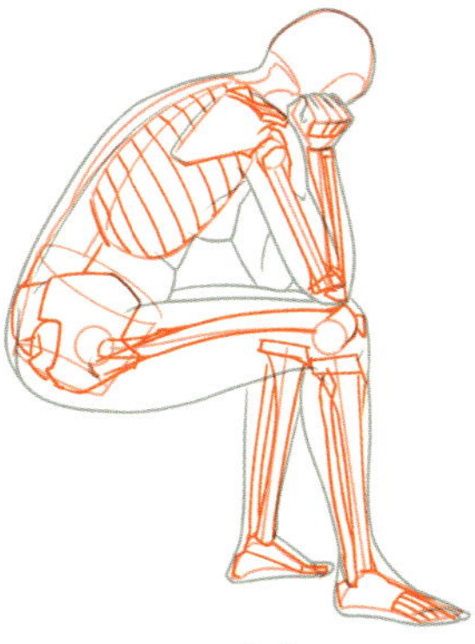

2단계
깊이 있게 연습하기

140

체표

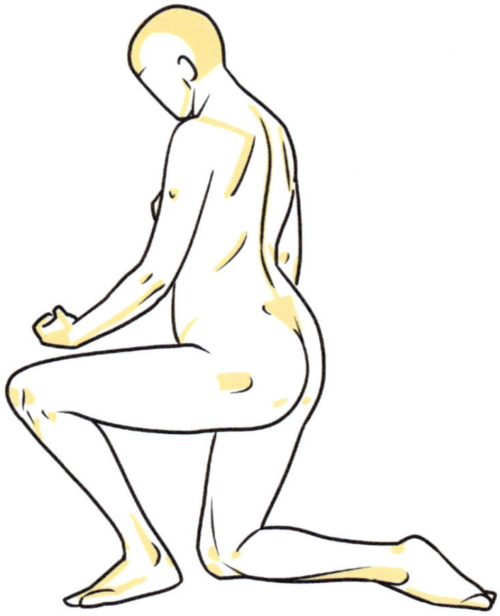

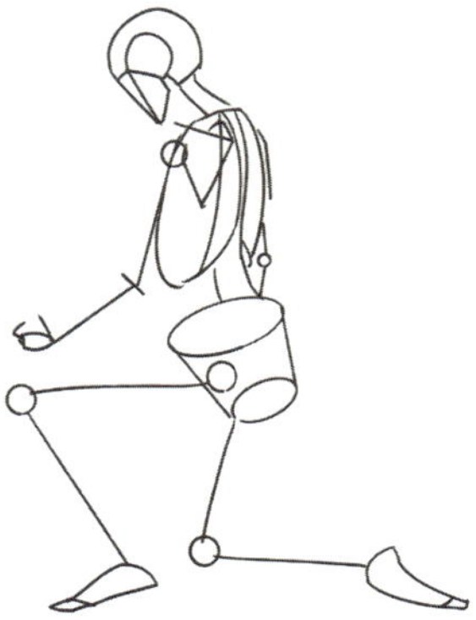

1단계
빠르게 연습하기

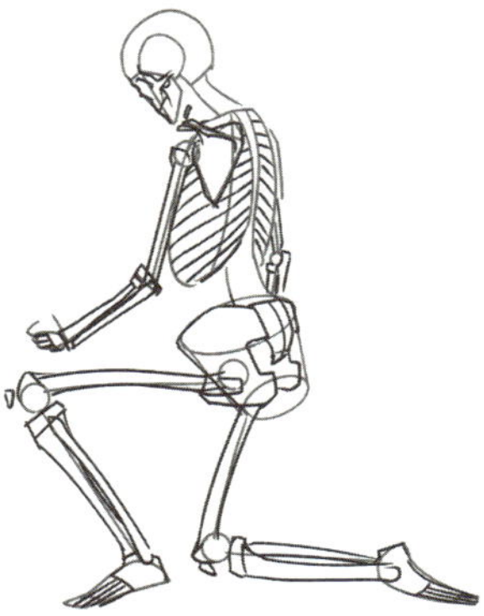

2단계
깊이 있게 연습하기

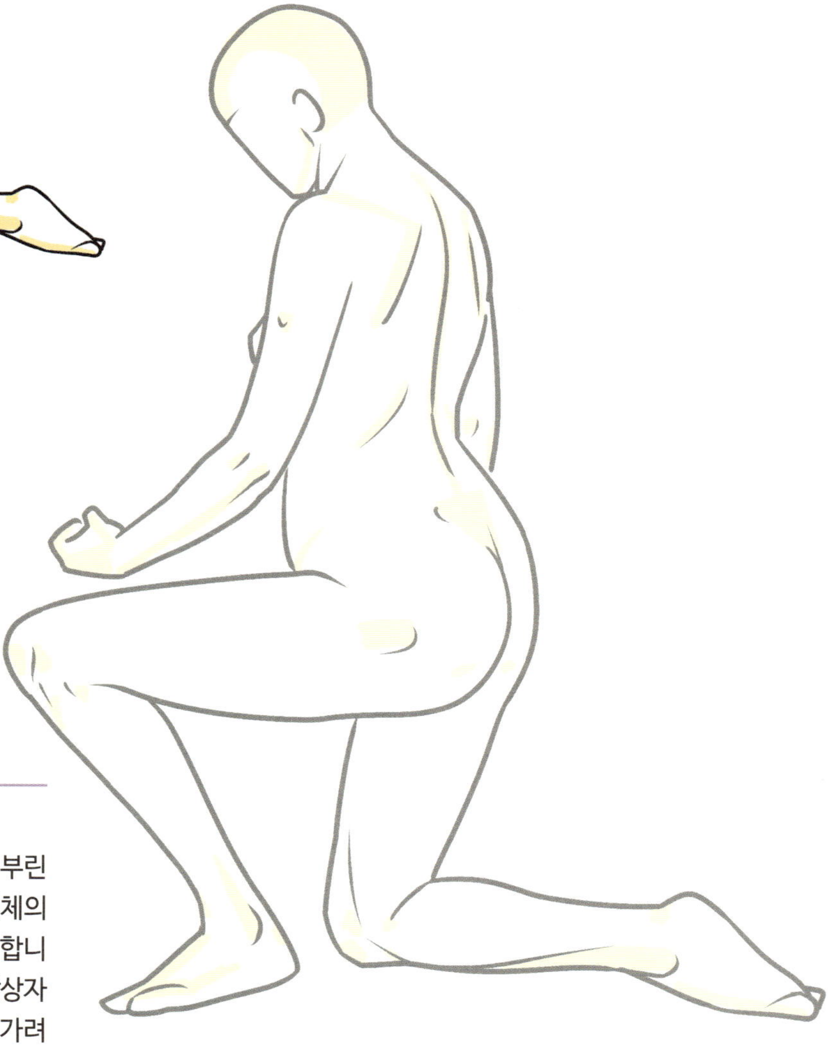

이 포즈의 포인트

한쪽 무릎을 세운 자세입니다. 구부린 팔과 다리가 이루는 선은 화면 전체의 구도를 구성하는 기준선이 되기도 합니다. 조각상의 시선과 마찬가지로, 감상자의 시선을 유도하는 흐름이 됩니다. 가려진 손은 보이지 않으므로 생략해도 괜찮습니다.

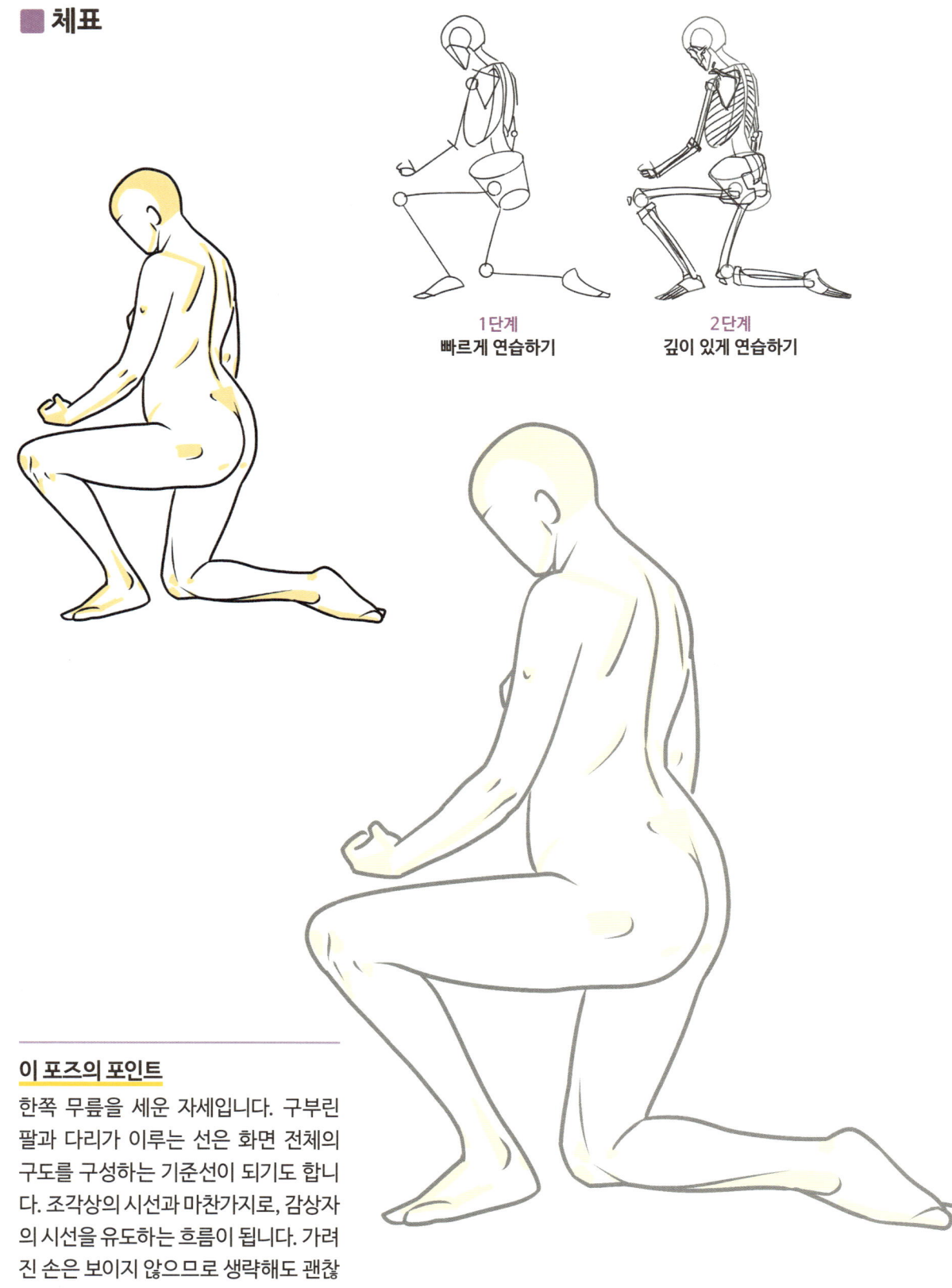

골격

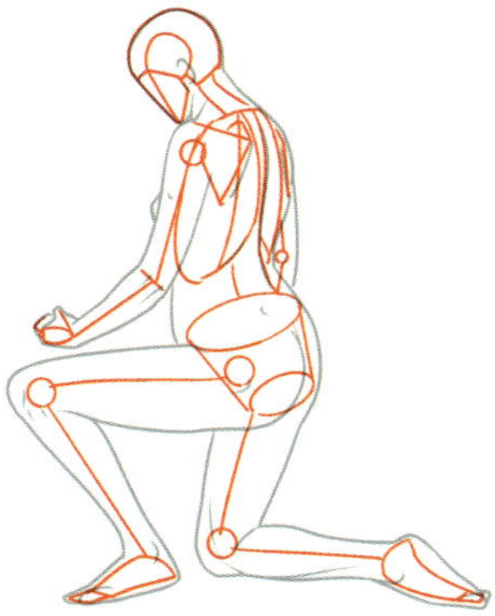

1단계
빠르게 연습하기

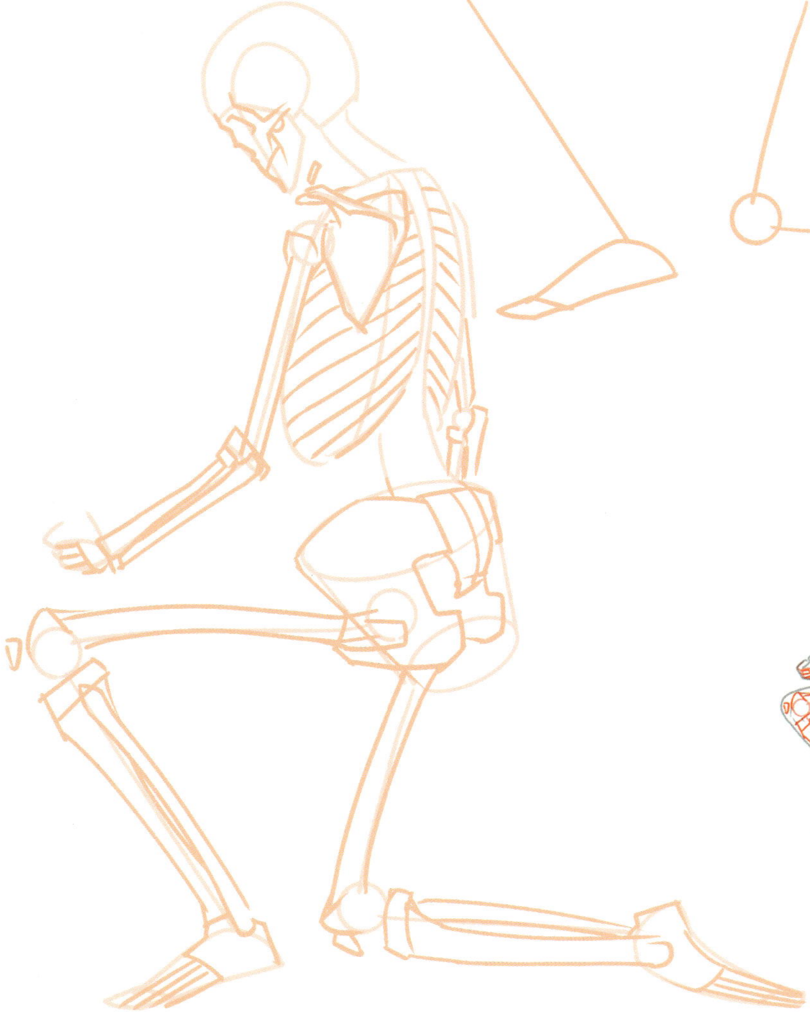

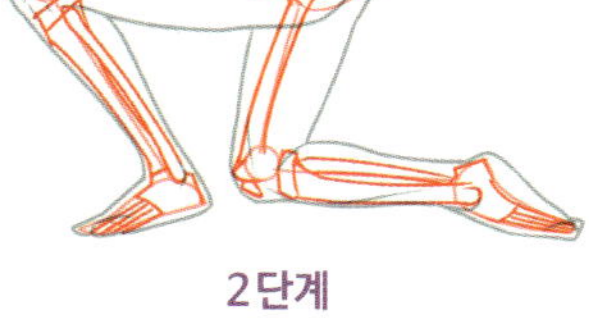

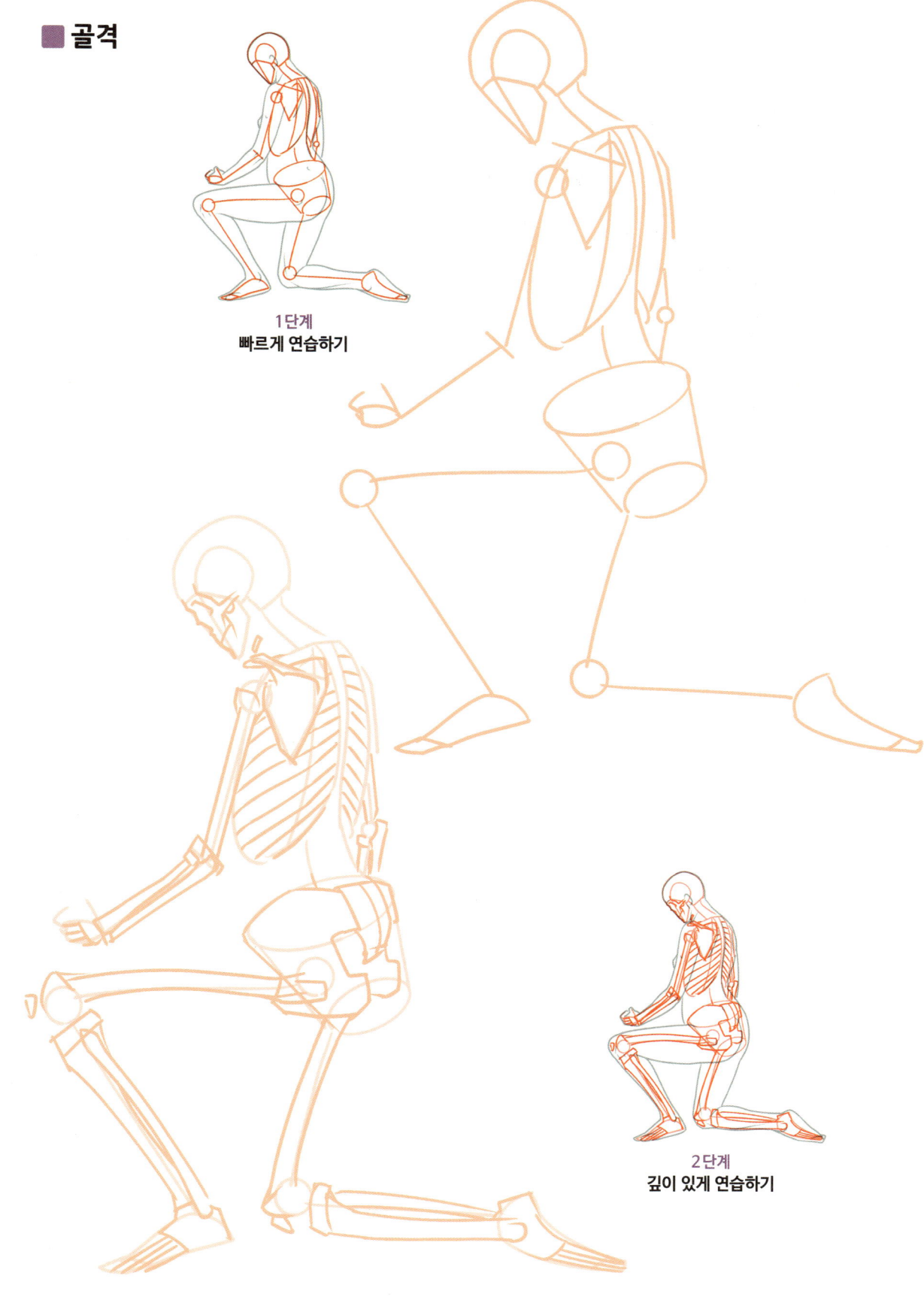

2단계
깊이 있게 연습하기

체표

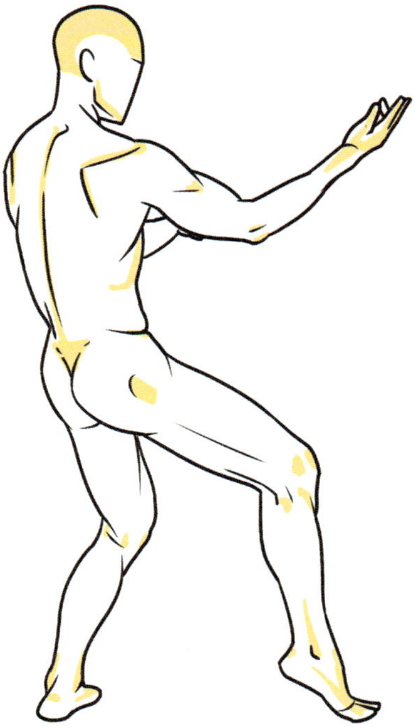

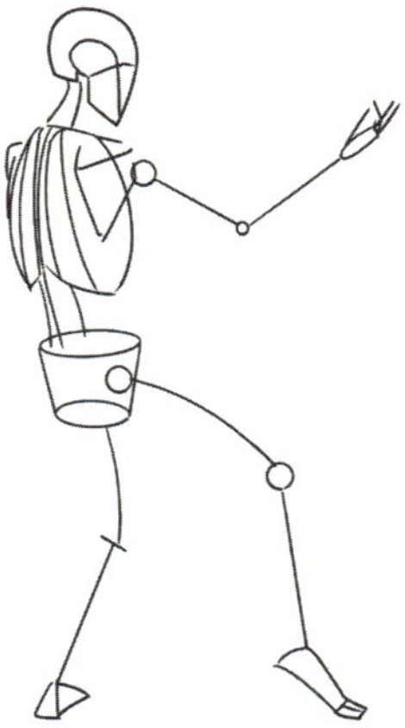

1단계
빠르게 연습하기

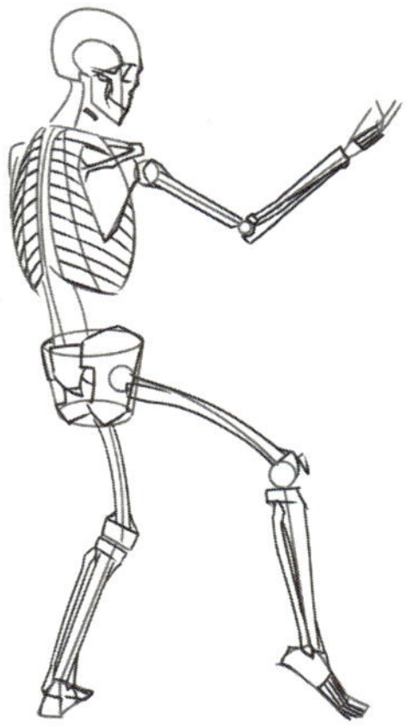

2단계
깊이 있게 연습하기

이 포즈의 포인트

쿵후 자세를 취한 포즈입니다. 서양의 고전 미술에서는 잘 다루지 않지만, 게임이나 애니메이션, 만화 등에는 자주 등장하는 동작입니다.

골격

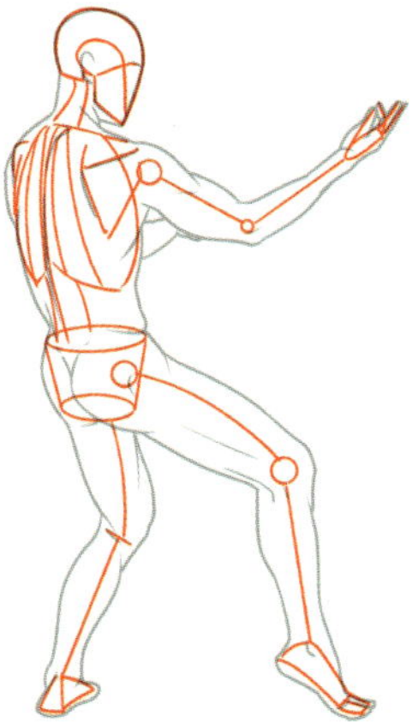

1단계
빠르게 연습하기

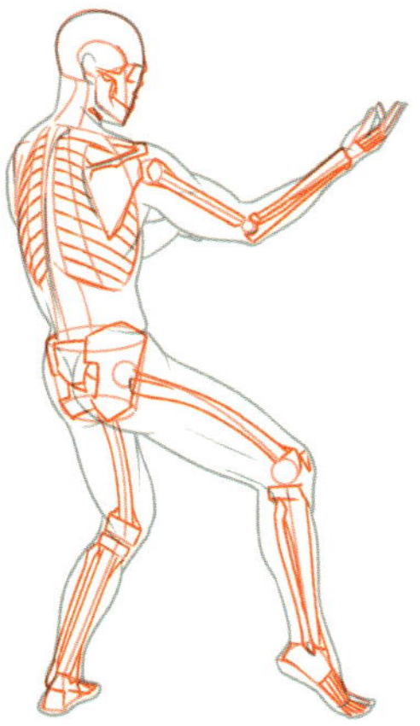

2단계
깊이 있게 연습하기

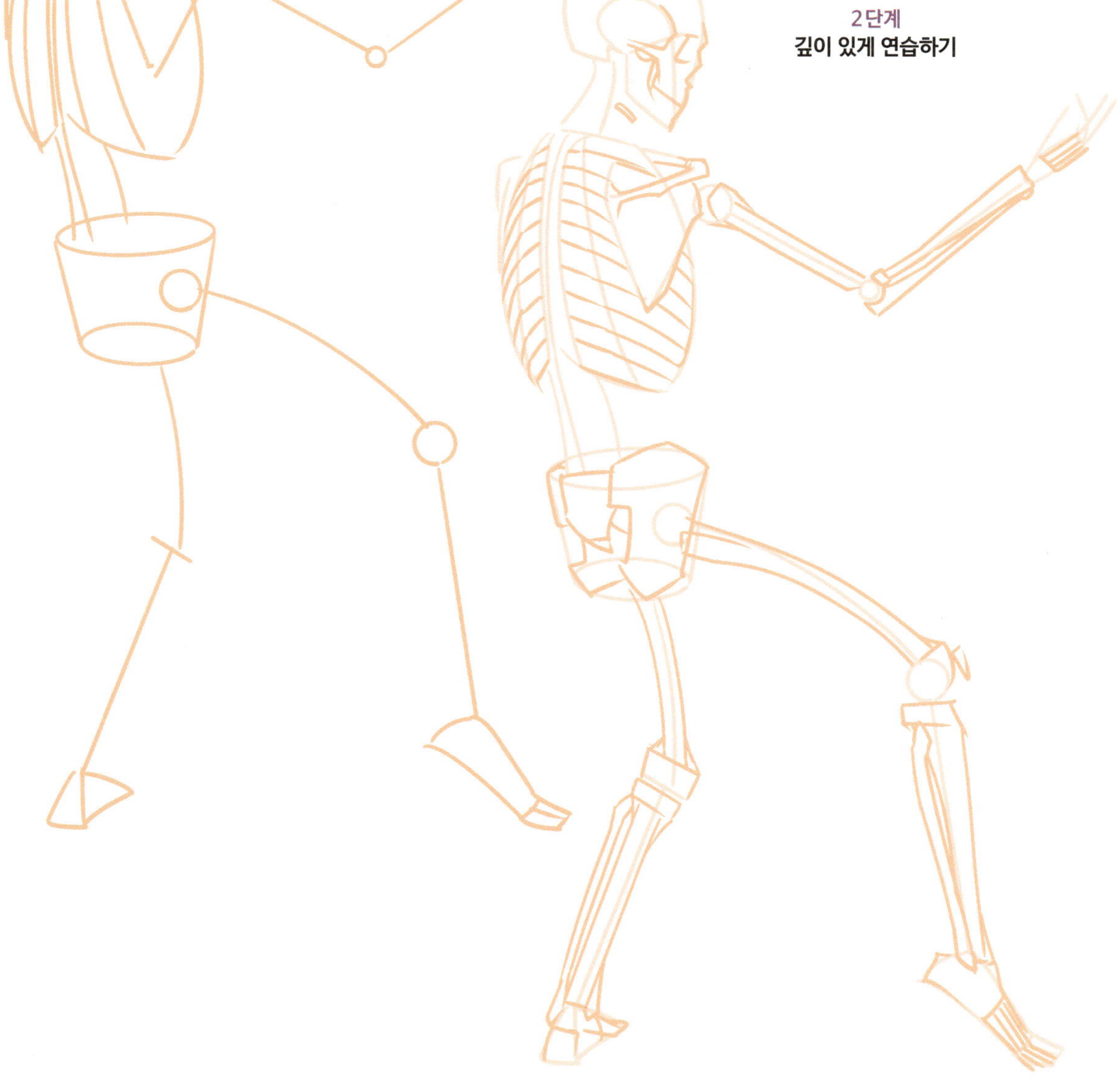

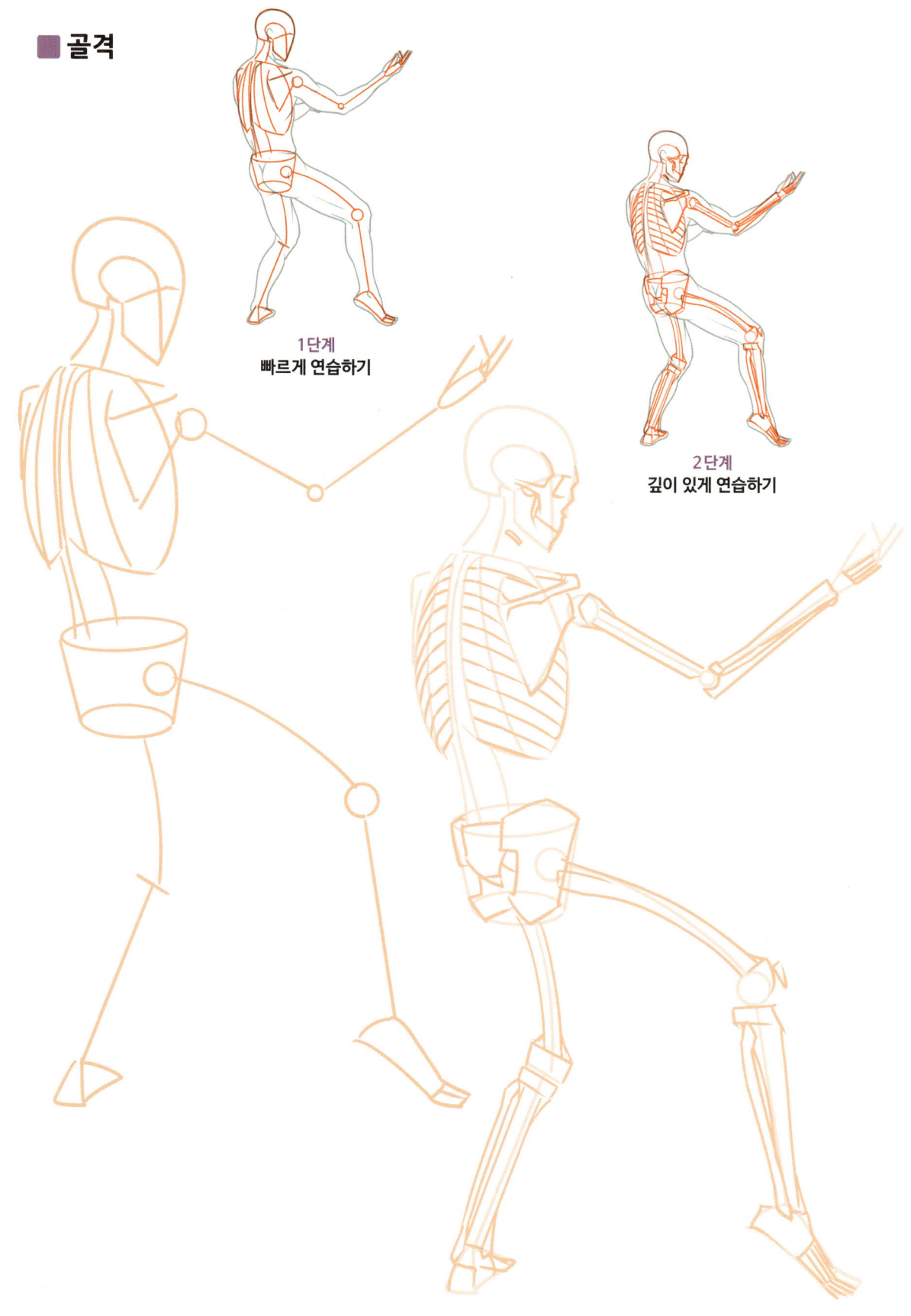

체표

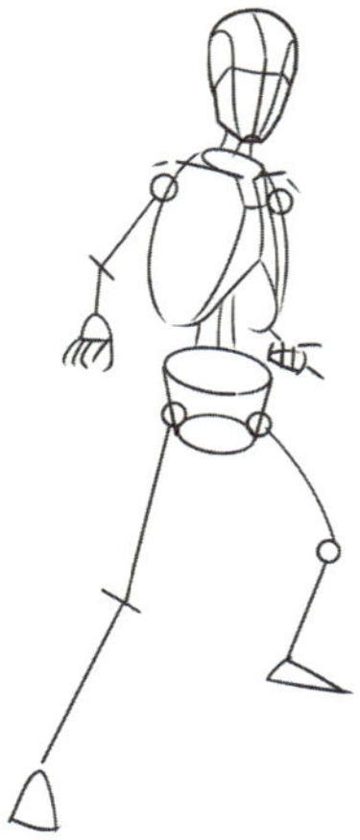

1단계
빠르게 연습하기

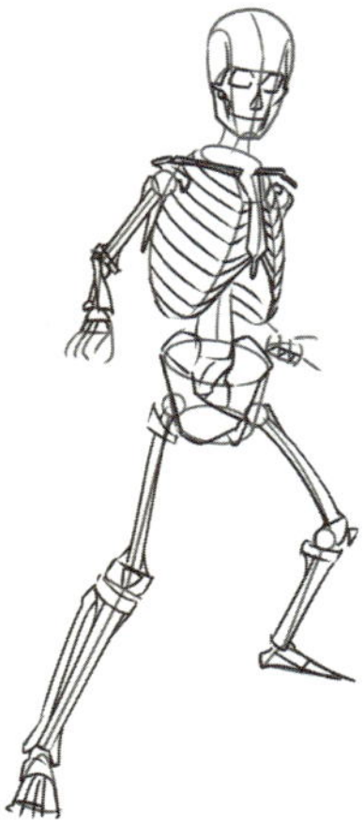

2단계
깊이 있게 연습하기

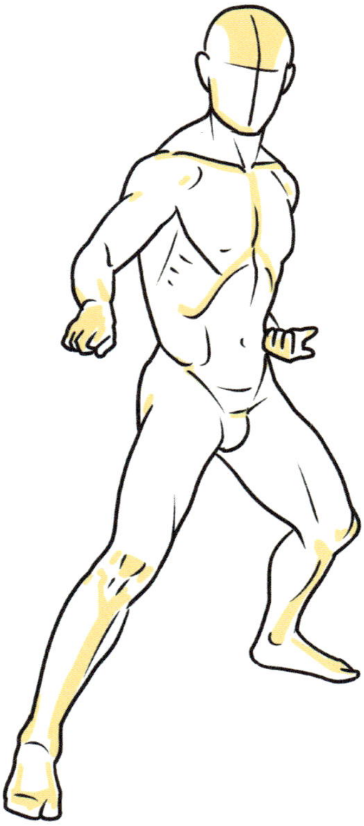

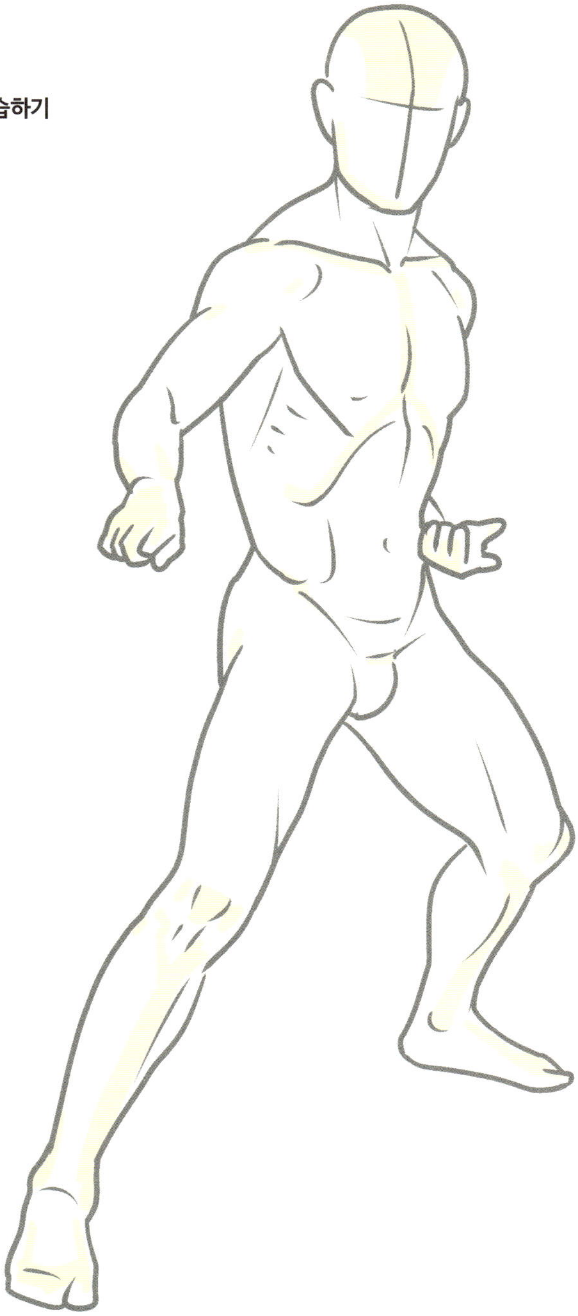

이 포즈의 포인트

몸을 반쯤 뒤로 뺀 자세여서 정면에서 보이는 신체 면적이 줄어듭니다. 몸에 가려 보이지 않는 팔은 형태를 추측하기 어렵다면 생략해도 무방합니다. 이렇게 팔을 가리는 것은 다음 동작을 예측하기 어렵게 하려는 실용적인 목적도 있습니다.

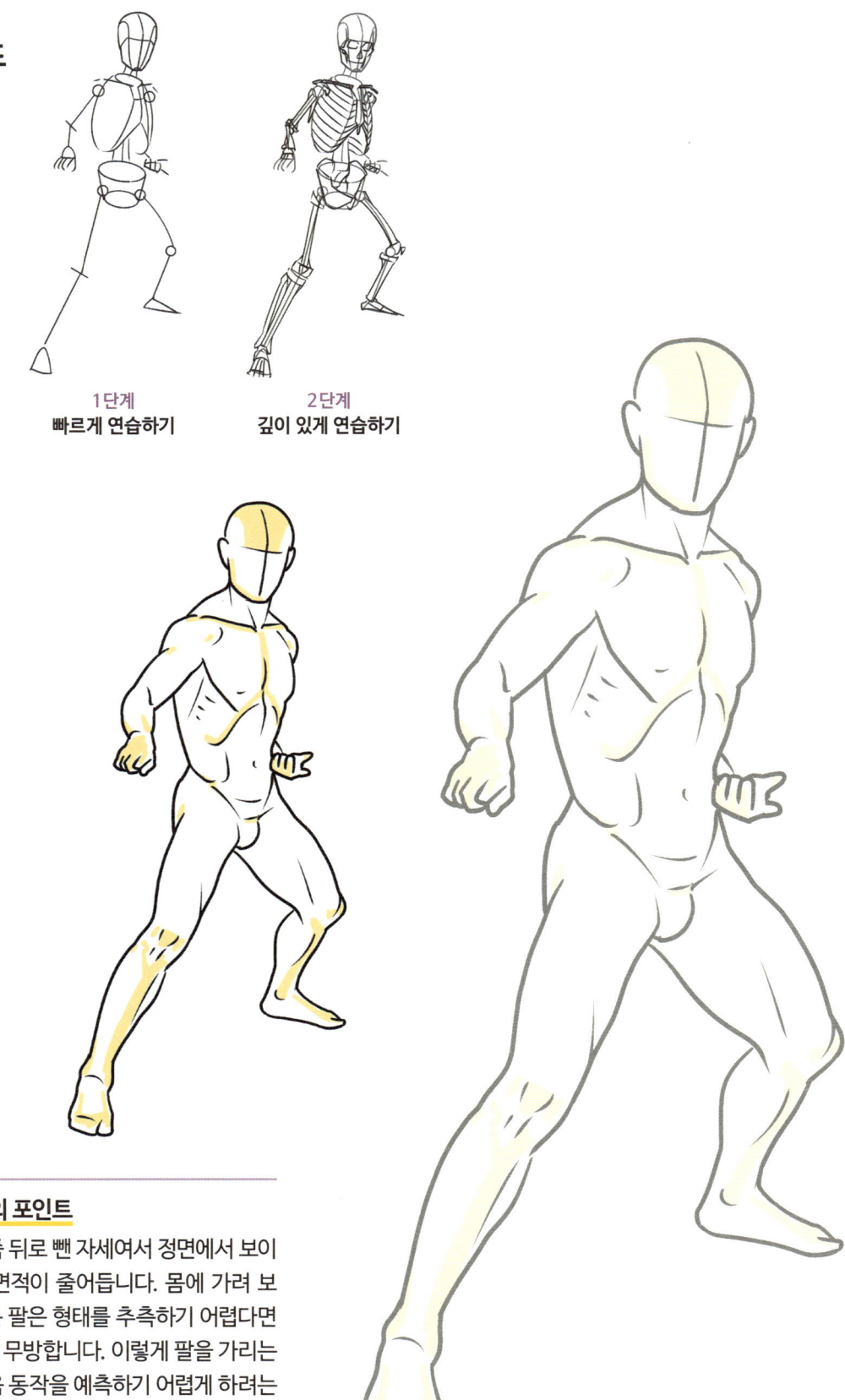

골격

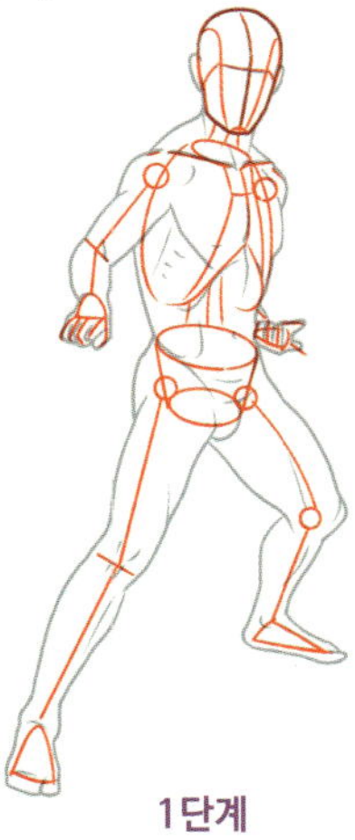

1단계
빠르게 연습하기

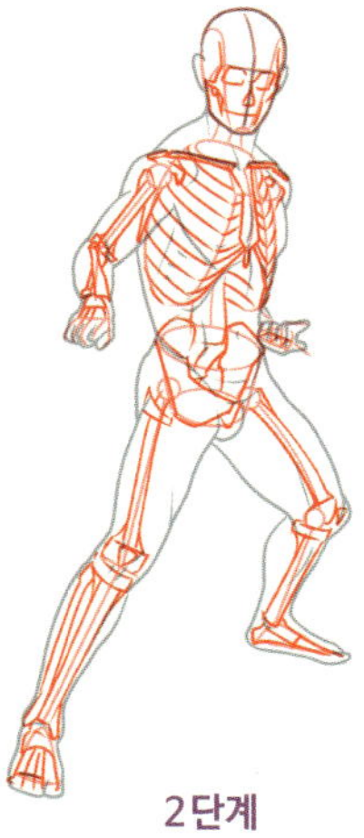

2단계
깊이 있게 연습하기

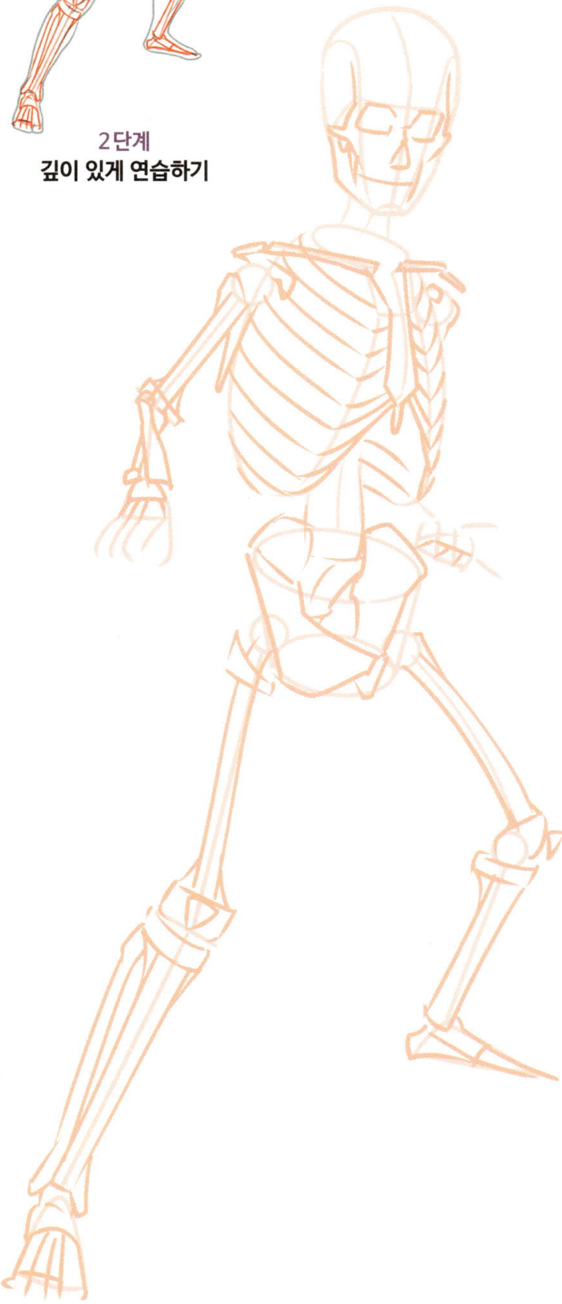

143

체표

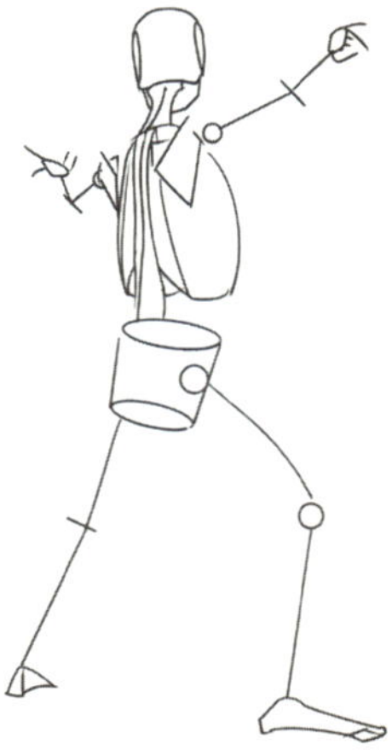

1단계
빠르게 연습하기

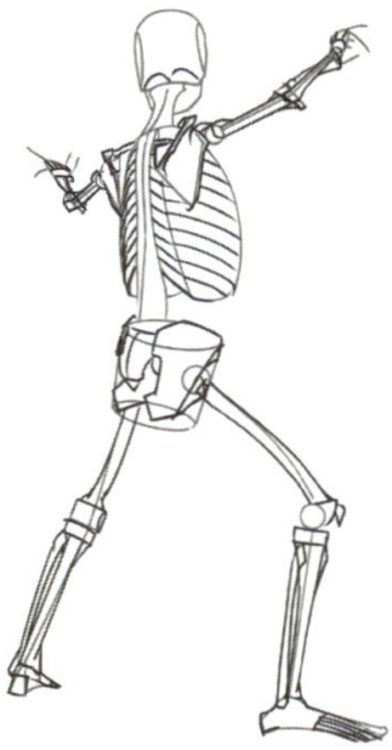

2단계
깊이 있게 연습하기

이 포즈의 포인트

전투 장면에서는 적에게 등을 보이지 않는 것이 일반적이지만, 아군을 보호하는 장면에서는 등을 드러낸 자세가 등장하기도 합니다. 이 그림은 약간 아래에서 올려다보는 시점의 참고 자료를 바탕으로 그렸습니다.

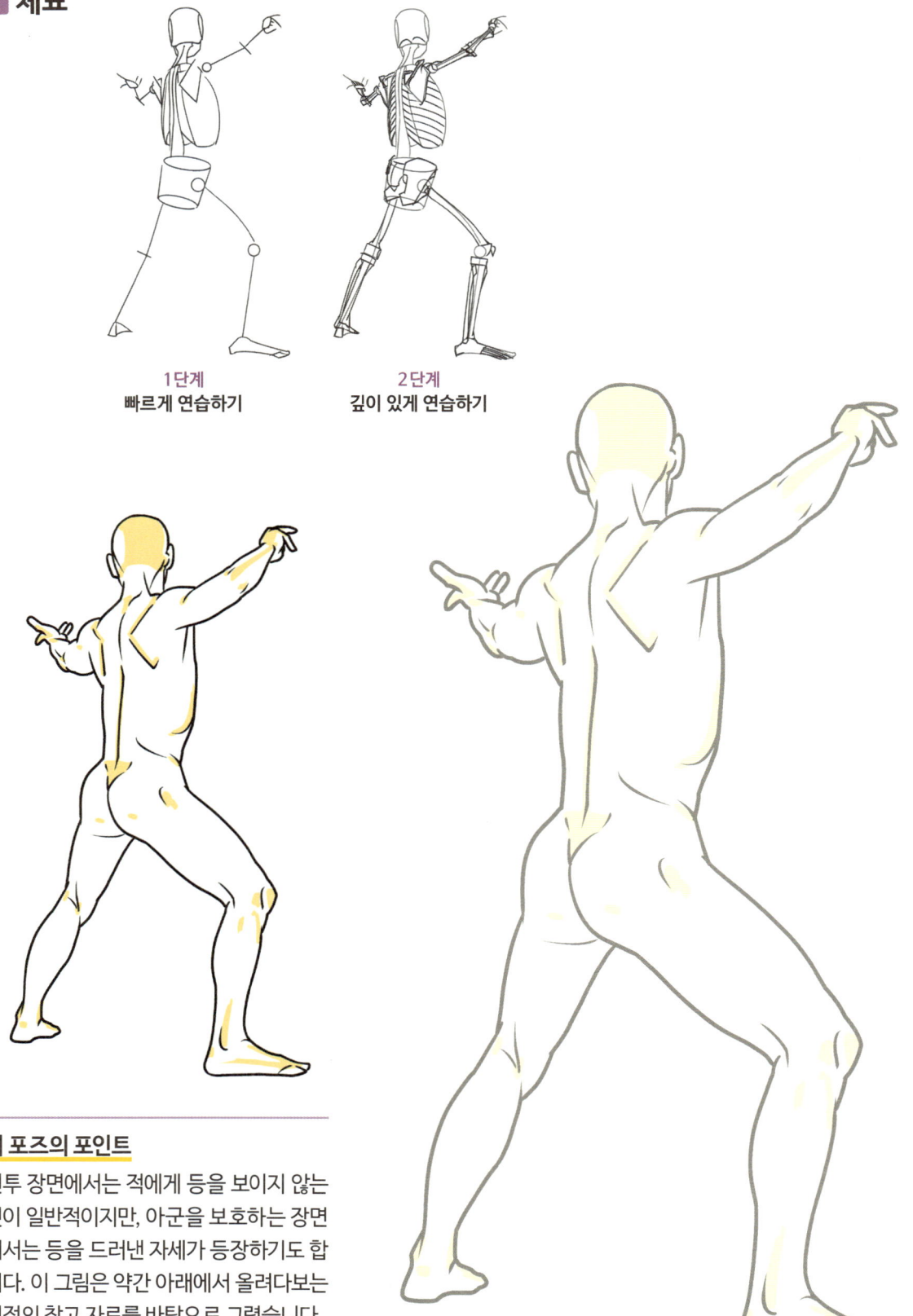

골격

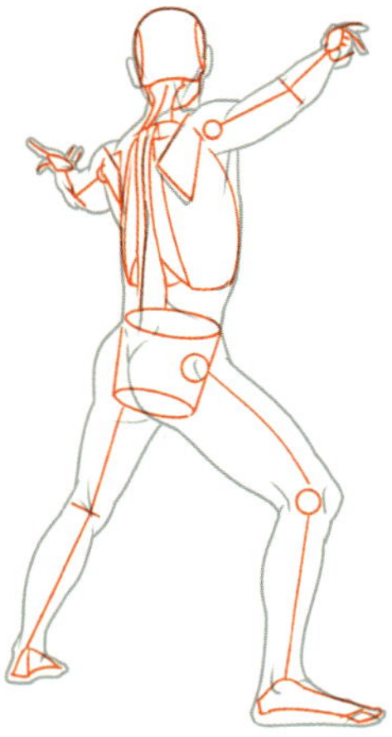

1단계
빠르게 연습하기

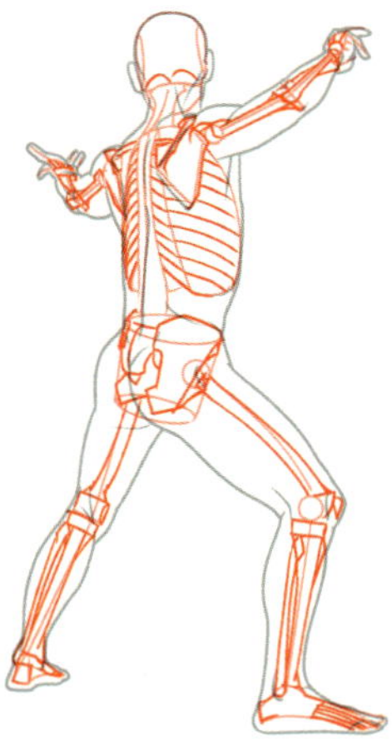

2단계
깊이 있게 연습하기

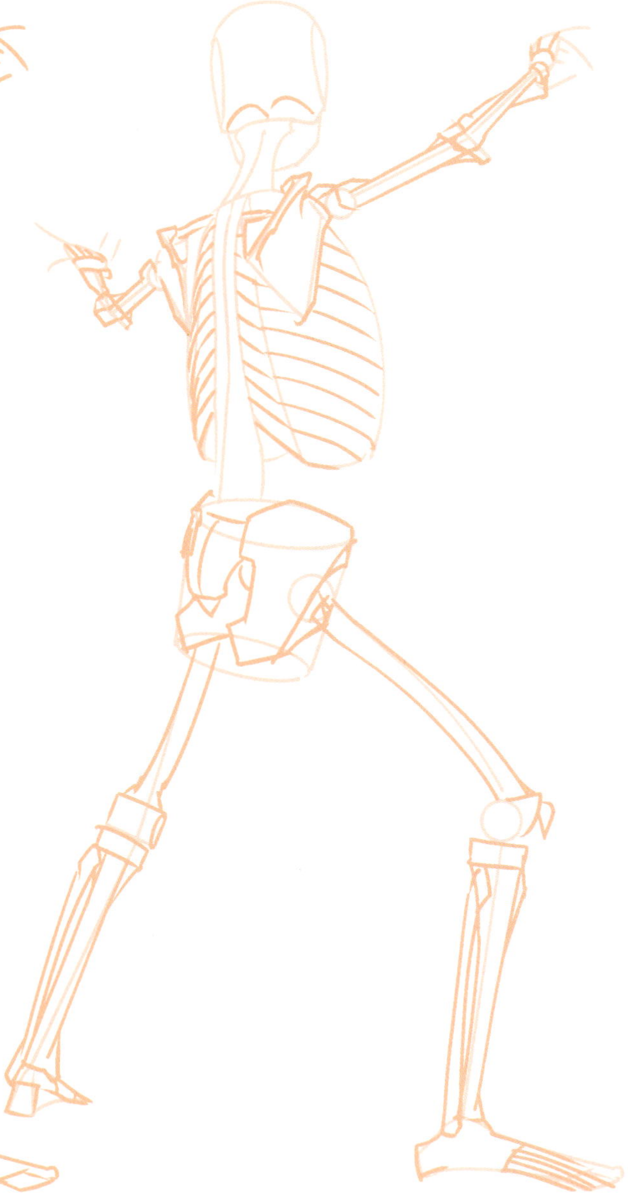

체표

1단계
빠르게 연습하기

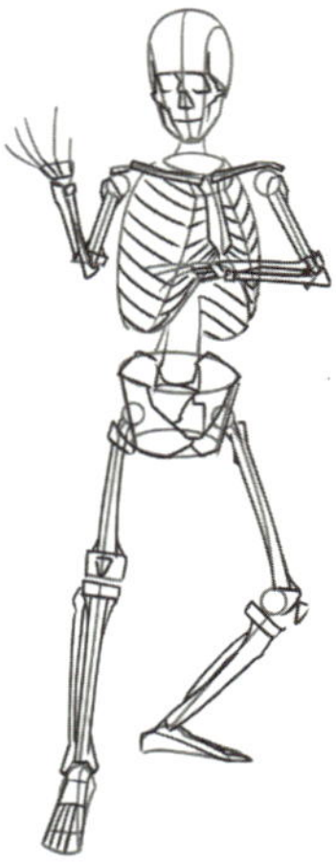

2단계
깊이 있게 연습하기

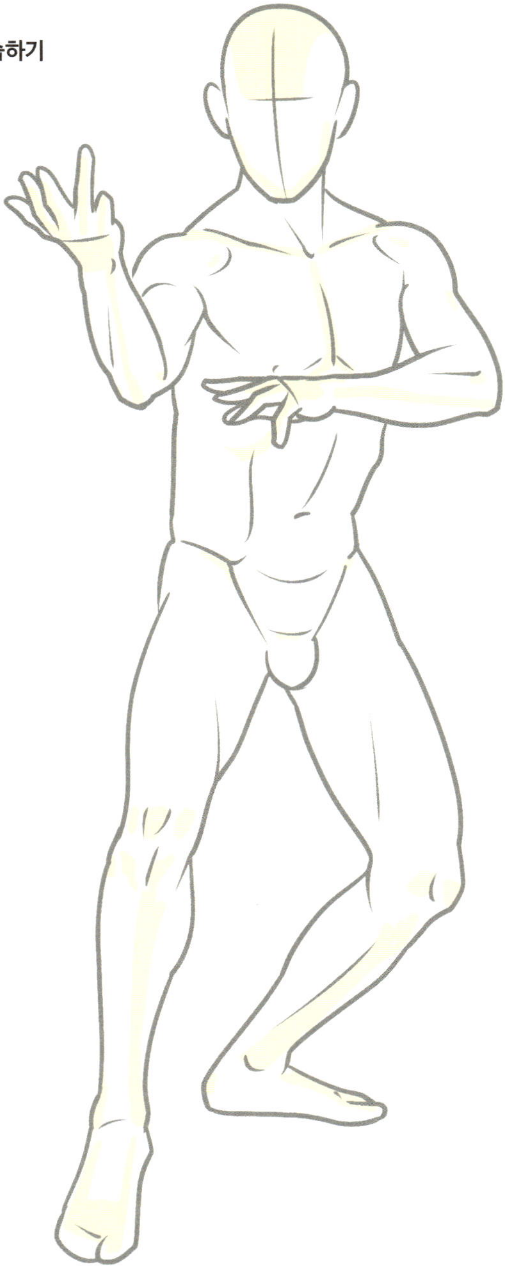

이 포즈의 포인트

전투 태세를 취한 포즈이지만, 이 자세에서는 양팔이 모두 보입니다. 실제 무술에서 취하는 자세와 미술 작품 속에서 표현되는 자세는 다르다고들 합니다. 미술에서는 실제 동작의 정확성보다 시각적으로 인상적인 구도를 더 중시하기 때문에, 현실과는 다소 차이가 있는 방식으로 자세를 표현하는 경우가 많습니다.

골격

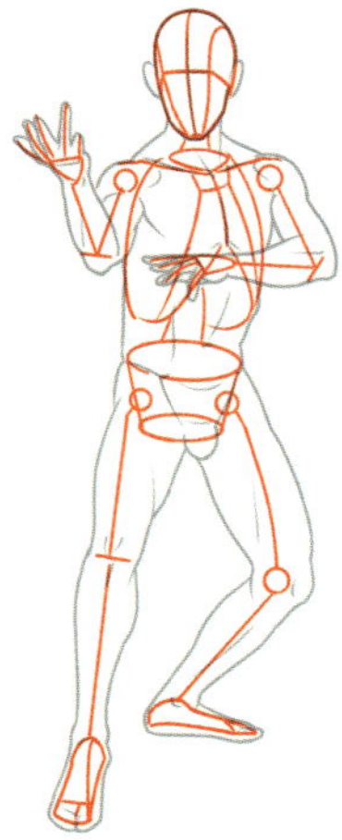

1단계
빠르게 연습하기

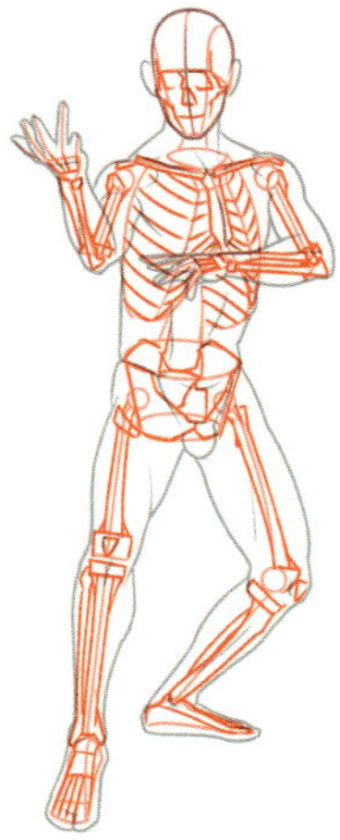

2단계
깊이 있게 연습하기

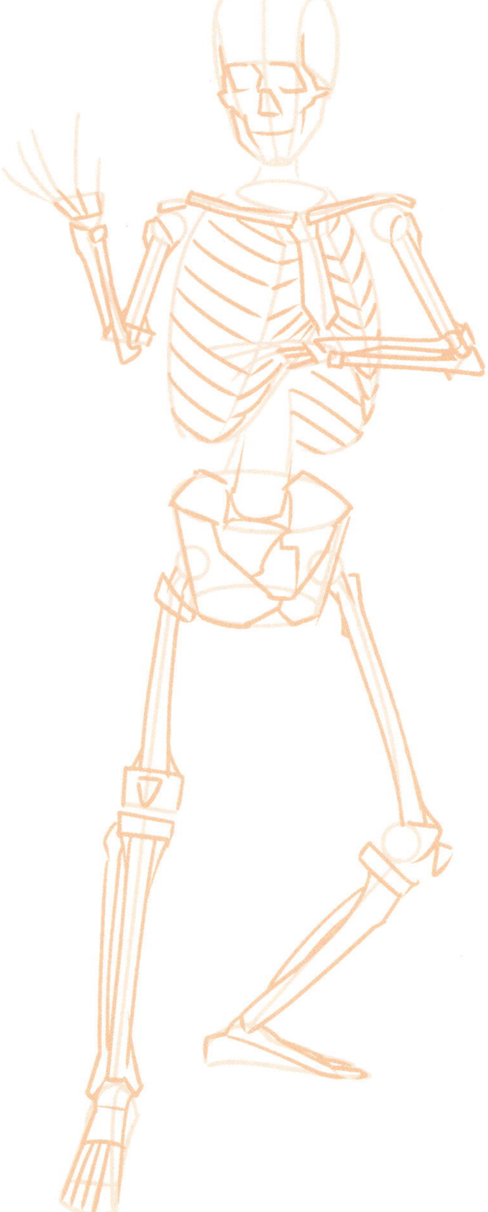

체표

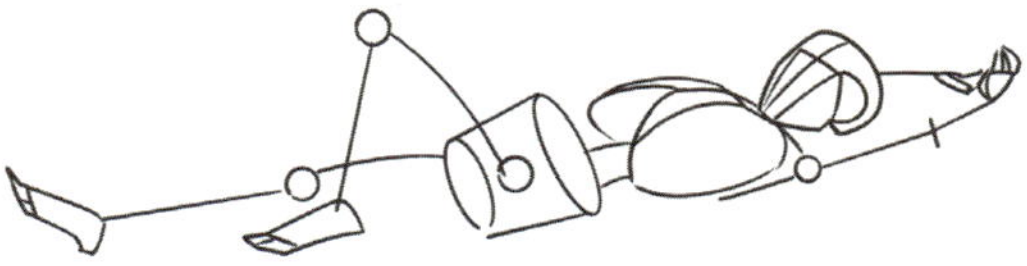

1단계
빠르게 연습하기

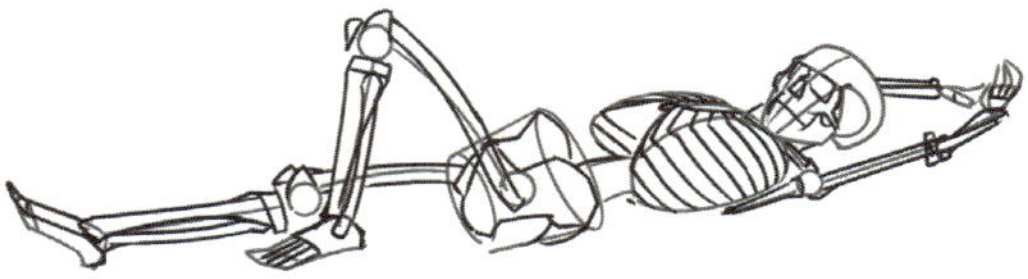

2단계
깊이 있게 연습하기

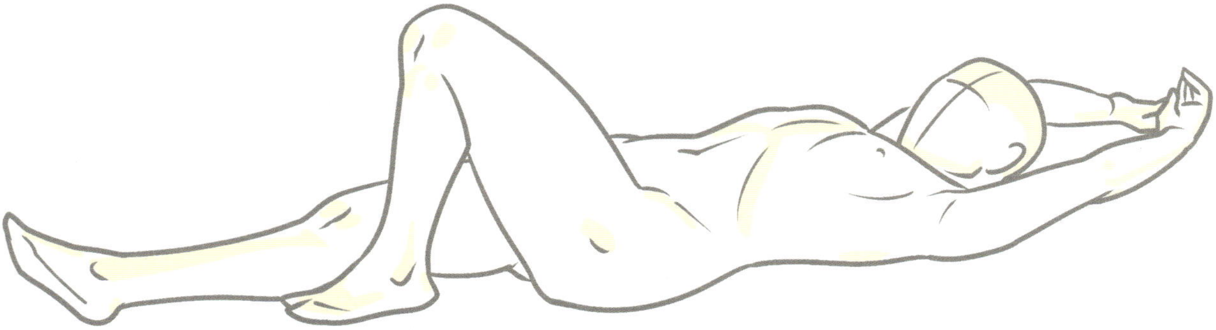

이 포즈의 포인트

드러누운 채로 양팔을 들어 올린 자세입니다. 양팔을 들어 올리면 여성의 가슴은 어깨 쪽으로 당겨져 위치가 올라가고, 볼륨도 줄어들어 납작해집니다. 특히 누운 상태에서는 이러한 변화가 더욱 두드러집니다.

골격

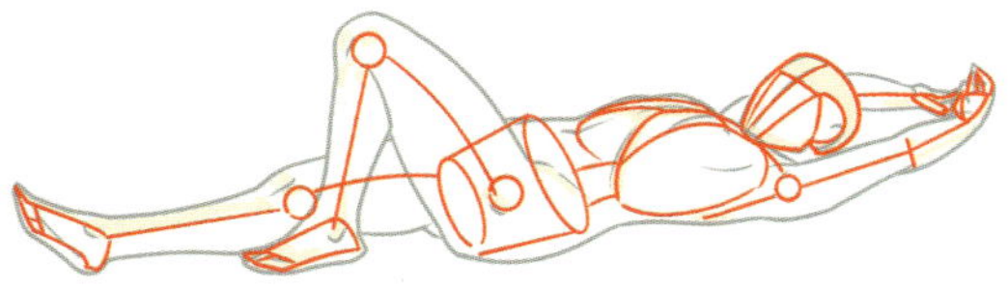

1단계
빠르게 연습하기

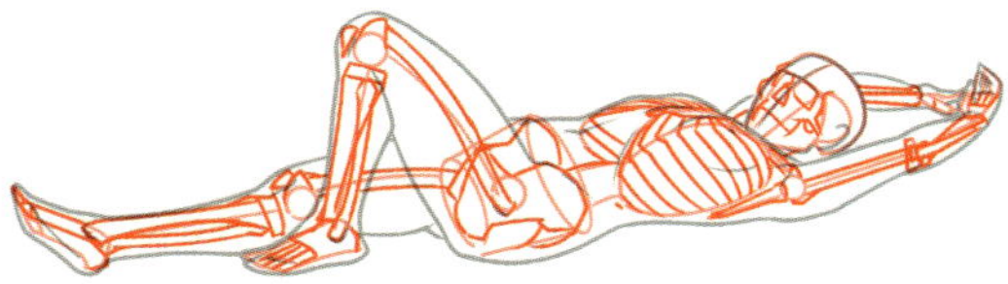

2단계
깊이 있게 연습하기

체표

1단계
빠르게 연습하기

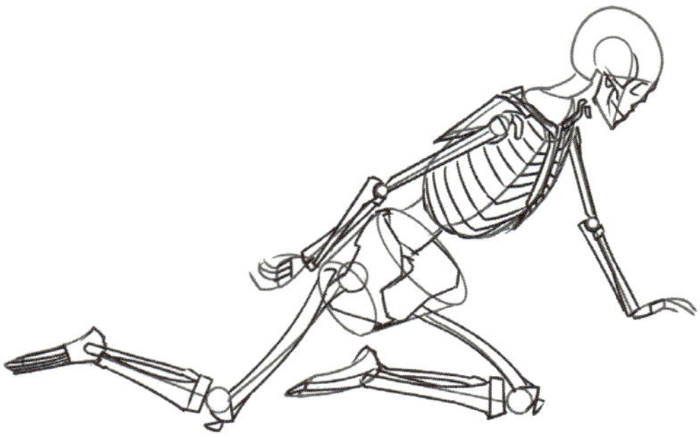

2단계
깊이 있게 연습하기

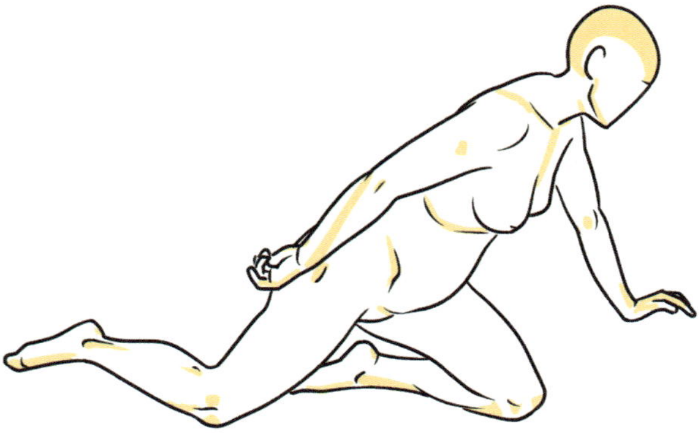

이 포즈의 포인트

무릎을 꿇고 앞으로 손을 짚은 자세입니다. 상반신을 앞으로 숙인 상태에서 허리를 펴거나 뒤로 젖히면, 복부 내장이 중력에 의해 처지면서 배가 불룩해 보일 수 있습니다. 반면, 허리를 굽히고 있으면 복근이 수축되어 배가 덜 불룩하게 보입니다.

골격

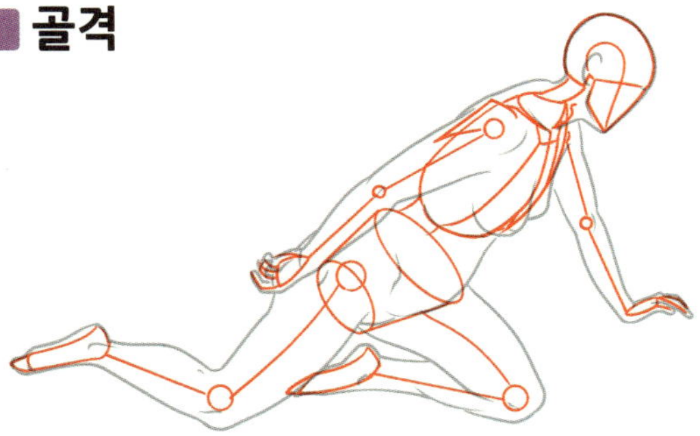

1단계
빠르게 연습하기

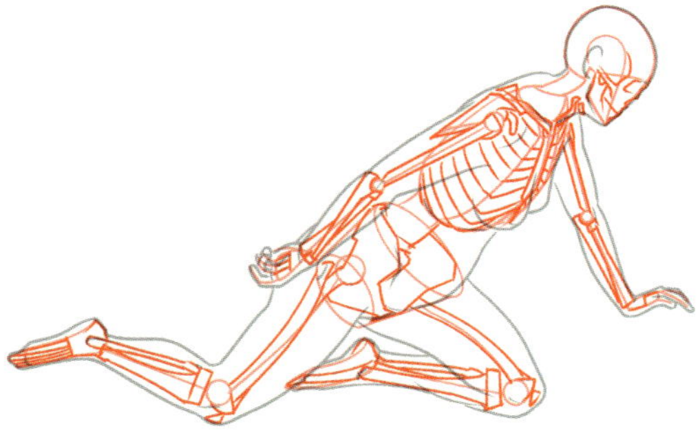

2단계
깊이 있게 연습하기

147

체표

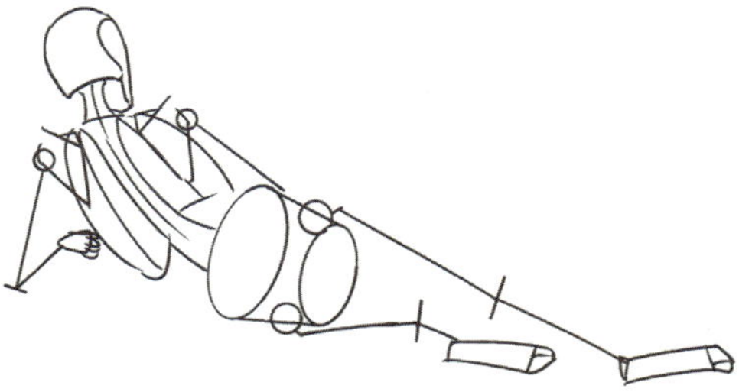

1단계
빠르게 연습하기

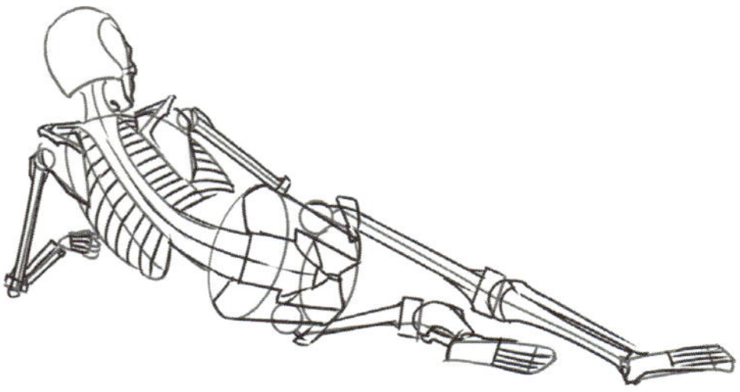

2단계
깊이 있게 연습하기

이 포즈의 포인트

오달리스크 스타일의 포즈입니다. 팔은 수평보다 낮게 내려가 있지만, 어깨가 올라가면서 어깨뼈가 회전한 상태입니다.

■ 골격

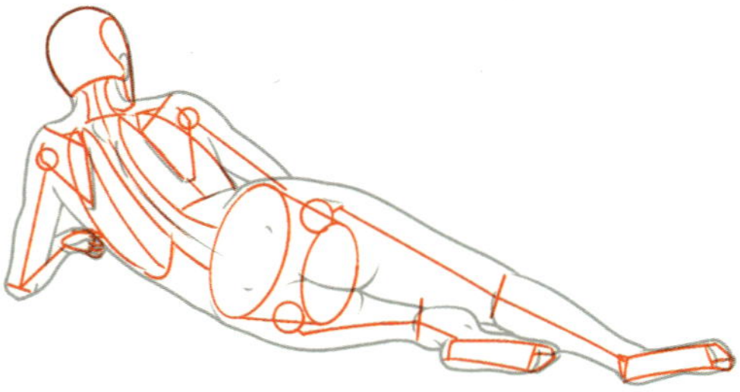

1단계
빠르게 연습하기

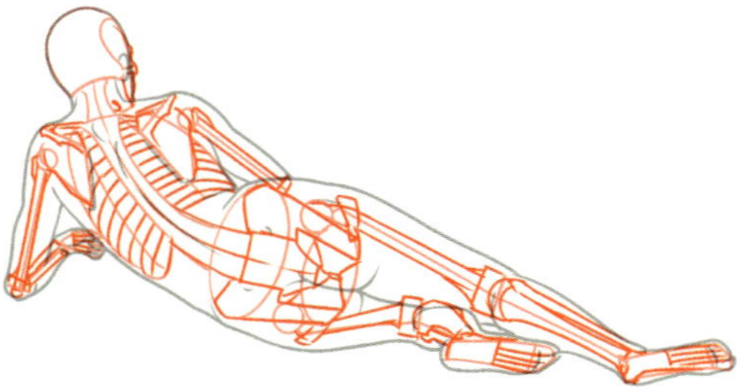

2단계
깊이 있게 연습하기

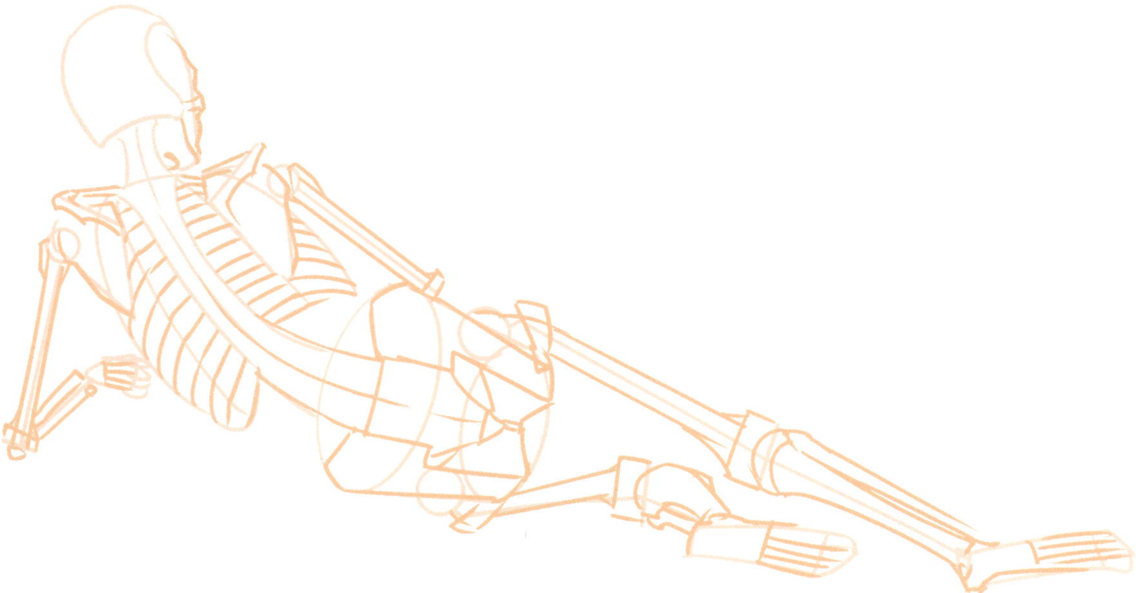

체표

1단계
빠르게 연습하기

2단계
깊이 있게 연습하기

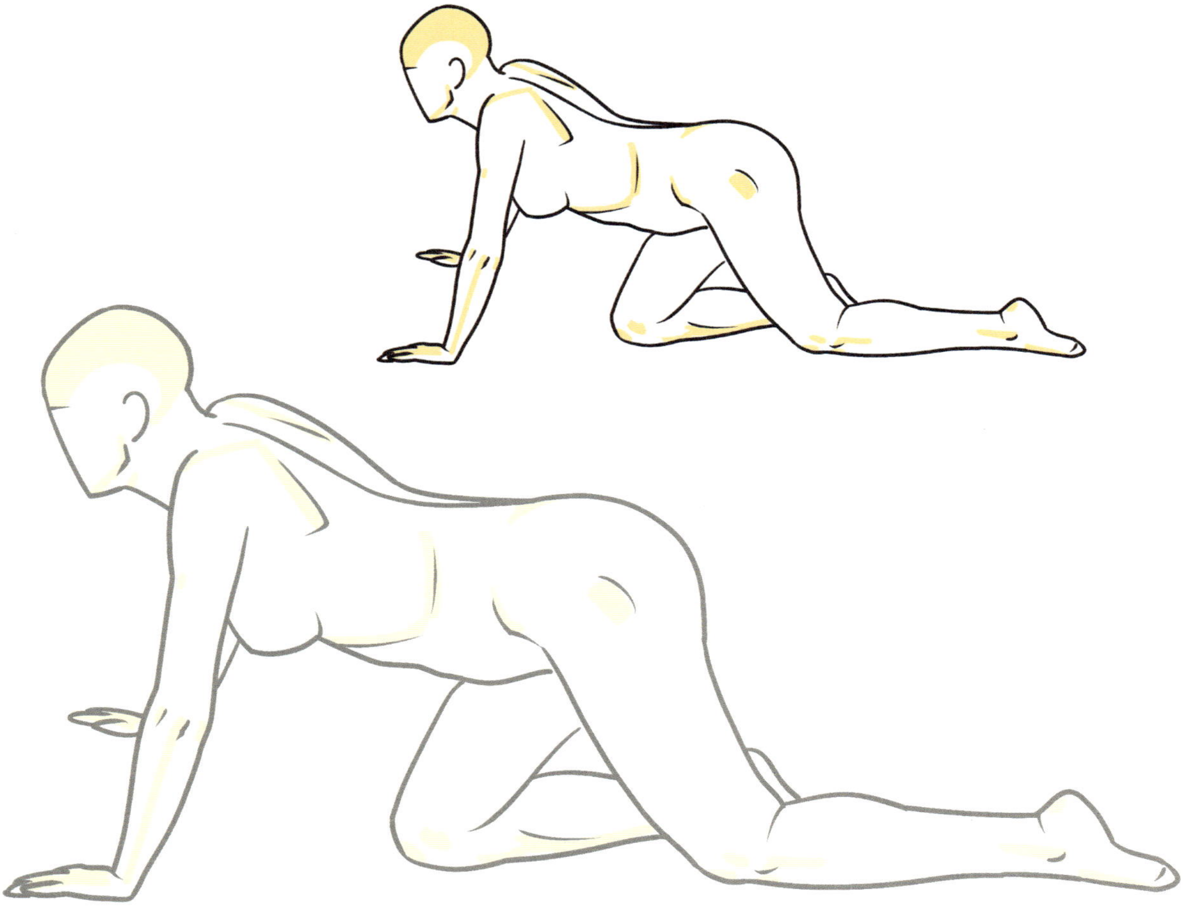

이 포즈의 포인트

무릎을 바닥에 대고 기어가는 네발걸음 자세입니다. 사람의 경우, 무릎을 바닥에 대면 팔이 다리보다 길어 어깨가 높고 허리가 낮은 자세가 됩니다. 네 발 달린 동물은 앞다리가 머리부터 가슴까지의 체중을 지탱하고, 뒷다리는 앞으로 나아가는 추진력을 만들어냅니다.

골격

1단계
빠르게 연습하기

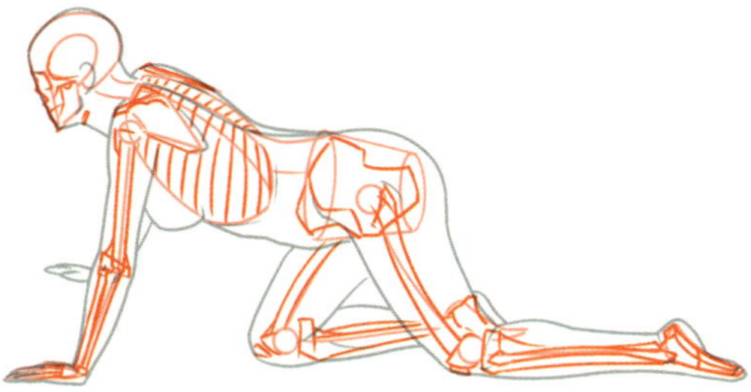

2단계
깊이 있게 연습하기

체표

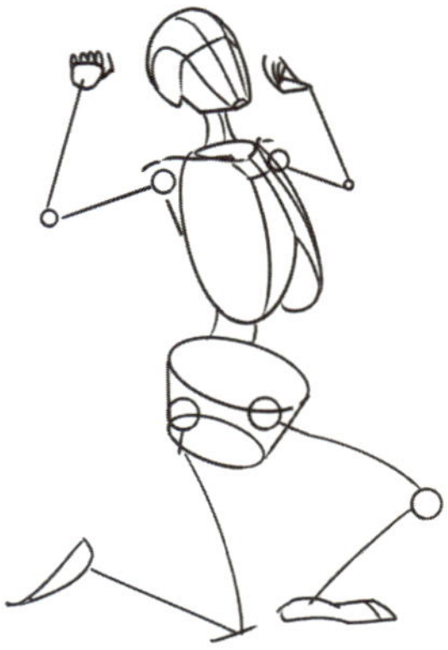

1단계
빠르게 연습하기

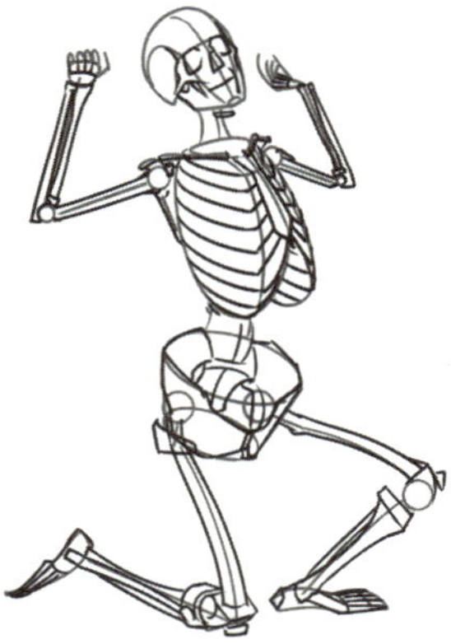

2단계
깊이 있게 연습하기

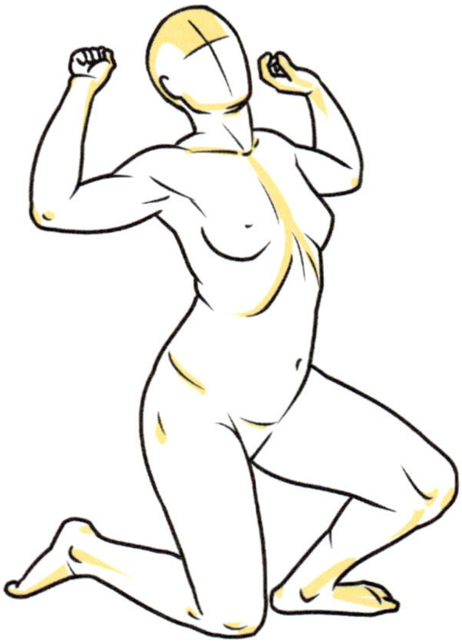

이 포즈의 포인트

양팔을 몸통 옆으로 벌리는 동작은 '기지개 자세'로 자주 등장합니다. 손의 방향에 따라 아래팔의 노뼈와 자뼈가 교차합니다. 이 자세에서는 엄지손가락이 안쪽을 향하고 있어 노뼈와 자뼈가 나란히 놓이게 됩니다. 반대로 엄지손가락이 바깥쪽을 향하면 노뼈와 자뼈가 교차하므로 주의해야 합니다.

■ 골격

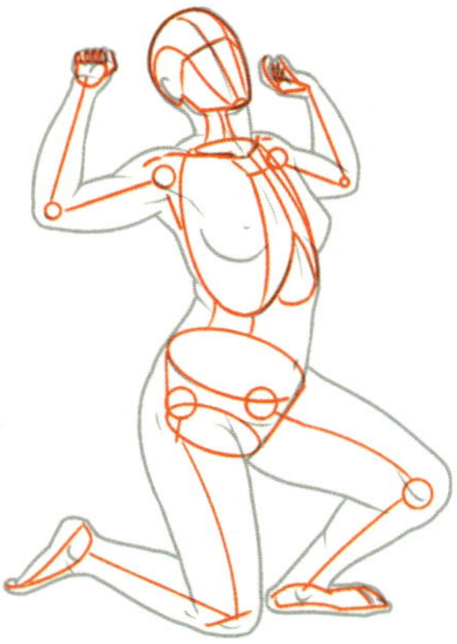

1단계
빠르게 연습하기

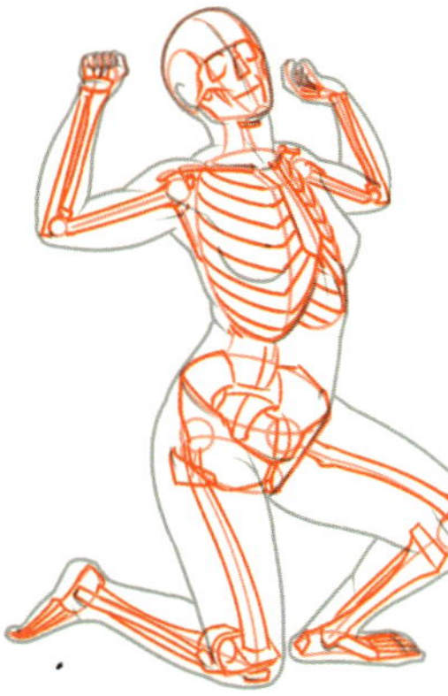

2단계
깊이 있게 연습하기

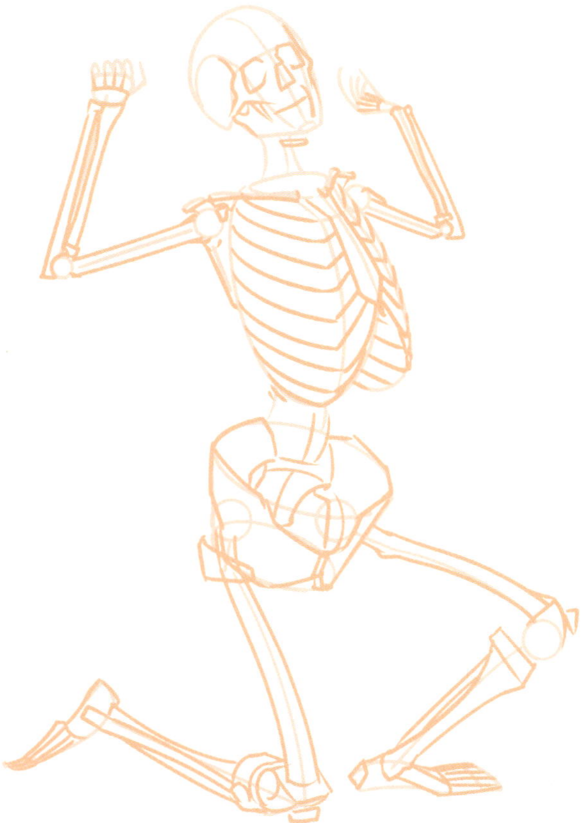

체표

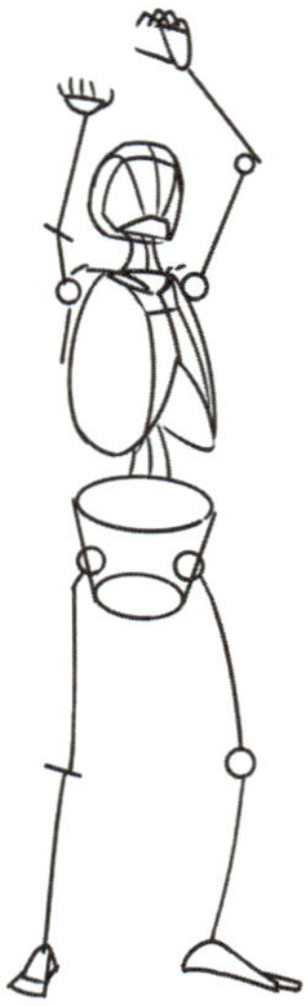

1단계
빠르게 연습하기

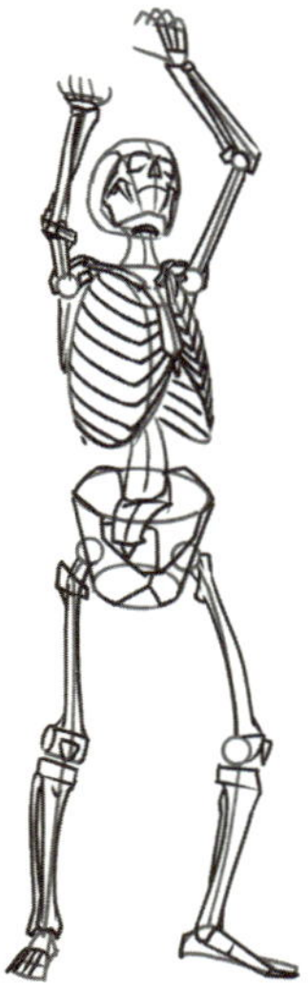

2단계
깊이 있게 연습하기

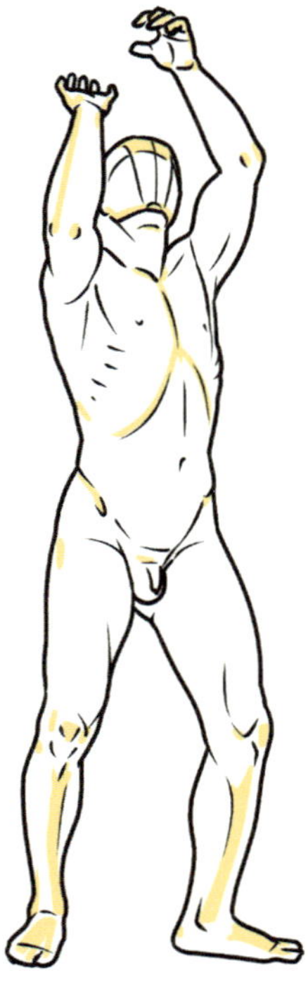

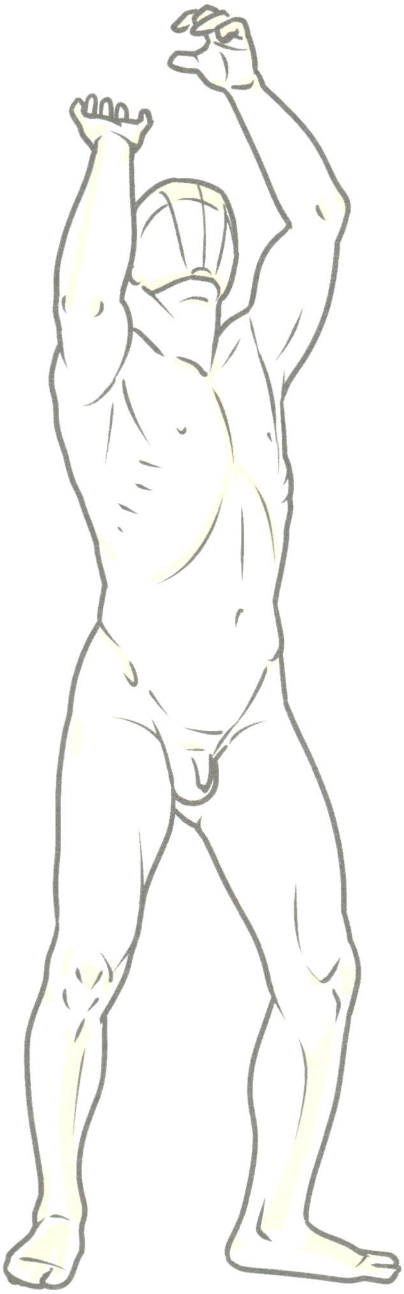

이 포즈의 포인트

한 손으로 물건을 들어 올리는 자세로, 카리아티드 스타일의 포즈입니다. 다른 손은 물건이 떨어지지 않도록 받쳐주는 역할을 합니다. 농구에서 슛을 던질 때도 이와 유사한 동작을 볼 수 있습니다.

골격

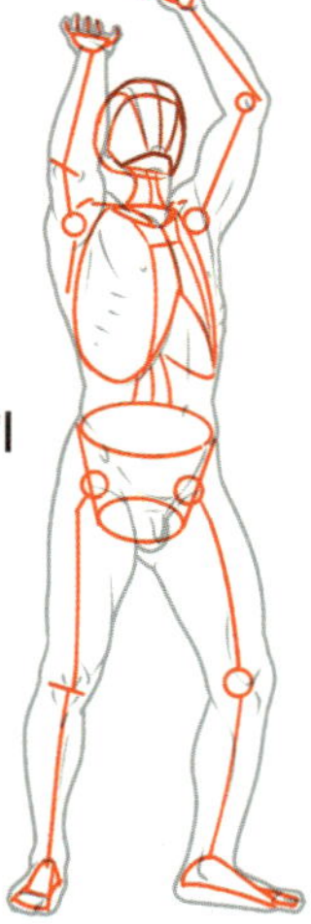

1단계
빠르게 연습하기

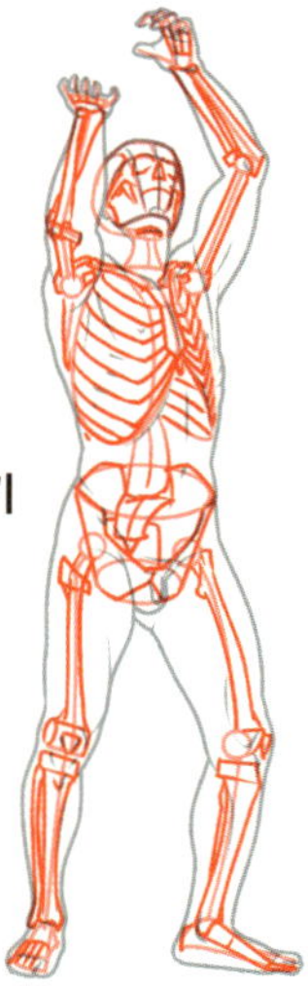

2단계
깊이 있게 연습하기

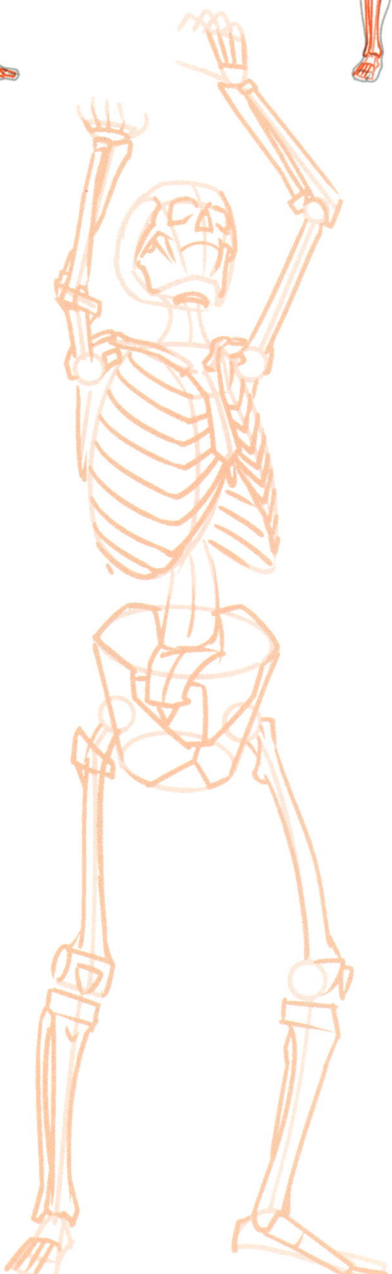

체표

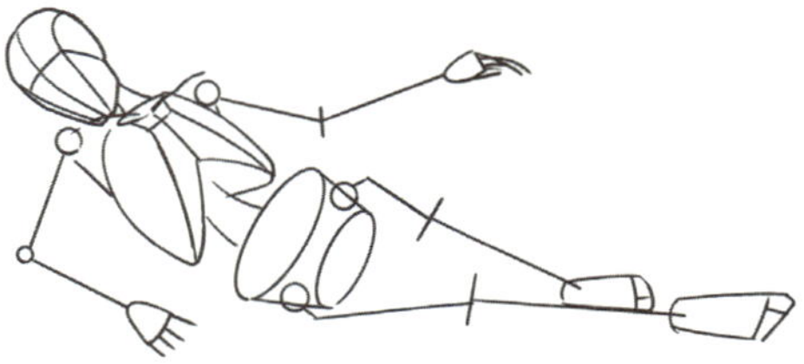

1단계
빠르게 연습하기

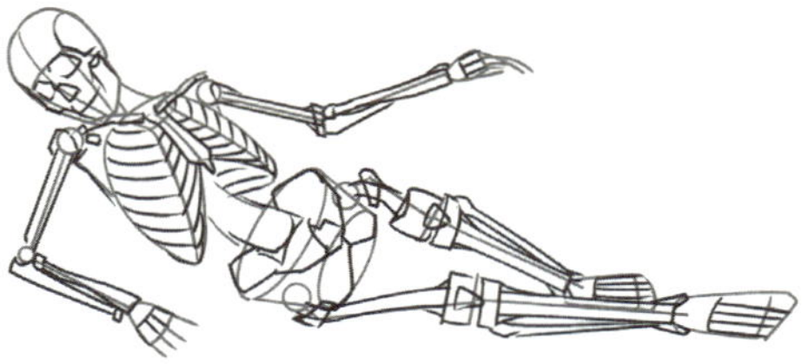

2단계
깊이 있게 연습하기

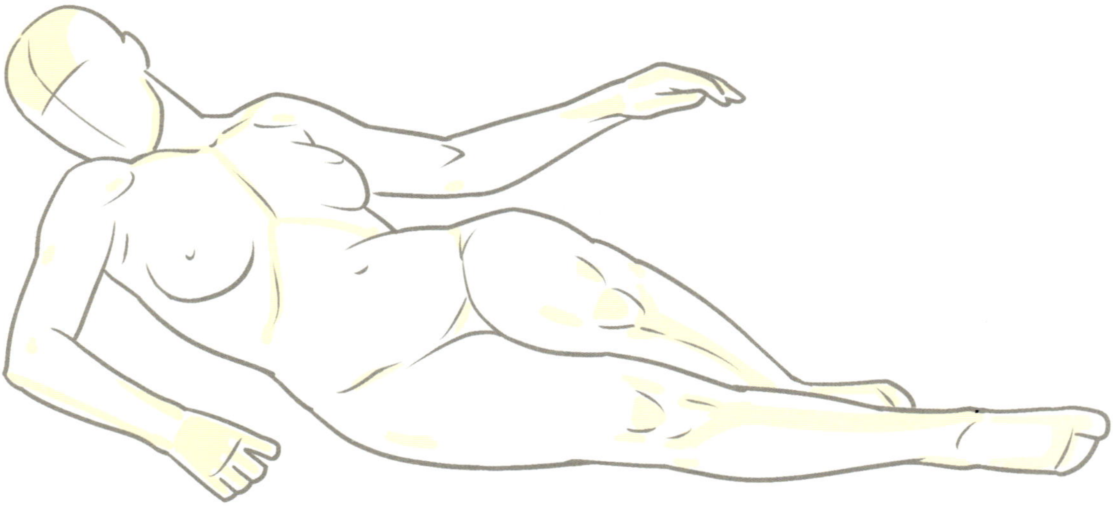

이 포즈의 포인트

누운 자세는 직립 자세와 달리 허리가 살짝 등 쪽으로 둥글게 굽은 듯한 형태가 됩니다. 서 있을 때 앞쪽으로 휘어 있던 허리 곡선이 펴지면서, 가슴우리(흉곽)와 골반 사이의 거리가 다소 길어집니다. 골반은 대개 뒤로 기울어지므로, 이 점도 유의해 관찰해 보세요.

골격

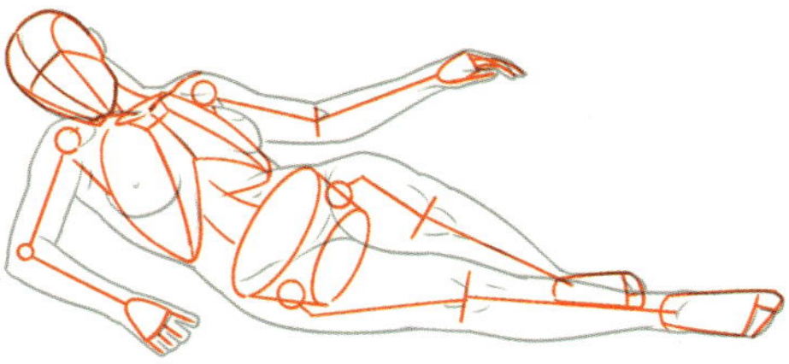

1단계
빠르게 연습하기

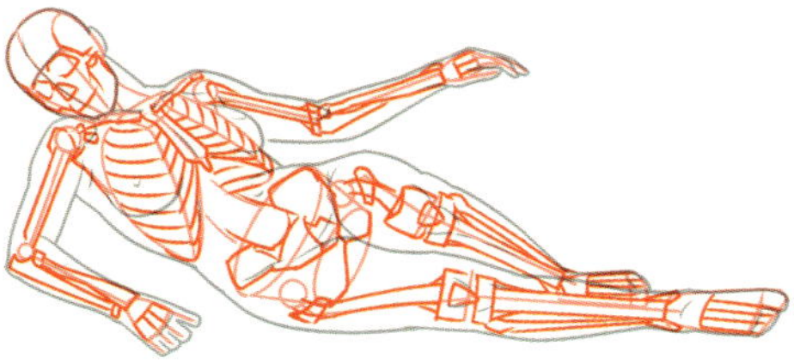

2단계
깊이 있게 연습하기

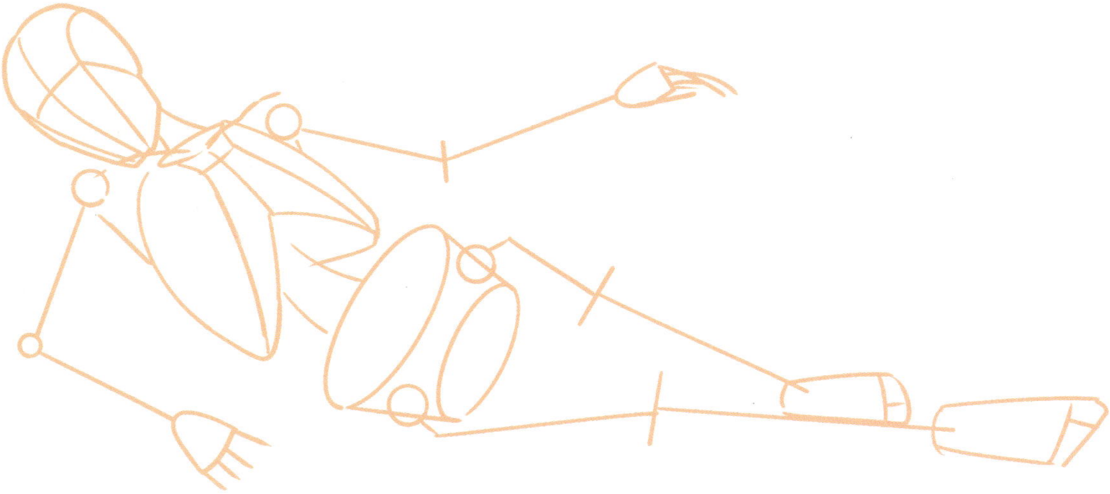

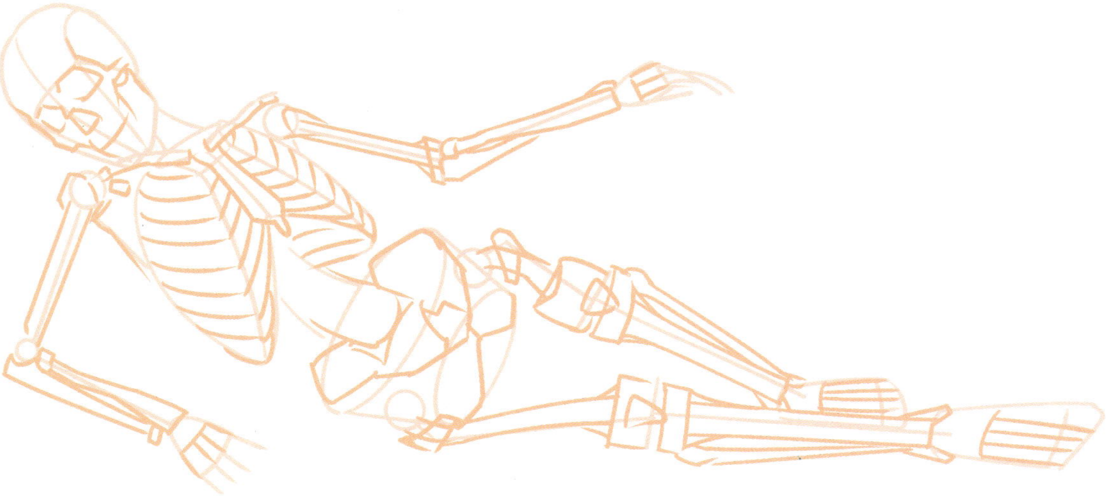

체표

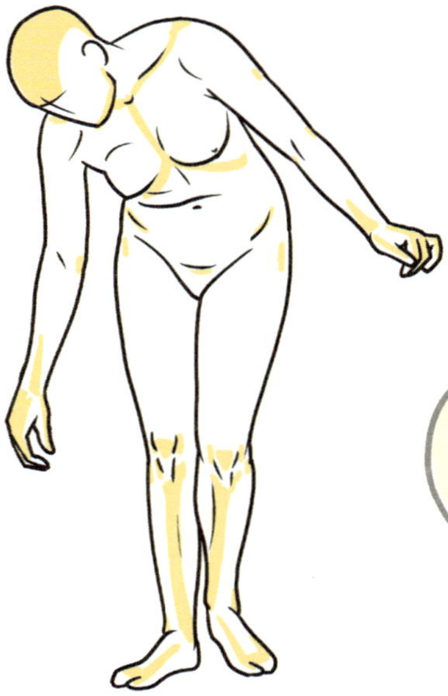

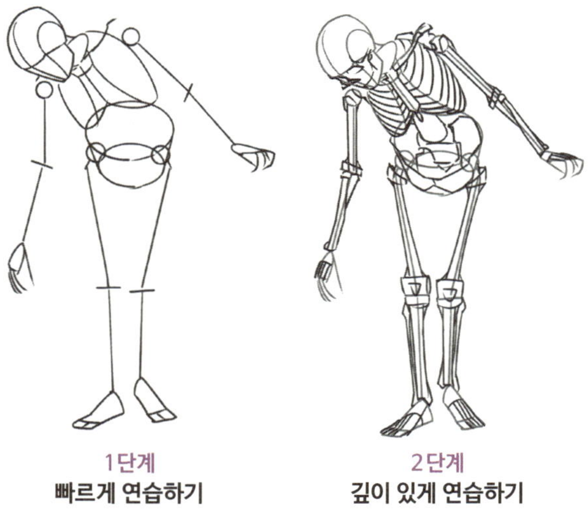
1단계
빠르게 연습하기
2단계
깊이 있게 연습하기

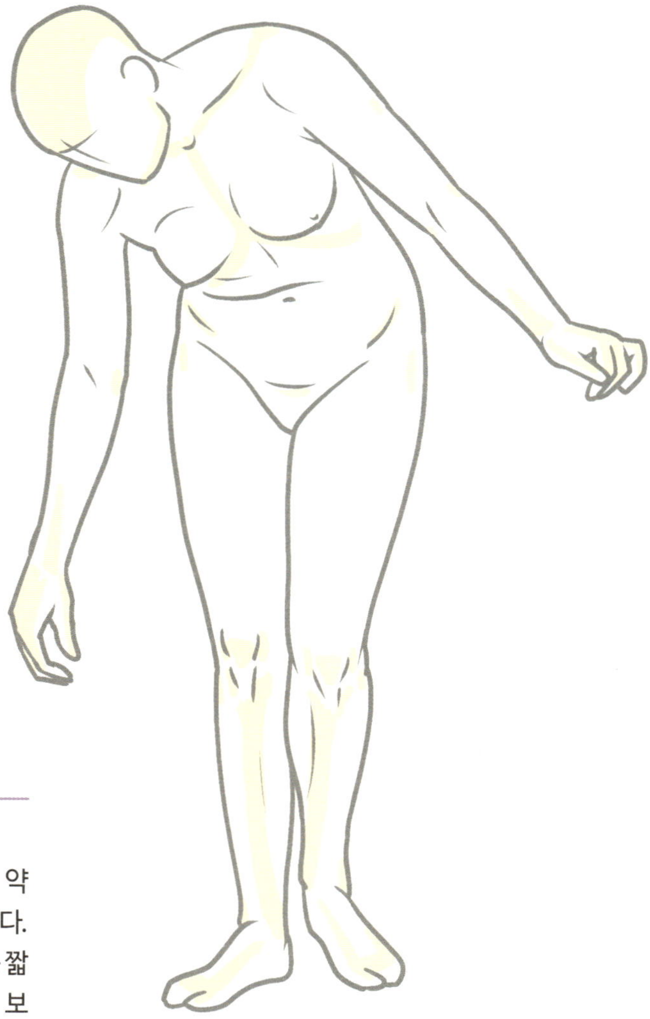

이 포즈의 포인트

몸을 앞으로 숙이면, 가슴우리(흉곽)가 약간 위에서 내려다보는 시점으로 보입니다. 이로 인해 가슴우리가 위아래로 눌린 듯 짧아 보이고, 갈비뼈 사이의 간격도 좁아 보이므로 이 점에 유의해 그려보세요.

골격

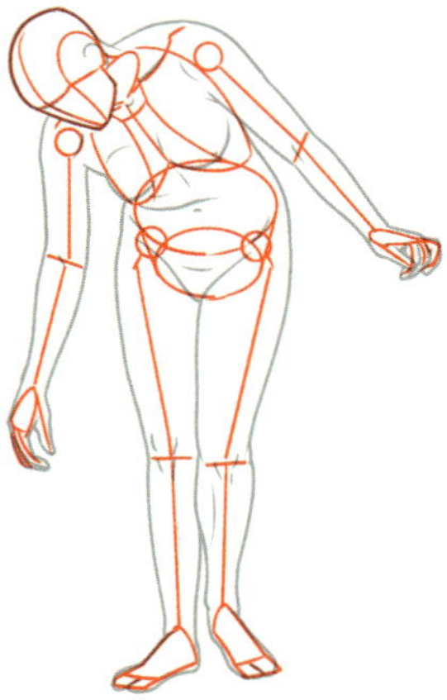

1단계
빠르게 연습하기

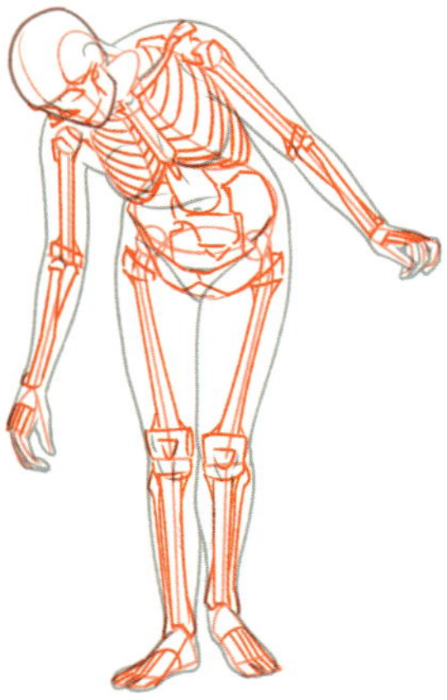

2단계
깊이 있게 연습하기

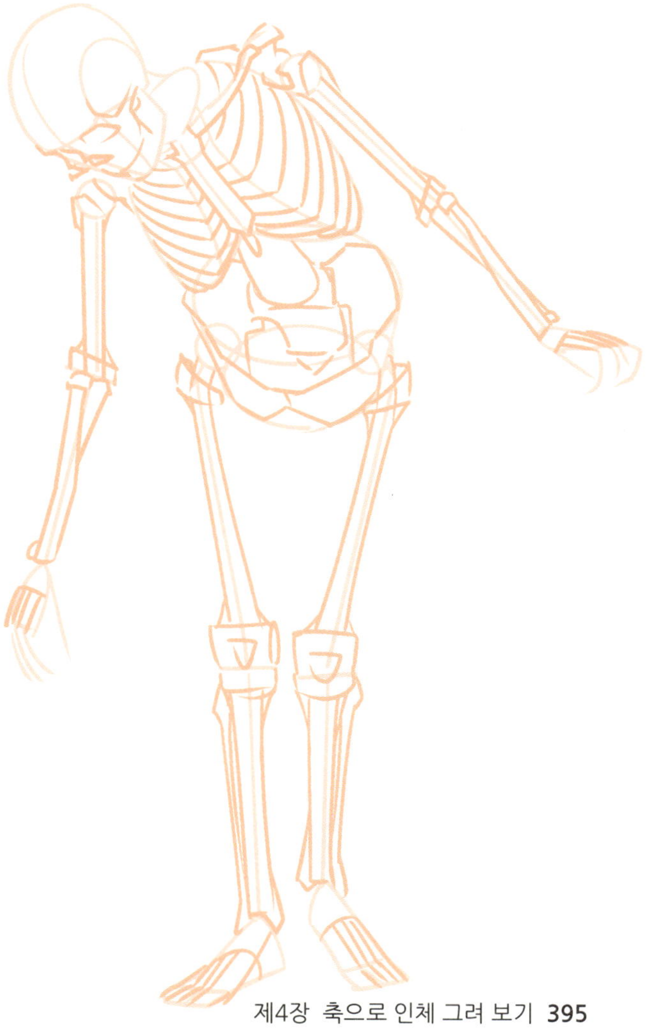

153

체표

1단계
빠르게 연습하기

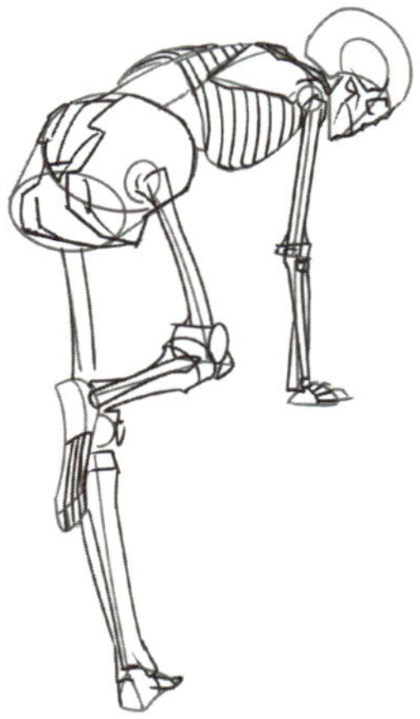

2단계
깊이 있게 연습하기

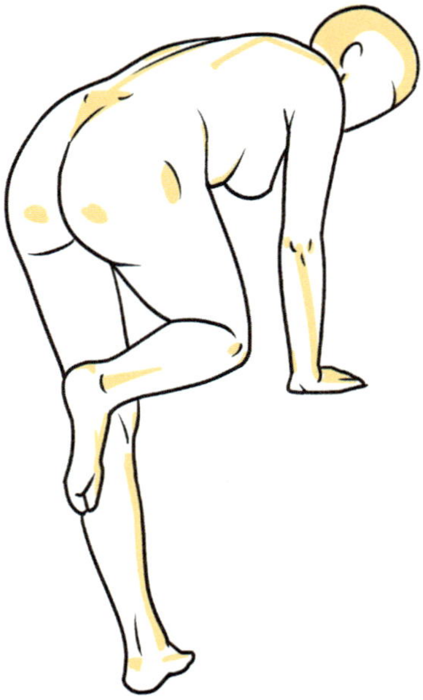

이 포즈의 포인트

받침대에 손을 올린 자세를 뒤에서 바라본 시점입니다. 이 경우, 가슴우리(흉곽)와 골반은 아래에서 올려다보는 각도로 보이기 때문에 형태를 파악하기가 쉽지 않습니다. 내부 구조를 추측해 그릴 때는 어느 정도의 오차는 불가피하므로, 형태를 추측하기 어려운 시점에서는 유연한 시각으로 접근해 보세요.

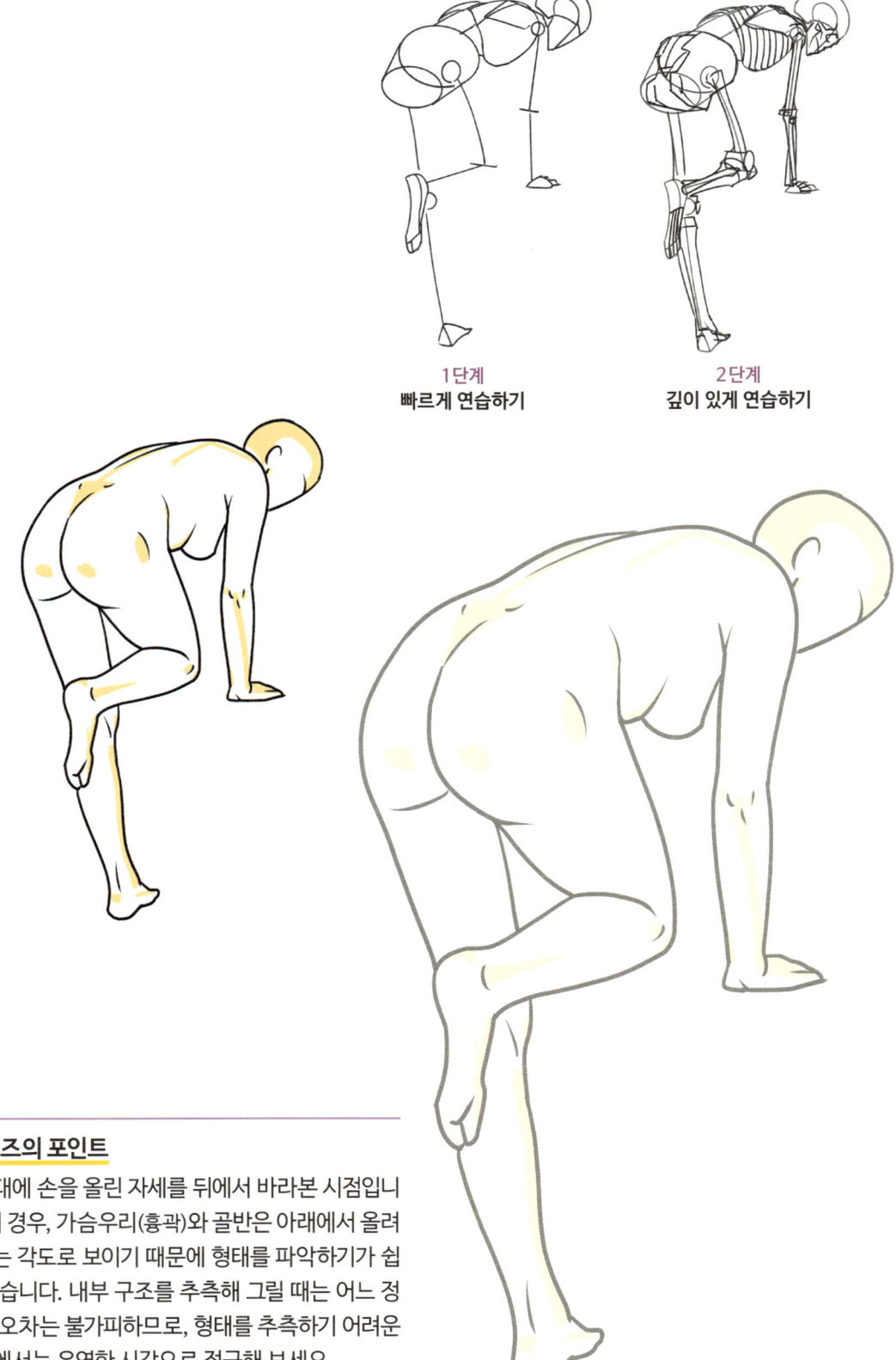

골격

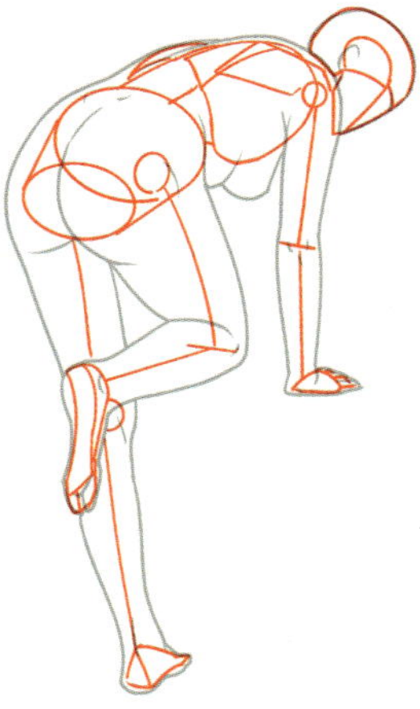

1단계
빠르게 연습하기

2단계
깊이 있게 연습하기

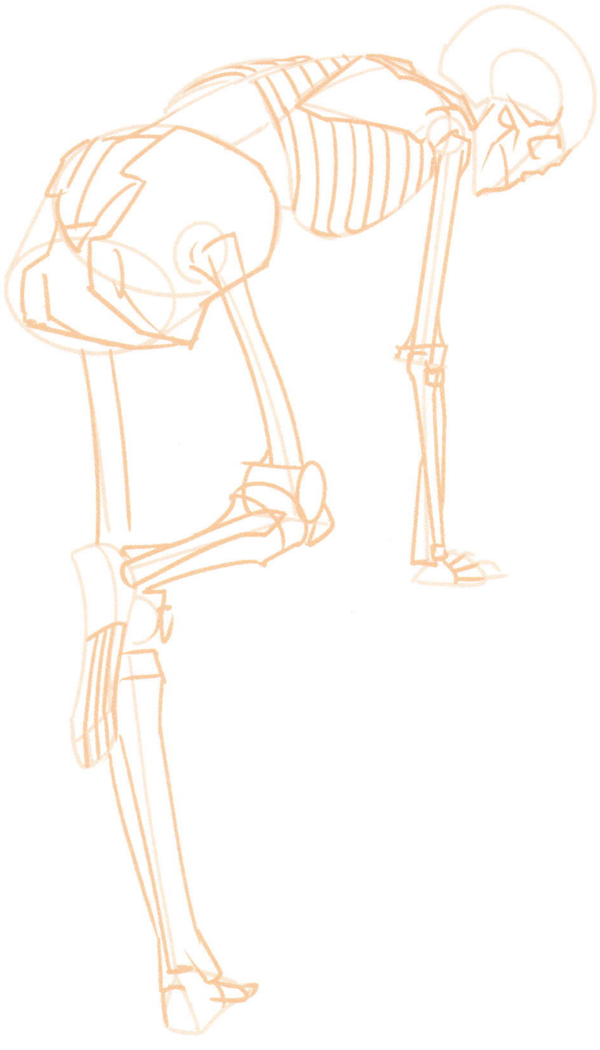

체표

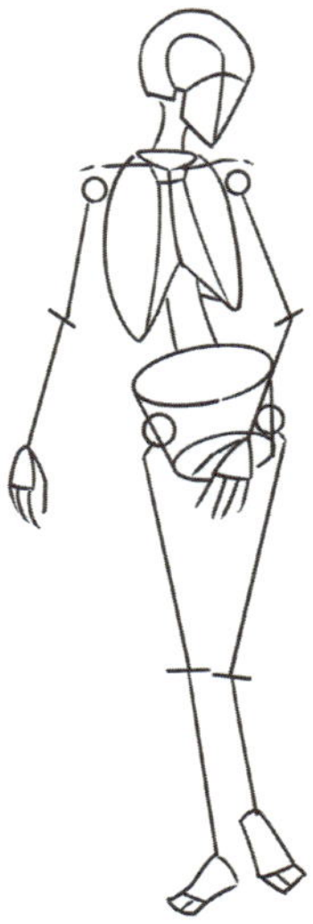

1단계
빠르게 연습하기

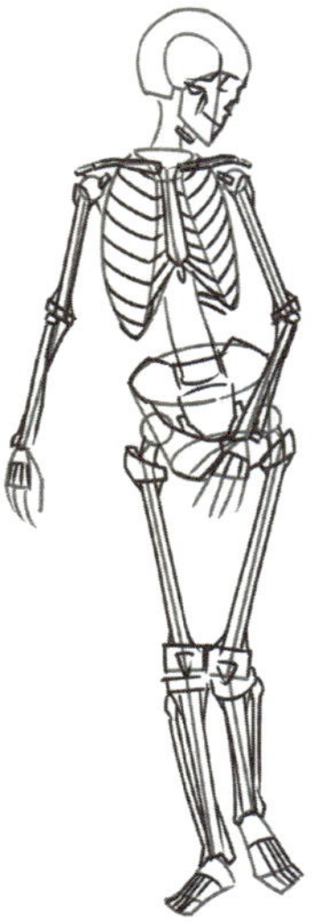

2단계
깊이 있게 연습하기

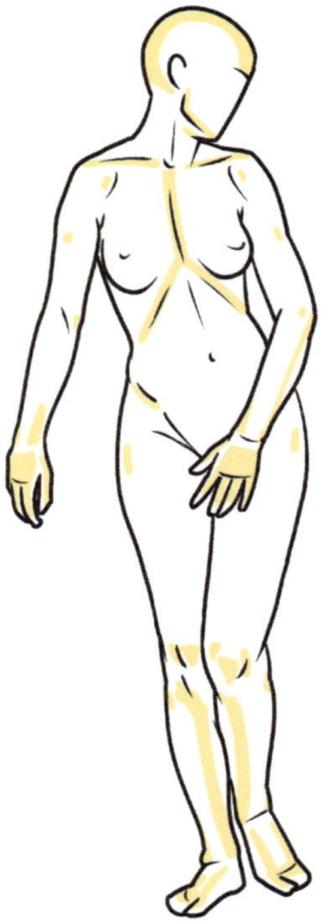

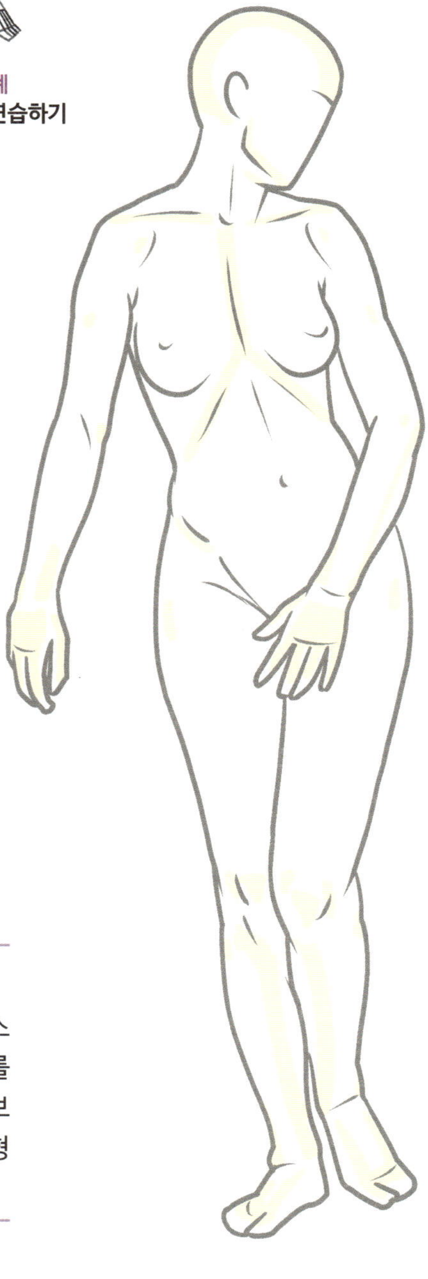

이 포즈의 포인트

하복부를 가린 '수줍음의 포즈'입니다. 고대 그리스의 목욕하는 비너스 조각상에서도 이와 같은 자세를 찾아볼 수 있습니다. 골반 아랫부분이 가려져 잘 보이지 않으므로 뼈대를 추측해 그릴 때는 대략적인 형태만 표현해도 괜찮습니다.

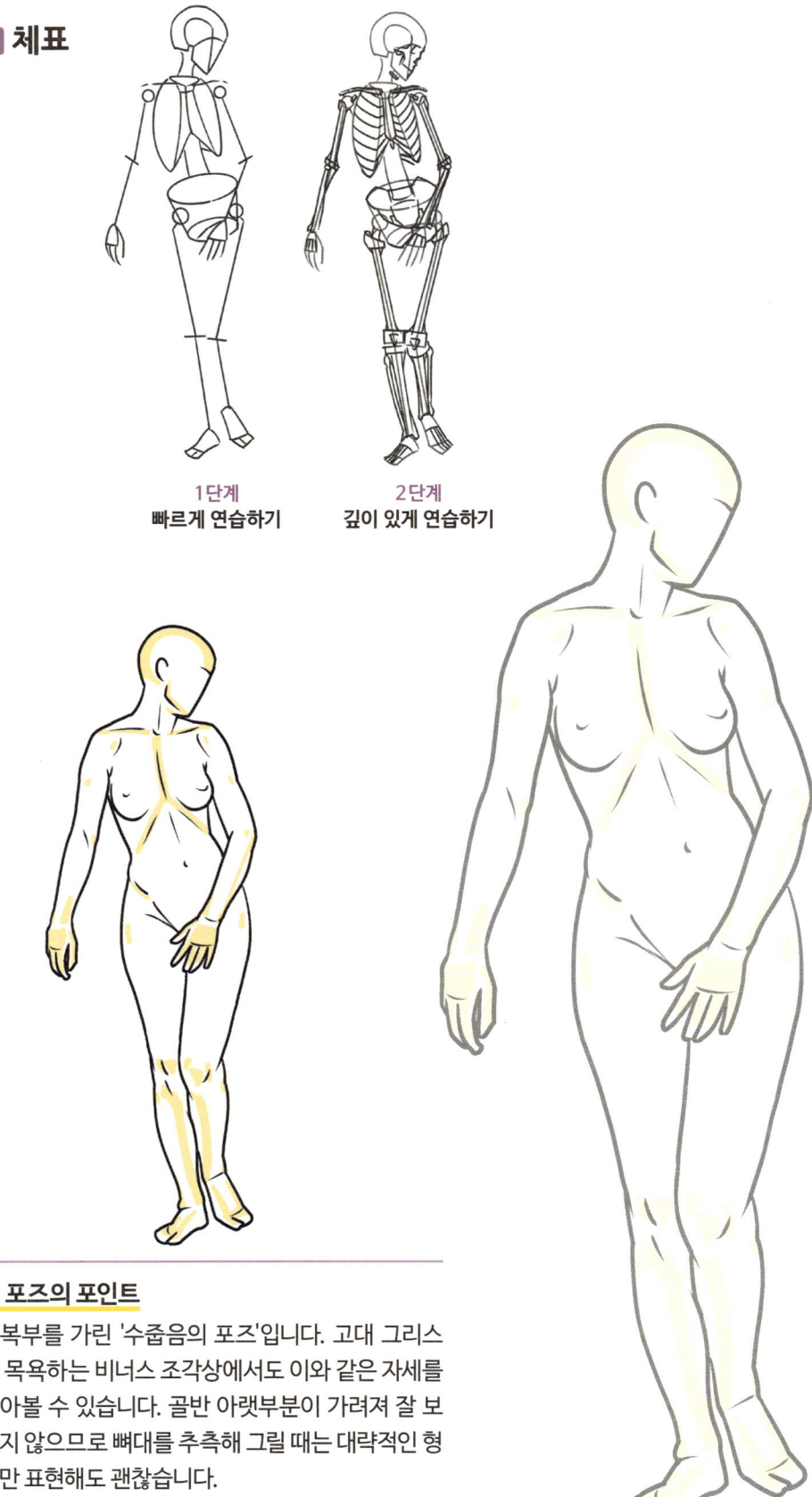

골격

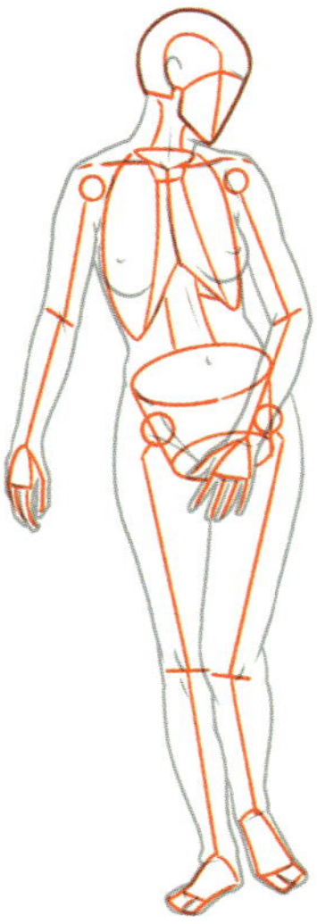

1단계
빠르게 연습하기

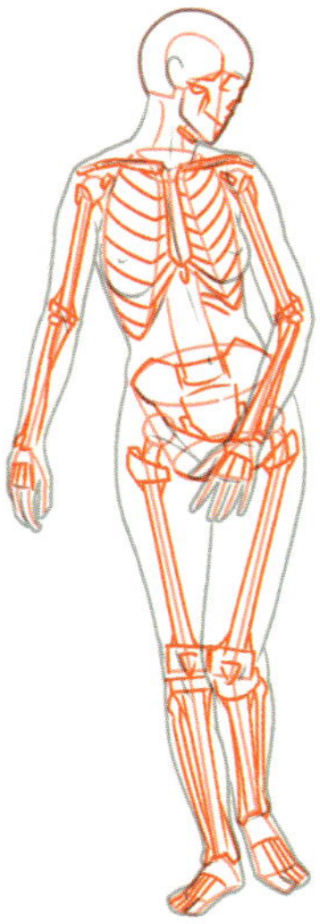

2단계
깊이 있게 연습하기

체표

1단계
빠르게 연습하기

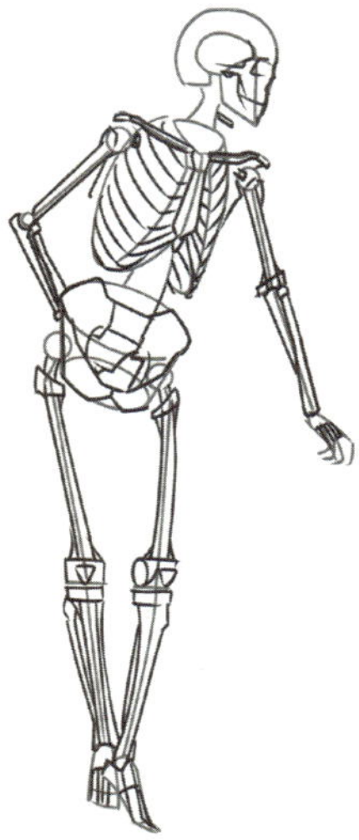

2단계
깊이 있게 연습하기

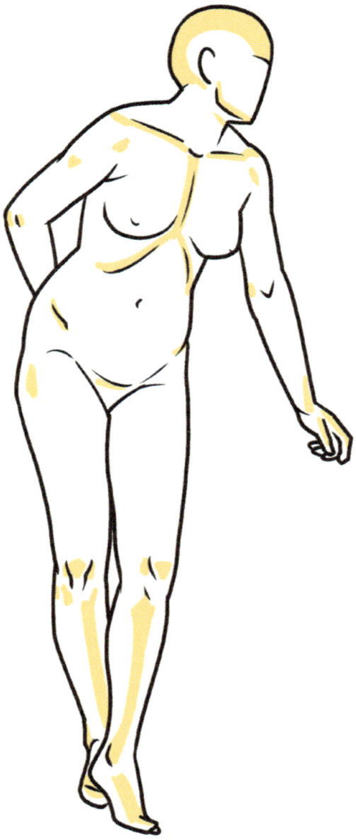

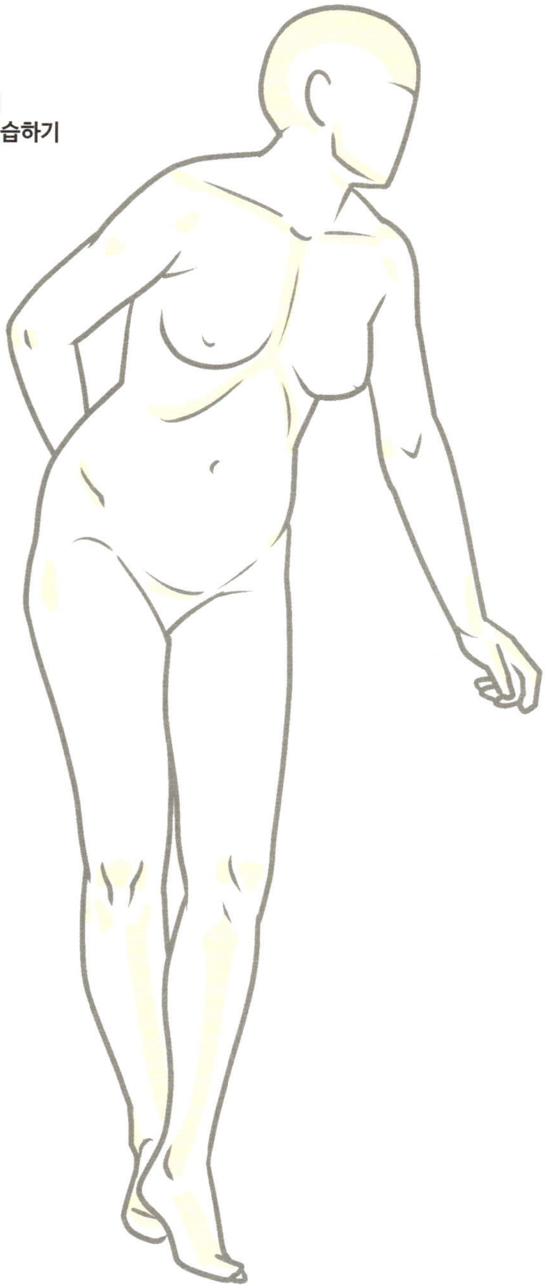

이 포즈의 포인트

다리가 교차된 자세입니다. 포즈 인형을 사용해 보면 '다리를 교차하여 똑바로 세우기'가 의외로 어렵습니다. 자료를 만들 때는 거울 앞에서 직접 자세를 취해 확인하는 것이 좋습니다.

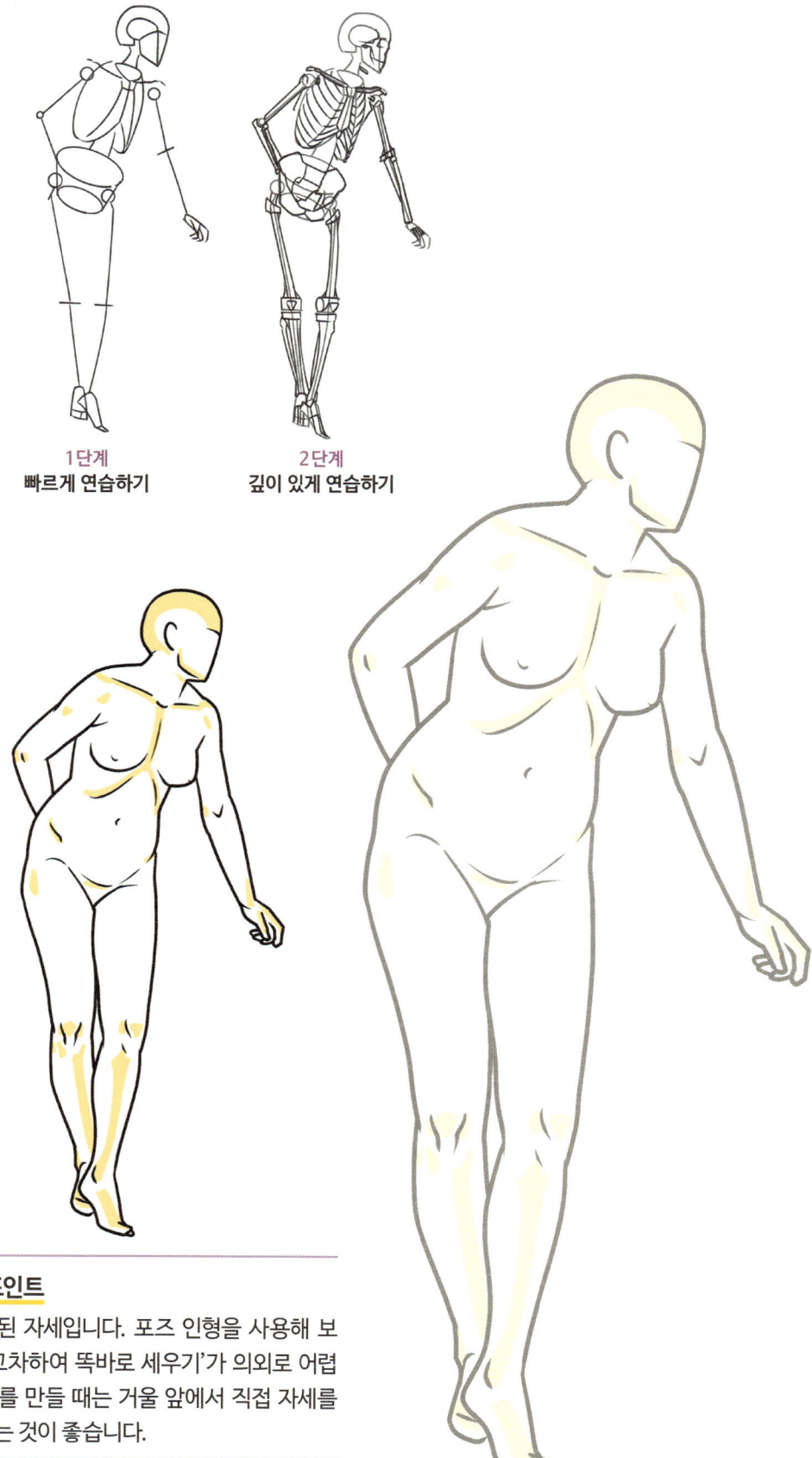

골격

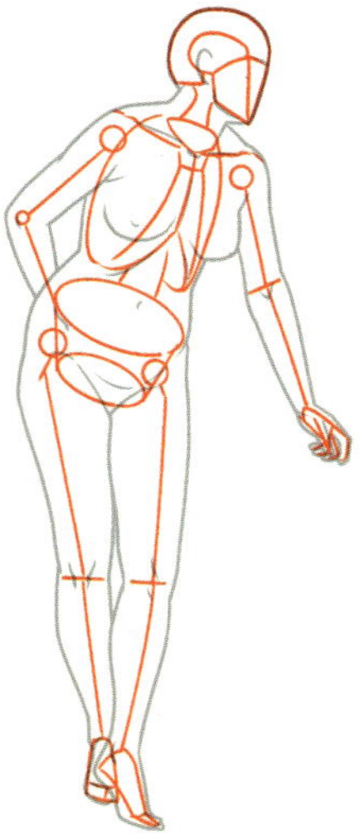

1단계
빠르게 연습하기

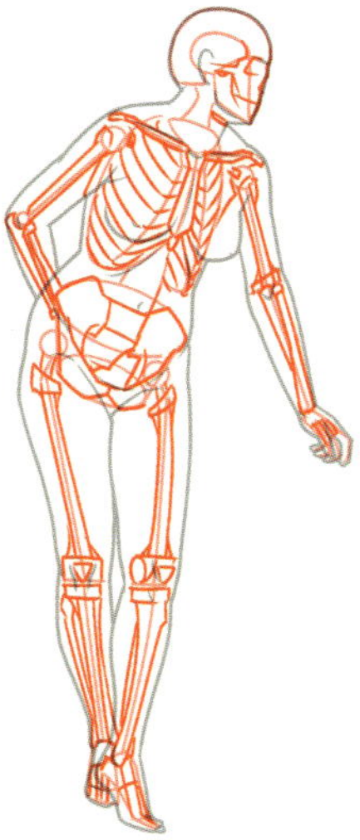

2단계
깊이 있게 연습하기

체표

1단계
빠르게 연습하기

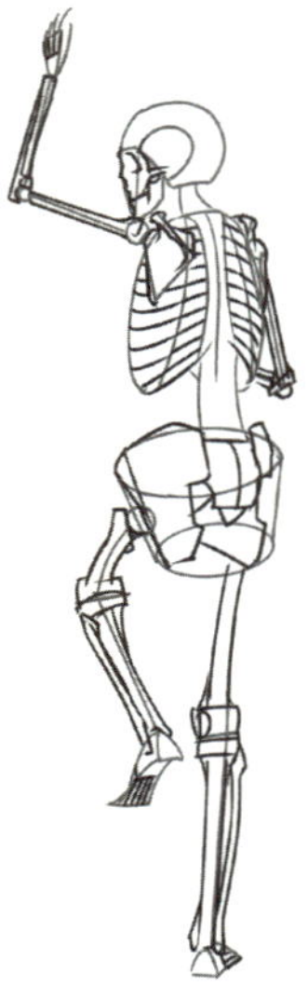

2단계
깊이 있게 연습하기

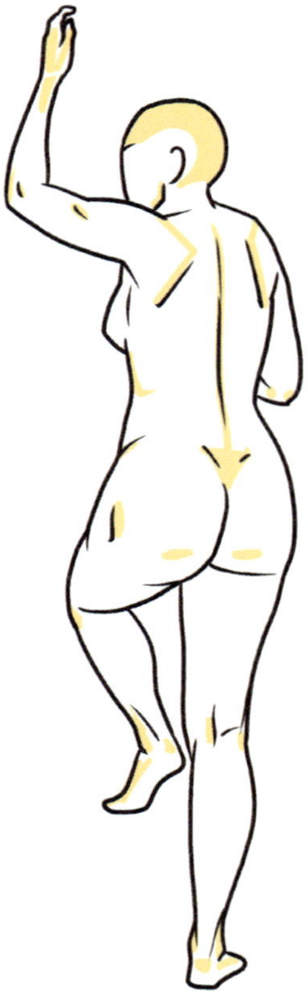

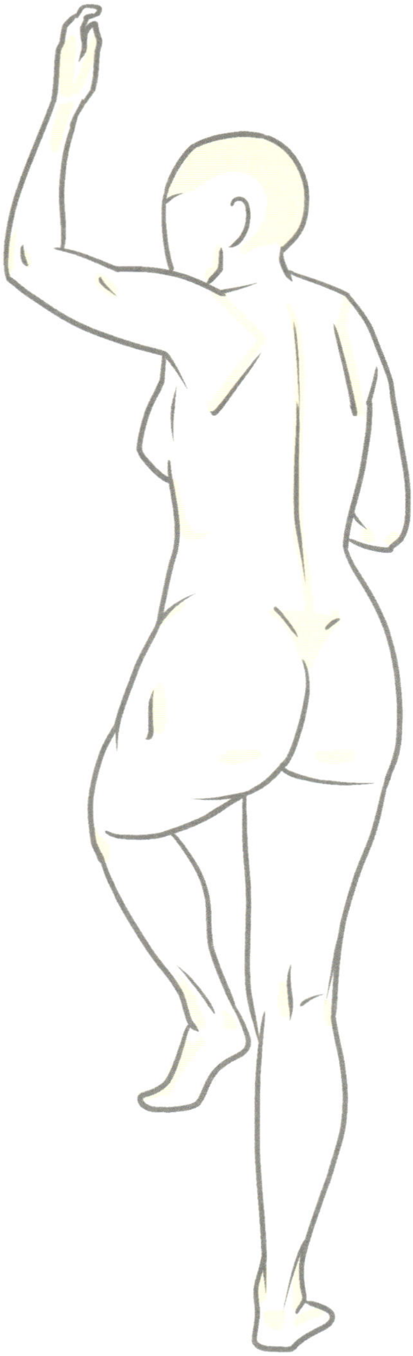

이 포즈의 포인트

받침대에 한쪽 발을 올리고 막대기 같은 것을 잡은 자세입니다. 고전 작품에는 막대기 대신 창을 들고 있는 경우가 많으므로 '창을 든 자세'라고도 합니다. 이 자세는 양쪽 어깨가 올라가 좌우 어깨뼈가 회전한 상태입니다.

골격

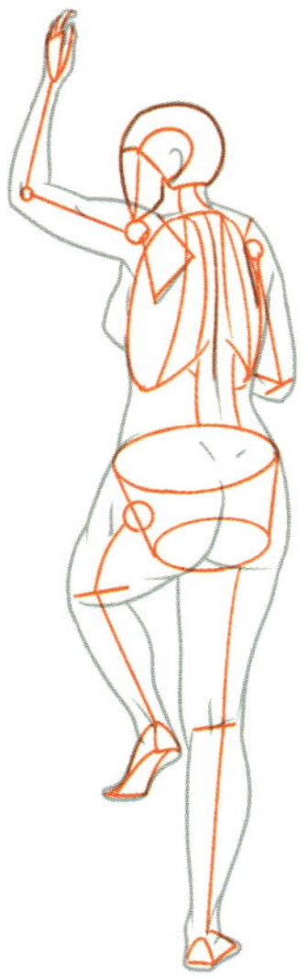

1단계
빠르게 연습하기

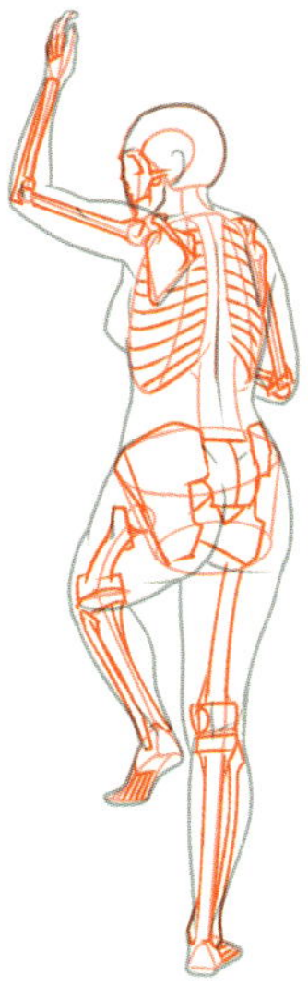

2단계
깊이 있게 연습하기

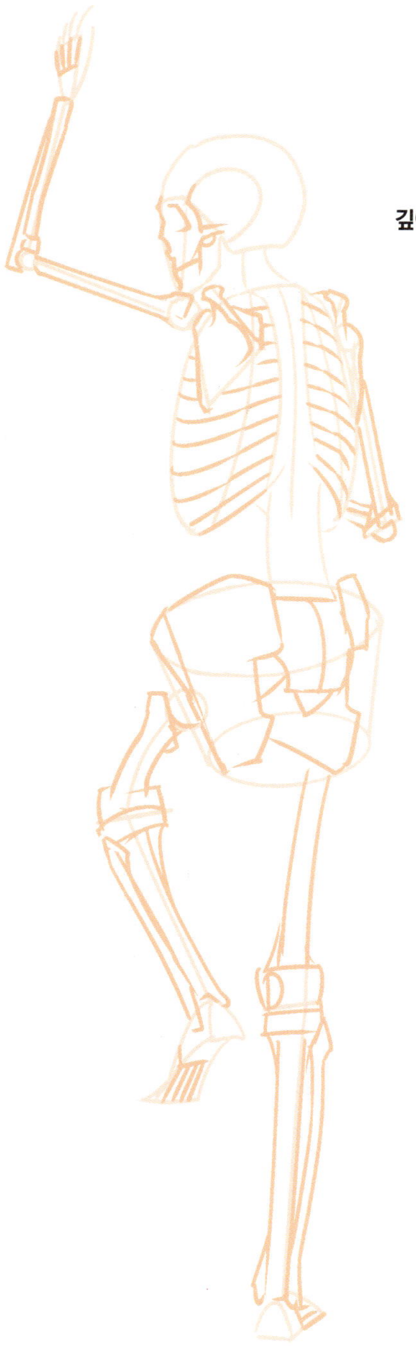

체표

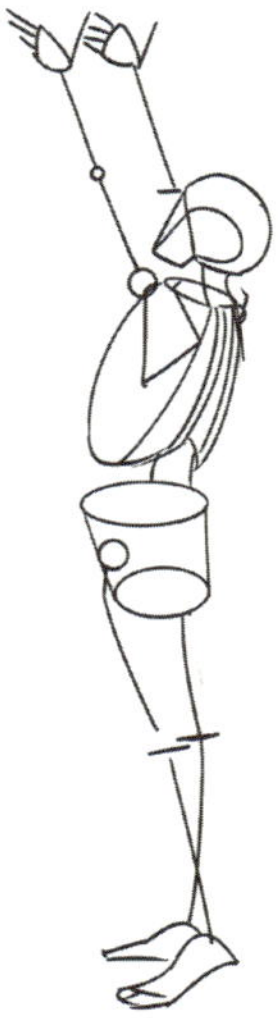

1단계
빠르게 연습하기

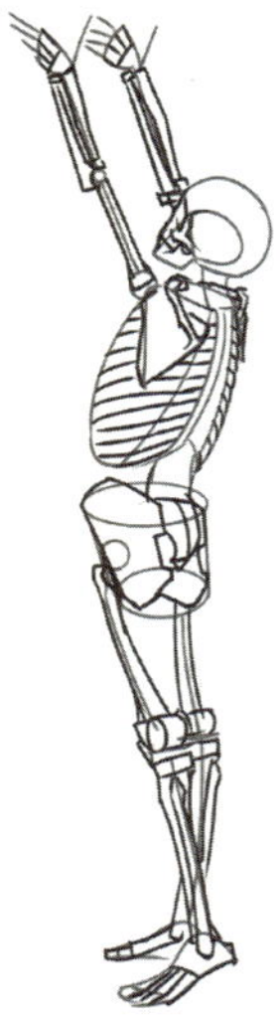

2단계
깊이 있게 연습하기

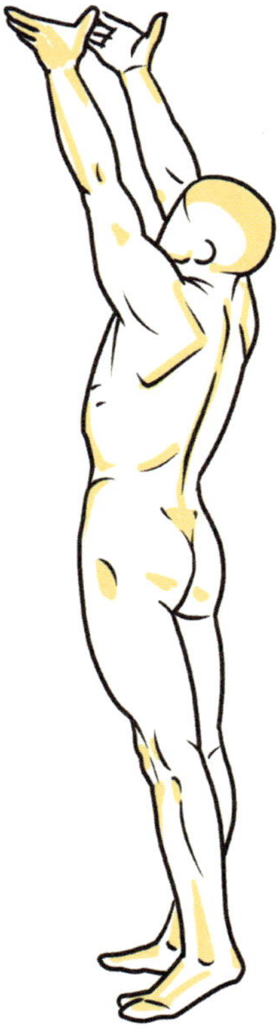

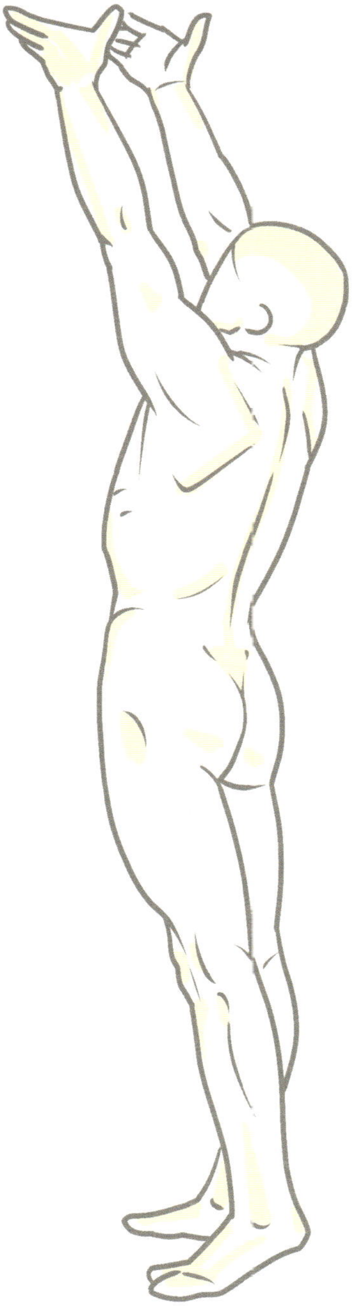

이 포즈의 포인트

양손을 들어 높은 곳에 물건을 올려놓는 자세입니다. 양팔을 들어 올렸기 때문에 어깨뼈가 크게 회전합니다. 어깨뼈는 어깨 끝에서 빗장뼈와 위팔뼈에 연결되어 있지만, 가슴우리와는 직접적으로 연결되어 있지 않습니다. 이 때문에 어깨뼈는 인체에서 가동 범위가 가장 넓습니다.

골격

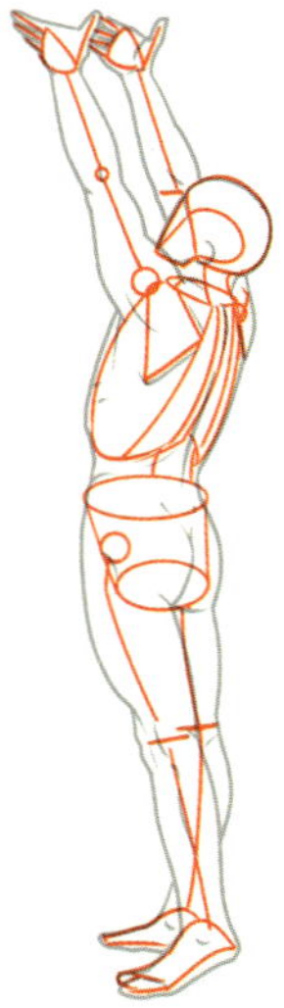

1단계
빠르게 연습하기

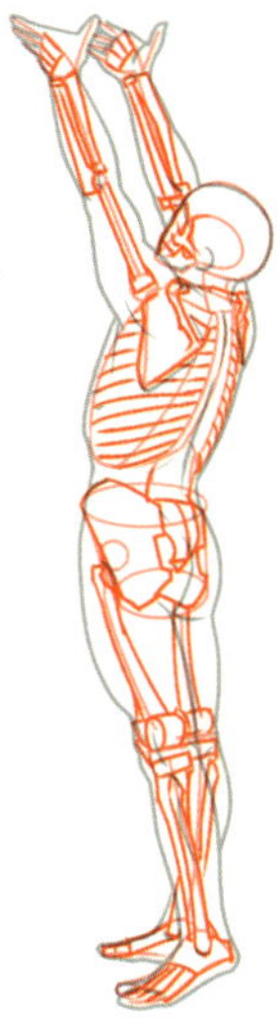

2단계
깊이 있게 연습하기

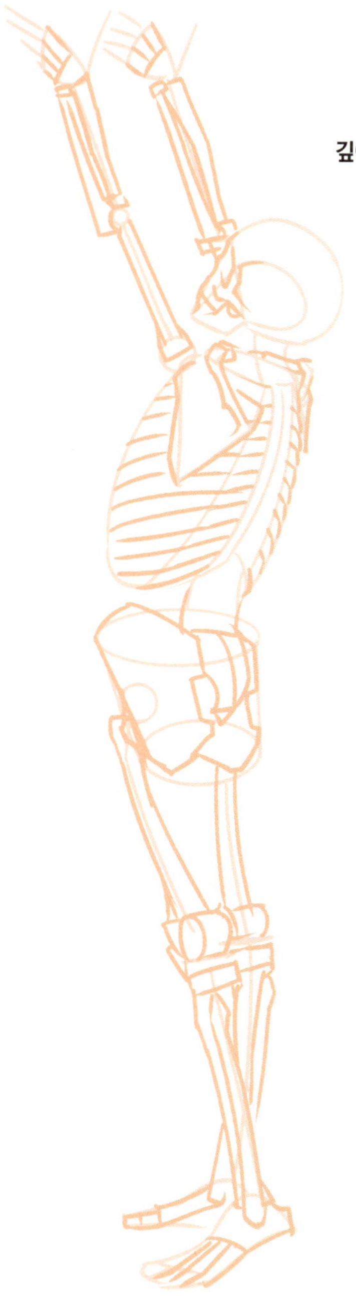

체표

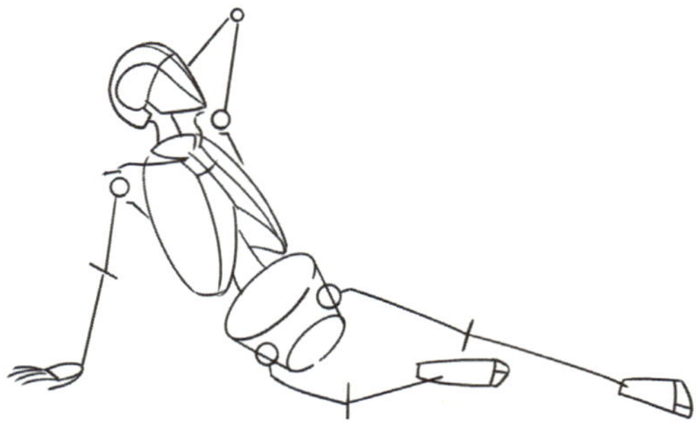
1단계
빠르게 연습하기

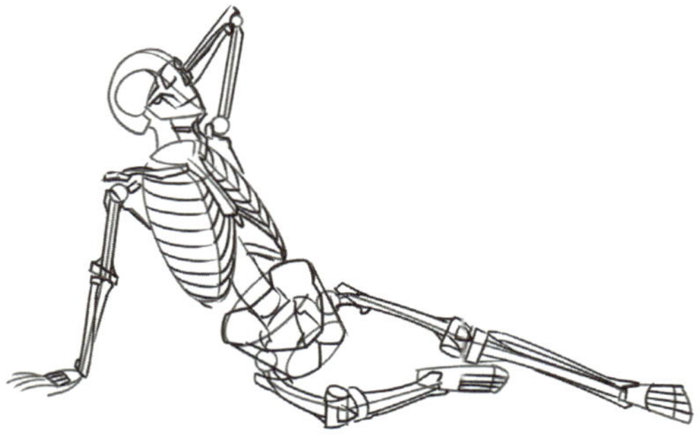
2단계
깊이 있게 연습하기

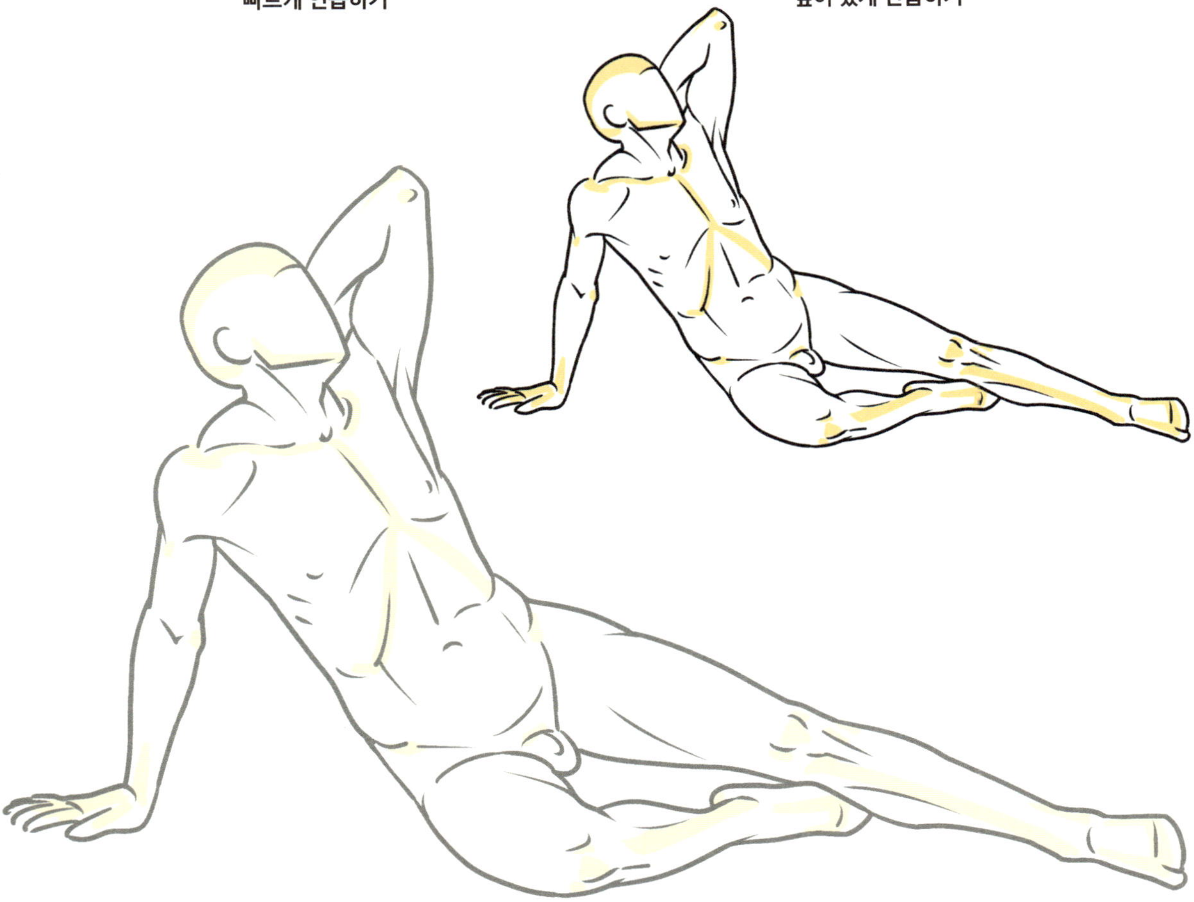

이 포즈의 포인트

고전 작품에서는 '죽어가는 전사상'이 자주 등장합니다. 하지만 실제로 죽음의 순간을 묘사한다기보다는, 드러눕거나 주저앉아 금방이라도 쓰러질 듯한 자세, 혹은 팔을 들어 올려 하늘을 우러러보는 자세 등을 표현하는 경우가 많습니다.

골격

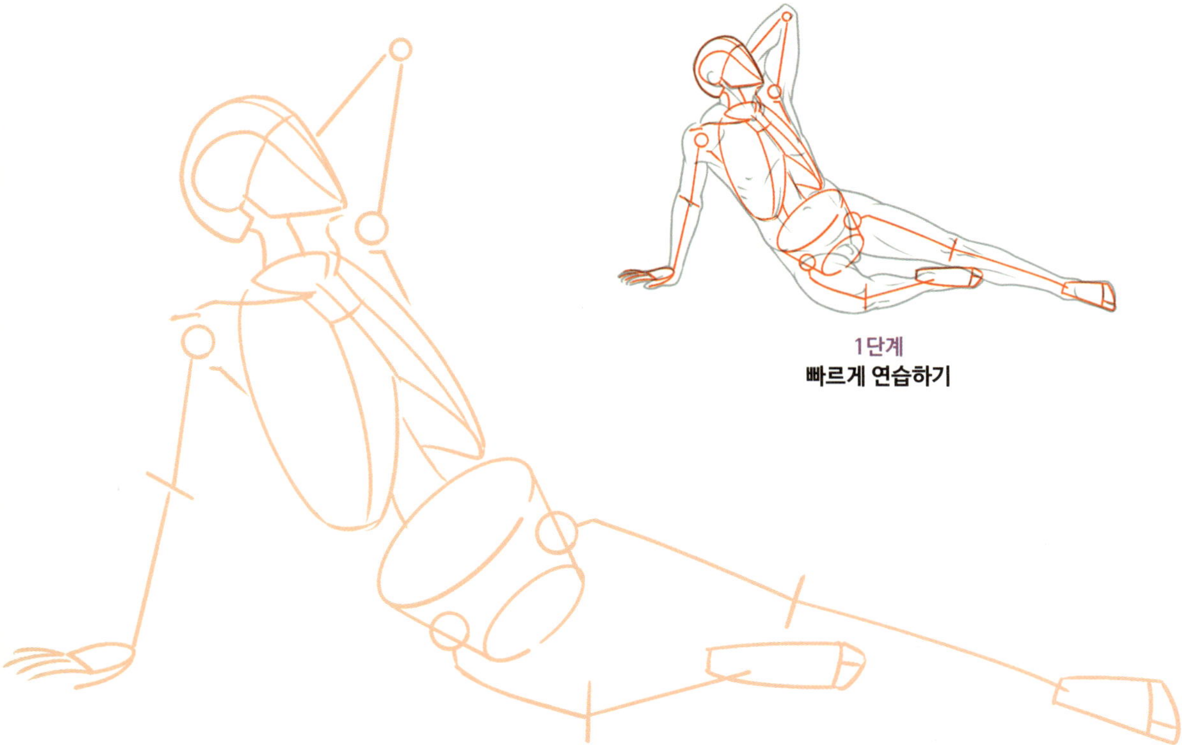

1단계
빠르게 연습하기

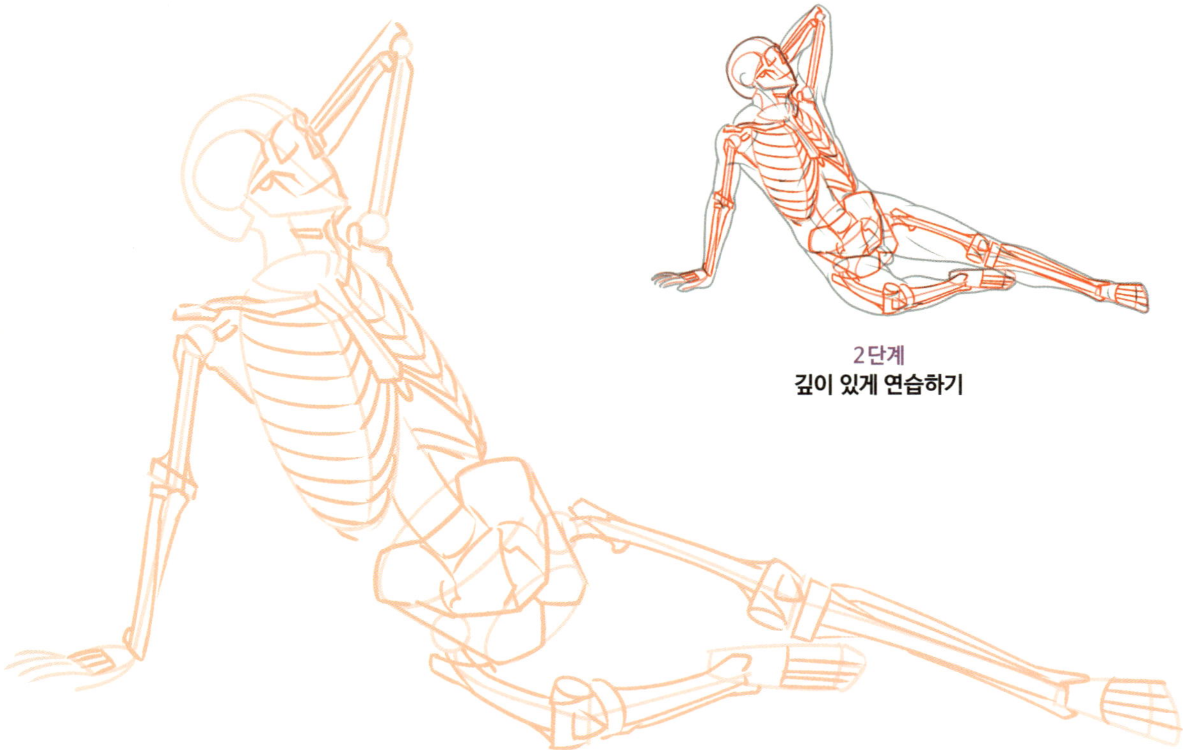

2단계
깊이 있게 연습하기

체표

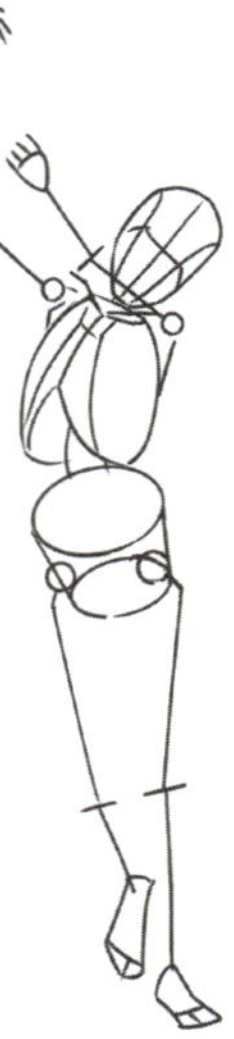

1단계
빠르게 연습하기

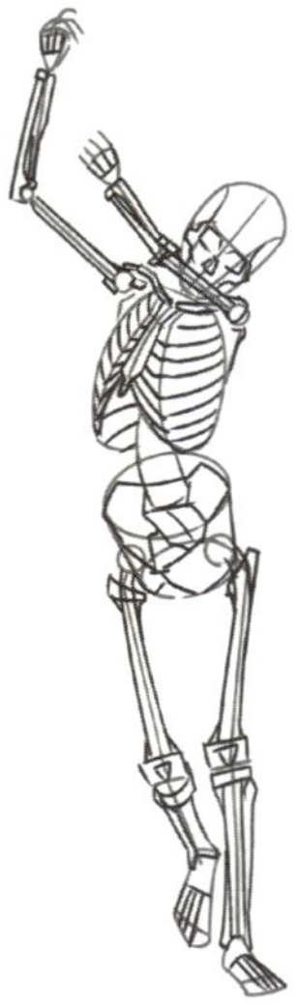

2단계
깊이 있게 연습하기

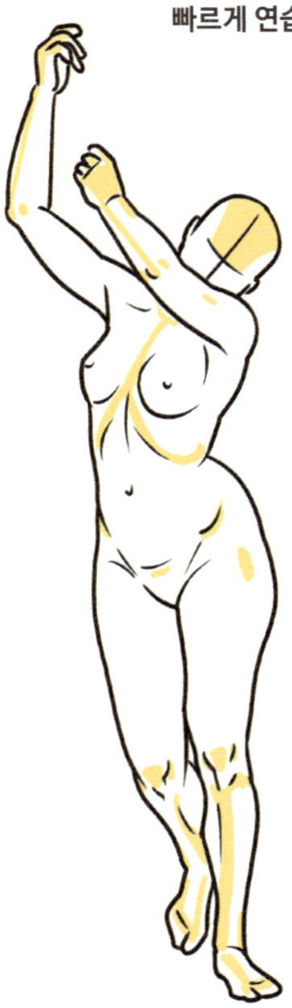

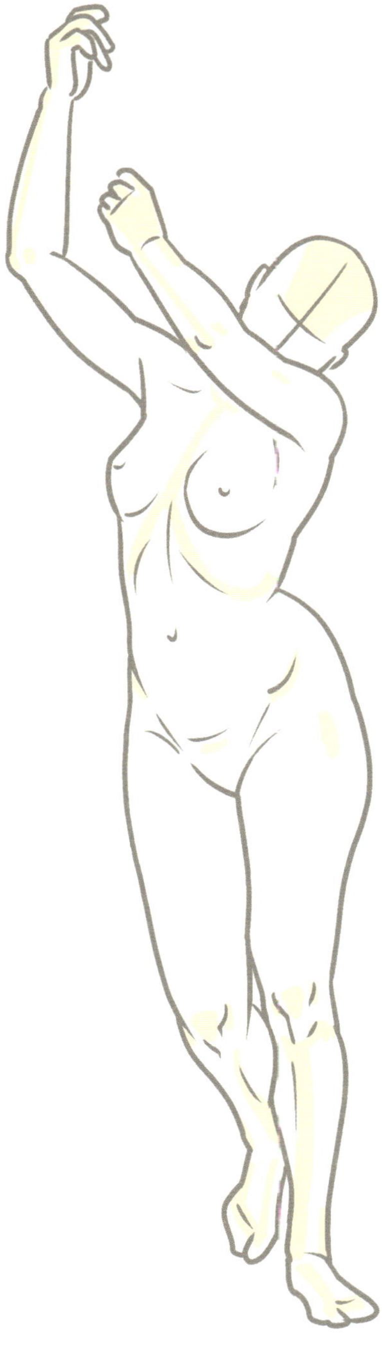

이 포즈의 포인트

다리를 모으거나 교차시키는 동작은 발끝 사이의 간격을 좁아 보이게 하려는 의도입니다. 발끝 간격이 좁아 보이면 착시 효과로 인해 실제보다 더 가볍고 경쾌한 인상을 줄 수 있습니다. 다만, 그만큼 자세의 안정감은 떨어지기 때문에 모델이 손잡이 같은 지지물을 잡고 자세를 유지하기도 합니다.

골격

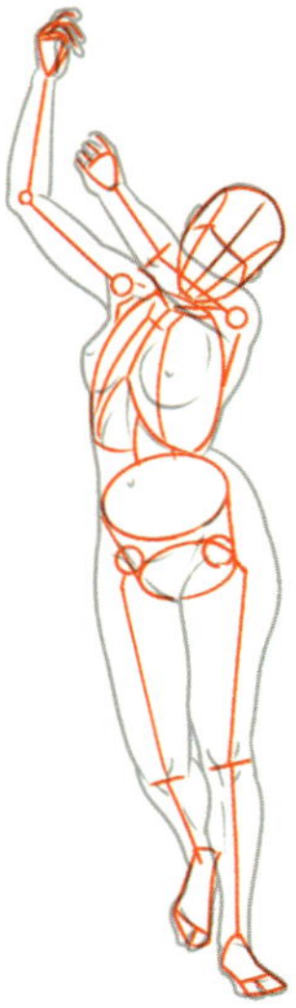

1단계
빠르게 연습하기

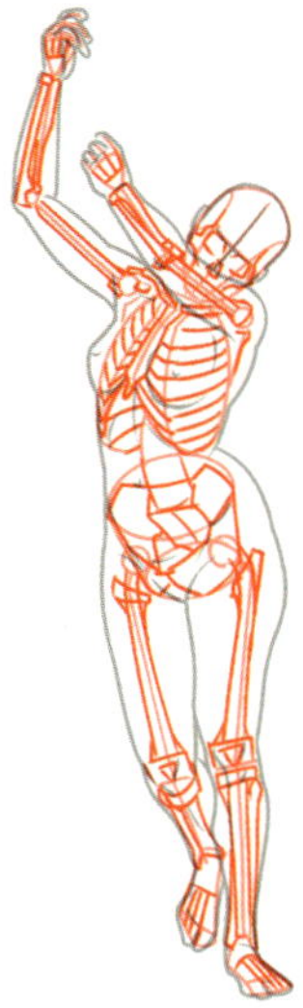

2단계
깊이 있게 연습하기

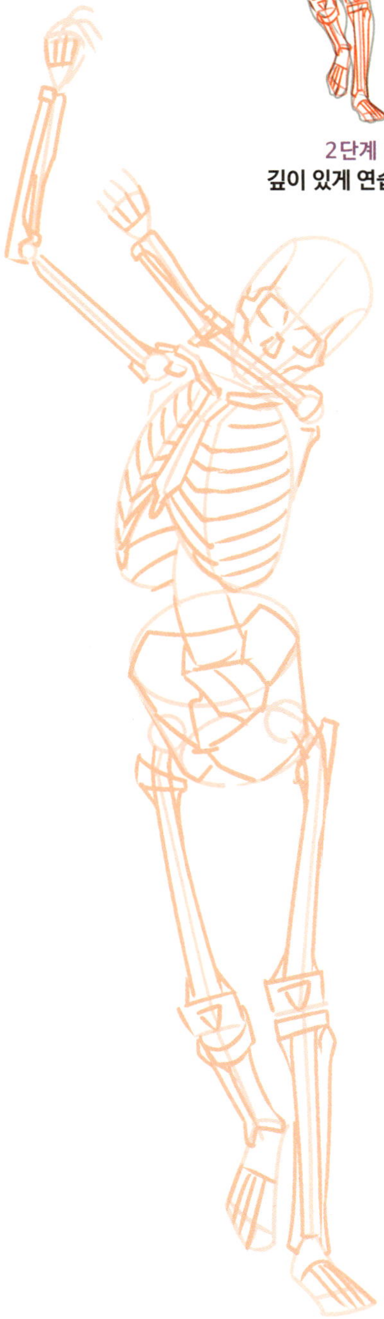

체표

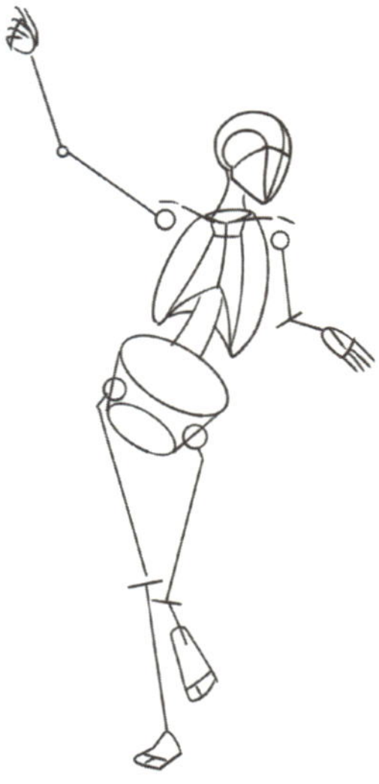

1단계
빠르게 연습하기

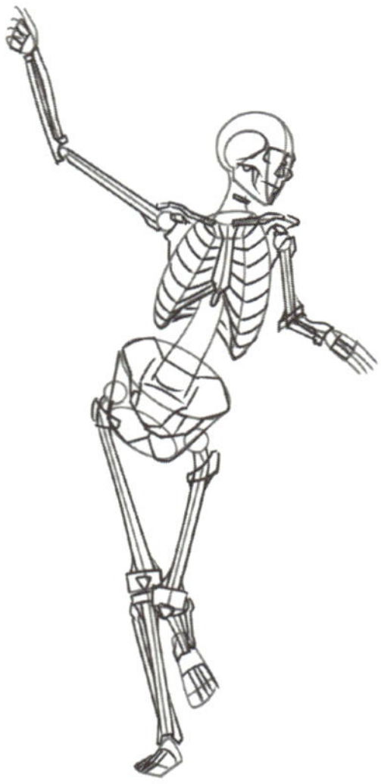

2단계
깊이 있게 연습하기

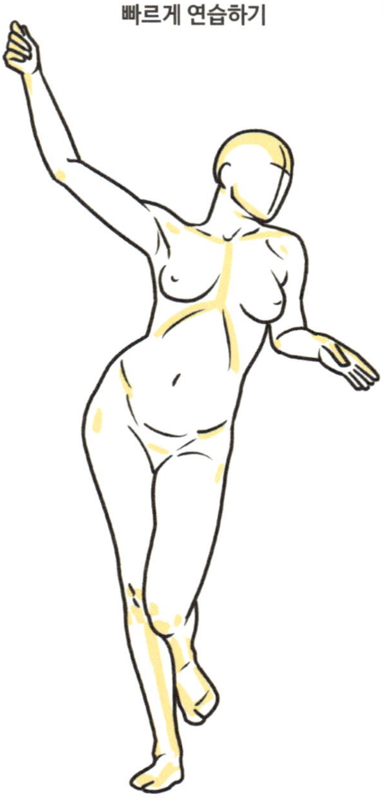

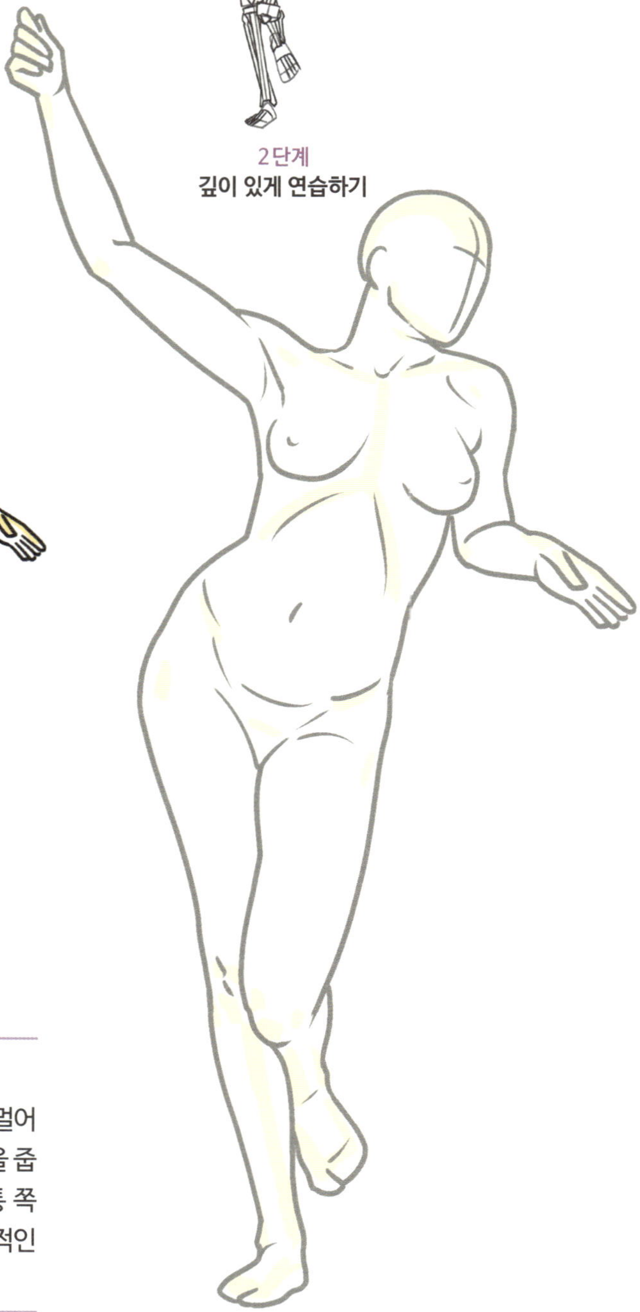

이 포즈의 포인트

팔이나 다리를 벌린 자세는 팔다리가 몸통에서 멀어지는 원심적인 자세로, 시각적으로 화려한 인상을 줍니다. 반대로 몸을 웅크리거나 팔과 다리를 몸통 쪽으로 모은 자세는 구심적인 자세로, 차분하고 정적인 인상을 줍니다.

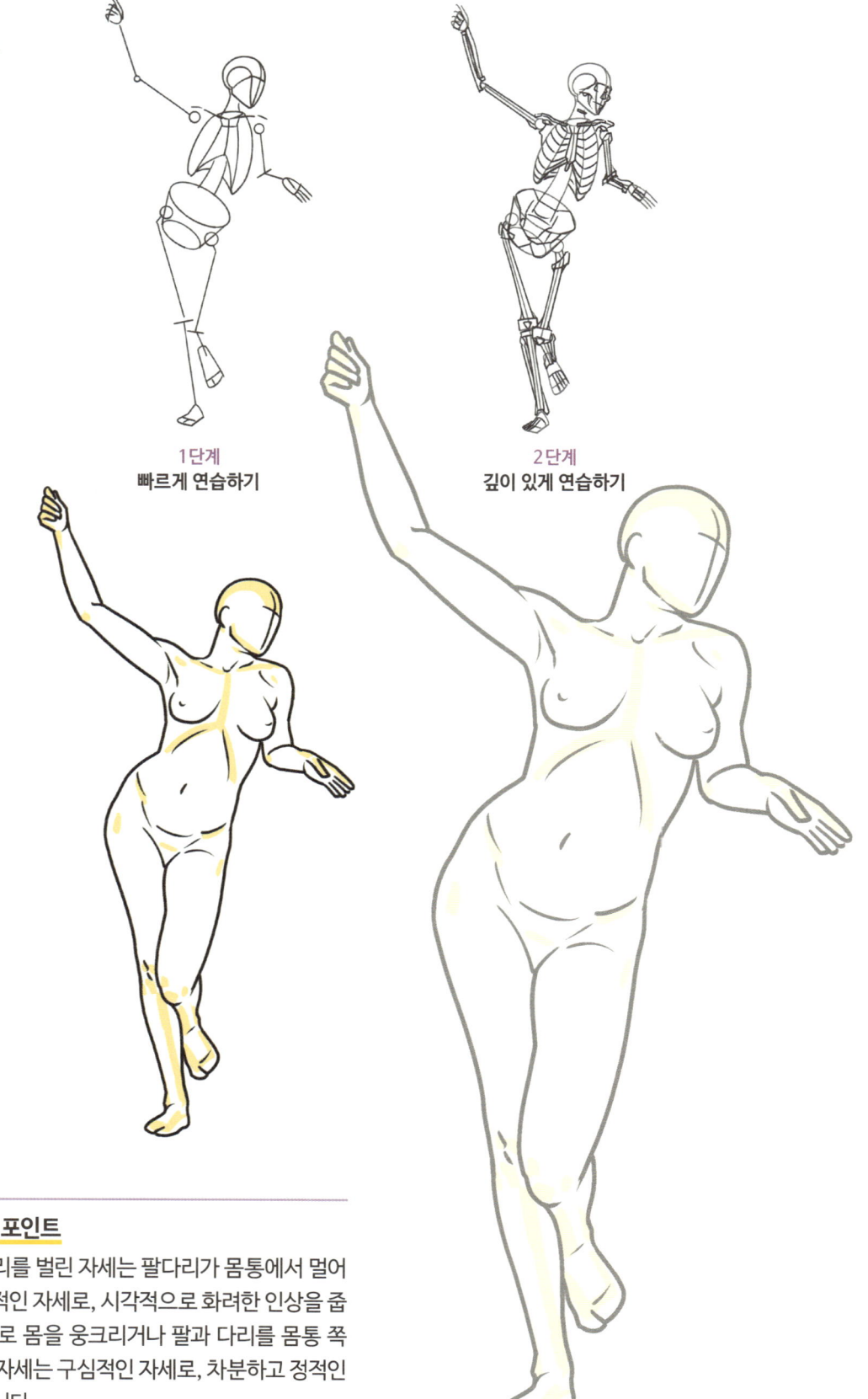

골격

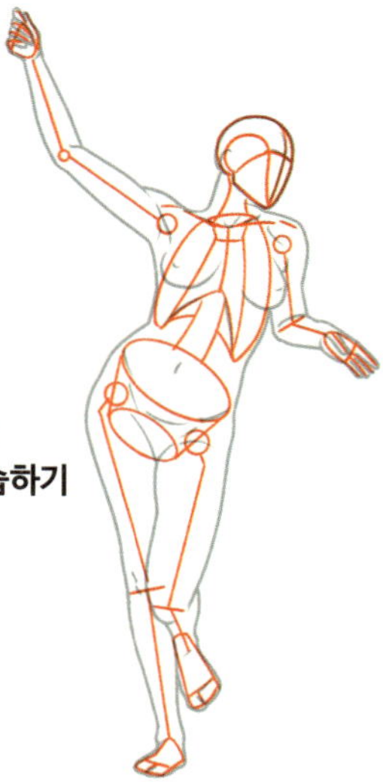

1단계
빠르게 연습하기

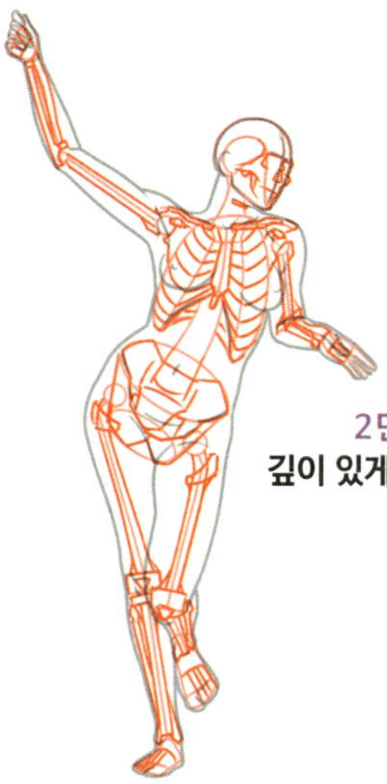

2단계
깊이 있게 연습하기

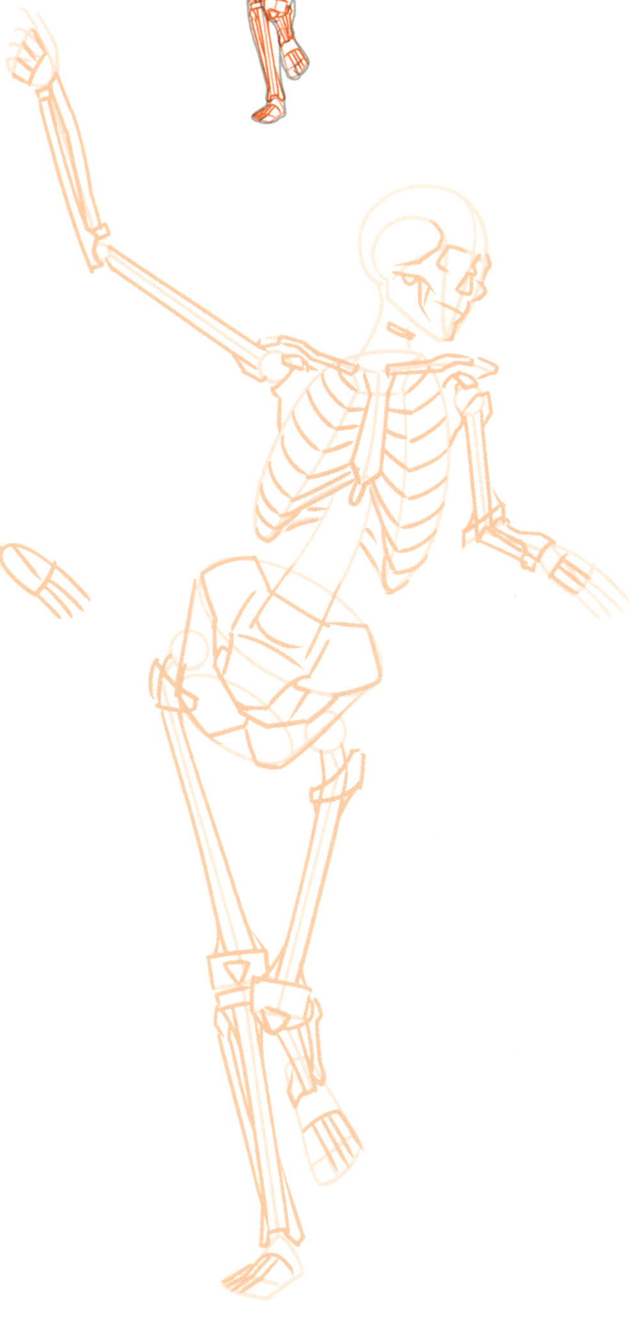

체표

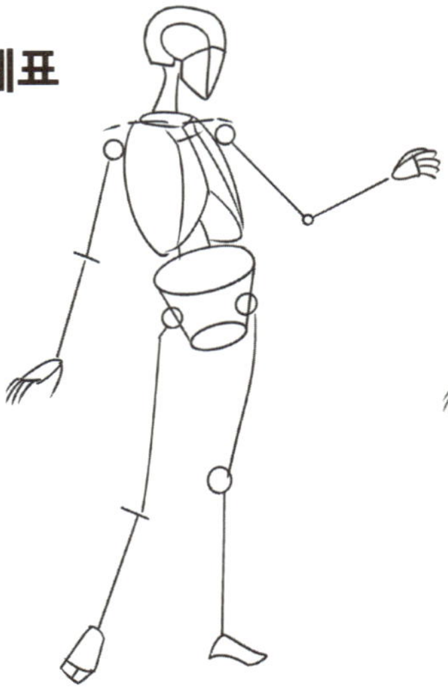

1단계
빠르게 연습하기

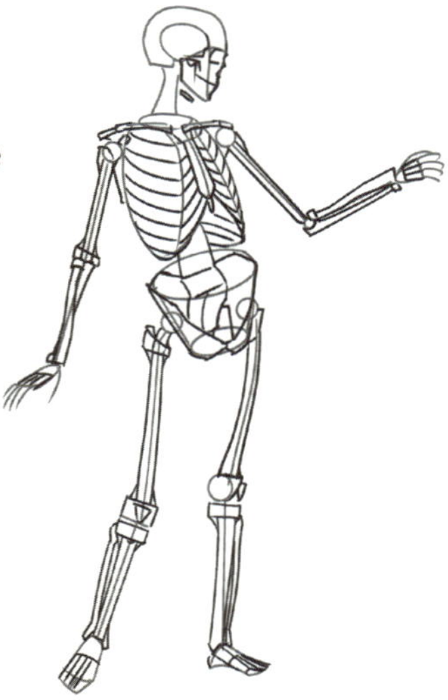

2단계
깊이 있게 연습하기

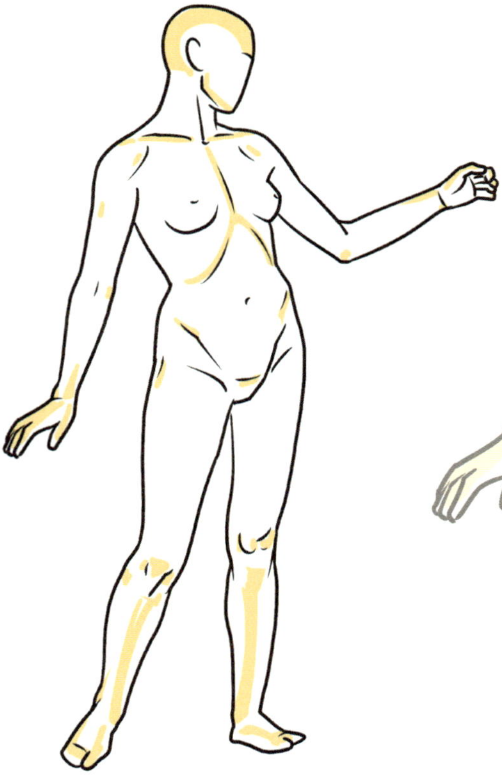

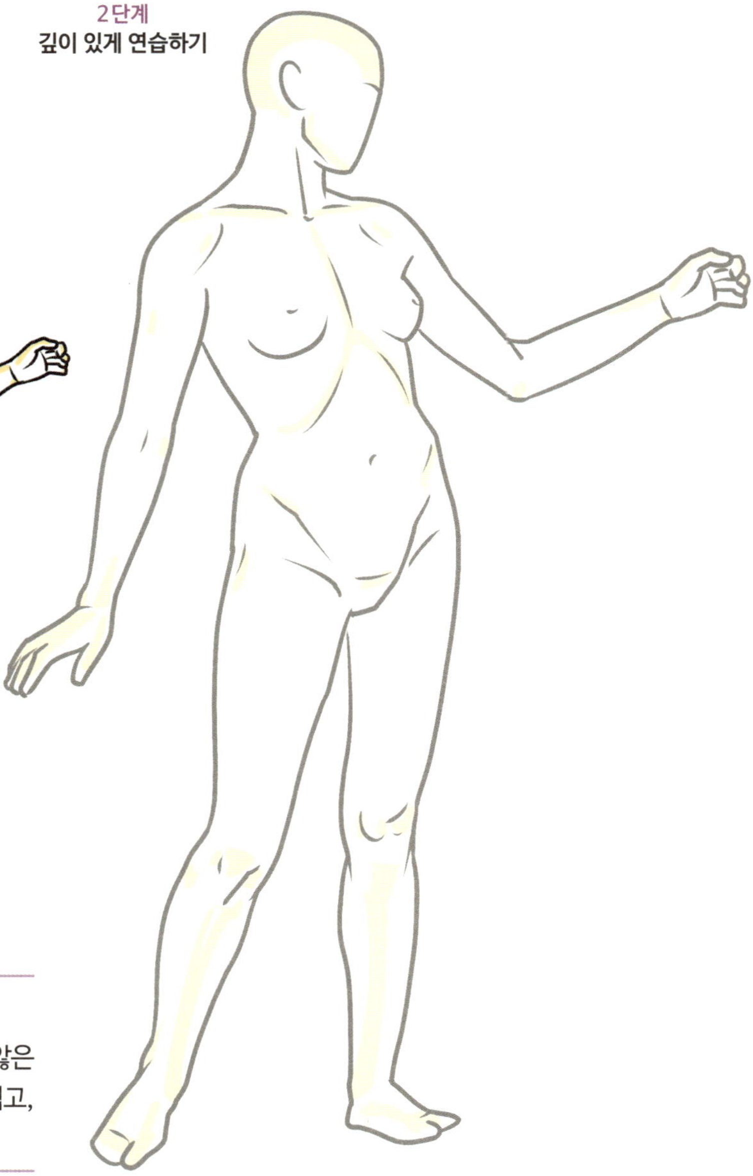

이 포즈의 포인트

팔이나 다리가 교차하거나 가려지지 않은 자세는 좌우 형태의 균형을 파악하기 쉽고, 표현하기도 한결 수월합니다.

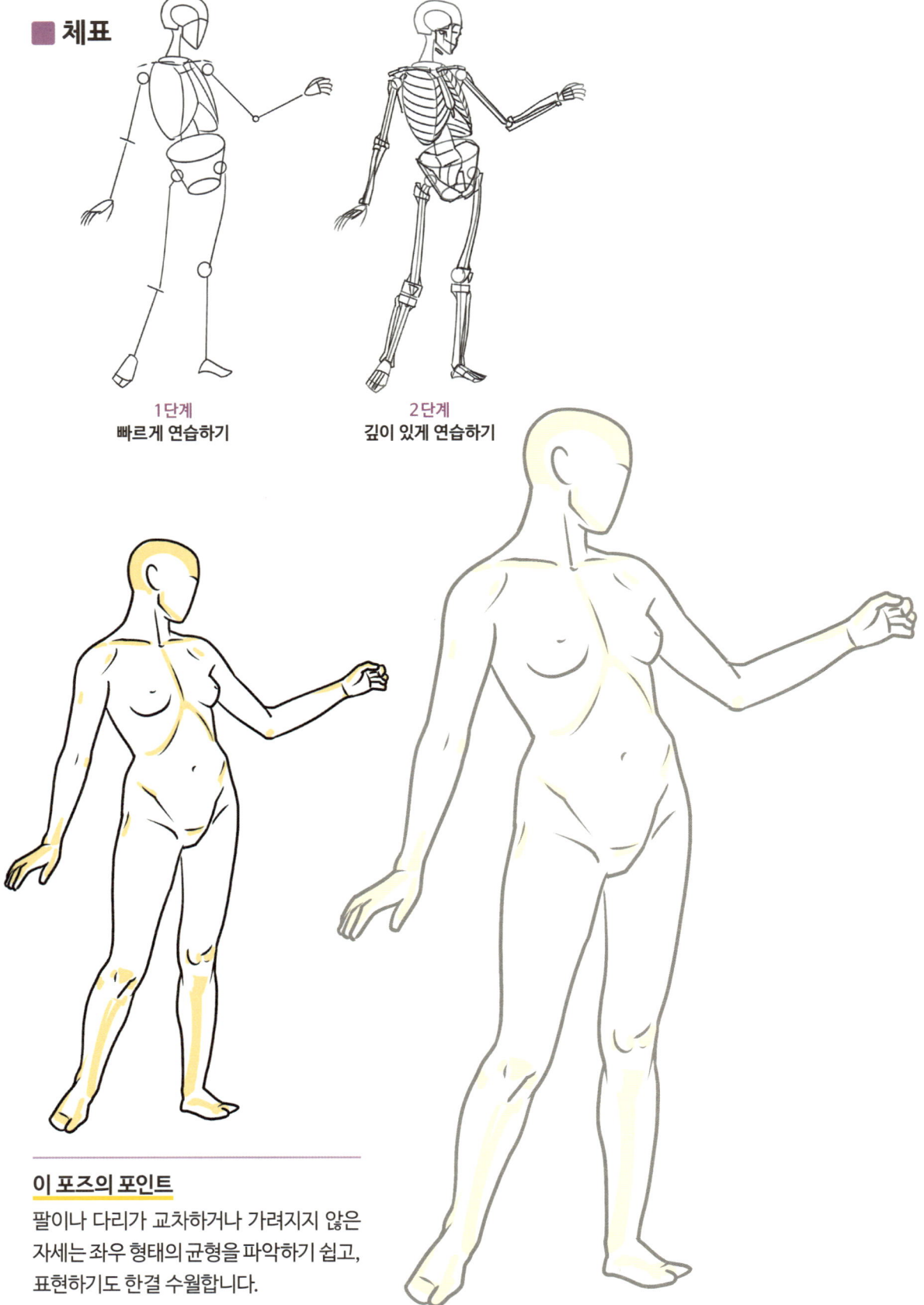

골격

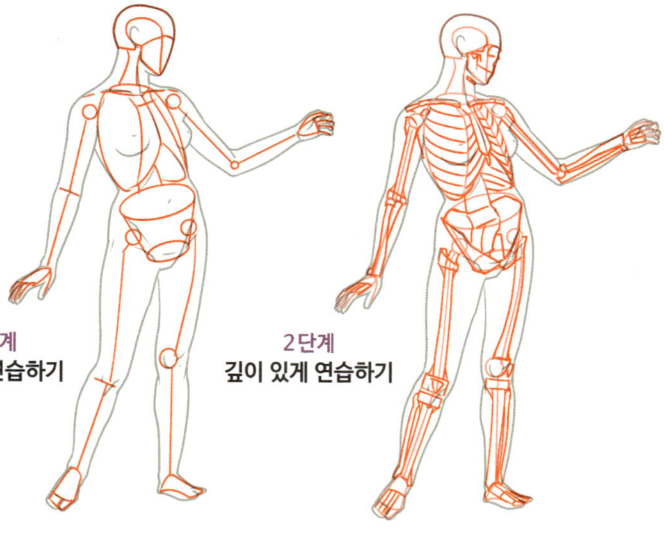
1단계
빠르게 연습하기
2단계
깊이 있게 연습하기

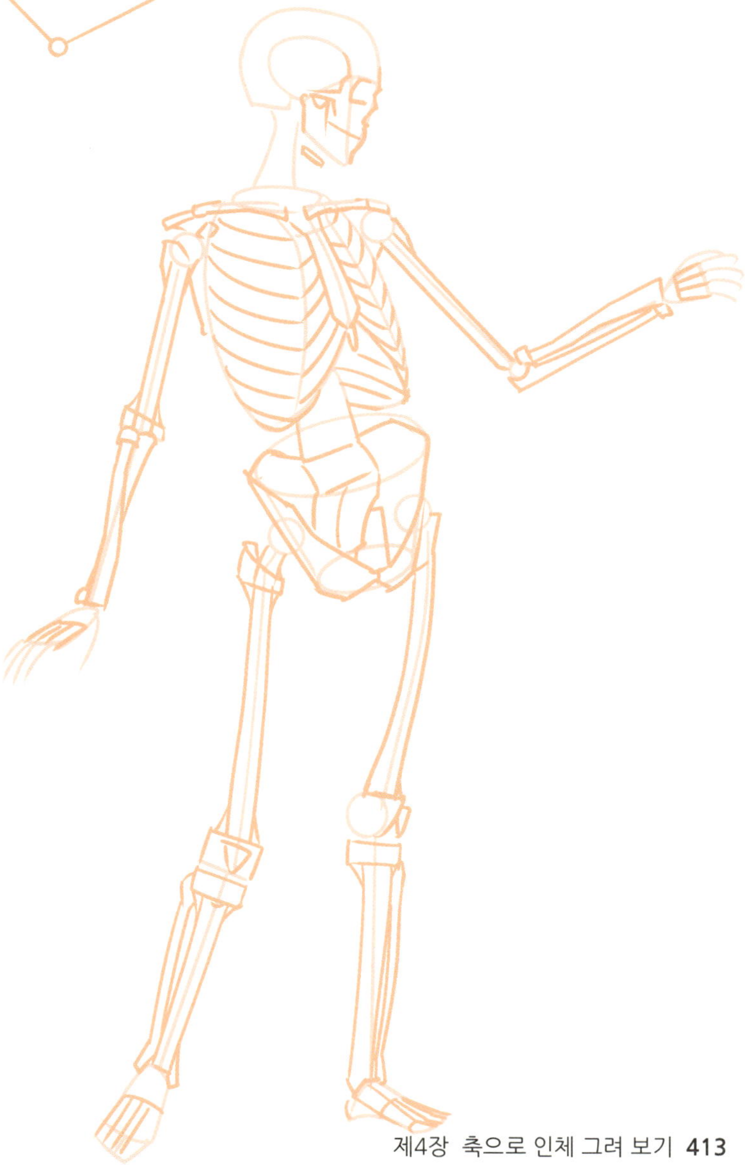

체표

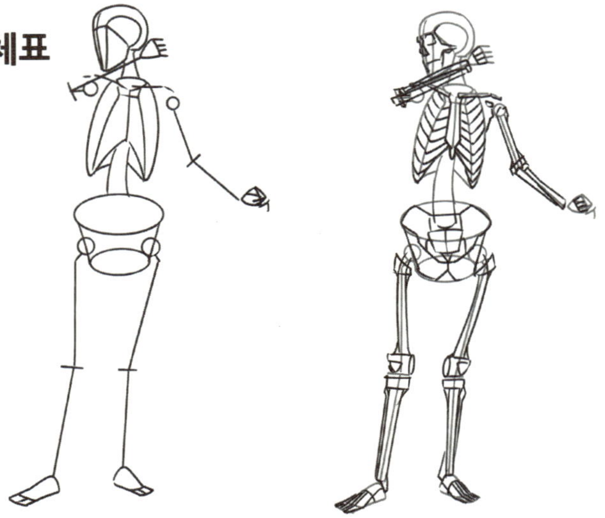

1단계
빠르게 연습하기

2단계
깊이 있게 연습하기

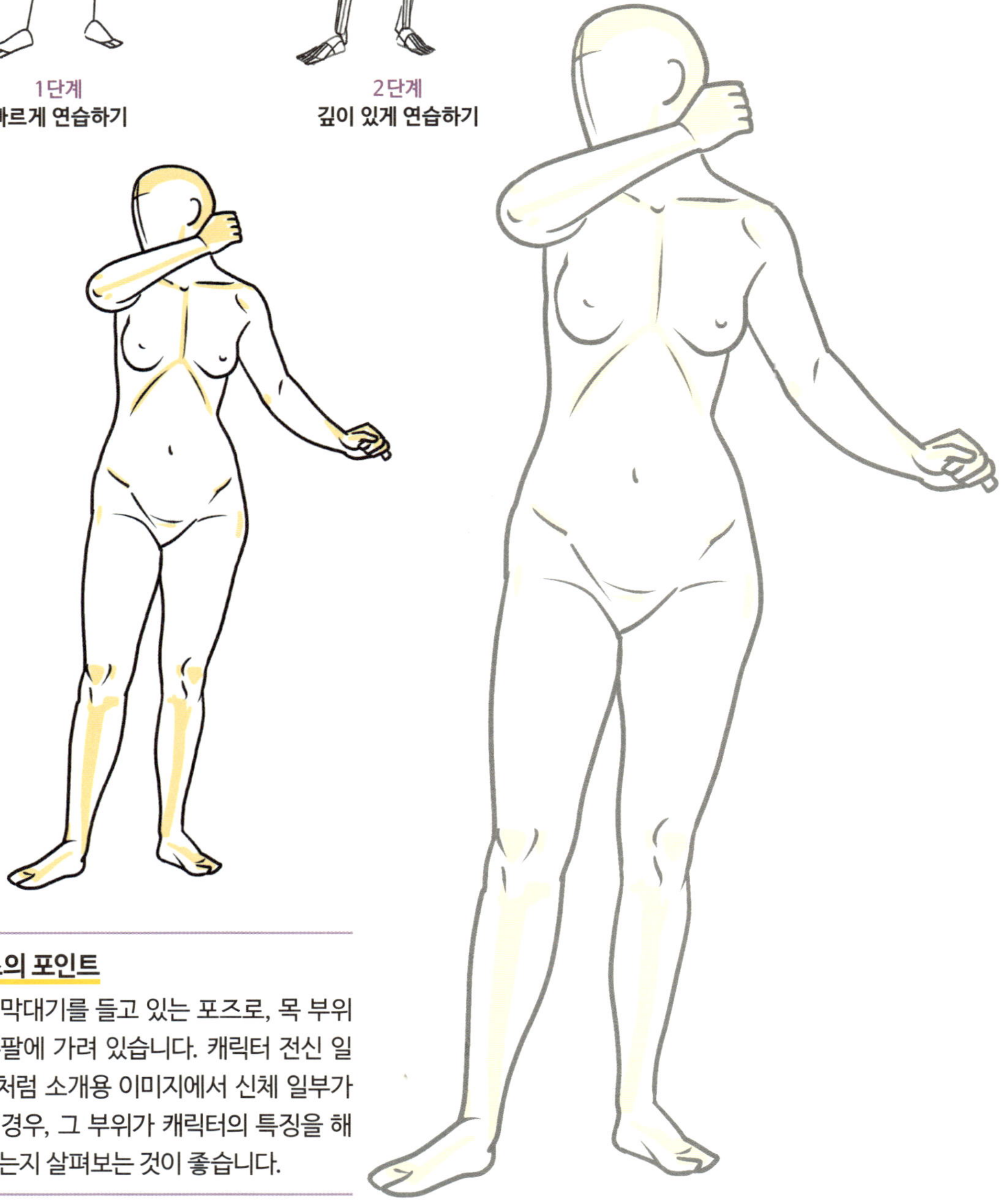

이 포즈의 포인트

창이나 막대기를 들고 있는 포즈로, 목 부위가 오른팔에 가려 있습니다. 캐릭터 전신 일러스트처럼 소개용 이미지에서 신체 일부가 가려질 경우, 그 부위가 캐릭터의 특징을 해치지 않는지 살펴보는 것이 좋습니다.

골격

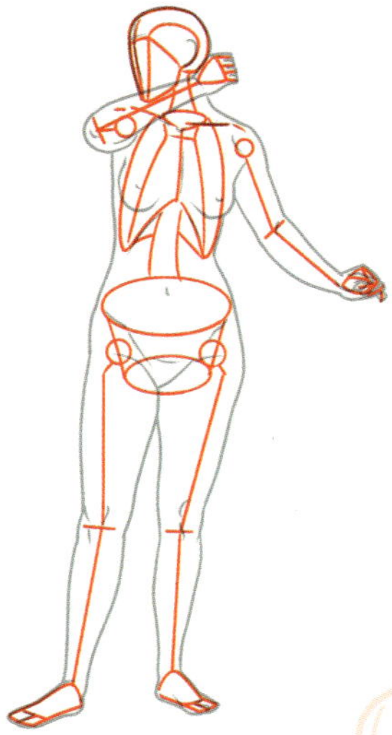

1단계
빠르게 연습하기

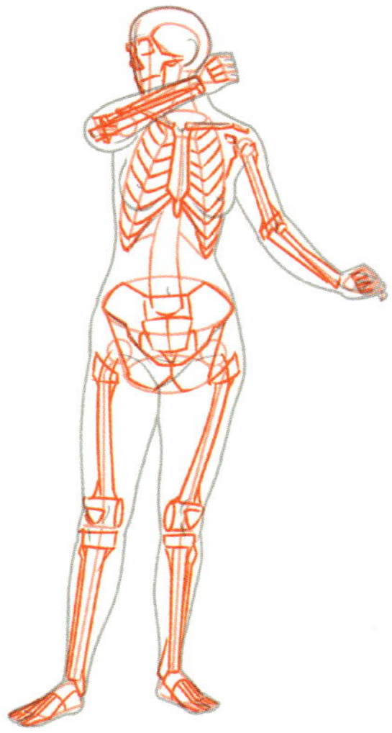

2단계
깊이 있게 연습하기

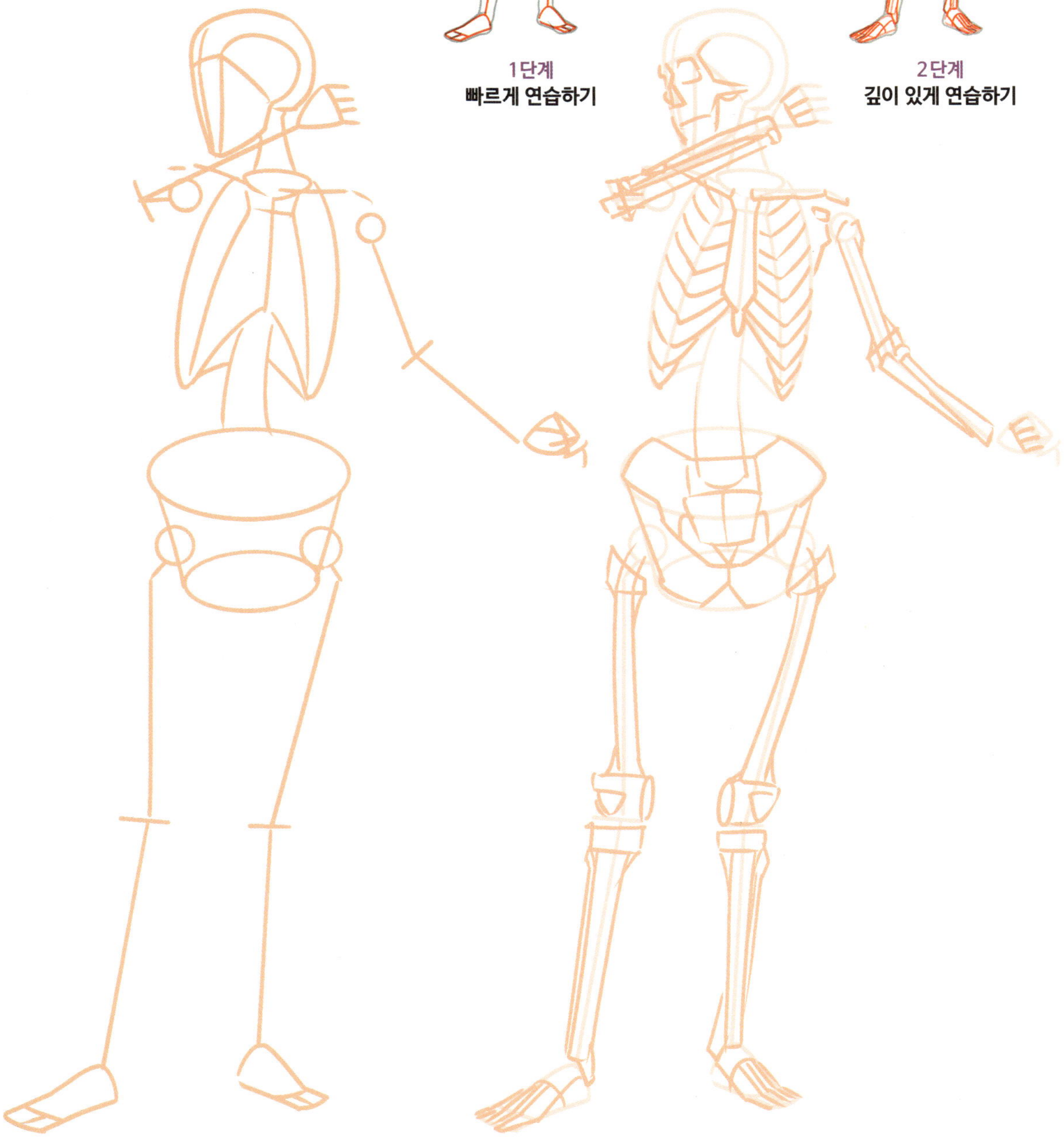

체표

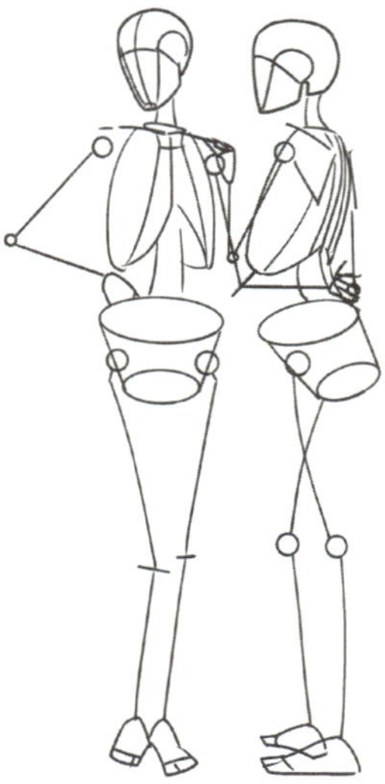

1단계
빠르게 연습하기

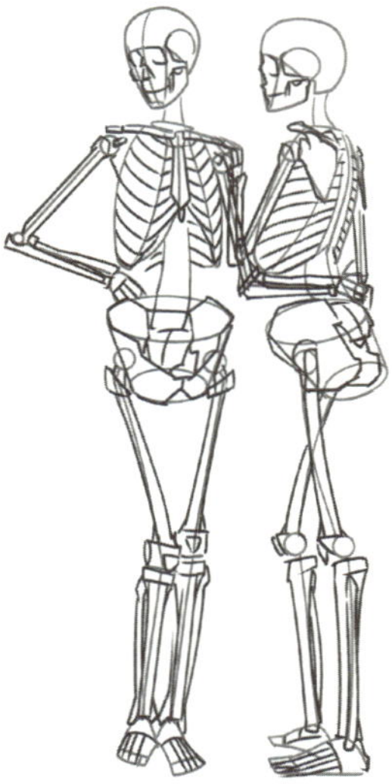

2단계
깊이 있게 연습하기

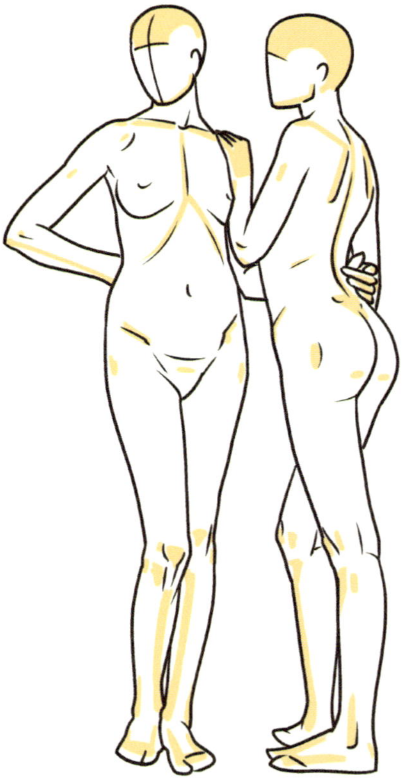

이 포즈의 포인트

마른 체형의 모델은 뼈의 돌출이 뚜렷하게 드러나기 때문에, 근육질 체형보다 뼈대를 추측하기 쉽습니다. 근육질 체형은 뼈 부위가 오목하게 보이는 반면, 마른 체형은 돌출되어 보이는 특징이 있습니다.

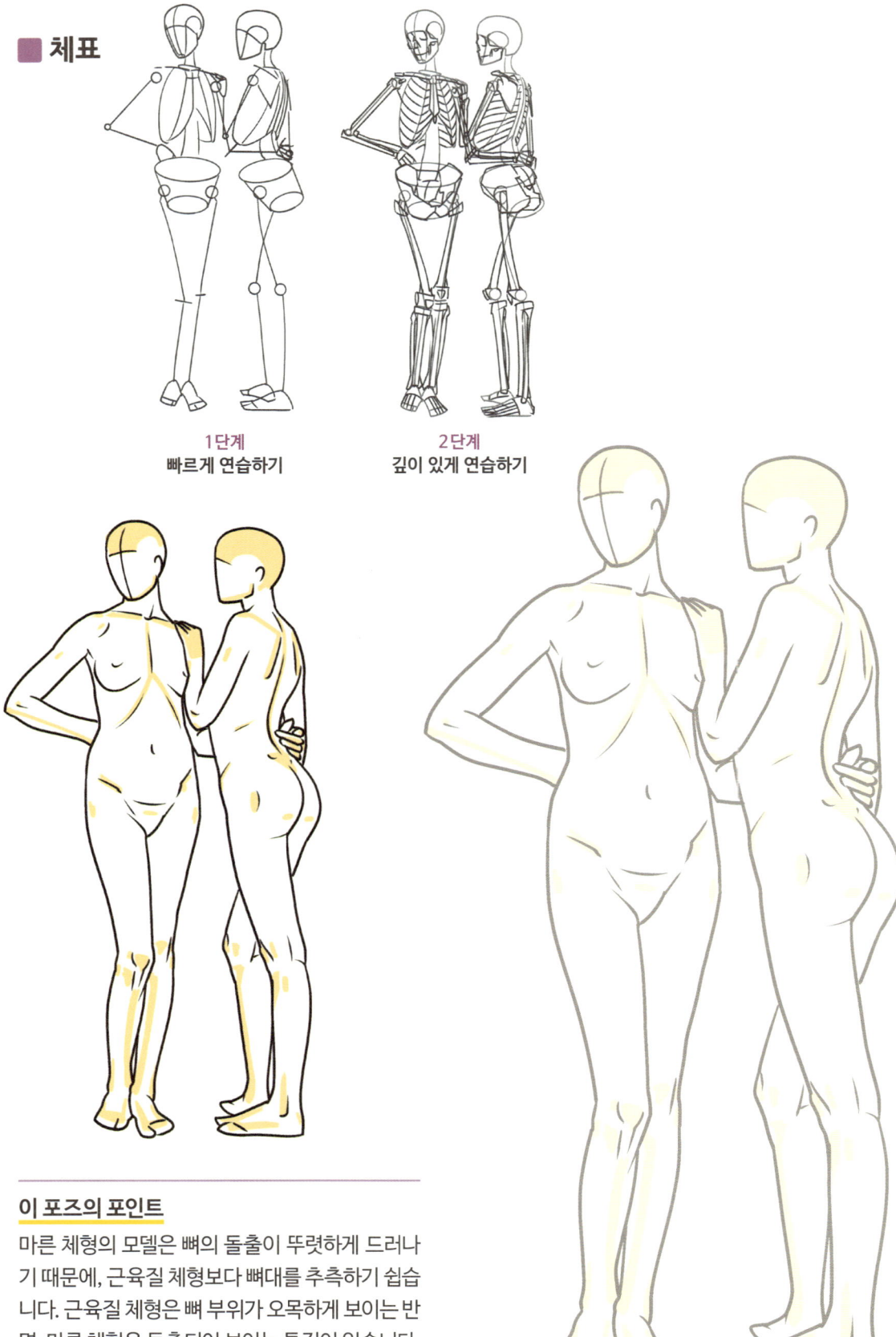

골격

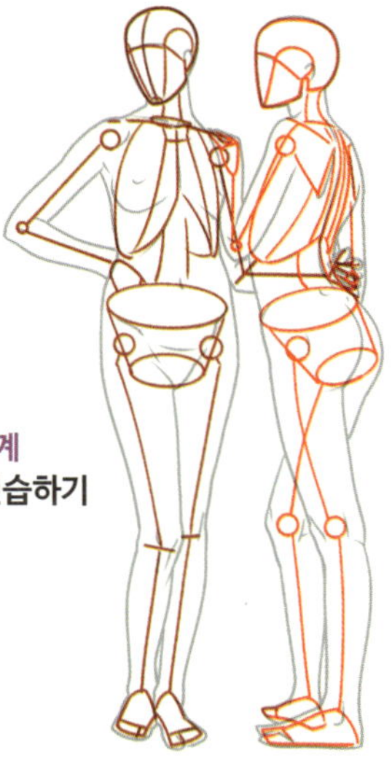

1단계
빠르게 연습하기

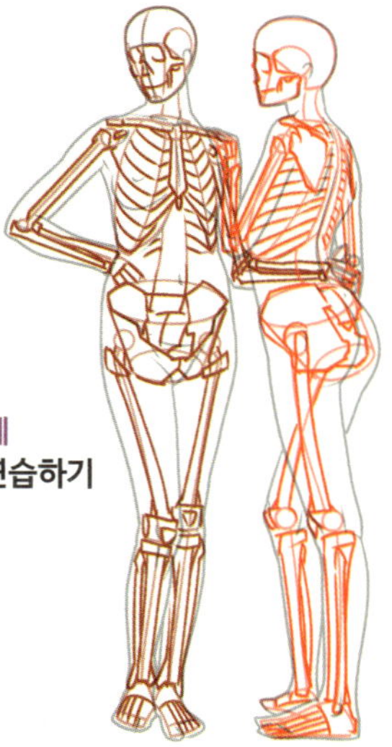

2단계
깊이 있게 연습하기

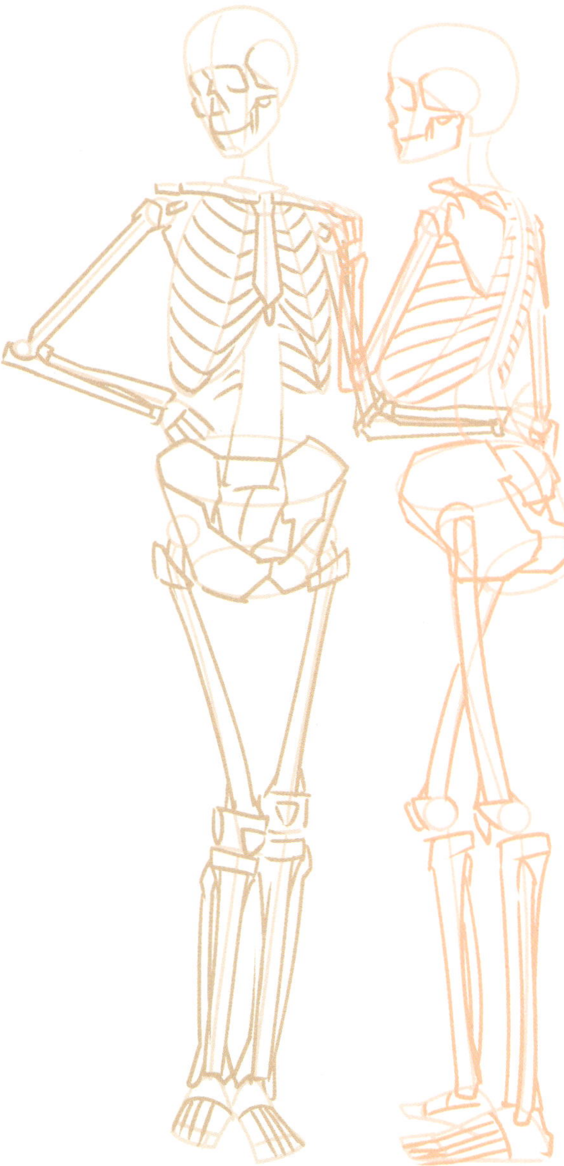

체표

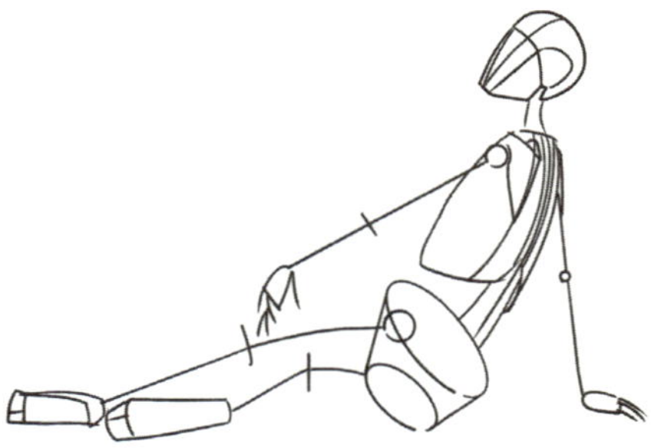

1단계
빠르게 연습하기

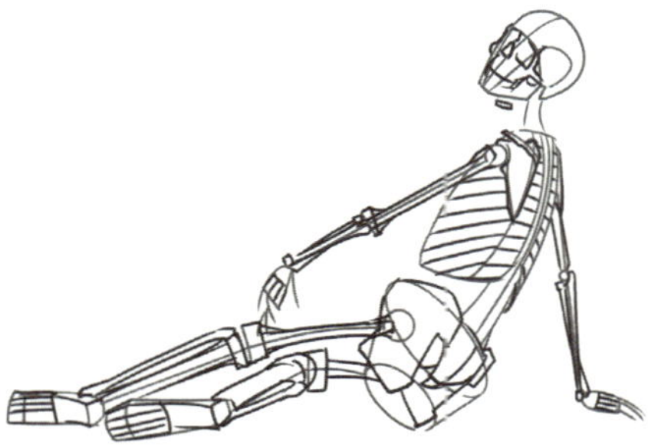

2단계
깊이 있게 연습하기

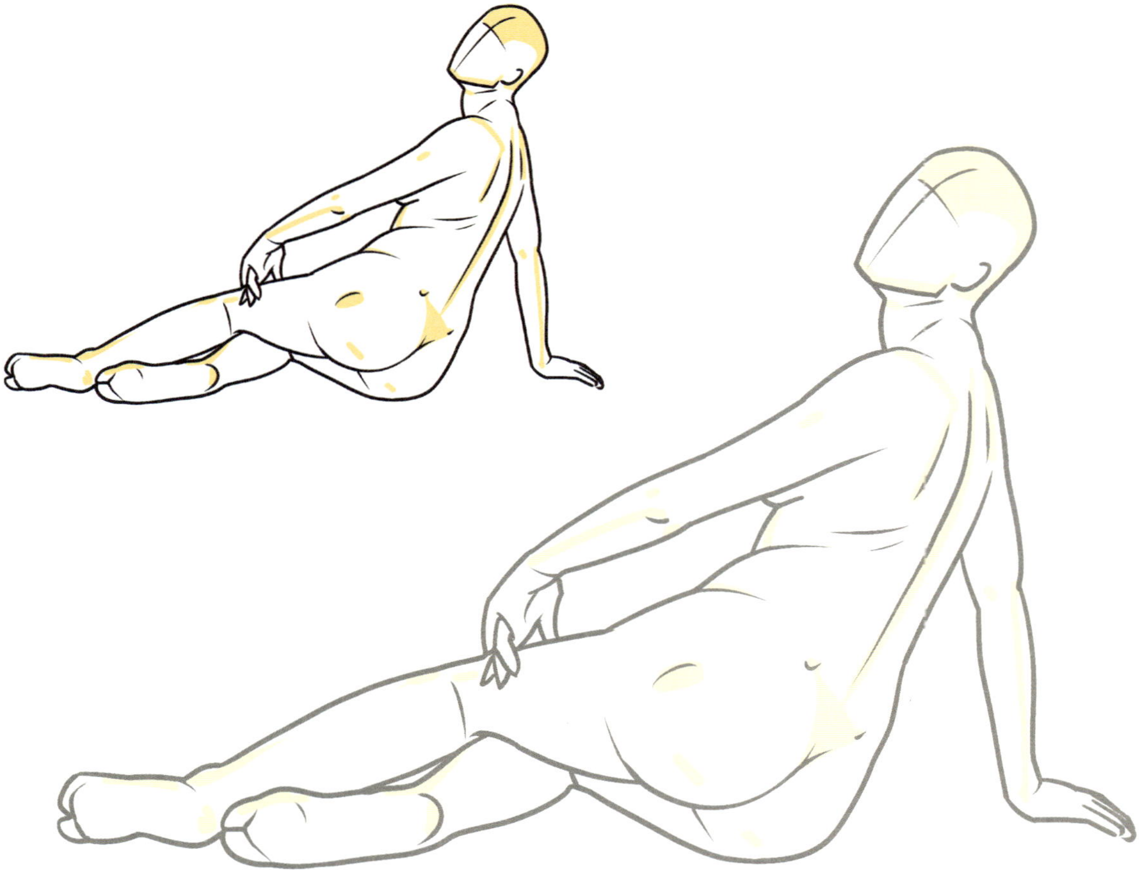

이 포즈의 포인트

상반신을 비튼 자세입니다. 다리가 지면에 고정되어 있기 때문에 몸의 회전은 주로 상반신에서 일어납니다. 목과 가슴 부위는 비교적 자유롭게 비틀 수 있지만, 허리는 구조상 회전 범위가 제한되어 크게 비틀기 어렵습니다.

골격

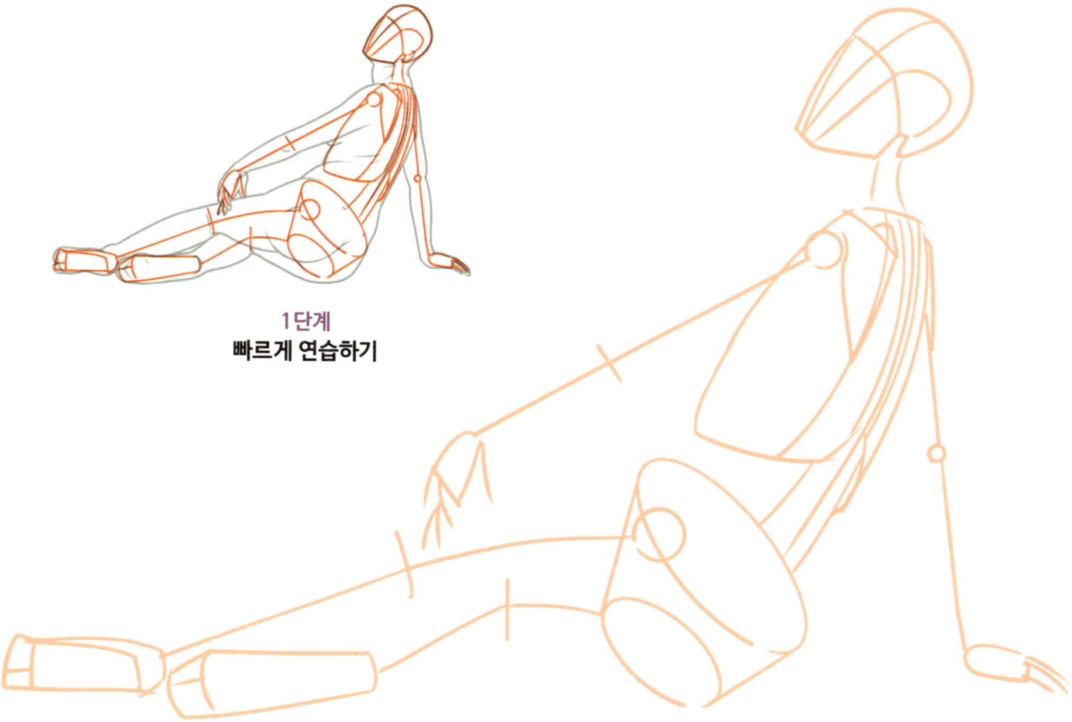

1단계
빠르게 연습하기

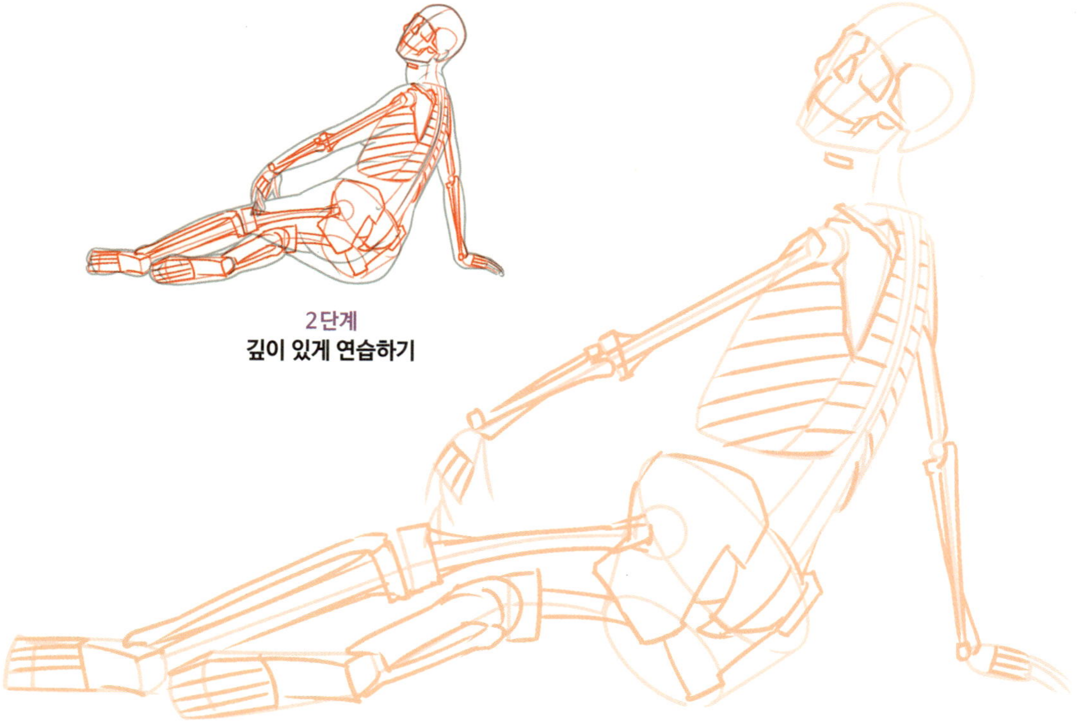

2단계
깊이 있게 연습하기

체표

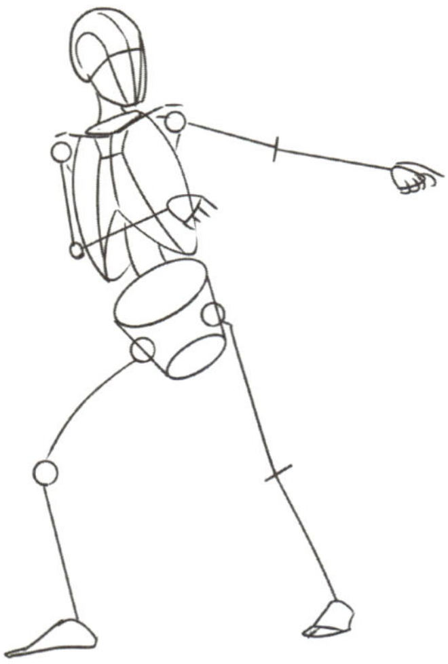

1단계
빠르게 연습하기

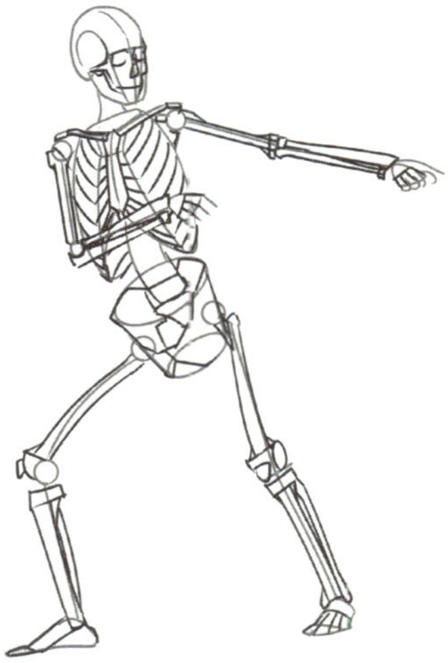

2단계
깊이 있게 연습하기

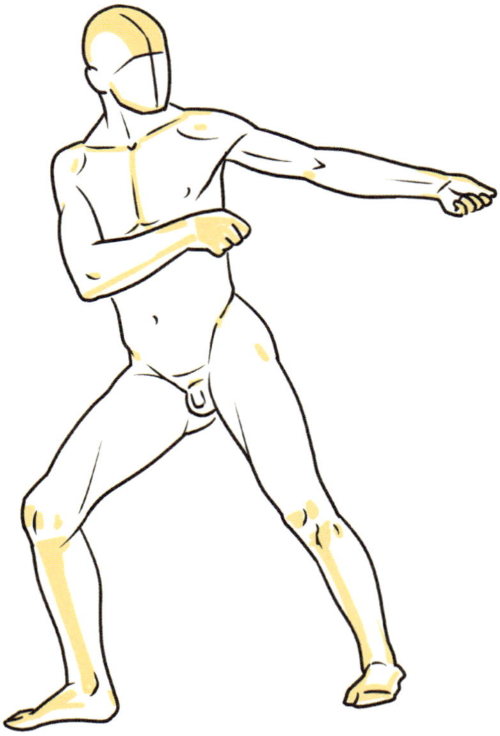

이 포즈의 포인트

무거운 짐을 끄는 자세입니다. 머리는 짐이 있는 방향을 향하고, 몸통과 발끝은 이동하려는 방향을 향합니다. 이때 신체의 무게 중심도 이동 방향으로 기울어집니다.

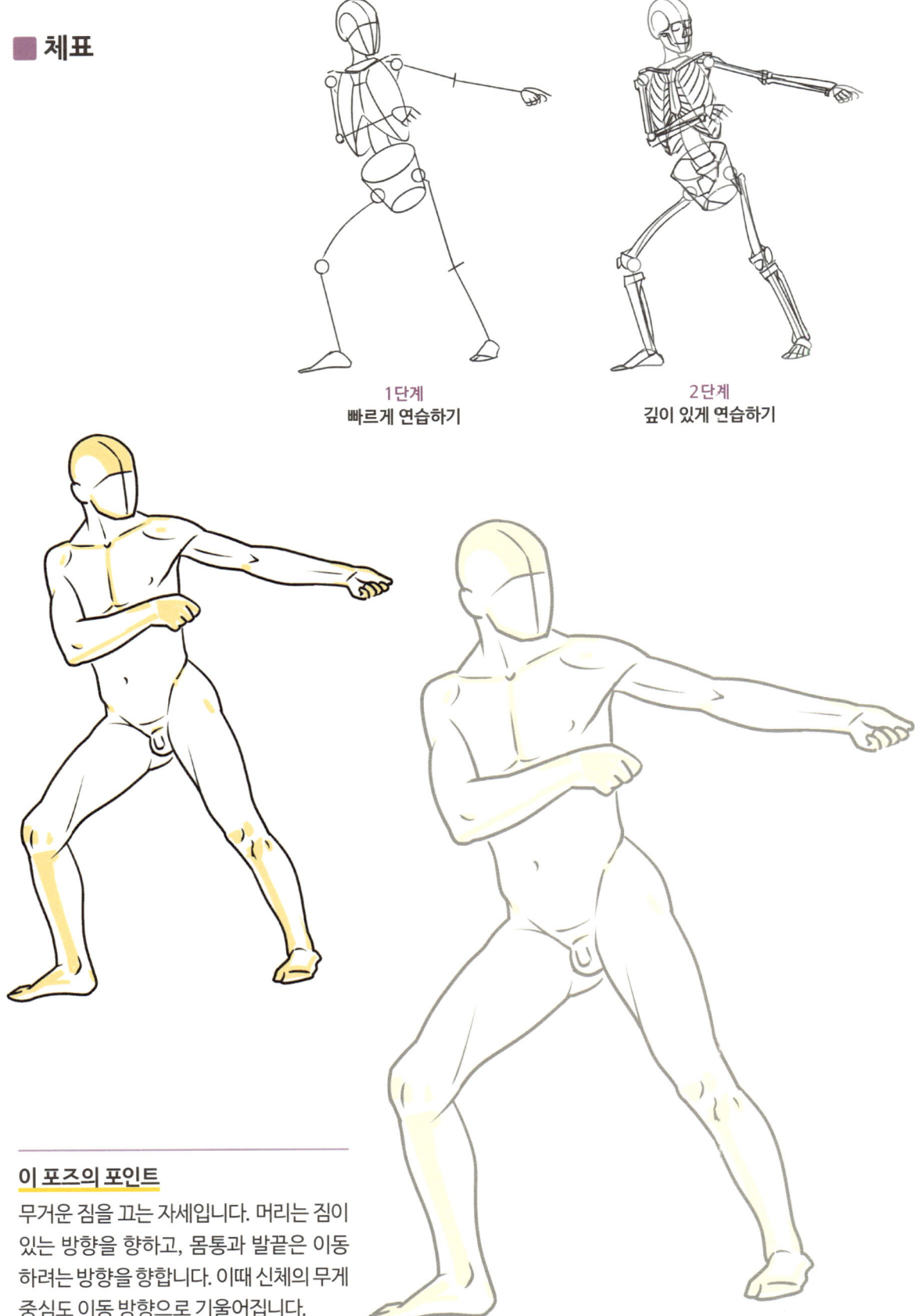

골격

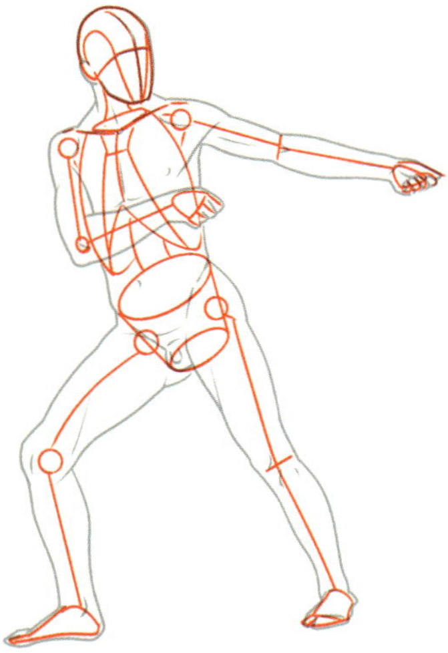

1단계
빠르게 연습하기

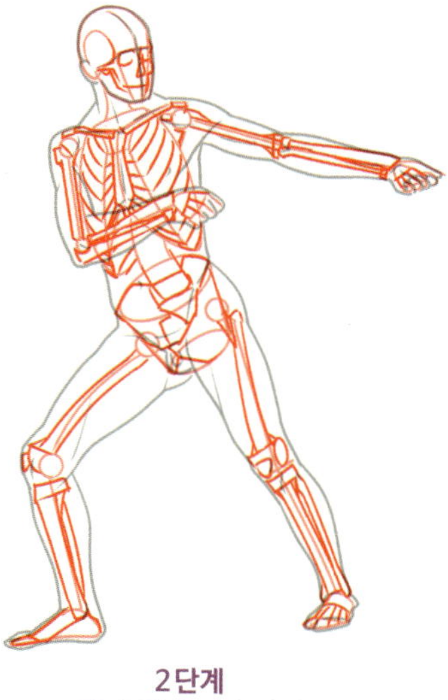

2단계
깊이 있게 연습하기

체표

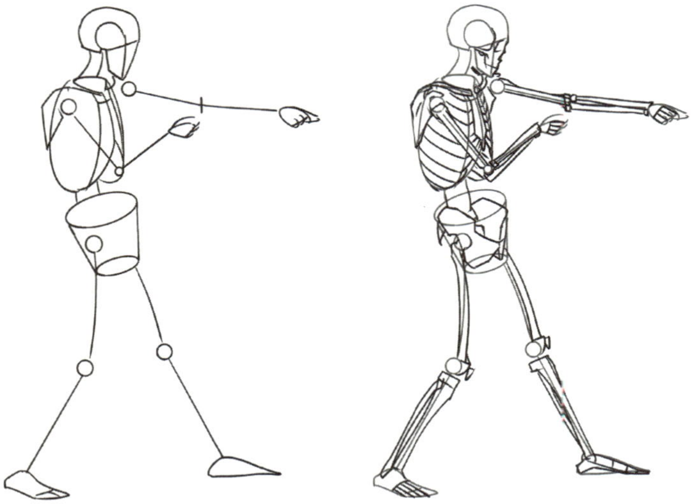

1단계
빠르게 연습하기

2단계
깊이 있게 연습하기

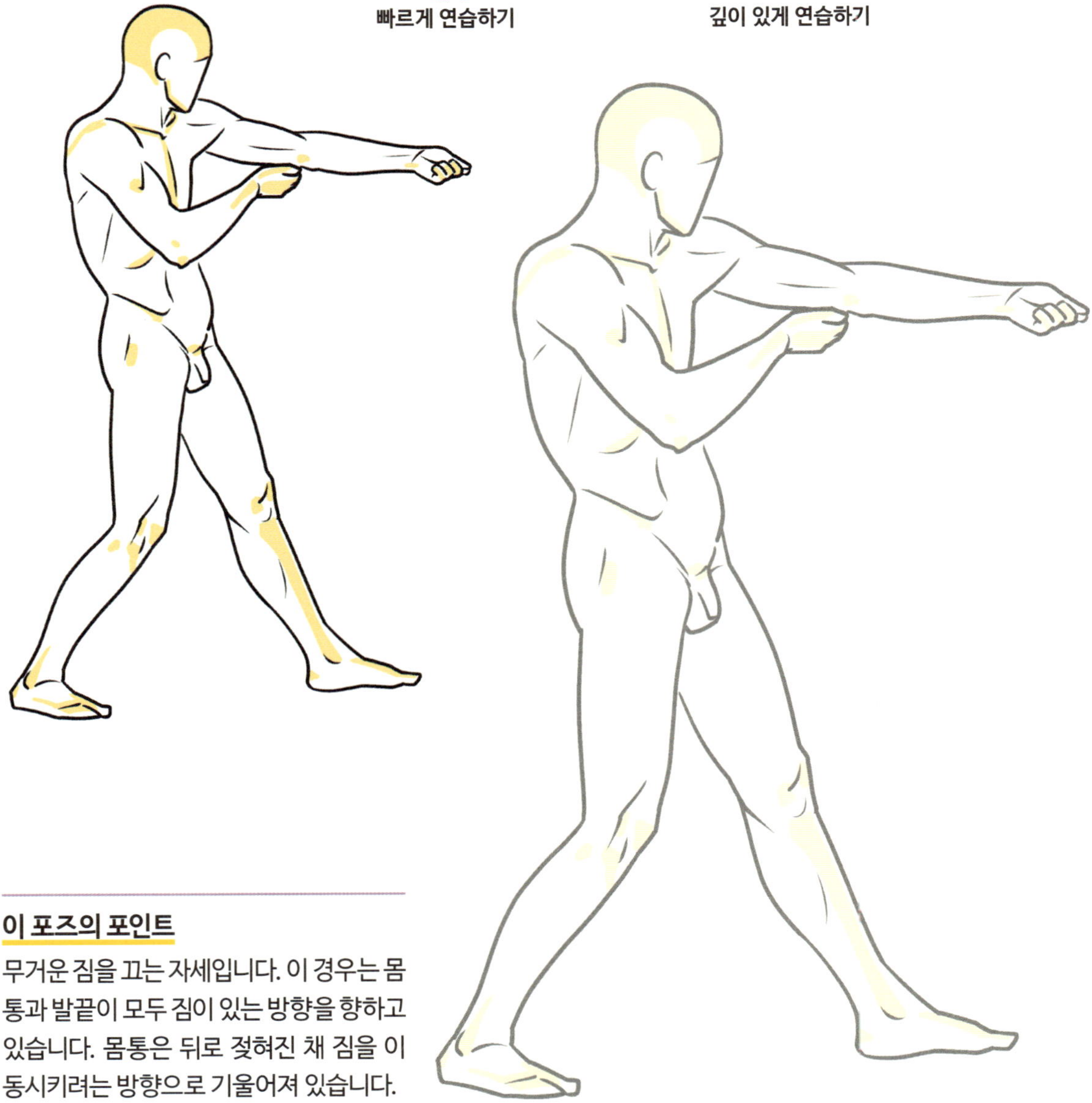

이 포즈의 포인트

무거운 짐을 끄는 자세입니다. 이 경우는 몸통과 발끝이 모두 짐이 있는 방향을 향하고 있습니다. 몸통은 뒤로 젖혀진 채 짐을 이동시키려는 방향으로 기울어져 있습니다.

골격

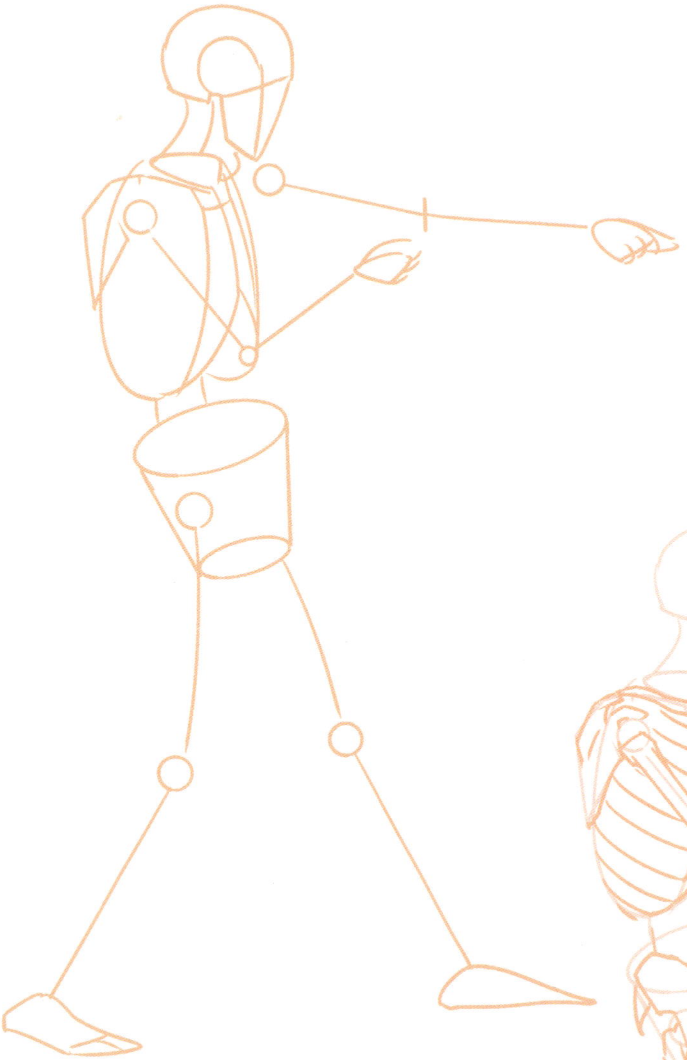

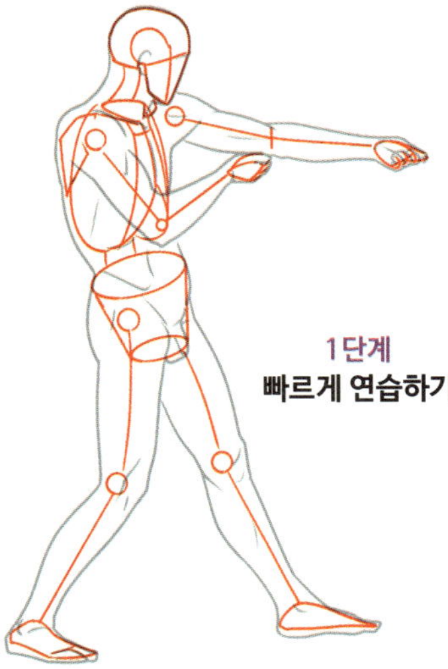

1단계
빠르게 연습하기

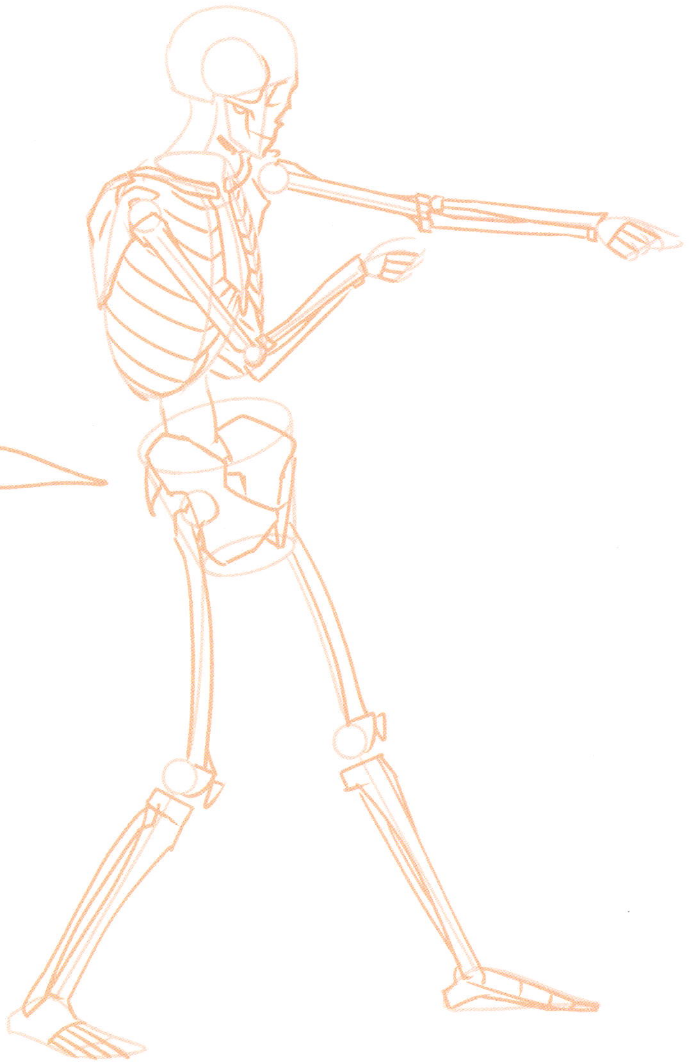

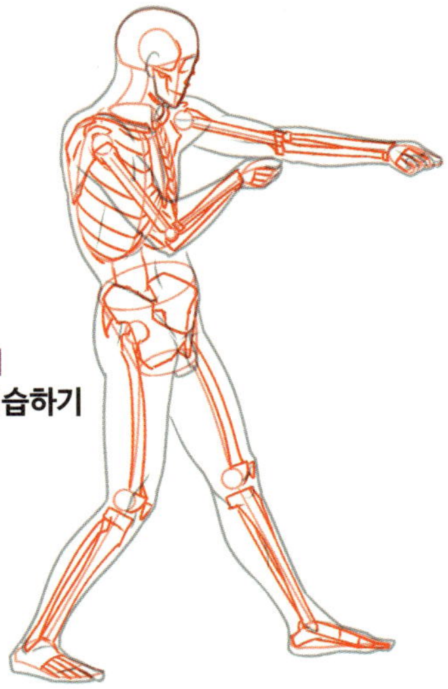

2단계
깊이 있게 연습하기

마치며

미술 해부학에서는 근육이 골격보다 더 많은 주목을 받는 경향이 있습니다. 최근 운동 열풍과 맞물려 근육이 더 친숙하고 흥미롭게 느껴지기 때문일지도 모릅니다. 하지만 미술 해부학의 기초는 골격입니다. 실제로 미술대학 수업에서도 가장 먼저 배우는 것이 바로 골격입니다.

이 책은 골격을 반복적으로 그리면서 인체 내부 구조에 대한 관찰력을 기를 수 있도록 구성했습니다. 아울러, 골격을 어떻게 그려야 하는지에 대한 구체적인 방법도 함께 제시하여 보다 효과적으로 연습을 이어갈 수 있도록 했습니다.

크리에이터 성향의 사람들은 이론적인 지식보다는 시각적으로 형태를 익히는 데 더 능숙한 경우가 많습니다. 이들은 직접 그리며 형태를 몸에 익히고, 그 과정을 통해 구조를 경험적으로 이해해 나갑니다.

예제 페이지의 막대 인간과 간단한 골격도를 그리는 데는 대략 20분이 걸렸습니다. 제 미술 해부학 강의에 참여한 이들 중에는 저보다 손이 더 빠르고 능숙한 사람도 있는데, 그들은 어쩌면 10분 만에 완성할 수 있을지도 모릅니다.

그림 1. 에곤 실레, 《팔을 비튼 자화상》 (1910년)

크리에이터들은 본업을 이어가면서 틈틈이 미술 해부학을 공부하기 때문에 짧은 시간 안에 부담 없이 연습할 수 있도록 이 책의 일러스트를 구성했습니다.

골격 구조를 이해해야 캐릭터에 중심이 잡힌 듯한, 마치 심지가 들어간 것 같은 표현을 할 수 있습니다. 애니메이션에서는 골격을 무시한 과장된 움직임도 자주 등장하지만, 그 역시 골격에 대한 이해가 있어야 의도적으로 변형할 수 있는 것입니다.

화가 에곤 실레는 윤곽을 과장한 드로잉을 많이 남겼지만, 그 안을 자세히 들여다보면 아름답고 정교한 뼈의 형태가 드러납니다. 그는 화가 구스타프 클림트를 찾아가기 전에 1년 동안 미술 해부학 교수의 작업실에서 기거하며 깊이 있는 공부를 했습니다. 이러한 배경 덕분에 그의 작품에는 주요 골격 구조를 의도적으로 표현한 흔적들이 뚜렷하게 나타납니다.

골격 구조를 제대로 표현하려면 무엇보다 반복 학습이 중요합니다. 여러 차례 반복하다 보면 인체를 다양한 각도에서 이해할 수 있게 되고, 포즈를 취한 인물도 중심이 잘 잡힌 안정감 있는 형태로 그려낼 수 있습니다. '재주는 몸을 살린다'는 말이 있듯, 미술 해부학을 통해 쌓은 지식이 여러분의 실력으로 이어져 창작의 든든한 밑바탕이 되기를 바랍니다.

2025년 1월

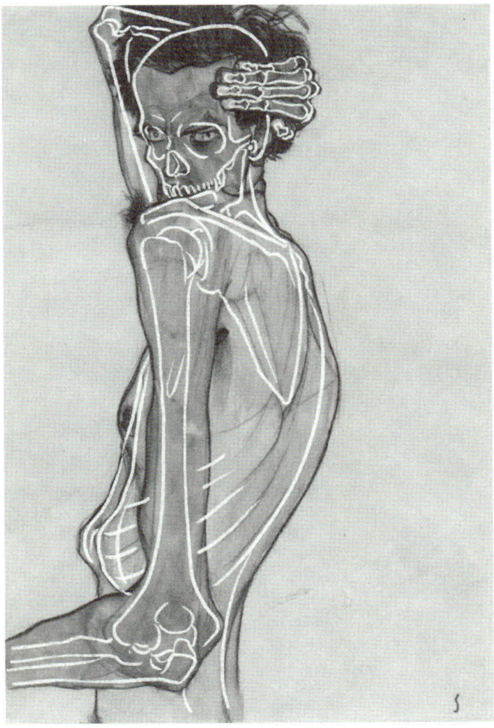

그림 2. 필자가 그린 골격 드로잉

참고문헌

Amédée Vignola "L' Étude Académique" Librairie D' Art Technique, Paris, 1904

Paul Richer "Nouvelle Anatomie Artistique Ⅱ Morphologie La Femme" PLON, Paris, 1920

Paul Richer "Nouvelle Anatomie Artistique Ⅲ Physiologie Attitudes et Mouvements" PLON, Paris, 1921

Bernard–Romain Julien "Course Elémentaire" 1930s.

카토 코타 『포즈의 미술 해부학』, SB 크리에이티브, 2023

인체의 축을 기준으로

쉽게 그리는 **미술 해부학** 다운로드 특전

"전신 골격도 그리는 법" 해설 영상

이 특별 영상에서는
'전신 골격도 그리는 방법'을 소개합니다.

미술 해부학에서 골격도는 견본을 참고하여 따라 그리고 연습하는 것이 기본입니다. 연습 방식은 자유롭지만, 그리는 요령을 미리 알아두면 연습 시간을 단축하고 핵심을 빠르게 파악할 수 있습니다. 각 부위별 그리는 방법을 자세히 알고 싶으시다면, 본문에 수록된 내용을 참고해 주세요. 아직 본문을 읽지 않으셨더라도, 이 영상을 보면서 함께 공부하실 수 있습니다. 꼭 활용해 보세요!

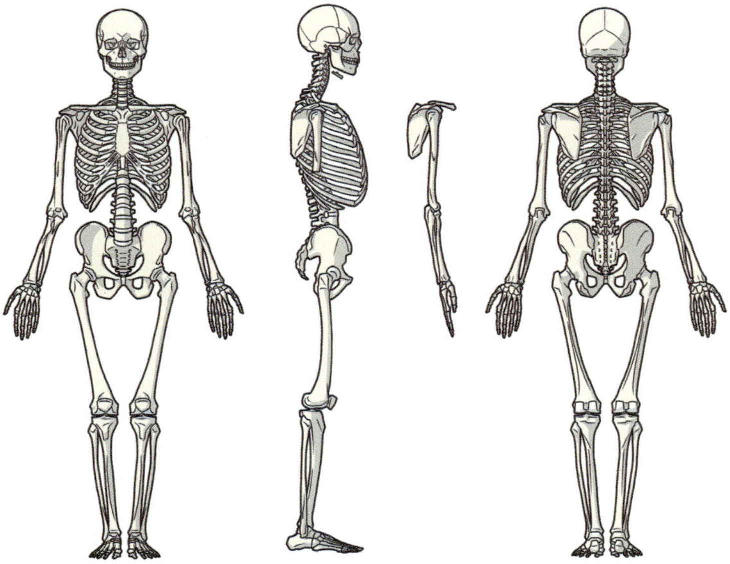

• 본 특전은 예고 없이 변경 · 종료될 수 있습니다.

미국·일본·대만
중국·러시아
판권 수출!

김락희의 인체 드로잉
RockHe Kim's ANATOMY DRAWING CLASS

도형화부터 해부학,
동세까지 단계별로 배운다!

김락희의 인체 드로잉

김락희 지음 / 297×210 / 392쪽 / 35,000원

도형화 - 해부학 - 동세에서 캐릭터로 자연스럽게 연결!

유튜브 드로잉 채널(@rockhekim) 운영자이자 드로잉 강의와 미국 마블 사의 애니메이션 캐릭터 작업도 하고 있는 김락희 작가가 집필한 드로잉 입문서이다. 드로잉을 공부할 때 인체 해부학을 모르고서는 그림의 기본을 다질 수 없다. 이 책은 인체의 도형화부터 시작해 해부학과 동세(動勢)까지 단계별로 강의한다. 특히 A4 사이즈의 가로 판형으로 편집하여 인체 비례와 균형까지 좌우 대칭으로 한눈에 들어온다.

김락희의 선화 드로잉 vol.1

김락희의 선화 드로잉 vol.1

김락희 지음 / 260×190 / 304쪽 / 29,000원

김락희의 선화 드로잉 vol.2

김락희의 선화 드로잉 vol.2

김락희 지음 / 260×190 / 244쪽 / 23,000원

A4 사이즈보다 좀더 콤팩트한 판형으로 인체 비례와 균형을 한눈에!

드로잉 초베스트셀러 김락희 작가가 실사체 드로잉 자료를 토대로 구성한 선화 드로잉 활용서이다. 선화를 통해 다양한 각도에서 인체의 움직임을 이해할 수 있도록 도형화를 비롯하여 간단한 해부학, 실사체 드로잉 자료들로 구성하였다. vol.1에서는 상체, 하체, 얼굴, 팔, 다리, 다양한 포즈 등으로 나누어 설명하며, vol.2에서는 많은 사람들이 어려워하는 옷 주름에 대해 다루고, 여러 포즈의 인체 도형화를 통해 입체적으로 이해하고 창작에 응용 가능한 다수의 드로잉 자료들을 보여준다.

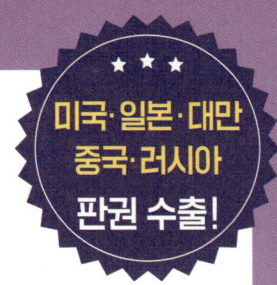

인체의 축을 기준으로 쉽게 그리는
미술 해부학

2026. 1. 7. 초 판 1쇄 인쇄
2026. 1. 14. 초 판 1쇄 발행

지은이 | 카토 코타
옮긴이 | 김선숙
감 역 | 김락희
펴낸이 | 이종춘
펴낸곳 | BM (주)도서출판 성안당
주소 | 04032 서울시 마포구 양화로 127 첨단빌딩 3층(출판기획 R&D 센터)
10881 경기도 파주시 문발로 112 파주 출판 문화도시(제작 및 물류)
전화 | 02) 3142-0036
031) 950-6300
팩스 | 031) 955-0510
등록 | 1973. 2. 1. 제406-2005-000046호
출판사 홈페이지 | www.cyber.co.kr
ISBN | 978-89-315-8603-9 (13600)
정가 | 39,000원

이 책을 만든 사람들
책임 | 최옥현
진행 | 김해영
교정 · 교열 | 김지민
본문 디자인 | 김인환
표지 디자인 | 임흥순, 박주연
홍보 | 김계향, 임진성, 김주승, 최정민
국제부 | 이선민, 조혜란
마케팅 | 구본철, 차정욱, 오영일, 나진호, 강호묵
마케팅 지원 | 장상범
제작 | 김유석